족보닷컴과 함께하는

BON 본

중등 과학

3-1

Structure | 구성과 특징

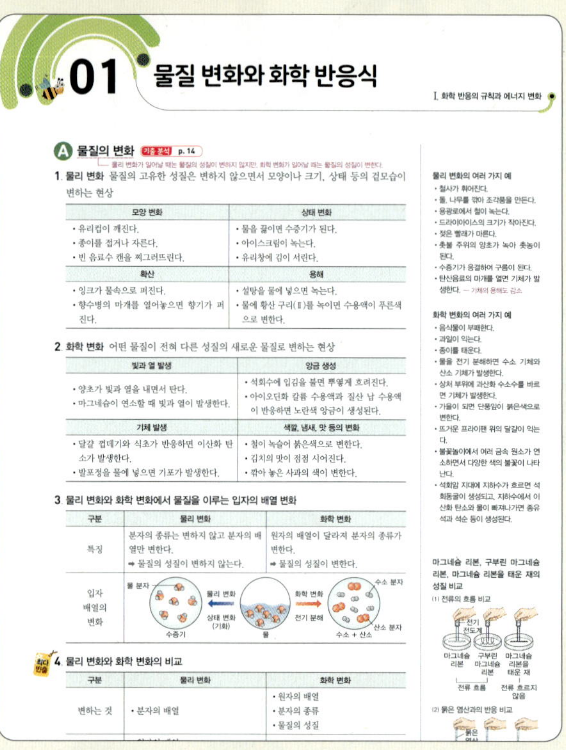

● 개념 정리

교과서의 주요 개념과 시험에 자주 나오는 내용을 다양한 시각 자료와 함께 정리하였습니다.

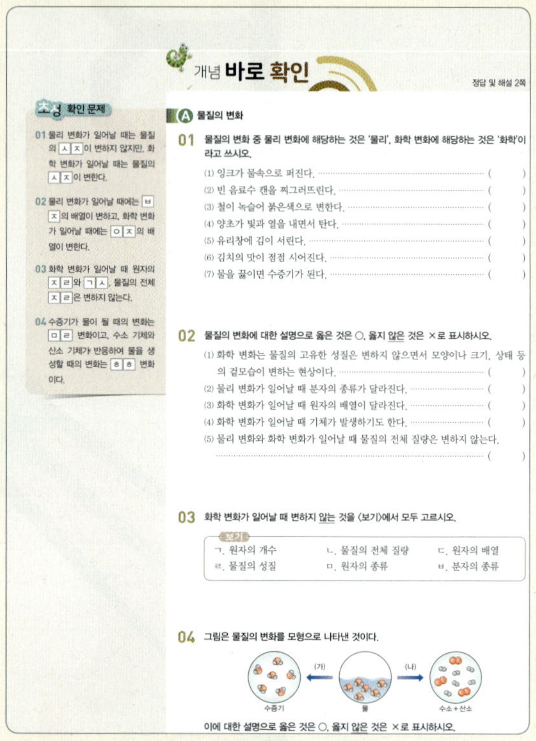

● 개념 바로 확인

학습한 개념을 바로 확인할 수 있는 문제로 구성하였습니다.

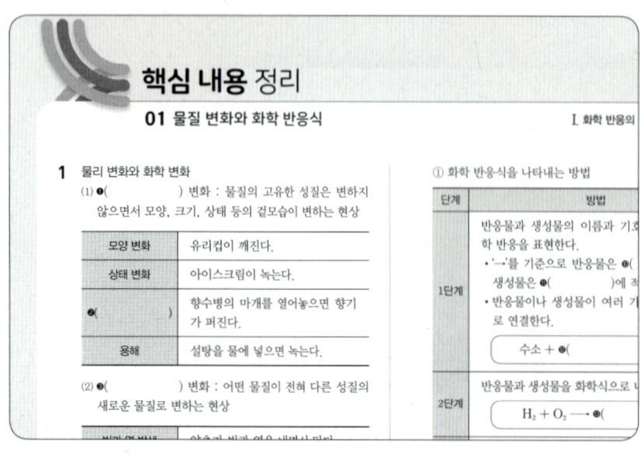

● 핵심 내용 정리

시험 직전 단원별 핵심 개념을 다시 한 번 확인합니다.

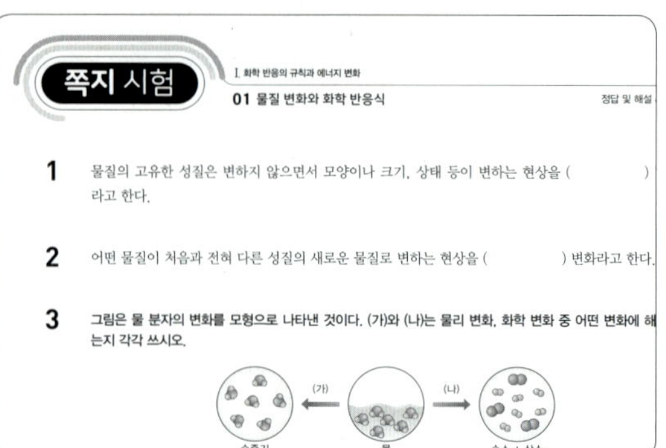

● 쪽지 시험

배운 내용을 확실히 알고 있는지 점검해 봅니다.

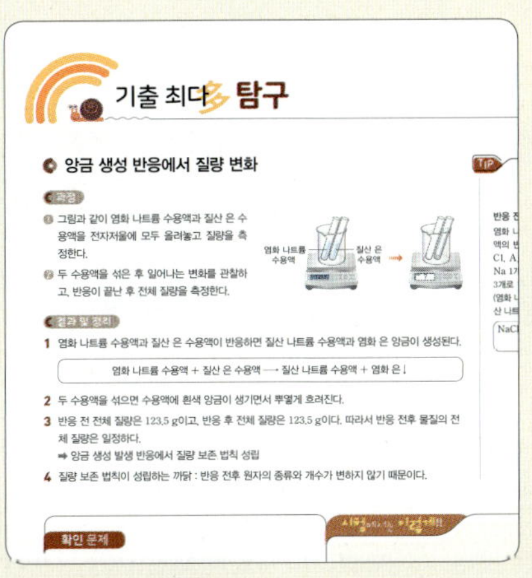

● 기출 최다 탐구

시험에 자주 출제되는 주요 탐구를 과정부터 결과까지 집중적으로 분석하였습니다.

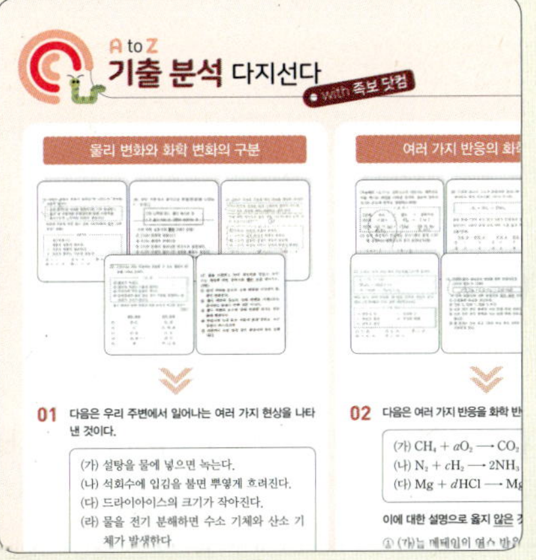

● 기출 분석 다지선다

실제 학교시험지를 심도 있게 분석하여 시험에 출제될 수 있는 다양한 선택지를 제시하였습니다.

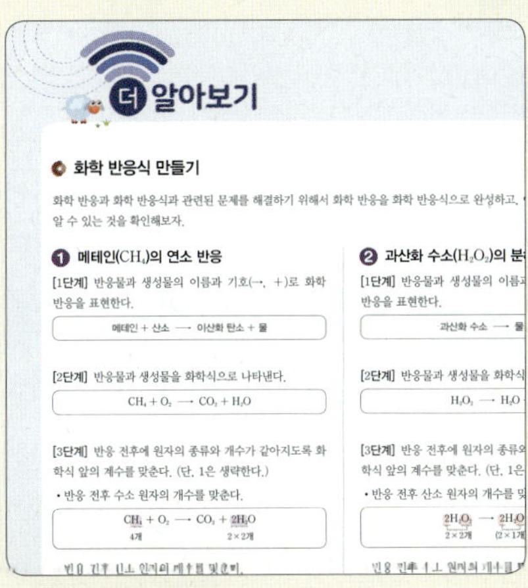

● 더 알아보기

개념 정리만으로 이해하기 어려운 내용을 쉽고 자세하게 설명하였습니다.

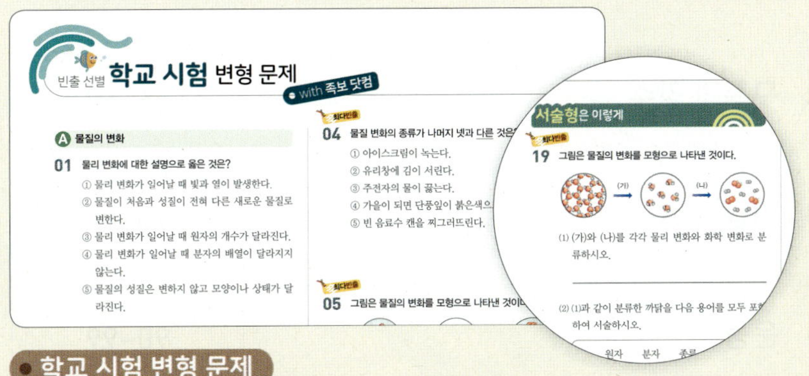

● 학교 시험 변형 문제

족보닷컴에서 제공하는 학교시험지를 빈도별, 유형별로 분석하여 시험에 출제될 가능성이 높은 문제로 구성하였습니다.

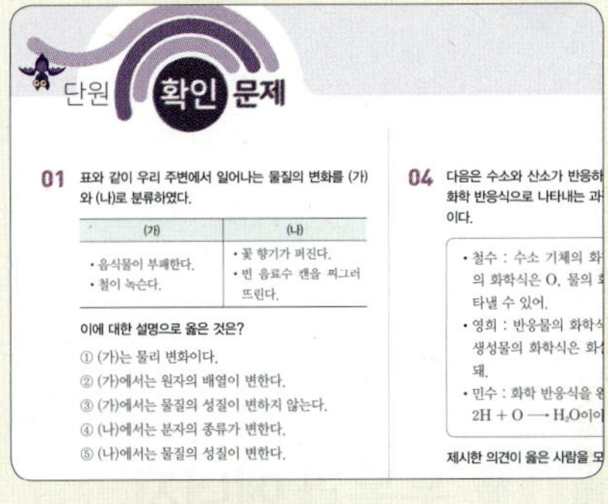

● 단원 확인 문제

대단원을 마무리하는 실전 문제로 최종 점검해 봅니다.

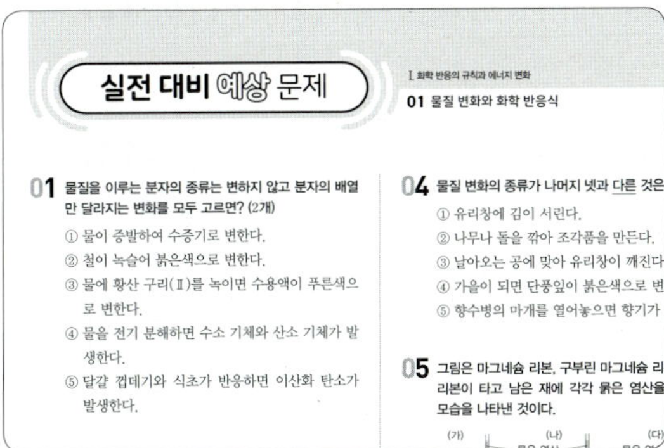

● 실전 대비 예상 문제

다양한 예상 문제를 통해 학교시험을 완벽하게 대비합니다.

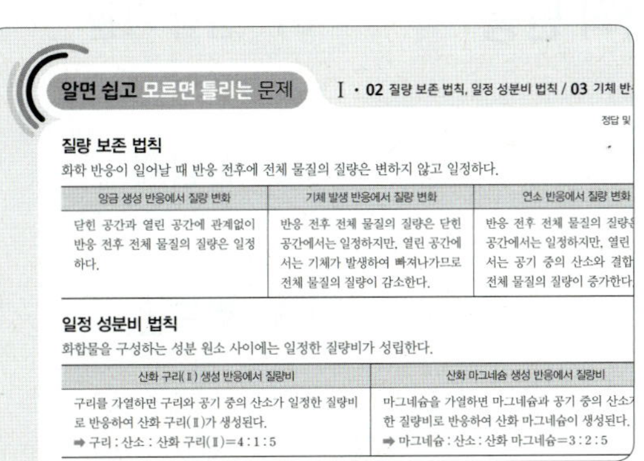

● 알면 쉽고 모르면 틀리는 문제

암기가 필요하거나 연습이 필요한 문제를 제시하였습니다.

BON  중등과학과
내 교과서 비교하기

이용하는 방법

자신의 교과서 출판사명과 공부할 범위를 확인한다.

(예) 비상교육 24~35쪽이면 BON 본 중등과학 본교재 20~31쪽을 공부한다.

동아	미래엔	비상교육	천재교육
12~19	14~25	10~20	12~23
22~32	26~37	24~35	26~40
34~38	38~45	38~45	42~47
48~55	56~63	52~61	56~66
58~67	64~73	64~75	70~82
70~81	74~85	78~91	84~99
92~103	98~113	98~109	108~119
106~115	116~127	112~121	122~134
126~137	138~147	128~137	142~153
140~149	148~157	140~148	156~165
150~157	158~162	150~153	166~171

Contents | 차례

화학 반응의 규칙과 에너지 변화

01 물질 변화와 화학 반응식

A 물질의 변화 기출 분석 p. 14
└─ 물리 변화가 일어날 때는 물질의 성질이 변하지 않지만, 화학 변화가 일어날 때는 물질의 성질이 변한다.

1. 물리 변화 물질의 고유한 성질은 변하지 않으면서 모양이나 크기, 상태 등의 겉모습이 변하는 현상

모양 변화	상태 변화
• 유리컵이 깨진다. • 종이를 접거나 자른다. • 빈 음료수 캔을 찌그러뜨린다.	• 물을 끓이면 수증기가 된다. • 아이스크림이 녹는다. • 유리창에 김이 서린다.
확산	**용해**
• 잉크가 물속으로 퍼진다. • 향수병의 마개를 열어놓으면 향기가 퍼진다.	• 설탕을 물에 넣으면 녹는다. • 물에 황산 구리(Ⅱ)를 녹이면 수용액이 푸른색으로 변한다.

2. 화학 변화 어떤 물질이 전혀 다른 성질의 새로운 물질로 변하는 현상

빛과 열 발생	앙금 생성
• 양초가 빛과 열을 내면서 탄다. • 마그네슘이 연소할 때 빛과 열이 발생한다.	• 석회수에 입김을 불면 뿌옇게 흐려진다. • 아이오딘화 칼륨 수용액과 질산 납 수용액이 반응하면 노란색 앙금이 생성된다.
기체 발생	**색깔, 냄새, 맛 등의 변화**
• 달걀 껍데기와 식초가 반응하면 이산화 탄소가 발생한다. • 발포정을 물에 넣으면 기포가 발생한다.	• 철이 녹슬어 붉은색으로 변한다. • 김치의 맛이 점점 시어진다. • 깎아 놓은 사과의 색이 변한다.

3. 물리 변화와 화학 변화에서 물질을 이루는 입자의 배열 변화

구분	물리 변화	화학 변화
특징	분자의 종류는 변하지 않고 분자의 배열만 변한다. ➡ 물질의 성질이 변하지 않는다.	원자의 배열이 달라져 분자의 종류가 변한다. ➡ 물질의 성질이 변한다.
입자 배열의 변화	물 분자 / 물리 변화 ← / 상태 변화 (기화) / 수증기	화학 변화 → / 전기 분해 / 수소 분자 / 산소 분자 / 수소 + 산소

4. 물리 변화와 화학 변화의 비교 최다 빈출

구분	물리 변화	화학 변화
변하는 것	• 분자의 배열	• 원자의 배열 • 분자의 종류 • 물질의 성질
변하지 않는 것	• 원자의 배열 • 분자의 종류와 개수 • 물질의 성질 • 원자의 종류와 개수 • 물질의 전체 질량	• 원자의 종류와 개수 • 물질의 전체 질량

물리 변화의 여러 가지 예
• 철사가 휘어진다.
• 돌, 나무를 깎아 조각품을 만든다.
• 용광로에서 철이 녹는다.
• 드라이아이스의 크기가 작아진다.
• 젖은 빨래가 마른다.
• 촛불 주위의 양초가 녹아 촛농이 된다.
• 수증기가 응결하여 구름이 된다.
• 탄산음료의 마개를 열면 기체가 발생한다. ─ 기체의 용해도 감소

화학 변화의 여러 가지 예
• 음식물이 부패한다.
• 과일이 익는다.
• 종이를 태운다.
• 물을 전기 분해하면 수소 기체와 산소 기체가 발생한다.
• 상처 부위에 과산화 수소수를 바르면 기체가 발생한다.
• 가을이 되면 단풍잎이 붉은색으로 변한다.
• 뜨거운 프라이팬 위의 달걀이 익는다.
• 불꽃놀이에서 여러 금속 원소가 연소하면서 다양한 색의 불꽃이 나타난다.
• 석회암 지대에 지하수가 흐르면 석회동굴이 생성되고, 지하수에서 이산화 탄소와 물이 빠져나가면 종유석과 석순 등이 생성된다.

마그네슘 리본, 구부린 마그네슘 리본, 마그네슘 리본을 태운 재의 성질 비교

(1) 전류의 흐름 비교

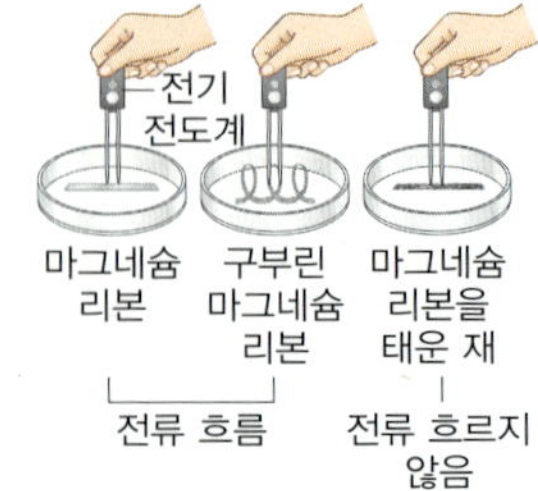

(2) 묽은 염산과의 반응 비교

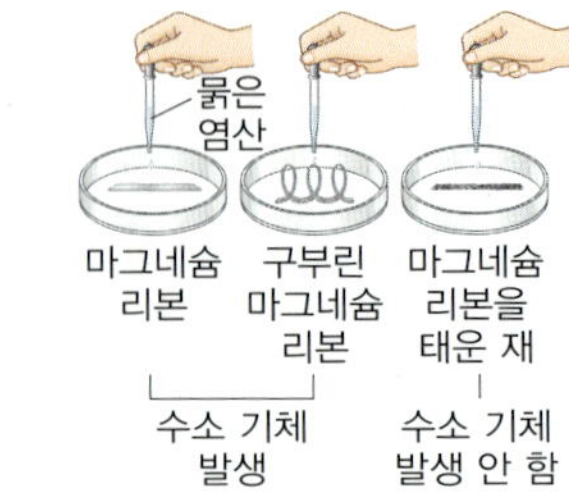

01 물리 변화가 일어날 때는 물질의 ㅅㅈ 이 변하지 않지만, 화학 변화가 일어날 때는 물질의 ㅅㅈ 이 변한다.

02 물리 변화가 일어날 때에는 ㅂㅈ 의 배열이 변하고, 화학 변화가 일어날 때에는 ㅇㅈ 의 배열이 변한다.

03 화학 변화가 일어날 때 원자의 ㅈㄹ 와 ㄱㅅ, 물질의 전체 ㅈㄹ 은 변하지 않는다.

04 수증기가 물이 될 때의 변화는 ㅁㄹ 변화이고, 수소 기체와 산소 기체가 반응하여 물을 생성할 때의 변화는 ㅎㅎ 변화이다.

Ⓐ 물질의 변화

01 물질의 변화 중 물리 변화에 해당하는 것은 '물리', 화학 변화에 해당하는 것은 '화학'이라고 쓰시오.

(1) 잉크가 물속으로 퍼진다. ······ (　　　)

(2) 빈 음료수 캔을 찌그러뜨린다. ······ (　　　)

(3) 철이 녹슬어 붉은색으로 변한다. ······ (　　　)

(4) 양초가 빛과 열을 내면서 탄다. ······ (　　　)

(5) 유리창에 김이 서린다. ······ (　　　)

(6) 김치의 맛이 점점 시어진다. ······ (　　　)

(7) 물을 끓이면 수증기가 된다. ······ (　　　)

02 물질의 변화에 대한 설명으로 옳은 것은 ○, 옳지 않은 것은 ×로 표시하시오.

(1) 화학 변화는 물질의 고유한 성질은 변하지 않으면서 모양이나 크기, 상태 등의 겉모습이 변하는 현상이다. ······ (　　　)

(2) 물리 변화가 일어날 때 분자의 종류가 달라진다. ······ (　　　)

(3) 화학 변화가 일어날 때 원자의 배열이 달라진다. ······ (　　　)

(4) 화학 변화가 일어날 때 기체가 발생하기도 한다. ······ (　　　)

(5) 물리 변화와 화학 변화가 일어날 때 물질의 전체 질량은 변하지 않는다. ······ (　　　)

03 화학 변화가 일어날 때 변하지 <u>않는</u> 것을 〈보기〉에서 모두 고르시오.

┌─ 보기 ─┐
ㄱ. 원자의 개수 ㄴ. 물질의 전체 질량 ㄷ. 원자의 배열
ㄹ. 물질의 성질 ㅁ. 원자의 종류 ㅂ. 분자의 종류

04 그림은 물질의 변화를 모형으로 나타낸 것이다.

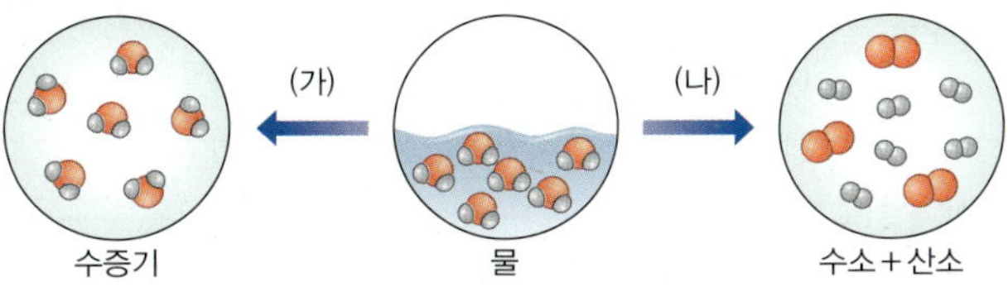

이에 대한 설명으로 옳은 것은 ○, 옳지 <u>않은</u> 것은 ×로 표시하시오.

(1) (가)는 물리 변화이고, (나)는 화학 변화이다. ······ (　　　)

(2) (가)와 (나) 중 물질의 성질이 변하지 않는 변화는 (나)이다. ······ (　　　)

(3) (가)는 물의 전기 분해에 의해 나타난다. ······ (　　　)

(4) 젖은 빨래가 마르는 것은 (가)에 해당한다. ······ (　　　)

01 물질 변화와 화학 반응식

B 화학 반응과 화학 반응식

1. 화학 반응 화학 변화가 일어나 어떤 물질이 전혀 다른 성질의 새로운 물질로 변하는 반응

2. 화학 반응식 화학 반응을 화학식과 기호를 이용하여 나타낸 것

3. 화학 반응식을 나타내는 방법 〔더 알아보기〕 p. 15

단계	방법	예 물(H_2O)의 생성 반응
1단계	반응물과 생성물의 이름과 기호(→, +)로 화학 반응을 표현한다. • '→'를 기준으로 반응물은 왼쪽에, 생성물은 오른쪽에 적는다. • 반응물이나 생성물이 여러 가지인 경우 '+'로 연결한다.	• 반응물 : 수소, 산소 • 생성물 : 물 수소 + 산소 ⟶ 물
2단계	반응물과 생성물을 화학식으로 나타낸다.	• 수소 : H_2, 산소 : O_2, 물 : H_2O $H_2 + O_2 \longrightarrow H_2O$
3단계	반응 전후에 원자의 종류와 개수가 같아지도록 화학식 앞의 계수를 맞춘다. 이때 계수는 가장 간단한 정수비로 나타내며, 1은 생략한다.	• 반응 전후 산소 원자의 개수를 맞춘다. $H_2 + O_2 \longrightarrow 2H_2O$ 2개 2×1개 • 반응 전후 수소 원자의 개수를 맞춘다. $2H_2 + O_2 \longrightarrow 2H_2O$ 2×2개 2×2개

4. 화학 반응식으로 알 수 있는 것 〔기출 분석〕 p. 14

(1) 반응물과 생성물의 종류

(2) 반응물과 생성물을 이루는 분자의 종류와 개수

(3) 반응물과 생성물을 이루는 원자의 종류와 개수

(4) 분자(입자) 수의 비

화학 반응식	N_2	+	$3H_2$	⟶	$2NH_3$		
입자 모형	질소	+	수소	⟶	암모니아		
물질의 종류	반응물				생성물		
	질소		수소		암모니아		
분자의 종류와 개수	질소 분자 1개		수소 분자 3개		암모니아 분자 2개		
원자의 종류와 개수	질소 원자 2개		수소 원자 6개		질소 원자 2개 수소 원자 6개		
계수비	1	:	3	:	2		
분자 수의 비	1	:	3	:	2		

화학식

원소 기호를 사용하여 물질을 이루는 원자의 개수 또는 상대적인 비율을 나타낸 것

여러 가지 물질의 화학식

물질	화학식	물질	화학식
수소	H_2	염화 수소	HCl
산소	O_2	과산화 수소	H_2O_2
질소	N_2	마그네슘	Mg
물	H_2O	산화 마그네슘	MgO
이산화 탄소	CO_2	염화 마그네슘	$MgCl_2$
메테인	CH_4	염화 나트륨	NaCl
암모니아	NH_3	산화 구리(Ⅱ)	CuO
구리	Cu	탄산 나트륨	Na_2CO_3

여러 가지 반응의 화학 반응식

• 물의 분해
$$2H_2O \longrightarrow 2H_2 + O_2$$

• 과산화 수소의 분해
$$2H_2O_2 \longrightarrow 2H_2O + O_2$$

• 메테인의 연소
$$CH_4 + 2O_2 \longrightarrow CO_2 + 2H_2O$$

• 마그네슘의 연소
$$2Mg + O_2 \longrightarrow 2MgO$$

• 마그네슘과 묽은 염산의 반응
$$Mg + 2HCl \longrightarrow MgCl_2 + H_2$$

화학 반응식으로 알 수 없는 것

• 원자의 크기, 모양, 질량
• 반응물과 생성물의 질량

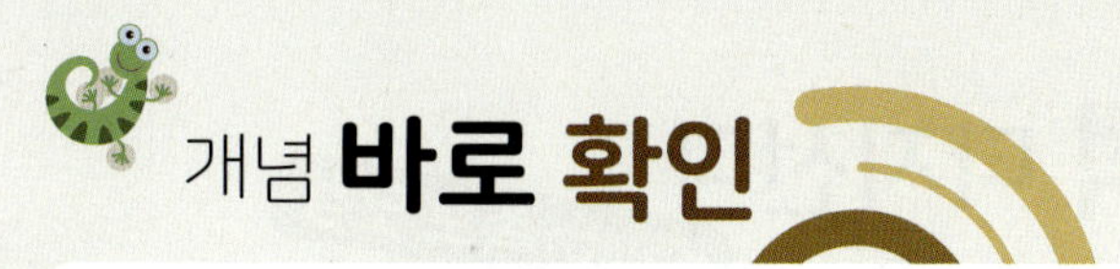

05 화학 반응에 참여한 물질은 ⬚ ⬚ ⬚ 이고, 반응 후 생성된 물질은 ⬚ ⬚ ⬚ 이다.

06 화학 반응식에서 반응물과 생성물의 ⬚ ⬚ ⬚ 는 분자 수의 비와 같다.

07 화학 반응 전후 변하는 것은 ⬚ ⬚ 의 종류, ⬚ ⬚ 의 배열이다.

08 화학 반응 전후 변하지 않는 것은 ⬚ ⬚ 의 종류와 개수이다.

B 화학 반응과 화학 반응식

05 화학 반응식에 대한 설명으로 옳은 것은 ○, 옳지 <u>않은</u> 것은 ×로 표시하시오.

(1) 화학 반응을 화학식과 기호, 계수를 이용하여 나타낸 것을 화학 반응식이라고 한다. ··· (   )

(2) 화학 반응식을 나타낼 때 화살표의 왼쪽에 생성물을, 오른쪽에 반응물을 적는다. ·· (   )

(3) 화학 반응식에서 계수는 가장 간단한 정수비로 나타낸다. ·············· (   )

(4) 화학 반응식을 나타낼 때 계수가 1인 경우에도 적는다. ·················· (   )

06 그림은 질소와 수소가 반응하여 암모니아를 생성하는 반응을 모형으로 나타낸 것이다.

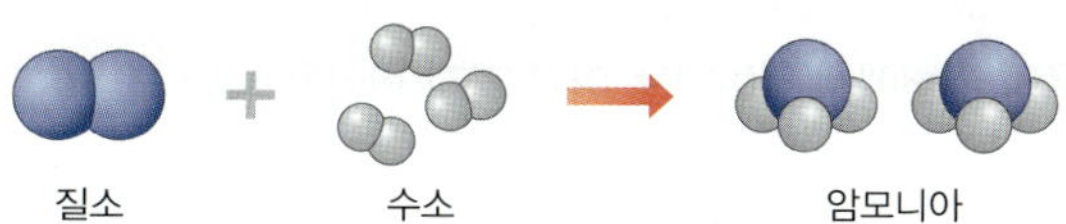

이 반응을 화학 반응식으로 나타내시오.

07 다음은 수소와 산소가 반응하여 물을 생성하는 반응을 화학 반응식으로 나타낸 것이다.

$$2H_2 + O_2 \longrightarrow (\qquad) H_2O$$

(1) (   ) 안에 알맞은 계수를 쓰시오.

(2) 반응물인 분자의 종류와 개수를 각각 쓰시오.

(3) 생성물인 분자의 종류와 개수를 각각 쓰시오.

(4) 반응물과 생성물의 분자 수의 비(수소 : 산소 : 물)를 쓰시오.

08 화학 반응식으로 알 수 있는 것을 〈보기〉에서 모두 고르시오.

┌─ 보기 ─
ㄱ. 반응물과 생성물의 종류
ㄴ. 원자의 크기
ㄷ. 반응물과 생성물의 분자 수의 비
ㄹ. 반응물과 생성물을 이루는 원자의 종류
ㅁ. 반응물과 생성물의 질량
ㅂ. 원자의 질량

A to Z 기출 분석 다지선다

● with 족보 닷컴

물리 변화와 화학 변화의 구분

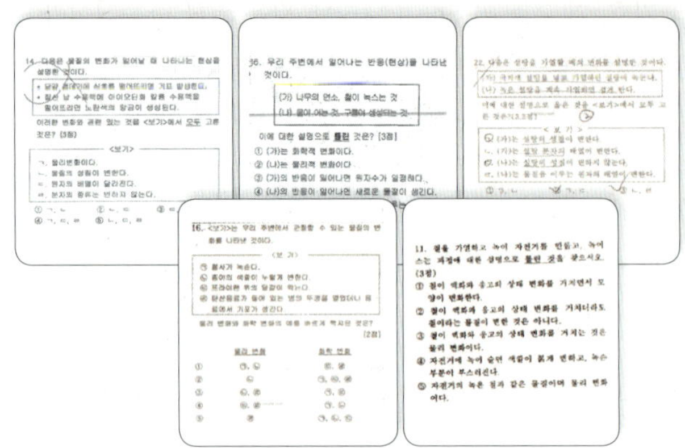

여러 가지 반응의 화학 반응식

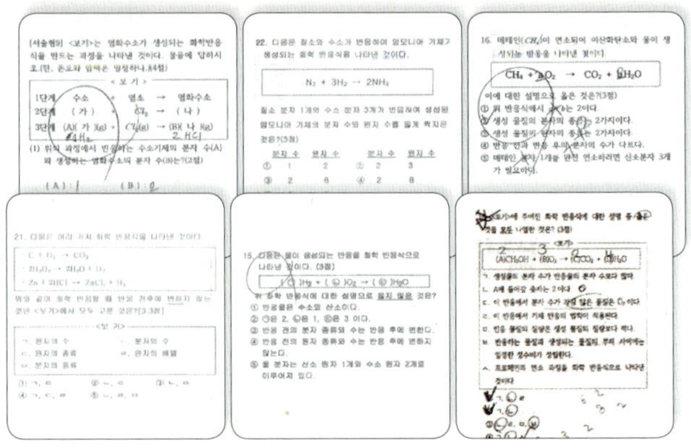

01 다음은 우리 주변에서 일어나는 여러 가지 현상을 나타낸 것이다.

> (가) 설탕을 물에 넣으면 녹는다.
> (나) 석회수에 입김을 불면 뿌옇게 흐려진다.
> (다) 드라이아이스의 크기가 작아진다.
> (라) 물을 전기 분해하면 수소 기체와 산소 기체가 발생한다.
> (마) 물에 황산 구리(Ⅱ)를 녹이면 수용액의 색이 변한다.
> (바) 양초가 빛과 열을 내면서 탄다.
> (사) 가을이 되면 단풍잎이 붉은색으로 변한다.
> (아) 뜨거운 프라이팬 위의 달걀이 익는다.

이에 대한 설명으로 옳은 것을 모두 고르면? (3개)

① (가)와 (다)는 화학 변화이다.
② (나)에서 석회수가 뿌옇게 흐려지는 까닭은 앙금이 생성되었기 때문이다.
③ (라)의 반응을 화학 반응식으로 나타내면 $H_2O \longrightarrow H_2 + O_2$ 이다.
④ (마)에서 수용액의 색은 붉은색으로 변한다.
⑤ (바)에서 원자의 배열은 변하지 않는다.
⑥ (사)는 단풍잎의 색이 변하므로 화학 변화이다.
⑦ (아)에서 달걀이 익기 전과 후의 달걀의 성질은 같다.
⑧ (가)~(아)에서 모두 원자의 종류와 개수는 변하지 않는다.

02 다음은 여러 가지 반응을 화학 반응식으로 나타낸 것이다.

> (가) $CH_4 + aO_2 \longrightarrow CO_2 + bH_2O$
> (나) $N_2 + cH_2 \longrightarrow 2NH_3$
> (다) $Mg + dHCl \longrightarrow MgCl_2 + eH_2$

이에 대한 설명으로 옳지 <u>않은</u> 것을 모두 고르면? (3개)

① (가)는 메테인의 연소 반응이다.
② $a+b=3$이다.
③ (가)에서 생성물은 메테인과 이산화 탄소이다.
④ (가) 반응이 일어날 때 빛과 열이 발생한다.
⑤ (나)에서 전체 분자의 개수는 반응 전과 반응 후가 같다.
⑥ (나)에서 질소와 수소는 1 : 3의 분자 수의 비로 반응한다.
⑦ $\dfrac{d+e}{c}=1$이다.
⑧ (다)는 금속 마그네슘과 묽은 염산의 반응으로 반응 후 기체가 발생한다.
⑨ (가)~(다) 각각에서 반응 전후 전체 원자의 개수는 같다.

🍩 화학 반응식 만들기

화학 반응과 화학 반응식과 관련된 문제를 해결하기 위해서 화학 반응을 화학 반응식으로 완성하고, 이 화학 반응식으로부터 알 수 있는 것을 확인해보자.

❶ 메테인(CH_4)의 연소 반응

[1단계] 반응물과 생성물의 이름과 기호(→, ＋)로 화학 반응을 표현한다.

$$\text{메테인} + \text{산소} \longrightarrow \text{이산화 탄소} + \text{물}$$

[2단계] 반응물과 생성물을 화학식으로 나타낸다.

$$CH_4 + O_2 \longrightarrow CO_2 + H_2O$$

[3단계] 반응 전후에 원자의 종류와 개수가 같아지도록 화학식 앞의 계수를 맞춘다. (단, 1은 생략한다.)

• 반응 전후 수소 원자의 개수를 맞춘다.

$$CH_4 + O_2 \longrightarrow CO_2 + 2H_2O$$
$$\text{4개} \qquad\qquad 2\times2\text{개}$$

• 반응 전후 산소 원자의 개수를 맞춘다.

$$CH_4 + 2O_2 \longrightarrow CO_2 + 2H_2O$$
$$2\times2\text{개} \quad (2\text{개})+(2\times1\text{개})$$

• 화학 반응식

$$CH_4 + 2O_2 \longrightarrow CO_2 + 2H_2O$$

• 화학 반응식으로부터 알 수 있는 것

물질의 종류	• 반응물 : 메테인, 산소 • 생성물 : 이산화 탄소, 물
원자의 종류와 개수	• 반응물 : C 원자 1개, H 원자 4개, O 원자 4개 • 생성물 : C 원자 1개, H 원자 4개, O 원자 4개
분자의 종류와 개수	• 반응물 : CH_4 1개, O_2 2개 • 생성물 : CO_2 1개, H_2O 2개
계수비	$CH_4 : O_2 : CO_2 : H_2O = 1 : 2 : 1 : 2$
분자 수의 비	$CH_4 : O_2 : CO_2 : H_2O = 1 : 2 : 1 : 2$

❷ 과산화 수소(H_2O_2)의 분해 반응

[1단계] 반응물과 생성물의 이름과 기호(→, ＋)로 화학 반응을 표현한다.

$$\text{과산화 수소} \longrightarrow \text{물} + \text{산소}$$

[2단계] 반응물과 생성물을 화학식으로 나타낸다.

$$H_2O_2 \longrightarrow H_2O + O_2$$

[3단계] 반응 전후에 원자의 종류와 개수가 같아지도록 화학식 앞의 계수를 맞춘다. (단, 1은 생략한다.)

• 반응 전후 산소 원자의 개수를 맞춘다.

$$2H_2O_2 \longrightarrow 2H_2O + O_2$$
$$2\times2\text{개} \quad (2\times1\text{개})+2\text{개}$$

• 반응 전후 수소 원자의 개수를 맞춘다.

$$2H_2O_2 \longrightarrow 2H_2O + O_2$$
$$2\times2\text{개} \qquad 2\times2\text{개}$$

• 화학 반응식

$$2H_2O_2 \longrightarrow 2H_2O + O_2$$

• 화학 반응식으로부터 알 수 있는 것

물질의 종류	• 반응물 : 과산화 수소 • 생성물 : 물, 산소
원자의 종류와 개수	• 반응물 : H 원자 4개, O 원자 4개 • 생성물 : H 원자 4개, O 원자 4개
분자의 종류와 개수	• 반응물 : H_2O_2 2개 • 생성물 : H_2O 2개, O_2 1개
계수비	$H_2O_2 : H_2O : O_2 = 2 : 2 : 1$
분자 수의 비	$H_2O_2 : H_2O : O_2 = 2 : 2 : 1$

A 물질의 변화

01 물리 변화에 대한 설명으로 옳은 것은?

① 물리 변화가 일어날 때 빛과 열이 발생한다.
② 물질이 처음과 성질이 전혀 다른 새로운 물질로 변한다.
③ 물리 변화가 일어날 때 원자의 개수가 달라진다.
④ 물리 변화가 일어날 때 분자의 배열이 달라지지 않는다.
⑤ 물질의 성질은 변하지 않고 모양이나 상태가 달라진다.

기출 분석 p. 14

일상생활에서 일어나는 여러 가지 현상을 물리 변화인지 화학 변화인지 구분할 수 있어야 해.

02 다음은 일상생활에서 일어나는 여러 가지 현상을 나타낸 것이다.

> • 양초에 불을 붙이면 열과 빛이 나면서 탄다.
> • 김치를 오래 두면 신맛이 난다.
> • 철문이 녹슬어 붉게 변한다.

이 현상들의 공통점으로 옳은 것을 〈보기〉에서 모두 고른 것은?

— 보기 —
ㄱ. 원자의 배열이 달라져 분자의 종류가 변한다.
ㄴ. 원자의 종류와 개수는 변하지 않는다.
ㄷ. 물질의 성질이 변하지 않는다.

① ㄴ   ② ㄷ   ③ ㄱ, ㄴ
④ ㄱ, ㄷ   ⑤ ㄱ, ㄴ, ㄷ

03 물리 변화와 화학 변화에서 반응 전후 공통적으로 변하지 않는 것은?

① 원자의 종류   ② 분자의 종류
③ 분자의 배열   ④ 원자의 배열
⑤ 물질의 전체 부피

최다빈출

04 물질 변화의 종류가 나머지 넷과 다른 것은?

① 아이스크림이 녹는다.
② 유리창에 김이 서린다.
③ 주전자의 물이 끓는다.
④ 가을이 되면 단풍잎이 붉은색으로 변한다.
⑤ 빈 음료수 캔을 찌그러뜨린다.

최다빈출

05 그림은 물질의 변화를 모형으로 나타낸 것이다.

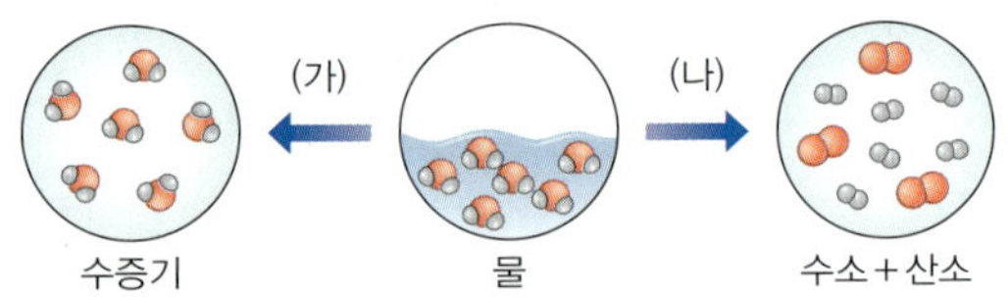

이에 대한 설명으로 옳지 않은 것은?

① (가)는 물리 변화이다.
② (가)에서 반응 전후 분자의 배열은 변한다.
③ (나)에서 원자의 배열이 변한다.
④ (나)에서 새로운 분자가 생성된다.
⑤ (나)에서 반응 전후 원자의 개수가 변한다.

06 표는 마그네슘 리본, 구부린 마그네슘 리본, 마그네슘 리본을 태운 재에 각각 묽은 염산을 떨어뜨렸을 때의 실험 결과를 나타낸 것이다.

구분	마그네슘 리본	구부린 마그네슘 리본	마그네슘 리본을 태운 재
실험 결과	기체가 발생함	㉠	기체가 발생하지 않음

이에 대한 설명으로 옳은 것은?

① ㉠은 '기체가 발생하지 않음'이다.
② 마그네슘 리본을 구부리면 성질이 변한다.
③ 마그네슘 리본을 태운 재는 마그네슘 리본과 다른 성질을 갖는다.
④ 마그네슘 리본과 마그네슘 리본을 태운 재의 원자 배열은 서로 같다.
⑤ 마그네슘 리본을 자른 후 묽은 염산을 떨어뜨리면 기체가 발생하지 않는다.

07 그림은 설탕을 물에 녹였을 때 일어나는 변화를 나타낸 것이다.

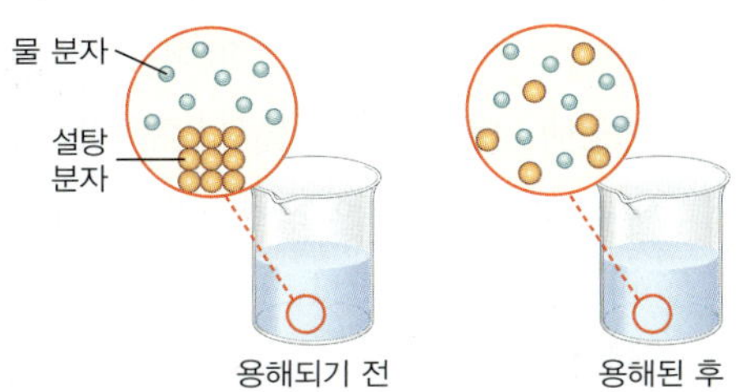

이에 대한 설명으로 옳은 것만을 〈보기〉에서 모두 고른 것은?

> **보기**
> ㄱ. 물리 변화이다.
> ㄴ. 물질을 이루는 원자의 배열이 변한다.
> ㄷ. 설탕 수용액의 전체 질량은 설탕이 물에 용해되기 전이 용해된 후보다 작다.

① ㄱ   ② ㄷ   ③ ㄱ, ㄴ
④ ㄱ, ㄷ   ⑤ ㄴ, ㄷ

08 다음은 메테인의 연소 반응에 대한 세 학생의 대화이다.

제시한 내용이 옳은 학생만을 모두 고른 것은?

① A   ② B   ③ C
④ A, B   ⑤ A, B, C

Ⓑ 화학 반응과 화학 반응식

09 화학 반응식을 옳게 나타낸 것은?

① $H_2 + O_2 \longrightarrow 2H_2O$
② $CO + O \longrightarrow CO_2$
③ $N_2 + O_2 \longrightarrow NO$
④ $3Fe + O_2 \longrightarrow 3Fe_2O_3$
⑤ $2Cu + O_2 \longrightarrow 2CuO$

10 그림은 수소와 산소가 반응하여 물을 생성하는 화학 반응을 모형으로 나타낸 것이다.

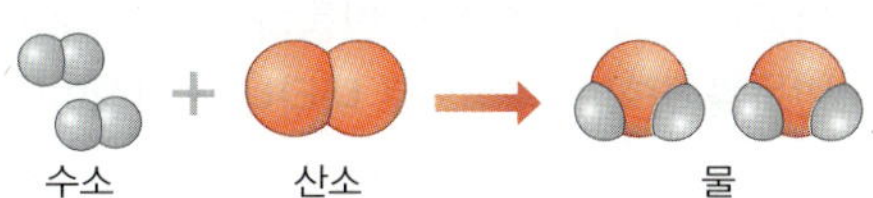

이 반응을 화학 반응식으로 옳게 나타낸 것은?

① $4H + 2O \longrightarrow 2H_2O$
② $4H + O_2 \longrightarrow 2H_2O$
③ $2H_2 + O_2 \longrightarrow 2H_2O$
④ $2H_2 + O_2 \longrightarrow H_4O_2$
⑤ $H_2 + O_2 \longrightarrow H_2O$

11 화학 반응식에 대한 설명으로 옳지 <u>않은</u> 것은?

① 화학 반응을 화학식과 기호를 이용하여 나타낸 것이다.
② 계수는 가장 간단한 정수비로 나타내며, 1은 생략하지 않는다.
③ 반응물과 생성물의 계수비는 분자 수의 비와 같다.
④ 화학 반응이 일어나도 새로운 원자가 생겨나거나 없어지지 않는다.
⑤ 반응물과 생성물에 있는 원자의 종류와 개수가 같도록 계수를 맞추어야 한다.

12 다음은 2가지 화학 반응식을 나타낸 것이다.

> • $CH_4 + (\ ⊙\ )O_2 \longrightarrow CO_2 + (\ ⓒ\ )H_2O$
> • $H_2 + (\ ⓒ\ )Cl_2 \longrightarrow (\ ⓔ\ )HCl$

⊙~ⓔ에 들어갈 계수를 옳게 짝 지은 것은? (단, 계수가 1인 경우도 포함한다.)

	⊙	ⓒ	ⓒ	ⓔ
①	1	2	1	2
②	1	2	2	2
③	2	1	1	2
④	2	2	1	2
⑤	2	2	2	2

기출 분석 p. 14   더 알아보기 p. 15

화학 반응을 화학 반응식으로 나타내기 위해서는 각 물질의 화학식을 알고, 반응 전후 원자의 종류와 개수를 따져 계수를 맞추는 것이 중요해.

13 다음은 질소와 수소가 반응하여 암모니아를 생성하는 반응을 화학 반응식으로 나타내는 과정이다.

> (가) 질소 + 수소 ⟶ 암모니아
> (나) $N_2 + H_2 ⟶ NH_3$
> (다) (㉠)N_2 + (㉡)H_2 ⟶ (㉢)NH_3

위 과정에 대한 설명으로 옳지 <u>않은</u> 것은? (단, ㉠~㉢은 계수가 1인 경우도 포함한다.)

① (가)는 반응물과 생성물의 이름, 기호(+, ⟶)로 나타낸 것이다.
② (나)는 각 물질을 화학식으로 나타낸 것이다.
③ (다)에서 ㉡×2=㉢×3이다.
④ (다)에서 ㉠+㉢>㉡이다.
⑤ 완성된 화학 반응식은 $N_2 + 3H_2 ⟶ 2NH_3$이다.

14 그림은 어떤 화학 반응을 모형으로 나타낸 것이다.

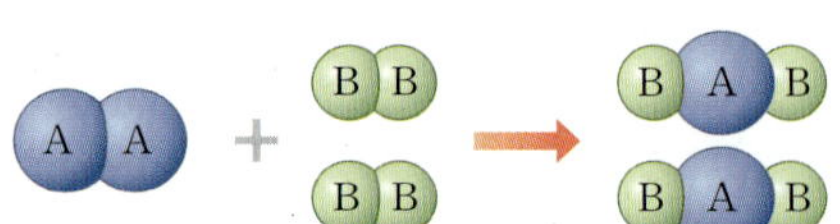

이와 같은 모형으로 나타낼 수 있는 화학 반응식은?

① $N_2 + O_2 ⟶ 2NO$ ② $H_2 + Cl_2 ⟶ 2HCl$
③ $2CO + O_2 ⟶ 2CO_2$ ④ $2H_2 + O_2 ⟶ 2H_2O$
⑤ $2Cu + O_2 ⟶ 2CuO$

15 다음은 과산화 수소가 분해되어 물과 산소를 생성하는 반응을 화학 반응식으로 나타내는 방법이다.

> (가) '⟶'를 기준으로 반응물의 화학식은 왼쪽, 생성물의 화학식은 오른쪽에 쓴다.
> ㉠ ⟶ O_2 + ㉡
> (나) '⟶'를 기준으로 양쪽의 원자의 종류와 개수가 같도록 계수를 맞춘다.
> ㉢ ㉠ ⟶ ㉣O_2 + ㉤ ㉡

㉠~㉤에 들어갈 내용으로 옳지 <u>않은</u> 것은? (단, ㉢~㉤은 계수가 1인 경우도 포함한다.)

① ㉠ : H_2O_2 ② ㉡ : H_2O ③ ㉢ : 1
④ ㉣ : 1   ⑤ ㉤ : 2

16 그림은 메테인이 산소와 반응하여 이산화 탄소와 물을 생성하는 반응을 모형으로 나타낸 것이다.

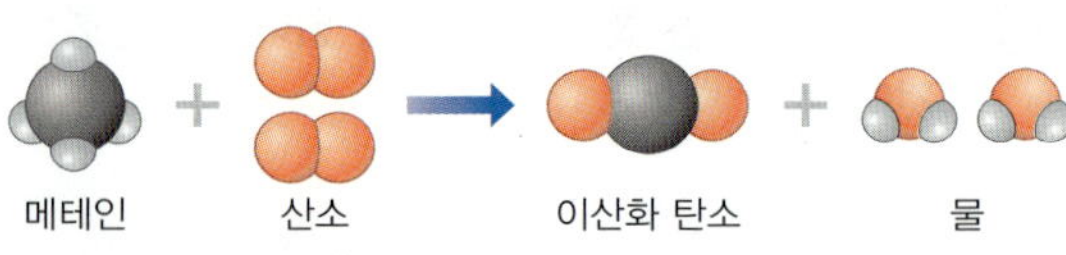

이 반응에 대한 설명으로 옳지 <u>않은</u> 것은?

① 반응물과 생성물은 각각 2가지이다.
② 화학 반응식은 $CH_4 + 2O_2 ⟶ CO_2 + 2H_2O$이다.
③ 반응 전후 원자의 종류는 변하지 않는다.
④ 반응하는 메테인과 산소의 분자 수의 비는 1 : 2이다.
⑤ 메테인 분자 100개가 반응하면 물 분자 100개가 생성된다.

[17~18] 다음은 질소와 수소가 반응하여 암모니아를 생성하는 반응의 화학 반응식이다.

$$N_2 + 3H_2 ⟶ 2NH_3$$

17 이 반응에 대한 설명으로 옳은 것은?

① 질소 분자 3개와 수소 분자 1개가 반응한다.
② 암모니아 분자는 질소 원자 1개와 수소 원자 3개로 이루어진다.
③ 반응 전후 분자의 개수는 변하지 않는다.
④ 반응한 질소와 생성된 암모니아의 분자 수의 비는 1 : 3이다.
⑤ 반응 전 질소와 수소의 질량의 합은 반응 후 생성된 암모니아의 질량보다 크다.

18 암모니아 분자 50개가 생성되기 위해 필요한 질소 분자의 최소 개수를 구하시오. (단, 수소는 충분히 공급된다고 가정한다.)

🗿 최다빈출

19 그림은 물질의 변화를 모형으로 나타낸 것이다.

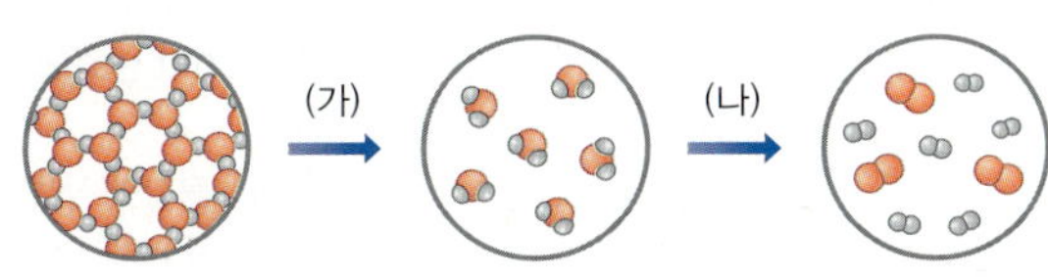

(1) (가)와 (나)를 각각 물리 변화와 화학 변화로 분류하시오.

____

(2) (1)과 같이 분류한 까닭을 다음 용어를 모두 포함하여 서술하시오.

원자   분자   종류   배열

____
____
____

20 다음은 설탕을 가열할 때의 변화에 대한 설명이다.

> ㉠ 설탕이 녹아 투명한 액체 설탕으로 변하고 베이킹 소다를 넣으면 스스로 분해되면서 액체 설탕이 부풀어 오른다. 이를 ㉡ 응고시키면 설탕 과자가 완성되고, 만약 ㉢ 액체 설탕을 오랜 시간 더 가열하면 설탕이 타서 검게 변하게 된다.

(1) ㉠~㉢ 중 화학 변화가 일어난 것을 모두 고르시오.

____

(2) (1)과 같이 답한 까닭을 서술하시오.

____
____
____

21 그림 (가)~(다)와 같이 페트리 접시에 각각 마그네슘 리본, 구부린 마그네슘 리본, 마그네슘 리본을 태운 재를 놓고 전기 전도계를 대어 보았다.

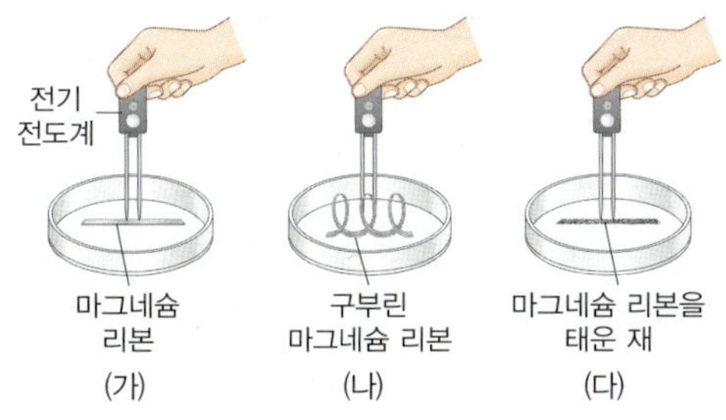

(1) (가)~(다) 중 전류가 흐르는 것을 모두 고르시오.

____

(2) 마그네슘 리본을 태우는 것은 물리 변화와 화학 변화 중 어느 것에 해당하는지를 고르고, 그 까닭을 설명하시오.

____
____

22 다음은 암모니아 합성에 대한 설명이다.

> 독일의 과학자 하버는 높은 온도와 압력에서 촉매를 이용하여 공기 중의 수소와 질소를 반응시켜 암모니아를 얻는 방법을 개발하였다.

(1) 암모니아의 생성 반응을 화학 반응식으로 쓰시오.

____

(2) 충분한 양의 수소 분자와 질소 분자 150개가 반응할 때 생성되는 암모니아 분자의 최대 개수를 구하고, 그 까닭을 설명하시오.

____
____
____

02 질량 보존 법칙, 일정 성분비 법칙

A 질량 보존 법칙

1. 질량 보존 법칙 화학 반응이 일어날 때 반응 전후에 질량이 변하지 않고 일정하다.

> 반응물의 전체 질량＝생성물의 전체 질량

(1) **질량 보존 법칙이 성립하는 까닭** : 화학 반응이 일어날 때 물질을 이루는 원자의 종류와 개수가 변하지 않기 때문이다.

(2) 질량 보존 법칙은 물리 변화와 화학 변화에서 모두 성립한다.

탐구 p. 24 기출 분석 p. 26

2. 앙금 생성 반응에서 질량 변화 예 염화 나트륨 수용액과 질산 은 수용액의 반응

반응	염화 나트륨 수용액과 질산 은 수용액이 반응하면 염화 은의 흰색 앙금이 생성된다. 염화 나트륨($NaCl$) + 질산 은($AgNO_3$) ⟶ 염화 은($AgCl$) + 질산 나트륨($NaNO_3$)
반응 모형	염화 나트륨 　 질산 은 　 염화 은 　 질산 나트륨
질량 관계	(염화 나트륨＋질산 은)의 질량＝(염화 은＋질산 나트륨)의 질량

탄산 칼슘($CaCO_3$) + 묽은 염산(HCl) ⟶ 염화 칼슘($CaCl_2$) + 이산화 탄소(CO_2) + 물(H_2O)

3. 기체 발생 반응에서 질량 변화 예 탄산 칼슘과 묽은 염산의 반응 기출 분석 p. 26

반응	탄산 칼슘과 묽은 염산이 반응하면 이산화 탄소 기체가 발생한다.		
	열린 용기 기체가 날아가므로 질량 감소		**닫힌 용기** 기체가 날아가지 못하므로 질량 일정
실험 장치	묽은 염산 / 탄산 칼슘		묽은 염산 / 탄산 칼슘
반응 모형	탄산 칼슘 　 염화 수소 　 염화 칼슘 　 이산화 탄소 　 물		
질량 관계	(탄산 칼슘＋염화 수소)의 질량＝(염화 칼슘＋이산화 탄소＋물)의 질량		

└ 또는 달걀 껍데기(달걀 껍데기의 주성분은 탄산 칼슘이다.)

최다 빈출 4. 연소 반응에서 질량 변화

구분	예 강철 솜의 연소	예 나무의 연소
반응	철 + 산소 ⟶ 산화 철(Ⅱ)	나무 + 산소 ⟶ 재 + 수증기 + 이산화 탄소
닫힌 공간	결합한 산소의 질량을 합하면 질량 일정	발생한 기체의 질량을 합하면 질량 일정
열린 공간	철이 공기 중의 산소와 결합하기 때문 ➡ 질량 증가	발생하는 기체가 공기 중으로 날아가기 때문 ➡ 질량 감소
질량 관계	(철＋산소)의 질량＝산화 철(Ⅱ)의 질량	(나무＋산소)의 질량＝(재＋수증기＋이산화 탄소)의 질량

물리 변화와 화학 변화에서의 질량 보존 법칙
- 물리 변화 : 물질의 상태나 모양은 변하지만 분자 자체는 변하지 않고 분자의 배열만 변하므로 질량 보존 법칙이 성립한다.
- 화학 변화 : 원자의 배열이 달라질 뿐 반응 전후 원자의 종류와 개수가 변하지 않으므로 질량 보존 법칙이 성립한다.

여러 가지 앙금 생성 반응
- 탄산 나트륨 + 염화 칼슘
  ⟶ 탄산 칼슘↓ + 염화 나트륨
- 아이오딘화 칼륨 + 질산 납
  ⟶ 아이오딘화 납↓ + 질산 칼륨
- 황산 나트륨 + 염화 바륨
  ⟶ 황산 바륨↓ + 염화 나트륨

닫힌 공간과 열린 공간
- 닫힌 공간 : 외부와 물질 교환은 불가능하고, 에너지 교환만 가능한 공간이다.
- 열린 공간 : 외부와 물질 및 에너지 교환이 모두 가능한 공간이다.

여러 가지 기체 발생 반응
- 마그네슘 + 묽은 염산
  ⟶ 염화 마그네슘 + 수소↑
- 아연 + 묽은 염산
  ⟶ 염화 아연 + 수소↑
- 과산화 수소 ⟶ 물 + 산소↑
- 탄산수소 나트륨 ⟶ 탄산 나트륨 + 물 + 이산화 탄소↑

강철 솜의 연소 반응에서 질량 변화
- 닫힌 공간

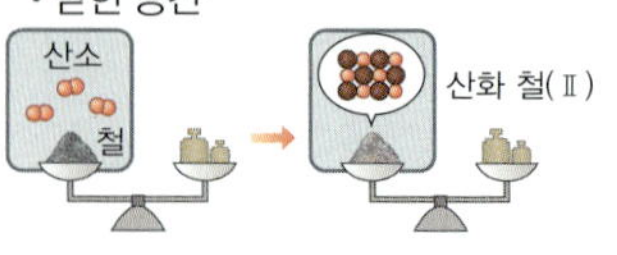

➡ 연소 전후 물질의 전체 질량은 일정하다.
- 열린 공간

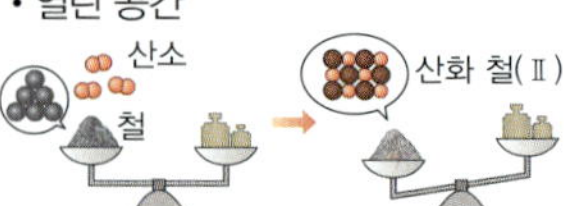

➡ 철이 공기 중의 산소와 결합하므로 반응하는 산소의 질량만큼 연소 후 물질의 질량이 증가한다.

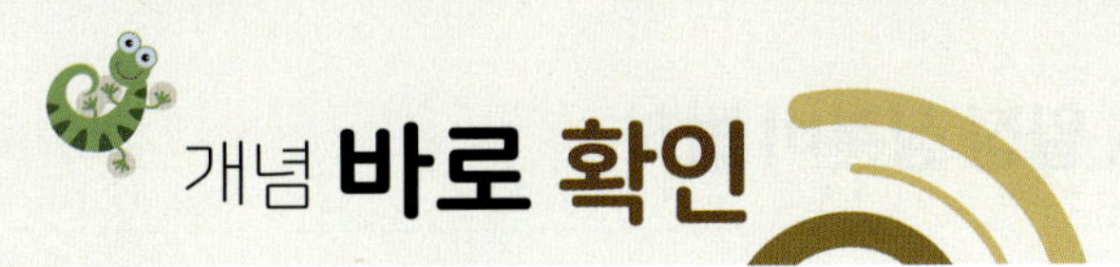

개념 바로 확인

01 질량 보존 법칙은 ㅎㅎ 변화에서뿐만 아니라 ㅁㄹ 변화에서도 성립한다.

02 앙금 생성 반응에서 반응 전후 원자의 ㅈㄹ와(과) 개수는 변하지 않고, ㅂㅇ만 달라지므로 반응 전후 질량이 일정하다.

03 앙금 생성 반응, 기체 발생 반응, 강철 솜의 연소, 나무의 연소가 ㄷㅎ 용기에서 일어날 때 반응 전후 물질의 질량은 일정하다.

04 열린 공간에서는 나무가 연소할 때 발생하는 ㄱㅊ가 공기 중으로 날아가므로 질량이 ㄱㅅ한다.

묽은 염산과 염화 수소
묽은 염산은 물에 염화 수소 기체를 녹인 수용액이다. 화학 반응에서 반응에 참여하는 물질은 HCl인 염화 수소이다.

A 질량 보존 법칙

01 질량 보존 법칙에 대한 설명으로 옳은 것은 ○, 옳지 <u>않은</u> 것은 ×로 표시하시오.

(1) 반응물의 전체 질량과 생성물의 전체 질량은 같다. ····················· (   )

(2) 화학 변화에서만 성립하는 법칙이다. ··························· (   )

(3) 기체가 발생하는 반응에서 반응 후 물질의 전체 질량은 감소한다. ·· (   )

(4) 물이 얼음이 되는 상태 변화가 일어날 때 질량은 증가한다. ··········· (   )

02 오른쪽 그림과 같이 두 시험관에 들어 있는 염화 나트륨 수용액과 질산 은 수용액을 섞어 반응시켰다.
이에 대한 설명으로 옳은 것은 ○, 옳지 <u>않은</u> 것은 ×로 표시하시오.

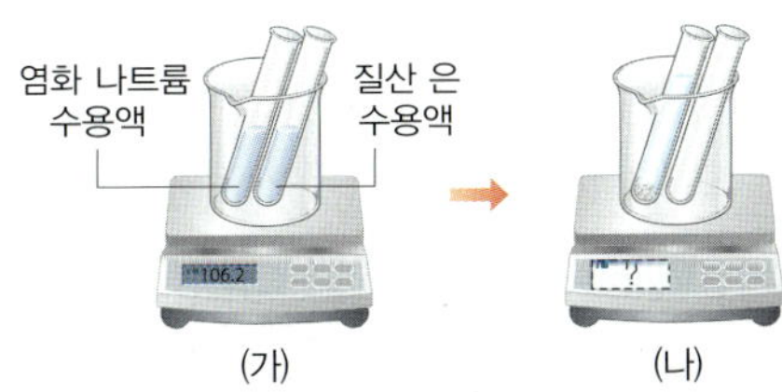

(1) (나)에서 생성되는 앙금은 염화 은이다. ··················· (   )

(2) (나)에서 생성되는 앙금의 색은 노란색이다. ················· (   )

(3) (나)의 전체 질량이 (가)의 전체 질량보다 크다. ············· (   )

03 그림은 탄산 칼슘과 묽은 염산의 반응을 모형으로 나타낸 것이다.

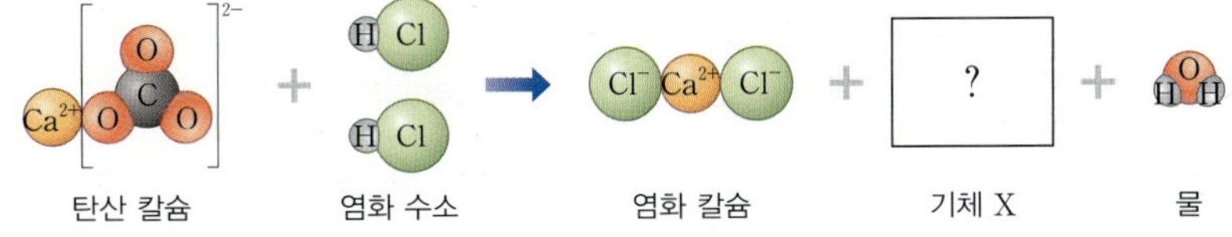

(1) 이 반응에서 생성되는 기체 X의 이름을 쓰시오.

(2) 닫힌 용기에서 이 반응이 일어날 때, 반응 전과 후의 물질의 전체 질량을 비교하시오.

(3) 열린 용기에서 이 반응이 일어날 때, 반응 전과 후의 물질의 전체 질량을 비교하시오.

04 닫힌 공간에서만 질량 보존 법칙이 성립함을 확인할 수 있는 반응만을 〈보기〉에서 모두 고르시오.

┌ 보기 ┐
ㄱ. 탄산 칼슘과 묽은 염산의 반응
ㄴ. 염화 나트륨 수용액과 질산 은 수용액의 반응
ㄷ. 나무의 연소 반응

Ⓑ 일정 성분비 법칙 `더 알아보기` p. 27

1. 일정 성분비 법칙 화합물을 구성하는 성분 원소 사이에는 일정한 질량비가 성립한다.

(1) **일정 성분비 법칙이 성립하는 까닭** : 화합물을 이루는 원자들이 항상 일정한 개수비로 결합하기 때문이다.

(2) 일정 성분비 법칙은 화합물에서는 성립하지만, 혼합물에서는 성립하지 않는다.

(3) 화합물을 구성하는 성분 원소의 종류가 같아도 질량비가 다르면 다른 물질이다.

    일정 성분비 법칙은 화학 변화에만 적용되기 때문에 혼합물에서는 성립하지 않는다. 같은 혼합물이라도 성분 물질의 양을 달리하면, 혼합 비율이 다른 여러 종류의 혼합물을 만들 수 있기 때문이다.

2. 모형으로 나타내는 일정 성분비 법칙

구분	물	이산화 탄소	암모니아	산화 구리(Ⅱ)
모형	H O H	O C O	N H H H	Cu^{2+} O^{2-}
원자의 개수비	수소 : 산소 $=2:1$	탄소 : 산소 $=1:2$	수소 : 질소 $=3:1$	구리 : 산소 $=1:1$
질량비	수소 : 산소 $=(2\times1):(1\times16)$ $=1:8$	탄소 : 산소 $=(1\times12):(2\times16)$ $=3:8$	수소 : 질소 $=(3\times1):(1\times14)$ $=3:14$	구리 : 산소 $=(1\times64):(1\times16)$ $=4:1$

볼트(B)와 너트(N)를 이용하여 만든 화합물의 질량비

예 화합물 BN_2를 만들 때(의 질량 $=3$ g, 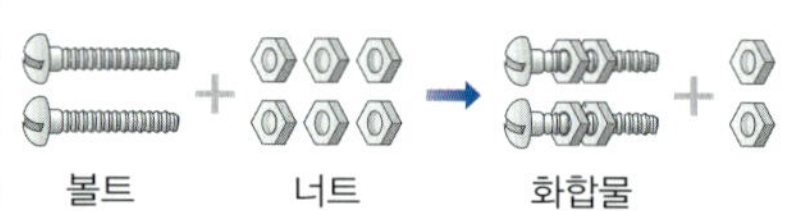의 질량 $=1$ g)

볼트 $+$ 너트 $\rightarrow$ 화합물

- B 1개, N 2개 ➡ BN_2 1개 생성
- 질량비$(B:N)=(3\,g\times1):(1\,g\times2)=3:2$

볼트 $+$ 너트 $\rightarrow$ 화합물 $+$

- B 2개, N 6개 ➡ BN_2 2개 생성, 남아 있는 N 2개
- 질량비$(B:N)=(3\,g\times2):(1\,g\times4)=3:2$

➡ 화합물 BN_2를 구성하는 볼트(B)와 너트(N)의 질량비는 $3:2$로 일정하다.

3. 산화 구리(Ⅱ) 생성 반응에서 질량비 구리를 가열하면 구리와 공기 중의 산소가 일정한 질량비로 반응하여 산화 구리(Ⅱ)가 생성된다. `탐구` p. 25 `기출 분석` p. 26

구리 $+$ 산소 $\longrightarrow$ 산화 구리(Ⅱ) $2Cu + O_2 \longrightarrow 2CuO$

구분	구리와 산소	구리와 산화 구리(Ⅱ)
질량 관계	구리 : 산소 $=4:1$	구리 : 산화 구리(Ⅱ) $=4:5$
질량비	반응하는 구리와 산소의 질량비는 $4:1$로 일정하다.	반응하는 구리와 생성된 산화 구리(Ⅱ)의 질량비는 $4:5$로 일정하다.
산화 구리(Ⅱ) 생성 반응에서 질량비		
구리 : 산소 : 산화 구리(Ⅱ) $=4:1:5$		

혼합물과 화합물

- 혼합물 : 여러 가지 물질이 섞여서 이루어진 물질
  - 예 공기, 물, 우유, 소금물, 흙탕물 등
- 화합물 : 서로 다른 원소가 결합하여 만들어진 물질
  - 예 물, 과산화 수소, 이산화 탄소, 암모니아, 산화 구리(Ⅱ) 등

혼합은 물리 변화이다.

혼합물과 일정 성분비 법칙

혼합물은 성분 물질이 섞이는 비율이 일정하지 않으므로 일정 성분비 법칙이 성립하지 않는다.

원자의 개수비와 질량비

원자의 종류에 따라 질량이 다른데, 원자의 개수비가 일정하면 질량비도 일정하다.

물과 과산화 수소를 구성하는 원자의 개수비와 질량비

구분	물(H_2O)	과산화 수소(H_2O_2)
모형	H O H	H O O H
원자의 개수비	$H:O=2:1$	$H:O=1:1$
질량비	$H:O=1:8$	$H:O=1:16$

(원자의 상대적 질량 : 수소(H) 1, 산소(O) 16)

➡ 같은 원소로 이루어진 화합물이라도 성분 원소의 질량비가 다르면 다른 물질이다.

예 이산화 탄소(CO_2)와 일산화 탄소(CO)

산화 마그네슘 생성 반응

마그네슘을 가열하면 마그네슘과 공기 중의 산소가 반응하여 산화 마그네슘이 생성된다.

$$2Mg + O_2 \longrightarrow 2MgO$$

산화 마그네슘 생성 반응에서 질량비

마그네슘 : 산소 : 산화 마그네슘 $= 3:2:5$

B 일정 성분비 법칙

05 일정 성분비 법칙에 대한 설명으로 옳은 것은 ○, 옳지 않은 것은 ×로 표시하시오.

(1) 화합물을 구성하는 원자들은 항상 일정한 개수비로 결합한다. ········ (   )

(2) 일정 성분비 법칙은 혼합물에서도 성립한다. ······························· (   )

(3) 화합물을 구성하는 성분 원소 사이에는 일정한 부피비가 성립한다.

·· (   )

(4) 일정 성분비 법칙은 혼합물과 화합물을 구분하는 중요한 기준이 된다.

·· (   )

06 일정 성분비 법칙이 성립하는 물질을 〈보기〉에서 모두 고르시오.

> ─ 보기 ─
> ㄱ. 소금물   ㄴ. 산화 구리(Ⅱ)   ㄷ. 물
> ㄹ. 암모니아   ㅁ. 우유   ㅂ. 공기

07 그림은 볼트(B)와 너트(N)를 이용하여 화합물(BN_2)을 만드는 반응을 모형으로 나타낸 것이다.

 +  → 

(1) 화합물 BN_2를 구성하는 볼트와 너트의 질량비(볼트 : 너트)를 구하시오. (단, 볼트 1개의 질량은 3 g이고, 너트 1개의 질량은 1 g이다.)

(2) 볼트 10개와 너트 25개를 이용하여 최대로 만들 수 있는 화합물 BN_2의 개수를 쓰고, 이때 남은 부품의 종류와 개수를 쓰시오.

08 오른쪽 그림은 구리를 가열하여 산화 구리(Ⅱ)가 생성될 때 반응하는 구리와 산소의 질량 관계를 나타낸 것이다. 구리 24 g이 완전히 반응하였을 때 생성되는 산화 구리(Ⅱ)의 질량을 구하시오.

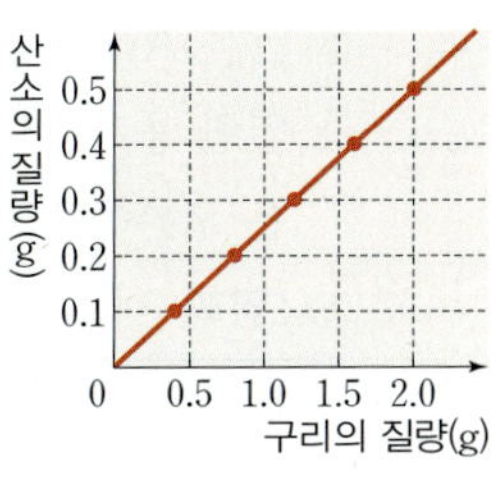

◉ 앙금 생성 반응에서 질량 변화

(과정

❶ 그림과 같이 염화 나트륨 수용액과 질산 은 수용액을 전자저울에 모두 올려놓고 질량을 측정한다.

❷ 두 수용액을 섞은 후 일어나는 변화를 관찰하고, 반응이 끝난 후 전체 질량을 측정한다.

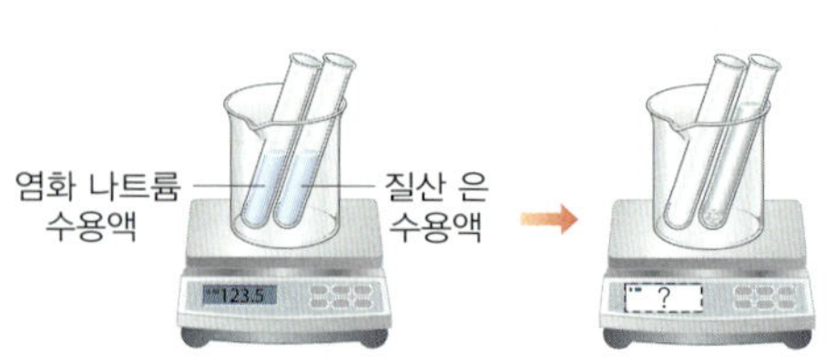

(결과 및 정리

1 염화 나트륨 수용액과 질산 은 수용액이 반응하면 질산 나트륨 수용액과 염화 은 앙금이 생성된다.

> 염화 나트륨 수용액 + 질산 은 수용액 ⟶ 질산 나트륨 수용액 + 염화 은↓

2 두 수용액을 섞으면 수용액에 흰색 앙금이 생기면서 뿌옇게 흐려진다.

3 반응 전 전체 질량은 123.5 g이고, 반응 후 전체 질량은 123.5 g이다. 따라서 반응 전후 물질의 전체 질량은 일정하다.
➡ 앙금 생성 발생 반응에서 질량 보존 법칙 성립

4 질량 보존 법칙이 성립하는 까닭 : 반응 전후 원자의 종류와 개수가 변하지 않기 때문이다.

TIP

반응 전후 원자의 종류와 개수

염화 나트륨 수용액과 질산 은 수용액의 반응에서 원자의 종류는 Na, Cl, Ag, N, O이고, 원자의 개수는 Na 1개, Cl 1개, Ag 1개, N 1개, O 3개로 반응 전과 후가 같다. 따라서 (염화 나트륨＋질산 은)의 질량은 (질산 나트륨＋염화 은)의 질량과 같다.

> $NaCl + AgNO_3 \longrightarrow$
> $NaNO_3 + AgCl\downarrow$

확인 문제

01 그림과 같이 염화 나트륨 수용액과 질산 은 수용액의 질량을 측정하고, 두 수용액을 섞어 반응시켰다. (가)에서 저울은 수평을 이루었다.

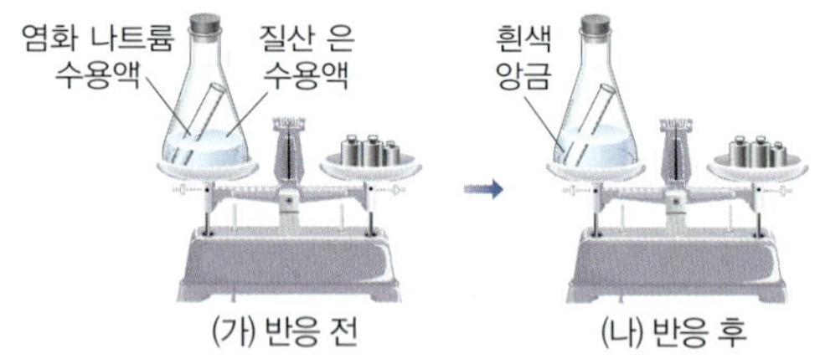

> • 화학 반응식 : $NaCl + AgNO_3 \longrightarrow$
> $NaNO_3 + $ ㉠

이에 대한 설명으로 옳지 않은 것은?

① (나)에서 생성된 흰색 앙금은 염화 은이다.

② 이 반응이 일어날 때 원자의 배열이 달라진다.

③ ㉠은 $AgCl$이다.

④ 열린 용기에서 같은 실험을 하면 (나)에서 저울은 오른쪽으로 기운다.

⑤ (염화 나트륨＋질산 은)의 질량은 (㉠＋질산 나트륨)의 질량과 같다.

실험에서는 이렇게!!

02 그림은 묽은 염산과 달걀 껍데기를 이용한 실험을 나타낸 것이다. (가)에서 저울은 수평을 이루었다.

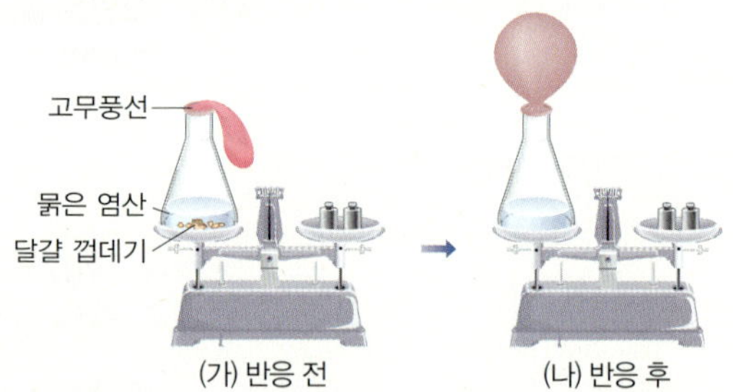

> • 화학 반응식 : $CaCO_3 + a\,HCl \longrightarrow$
> $CaCl_2 + H_2O + $ ㉠

이에 대한 설명으로 옳은 것은?

① $a=1$이다.

② ㉠은 CO_2이며, 석회수를 뿌옇게 흐리게 한다.

③ 반응 후 (나)의 저울은 오른쪽으로 기운다.

④ 일정 성분비 법칙을 알아보기 위한 실험이다.

⑤ 반응 전에 고무풍선을 제거한 후 같은 실험을 하면 (나)의 저울은 왼쪽으로 기운다.

◉ 산화 구리(Ⅱ) 생성 반응에서 구리와 산소의 질량 관계

과정

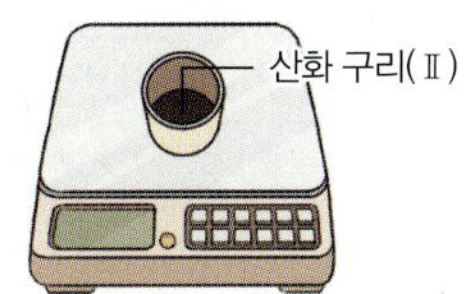

❶ 도가니에 각각 구리 가루 0.4 g, 0.8 g, 1.2 g, 1.6 g, 2.0 g을 넣는다.

❷ 구리 가루가 산소와 결합하여 산화 구리(Ⅱ)로 변할 때까지 가열한다.

❸ 생성된 산화 구리(Ⅱ)의 질량을 측정한다.

TIP

반응한 산소의 질량 측정 방법
생성된 산화 구리(Ⅱ)의 질량에서 반응한 구리 가루의 질량을 빼면 구리와 반응한 산소의 질량을 구할 수 있다.

결과 및 정리

1 구리를 가열하면 구리가 산소와 반응하여 검은색의 산화 구리(Ⅱ)로 변한다.

2 산화 구리(Ⅱ)가 생성될 때 반응하는 구리와 산소, 생성되는 산화 구리(Ⅱ)의 질량 관계

구리의 질량(g)	산화 구리(Ⅱ)의 질량(g)	산소의 질량(g)	구리 : 산소 : 산화 구리(Ⅱ)의 질량비
0.4	0.5	0.1(=0.5−0.4)	4 : 1 : 5
0.8	1.0	0.2(=1.0−0.8)	4 : 1 : 5
1.2	1.5	0.3(=1.5−1.2)	4 : 1 : 5
1.6	2.0	0.4(=2.0−1.6)	4 : 1 : 5
2.0	2.5	0.5(=2.5−2.0)	4 : 1 : 5

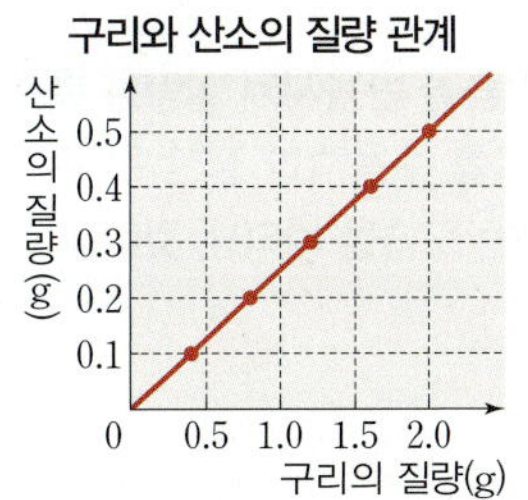

➡ 산화 구리(Ⅱ)를 구성하는 구리와 산소의 질량비는 항상 4 : 1로 일정하다.
➡ 일정 성분비 법칙 성립

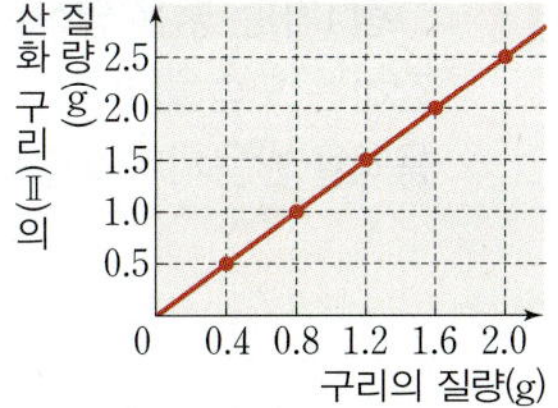

➡ 구리와 산화 구리(Ⅱ)의 질량비는 항상 4 : 5로 일정하다.
➡ 일정 성분비 법칙 성립

3 (구리＋산소)의 질량＝산화 구리(Ⅱ)의 질량 ➡ 질량 보존 법칙 성립

확인 문제

03 위 실험에 대한 설명으로 옳은 것은 ○, 옳지 않은 것은 ×로 표시하시오.

(1) 구리를 가열하면 산화 구리(Ⅱ)가 생성된다.
.... (   )

(2) 반응하는 구리와 산소의 질량비는 4 : 5이다.
.... (   )

(3) 구리의 질량에 관계없이 반응하는 산소의 질량은 항상 일정하다. .... (   )

(4) 반응한 구리와 생성된 산화 구리(Ⅱ)의 질량비는 항상 일정하다. .... (   )

시험에서는 이렇게!!

04 표는 구리가 연소할 때 반응한 구리와 생성된 산화 구리(Ⅱ)의 질량 관계를 나타낸 것이다.

구리의 질량(g)	4.0	8.0	12.0	16.0
산화 구리(Ⅱ)의 질량(g)	5.0	10.0	15.0	20.0

이에 대한 설명으로 옳은 것만을 〈보기〉에서 모두 고른 것은?

보기

ㄱ. 반응한 구리의 질량이 증가할수록 반응한 산소의 질량은 일정한 비율로 증가한다.
ㄴ. 구리 6 g을 완전 연소시켰을 때 반응한 산소의 질량은 2 g이다.
ㄷ. 산화 구리(Ⅱ) 50 g을 얻기 위해 필요한 산소의 최소 질량은 10 g이다.

① ㄱ   ② ㄷ   ③ ㄱ, ㄴ   ④ ㄱ, ㄷ   ⑤ ㄴ, ㄷ

앙금 생성 반응 / 기체 발생 반응

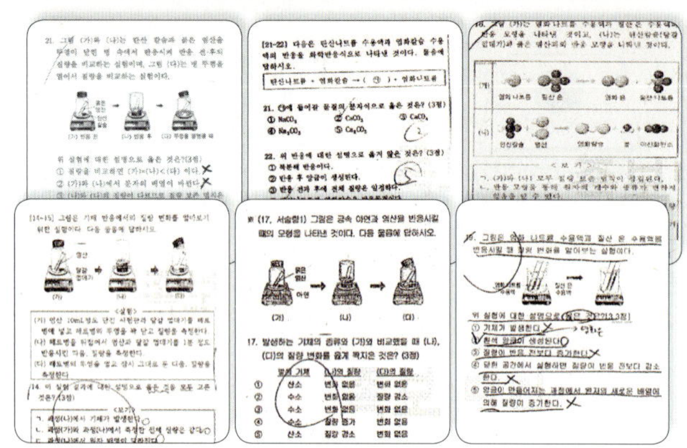

구리의 연소 반응

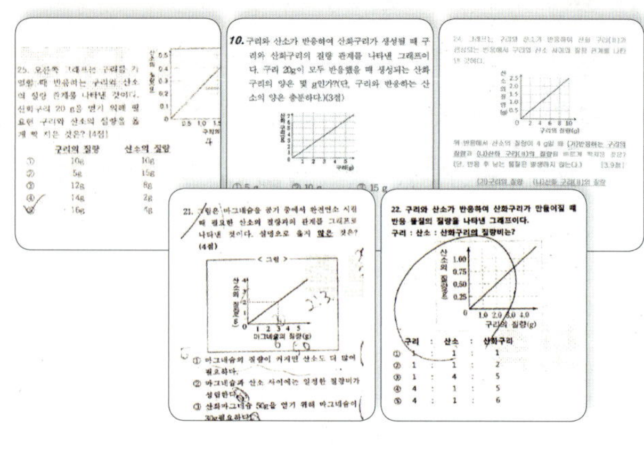

01 그림 (가)는 묽은 염산과 탄산 칼슘을 반응시켜 질량을 측정하는 모습을, (나)는 염화 나트륨 수용액과 질산 은 수용액을 반응시켜 질량을 측정하는 모습을 나타낸 것이다.

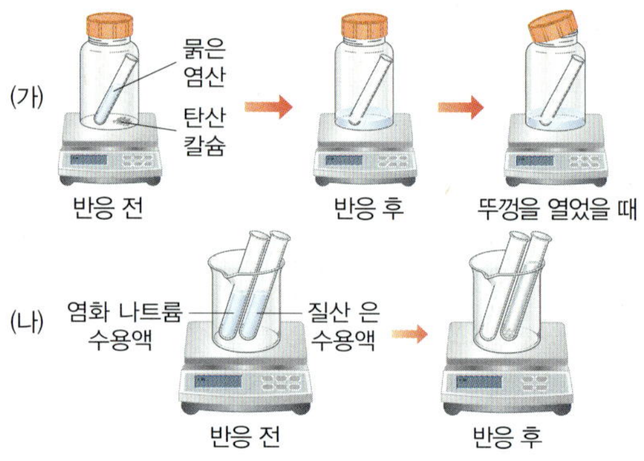

이에 대한 설명으로 옳은 것을 모두 고르면? (3개)

① (가)에서 반응 후 발생한 기체를 석회수에 넣으면 수용액이 뿌옇게 변한다.

② (가)에서 반응 후 생성된 물질은 2가지이다.

③ (가)에서 물질의 전체 질량은 반응 전이 반응 후 뚜껑을 열었을 때보다 크다.

④ (가)에서 뚜껑 대신 고무풍선을 이용하면 반응 후 질량이 증가하여 풍선이 부풀어 오른다.

⑤ (나)에서 생성된 앙금은 노란색이다.

⑥ (나)에서 질산 나트륨 앙금이 생성된다.

⑦ (나)에서 반응 전후 원자의 배열이 달라진다.

⑧ (나)에서 생성된 앙금의 질량은 반응 전 두 수용액의 질량을 합한 것과 같다.

⑨ (가)와 (나)에서 모두 기체가 생성된다.

02 오른쪽 그림은 구리가 연소할 때 반응한 구리와 생성된 산화 구리(Ⅱ)의 질량 관계를 나타낸 것이다.

이에 대한 설명으로 옳은 것을 모두 고르면? (4개)

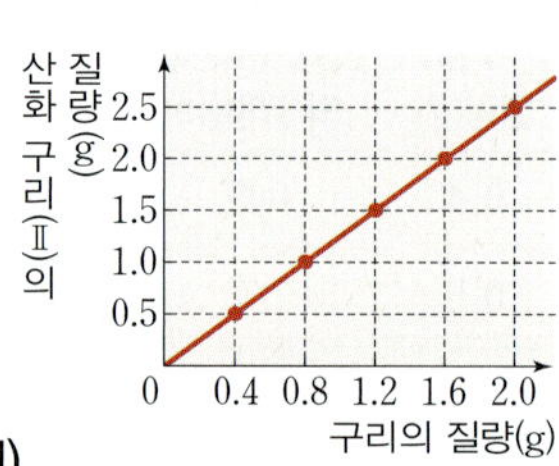

① 이 반응의 화학 반응식은 $Cu_2 + O_2 \longrightarrow 2CuO$이다.

② 구리와 산소가 반응하여 산화 구리(Ⅱ)가 생성된다.

③ 산화 구리(Ⅱ)를 구성하는 성분 원소의 질량비는 일정하지 않다.

④ 산화 구리(Ⅱ)를 구성하는 성분 원소의 질량비는 구리 : 산소 = 4 : 5이다.

⑤ 반응한 구리와 생성된 산화 구리(Ⅱ)의 질량비는 4 : 1이다.

⑥ 구리와 결합하는 산소의 질량은 반응하는 구리의 질량에 비례한다.

⑦ 구리의 질량이 증가해도 구리와 반응하는 산소의 질량은 변하지 않는다.

⑧ 산화 구리(Ⅱ)에 포함된 구리의 질량은 산소의 질량보다 크다.

⑨ 구리 10 g이 모두 반응하기 위해 필요한 산소의 최소 질량은 2.5 g이다.

⑩ 반응한 구리와 생성된 산화 구리(Ⅱ)의 질량은 같다.

더 알아보기

◉ 일정 성분비 법칙이 성립하는 반응의 예

❶ 수소와 산소가 반응하여 물을 생성하는 반응

1. 수소 기체와 산소 기체가 $1:8$의 질량비로 반응하여 물이 생성된다.

2. 수소와 산소는 항상 $1:8$의 질량비로 반응하므로 과량인 반응물(수소 또는 산소)은 반응하지 않고 남는다.

실험	반응 전 기체의 질량(g)		생성된 물의 질량(g)	반응 후 남은 기체의 종류와 질량(g)	반응한 기체의 질량(g)	
	수소	산소			수소	산소
1	2	8	9	수소, 1	1	8
2	2	16	18	0	2	16
3	2	20	18	산소, 4	2	16

	수소 + 산소 ⟶ 물
질량비	1 : 8 : 9

❷ 아이오딘화 칼륨 수용액과 질산 납 수용액의 반응

화학 반응식 : $2KI + Pb(NO_3)_2 \longrightarrow 2KNO_3 + PbI_2\downarrow$

아이오딘화 칼륨 수용액과 질산 납 수용액이 반응하면 노란색 앙금인 아이오딘화 납이 생성된다.

> 아이오딘화 칼륨 + 질산 납 ⟶ 질산 칼륨 + 아이오딘화 납↓ 노란색

실험 과정 및 결과	해석
• 10 % 아이오딘화 칼륨 수용액 6 mL에 10 % 질산 납 수용액의 부피를 달리하여 반응시킨다. • A~C : 생성되는 앙금의 높이가 증가한다. • B와 C : 반응하지 않고 남은 아이오딘화 이온이 들어 있다. • D : 납 이온과 아이오딘화 이온이 모두 반응하였다. • E와 F : 아이오딘화 이온이 없으므로 반응하지 않은 납 이온이 들어 있다. • D 이후 : 생성되는 앙금의 높이가 더 이상 증가하지 않는다.	• D 이후 앙금의 높이가 더 이상 증가하지 않는 까닭 : 납 이온과 반응할 수 있는 아이오딘화 이온이 없기 때문이다. • 아이오딘화 칼륨 수용액 6 mL와 질산 납 수용액 6 mL가 완전히 반응하였다. ➡ 같은 농도의 아이오딘화 칼륨 수용액과 질산 납 수용액은 1 : 1의 부피비로 반응한다. • 아이오딘화 이온(I^-)과 납 이온(Pb^{2+})은 2 : 1의 개수비로 결합한다. ➡ 아이오딘화 납이 생성될 때 일정한 질량비가 성립한다. 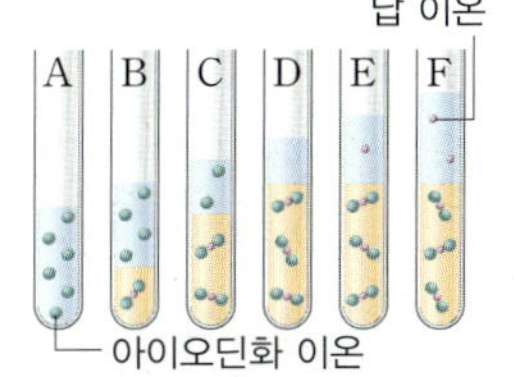

유제 **01**

표는 일정한 온도와 압력에서 수소와 산소를 반응시켰을 때 생성된 물의 질량을 나타낸 것이다.

실험	수소의 질량(g)	산소의 질량(g)	생성된 물의 질량(g)
1	2	16	18
2	3	24	㉠

㉠은?

① 27 g   ② 30 g   ③ 33 g
④ 36 g   ⑤ 40 g

유제 **02**

표는 6개의 시험관 A~F에 같은 농도의 아이오딘화 칼륨 수용액을 6 mL씩 넣고 각각 질산 납 수용액을 0 mL, 2 mL, 4 mL, 6 mL, 8 mL, 10 mL를 반응시켰을 때 앙금의 높이를 나타낸 것이다.

시험관	A	B	C	D	E	F
앙금의 높이(mm)	0	1.2	2.4	3.6	3.6	3.6

이에 대한 설명으로 옳은 것만을 〈보기〉에서 모두 고른 것은?

> ── 보기 ──
> ㄱ. 생성된 앙금은 질산 칼륨이다.
> ㄴ. B 시험관에 들어 있는 납 이온은 모두 반응하였다.
> ㄷ. E와 F 시험관에 아이오딘화 칼륨 수용액을 더 넣어 주면 앙금의 높이가 높아진다.

① ㄴ   ② ㄷ   ③ ㄱ, ㄴ   ④ ㄱ, ㄷ   ⑤ ㄴ, ㄷ

A 질량 보존 법칙

01 질량 보존 법칙에 대한 설명으로 옳은 것만을 〈보기〉에서 모두 고른 것은?

> **보기**
> ㄱ. 반응물과 생성물의 전체 질량이 같다.
> ㄴ. 기체 발생 반응은 질량 보존 법칙이 성립하지 않는다.
> ㄷ. 화학 변화와 물리 변화에서 모두 성립한다.

① ㄴ ② ㄷ ③ ㄱ, ㄴ
④ ㄱ, ㄷ ⑤ ㄱ, ㄴ, ㄷ

02 화학 반응이 일어날 때 질량 보존 법칙이 성립하는 까닭으로 옳은 것은?

① 반응 전후 분자의 배열만 달라지기 때문이다.
② 물질을 이루는 분자의 종류와 개수가 변하지 않기 때문이다.
③ 물질을 이루는 원자의 종류와 개수가 변하지 않기 때문이다.
④ 물질의 성질이 변하지 않기 때문이다.
⑤ 원자들이 일정한 개수비로 결합하여 화합물을 생성하기 때문이다.

기출 분석 p. 26

열린 용기와 닫힌 용기에서 기체가 발생하는 반응이 일어날 때, 반응 전후 물질의 전체 질량 변화의 차이점을 알아 두자.

03 그림과 같이 탄산 칼슘과 묽은 염산을 반응시키면서 반응 전후의 질량을 측정하였다.

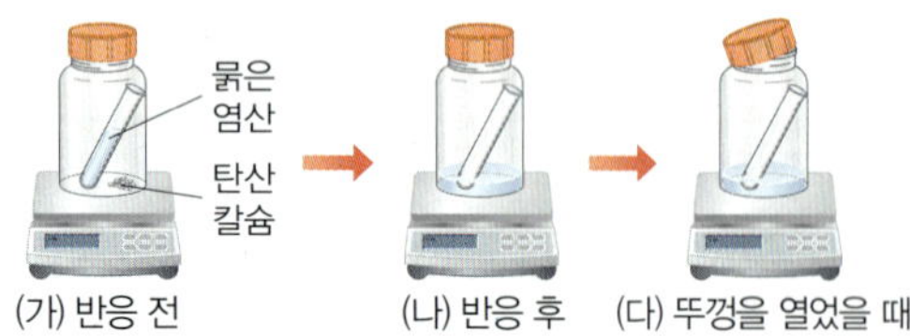

이에 대한 설명으로 옳지 <u>않은</u> 것은?

① (가)의 질량은 (나)의 질량과 같다.
② (가)의 질량은 (다)의 질량보다 크다.
③ (나)에서 새로운 물질이 생성된다.
④ (다)에서 질량이 줄어드는 까닭은 발생한 산소가 공기 중으로 날아갔기 때문이다.
⑤ 반응 전후 물질의 전체 질량은 변하지 않는다.

탐구 p. 24 **기출 분석** p. 26

앙금 생성 반응이 일어날 때, 두 수용액을 섞은 후 일어나는 변화와 반응 전후 물질의 전체 질량 변화를 알아 두자.

04 그림과 같이 염화 나트륨 수용액과 질산 은 수용액의 질량을 측정하고, 두 수용액을 섞어 반응시켰다.

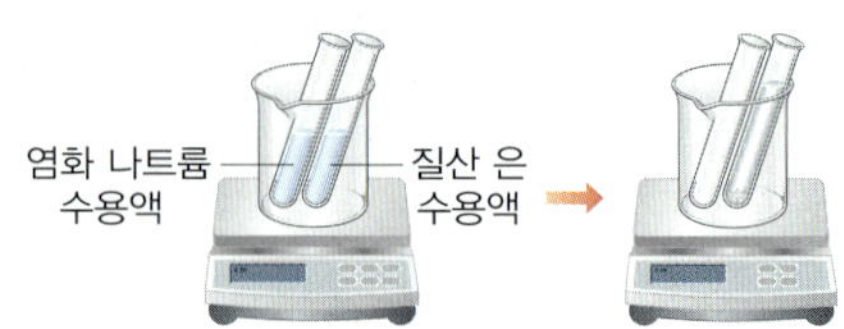

이에 대한 설명으로 옳지 <u>않은</u> 것은?

① 흰색 앙금이 생성된다.
② 질산 나트륨 앙금이 생성된다.
③ 반응 전후 원자의 종류와 개수는 변하지 않는다.
④ 앙금이 생성되었으므로 반응 전후 분자의 종류는 변한다.
⑤ 앙금은 생성되지만 반응 전후 물질의 전체 질량은 변하지 않는다.

05 그림과 같이 질량이 같은 강철 솜 A와 B를 막대 저울의 양쪽에 매달아 수평을 이루게 한 후, 강철 솜 B를 충분히 가열하였다.

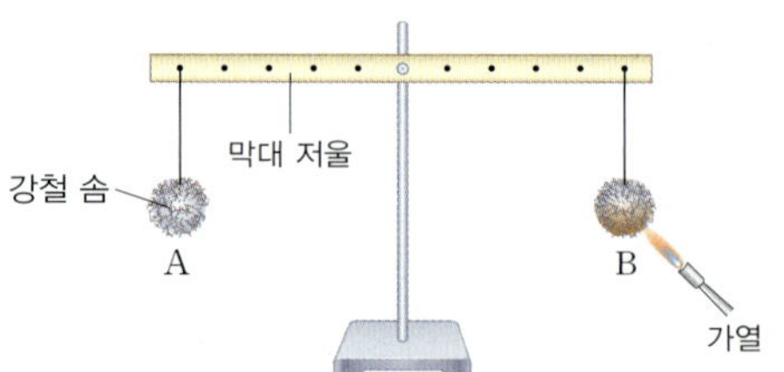

이에 대한 설명으로 옳은 것만을 〈보기〉에서 모두 고른 것은?

> **보기**
> ㄱ. 강철 솜 B를 가열해도 저울은 항상 수평을 유지한다.
> ㄴ. 강철 솜 B가 연소하면 강철 솜 A와는 성질이 전혀 다른 새로운 물질이 된다.
> ㄷ. 강철 솜 B와 반응한 기체의 질량을 고려하면 연소 전후 물질의 전체 질량은 같다.

① ㄴ ② ㄷ ③ ㄱ, ㄴ
④ ㄱ, ㄷ ⑤ ㄴ, ㄷ

06 다음은 과산화 수소가 물과 산소로 분해되는 반응이다.

$$2H_2O_2 \longrightarrow 2H_2O + O_2$$

과산화 수소 34 g이 완전히 분해되어 물 18 g이 생성되었다. 이때 발생한 산소 기체의 질량은?

① 16 g
② 18 g
③ 20 g
④ 24 g
⑤ 32 g

07 탄산 나트륨 수용액 20 g과 염화 칼슘 수용액 20 g을 섞어 반응시켰더니, 앙금이 생성되었다. 이 앙금의 이름 (㉠), 색깔(㉡), 이 혼합 용액의 전체 질량(㉢)을 옳게 짝지은 것은?

	㉠	㉡	㉢
①	탄산 칼슘	흰색	40 g
②	탄산 칼슘	흰색	30 g
③	탄산 칼슘	노란색	40 g
④	염화 나트륨	흰색	40 g
⑤	염화 나트륨	노란색	20 g

최다빈출

08 다음은 금속 아연(Zn)과 묽은 염산의 반응을 알아보기 위한 실험이다.

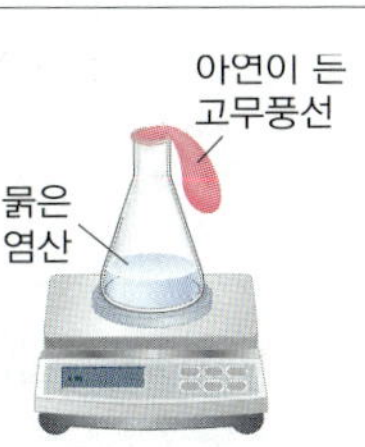

(가) 그림과 같이 묽은 염산이 들어 있는 삼각 플라스크에 금속 아연을 넣은 고무풍선을 씌우고 질량을 측정한다.
(나) 고무풍선을 들어 올려 금속 아연과 묽은 염산을 반응시킨 후 질량을 측정한다.

이 실험에 대한 설명으로 옳은 것은?

① (가)와 (나)에서 질량은 다르다.
② 반응 후 산소 기체가 발생한다.
③ 반응 후 아연 조각이 작아지므로 질량은 반응 후가 반응 전보다 작다.
④ 반응 후 고무풍선을 제거하여도 질량은 일정하다.
⑤ 닫힌 공간에서 일어나는 반응이다.

B 일정 성분비 법칙

탐구 **p. 25**　기출 분석 **p. 26**

구리와 산소가 일정한 질량비로 반응하여 산화 구리(Ⅱ)가 생성된다는 것을 이해하고, 구리와 산소 사이의 질량 관계를 해석할 수 있어야 해.

[09~10] 그림은 구리가 연소하여 산화 구리(Ⅱ)를 생성할 때 반응한 구리와 산소의 질량 관계를 나타낸 것이다.

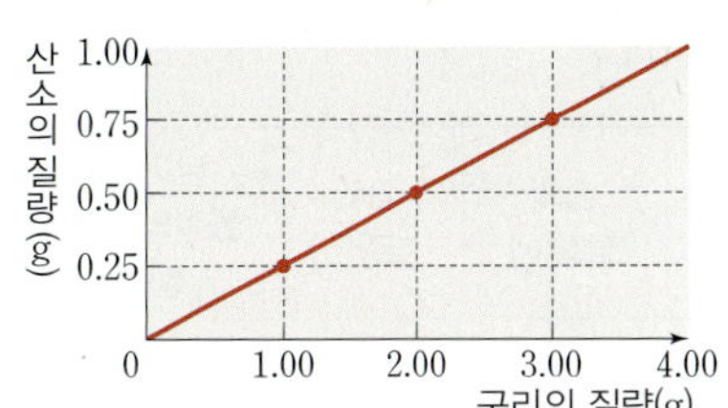

최다빈출

09 산화 구리(Ⅱ) 30 g을 얻기 위해 필요한 구리와 산소의 최소 질량을 옳게 나타낸 것은?

	구리	산소		구리	산소
①	12	18	②	16	4
③	20	5	④	24	6
⑤	28	7			

10 이 실험에서 반응하는 구리의 질량을 증가시켜도 변하지 않는 것은?

① 생성되는 산화 구리(Ⅱ)의 질량
② 구리와 결합하는 산소의 질량
③ 구리와 산소가 완전히 반응하는 데 걸리는 시간
④ 산화 구리(Ⅱ) 속에 포함된 산소의 질량
⑤ 반응하는 산소와 산화 구리(Ⅱ)의 질량비

11 오른쪽 그림은 암모니아를 구성하는 질소와 수소의 질량 관계를 나타낸 것이다. 질소 4.2 g이 모두 반응하여 암모니아가 생성될 때 필요한 수소의 최소 질량은?

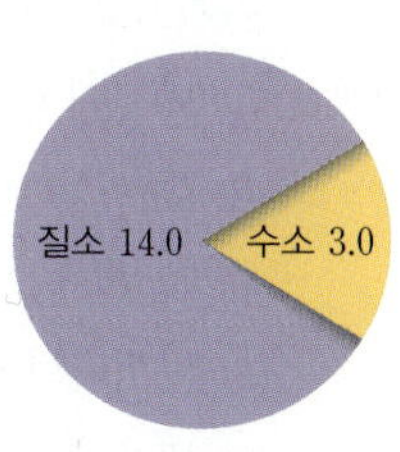

① 0.6 g
② 0.9 g
③ 1.2 g
④ 1.5 g
⑤ 1.8 g

12 오른쪽 그림은 암모니아의 분자 모형을 나타낸 것이다. 질소 30 g과 수소 6 g을 완전히 반응시킬 때 생성되는 암모니아의 질량을 구하시오. (단, 원자 1개의 상대적 질량은 수소 1, 질소 14이다.)

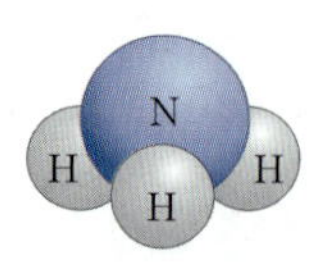

13 표는 물질 A와 B를 완전히 반응시킬 때 생성되는 물질 AB의 질량과 남아 있는 물질의 종류와 질량 관계를 나타낸 것이다.

실험	A의 질량(g)	B의 질량(g)	남아 있는 물질의 종류와 질량(g)	생성된 AB의 질량(g)
1	5	2	B	1	6
2	20	3	㉠	㉡	㉢

㉠~㉢으로 옳은 것은?

	㉠	㉡	㉢
①	A	2	3.6
②	A	2	21
③	A	5	18
④	B	1	18
⑤	없음	0	23

14 그림과 같이 10 % 아이오딘화 칼륨 수용액 6 mL가 들어 있는 6개의 시험관 A~F에 10 % 질산 납 수용액의 부피를 달리하여 각각 넣었더니, 생성된 앙금의 높이가 그래프와 같았다.

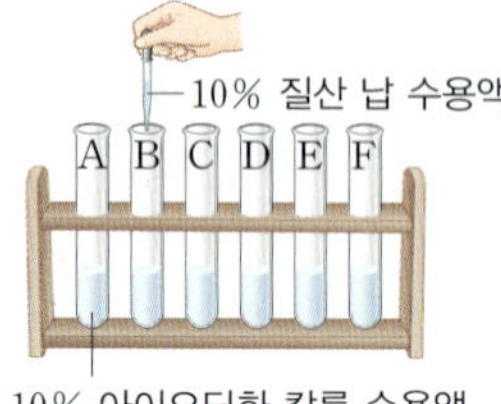

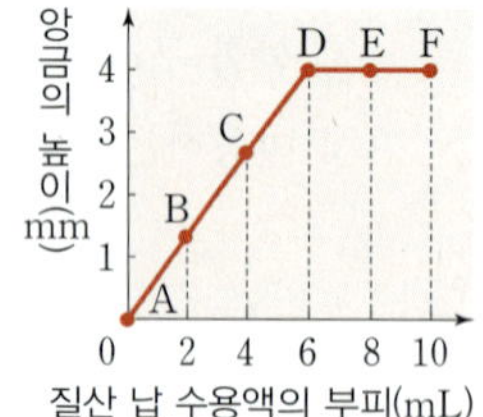

이에 대한 설명으로 옳지 <u>않은</u> 것은?

① 생성된 앙금은 노란색의 아이오딘화 납이다.
② A~C에는 아이오딘화 칼륨 수용액이 남아 있다.
③ E, F에는 질산 납 수용액이 남아 있다.
④ 시험관 D에 아이오딘화 칼륨 수용액을 추가로 넣으면 앙금이 더 생성된다.
⑤ 같은 농도의 질산 납 수용액과 아이오딘화 칼륨 수용액은 1 : 1의 부피비로 반응한다.

15 그림은 볼트(B)와 너트(N)를 이용하여 어떤 화학 반응을 나타낸 것이다.

이에 대한 설명으로 옳지 <u>않은</u> 것은? (단, 볼트(B) 1개의 질량은 3 g이고, 너트(N) 1개의 질량은 1 g이다.)

① 이 반응을 화학 반응식으로 나타내면 $B + N_3 \longrightarrow BN_3$이다.
② 이 반응에서 일정 성분비 법칙이 성립한다.
③ 이 반응에서 질량 보존 법칙이 성립한다.
④ 화합물을 이루는 B와 N의 질량비는 1 : 1이다.
⑤ 볼트 30개와 너트 30개가 반응하면 화합물이 최대 10개 생성된다.

16 과산화 수소 34 g에 이산화 망가니즈 2 g을 넣고 반응시켰더니, 물 18 g과 산소 기체가 생성되었다. 이때 생성되는 산소 기체의 질량은? (단, 이산화 망가니즈는 과산화 수소의 분해 반응을 촉진할 뿐, 직접 반응에 참여하지 않는다.)

① 4 g　　　② 8 g　　　③ 12 g
④ 16 g　　　⑤ 32 g

17 표는 마그네슘의 질량을 달리하여 완전 연소시켰을 때, 반응한 마그네슘과 생성된 산화 마그네슘의 질량 관계를 나타낸 것이다.

실험	마그네슘의 질량(g)	산화 마그네슘의 질량(g)
1	0.3	0.5
2	0.6	1.0
3	0.9	1.5

이에 대한 설명으로 옳은 것만을 〈보기〉에서 모두 고른 것은?

> **보기**
> ㄱ. 산화 마그네슘을 이루는 마그네슘과 산소의 질량비는 3 : 5이다.
> ㄴ. 산화 마그네슘 40 g을 얻으려고 할 때 필요한 마그네슘의 질량은 24 g이다.
> ㄷ. 실험 1~3에서 모두 가열 시간을 늘리면 더 많은 양의 산화 마그네슘을 얻을 수 있다.

① ㄴ　　　② ㄷ　　　③ ㄱ, ㄴ
④ ㄱ, ㄷ　　　⑤ ㄴ, ㄷ

서술형은 이렇게

18 그림과 같이 장치한 후 물 36 g을 전기 분해하였더니, 산소와 수소 기체가 생성되었다.

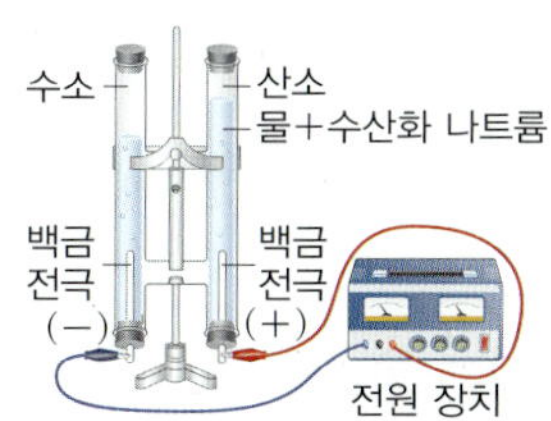

(1) 생성된 산소 기체의 질량이 32 g일 때, 생성된 수소 기체의 질량을 구하고, 그 까닭을 설명하시오.

____

____

(2) 수소와 산소가 반응하여 물을 생성할 때 질량비 (수소 : 산소 : 물)를 구하고, 그 까닭을 일정 성분비 법칙과 관련지어 설명하시오.

____

____

19 다음은 2가지 화학 반응을 나타낸 것이다.

> (가) 염화 나트륨 수용액과 질산 은 수용액의 반응
> (나) 공기 중에서 강철 솜의 연소 반응

(가)와 (나)에서 반응 전후 질량 변화가 있는 것을 고르고, 그 까닭을 서술하시오.

____

____

20 그림과 같이 열린 용기에서 묽은 염산과 탄산 칼슘을 반응시키는 실험을 하였지만 반응 전보다 질량이 줄어들어 질량 보존 법칙을 확인할 수 없었다.

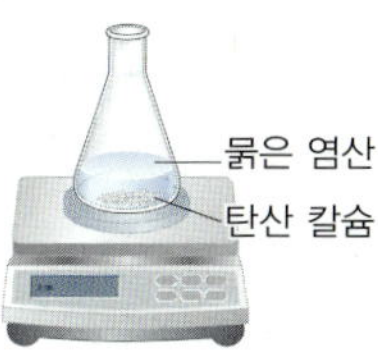

(1) 반응 후 질량이 줄어든 까닭을 서술하시오.

____

____

(2) 질량 보존 법칙을 설명할 수 있는 실험이 되도록 개선할 방법을 서술하시오.

____

21 자연에서 산출되는 황철석을 구성하는 성분을 분석하였더니, 오른쪽 그림과 같이 황과 철의 질량비가 항상 53 : 47이었다.

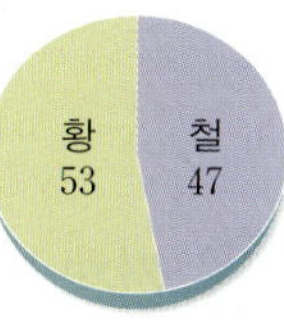

황철석은 화합물과 혼합물 중 어느 것인지를 고르고, 그 까닭을 서술하시오.

____

____

22 오른쪽 그림은 마그네슘과 산소가 반응하여 산화 마그네슘을 생성할 때, 반응 시간에 따른 산화 마그네슘의 질량 관계를 나타낸 것이다.

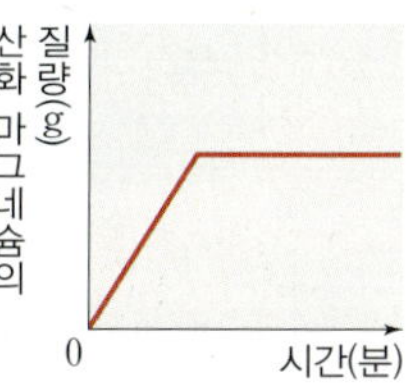

(1) 반응 초기에 그래프의 기울기가 일정한 까닭을 서술하시오.

____

____

(2) 일정한 시간이 지난 후 그래프가 평평해지는 까닭을 서술하시오.

____

____

23 우주에 표류하던 우주선이 운석에 부딪혀 저장된 물을 잃게 되었다. 이 우주선의 승무원이 지구에 무사히 도착하기 위해 필요한 물을 얻으려고 할 때, 반응시켜야 할 산소의 최소 질량을 구하고, 풀이 과정을 서술하시오.

> • 우주선 승무원 : 2명
> • 1인당 하루에 마셔야 할 물의 최소 질량 : 300 g/일
> • 지구에 도착하는 데 걸리는 시간 : 6일
> • 물의 합성 반응의 화학 반응식 :
> $2H_2 + O_2 \longrightarrow 2H_2O$
> • 수소와 산소의 질량비 $= 1 : 8$

____

____

____

03 기체 반응 법칙, 화학 반응에서의 에너지 출입

Ⓐ 기체 반응 법칙

1. 기체 반응 법칙 일정한 온도와 압력에서 기체가 반응하여 새로운 기체를 생성할 때 각 기체의 부피 사이에는 간단한 정수비가 성립한다.

(1) **기체 반응 법칙이 성립하는 까닭** : 일정한 온도와 압력에서 모든 기체는 같은 부피 속에 같은 개수의 분자가 들어 있기 때문이다.

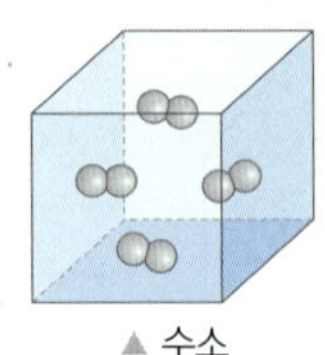
▲ 수소

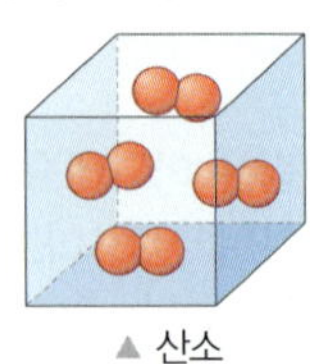
▲ 산소

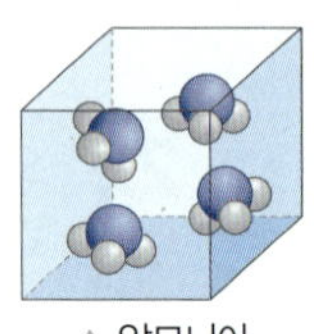
▲ 암모니아

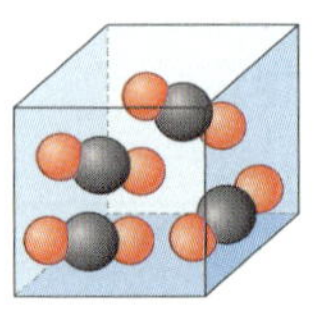
▲ 이산화 탄소

(2) 기체 반응 법칙은 반응물과 생성물이 모두 기체인 경우에만 성립한다.

2. 화학 반응식과 기체 반응 법칙 반응물과 생성물이 모두 기체인 반응에서 화학 반응식의 계수비는 각 기체의 분자 수비, 부피비와 같다.

> 화학 반응식의 계수비＝기체의 분자 수비＝기체의 부피비

3. 여러 가지 기체 반응에서의 계수비, 분자 수비, 부피비 관계 `탐구` **p. 36** `기출 분석` **p. 37**

수증기 생성 반응	모형	〔그림〕	+	〔그림〕	→	〔그림〕
	화학 반응식	$2H_2$	+	O_2	→	$2H_2O$
	계수비	2	:	1	:	2
	부피비	2	:	1	:	2
	분자 수비	2	:	1	:	2

암모니아 생성 반응	모형	〔그림〕	+	〔그림〕	→	〔그림〕
	화학 반응식	N_2	+	$3H_2$	→	$2NH_3$
	계수비	1	:	3	:	2
	부피비	1	:	3	:	2
	분자 수비	1	:	3	:	2

염화 수소 생성 반응	모형	〔그림〕	+	〔그림〕	→	〔그림〕
	화학 반응식	H_2	+	Cl_2	→	$2HCl$
	계수비	1	:	1	:	2
	부피비	1	:	1	:	2
	분자 수비	1	:	1	:	2

기체 반응 법칙이 성립하지 않는 반응

고체나 액체 물질이 반응할 경우에는 성립하지 않는다.

〔예〕 탄소 + 산소 ⟶ 이산화 탄소
　　　고체

➡ 탄소가 연소하여 이산화 탄소 기체가 발생하는 반응은 탄소가 고체이므로 기체 반응 법칙이 성립하지 않는다.

화학 반응식의 계수비

화학 반응식의 계수를 통해 기체 반응의 부피비, 분자 수비를 알 수 있지만 질량비는 알 수 없다.

> 계수비＝분자 수비＝부피비
> 　　　　　　　　≠질량비

기체의 부피와 분자 수

일정한 온도와 압력에서 같은 부피 속에 들어 있는 기체 분자의 개수는 기체의 종류에 관계없이 같다.

기체 분자는 크기가 매우 작아서 기체 분자가 차지하는 공간에 비해 분자 자체의 크기가 무시할 만큼 매우 작다. 따라서 크기가 작은 분자나 상대적으로 큰 분자 모두 같은 부피 속에 같은 개수의 분자가 들어갈 수 있다.

기체의 부피와 원자 수

일정한 온도와 압력에서 같은 부피 속에 들어 있는 원자의 개수는 기체의 종류에 따라 다르다. 각 기체 분자를 이루는 원자의 개수가 다르기 때문이다.

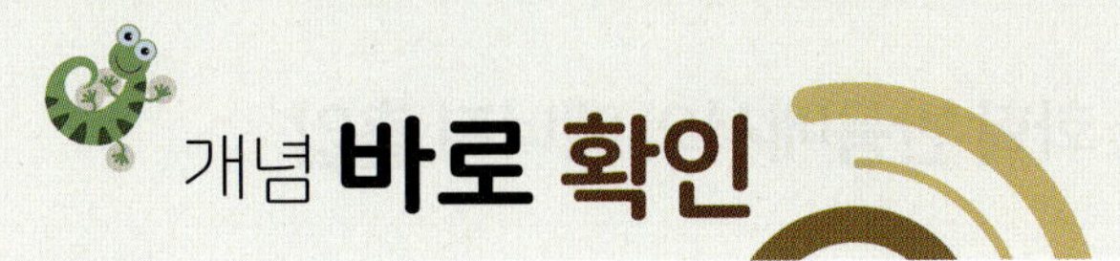

초성 확인 문제

01 일정한 온도와 압력에서 기체가 반응하여 새로운 기체를 생성할 때 각 기체의 ㅂㅍ 사이에는 간단한 ㅈㅅㅂ가 성립한다.

02 기체 반응이 성립할 때 화학 반응식의 ㄱㅅㅂ는 기체의 ㅂㅍㅂ와 같다.

03 기체 반응 법칙은 반응물과 생성물이 모두 ㄱㅊ인 경우에만 성립한다.

04 기체의 종류에 관계없이 같은 부피 속에 같은 개수의 ㅂㅈ가 들어 있다.

Ⓐ 기체 반응 법칙

01 기체 반응 법칙에 대한 설명으로 옳은 것은 ○, 옳지 <u>않은</u> 것은 ×로 표시하시오.

(1) 일정한 온도와 압력에서 모든 기체는 같은 부피 속에 같은 개수의 원자가 들어 있다. ·· (　　　)

(2) 일정한 온도와 압력에서 같은 부피 속에 들어 있는 원자의 개수는 기체의 종류에 따라 다르다. ································· (　　　)

(3) 기체 사이의 반응에서 반응하는 기체의 부피의 합은 생성되는 기체의 부피의 합과 같다. ····································· (　　　)

(4) 화학 반응식의 계수비를 통해 기체의 부피비, 분자 수비를 알 수 있다.
·· (　　　)

02 다음은 기체 사이의 반응에 대한 설명이다. (　　　) 안에 알맞은 말을 쓰시오.

> 일정한 ㉠(　　　)와 압력에서 기체가 반응하여 새로운 기체를 생성할 때 각 기체의 부피 사이에는 간단한 정수비가 성립하는데, 이를 ㉡(　　　) 법칙이라고 한다. 이때 화학 반응식의 계수비는 각 기체의 분자 수비, ㉢(　　　)와 같다.

03 그림은 수소 기체와 산소 기체가 반응하여 수증기를 생성하는 반응에서 기체의 부피 관계를 나타낸 것이다. (단, 반응 전후의 온도와 압력은 같다.)

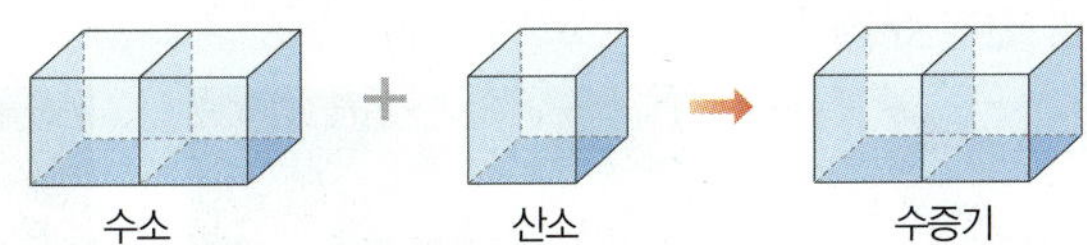

(1) 이 반응에서 각 기체의 부피비(수소 : 산소 : 수증기)를 구하시오.

(2) 수소 기체 100 mL가 충분한 양의 산소 기체와 완전히 반응할 때, ㉠ <u>반응하는 산소 기체의 부피</u>와 ㉡ <u>생성되는 수증기의 부피</u>를 각각 구하시오.

(3) 수소 기체 170 mL와 산소 기체 80 mL가 반응하여 수증기가 생성되었을 때, ㉠ <u>생성된 수증기의 부피</u>, ㉡ <u>반응 후 남은 기체의 종류와 부피</u>를 구하시오.

04 그림은 기체 (가)와 (나)가 반응하여 암모니아 기체를 생성하는 반응을 모형으로 나타낸 것이다. (단, 반응 전후의 온도와 압력은 같다.)

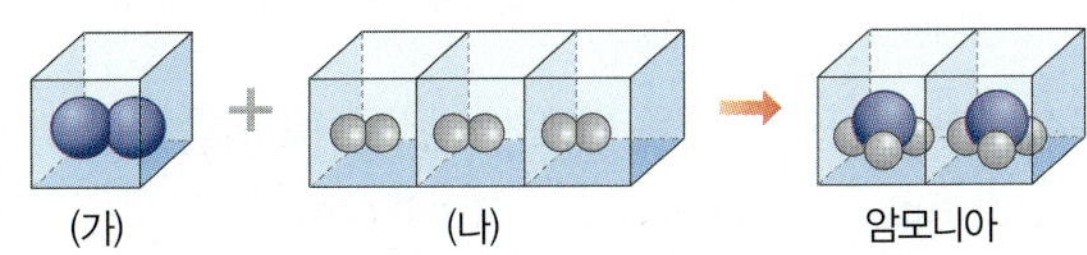

(1) 이 반응에서 반응하는 기체 (가)와 (나)의 이름을 쓰시오.

(2) (가) 분자 100개가 (나) 분자와 완전히 반응할 때 ㉠ <u>반응하는 (나) 분자의 개수</u>와 이때 ㉡ <u>생성되는 암모니아 분자의 개수</u>를 구하시오.

Ⓑ 화학 반응에서의 에너지 출입

1. 화학 반응에서의 에너지 출입 화학 반응이 일어날 때 에너지를 방출하거나 흡수한다.

2. 발열 반응

(1) **발열 반응** : 반응이 일어날 때 주위로 에너지를 방출하는 반응 ➡ 반응이 일어날 때 주위의 온도가 높아진다.

> 반응물 ⟶ 생성물 + 에너지

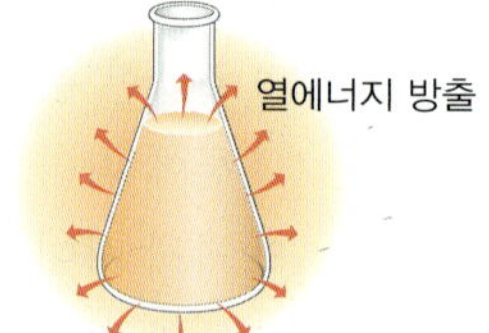

(2) **발열 반응의 예** : 연소 반응, 금속이 녹스는 반응, 금속과 산의 반응, 산과 염기의 반응, 산화 칼슘(또는 황산 칼슘)과 물의 반응 등
— 예 묽은 염산과 수산화 나트륨 수용액의 반응 — 예 마그네슘(또는 아연)과 묽은 염산의 반응

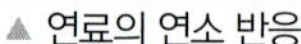
▲ 연료의 연소 반응

▲ 철이 녹스는 반응

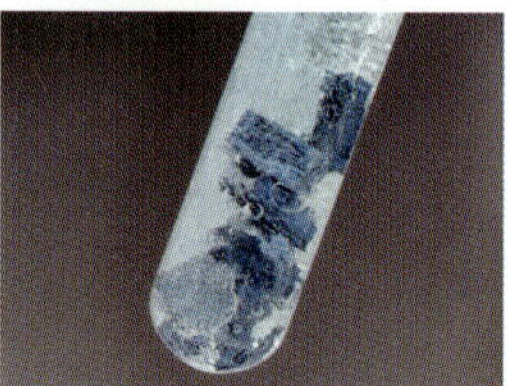
▲ 마그네슘과 묽은 염산의 반응

3. 흡열 반응

(1) **흡열 반응** : 반응이 일어날 때 주위로부터 에너지를 흡수하는 반응 ➡ 반응이 일어날 때 주위의 온도가 낮아진다.

> 반응물 + 에너지 ⟶ 생성물

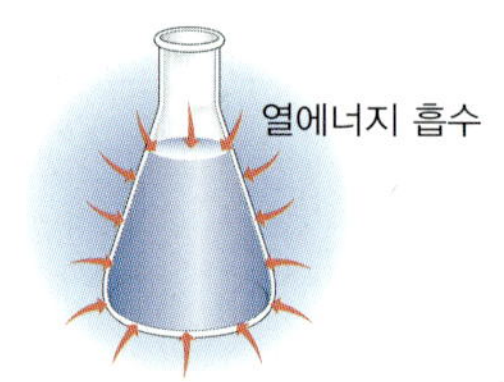

(2) **흡열 반응의 예** : 소금(또는 설탕)과 물의 반응, 탄산수소 나트륨의 열분해, 수산화 바륨과 염화 암모늄의 반응, 질산 암모늄과 물의 반응, 광합성, 물의 전기 분해 등

▲ 소금과 물의 반응

▲ 광합성

▲ 탄산수소 나트륨의 열분해

4. 화학 반응에서 출입하는 에너지의 이용

(1) **발열 반응을 이용하는 예**

- **손난로** : 손난로 속 철 가루와 공기 중의 산소가 반응하면서 발생한 열로 손을 따뜻하게 한다. 탐구 **p. 36**

- **제설제(염화 칼슘)** : 눈이 쌓인 도로에 염화 칼슘을 뿌리면 물에 용해되면서 방출된 열로 눈을 녹인다.
  염화 칼슘은 눈을 녹이는 것뿐만 아니라 물의 어는점을 0 ℃보다 낮추어 눈이 얼지 않도록 방지하는 역할까지 한다.

- **난방 및 음식 조리** : 천연가스 등 연료가 연소할 때 방출하는 열에너지를 이용하여 난방 및 음식을 조리한다.
  — 예 메테인(CH_4)

(2) **흡열 반응을 이용하는 예**

- **냉각 팩** : 질산 암모늄이 물에 용해되면서 열을 흡수하여 주위의 온도가 낮아지므로 열을 내리거나 다친 부위의 통증을 완화시킨다.

화학 반응에서 에너지 출입이 있는 까닭

반응물과 생성물은 고유의 에너지를 가진다. 화학 반응이 일어날 때 반응물과 생성물의 에너지 차이만큼 에너지를 방출하거나 흡수하기 때문이다.

발열 반응

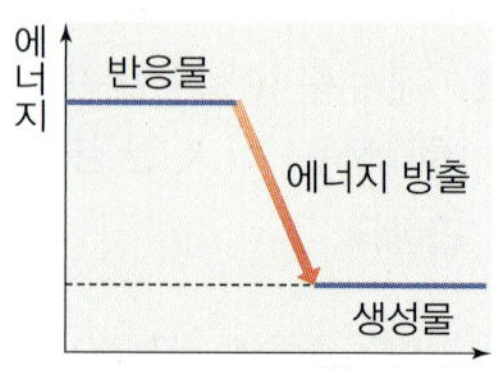

- 반응물의 에너지 합이 생성물의 에너지 합보다 크다.
- 반응물과 생성물의 에너지 차이만큼 에너지가 방출된다.

흡열 반응

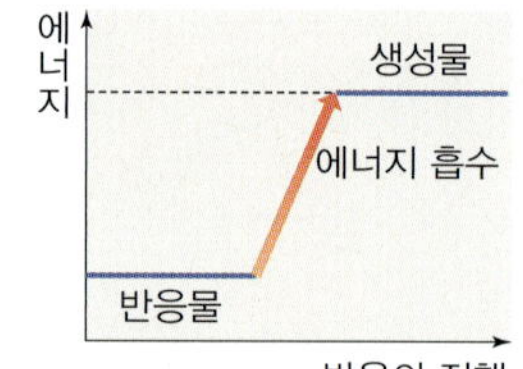

- 반응물의 에너지 합이 생성물의 에너지 합보다 작다.
- 반응물과 생성물의 에너지 차이만큼 에너지가 흡수된다.

탄산수소 나트륨의 열분해 ($NaHCO_3$)

빵을 만들 때 사용하는 베이킹파우더의 주성분은 탄산수소 나트륨이다. 탄산수소 나트륨을 가열하면 주위로부터 에너지를 흡수하여 분해되면서 이산화 탄소 기체를 생성하므로 빵이 부풀어 오른다.

발열 반응의 이용 예

- 발열 용기 : 산화 칼슘이 물에 용해되면서 방출하는 열을 이용하여 용기 속 음료를 데운다.
- 구제역 바이러스 제거 : 산화 칼슘이 물에 용해되면서 발생하는 열을 이용하여 구제역 바이러스를 사멸시킨다.

흡열 반응의 이용 예

- 냉장고 : 냉매가 기화할 때 열을 흡수하여 주위의 온도가 낮아지므로 차가워진다.

초성 확인 문제

05 화학 반응이 일어날 때 주위로 에너지를 ㅂㅊ 하면 주위의 온도가 높아진다.

06 화학 반응이 일어날 때 주위로부터 에너지를 ㅎㅅ 하면 주위의 온도가 낮아진다.

07 화학 반응이 일어날 때 주위의 온도가 높아지거나 낮아지므로 ㅇㅇㄴㅈ 가 출입함을 알 수 있다.

08 화학 반응에서 반응물과 생성물은 고유의 에너지를 가지고 있는데, 반응이 일어날 때 이 에너지의 ㅊㅇ 만큼 에너지를 방출하거나 흡수한다.

B 화학 반응에서의 에너지 출입

05 화학 반응에서의 에너지 출입과 관련된 설명으로 옳은 것은 ○, 옳지 <u>않은</u> 것은 ✕로 표시하시오.

(1) 발열 반응이 일어나면 주위의 온도가 낮아진다. ····························· (   )

(2) 발열 반응에서 반응물과 생성물의 에너지 차이만큼 열을 주위로 방출한다.
·· (   )

(3) 묽은 염산과 수산화 나트륨 수용액이 반응할 때 열을 방출한다. ······ (   )

(4) 흡열 반응의 예로 손난로, 탄산수소 나트륨의 열분해, 수산화 바륨과 염화 암모늄의 반응을 들 수 있다. ··· (   )

(5) 흡열 반응에서 반응물의 에너지 합은 생성물의 에너지 합보다 크다.
·· (   )

06 여러 가지 화학 반응 중 에너지를 방출하는 반응과 흡수하는 반응을 〈보기〉에서 각각 고르시오.

> ─ 보기 ─
> ㄱ. 탄산수소 나트륨의 열분해　　　ㄴ. 물의 전기 분해
> ㄷ. 마그네슘과 묽은 염산의 반응　　ㄹ. 수산화 바륨과 염화 암모늄의 반응
> ㅁ. 금속이 녹스는 반응　　　　　　ㅂ. 연소 반응

(1) 에너지를 방출하는 반응
(2) 에너지를 흡수하는 반응

07 실생활에서 발열 반응을 활용한 예를 〈보기〉에서 모두 고르시오.

> ─ 보기 ─
> ㄱ. 냉각 팩　　　　　　ㄴ. 손난로　　　　　　ㄷ. 난방 및 음식 조리

08 다음은 화학 반응에서 출입하는 에너지의 이용에 대한 설명이다. (   ) 안에 알맞은 말을 쓰시오.

(1) 손난로는 손난로 속 철 가루와 공기 중의 산소가 반응할 때 에너지를 (   ) 하여 주위의 온도가 (   )아지는 원리를 이용한 것이다.

(2) 눈이 쌓인 도로에 제설제(염화 칼슘)를 뿌리면 제설제가 물에 용해되면서 (   )하는 에너지로 눈을 녹인다.

(3) 냉각 팩은 질산 암모늄이 물에 용해되면서 열을 (   )하여 주위의 온도가 (   )아지는 원리를 이용하여 열을 내리거나 다친 부위의 통증을 완화시킨다.

기출 최다 多 탐구

탐구 Ⓐ : 기체 반응에서의 부피 관계

◑ 과정

❶ 그림과 같은 기체 반응 실험 장치에 주사기를 이용하여 수소 기체 8 mL를 넣는다.

❷ ❶의 장치에 산소 기체 4 mL를 넣고 점화기를 눌러 수소 기체와 산소 기체를 완전히 반응시킨 후 부피를 측정한다.

❸ 수소와 산소 기체의 부피를 달리하여 과정 ❶, ❷를 반복한다.

◑ 결과

실험	반응 전 기체의 부피 (mL)		반응 후 남은 기체의 종류와 부피 (mL)	반응한 기체의 부피 (mL)		반응한 기체의 부피비 (수소:산소)
	수소	산소		수소	산소	
1	8	4	0	8	4	2 : 1
2	8	8	산소, 4	8	4	2 : 1
3	16	4	수소, 8	8	4	2 : 1

◑ 정리

1 수증기가 생성될 때 반응하는 수소 기체와 산소 기체의 부피비는 수소 : 산소＝2 : 1이다. ┌─ ＝계수비＝분자 수비 ─┐

2 화학 반응식 : $2H_2 + O_2 \longrightarrow 2H_2O$

3 기체의 부피비 ➡ 수소 : 산소 : 수증기＝2 : 1 : 2
  ┌─ 기체 반응 법칙은 일정한 온도와 압력에서 반응물과 생성물이 모두 기체인 경우에만 성립한다.

4 기체 반응 법칙 : 일정한 온도와 압력에서 기체가 반응하여 새로운 기체를 생성할 때 각 기체의 부피 사이에는 간단한 정수비가 성립한다.

탐구 Ⓑ : 손난로, 손 냉장고 만들기

◑ 과정

❶ **손난로 만들기**

① 부직포 주머니에 철 가루, 활성탄, 소금, 질석을 한 숟가락씩 넣은 다음 물을 한 숟가락 넣는다.

② 열 봉합기로 ①의 부직포 주머니 입구를 밀봉하고 손난로를 흔든다.

❷ **손 냉장고 만들기**

① 큰 비닐 팩에 질산 암모늄 30 g을 넣은 다음, 작은 지퍼 백에 물을 절반 정도 넣고 입구를 닫아 질산 암모늄이 담긴 큰 비닐팩에 넣는다.

② ①의 큰 비닐 팩을 열 봉합기로 밀봉한 다음, 작은 지퍼 백을 손으로 눌러 물과 질산 암모늄이 섞이게 한다.

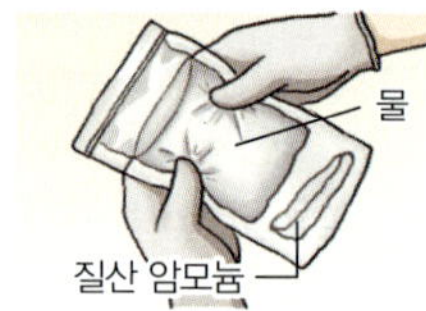

◑ 결과 및 정리

1 손난로에 들어 있는 철 가루가 산소와 반응할 때 에너지를 방출하므로 주위의 온도가 높아져 손난로가 따뜻해진다.

2 손 냉장고에 들어 있는 질산 암모늄과 물이 반응할 때 에너지를 흡수하므로 주위의 온도가 낮아져 손 냉장고가 차가워진다.

확인 문제

01 표는 수소 기체와 산소 기체가 반응하여 수증기를 생성할 때의 부피 관계를 나타낸 것이다.

실험	반응 전 기체의 부피(mL)		반응 후 남은 기체의 종류와 부피(mL)
	수소	산소	
1	30	10	수소, 10
2	20	10	0
3	20	30	㉠

㉠은? (단, 반응 전후의 온도와 압력은 같다.)

① 산소, 20 ② 산소, 10 ③ 0
④ 수소, 10 ⑤ 수소, 5

시험에서는 이렇게!!

02 위 실험 방법으로 손난로와 손 냉장고를 만들었다. 이에 대한 설명으로 옳지 <u>않은</u> 것은?

① 손난로는 발열 반응을 이용한 것이다.

② 손 냉장고는 흡열 반응을 이용한 것이다.

③ 손난로 속의 철 가루가 공기 중의 질소와 반응하여 열을 방출한다.

④ 손 냉장고는 생성물의 에너지 합이 반응물의 에너지 합보다 크다.

⑤ 손난로를 흔들기 전 반응물의 에너지 합이 흔들고 난 후 생성물의 에너지 합보다 크다.

이산화 탄소를 생성하는 기체 반응

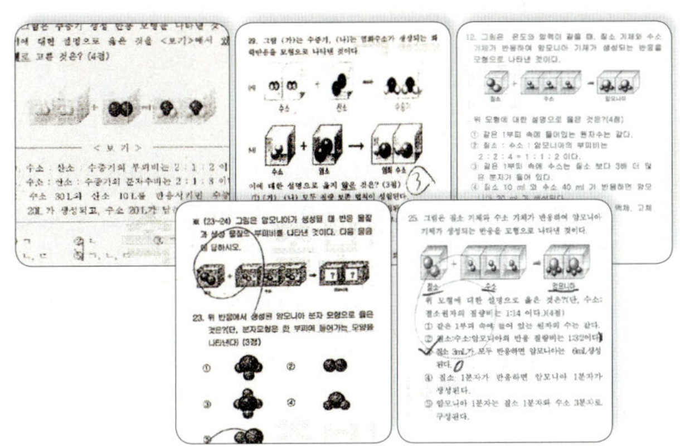

기체 반응 법칙

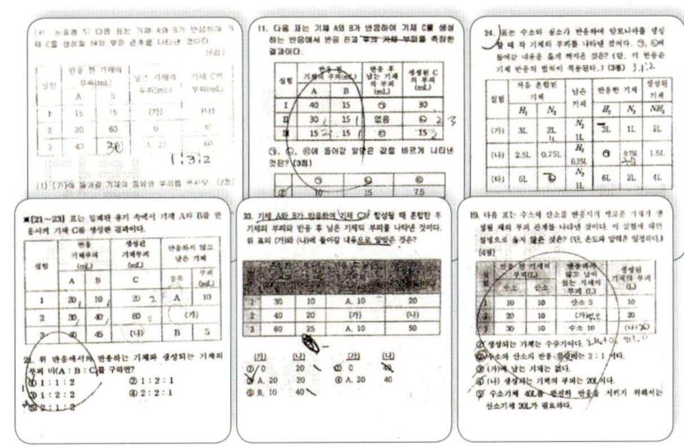

01 그림은 일산화 탄소와 기체 A가 반응하여 이산화 탄소가 생성되는 반응을 모형으로 나타낸 것이다.

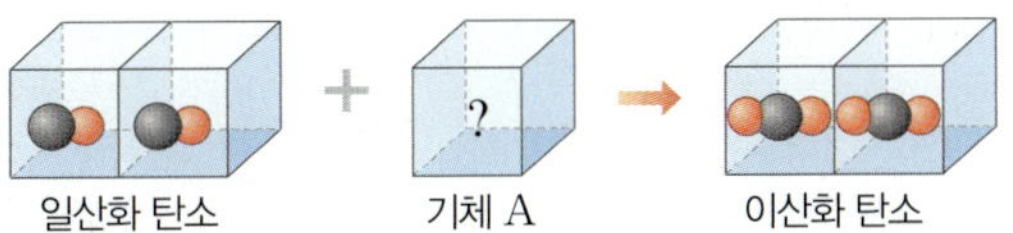

일산화 탄소 　　　 기체 A 　　　 이산화 탄소

이에 대한 설명으로 옳은 것을 모두 고르면? (단, 반응 전후의 온도와 압력은 같다.) (4개)

① 기체 A는 산소이다.

② 기체 A에 알맞은 모형은 ●●이다.

③ 위 반응을 화학 반응식으로 나타내면
$2CO + 2O \longrightarrow 2CO_2$이다.

④ 일산화 탄소, 기체 A, 이산화 탄소의 분자 수의 비는 $1 : 1 : 1$이다.

⑤ 일산화 탄소, 기체 A, 이산화 탄소의 부피비는 $2 : 1 : 2$이다.

⑥ 반응물의 전체 부피와 생성물의 전체 부피는 같다.

⑦ 일산화 탄소 10 g이 완전히 반응하기 위해 필요한 기체 A는 5 g이다.

⑧ 이 반응에서 반응물의 전체 질량과 생성물의 질량비는 $1 : 1$이다.

⑨ 일산화 탄소 30 mL가 충분한 양의 기체 A와 반응하면 이산화 탄소 30 mL가 생성된다.

⑩ 이산화 탄소 분자 40개를 얻기 위해서는 기체 A 분자 10개를 일산화 탄소와 완전히 반응시켜야 한다.

02 표는 일정한 온도와 압력에서 기체 A_2가 B_2와 반응하여 기체 X가 생성될 때 반응 전후 기체의 부피 관계를 나타낸 것이다.

실험	반응 전 기체의 부피(mL)		반응하지 않고 남은 기체의 종류와 부피(mL)	생성된 기체 X의 부피 (mL)
	A_2	B_2		
1	1	4	B_2, 1	2
2	3	12	(가), 3	6
3	(나)	12	A_2, 1	8

이에 대한 설명으로 옳은 것을 모두 고르면? (단, A와 B는 임의의 원소 기호이다.) (5개)

① (가)는 B_2이다.

② (나)는 4이다.

③ 기체 X의 화학식은 AB_3이다.

④ 이 반응의 화학 반응식은 $A_2 + 2B_2 \longrightarrow 2AB_2$이다.

⑤ 기체 A_2와 B_2는 $1 : 3$의 부피비로 반응한다.

⑥ 같은 부피의 기체 A_2와 B_2를 반응시키면 반응 후 A_2가 남는다.

⑦ 기체 B_2 6 mL가 A_2와 완전히 반응하여 생성된 기체 X의 부피는 3 mL이다.

⑧ 반응물의 전체 부피가 생성물의 전체 부피보다 크다.

⑨ 기체의 질량비는 $A_2 : B_2 : X = 1 : 3 : 2$이다.

⑩ X 분자 20개를 얻기 위해서는 B_2 분자 20개를 A_2 분자와 완전히 반응시켜야 한다.

A 기체 반응 법칙

최다빈출

01 다음은 기체 반응 법칙이 성립하는 까닭이다.

> 온도와 압력이 같을 때, 기체의 종류와 관계 없이 모든 기체는 같은 (㉠) 속에 같은 개수의 (㉡)(이)가 들어 있기 때문이다.

㉠과 ㉡으로 옳은 것은?

	㉠	㉡		㉠	㉡
①	부피	원자	②	부피	이온
③	부피	분자	④	질량	원자
⑤	질량	분자			

02 그림은 0 °C, 1기압에서 V L의 용기 속에 들어 있는 일산화 탄소와 수소 기체를 각각 모형으로 나타낸 것이다.

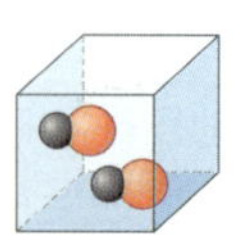
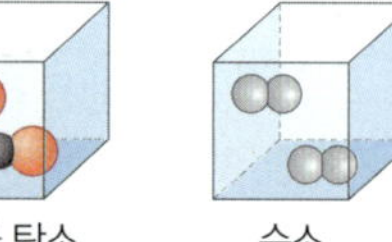

이에 대한 설명으로 옳은 것을 〈보기〉에서 모두 고른 것은? (단, 온도와 압력은 0 °C, 1기압으로 일정하다.)

> **보기**
> ㄱ. 암모니아 기체 V L에는 암모니아 분자가 3개 들어 있다.
> ㄴ. 메테인 기체 $3V$ L에는 메테인 분자가 6개 들어 있다.
> ㄷ. 산소 기체 $4V$ L에는 산소 분자가 4개 들어 있다.

① ㄴ ② ㄷ ③ ㄱ, ㄴ
④ ㄱ, ㄷ ⑤ ㄴ, ㄷ

03 다음은 메테인(CH_4) 기체가 연소하여 이산화 탄소와 수증기를 생성하는 반응의 화학 반응식이다.

$$CH_4 + 2O_2 \longrightarrow CO_2 + 2H_2O$$

이 반응에서 이산화 탄소와 수증기의 부피비는?

① 1:1 ② 1:2 ③ 1:3
④ 2:1 ⑤ 2:3

최다빈출

04 그림은 수소 기체와 산소 기체가 반응하여 수증기가 생성되는 반응을 모형으로 나타낸 것이다.

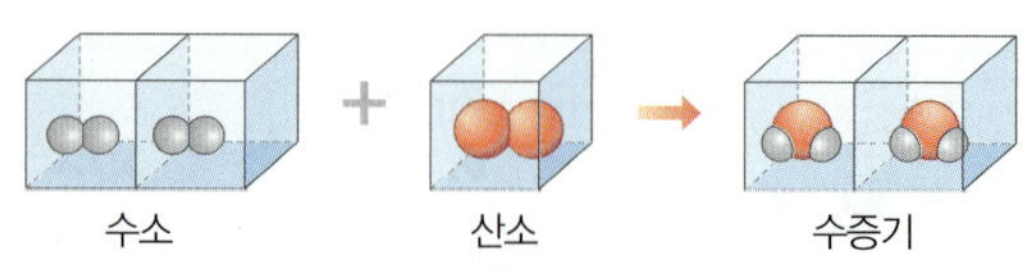

수소 기체 70 mL와 산소 기체 50 mL를 반응시킬 때 생성되는 수증기의 부피는? (단, 반응 전후의 온도와 압력은 같다.)

① 30 mL ② 35 mL ③ 50 mL
④ 70 mL ⑤ 120 mL

최다빈출

05 그림은 수소 기체와 질소 기체가 반응하여 암모니아 기체가 생성되는 반응에서 기체의 부피 관계를 나타낸 것이다.

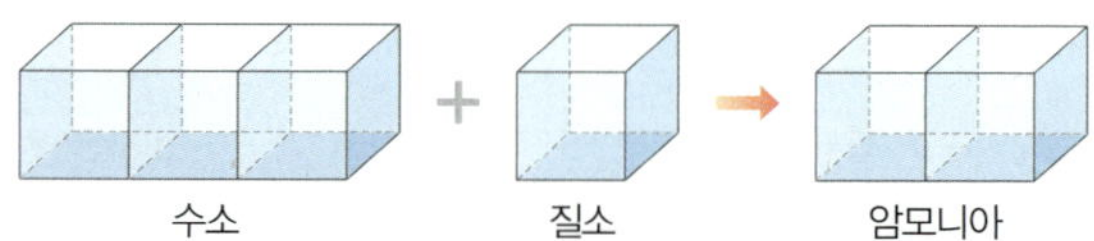

이에 대한 설명으로 옳은 것을 모두 고르면? (단, 반응 전후의 온도와 압력은 같다.) (2개)

① 반응하는 수소 기체와 질소 기체의 부피비는 3:1이다.
② 반응물의 전체 부피와 생성물의 전체 부피는 같다.
③ 수소 분자 30개가 완전히 반응하면 암모니아 분자 30개가 생성된다.
④ 충분한 양의 수소 기체와 질소 기체 20 mL가 완전히 반응하면 암모니아 기체 40 mL가 생성된다.
⑤ 질소 기체 1분자가 완전히 반응하면 암모니아 기체 1분자가 생성된다.

06 일정한 온도와 압력에서 기체 반응 법칙이 성립하는 화학 반응이 **아닌** 것을 모두 고르면? (2개)

① 질소 + 산소 ⟶ 암모니아
② 염소 + 수소 ⟶ 염화 수소
③ 구리 + 산소 ⟶ 산화 구리(Ⅱ)
④ 탄소 + 산소 ⟶ 이산화 탄소
⑤ 일산화 탄소 + 산소 ⟶ 이산화 탄소

07 그림은 기체 A와 B가 반응하여 기체 C가 생성되는 반응을 모형으로 나타낸 것이다.

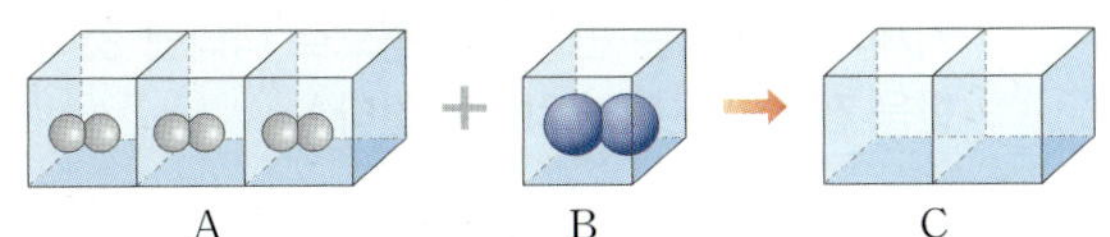

이에 대한 설명으로 옳지 <u>않은</u> 것은? (단, 반응 전후의 온도와 압력은 같다.)

① 기체 C의 모형은  이다.

② 이 반응의 화학 반응식의 계수비는 $A : B : C = 3 : 1 : 2$이다.

③ 기체의 부피비는 $A : B : C = 3 : 1 : 2$이다.

④ 기체의 질량비는 $A : B : C = 3 : 1 : 2$이다.

⑤ 기체 B 15 mL가 충분한 양의 기체 A와 반응하면 기체 C가 30 mL 생성된다.

탐구 p. 36   기출 분석 p. 37

(반응 전 기체의 부피−반응 후 남은 기체의 부피)=(남은 기체의 반응한 부피)이며, 생성된 기체의 부피까지 함께 고려하여 기체 반응의 부피비(분자 수의 비)를 구할 수 있어야 해.

08 표는 일정한 온도와 압력에서 기체 A와 B가 반응하여 기체 C가 생성될 때 기체의 부피 관계를 나타낸 것이다.

실험	반응 전 기체의 부피(mL)		반응 후 남은 기체의 종류와 부피(mL)	생성된 기체 C의 부피(mL)
	A	B		
1	10	50	B, 20	20
2	15	45	㉠	㉡
3	20	65	㉢, 5	40

이에 대한 설명으로 옳지 <u>않은</u> 것은?

① 이 반응은 기체 반응 법칙이 성립한다.

② ㉠은 반응 후 남은 기체 없이 A와 B가 모두 반응했으므로 '없음'이다.

③ ㉡은 30이다.

④ ㉢에 해당하는 기체는 B이다.

⑤ 이 반응의 화학 반응식은 $A + 2B \longrightarrow 2C$로 나타낼 수 있다.

B 화학 반응에서의 에너지 출입

09 화학 반응에서 열의 출입에 대한 설명으로 옳은 것은?

① 발열 반응은 주위로부터 에너지를 흡수하는 반응이다.

② 흡열 반응이 일어날 때 주위의 온도가 높아진다.

③ 연료가 연소할 때 주위로 에너지를 방출한다.

④ 흡열 반응에서 반응물의 에너지 합은 생성물의 에너지 합보다 크다.

⑤ 발열 반응이 일어나면 에너지를 방출하므로 주위의 온도가 낮아진다.

10 다음은 2가지 반응 (가)와 (나)에 대한 자료이다.

> (가) 반응이 일어날 때 주위의 온도가 높아진다.
> (나) 반응물의 에너지 합이 생성물의 에너지 합보다 작다.

이에 대한 설명으로 옳은 것만을 〈보기〉에서 모두 고른 것은?

> **보기**
> ㄱ. (가)는 발열 반응이다.
> ㄴ. (나)가 일어날 때 에너지를 방출한다.
> ㄷ. 연소 반응은 (가), 광합성은 (나)에 해당한다.

① ㄱ   ② ㄴ   ③ ㄱ, ㄴ
④ ㄱ, ㄷ   ⑤ ㄴ, ㄷ

11 다음은 제설제에 관한 설명이다.

> 겨울철 눈이 쌓인 도로에 주성분이 염화 칼슘인 제설제를 뿌리면 눈이 녹는다. 염화 칼슘이 물에 녹는 과정은 (가) 반응이고, 이 과정에서 주위의 온도는 (나) .

다음 중 (가)와 (나)로 옳은 것은?

	(가)	(나)		(가)	(나)
①	발열	높아진다	②	발열	낮아진다
③	발열	일정하다	④	흡열	높아진다
⑤	흡열	낮아진다			

12 다음은 질산 암모늄을 이용한 실험이다.

> [실험 과정]
> (가) 그림과 같이 물이 든 밀봉된 비닐봉지와 질산 암모늄을 지퍼 백에 넣는다.
>
> 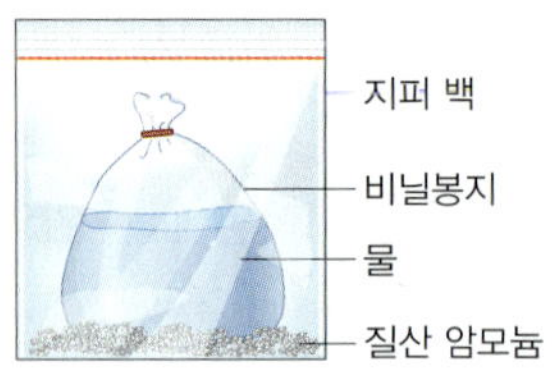
>
>
> (나) 지퍼 백을 닫고 손으로 눌러 물이 든 비닐봉지를 터뜨린다.
>
> [실험 결과]
> (나)에서 질산 암모늄이 물에 녹으면서 　㉠　.

이에 대한 설명으로 옳지 **않은** 것은?

① ㉠으로 '차가워졌다'가 적절하다.
② 이 실험의 원리를 냉각 팩에 이용할 수 있다.
③ (나)에서 에너지를 방출하는 반응이 일어난다.
④ (나)에서 반응물이 생성물로 변할 때 에너지가 높아진다.
⑤ (나)에서 질산 암모늄이 물에 녹는 반응은 흡열 반응이다.

최다빈출

13 발열 반응과 흡열 반응을 이용하는 예를 옳게 짝 지은 것은?

> (가) 광합성
> (나) 수산화 바륨과 염화 암모늄의 반응
> (다) 구제역 바이러스 제거
> (라) 냉각 팩
> (마) 물의 전기 분해
> (바) 손난로

	발열 반응	흡열 반응
①	(가), (다), (라)	(나), (마), (바)
②	(가), (나), (다)	(라), (마), (바)
③	(가), (다), (바)	(나), (라), (마)
④	(다), (바)	(가), (나), (라), (마)
⑤	(라), (마)	(가), (나), (다), (바)

최다빈출

14 그림은 수소 기체와 염소 기체가 반응하여 염화 수소 기체가 생성되는 반응을 모형으로 나타낸 것이다. (단, 반응 전후의 온도와 압력은 같다.)

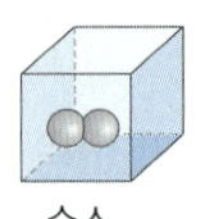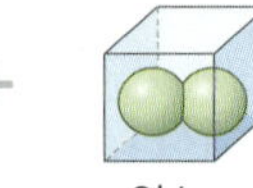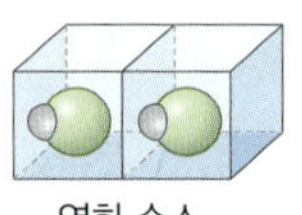

(1) 이 반응을 화학 반응식으로 나타내시오.

____

(2) 1 L 속에 들어 있는 염소 분자가 N개라면, 충분한 양의 수소와 염소 20 L가 완전히 반응하여 생성되는 염화 수소 기체 분자의 개수를 구하고, 그 까닭을 서술하시오.

____

____

15 다음은 수산화 바륨과 염화 암모늄을 이용한 실험이다.

> [실험 과정]
> 수산화 바륨과 염화 암모늄을 삼각 플라스크에 넣고, 물을 떨어뜨린 나무판 위에 올려놓은 다음 수산화 바륨과 염화 암모늄을 잘 섞어 준다.
>
> [실험 결과]
> 나무판에 떨어뜨린 물이 얼어 삼각 플라스크의 밑바닥과 나무판이 달라붙었다.
>
> 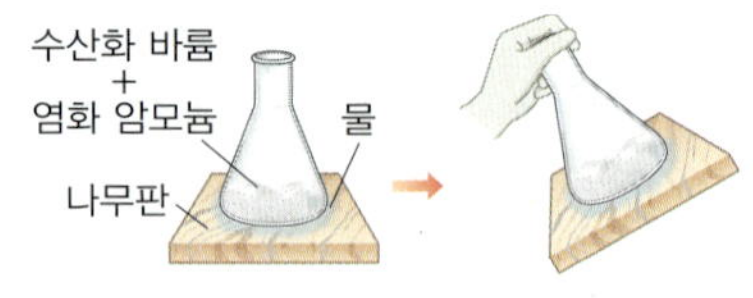
>

(1) 수산화 바륨과 염화 암모늄의 반응은 발열 반응과 흡열 반응 중 어떤 반응인지 쓰시오.

(2) 나무판이 삼각 플라스크 밑바닥에 달라붙는 까닭을 화학 반응에서의 에너지 출입과 온도 변화를 이용하여 서술하시오.

____

____

01 표와 같이 우리 주변에서 일어나는 물질의 변화를 (가)와 (나)로 분류하였다.

(가)	(나)
• 음식물이 부패한다. • 철이 녹슨다.	• 꽃 향기가 퍼진다. • 빈 음료수 캔을 찌그러뜨린다.

이에 대한 설명으로 옳은 것은?

① (가)는 물리 변화이다.
② (가)에서는 원자의 배열이 변한다.
③ (가)에서는 물질의 성질이 변하지 않는다.
④ (나)에서는 분자의 종류가 변한다.
⑤ (나)에서는 물질의 성질이 변한다.

02 물질의 변화가 일어날 때 원자의 배열, 분자의 종류가 변하는 것을 〈보기〉에서 모두 고른 것은?

〈보기〉
ㄱ. 김치의 맛이 점점 시어진다.
ㄴ. 촛불 주위의 양초가 녹아 촛농이 된다.
ㄷ. 석회수에 입김을 불어 넣으면 뿌옇게 흐려진다.
ㄹ. 물에 황산 구리(Ⅱ)를 녹이면 수용액이 푸른색으로 변한다.

① ㄱ, ㄴ　　② ㄱ, ㄷ　　③ ㄴ, ㄷ
④ ㄴ, ㄹ　　⑤ ㄷ, ㄹ

03 물질의 변화가 일어날 때 질량 보존 법칙이 성립하는 경우를 〈보기〉에서 모두 고른 것은?

〈보기〉
ㄱ. 물을 가열하면 수증기로 변한다.
ㄴ. 구리 가루를 가열한다.
ㄷ. 아연과 묽은 염산을 반응시킨다.
ㄹ. 아이오딘화 칼륨 수용액과 질산 납 수용액을 반응시킨다.

① ㄱ, ㄴ, ㄷ　　② ㄱ, ㄴ, ㄹ　　③ ㄱ, ㄷ, ㄹ
④ ㄴ, ㄷ, ㄹ　　⑤ ㄱ, ㄴ, ㄷ, ㄹ

04 다음은 수소와 산소가 반응하여 물이 생성되는 반응을 화학 반응식으로 나타내는 과정에 대한 세 학생의 대화이다.

• 철수 : 수소 기체의 화학식은 H, 산소 기체의 화학식은 O, 물의 화학식은 H_2O라고 나타낼 수 있어.
• 영희 : 반응물의 화학식은 화살표의 왼쪽에, 생성물의 화학식은 화살표의 오른쪽에 쓰면 돼.
• 민수 : 화학 반응식을 완성하면 $2H + O \longrightarrow H_2O$이야.

제시한 의견이 옳은 사람을 모두 고르면?

① 철수　　② 영희　　③ 철수, 민수
④ 철수, 영희　　⑤ 철수, 영희, 민수

05 일정 성분비 법칙이 성립하는 물질을 〈보기〉에서 모두 고른 것은?

〈보기〉
ㄱ. 소금물　　　　ㄴ. 공기
ㄷ. 탄산음료　　　ㄹ. 물
ㅁ. 산화 구리(Ⅱ)　ㅂ. 탄산수소 나트륨

① ㄱ, ㄴ, ㄷ　　② ㄱ, ㄹ, ㅁ　　③ ㄴ, ㄷ, ㅁ
④ ㄷ, ㄹ, ㅂ　　⑤ ㄹ, ㅁ, ㅂ

06 표는 기체 A와 B가 반응하여 기체 C가 생성되는 반응에서 기체의 질량 관계를 나타낸 것이다.

실험	반응 전 기체의 질량(g)		반응 후 남은 기체의 종류와 질량(g)
	A	B	
1	2	20	B, 4
2	5	24	A, 2

기체 A 10 g과 기체 B 32 g을 반응시킬 때 생성되는 기체 C의 질량은?

① 18 g　　② 21 g　　③ 27 g
④ 36 g　　⑤ 45 g

07 그림은 볼트(B)와 너트(N)를 이용하여 화합물 BN_2를 만드는 반응을 나타낸 것이다.

볼트 10개와 너트 10개를 이용하여 최대로 만들 수 있는 화합물 BN_2의 총 질량은? (단, 볼트 10개의 질량은 30 g이고, 너트 10개의 질량은 10 g이다.)

① 25 g ② 27 g ③ 29 g
④ 31 g ⑤ 33 g

08 그림은 메테인(CH_4)의 연소 반응을 모형으로 나타낸 것이다.

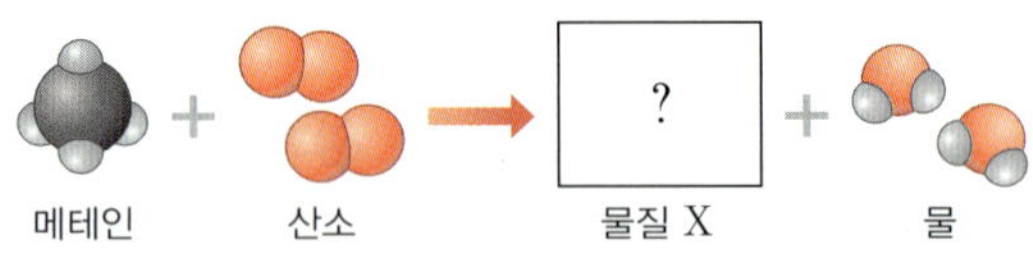

이에 대한 설명으로 옳지 않은 것은?

① X는 이산화 탄소이다.
② 메테인은 탄소와 수소 성분을 포함하고 있다.
③ 메테인과 산소의 질량 합은 X와 물의 질량 합과 같다.
④ X 분자 1개는 탄소 원자 1개와 산소 원자 1개로 이루어진다.
⑤ 이 반응의 모형을 완성하려면 X 분자 1개를 그려야 한다.

09 다음은 여러 가지 반응의 화학 반응식을 나타낸 것이다.

> • $CaCO_3 + $ (가)
> $\longrightarrow CaCl_2 + H_2O + CO_2$
> • (나) $+ O_2 \longrightarrow 2MgO$
> • $2H_2O_2 \longrightarrow 2H_2O + $ (다)

(가)~(다)에 해당하는 것으로 옳은 것은?

	(가)	(나)	(다)		(가)	(나)	(다)
①	HCl	Mg	O_2	②	2HCl	2Mg	O_2
③	HCl	Mg_2	$2O_2$	④	2HCl	Mg	$2O_2$
⑤	2HCl	Mg	O_2				

10 여러 가지 화학 반응에 대한 설명으로 옳은 것은?

① 과산화 수소(H_2O_2)가 분해되는 반응은 원자들의 배열이 달라지지 않는다.
② 수소 기체 1분자와 염소 기체 1분자를 반응시키면 염화 수소 기체 1분자가 생성된다.
③ 수소 기체가 연소되어 물이 생성되는 반응에서 수소 기체가 완전히 연소하기 위해 필요한 산소 기체의 질량은 수소 기체 질량의 8배이다.
④ 탄산수소 나트륨($NaHCO_3$)이 분해되는 반응은 물질의 성질은 변하지 않으면서 모양이나 상태가 달라지는 화학 변화이다.
⑤ 일정한 질량의 질산 납 수용액에 아이오딘화 칼륨 수용액의 양을 늘리면서 반응시키면 생성되는 앙금의 양도 계속 증가한다.

11 오른쪽 그림은 구리와 산소가 반응하여 산화 구리(Ⅱ)가 생성될 때의 질량 관계를 나타낸 것이다.

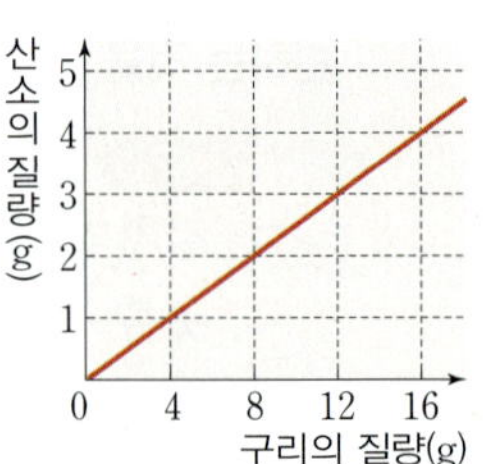

다음과 같이 구리와 산소의 질량을 달리하여 반응시킬 때 생성되는 산화 구리(Ⅱ)의 질량이 가장 큰 것은?

	구리	산소		구리	산소
①	12 g	5 g	②	12 g	10 g
③	16 g	5 g	④	16 g	10 g
⑤	20 g	5 g			

12 표는 마그네슘을 가열할 때 반응하는 마그네슘과 생성되는 산화 마그네슘의 질량 관계를 나타낸 것이다.

마그네슘의 질량(g)	1.2	1.8	2.4	3.0
산화 마그네슘의 질량(g)	2.0	3.0	4.0	5.0

산화 마그네슘 20 g을 얻기 위해 필요한 산소의 최소 질량은?

① 4 g ② 6 g ③ 8 g
④ 10 g ⑤ 12 g

13 그림은 수소 기체와 산소 기체가 반응하여 수증기를 생성하는 반응을 모형으로 나타낸 것이다.

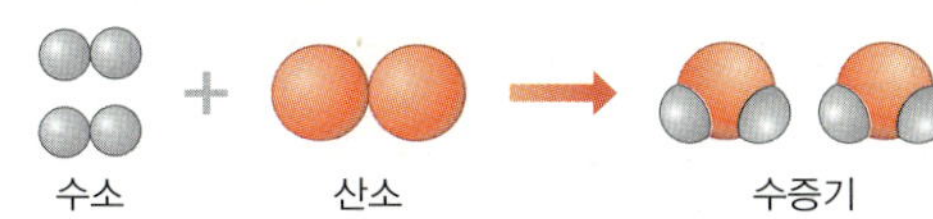

이에 대한 설명으로 옳은 것만을 〈보기〉에서 모두 고른 것은? (단, 원자 1개의 상대적 질량은 수소(H)와 산소(O)가 각각 1, 16이고, 반응 전후의 온도와 압력은 같다.)

〈보기〉

ㄱ. 수소 기체와 산소 기체는 1 : 8의 부피비로 반응한다.
ㄴ. 충분한 양의 수소 기체와 산소 기체 20 L가 반응하면 수증기 40 L가 생성된다.
ㄷ. 수소 기체 4 g과 산소 기체 16 g이 반응하면 수증기 18 g을 얻을 수 있다.

① ㄴ   ② ㄷ   ③ ㄱ, ㄴ
④ ㄴ, ㄷ   ⑤ ㄱ, ㄴ, ㄷ

14 표는 일정한 온도와 압력에서 기체 A와 B가 반응하여 기체 C가 생성되는 반응에서의 부피 관계를 나타낸 것이다.

실험	반응 전 기체의 부피(mL)		생성된 기체 C의 부피(mL)	반응 후 남은 기체의 종류와 부피(mL)
	A	B		
1	10	40	20	B, 10
2	20	45	30	A, 5

기체 A 30 mL와 기체 B 100 mL를 완전히 반응시킬 때 (가) 생성되는 기체 C의 부피와 (나) 반응하지 않고 남은 기체의 종류와 부피를 옳게 나타낸 것은?

　　　(가)　　　　　(나)
① 40 mL　　　A, 10 mL
② 40 mL　　　B, 20 mL
③ 60 mL　　　A, 10 mL
④ 60 mL　　　B, 10 mL
⑤ 90 mL　　　없음

15 그림과 같이 같은 부피의 용기 속에 산소 기체와 질소 기체가 각각 들어 있다.

용기 속에 들어 있는 두 기체가 같은 값을 갖는 것을 모두 고르면? (2개)

① 분자의 크기   ② 기체의 원자 수
③ 기체의 분자 수   ④ 기체의 질량
⑤ 기체의 밀도

16 다음은 빵을 만들 때 넣어주는 베이킹 파우더의 주성분인 탄산수소 나트륨($NaHCO_3$)의 분해 반응을 화학 반응식으로 나타낸 것이다.

$$2NaHCO_3 \longrightarrow Na_2CO_3 + CO_2 + H_2O$$

이 반응에 대한 설명으로 옳은 것은?

① 에너지를 방출하는 반응이다.
② 반응이 일어나면 주위의 온도가 높아진다.
③ 생성물의 에너지 합이 반응물의 에너지 합보다 크다.
④ 탄산수소 나트륨이 분해되면서 발생하는 수증기로 인해 빵이 부풀어 오른다.
⑤ 금속과 산이 반응할 때와 에너지의 출입 방향이 같다.

17 철 가루가 들어 있는 손난로에 대한 설명으로 옳은 것을 모두 고르면? (2개)

① 흡열 반응을 이용하는 예이다.
② 반응이 일어나면 주위의 온도가 높아진다.
③ 철 가루와 산소가 반응하여 산화 철이 생성된다.
④ 생성물의 에너지 합이 반응물의 에너지 합보다 크다.
⑤ 탄산수소 나트륨의 열분해 반응과 에너지의 출입 방향이 같다.

기권과 날씨

01 기권과 지구 기온

A 기권의 층상 구조

1. 기권(대기권) 지구를 둘러싸고 있는 대기

(1) **범위** : 대기는 지표면으로부터 약 1000 km 높이까지 분포한다.

(2) **특징** : 대기는 대부분 지표 부근에 존재하며, 높이 올라갈수록 희박해진다.
└ 지구의 중력이 크게 작용하기 때문

2. 대기의 조성 기권은 대부분 질소와 산소가 차지하고 있으며, 그 밖에 아르곤, 이산화 탄소, 수증기 등이 조금 포함되어 있다.
➡ 수증기는 대기 중에서 차지하는 비율이 적고 시간과 장소에 따라 그 양이 변하지만, 기상 현상이 일어나는 데 중요한 역할을 한다.

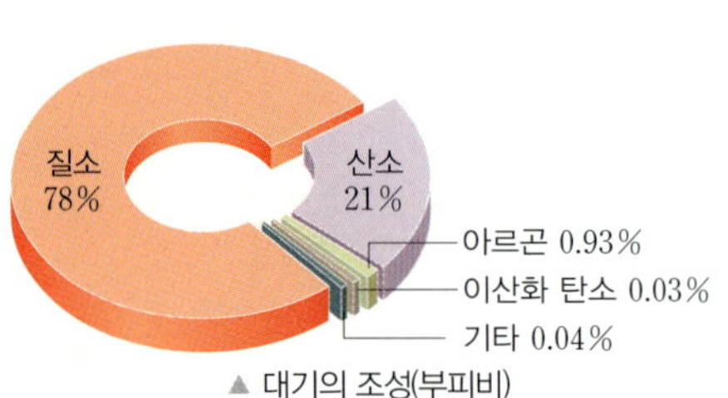

▲ 대기의 조성(부피비)

3. 기권의 층상 구조 (최다빈출) 기출 분석 p. 51

(1) **구분 기준** : 높이에 따른 기온 변화

(2) **구분** : 대류권, 성층권, 중간권, 열권의 4개 층으로 구분

구분	높이에 따른 기온 변화	특징
열권 (약 80 km ~ 1000 km)	기온 상승 ┐ 태양 에너지에 의해 직접 가열되기 때문	• 공기가 매우 희박함 • 낮과 밤의 기온 차가 매우 큼 • 고위도 지역의 열권에서는 오로라가 나타나기도 함 • 인공위성의 궤도로 이용
중간권 (약 50 km ~80 km)	기온 하강 ┐ 지표면에서 방출되는 에너지가 위로 갈수록 적게 도달하기 때문	• 대류 현상 발생 • 기상 현상 없음 ─ 수증기가 거의 없기 때문 • 유성이 관측되기도 함
성층권 (약 11 km ~50 km)	기온 상승 ┐ 오존층이 태양의 자외선을 흡수하기 때문	• 대기가 매우 안정함 ─ 장거리 비행기의 항로로 이용 • 높이 약 20 km~30 km 구간에 오존층 존재
대류권 (지표면 ~ 약 11 km)	기온 하강 ┐ 지표면에서 방출되는 에너지가 위로 갈수록 적게 도달하기 때문	• 대류 현상 발생 • 기상 현상 발생 ─ 대류가 활발하게 일어나며, 수증기가 포함되어 있기 때문 • 기권에 있는 대부분의 공기가 대류권에 분포

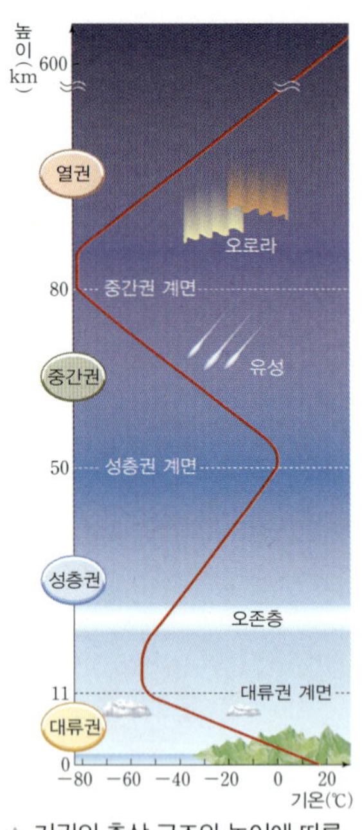

▲ 기권의 층상 구조와 높이에 따른 기온 변화

오존층이 존재하지 않을 때의 높이에 따른 기온 분포
성층권에 존재하는 오존층에서 자외선 흡수가 일어나지 않으므로, 성층권도 대류권이나 중간권처럼 높이에 따라 기온이 낮아지게 된다. 따라서 기권은 높이 올라갈수록 기온이 낮아지는 층과 높아지는 층, 2개의 층으로 구분될 것이다.

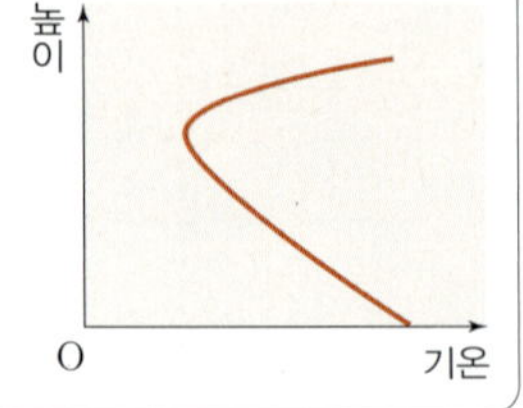

오로라(aurora)
태양에서 방출된 전기를 띤 입자가 지구 대기로 들어오면서 지구 대기 입자들과 충돌하여 빛을 내는 현상이다.

대류
기체나 액체에서 물질이 이동함으로써 열이 전달되는 현상이다.

유성
외권에서 지구로 들어오는 행성간 물질이 대기와의 마찰로 타면서 빛을 내는 것이다.

장거리 비행기의 항로로 성층권 하부를 이용하는 까닭
성층권에서는 대류 현상이 잘 일어나지 않아 대기가 안정하므로 비행기의 흔들림이 거의 없고, 구름과 같은 기상 현상이 나타나지 않아서 시야 확보가 비교적 쉽기 때문이다.

오존층
성층권에서 오존(O_3)이 집중적으로 모여 있는 구간으로, 자외선을 흡수하여 지상의 생명체를 보호한다.

기권 4개 층의 특징 비교

구분	대류 현상	기상 현상
열권	×	×
중간권	○	×
성층권	×	×
대류권	○	○

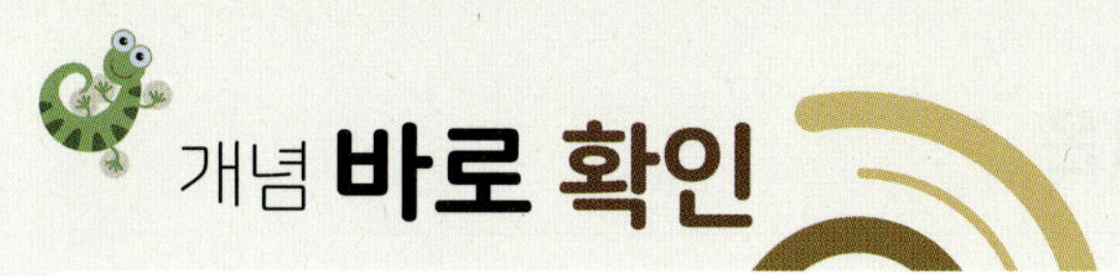
개념 바로 확인

---

01 지구를 둘러싸고 있는 대기를 ㄱㄱ 이라고 한다.

02 기권을 4개의 층으로 구분하는 기준은 높이에 따른 ㄱㅇ 변화이다.

03 ㄷㄹㄱ 은 높이 올라갈수록 기온이 낮아지며, 다양한 기상 현상이 발생하는 층이다.

04 성층권은 대기가 안정한 층으로, ㅇㅈㅊ 이 존재하여 자외선을 흡수한다.

05 대류 현상은 일어나지만 수증기가 거의 없어 기상 현상이 발생하지 않는 층은 ㅈㄱㄱ 이다.

06 공기가 매우 희박하여 낮과 밤의 기온 차가 큰 층은 ㅇㄱ 이다.

Ⓐ 기권의 층상 구조

01 대기에 대한 설명으로 옳은 것은 ○, 옳지 않은 것은 ×로 표시하시오.

(1) 대기는 지표로부터 약 1000 km 높이까지 분포한다. ····················· (　　　)

(2) 대기는 대부분 지표 부근에 존재한다. ····························· (　　　)

(3) 대기는 지표에서 위로 올라갈수록 많아진다. ····················· (　　　)

02 오른쪽 그림은 대기의 구성 성분을 부피비로 나타낸 것이다.

A와 B에 해당하는 기체를 각각 쓰시오.

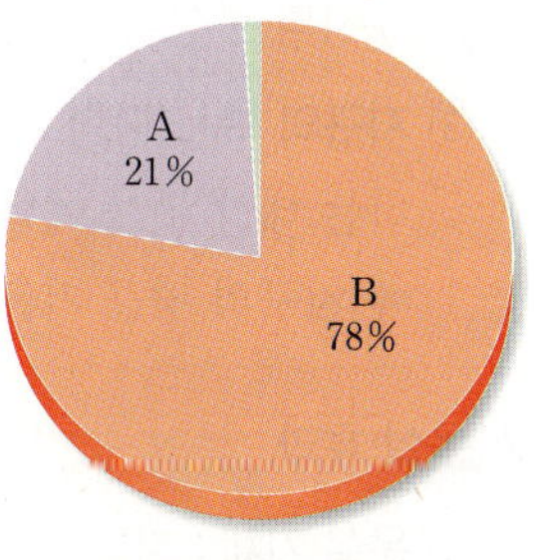

03 다음은 기권에 대한 설명이다. (　　　) 안에 알맞은 말을 쓰시오.

> 기권은 높이에 따른 기온의 변화를 기준으로 지표면에서부터 ㉠ (　　　)권,
> ㉡ (　　　)권, ㉢ (　　　)권, ㉣ (　　　)권으로 구분한다.

04 그림은 기권의 층상 구조를 나타낸 것이다. A~D 층에 대한 물음에 답하시오.

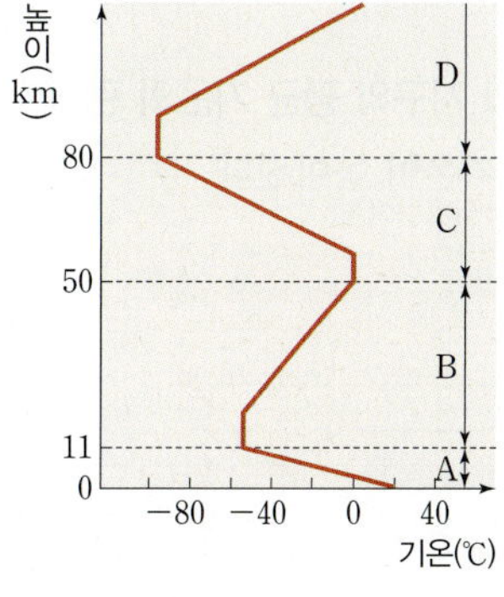

(1) 기권을 4개의 층으로 구분하는 기준을 쓰시오.

(2) 높이에 따라 기온이 낮아지는 층을 모두 쓰시오.

(3) 높이에 따라 기온이 높아지는 층을 모두 쓰시오.

(4) 대류 현상이 일어나는 층을 모두 쓰시오.

(5) 기상 현상이 나타나는 층을 쓰시오.

(6) 오존층이 존재하는 층을 쓰시오.

(7) 공기가 매우 희박한 층을 쓰시오.

(8) 최저 기온은 어떤 두 층 사이의 경계에서 나타나는지 쓰시오.

01 기권과 지구 기온

B 지구의 복사 평형과 지구 온난화

1. 지구의 복사 평형 탐구 p. 50   기출 분석 p. 51

(1) **복사 에너지** : 물체가 복사의 형태로 방출하는 에너지

(2) **복사 평형** : 물체가 흡수하는 복사 에너지양과 방출하는 복사 에너지양이 같아 온도가 일정하게 유지되는 상태

(3) **지구의 복사 평형** : 지구가 흡수하는 태양 복사 에너지양과 방출하는 지구 복사 에너지양은 같다.
➡ 지구의 평균 기온이 거의 일정하게 유지된다.

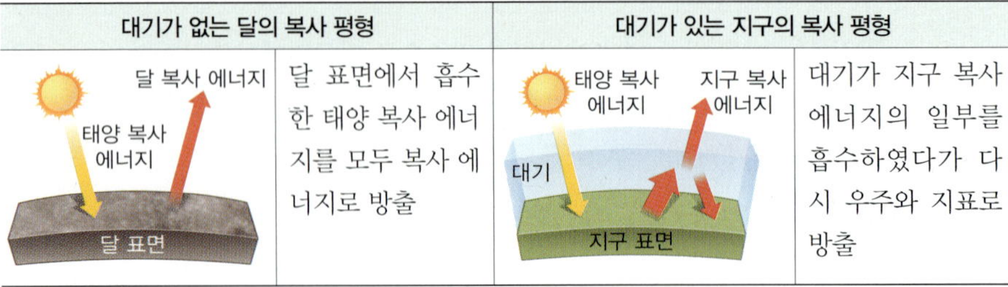

▲ 지구의 복사 평형

2. 온실 효과

(1) **온실 기체** : 지구 대기를 이루는 기체 중에서 지구 복사 에너지를 흡수하여 온실 효과를 일으키는 기체 예 수증기, 이산화 탄소, 메테인 등

(2) **달과 지구의 평균 온도** : 달(약 $-18\ ℃$) < 지구(약 $15\ ℃$)
➡ 지구는 온실 효과가 있어 대기가 없는 달보다 높은 온도에서 복사 평형을 이룬다.

대기가 없는 달의 복사 평형		대기가 있는 지구의 복사 평형	
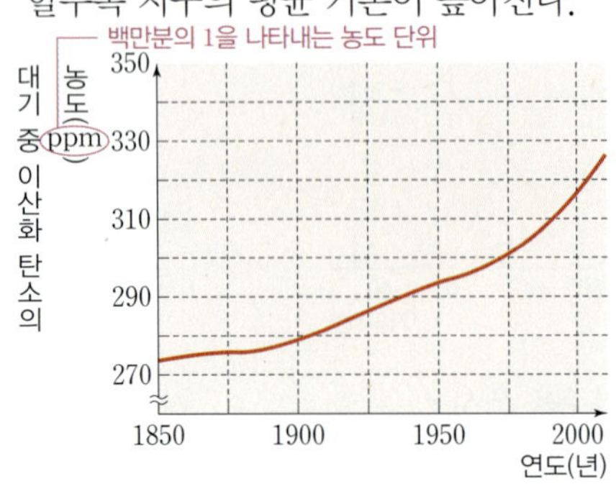	달 표면에서 흡수한 태양 복사 에너지를 모두 복사 에너지로 방출	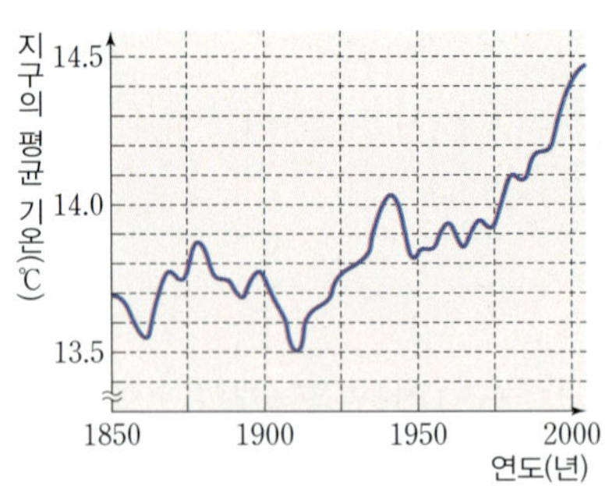	대기가 지구 복사 에너지의 일부를 흡수하였다가 다시 우주와 지표로 방출

3. 지구 온난화

(1) **이산화 탄소의 농도와 지구의 평균 기온의 관계** : 대기 중 이산화 탄소의 농도가 증가할수록 지구의 평균 기온이 높아진다.

(2) **지구 온난화의 발생 과정**

(3) **지구 온난화의 영향** : 해수면의 상승으로 육지 면적 감소, 빙하의 면적 감소, 기상 이변 (폭우, 폭설 등) 증가, 생태계 변화 등

복사 에너지와 물체 온도와의 관계
모든 물체는 복사 에너지를 방출하는데 물체의 온도가 높을수록 복사 에너지를 많이 방출한다.

복사 에너지의 종류
• 태양 복사 에너지 : 태양이 방출하는 복사 에너지로, 지구 대기는 파장이 짧은 가시광선 영역의 태양 복사 에너지를 잘 통과시킨다.
• 지구 복사 에너지 : 지구가 방출하는 복사 에너지로, 지구 대기는 파장이 긴 적외선 영역의 지구 복사 에너지를 대부분 흡수한다.

달과 지구의 평균 온도
지구와 달은 태양으로부터의 거리가 거의 같아 도달하는 태양 복사 에너지양은 거의 같지만 지구와 달의 평균 온도 차이가 나타나는 것은 대기의 유무 차이 때문이다.

온실 효과와 지구 온난화 비교
• 온실 효과 : 대기가 없을 때보다 대기가 있을 때 평균 기온이 높게 유지되는 현상
• 지구 온난화 : 온실 효과가 강화되어 평균 기온이 상승하는 현상

화석 연료
지질 시대에 생물이 땅속에 묻혀 화석같이 굳어져 오늘날 연료로 이용하는 물질로, 석탄, 석유 등이 있다.

지구 온난화를 줄이기 위한 방법
• 화석 연료의 사용량을 줄이고, 자원을 재활용하여 이산화 탄소 배출량 줄이기
• 삼림 보존

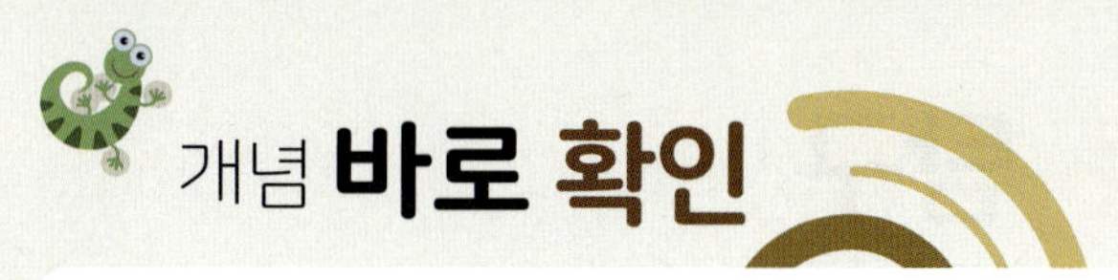

개념 **바로 확인**

초성 확인 문제

07 지구가 흡수하는 태양 복사 에너지양과 방출하는 지구 복사 에너지양이 같아서 지구의 평균 기온이 일정하게 유지되는 상태를 지구의 ㅂ|ㅅ|ㅍ|ㅎ 이라고 한다.

08 지구가 방출하는 지구 복사 에너지의 일부가 대기 중의 온실 기체에 의해 흡수되었다가 지표로 다시 방출되어 지구의 평균 기온이 높아지는 현상을 ㅇ|ㅅ ㅎ|ㄱ 라고 한다.

09 ㅈ|ㄱ ㅇ|ㄴ|ㅎ 는 지구의 평균 기온이 점점 높아지는 현상이다. 이는 대기 중 ㅇ|ㅅ 기체의 농도가 증가하기 때문이다.

10 대기 중의 이산화 탄소의 농도와 지구의 평균 기온은 ㅂ|ㄹ 한다.

11 지구 온난화로 인해 해수면은 ㅅ|ㅅ 하고, 빙하의 면적은 ㄱ|ㅅ 한다.

Ⓑ 지구의 복사 평형과 지구 온난화

05 다음은 복사 에너지에 대한 설명이다. (   ) 안에 알맞은 말을 쓰시오.

> 모든 물체는 ㉠ (   )의 형태로 에너지를 방출하고 있다. ㉡ (   ) 에너지는 태양에서 방출하는 복사 에너지로, 지구상의 대기와 물의 순환을 일으킨다.

06 그림은 지구의 복사 평형을 나타낸 것이다.

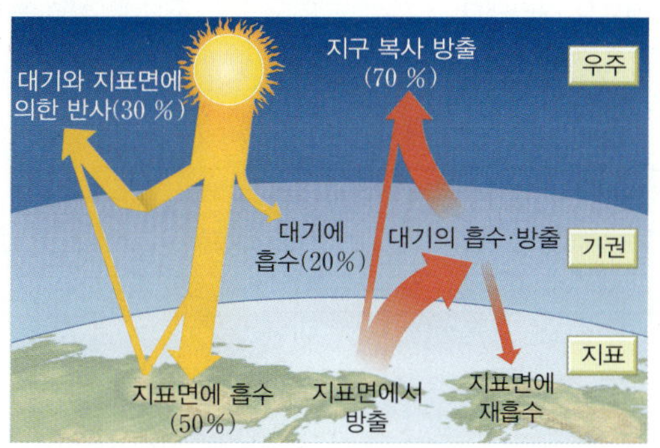

지구에 들어오는 태양 복사 에너지양을 100 %라고 할 때, (   ) 안에 알맞은 값을 쓰시오.

(1) 지구의 대기와 지표에 흡수되는 태양 복사 에너지양 : (   ) %

(2) 우주로 반사되는 태양 복사 에너지양 : (   ) %

(3) 지구가 우주로 방출하는 지구 복사 에너지양 : (   ) %

07 온실 효과에 대한 설명으로 옳은 것은 ○, 옳지 <u>않은</u> 것은 ×로 표시하시오.

(1) 대기 중의 온실 기체가 지구 복사 에너지를 전부 흡수하여 지표로 다시 방출한다. ·· (   )

(2) 대기가 없을 때에 비해 지구의 평균 기온이 높아진다. ···················· (   )

(3) 온실 기체에는 수증기, 이산화 탄소, 메테인 등이 있다. ················· (   )

08 지구 온난화에 대한 설명으로 옳은 것은 ○, 옳지 <u>않은</u> 것은 ×로 표시하시오.

(1) 지구의 평균 기온이 점점 높아지는 현상을 말한다. ························· (   )

(2) 대기 중 온실 기체의 농도가 감소했기 때문에 발생한다. ················· (   )

(3) 대기 중 이산화 탄소의 농도와 지구의 평균 기온은 비례한다. ·········· (   )

09 다음은 지구 온난화의 영향에 대한 설명이다. (   ) 안에 알맞은 말을 고르시오.

> 지구 온난화로 인해 극지방의 빙하가 줄어들고, 해수의 온도가 높아져 해수의 부피가 ㉠ (늘어나기 , 줄어들기) 때문에 해수면이 ㉡ (상승 , 하강)한다.

◉ 복사 평형

과정

❶ 검은색 알루미늄 컵 속에 디지털 온도계를 설치한 후 알루미늄 컵 속의 온도를 측정한다.

❷ 알루미늄 컵을 적외선 전등에서 20 cm 정도 떨어진 곳에 놓는다.

❸ 적외선 전등을 켠 다음 2분 간격으로 18분 동안 컵 속의 온도를 측정하여 기록한다.

결과

과정 ❸에서 측정한 알루미늄 컵 속의 온도를 기록한 후, 온도 변화를 그래프로 나타낸다.

시간(분)	0	2	4	6	8
온도(℃)	18	20	22	24	26

시간(분)	10	12	14	16	18
온도(℃)	28	30	32	32	32

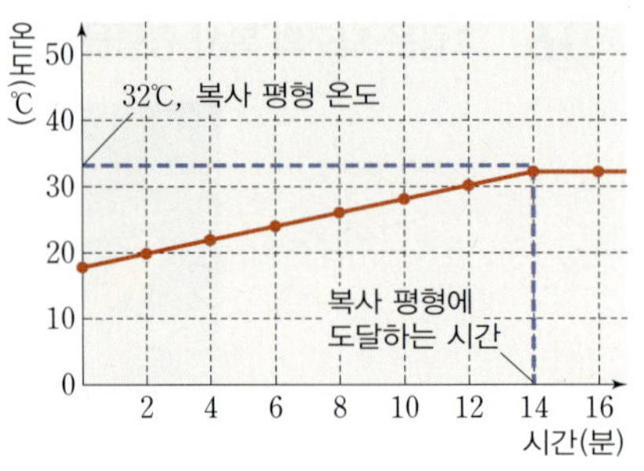

TIP

열원으로부터의 거리와 복사 평형 온도의 관계

적외선 전등에서 거리가 멀어질수록 복사 평형 온도는 낮아지고 복사 평형에 도달하는 시간은 길어진다.

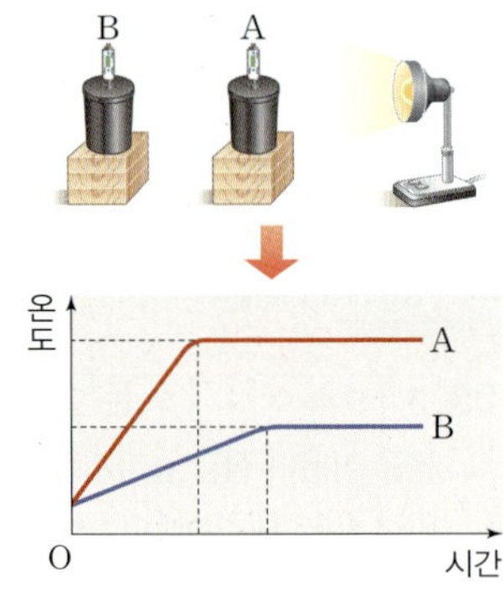

정리

1 실험과 실제 지구의 비유 : 적외선 전등은 태양이고, 알루미늄 컵은 지구에 비유된다.

2 알루미늄 컵 속의 온도가 변하는 까닭 : 처음에는 컵이 흡수하는 에너지양이 방출하는 에너지양보다 많아서 온도가 높아지다가 나중에는 컵이 흡수하는 에너지양이 방출하는 에너지양과 같아져서 온도가 일정하게 유지된다.

3 지구가 태양 복사 에너지를 계속 흡수하지만 평균 기온이 일정하게 유지되는 까닭 : 지구가 흡수하는 태양 복사 에너지양과 방출하는 지구 복사 에너지양이 같아서 복사 평형을 이루기 때문이다.

확인 문제

01 복사 평형 실험에 대한 설명으로 옳은 것은 ○, 옳지 않은 것은 ×로 표시하시오.

(1) 컵 속의 온도는 시간의 흐름에 따라 계속적으로 높아진다. ····························· (   )

(2) 0~14분까지 컵이 흡수하는 에너지양이 방출하는 에너지양보다 더 많다. ············ (   )

(3) 컵 속의 공기는 약 14분 후에 복사 평형 상태에 도달하게 된다. ······················ (   )

(4) 실험에서 전등은 태양, 알루미늄 컵은 지구에 비유된다. ······························ (   )

시험에서는 **이렇게**!!

02 그림과 같이 장치하고 전등을 켠 다음 2분 간격으로 알루미늄 컵 속 온도를 측정하였다.

이에 대한 설명으로 옳지 않은 것은?

① 전등은 태양, 알루미늄 컵은 지구에 해당된다.

② 복사 평형 상태에서 온도는 일정해진다.

③ 전등과의 거리가 멀수록 복사 평형 온도는 높다.

④ 온도가 상승할 때는 에너지 흡수량>방출량이다.

⑤ 어느 정도 시간이 지나면 컵에서 방출하는 에너지양과 흡수하는 에너지양이 같아진다.

기권의 층상 구조별 특징

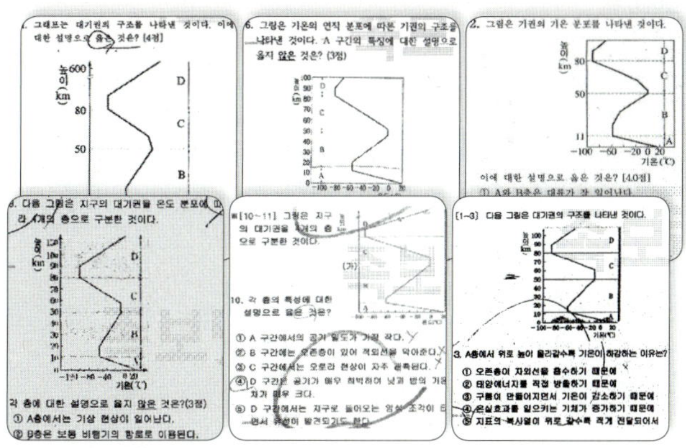

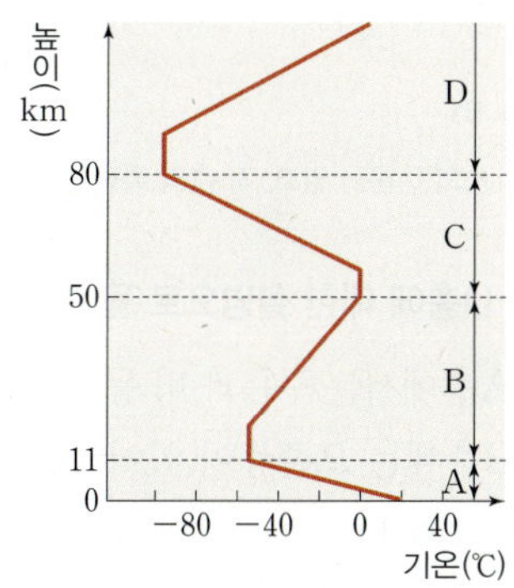

지구의 복사 평형

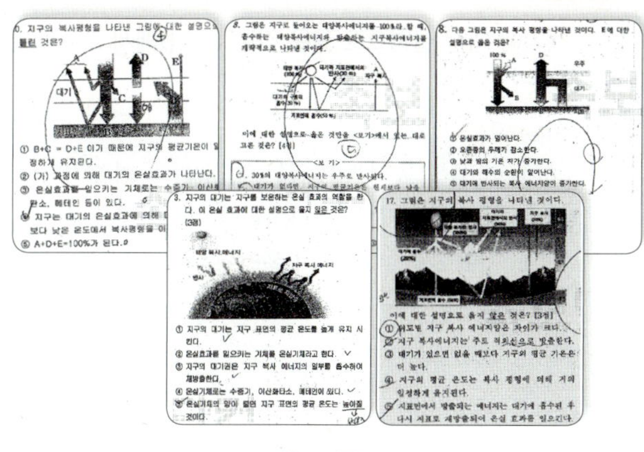

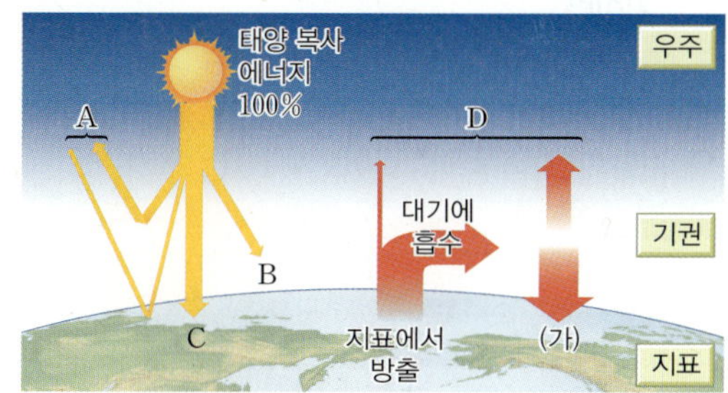

---

01 그림은 기권의 구조를 나타낸 것이다.

이에 대한 설명으로 옳지 <u>않은</u> 것을 모두 고르면? (2개)

① 기권을 4개의 층으로 구분하는 기준은 높이에 따른 기압의 변화이다.

② A층에서는 대류 현상이 일어난다.

③ A층에는 기권 전체 공기의 대부분이 모여 있다.

④ A층은 지구 복사 에너지의 영향으로 높이 올라갈수록 기온이 낮아진다.

⑤ B층에는 오존층이 있어 자외선을 흡수한다.

⑥ B층은 안정한 층으로 비행기의 항로로 이용된다.

⑦ C층에서는 유성이 관측되기도 한다.

⑧ C층에서는 기상 현상이 잘 일어난다.

⑨ C층과 D층의 경계면 부근에서 기온이 가장 낮다.

⑩ D층에서는 오로라 현상이 일어난다.

⑪ D층은 인공위성의 궤도로 이용된다.

⑫ D층은 열권으로 낮과 밤의 기온 차가 크다.

---

02 그림은 지구의 복사 평형을 나타낸 것이다.

이에 대한 설명으로 옳지 <u>않은</u> 것을 모두 고르면? (2개)

① A는 대기와 지표에서 반사되는 태양 복사 에너지로 약 30 %를 차지한다.

② B는 대기와 구름에 의해 흡수되는 태양 복사 에너지로 약 20 %를 차지한다.

③ C는 지표에 의해 흡수되는 태양 복사 에너지로 약 50 %를 차지한다.

④ D는 우주 공간으로 방출되는 지구 복사 에너지로 약 50 %를 차지한다.

⑤ D는 B와 C를 더한 값과 같다.

⑥ (가)는 대기가 흡수한 지구 복사 에너지를 다시 지표로 방출하는 것으로 온실 효과를 일으킨다.

⑦ 지구는 대기의 온실 효과에 의해 대기가 없을 때보다 낮은 온도에서 복사 평형을 이룬다.

⑧ 지구 전체로는 흡수한 에너지양과 방출한 에너지양이 같아 평균 기온이 일정하게 유지된다.

A 기권의 층상 구조

최다빈출

01 대기에 대한 설명으로 옳은 것을 〈보기〉에서 모두 고른 것은?

> **보기**
> ㄱ. 지구를 둘러싸고 있는 여러 가지 기체이다.
> ㄴ. 지표면~지상 100 km 사이에만 분포한다.
> ㄷ. 지표 근처에서 높이 올라갈수록 희박해진다.

① ㄱ   ② ㄴ   ③ ㄱ, ㄷ
④ ㄴ, ㄷ   ⑤ ㄱ, ㄴ, ㄷ

02 그림은 지구의 대기를 구성하는 기체의 부피비를 나타낸 것이다.

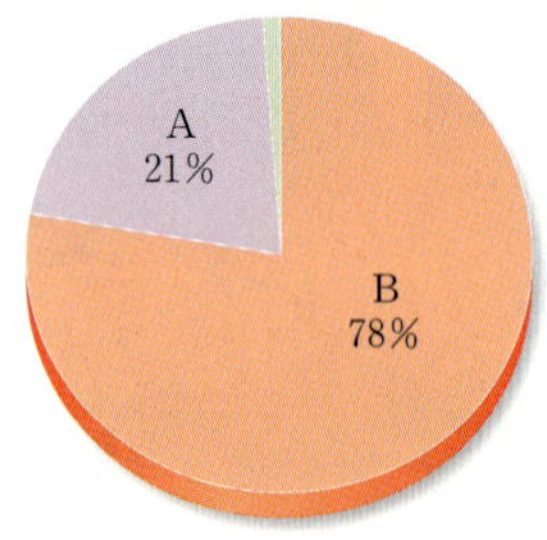

A와 B 기체에 해당하는 것을 순서대로 옳게 짝 지은 것은?

① 산소, 질소   ② 질소, 탄소   ③ 질소, 산소
④ 산소, 탄소   ⑤ 아르곤, 질소

[03~05] 그림은 기권을 4개의 층으로 구분한 것을 나타낸 것이다.

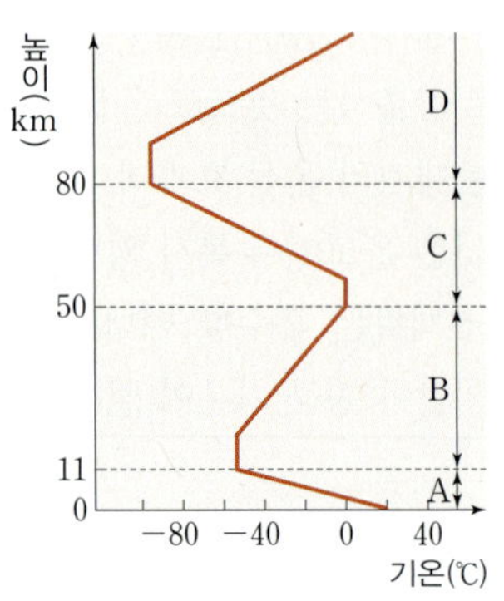

기출 분석 p. 51
기권을 구분하는 기준은 객관식이나 서술형으로 자주 출제되므로 반드시 알고 있어야 해.

03 이와 같이 기권을 4개의 층으로 구분하는 기준은?

① 높이에 따른 기온의 변화
② 높이에 따른 기압의 변화
③ 높이에 따른 수증기량의 변화
④ 높이에 따른 바람 방향의 변화
⑤ 높이에 따른 기상 현상의 변화

기출 분석 p. 51
그래프에서 각 층의 이름을 알고, 각 층의 특징을 구분할 수 있어야 해.

04 A~D층에 대한 설명으로 옳지 <u>않은</u> 것은?

① A층에서는 구름과 비 등의 기상 현상이 발생한다.
② B층에는 오존층이 있어서 자외선을 흡수한다.
③ C층과 D층의 경계에서 최저 기온이 나타난다.
④ C층은 기층이 안정되어 있어 장거리 비행기의 항로로 주로 이용된다.
⑤ D층은 낮과 밤의 기온 차이가 매우 크다.

기출 분석 p. 51
대류권과 중간권의 특징은 대류와 기상 현상 두 가지를 기준으로 구분할 수 있어야 해.

05 A~D층 중 대류가 일어나는 층만을 옳게 짝 지은 것은?

① A, B   ② A, C   ③ A, D
④ B, C   ⑤ C, D

06 성층권의 특징에 대한 설명으로 옳은 것을 〈보기〉에서 모두 고른 것은?

> **보기**
> ㄱ. 높이 올라갈수록 기온이 높아진다.
> ㄴ. 대기가 안정하여 대류가 잘 일어나지 않는다.
> ㄷ. 오존층에서 자외선을 흡수하여 지구의 생명체를 보호한다.

① ㄱ ② ㄷ ③ ㄱ, ㄴ
④ ㄴ, ㄷ ⑤ ㄱ, ㄴ, ㄷ

07 지구의 성층권에 오존층이 없다고 가정할 때 높이에 따른 기온 변화를 옳게 나타낸 것은?

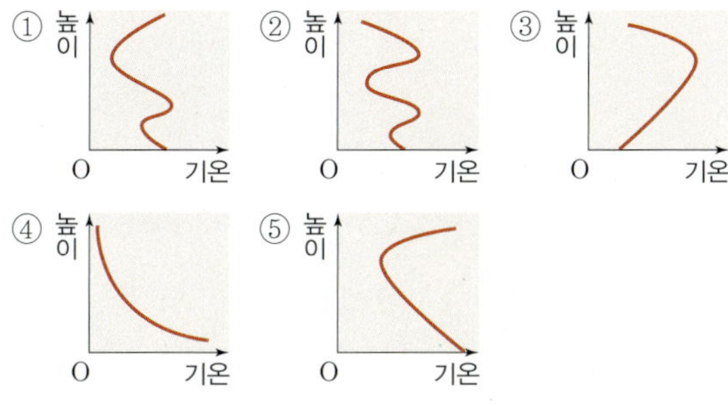

B 지구의 복사 평형과 지구 온난화

08 복사 에너지에 대한 설명으로 옳지 <u>않은</u> 것은?

① 모든 물체는 복사 에너지를 방출한다.
② 복사는 물질의 도움을 받지 않고 직접 열이 전달되는 방법이다.
③ 태양은 가시광선의 형태로 복사 에너지를 많이 방출한다.
④ 지구 복사 에너지는 대부분 자외선의 영역에 집중되어 있다.
⑤ 물체의 온도가 높을수록 복사 에너지를 많이 방출한다.

복사 평형 실험에서 적외선 전등과 알루미늄 컵 사이의 거리와 복사 평형 온도와의 관계를 꼭 기억해.

09 그림 (가)와 같이 장치를 하고 2분 간격으로 온도를 측정한 결과가 (나)와 같았다.

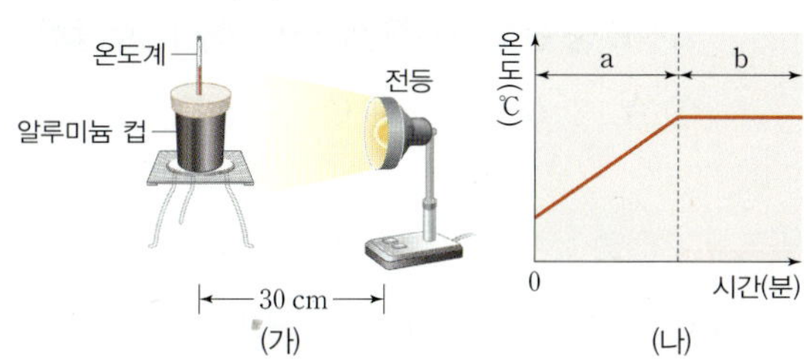

이에 대한 설명으로 옳지 <u>않은</u> 것은?

① 지구의 복사 평형을 설명할 수 있는 실험이다.
② 전등은 태양, 알루미늄 컵은 지구에 비유된다.
③ 알루미늄 컵의 색이 달라지면 온도가 달라질 수 있다.
④ 전등 빛의 세기가 셀수록 b 구간의 온도는 높게 나타난다.
⑤ 전등과 알루미늄 컵 사이의 거리는 온도에 영향을 미치지 않는다.

그림으로 지구의 복사 평형이 제시된 경우에는 반사율을 알고, 복사 에너지의 출입 관계를 분석할 수 있어야 해.

10 그림은 지구의 복사 평형을 나타낸 것이다.

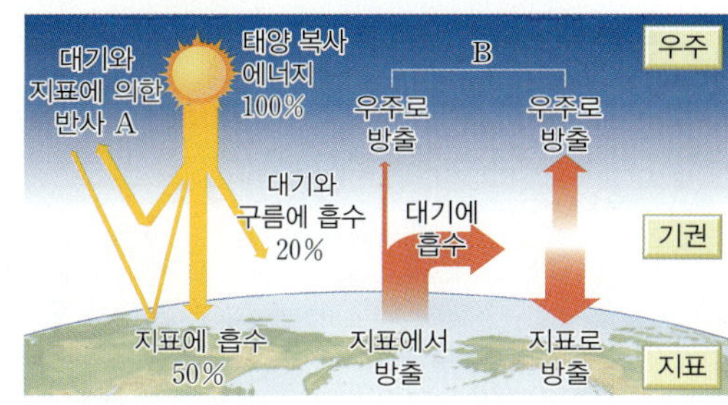

이에 대한 설명으로 옳지 <u>않은</u> 것은?

① A는 50 %이다.
② B는 지구가 흡수하는 태양 복사 에너지양과 같다.
③ 태양 복사 에너지의 50 %는 지표에 흡수된다.
④ 지구에 흡수되는 태양 복사 에너지양은 70 %이다.
⑤ 지구는 대기의 온실 효과로 인해 대기가 없을 때보다 높은 온도에서 복사 평형을 이룬다.

11 그림은 지구의 에너지 출입을 나타낸 것이다.

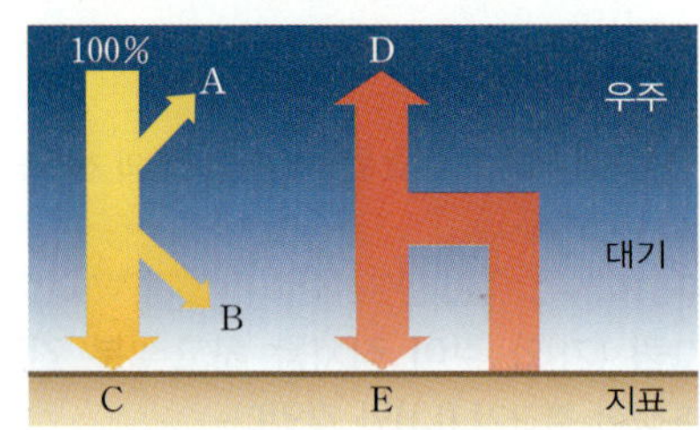

A~E 중 온실 효과를 일으키는 에너지로 옳은 것은?

① A ② B ③ C ④ D ⑤ E

기출 분석 p. 51

복사 에너지의 출입 관계는 지표, 대기, 우주 공간으로 구분한 후 각 공간에서의 방출량과 흡수량을 비교해야 해.

12 그림은 지구의 에너지 출입을 나타낸 것이다.

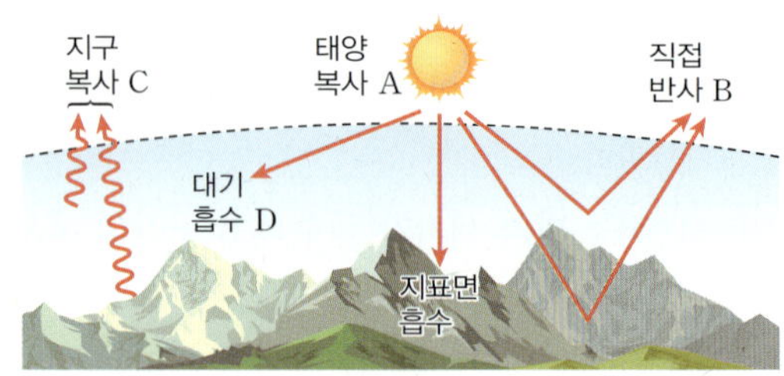

A~D 사이의 관계식으로 옳은 것은?

① A = C ② B = C ③ C = D
④ A = B+C ⑤ A = C+D

13 그림 (가)와 (나)는 각각 유리판으로 덮은 스타이로폼 상자와 유리판으로 덮지 않은 스타이로폼 상자를 햇빛이 비치는 곳에 두고 스타이로폼 상자 내부의 온도 변화를 측정하는 모습을 나타낸 것이다.

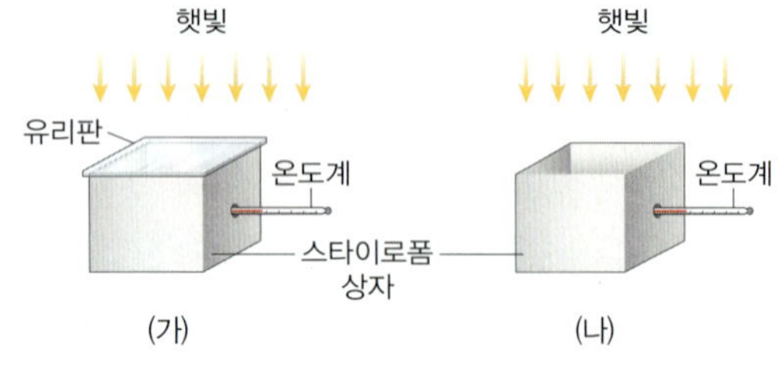

이 실험에서 두 상자의 온도 변화를 옳게 나타낸 것은?

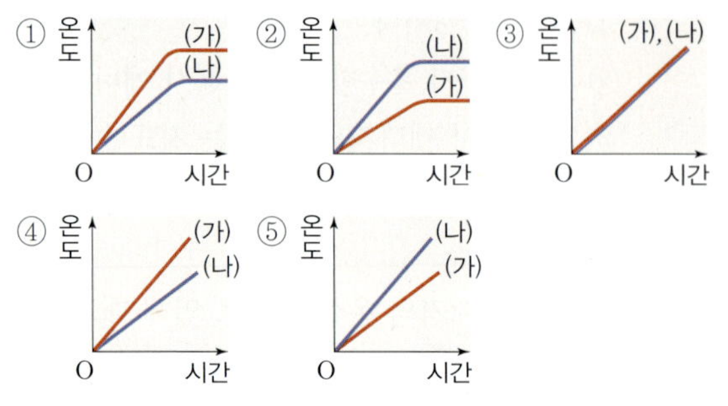

14 그림 (가)는 지구에 대기가 없다고 가정한 경우의 복사 에너지 출입을, (나)는 대기가 있는 지구의 복사 에너지 출입을 나타낸 것이다.

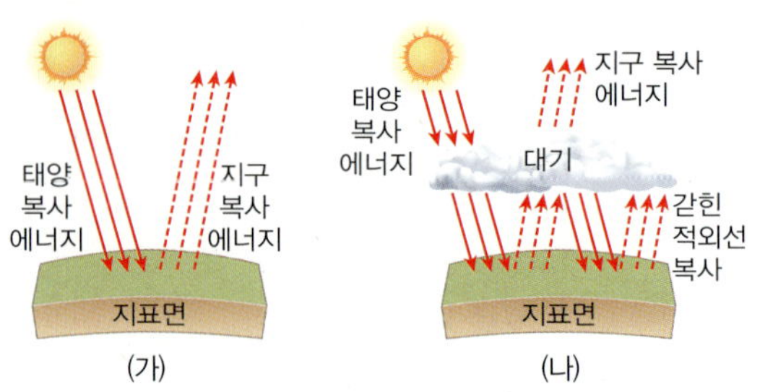

이에 대한 설명으로 옳은 것을 〈보기〉에서 모두 고른 것은?

〈보기〉

ㄱ. (가)에서는 흡수하는 복사 에너지양과 방출하는 복사 에너지양이 같다.

ㄴ. (가)와 (나)에서 모두 온실 효과가 일어난다.

ㄷ. 지구의 평균 기온은 (가)가 (나)보다 높다.

① ㄱ ② ㄴ ③ ㄱ, ㄷ
④ ㄴ, ㄷ ⑤ ㄱ, ㄴ, ㄷ

15 온실 효과에 대한 설명으로 옳은 것을 〈보기〉에서 모두 고른 것은?

〈보기〉

ㄱ. 온실 효과 때문에 지구의 평균 온도는 달보다 낮게 유지된다.

ㄴ. 대기 중 온실 효과를 일으키는 기체를 온실 기체라고 한다.

ㄷ. 대기 중에 수증기, 이산화 탄소, 메테인과 같은 기체의 양이 증가하면 지구의 평균 온도는 높아진다.

① ㄱ ② ㄷ ③ ㄱ, ㄴ
④ ㄴ, ㄷ ⑤ ㄱ, ㄴ, ㄷ

16 지구 온난화에 대한 설명으로 옳지 <u>않은</u> 것은?

① 지구 온난화의 영향으로 해수면이 낮아진다.

② 대기 중의 온실 기체 농도 증가가 주요 원인이다.

③ 지구 온난화의 영향으로 집중 호우와 홍수 등 기상 이변이 많이 나타난다.

④ 인간의 산업 활동으로 인한 화석 연료의 사용 증가와 관련이 있다.

⑤ 온실 효과의 증대로 지구의 평균 기온이 상승하는 현상이다.

최다빈출

17 그림은 대기 중 이산화 탄소 농도와 지구의 평균 기온 변화를 나타낸 것이다.

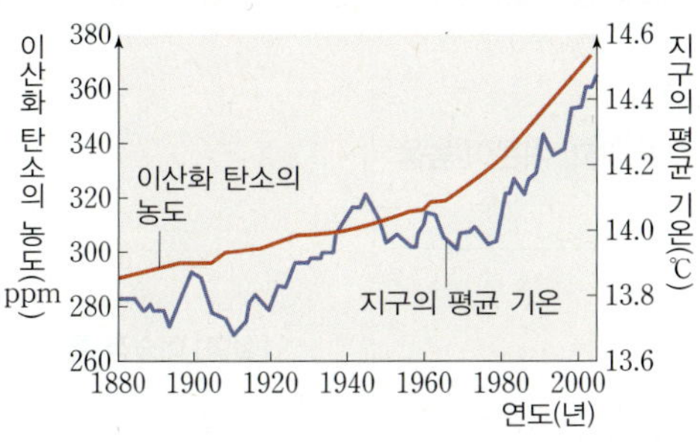

이에 대한 설명으로 옳지 <u>않은</u> 것은?

① 지구의 평균 기온이 점차 상승하고 있다.

② 대기 중 이산화 탄소 농도가 점점 증가하였다.

③ 1880년대 이후 해수면의 높이는 높아졌을 것이다.

④ 이산화 탄소는 지구의 온실 효과를 일으키는 기체이다.

⑤ 대기 중 이산화 탄소의 농도와 지구의 평균 기온은 반비례 관계이다.

최다빈출

18 지구 온난화에 의해 나타나는 현상으로 옳지 <u>않은</u> 것은?

① 해수면이 높아진다.

② 육지의 면적이 감소한다.

③ 극지방의 빙하가 녹아 사라진다.

④ 가뭄과 사막화 현상이 심해진다.

⑤ 추운 지역에서 자라는 식물의 서식지가 저위도로 이동한다.

최다빈출

19 그림은 기권을 4개의 층으로 구분한 것이다.

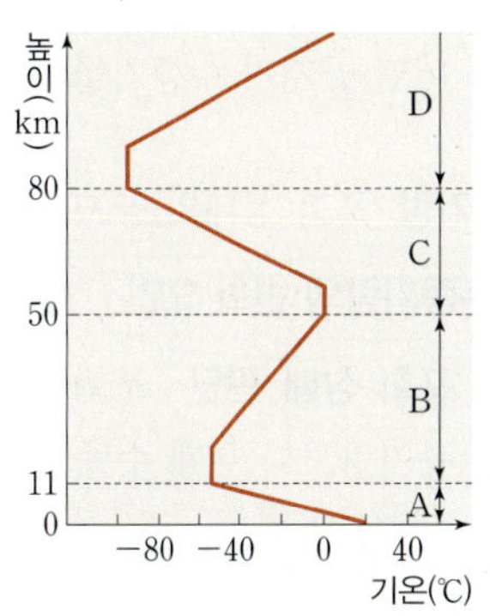

⑴ A~D층의 이름을 각각 쓰시오.

⑵ C층에서 기상 현상이 일어나지 않는 까닭을 서술하시오.

____

20 그림 (가)는 복사 평형 실험 장치를, (나)는 전등을 계속 비춰줄 때 시간에 따른 알루미늄 컵 속 공기의 온도 변화를 나타낸 것이다.

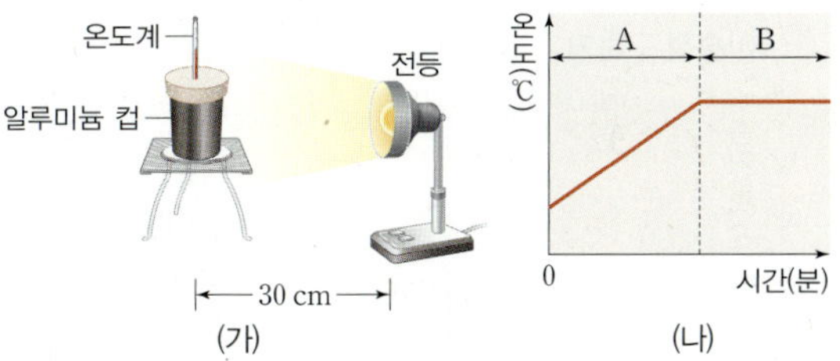

(나)의 A 구간에서 컵이 흡수하는 에너지양과 방출하는 에너지양을 부등호로 비교하고, B 구간에서 컵 속 공기의 온도가 일정한 까닭을 서술하시오.

____

21 지구 온난화에 의해 지구의 평균 기온이 계속 상승할 때 빙하의 면적, 해수면의 높이, 육지의 면적의 변화 경향을 서술하시오.

____

01 기권과 지구 기온 **55**

02 구름과 강수

A 대기 중의 수증기 [기출 분석] p. 63

1. 포화 상태 어떤 공기가 수증기를 최대로 포함하고 있는 상태 — 어떤 공기가 수증기를 더 포함할 수 있는 상태는 불포화 상태이다.

2. 포화 수증기량 포화 상태의 공기 1 kg에 들어 있는 수증기량(g)

(1) **포화 수증기량의 변화 요인** : 기온 ➡ 기온이 높을수록 포화 수증기량은 증가한다.

(2) **공기의 포화 상태 판단** : 포화 수증기량과 현재 수증기량이 같으면 포화 상태이고, 포화 수증기량보다 현재 수증기량이 적으면 불포화 상태이다. — 포화 수증기량 곡선 상에 있는 공기

포화 수증기량 곡선 아래에 있는 공기
(3) **불포화 공기를 포화 상태로 만드는 방법** : 기온을 낮추거나 수증기를 공급한다.

포화 수증기량과 현재 수증기량 구하기

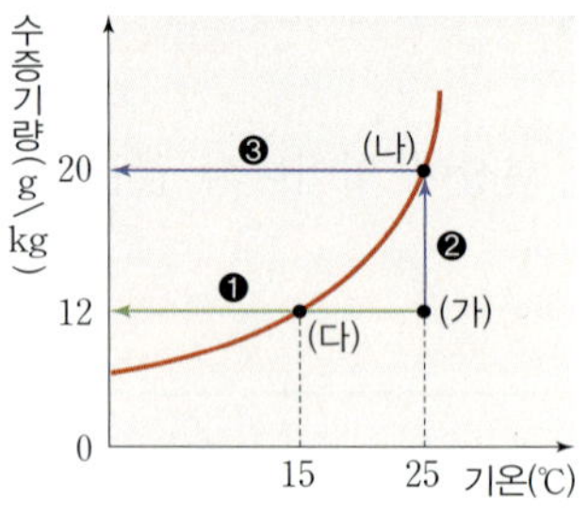

= 현재 공기 중에 포함된 수증기량 = 실제 수증기량

- (가)의 현재 수증기량(❶) : (가)에서 가로선을 그어 세로축 값을 읽는다. ➡ 12 g/kg
- (가)의 포화 수증기량(❷ → ❸) : (가)에서 위로 선을 그어 포화 수증기량 곡선과 만나는 점의 세로축 값을 읽는다. ➡ 20 g/kg
- 포화 수증기량 비교 : (가) = (나) > (다)
  ➡ 기온이 같은 공기는 포화 수증기량이 같고, 기온이 높을수록 포화 수증기량이 많다.

---

3. 이슬점 공기 중의 수증기가 응결하기 시작할 때의 온도

(1) **이슬점의 변화 요인** : 현재 수증기량 ➡ 기온이 같은 경우에는 현재 수증기량이 많을수록 이슬점이 높고, 기온이 다른 경우에는 현재 수증기량이 같으면 이슬점은 같다.

이슬점 구하기

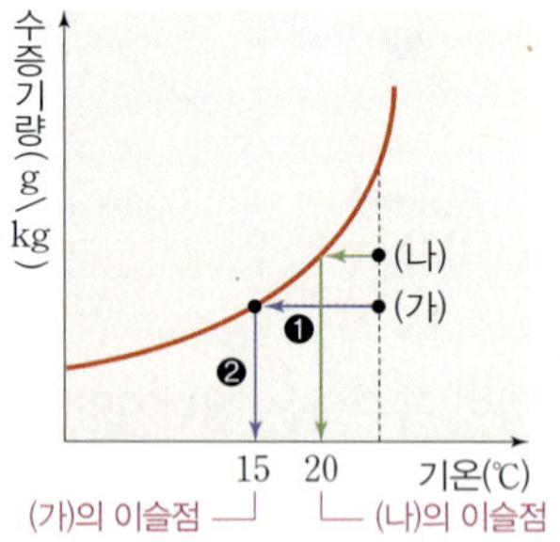

- (가)의 이슬점(❶ → ❷) : (가)에서 가로선을 그어 왼쪽으로 이동한 후 포화 수증기량 곡선과 만나는 점의 기온을 읽는다. ➡ 15 ℃
- 이슬점 비교 : (가) < (나)
  ➡ 이슬점은 현재 수증기량이 많을수록 높다.

(가)의 이슬점 / (나)의 이슬점

---

(2) **응결량** : 공기가 냉각되어 이슬점보다 더 낮은 온도가 될 때 응결되는 물의 양

➡ 응결량 = 현재 수증기량 − 냉각된 온도에서의 포화 수증기량

응결량 구하기

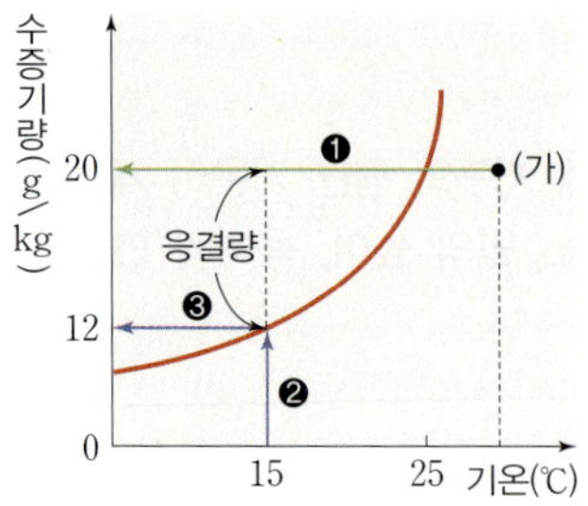

예 (가)의 공기 1 kg을 15 ℃까지 냉각시킬 때의 응결량 구하기

- (가) 공기의 현재 수증기량(❶) : (가)에서 가로선을 그어 세로축 값을 읽는다. ➡ 20 g
- 기온이 15 ℃인 공기의 포화 수증기량(❷ → ❸) : 기온축의 15 ℃에서 위로 선을 그어 포화 수증기량 곡선과 만나는 점에서의 세로축 값을 읽는다. ➡ 12 g
- ∴ 응결량 = 현재 수증기량(20 g) − 냉각된 온도에서의 포화 수증기량(12 g) = 8 g

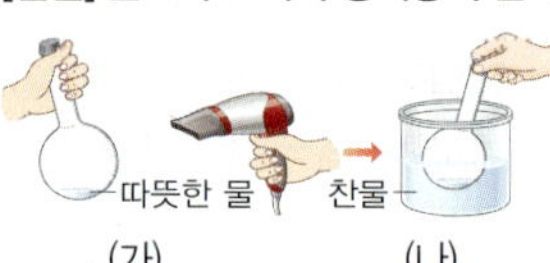

[실험] 온도와 포화 수증기량의 관계

- 과정 (가) : 따뜻한 물을 조금 넣은 플라스크를 가열하면 플라스크 내부가 맑아진다. ➡ 물방울이 증발하여 플라스크 내부 공기 중에 수증기 상태로 포함되기 때문
- 과정 (나) : 가열한 플라스크를 찬물이 담긴 수조에 넣어 식히면 플라스크 내부가 뿌옇게 흐려진다.
  ➡ 플라스크 내부의 수증기가 응결하기 때문
- 정리 : 포화 수증기량은 온도에 따라 달라진다.

[실험] 이슬점 측정

- 과정 : 알루미늄 컵에 물을 채운 후 얼음 조각을 넣은 시험관을 컵에 넣고 천천히 저어주다가 컵의 바깥쪽 표면이 흐려지기 시작할 때의 온도를 측정한다.
- 정리 : 컵 표면이 흐려지기 시작할 때 측정한 온도가 이슬점이다.

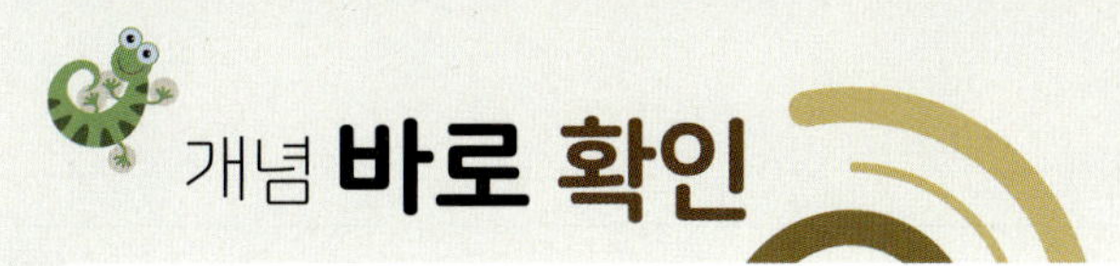

개념 바로 확인

01 얼음물을 넣은 컵의 표면에 작은 물방울이 맺히는 현상은 ㅇㄱ 의 예에 해당한다.

02 일정량의 공기가 수증기를 최대로 포함하고 있는 상태를 ㅍㅎ 상태라고 하며, 이 상태의 공기 1 kg 속에 들어 있는 수증기의 양을 g으로 나타낸 것을 ㅍㅎ ㅅㅈㄱㄹ 이라고 한다.

03 기온이 높을수록 포화 수증기량 은 ㅈㄱ 한다.

04 ㅇㅅㅈ 이란 공기가 냉각되어 수증기가 응결하기 시작할 때의 온도이다.

05 응결량은 현재 수증기량과 냉각된 온도에서의 ㅍㅎ ㅅㅈ ㄱㄹ 의 차로 구한다.

A 대기 중의 수증기

01 증발과 응결에 대한 설명으로 옳은 것은 ○, 옳지 <u>않은</u> 것은 ×로 표시하시오.

(1) 물이 수증기로 변하는 현상은 증발이다. ····························· (   )

(2) 수증기가 액체 상태의 물로 변하는 현상은 응결이다. ····················· (   )

(3) 공기 중의 수증기량은 항상 일정하다. ····························· (   )

02 포화 수증기량과 이슬점에 대한 설명으로 옳은 것은 ○, 옳지 <u>않은</u> 것은 ×로 표시하시오.

(1) 포화 상태는 일정량의 공기가 수증기를 최대로 포함하고 있는 상태이다.
··· (   )

(2) 포화 수증기량은 기온이 낮을수록 증가한다. ····················· (   )

(3) 이슬점은 수증기의 공급 없이 포화 상태에 도달할 때의 온도이다. ·· (   )

(4) 공기 중에 포함된 수증기량이 많을수록 이슬점이 높아진다. ·········· (   )

03 그림은 기온에 따른 포화 수증기량 곡선을 나타낸 것이다.

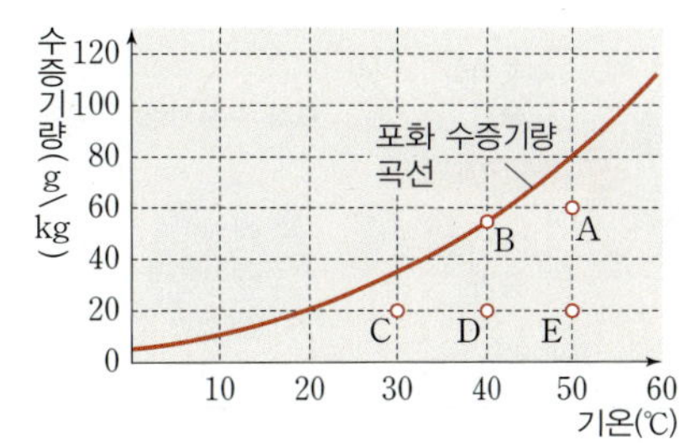

(1) A~E 공기 중 불포화 상태의 공기를 쓰시오.

(2) A~E 공기 중 포화 상태의 공기를 쓰시오.

(3) A~E 공기의 이슬점을 부등호 또는 등호로 비교하시오.

(4) A 공기 1 kg을 20 ℃로 냉각시킬 때의 응결량은 몇 g인지 구하시오.

04 다음은 불포화 상태인 공기가 포화 상태에 도달하는 방법에 대한 설명이다. (   ) 안에 알맞은 말을 고르시오.

(1) 불포화 상태인 공기의 온도를 (높인다 , 낮춘다).

(2) 공기 중의 수증기량을 (높인다 , 낮춘다).

02 구름과 강수

B 상대 습도 [기출 분석 p. 63]

└─ 공기의 습하고 건조한 정도

1. 상대 습도 현재 기온에서의 포화 수증기량에 대한 현재 공기 중에 포함된 수증기량의 비를 백분율로 나타낸다. └─ 현재 수증기량

$$상대\ 습도(\%) = \frac{현재\ 공기\ 중에\ 포함된\ 수증기량(g/kg)}{현재\ 기온에서의\ 포화\ 수증기량(g/kg)} \times 100$$

상대 습도 구하기

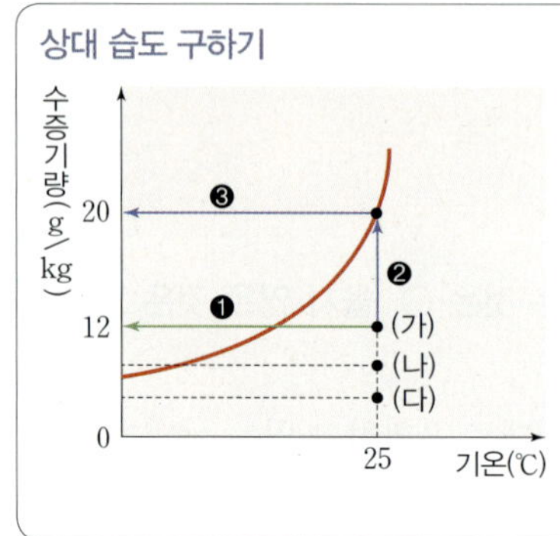

- (가)의 현재 수증기량(❶) : (가)에서 가로선을 그어 세로 축 값을 읽는다. ➡ 12 g/kg
- (가)의 포화 수증기량(❷ → ❸) : (가)에서 위로 선을 그어 포화 수증기량 곡선과 만나는 점의 세로축 값을 읽는다. ➡ 20 g/kg
- (가)의 상대 습도(%) = $\frac{12\ g/kg}{20\ g/kg} \times 100 = 60\ \%$
- 상대 습도 비교 : (가) > (나) > (다) ➡ 포화 수증기량 곡선과 가까울수록 상대 습도가 크다.

2. 상대 습도의 변화 상대 습도는 공기 중의 수증기량과 기온의 변화에 따라 결정된다.

수증기량과 상대 습도의 관계 (기온이 일정할 때)	기온과 상대 습도의 관계 (수증기량이 일정할 때)
• 현재 수증기량이 많을수록 상대 습도가 높다. • 상대 습도 비교 : (가) > (나) ➡ (가)와 (나)의 포화 수증기량은 같지만, 수증기량의 증가로 현재 수증기량은 (가)가 더 많기 때문	• 기온이 낮을수록 상대 습도가 높다. • 상대 습도 비교 : (나) < (다) ➡ 수증기량의 변화가 없으므로 (나)와 (다)의 현재 수증기량은 같지만, 기온의 하강으로 (다)의 포화 수증기량이 감소하였기 때문

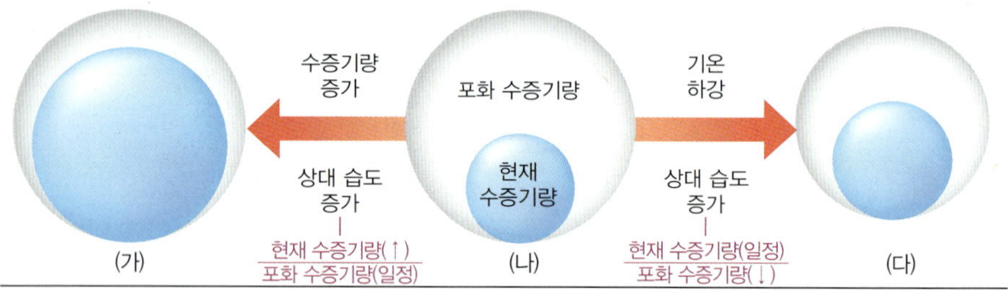

3. 날씨 변화와 상대 습도 변화

(1) **맑은 날** : 공기 중에 포함된 현재 수증기량은 거의 변하지 않기 때문에 기온에 따라 포화 수증기량이 달라져 습도가 변한다. ─ 낮에는 기온이 높아 포화 수증기량이 증가하므로 상대 습도가 낮아진다.

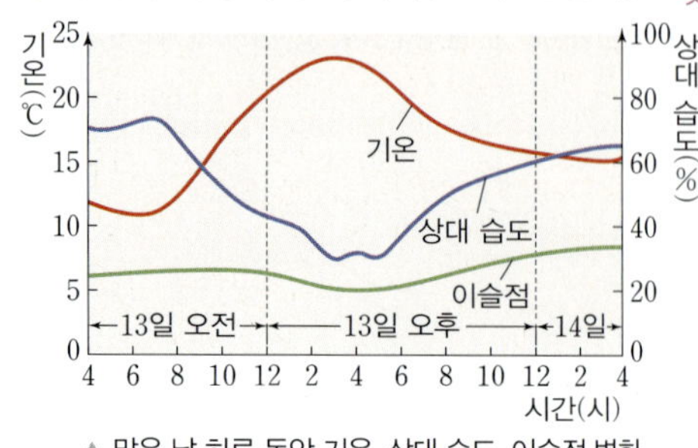

구분	하루 중 가장 낮을 때	하루 중 가장 높을 때
기온	새벽 6시경	오후 3시경
상대 습도	오후 3시경	새벽 6시경
이슬점	거의 일정 ➡ 공기 중의 수증기량이 거의 변하지 않기 때문	

▲ 맑은 날 하루 동안 기온, 상대 습도, 이슬점 변화

(2) **비오는 날** : 비 때문에 공기 중의 수증기량이 많아져 맑은 날보다 상대 습도가 비교적 높다.

절대 습도(g/m³)

공기 1 m³에 들어 있는 수증기량을 g으로 나타낸 것으로, 일상생활에서 주로 사용하는 습도는 절대 습도가 아닌 상대 습도이다.

밀폐된 공간에서 난방을 할 때 포화 수증기량과 상대 습도의 변화

난방을 통해 기온이 상승하면 포화 수증기량은 증가하는데, 공기 중의 수증기량은 변화가 없으므로 상대 습도는 낮아진다.

흐린 날보다 맑은 날 새벽에 안개가 잘 발생하는 까닭

흐린 날은 맑은 날에 비해 대기 중에 포함된 수증기량이 많다. 그러나 맑은 날에는 온실 기체인 수증기가 적어서 기온의 일교차가 크다. 따라서 지표면의 복사 냉각 정도는 맑은 날 새벽이 흐린 날에 비해 심하기 때문에 지표면과 접해 있는 하층 공기가 냉각되어 안개가 잘 발생한다.

흐린 날 상대 습도

하루 동안 공기 중의 수증기량이 변하여 기온과 상대 습도의 관계가 잘 나타나지 않는다.

06 공기의 습하고 건조한 정도는 ⬚ㅅ ㄷ ⬚ 라고 한다.

07 상대 습도(%) =
$\dfrac{\text{현재 공기 중에 포함된 수증기량}}{\text{현재 기온의 ⬚ㅍ ㅎ ㅅ ㅈ ㄱ ㄹ⬚}} \times 100$

08 상대 습도는 공기 중의 수증기량과 ⬚ㄱ ㅇ⬚ 의 변화에 따라 결정된다.

09 맑은 날에는 ⬚ㅇ ㅅ ㅈ⬚ 이 거의 일정하므로, 기온과 ⬚ㅅ ㄷ⬚ ⬚ㅅ ㄷ⬚ 의 변화 경향은 대체로 반대로 나타난다.

B 상대 습도

05 기온이 20 ℃인 공기 중에 4 g/kg의 수증기가 포함되어 있을때 이 공기의 상대 습도를 구하시오. (단, 20 ℃에서의 포화 수증기량은 16 g/kg이다.)

06 그림은 기온에 따른 포화 수증기량을 나타낸 것이다.

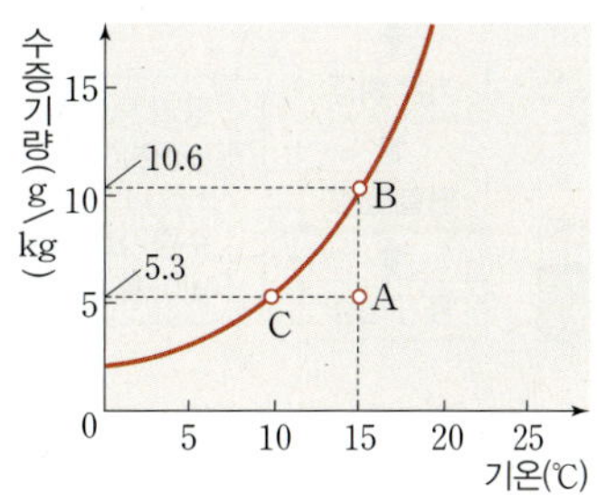

(1) A 공기의 현재 수증기량을 쓰시오.

(2) A 공기의 포화 수증기량을 쓰시오.

(3) A 공기의 상대 습도를 구하는 식을 완성하시오.

$$\text{상대 습도} = \dfrac{\text{㉠ (\qquad) g/kg}}{\text{㉡ (\qquad) g/kg}} \times 100 = \text{㉢ (\qquad) \%}$$

(4) A~C 공기의 상대 습도를 부등호 또는 등호로 비교하시오.

07 다음은 상대 습도의 변화에 대한 설명이다. (　　　) 안에 알맞은 말을 고르시오.

기온이 일정할 때 공기 중으로 많은 양의 수증기가 유입되어 현재 수증기량이 많아지면 상대 습도는 ㉠ (높아지고 , 일정하고 , 낮아지고), 수증기량이 일정할 때 난방을 하여 기온이 높아지면 상대 습도는 ㉡ (높아진다 , 일정하다 , 낮아진다).

08 그림은 어느 맑은 날 하루 동안의 기온, 상대 습도, 이슬점 변화를 나타낸 것이다.

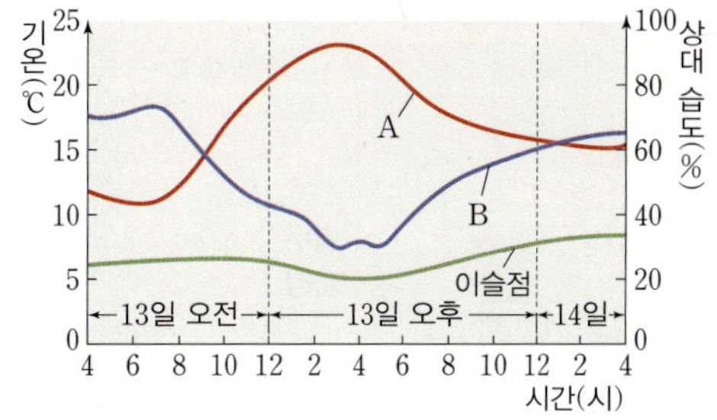

이에 대한 설명으로 옳은 것은 ○, 옳지 않은 것은 ×로 표시하시오.

(1) A는 상대 습도이고, B는 기온이다. ································ (　　　)

(2) 맑은 날에는 하루 동안 수증기량이 거의 일정하다. ··············· (　　　)

(3) 13일 오후는 오전에 비해 기온은 높아지고 상대 습도는 낮아졌다. ·· (　　　)

02 구름과 강수

C 구름

최다빈출 1. 구름의 생성 과정 탐구 p. 62

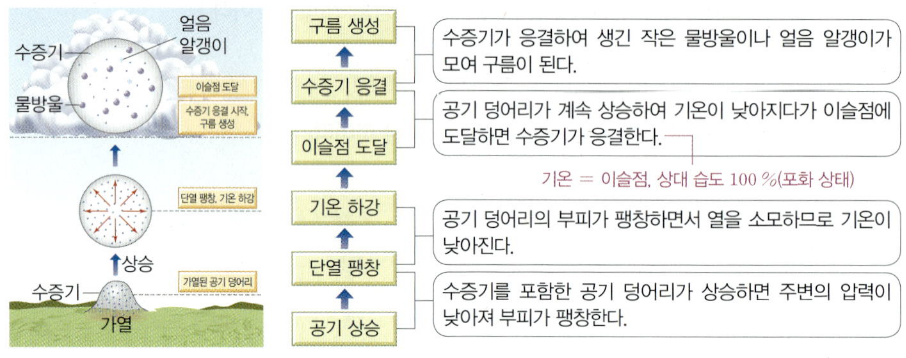

구름 생성	수증기가 응결하여 생긴 작은 물방울이나 얼음 알갱이가 모여 구름이 된다.
수증기 응결	
이슬점 도달	공기 덩어리가 계속 상승하여 기온이 낮아지다가 이슬점에 도달하면 수증기가 응결한다.
	기온 = 이슬점, 상대 습도 100 %(포화 상태)
기온 하강	공기 덩어리의 부피가 팽창하면서 열을 소모하므로 기온이 낮아진다.
단열 팽창	
공기 상승	수증기를 포함한 공기 덩어리가 상승하면 주변의 압력이 낮아져 부피가 팽창한다.

최다빈출 2. 구름이 생성되는 경우 구름은 지표 근처에 있는 공기가 상승할 때 만들어진다.

▲ 지표면의 일부분이 강하게 가열될 때   ▲ 공기가 산을 타고 올라갈 때   ▲ 기압이 낮은 곳으로 공기가 모여들 때   ▲ 찬 공기와 따뜻한 공기가 만날 때

3. 구름의 모양 공기가 상승하는 정도에 따라 달라진다.

적운형 구름	층운형 구름
• 생성 : 공기 덩어리가 강하게 상승할 때 • 모습 : 위로 솟아 오르는 모양	• 생성 : 공기 덩어리가 약하게 상승할 때 • 모습 : 옆으로 퍼지는 모양

┌ 구름에서 비나 눈 등이 만들어져 지표로 떨어지는 현상

D 강수  기출 분석 p. 63

우리나라의 겨울철에 잘 일어나는 강수 과정

병합설(물방울＋물방울)	구분	빙정설(얼음 알갱이＋수증기)
열대 지방, 저위도 지방	지방	중위도나 고위도 지방
	강수 과정	
크고 작은 물방울들이 부딪치고 합쳐져서 점점 커지면 빗방울이 되어 지표로 떨어진다. ➡ 따뜻한 비		−40 ℃~0 ℃ 구간의 물방울에서 증발한 수증기가 얼음 알갱이에 달라붙어 얼음 알갱이가 점점 커지면 아래로 떨어져 눈이 되고 떨어지는 도중에 녹으면 비가 된다. ➡ 차가운 비

구름
공기 중에서 응결하여 생긴 작은 물방울이나 얼음 알갱이가 하늘에 떠 있는 것이다.

단열 변화
외부와 열을 교환하지 않고 공기의 부피가 변하여 온도가 변하는 것을 단열 변화라고 한다.

단열 팽창	단열 압축
공기 상승	공기 하강
▼	▼
부피 증가	부피 감소
▼	▼
기온 하강	기온 상승

구름을 이루는 물방울이나 얼음 알갱이가 하늘에 떠 있을 수 있는 까닭
물방울과 얼음 알갱이의 크기가 매우 작아 떠 있으려는 부력이 아래로 떨어지려는 중력보다 크기 때문이다.

안개와 구름의 차이
지표 부근에서 수증기의 응결이 일어나 만들어지는 것은 안개이고, 높은 곳에서 수증기의 응결이 일어나 만들어지는 것은 구름이다.

빙정
기온이 0 ℃ 이하로 내려갈 때 대기 중의 수증기가 승화하여 만들어진 얼음 알갱이이다.

10 ㄱㄹ은 공기의 단열 팽창에 의해 수증기가 응결하여 생긴 작은 물방울이나 얼음 알갱이가 하늘에 떠 있는 것이다.

11 공기 덩어리가 상승할 때 주변의 기압이 낮아져 공기 덩어리의 부피가 팽창하면서 기온이 낮아지는 것을 ㄷㅇㅍㅊ 이라고 한다.

12 구름이 생성되기 위해서는 공기가 ㅅㅅ해야 한다

13 크고 작은 물방울들이 부딪치고 합쳐지면서 점점 커져 비가 내리는 과정을 ㅂㅎㅅ이라 하고, −40 ℃∼0 ℃ 구간의 물방울에서 증발한 수증기가 얼음 알갱이에 달라붙어 무거워져 내리면 눈. 내리는 도중 녹으면 비가 되는 과정을 ㅂㅈㅅ이라고 한다.

ⓒ 구름

09 다음은 단열 팽창에 대한 설명이다. (　　) 안에 알맞은 말을 고르시오.

(1) 공기 덩어리가 상승하면, 주변 기압이 낮아져 공기 덩어리의 부피가 ㉠ (증가 , 감소)하여, 기온은 ㉡ (상승 , 하강)한다.

(2) 공기 덩어리가 하강하면, 주변 기압이 높아져 공기 덩어리의 부피가 ㉠ (증가 , 감소)하여 기온은 ㉡ (상승 , 하강)한다.

10 다음은 구름의 생성 과정을 나열한 것이다. (　　) 안에 알맞은 말을 고르시오.

> 공기 ㉠ (상승 , 하강) → 단열 팽창 → 기온 ㉡ (상승 , 하강) → 이슬점 도달 → 수증기 ㉢ (응결 , 증발) → 구름 생성

11 다음은 구름이 생성되는 경우이다. (　　) 안에 알맞은 말을 고르시오.

(1) 지표면의 일부가 강하게 (가열 , 냉각)될 때

(2) 공기가 산을 타고 (올라갈 , 내려갈) 때

(3) 기압이 (낮은 , 높은) 곳으로 공기가 모여들 때

(4) 찬 공기와 따뜻한 공기가 만나서 공기가 (상승할 , 하강할) 때

12 다음 설명에 해당하는 구름의 종류를 쓰시오.

> • 위로 솟는 모양이다.
> • 소나기성 비가 내린다.
> • 공기의 상승이 강할 때 생성된다.

ⓓ 강수

13 그림은 어느 지방에서 비가 내리는 원리를 나타낸 것이다.

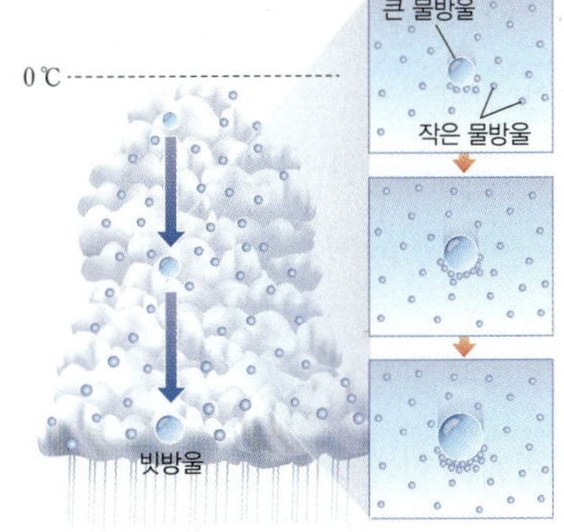

이에 대한 설명으로 옳은 것은 ○, 옳지 않은 것은 ×로 표시하시오.

(1) 열대 지방에서 설명되는 강수 이론이다. ……………………………… (　　)

(2) 구성 입자로는 얼음 알갱이, 과냉각 물방울, 물방울이 있다. ………… (　　)

(3) 구름의 대부분 온도가 0 ℃ 이상이다. …………………………………… (　　)

(4) 크고 작은 물방울들이 충돌하고 합쳐져 비가 내린다. …………………… (　　)

구름 발생 원리

과정

❶ 페트병에 물을 조금 넣고 액정 온도계를 넣은 후 간이 가압 장치의 뚜껑을 닫는다.

❷ 간이 가압 장치를 여러 번 눌렀을 때 온도와 페트병 내부의 변화를 관찰한다.

❸ 간이 가압 장치의 뚜껑을 열었을 때 온도와 페트병 내부의 변화를 관찰한다.

❹ 페트병에 향 연기를 조금 넣고 과정 ❷와 ❸을 반복하면서 페트병 내부의 변화를 관찰한다.

결과

가압 장치를 누를 때와 뚜껑을 열 때 페트병 내부의 변화를 기록한다.

구분		부피 변화	온도 변화	내부 변화
향 연기를 넣지 않은 경우	가압 장치를 누를 때	단열 압축	상승	변화 없다(맑다).
	뚜껑을 열 때	단열 팽창	하강	뿌옇게 흐려진다.
향 연기를 넣은 경우	가압 장치를 누를 때	단열 압축	상승	맑아진다.
	뚜껑을 열 때	단열 팽창	하강	더 뿌옇게 흐려진다.

정리

1 향 연기의 역할 : 응결핵 — 수증기의 응결을 돕는 역할

2 실험 과정과 실제 현상 비교 : 간이 가압 장치를 누르는 과정은 구름이 소멸하는 현상이고, 뚜껑을 여는 과정은 구름이 생성되는 현상이다.

TIP

출제 경향

• 간이 가압 장치를 누를 때와 뚜껑을 열 때 페트병의 온도와 내부 변화를 비교하고, 각 과정은 실제 어떤 현상과 관련 있는지 묻는 문제가 자주 출제된다.

• 향 연기가 있을 때와 없을 때 페트병 내부의 변화로부터 향 연기의 역할을 묻는 문제가 자주 출제된다.

확인 문제

01 구름 발생 원리 실험에 대한 설명으로 옳은 것은 ○, 옳지 않은 것은 ✕로 표시하시오.

(1) 간이 가압 장치를 누를 때 장치 내부의 기온은 상승한다. ·························· (   )

(2) 페트병에 넣어 준 향 연기는 물방울의 증발을 도와주는 역할을 한다. ·················· (   )

(3) 간이 가압 장치의 뚜껑을 열 때는 자연에서 구름이 소멸하는 경우를 비유적으로 나타낸 것이다. ·························· (   )

02 구름 발생 원리 실험에서 향 연기를 넣고 간이 가압 장치를 여러 번 눌렀다가 뚜껑을 여는 순간, 장치 내부의 변화로 옳은 것을 고르시오.

(1) 압력 : (증가 , 감소)

(2) 부피 : (팽창 , 압축)

(3) 온도 : (상승 , 하강)

(4) 내부 변화 : (맑아짐 , 흐려짐)

---

03 그림과 같이 간이 가압 장치를 단 페트병에 약간의 물과 향 연기를 넣고, 간이 가압 장치를 여러 번 누른 후 뚜껑을 열었을 때 페트병 내부의 변화를 관찰하였다.

(나)에서 페트병 내부의 변화를 옳게 짝 지은 것은?

	부피	온도	내부 변화
①	감소	증가	맑아진다.
②	감소	감소	맑아진다.
③	증가	증가	흐려진다.
④	증가	감소	흐려진다.
⑤	증가	감소	맑아진다.

포화 수증기량 곡선 해석

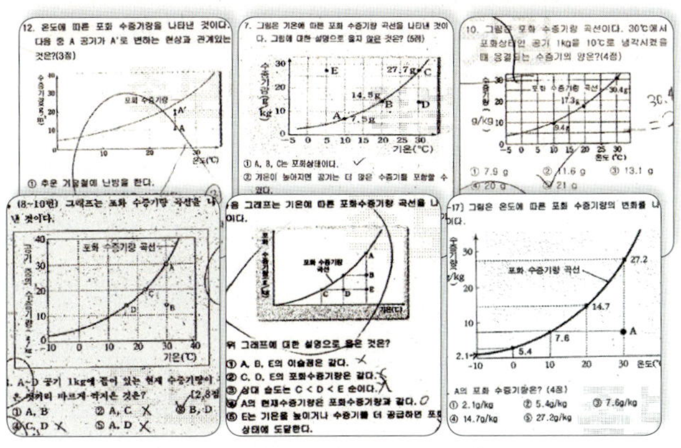

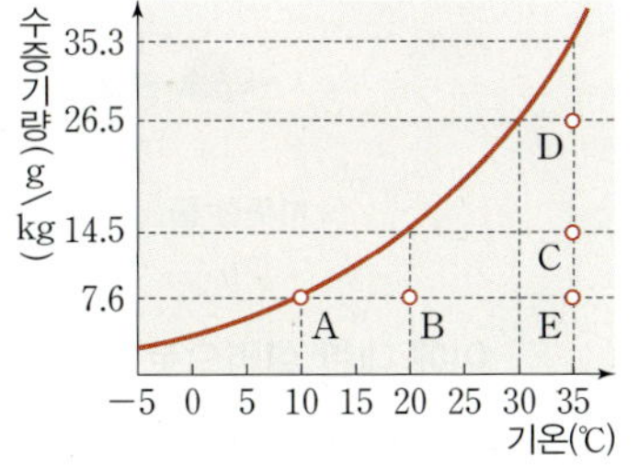

강수 과정

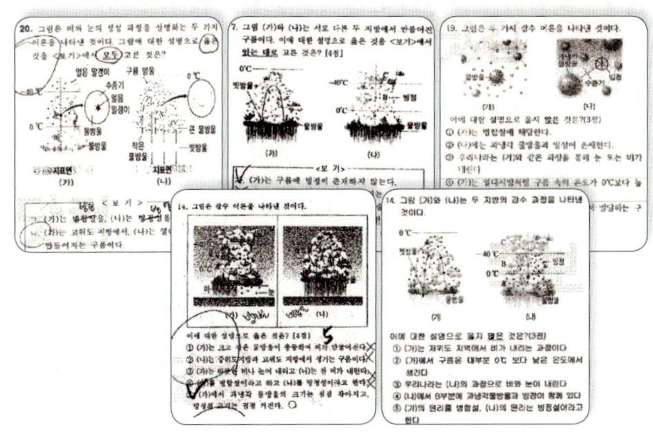

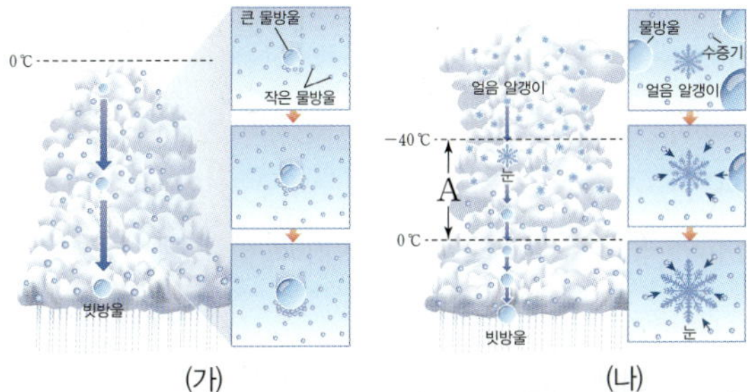

---

01 오른쪽 그림은 기온에 따른 포화 수증기량을 나타낸 것이다.

이에 대한 설명으로 옳지 <u>않은</u> 것을 모두 고르면? (3개)

① A 공기는 포화 상태이다.

② A 공기는 현재 수증기량과 포화 수증기량이 같다.

③ B 공기는 기온을 낮추거나 수증기를 더 공급하면 포화 상태에 도달한다.

④ B 공기의 기온이 높아질수록 포화 수증기량은 감소한다.

⑤ A, B, E 공기의 현재 수증기량은 모두 7.6 g/kg이다.

⑥ C, D, E 공기의 포화 수증기량은 모두 35.3 g/kg이다.

⑦ C 공기의 온도를 20 ℃까지 낮추면 응결이 일어나기 시작한다.

⑧ C 공기의 이슬점은 20 ℃이다.

⑨ D 공기 2 kg을 20 ℃까지 냉각시킬 때 응결량은 12.0 g이다.

⑩ D 공기의 상대 습도는 약 75 %이다.

⑪ 상대 습도는 D 공기가 E 공기보다 높다.

⑫ 젖은 빨래는 E 공기보다 D 공기에서 잘 마른다.

---

02 그림 (가)와 (나)는 위도가 서로 다른 지역에서 발달한 구름을 나타낸 것이다.

이에 대한 설명으로 옳지 <u>않은</u> 것을 모두 고르면? (3개)

① (가)는 병합설, (나)는 빙정설에 해당한다.

② (가)는 고위도 지역에서 발달하는 구름이다.

③ 우리나라에서는 (나)의 과정으로 비나 눈이 내린다.

④ (가)의 구름은 온도가 0 ℃ 이상으로 주로 물방울로 존재한다.

⑤ (가)에서는 크고 작은 물방울들이 서로 부딪치면서 합쳐지고 무거워지면 떨어져 비가 된다.

⑥ A에는 얼음 알갱이와 물방울이 함께 존재한다.

⑦ A에서는 얼음 알갱이에서 증발한 수증기가 물방울에 달라붙어 입자가 커져 떨어지면 비가 된다.

⑧ A에서 물방울의 크기는 점점 작아지고 얼음 알갱이의 크기는 점점 커진다.

⑨ (가)에서는 찬비가 내리고, (나)에서는 따뜻한 비가 내린다.

A 대기 중의 수증기

01 증발과 응결에 대한 설명으로 옳지 <u>않은</u> 것은?

① 증발은 물의 표면에서 물이 수증기로 변하는 현상이다.

② 응결은 공기 중의 수증기가 액체 상태의 물로 변하는 현상이다.

③ 증발과 응결에 의해 공기 중의 수증기량은 항상 일정하게 유지된다.

④ 젖은 빨래가 마르는 것은 증발과 관련된 현상이다.

⑤ 얼음물을 담은 컵의 표면에 물방울이 맺히는 것은 응결과 관련된 현상이다.

02 그림과 같이 두 개의 페트리 접시에 같은 양의 물을 담고 한쪽은 (가)와 같이 수조로 덮지 않고, 다른 한쪽은 (나)와 같이 수조로 덮은 채 5일 동안 놓아두었다.

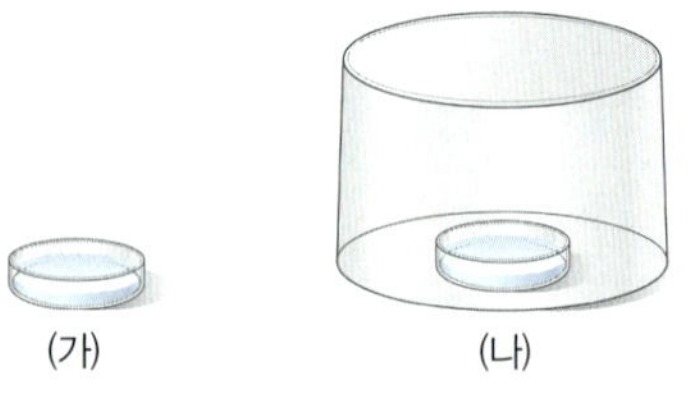

이에 대한 설명으로 옳은 것은?

① (가)에서는 증발이 일어나다가 멈춘다.

② (나)에서는 계속해서 증발이 일어난다.

③ (가) 페트리 접시의 공기는 포화 상태가 되었다.

④ (가) 페트리 접시에는 (나) 페트리 접시보다 많은 양의 물이 남아 있다.

⑤ 이 실험을 통해 일정한 부피의 공기 중에 포함될 수 있는 수증기량에 한계가 있음을 알 수 있다.

최다빈출

03 수증기량과 이슬점에 대한 설명으로 옳지 <u>않은</u> 것은?

① 이슬점은 응결되기 시작할 때의 온도이다.

② 공기의 온도가 높을수록 이슬점이 높다.

③ 현재 수증기량이 많을수록 이슬점이 높다.

④ 이슬점은 공기가 포화 상태일 때의 온도이다.

⑤ 이슬점에서 포화 수증기량과 현재 수증기량이 같다.

04 기온과 포화 수증기량의 관계를 옳게 나타낸 것은?

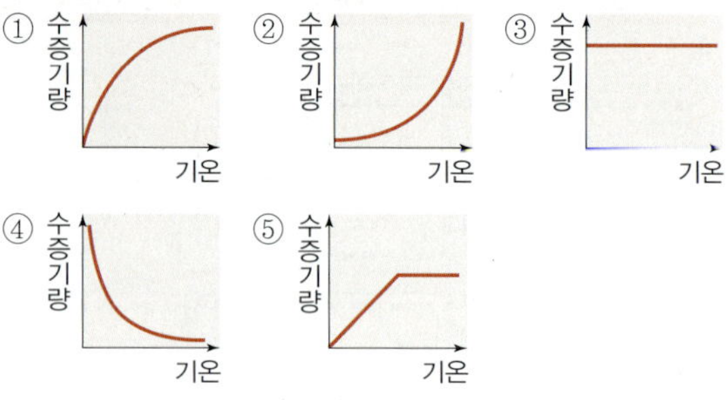

05 그림과 같이 둥근 플라스크에 따뜻한 물을 조금 넣고 입구를 막은 후 (가)와 같이 헤어드라이어로 가열하였다. 이후 (나)와 같이 둥근바닥 플라스크를 찬물이 담긴 수조에 넣고 내부를 관찰하였다.

이에 대한 설명으로 옳지 <u>않은</u> 것은?

① (가)에서 증발이 일어나 맑아진다.

② (가)에서 포화 수증기량이 증가한다.

③ (나)에서 응결이 일어나 뿌옇게 흐려진다.

④ 새벽에 안개가 낀 것은 (가)와 같은 과정으로 설명할 수 있다.

⑤ 이 실험으로부터 포화 수증기량은 기온에 따라 달라진다는 것을 알 수 있다.

[06~07] 그림은 기온에 따른 포화 수증기량을 나타낸 것이다.

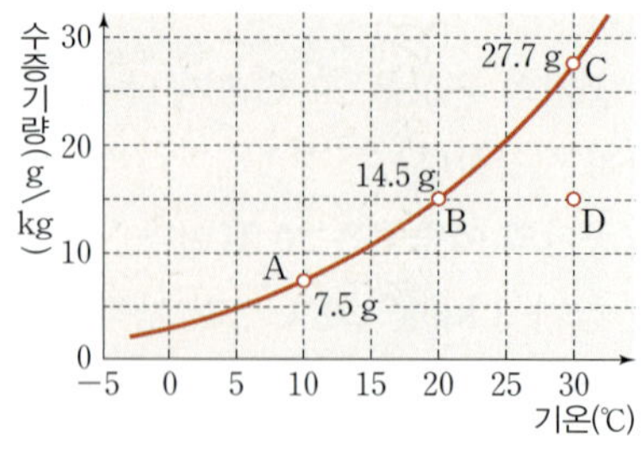

06 A~D 공기 중 포화 상태에 해당하는 것을 옳게 짝 지은 것은?

① A   ② B   ③ C

④ D   ⑤ A, B, C

기출 분석 p. 63

포화 수증기량 곡선을 해석할 때 포화 수증기량과 현재 수증기량을 정확하게 찾을 수 있어야 해.

07 A~D 공기에 대한 설명으로 옳지 <u>않은</u> 것은?

① A 공기 속에 가장 적은 수증기가 포함되어 있다.
② B와 D 공기의 포화 수증기량은 같다.
③ C 공기의 이슬점이 가장 높다.
④ D 공기의 온도를 20 ℃로 낮추면 포화 상태가 된다.
⑤ D 공기 1 kg에 약 12.2 g의 수증기를 더 공급하면 포화 상태가 된다.

[08~10] 그림은 기온에 따른 포화 수증기량을 나타낸 것이다.

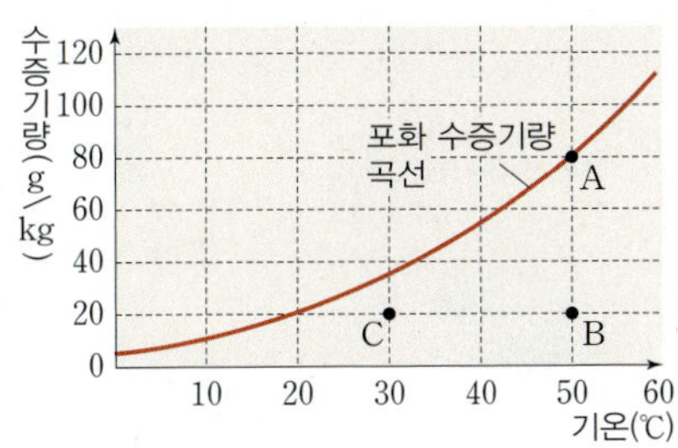

08 A~C 공기의 이슬점을 옳게 비교한 것은?

① A > B > C
② A > B = C
③ A = B = C
④ B > C > A
⑤ C = B > A

09 B 공기의 이슬점은 몇 ℃인가?

① 10 ℃
② 20 ℃
③ 30 ℃
④ 40 ℃
⑤ 50 ℃

10 A~C 공기 1 kg을 10 ℃로 냉각시킬 때 응결량을 옳게 비교한 것은?

① A > B > C
② A > B = C
③ A = B = C
④ B > C > A
⑤ C = B > A

11 그림은 기온에 따른 포화 수증기량을 나타낸 것이다.

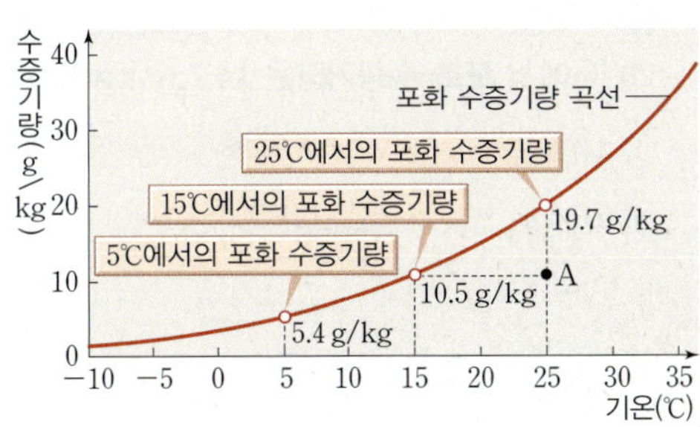

이슬점이 15 ℃인 교실의 공기 100 kg을 5 ℃로 냉각시킬 때 응결량은 몇 g인가?

① 51 g
② 92 g
③ 510 g
④ 920 g
⑤ 1430 g

[12~13] 표는 기온에 따른 포화 수증기량을 나타낸 것이다.

기온(℃)	5	10	15	20	25	30
포화 수증기량 (g/kg)	5.4	7.5	10.6	14.5	20.0	27.7

12 포화 수증기량에 대한 설명으로 옳은 것을 〈보기〉에서 모두 고른 것은?

> **보기**
>
> ㄱ. 10 ℃에서 1 kg의 공기는 최대 7.5 g의 수증기를 포함할 수 있다.
> ㄴ. 20 ℃에서 10.6 g/kg의 수증기를 포함한 공기는 불포화 상태이다.
> ㄷ. 25 ℃인 공기 1 kg 속에 10.6 g의 수증기가 들어 있다면, 이 공기의 이슬점은 15 ℃이다.

① ㄱ
② ㄷ
③ ㄱ, ㄴ
④ ㄴ, ㄷ
⑤ ㄱ, ㄴ, ㄷ

13 현재 기온이 20 ℃이고, 이슬점이 15 ℃인 공기 5 kg을 10 ℃까지 낮출 경우 응결되는 수증기량은 몇 g인가?

① 3.1 g
② 3.9 g
③ 7.0 g
④ 15.5 g
⑤ 35.0 g

B 상대 습도

14 기온이 20 ℃인 공기 10 kg 중에 14.7 g의 수증기가 들어 있을 때, 이 공기의 상대 습도는 몇 %인가? (단, 20 ℃에서 포화 수증기량은 14.7 g/kg이다.)

① 10 % ② 30 % ③ 50 %
④ 70 % ⑤ 100 %

기출 분석 p. 63

포화 수증기량 곡선에서 상대 습도를 비교할 때는 곡선에서 각 공기까지의 거리를 비교하면 돼.

15 그림은 온도에 따른 포화 수증기량을 나타낸 것이다.

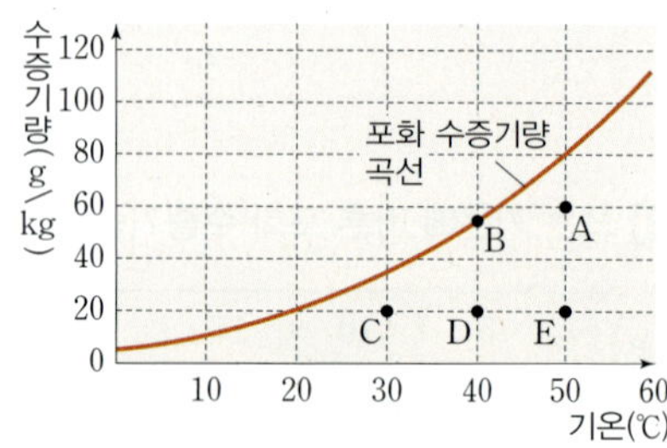

이에 대한 설명으로 옳지 <u>않은</u> 것은?

① B 공기의 상대 습도는 100 %이다.
② E 공기의 상대 습도는 25 %이다.
③ 상대 습도는 A 공기가 E 공기보다 높다.
④ C~E 공기 중 상대 습도는 C가 가장 높다.
⑤ B 공기와 D 공기의 이슬점은 같다.

최다빈출

16 표는 기온에 따른 포화 수증기량을 나타낸 것이다.

기온(℃)	5	10	15	20	25	30
포화 수증기량 (g/kg)	5.4	7.5	10.6	14.5	20.0	27.7

현재 기온이 20 ℃이고, 이슬점이 15 ℃인 공기의 상대 습도(%)를 구하는 식으로 옳은 것은?

① $\dfrac{5.4 \text{ g/kg}}{14.5 \text{ g/kg}} \times 100$ ② $\dfrac{10.6 \text{ g/kg}}{14.5 \text{ g/kg}} \times 100$

③ $\dfrac{10.6 \text{ g/kg}}{27.7 \text{ g/kg}} \times 100$ ④ $\dfrac{14.5 \text{ g/kg}}{27.7 \text{ g/kg}} \times 100$

⑤ $\dfrac{20.0 \text{ g/kg}}{27.7 \text{ g/kg}} \times 100$

[17~18] 표는 기온에 따른 포화 수증기량을 나타낸 것이다.

기온(℃)	0	10	20	30
포화 수증기량(g/kg)	3.8	7.6	14.5	28.0

17 기온이 30 ℃인 공기 2 kg 속에 42 g의 수증기가 포함되어 있을 때, 이 공기의 상대 습도는 몇 %인가?

① 25 % ② 50 % ③ 75 %
④ 95 % ⑤ 100 %

18 기온이 20 ℃이고 상대 습도가 70 %인 공기 4 kg의 기온을 10 ℃로 낮추었을 때, 응결량은 몇 g인가?

① 2.55 g ② 7.6 g ③ 10.2 g
④ 14.5 g ⑤ 25.5 g

19 그림 (가)와 (나)는 기온은 다르지만 현재 수증기량은 같은 두 공기의 포화 수증기량과 현재 수증기량을 비교하여 모식적으로 나타낸 것이다.

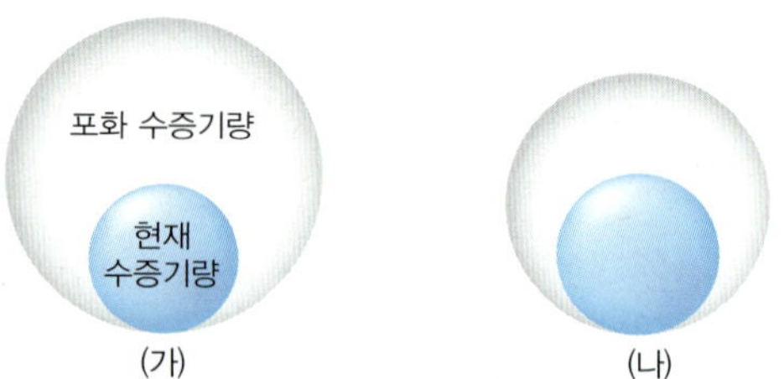

이에 대한 설명으로 옳은 것을 〈보기〉에서 모두 고른 것은?

보기

ㄱ. 기온은 (가)가 (나)보다 높다.
ㄴ. 이슬점은 (가)가 (나)보다 높다.
ㄷ. 상대 습도는 (가)보다 (나)가 높다.

① ㄱ ② ㄴ ③ ㄱ, ㄷ
④ ㄴ, ㄷ ⑤ ㄱ, ㄴ, ㄷ

20 밀폐된 방 안에서 난방을 하여 기온이 상승했을 때, 방 안의 포화 수증기량, 이슬점, 상대 습도의 변화를 옳게 짝 지은 것은?

	포화 수증기량	이슬점	상대 습도
①	증가	증가	감소
②	증가	일정	감소
③	증가	감소	일정
④	감소	증가	증가
⑤	감소	감소	증가

[21~22] 그림은 어느 날 하루 동안의 기온, 이슬점, 상대 습도의 변화를 나타낸 것이다.

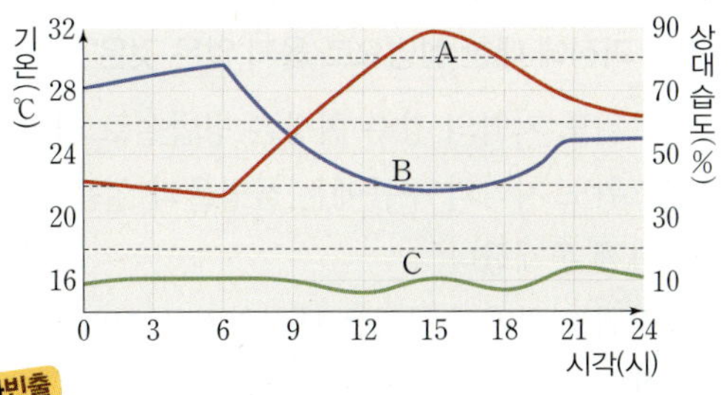

최다빈출

21 A, B, C에 해당하는 것을 옳게 짝 지은 것은?

	A	B	C
①	기온	이슬점	상대 습도
②	기온	상대 습도	이슬점
③	이슬점	기온	상대 습도
④	상대 습도	기온	이슬점
⑤	상대 습도	이슬점	기온

최다빈출

22 이에 대한 설명으로 옳지 <u>않은</u> 것은?

① 하루 동안 이슬점은 거의 일정하다.
② 이 날은 비교적 맑은 날이다.
③ 기온이 높아지면 상대 습도는 낮아진다.
④ 하루 중 가장 건조할 때는 9시경이다.
⑤ 하루 동안 공기 중에 포함된 수증기량은 거의 일정하다.

23 그림은 며칠 동안의 기온, 상대 습도, 이슬점의 변화를 나타낸 것이다.

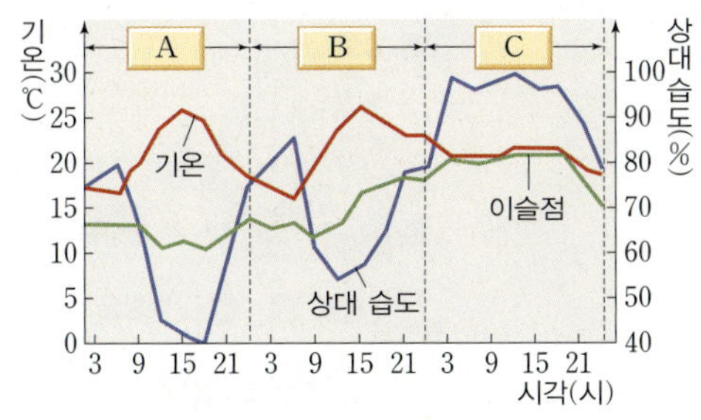

이에 대한 설명으로 옳지 <u>않은</u> 것은?

① A는 맑은 날, B는 흐린 날, C는 비오는 날이다.
② 맑은 날 기온과 상대 습도의 변화는 거의 반대로 나타난다.
③ 상대 습도는 비 오는 날에 가장 높다.
④ 맑은 날에는 이슬점의 변화가 거의 없다.
⑤ 비 오는 날에는 하루 중 기온 변화가 가장 크다.

ⓒ 구름

24 다음은 구름의 생성 과정을 순서 없이 나열한 것이다.

> (가) 단열 팽창   (나) 구름 생성
> (다) 공기 상승   (라) 수증기 응결
> (마) 이슬점 도달   (바) 기온 하강

구름의 생성 과정을 순서대로 옳게 나열한 것은?

① (가) → (바) → (다) → (마) → (라) → (나)
② (다) → (가) → (마) → (바) → (라) → (나)
③ (다) → (가) → (바) → (마) → (라) → (나)
④ (다) → (가) → (바) → (라) → (마) → (나)
⑤ (바) → (다) → (가) → (마) → (라) → (나)

25 그림은 구름의 생성 과정을 나타낸 것이다.

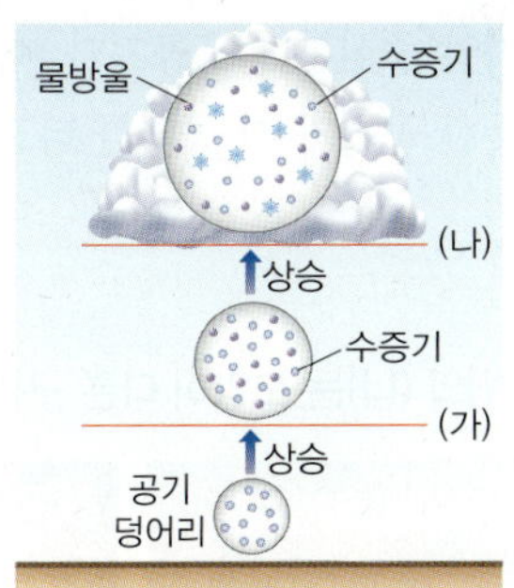

이에 대한 설명으로 옳지 <u>않은</u> 것은?

① (가) → (나) 과정에서 공기 덩어리는 단열 팽창한다.
② (가) → (나) 과정에서 공기 덩어리의 온도는 낮아진다.
③ (가) → (나) 과정에서 공기 덩어리 주변의 압력은 낮아진다.
④ (가) 높이에서 이슬점에 도달한다.
⑤ 상승하는 공기는 (나) 높이에서 포화 상태가 되어 응결이 일어난다.

탐구 p. 62

간이 가압 장치를 누를 때와 뚜껑을 열 때 페트병 내부의 변화와 각 과정이 구름의 생성과 소멸 중 어떤 현상에 해당하는지 알고 있어야 해.

26 다음은 구름의 발생 원리를 알아보기 위한 실험 과정이다.

> [실험 과정]
> (가) 페트병에 물을 조금 넣은 후 간이 가압 장치를 눌러 압축시킨다.
> (나) 뚜껑을 열었을 때 페트병 내부의 변화를 관찰한다.

이에 대한 설명을 옳지 <u>않은</u> 것은?

① (가) 과정에서 페트병 내부의 공기는 팽창한다.
② (나) 과정에서 페트병 내부의 압력은 감소한다.
③ (나) 과정에서 페트병 내부의 기온이 낮아진다.
④ 향 연기를 넣으면 (나) 과정에서보다 더 뿌옇게 흐려진다.
⑤ (가)는 구름의 소멸, (나)는 구름의 생성 과정을 설명할 수 있다.

최다빈출

27 구름이 생성되는 경우가 <u>아닌</u> 것은?

① 공기가 산 사면을 타고 오르는 경우
② 지표면의 일부분이 강하게 가열되는 경우
③ 저기압 중심부로 공기가 모여드는 경우
④ 고기압 중심부에서 공기가 빠져나가는 경우
⑤ 따뜻한 공기가 찬 공기를 타고 오르는 경우

28 그림 (가)와 (나)는 모양이 다른 구름을 나타낸 것이다.

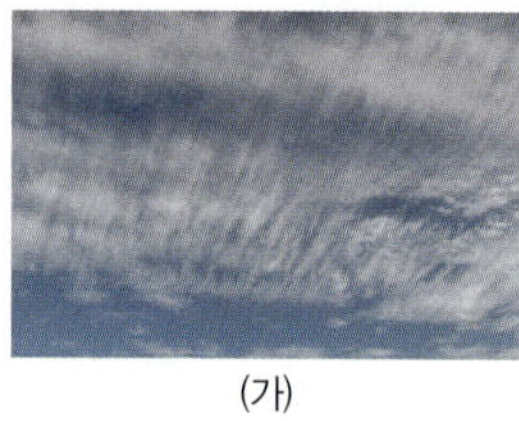

(가)　　　　　　(나)

이에 대한 설명으로 옳지 <u>않은</u> 것은?

① (가)는 층운형 구름, (나)는 적운형 구름이다.
② (가)와 (나)는 공기가 상승하여 만들어진다.
③ (가)는 상승 기류가 매우 강할 때 생성된다.
④ (나)와 같은 구름에서는 소나기성 비가 내린다.
⑤ 공기의 상승 속도 차이 때문에 (가)와 (나)의 모양이 다르게 나타난다.

D 강수

최다빈출

29 강수 과정에 대한 설명으로 옳지 <u>않은</u> 것은?

① 고위도 지역의 강수 현상은 병합설로 설명한다.
② 고위도 지역의 구름에는 물방울과 얼음 알갱이가 함께 존재한다.
③ 저위도 지역의 구름은 대부분 0 ℃보다 높은 온도에서 생성된다.
④ 우리나라의 여름철에는 주로 크고 작은 물방울들이 서로 부딪치면서 합쳐져 비가 내린다.
⑤ 고위도 지역의 구름에서는 물방울에서 증발한 수증기가 얼음 알갱이에 달라붙어 커지면 지표로 떨어진다.

기출 분석 p. 63

병합설과 빙정설을 통해 구름이 생성되는 지방, 구름 입자, 강수 과정에 대해 알고 있어야 해.

30 그림은 어느 지역에서 수직으로 발달한 구름의 모습을 나타낸 것이다.

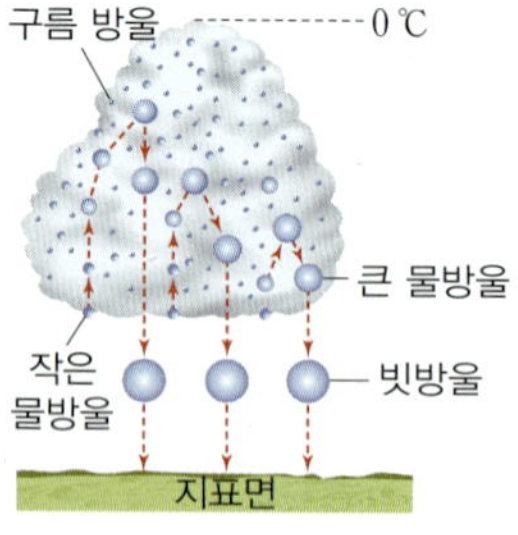

이에 대한 설명으로 옳은 것은?

① 중위도나 고위도 지방에서 내리는 비이다.
② 구름 속에 물방울과 얼음 알갱이가 섞여 있다.
③ 물방울에서 수증기가 증발하여 만들어진다.
④ 구름 속에서 기온이 낮아 물방울이 얼어붙는다.
⑤ 구름 속에서 물방울이 충돌에 의해 커져서 비가 내린다.

서술형은 이렇게

[31~33] 그림은 기온에 따른 포화 수증기량을 나타낸 것이다.

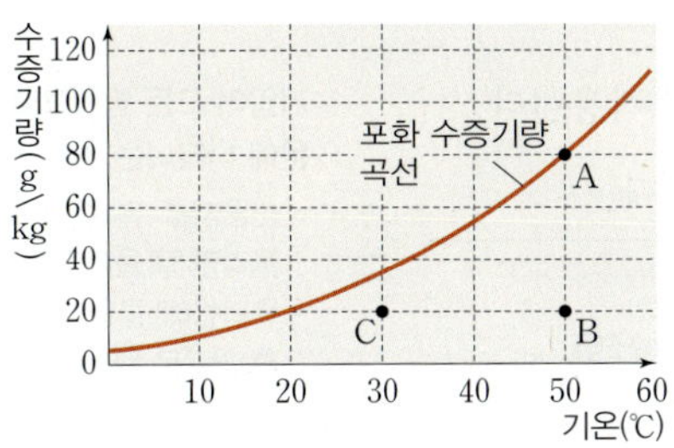

31 불포화 상태인 B 공기를 포화 상태로 만드는 방법을 두 가지 서술하시오.

____

____

32 A 공기 10 kg를 20 ℃로 냉각시킬 때 응결되는 수증기량을 구하는 과정을 쓰고, 그 값을 구하시오.

____

____

33 B 공기의 상대 습도를 구하는 과정을 쓰고, 그 값을 구하시오.

____

____

34 다음은 기온에 따른 포화 수증기량과 이슬점 측정 실험을 나타낸 것이다.

기온(℃)	포화 수증기량 (g/kg)
10	7.6
15	10.5
20	14.5

공기의 양이 20 kg인 실험실의 온도가 20 ℃이고, 컵 표면에 물방울이 맺히는 순간의 온도가 15 ℃이었다고 할 때, ㉠상대 습도와 이 실험실의 ㉡총 수증기량을 구하는 과정을 쓰고, 그 값을 구하시오.

____

____

[35~36] 그림은 맑은 날 하루 동안의 기온, 상대 습도, 이슬점의 변화를 나타낸 것이다.

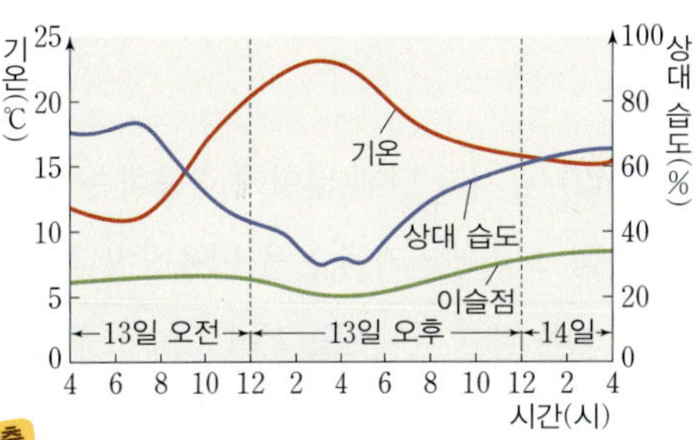

35 맑은 날 기온과 상대 습도의 변화 경향을 쓰고, 그 까닭을 서술하시오.

____

____

36 맑은 날 이슬점의 변화 경향을 쓰고, 그 까닭을 서술하시오.

____

____

[37~38] 그림 (가)와 같이 페트병에 약간의 물과 향 연기를 넣고 페트병 내부의 간이 가압 장치를 여러 번 누른 후, (나)와 같이 뚜껑을 열었을 때의 변화를 관찰하였다.

37 뚜껑을 열었을 때 페트병 내부의 기온 변화를 쓰고, 그 까닭을 서술하시오.

____

____

38 뚜껑을 열었을 때 페트병 내부에서 일어나는 현상을 쓰고, 향 연기를 넣지 않았을 때와 어떤 차이가 있는지 향 연기의 역할을 포함하여 서술하시오.

____

____

03 기압과 날씨

A 기압

1. 기압(대기압) 공기가 단위 넓이에 작용하는 힘 ➡ 모든 방향으로 동일하게 작용한다.

2. 기압의 측정 토리첼리가 수은을 이용하여 최초로 기압의 크기를 측정하였다.

실험 과정	한쪽 끝이 막혀 있는 1 m 길이의 유리관에 수은을 가득 채우고, 수은이 담긴 그릇에 유리관을 거꾸로 세운다.	물질이 전혀 존재하지 않는 공간이다.
실험 결과	유리관에 들어 있는 수은이 약 76 cm 높이까지 내려와서 멈춘다. ➡ 까닭 : 유리관 속의 수은 기둥이 누르는 압력의 크기(A)와 수은 면에 작용하는 기압의 크기(B)가 같아졌기 때문이다.	
수은 기둥의 높이	기압이 일정할 때 유리관의 굵기나 기울기에 관계없이 수은 기둥의 높이는 같다. ($h_1=h_2=h_3$)	

3. 기압의 크기

76 cm 수은 기둥의 압력

$$1기압 = 76\ cmHg ≒ 1013\ hPa ≒ 10\ m\ 물기둥의\ 압력$$

4. 기압의 변화 높이 올라갈수록 급격히 낮아지고, 측정하는 장소와 시각에 따라서 달라진다.
— 공기의 대부분이 대류권에 있기 때문
— 공기가 끊임없이 움직이기 때문

B 바람

1. 바람 공기가 수평 방향으로 이동하는 흐름

(1) **바람의 방향(풍향)** : 기압이 높은 곳(A) → 기압이 낮은 곳(B)

(2) **바람의 세기(풍속)** : 기압 차이가 클수록 빨라진다.

2. 바람의 발생 원인 지표면에 기온 차이가 생기면서 발생한 기압 차이

지표면 냉각(A)	바람의 방향 : A → B	지표면 가열(B)
공기가 수축하여 하강 → 공기가 쌓임 → 지표면 부근의 기압이 주변보다 높아짐	공기 하강 → 기압 높아짐 / 냉각(A) / 바람 / 지표면 / 가열(B) / 공기 상승 → 기압 낮아짐	공기가 팽창하여 상승 → 공기가 빠져나감 → 지표면 부근의 기압이 주변보다 낮아짐

3. 해륙풍과 계절풍 탐구 p. 76 기출 분석 p. 77

해풍(낮)	육풍(밤)
• 바람의 방향 : 바다 → 육지	• 바람의 방향 : 육지 → 바다
• 기온 : 육지 > 바다 / 기압 : 육지 < 바다	• 기온 : 육지 < 바다 / 기압 : 육지 > 바다

남동 계절풍(여름)	북서 계절풍(겨울)
• 바람의 방향 : 해양 → 대륙	• 바람의 방향 : 대륙 → 해양
• 기온 : 대륙 > 해양 / 기압 : 대륙 < 해양	• 기온 : 대륙 < 해양 / 기압 : 대륙 > 해양

기압이 모든 방향으로 작용하기 때문에 나타나는 현상

• 신문지를 펼쳐 자로 빠르게 들어 올리면 잘 올라오지 않는다.

• 유리컵에 물을 담고 종이를 덮은 후 거꾸로 뒤집어도 물이 쏟아지지 않는다.

• 페트병에 뜨거운 물을 조금 넣고 뚜껑을 닫아 얼음물에 넣으면 페트병이 모든 방향으로 찌그러진다.

높이에 따른 기압 변화로 나타나는 현상

• 풍선이 하늘 높이 올라가면 점점 커진다.

• 높은 산이나 하늘을 나는 비행기 안에서는 과자 봉지가 부풀어 오른다.

• 비행기를 타고 높이 올라가면 높은 곳의 기압이 낮아 몸속의 압력과 차이가 발생하기 때문에 귀가 먹먹해진다.

해륙풍과 계절풍의 발생

• 해륙풍 : 해안에서 하루를 주기로 풍향이 바뀌는 바람으로, 낮에는 육지가 바다보다 빨리 가열되고, 밤에는 육지가 바다보다 빨리 냉각되기 때문에 발생한다.

▲ 해풍(낮)

• 계절풍 : 대륙과 해양의 사이에서 1년을 주기로 풍향이 바뀌는 바람으로, 여름철에는 대륙이 해양보다 빨리 가열되고, 겨울철에는 대륙이 해양보다 빨리 냉각되기 때문에 발생한다.

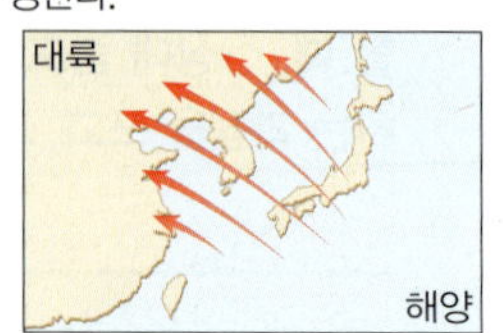
▲ 남동 계절풍(여름)

개념 바로 확인

01 기압의 크기는 $\boxed{ㅅㅇ}$을 이용하여 토리첼리가 최초로 측정하였다.

02 기압이 일정할 때 유리관의 굵기나 $\boxed{ㄱㅇㄱ}$가 변해도 수은 기둥의 높이는 일정하다.

03 바람은 $\boxed{ㅅㅍ}$ 방향으로 이동하는 공기의 흐름이다.

04 바람은 지표면에 기온 차이가 생기면서 발생한 $\boxed{ㄱㅇ}$ 차이에 의해 발생한다.

05 바람이 불어오는 방향을 $\boxed{ㅍㅎ}$이라 하고, 바람의 세기를 $\boxed{ㅍㅅ}$이라고 한다.

06 $\boxed{ㅎㄹㅍ}$은 해안에서 하루를 주기로 풍향이 바뀌는 바람이다.

07 $\boxed{ㄷㄹㅍ}$은 대륙과 해양 사이에서 1년을 주기로 풍향이 바뀌는 바람인데 여름철에는 해양에서 대륙으로 $\boxed{ㄴㄷㄱㅈㅍ}$이 분다.

A 기압

01 기압에 대한 설명으로 옳은 것은 ○, 옳지 않은 것은 ×로 표시하시오.

(1) 기압은 공기가 단위 넓이에 작용하는 힘이다. ······· (   )

(2) 기압은 위쪽 방향에서만 작용한다. ······· (   )

(3) 기압은 장소와 시간에 따라 변하지 않는다. ······· (   )

(4) 기압은 높은 곳으로 올라갈수록 급격히 낮아진다. ······· (   )

02 그림은 토리첼리의 기압 측정 실험을 나타낸 것이다.

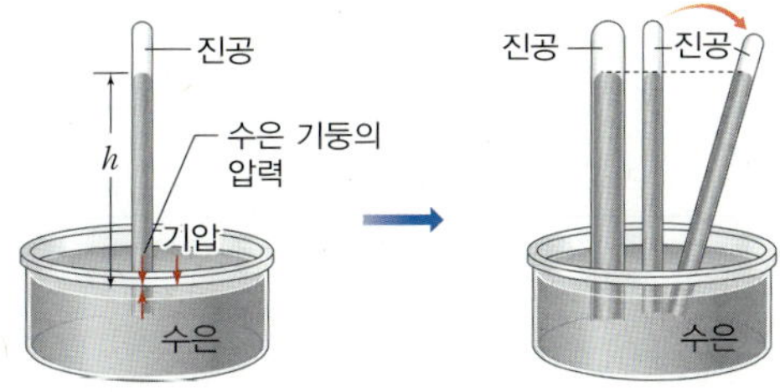

이에 대한 설명으로 옳은 것은 ○, 옳지 않은 것은 ×로 표시하시오.

(1) 1기압에서 수은 기둥의 높이 h는 76 cm이다. ······· (   )

(2) 수은 기둥의 압력과 수은 면에 작용하는 기압은 같다. ······· (   )

(3) 기압이 일정할 때 수은 기둥의 높이는 유리관의 굵기나 기울기의 변화에 따라 변한다. ······· (   )

(4) 기압이 높아지면 수은 기둥의 높이는 현재보다 높아진다. ······· (   )

03 다음은 기압의 단위와 크기를 나타낸 것이다. (   ) 안에 알맞은 말을 쓰시오.

> 1기압=76 (㉠)=760 (㉡)=1013 (㉢)=약 10 m 물기둥의 압력

B 바람

04 오른쪽 그림은 바람이 부는 원리를 나타낸 것이다. (   ) 안에 알맞은 말을 고르시오.

(1) 지표면이 A에서는 (냉각 , 가열)된다.

(2) B에서는 지표면 부근의 기압이 주변보다 (높아 , 낮아)진다.

(3) 바람은 기압이 높은 (A , B)에서 기압이 낮은 (A , B)로 분다.

05 오른쪽 그림은 어느 해안 지역에서 낮에 육지와 바다 사이에 부는 바람을 나타낸 것이다. (   ) 안에 알맞은 말을 고르시오.

(1) 기온 : 육지가 바다보다 (높다 , 낮다).

(2) 기압 : 육지가 바다보다 (높다 , 낮다).

(3) 바람의 방향 : (육지 , 바다)에서 (육지 , 바다)로 분다.

(4) 바람의 이름 : (해풍 , 육풍)

03 기압과 날씨

C 기단과 날씨

1. 기단의 성질 발생 장소의 성질에 따라 결정된다.

발생 장소	고위도	저위도	대륙	해양
기단의 성질	한랭	온난	건조	다습

2. 우리나라에 영향을 주는 기단

기단	계절	성질	날씨
시베리아 기단	겨울	한랭 건조	춥고 건조한 날씨, 한파
양쯔강 기단	봄, 가을	온난 건조	따뜻하고 건조한 날씨, 황사
오호츠크해 기단	초여름	한랭 다습	서늘하고 습한 날씨, 동해안의 저온 현상
북태평양 기단	여름	고온 다습	덥고 습한 날씨, 폭염, 열대야

D 전선과 날씨

1. 전선면과 전선 — 전선을 경계로 기온, 습도, 바람 등이 크게 달라지므로 날씨 변화가 나타난다.
(1) **전선면** : 성질이 다른 두 기단이 만나서 생기는 경계면

(2) **전선** : 전선면과 지표면이 만나는 경계선

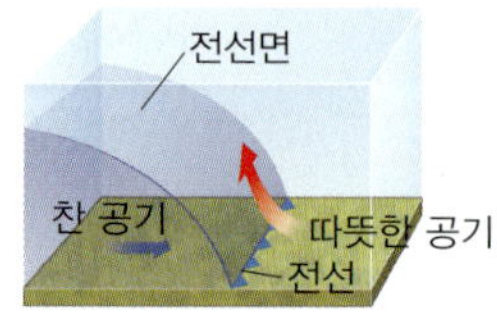

2. 전선의 종류

전선	기호	형성 과정
한랭 전선	▲▲▲	찬 공기가 이동하여 따뜻한 공기 아래로 파고들 때 형성
온난 전선	●●●	따뜻한 공기가 이동하여 찬 공기 위로 타고 올라갈 때 형성
폐색 전선	●▲●▲	한랭 전선이 온난 전선을 따라잡아 겹쳐지면서 형성
정체 전선	●▲●▲	두 기단의 세력이 비슷하여 한 곳에 오랫동안 머무르며 형성

3. 한랭 전선과 온난 전선의 특징

한랭 전선	구분	온난 전선
급하다.	전선면의 기울기	완만하다.
적운형 구름	형성되는 구름	층운형 구름
전선 뒤쪽의 좁은 지역	강수 구역	전선 앞쪽의 넓은 지역
소나기성 비	강수 형태	지속적인 약한 비
빠르다.	이동 속도	느리다.
낮아진다.	통과 후 기온	높아진다.
높아진다.	통과 후 기압	낮아진다.

기단
공기가 대륙이나 해양과 같은 넓은 장소에 오랫동안 머물러 기온과 습도 등의 성질이 지표와 비슷해진 큰 공기 덩어리

기단의 변질

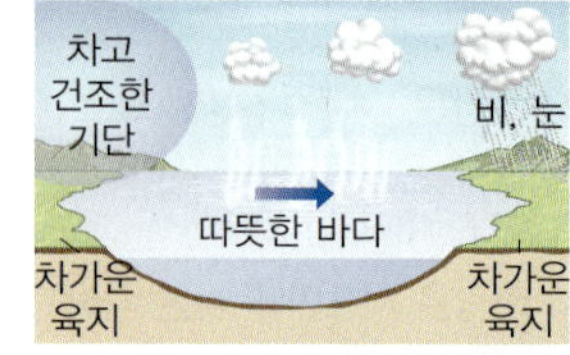

한랭 건조한 성질의 기단이 따뜻한 바다 위를 지나면 기단 아래쪽의 기온이 높아지고 바다로부터 수증기를 공급받아 다습해져 구름이 생성되어 비나 눈이 내린다.

[실험] 전선의 형성 과정

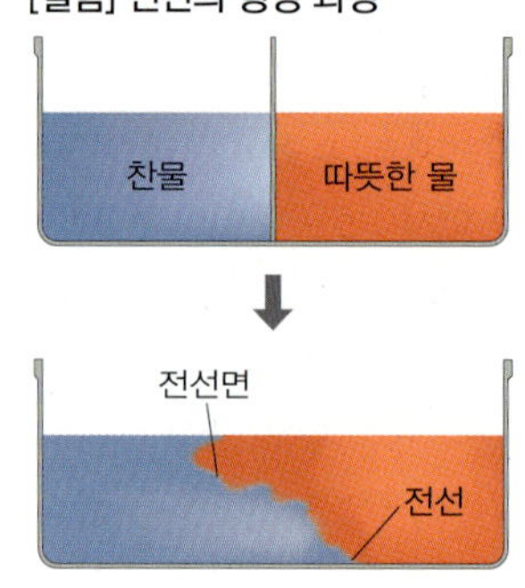

- 과정 : 칸막이가 있는 수조의 한쪽에는 따뜻한 물, 다른 쪽에는 찬물을 같은 높이로 넣고 칸막이를 들어 올린다.
- 결과 : 찬물과 따뜻한 물이 만날 때 바로 섞이지 않고 밀도가 큰 찬물이 밀도가 작은 따뜻한 물 아래로 이동하면서 경계면을 형성한다.

장마 전선의 형성과 날씨 변화

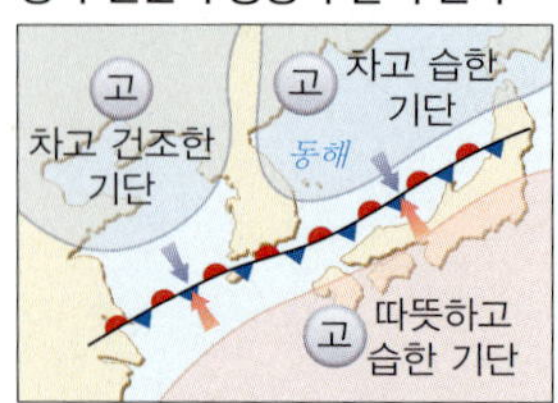

여름을 전후하여 한반도 북쪽에 위한 찬 기단과 남쪽에 위치한 북태평양 기단이 만나 오랫동안 머무르면 정체 전선인 장마 전선이 형성되어 우리나라에 많은 비가 내린다.
➡ 장마 전선이 북쪽으로 이동하여 소멸하면, 우리나라는 북태평양 기단의 영향을 받아 고온 다습한 날씨가 된다.

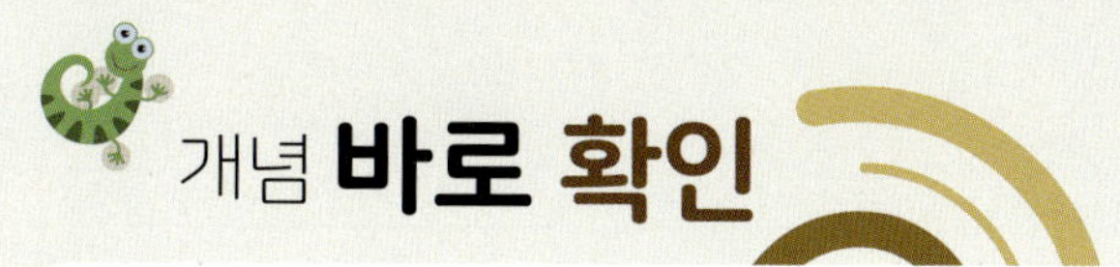

개념 바로 확인

08 ㄱㄷ은 기온과 습도 등의 성질이 지표와 비슷해진 큰 공기 덩어리이다.

09 우리나라에 영향을 주는 기단은 봄과 가을에는 ㅇㅉㄱ 기단, 초여름에는 ㅇㅎㅊㅋㅎ 기단, 여름에는 ㅂㅌㅍㅇ 기단, 겨울에는 ㅅㅂㄹㅇ 기단이 있다.

10 성질이 서로 다른 두 기단이 만나서 생긴 경계면이 지표면과 만나서 생기는 경계선을 ㅈㅅ이라고 한다.

11 따뜻한 공기가 찬 공기 위를 비스듬히 타고 올라갈 때 ㅇㄴ 전선이 형성되고, 찬 공기가 따뜻한 공기 아래로 파고들 때 ㅎㄹ 전선이 형성된다.

12 ㅈㅊ 전선은 우리나라의 장마 전선과 같이 두 기단의 세력이 거의 비슷하여 오랫동안 한 곳에 머무를 때 형성되는 전선이다.

ⓒ 기단과 날씨

06 표는 우리나라에 영향을 주는 기단을 온도와 습도로 구분한 것이다. (   ) 안에 알맞은 기단의 종류를 쓰시오.

구분		습도	
		건조	다습
온도	한랭	㉠ ( )	㉡ ( )
	온난	㉢ ( )	㉣ ( )

07 기단에 대한 설명으로 옳은 것은 ○, 옳지 않은 것은 ×로 표시하시오.

(1) 기단의 성질은 발생 장소의 성질에 따라 결정된다. .... (   )

(2) 시베리아 기단은 주로 여름철에 영향을 준다. .... (   )

(3) 양쯔강 기단은 온난 건조한 성질을 가지고 있다. .... (   )

(4) 북태평양 기단이 우리나라에 영향을 주는 계절에는 덥고 습한 날씨가 지속된다. .... (   )

08 전선에 대한 설명으로 옳은 것은 ○, 옳지 않은 것은 ×로 표시하시오.

(1) 전선면은 성질이 다른 두 기단이 만나서 생기는 경계면이다. .... (   )

(2) 온난 전선은 찬 공기가 따뜻한 공기 아래로 파고들 때 형성된다. ..... (   )

(3) 폐색 전선은 한랭 전선이 온난 전선과 겹쳐져서 형성된다. .... (   )

ⓓ 전선과 날씨

09 다음 설명에 해당하는 전선의 이름을 쓰시오.

> • 초여름 우리나라 주변에 형성되는 장마 전선이 대표적인 예이다.
> • 두 기단의 세력이 거의 비슷하여 한 곳에 오랫동안 머무를 때 형성되는 전선이다.

10 오른쪽 그림은 온난 전선을 나타낸 것이다.
(   ) 안에 알맞은 말을 고르시오.

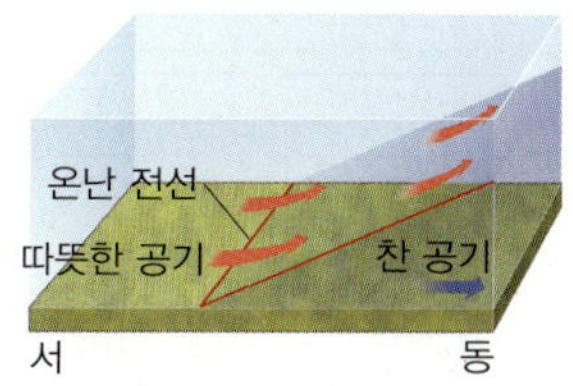

(1) 전선면의 기울기 : (급하다 , 완만하다).

(2) 생성되는 구름 : (층운형 , 적운형) 구름

(3) 강수 지역 : (전선 뒤쪽 , 전선 앞쪽)

(4) 전선의 이동 속도 : (빠르다 , 느리다).

(5) 통과 후 기온 : (높아진다 , 낮아진다).

03 기압과 날씨

E 기압과 날씨

1. 고기압과 저기압

고기압	구분	저기압
주위보다 기압이 높은 곳	정의	주위보다 기압이 낮은 곳
하강한 공기가 시계 방향으로 불어 나감	바람의 방향 (북반구)	주변의 공기가 시계 반대 방향으로 불어 들어옴
하강 기류	중심 기류	상승 기류
구름 소멸 ➡ 맑음	날씨	구름 생성 ➡ 흐리거나 비

2. 온대 저기압 기출 분석 p. 77

중위도 지방에서 북쪽의 찬 기단과 남쪽의 따뜻한 기단이 만나 발생한다.

(1) **구조** : 온대 저기압의 중심에서 남서쪽으로는 한랭 전선이 형성되고, 남동쪽으로는 온난 전선이 형성된다.

편서풍

(2) **이동 방향** : 북반구 중위도 지방의 대기 흐름을 타고 서쪽에서 동쪽으로 이동한다.

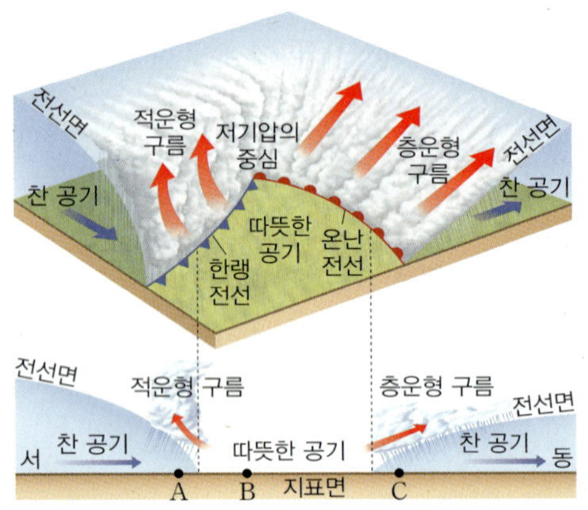

지역	구름 / 날씨	기온	풍향
한랭 전선 뒤쪽(A)	적운형 구름, 좁은 지역에 소나기성 비	낮음	북서풍
두 전선 사이(B)	맑음	높음	남서풍
온난 전선 앞쪽(C)	층운형 구름, 넓은 지역에 지속적인 약한 비	낮음	남동풍

F 우리나라의 계절별 날씨

기온, 기압, 풍향, 풍속, 고기압, 저기압, 등압선, 전선 등

1. 일기도 기상 정보를 지도에 기호로 나타낸 것

2. 우리나라의 계절별 일기도

봄		가을	
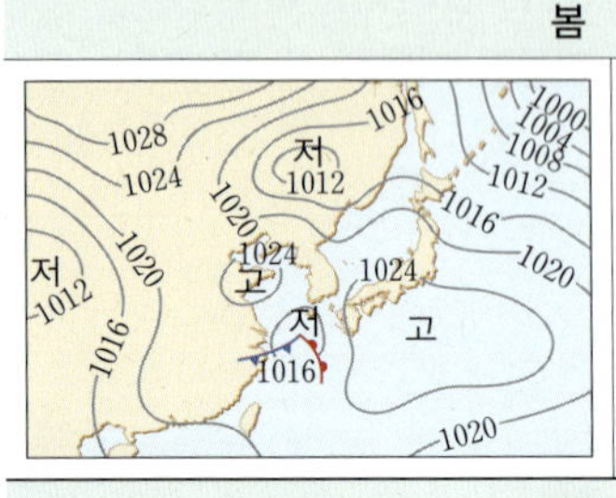	• 잦은 날씨 변화 ➡ 이동성 고기압과 저기압이 자주 지나가기 때문 • 건조한 날씨 • 꽃샘추위, 황사	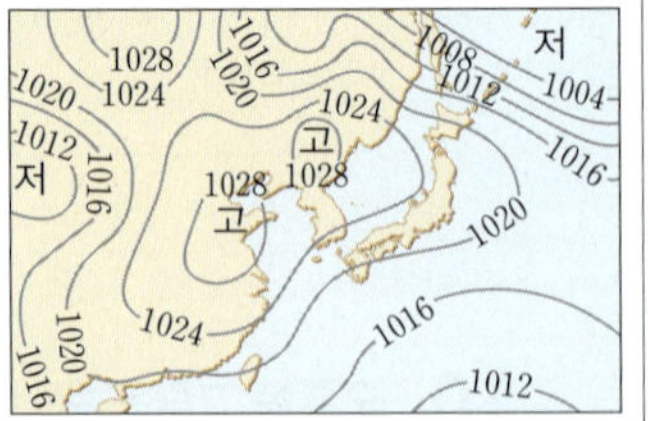	• 잦은 날씨 변화 ➡ 이동성 고기압과 저기압이 자주 지나가기 때문 • 맑고 서늘한 날씨 • 낮밤의 기온 차 증가, 첫서리
여름		겨울	
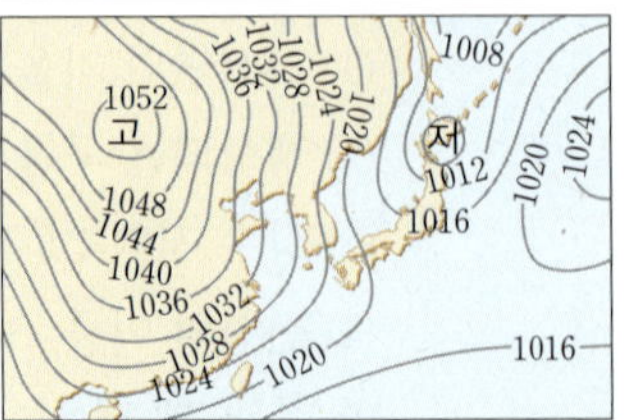	• 덥고 습한 날씨 ➡ 북태평양 기단의 영향 • 남고북저형의 기압 배치 ➡ 남동 계절풍 • 장마 전선, 열대야, 태풍		• 춥고 건조한 날씨 ➡ 시베리아 기단의 영향 • 서고동저형의 기압 배치 ➡ 북서 계절풍 • 한파, 폭설

고기압과 저기압에서 공기의 이동 (북반구)

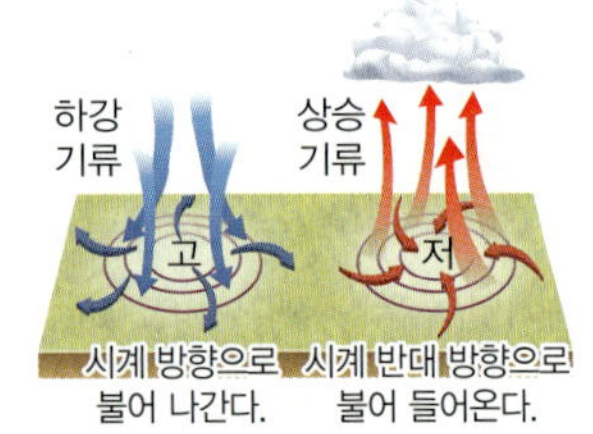

일기도 상에 나타난 온대 저기압

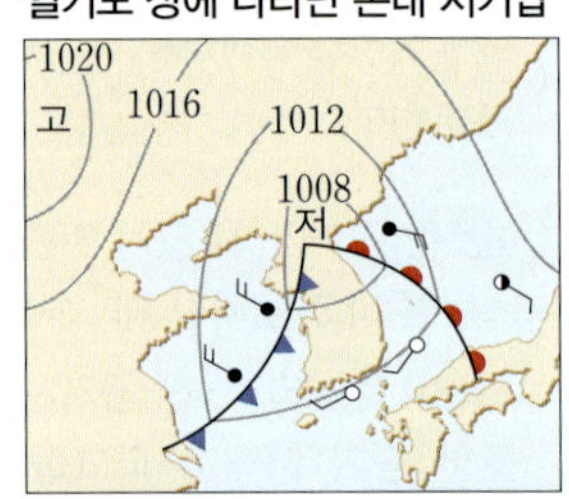

온난 전선과 한랭 전선이 차례로 통과하면서 날씨 변화가 나타나므로, 온대 저기압의 위치를 알면 우리나라의 날씨를 예상할 수 있다.

꽃샘추위의 발생

봄철에 꽃샘추위는 일시적인 시베리아 기단의 확장 때문에 발생한다.

황사의 발생과 기압 배치

황사 현상은 발원지인 중국과 몽골 지역에 저기압이 위치하여 상승 기류가 발달하고, 우리나라 부근에 고기압이 위치하면 우리나라에서 큰 피해가 발생한다.

13 주위보다 상대적으로 기압이 높은 곳을 ㄱㄱㅇ, 주위보다 상대적으로 기압이 낮은 곳을 ㅈㄱㅇ 이라고 한다.

14 고기압 지역에서는 ㅎㄱ 기류가 발생하여 날씨가 ㅁㄱ, 저기압 지역에서는 ㅅㅅ 기류가 발생하여 날씨가 ㅎㄹㄷ.

15 ㅇㄷ ㅈㄱㅇ은 중위도 지방에서 발달하며, 온난 전선과 한랭 전선을 동반한다.

16 ㅇㄱㄷ는 기온, 기입, 풍향 등과 같은 기상 정보를 지도에 기호로 나타낸 것이다.

E 기압과 날씨

11 고기압과 저기압에 대한 설명으로 옳은 것은 ○, 옳지 <u>않은</u> 것은 ×로 표시하시오.

(1) 고기압은 주위보다 상대적으로 기압이 높은 곳이다. .... (   )

(2) 북반구의 고기압에서는 바람이 시계 방향으로 불어 나간다. .... (   )

(3) 저기압에서는 하강 기류가 발달한다. .... (   )

(4) 저기압의 영향을 받는 곳에서는 날씨가 흐리거나 비가 내린다. .... (   )

12 오른쪽 그림은 북반구의 어느 지역에서 부는 바람의 방향과 공기의 연직 운동을 나타낸 것이다. (가)와 (나) 지역의 중심 기압을 각각 쓰시오.

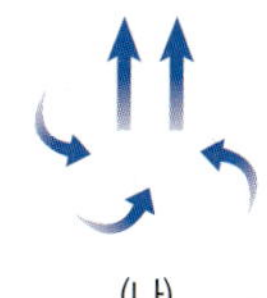

13 다음은 온대 저기압에 대한 설명이다. (   ) 안에 알맞은 말을 고르시오.

> 온대 저기압은 ㉠ (저위도 , 중위도) 지방에서 발생하여 온난 전선과 한랭 전선을 동반하며 ㉡ (무역풍, 편서풍)에 의해 동쪽으로 이동하므로 온대 저기압이 통과하는 지역에서는 ㉢ (온난 , 한랭) 전선이 먼저 통과한다.

14 그림은 온대 저기압을 나타낸 것이다.

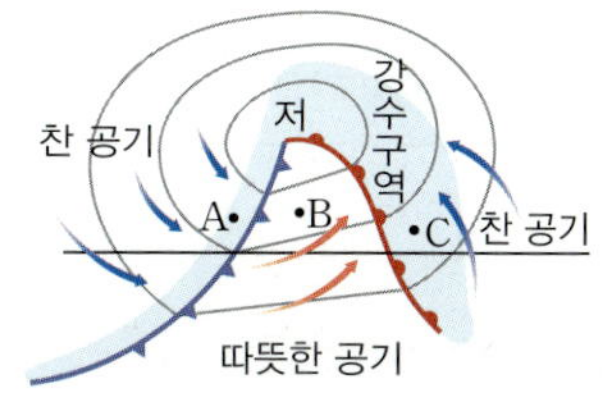

이에 대한 설명으로 옳은 것은 ○, 옳지 <u>않은</u> 것은 ×로 표시하시오.

(1) A 지역에서는 적운형 구름이 발달한다. .... (   )

(2) B 지역의 날씨는 맑다. .... (   )

(3) C 지역에서는 남동풍이 분다. .... (   )

(4) A~C 지역 중 기온은 B 지역에서 가장 낮다. .... (   )

F 우리나라의 계절별 날씨

15 그림 (가)와 (나)는 여름철과 겨울철의 일기도를 순서 없이 나타낸 것이다.

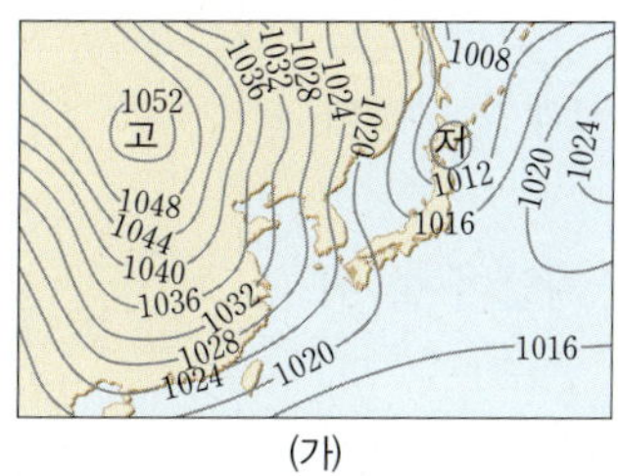
(가)

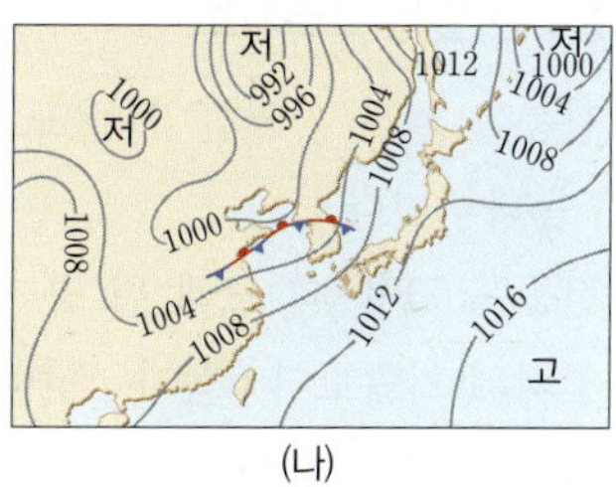
(나)

(가)와 (나)에 해당하는 계절을 각각 쓰시오.

◉ 바람의 발생 원리

◖ 과정

❶ 작은 수조에 각각 모래와 물을 담아 나란히 놓고 온도계를 장치한다.

❷ 수조 위에 전등을 설치한 후 두 수조 사이에 향을 놓고 불을 붙인다.

❸ 전등을 켜고 2분 간격으로 10분 동안 온도 변화를 측정하고, 향 연기의 움직임을 관찰한다.

❹ 전등을 끄고 2분 간격으로 10분 동안 온도 변화를 측정하고, 향 연기의 움직임을 관찰한다.

◖ 결과

실험 과정	온도	기압	향 연기의 이동 방향
전등을 켜고 가열할 때	모래 > 물	모래 < 물	물 → 모래
전등을 끄고 냉각시킬 때	모래 < 물	모래 > 물	모래 → 물

◖ 정리

1 모래와 물의 온도 변화 : 모래가 물보다 빨리 가열되므로 온도는 모래가 물보다 높아진다.

2 향 연기가 이동한 까닭 : 모래와 물의 온도 차이로 인해 기압 차이가 발생하였기 때문이다.

3 바람이 부는 방향 : 기압이 높은 곳에서 기압이 낮은 곳으로 분다.

4 바람의 발생 원인 : 지표면의 기온 차이로 발생한 기압 차이 때문이다.

실험 과정	시간(계절)	고기압 형성	바람
전등을 켰을 때	낮(여름)	바다(해양)	해풍(남동 계절풍)
전등을 껐을 때	밤(겨울)	육지(대륙)	육풍(북서 계절풍)

과정 ❸과 ❹에서 모래와 물의 온도 변화

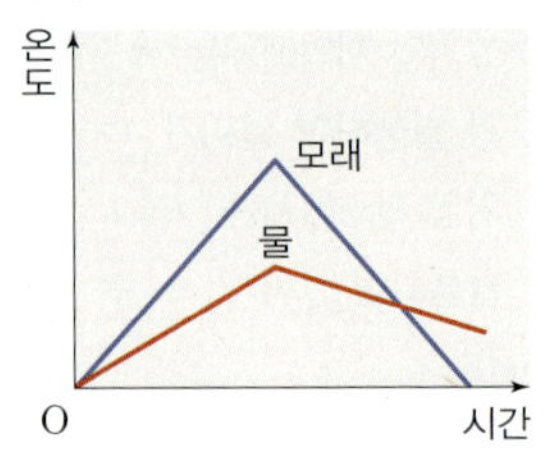

전등을 켰을 때는 모래가 물보다 빠르게 가열되므로 10분 동안 온도 변화의 기울기는 모래가 더 크고 온도는 모래가 더 높다. 반면 전등을 껐을 때는 모래가 물보다 빠르게 냉각되므로 10분 동안 온도 변화의 기울기는 모래가 더 크고 온도는 모래가 더 낮다.

확인 문제

01 바람의 발생 원리 실험에 대한 설명으로 옳은 것은 ○, 옳지 않은 것은 ×로 표시하시오.

(1) 물은 모래보다 빨리 가열된다. ········ (　　　)

(2) 가열했을 때 향 연기는 모래 쪽에서 물 쪽으로 이동한다. ····························· (　　　)

(3) 모래는 육지, 물은 바다에 비유된다. ·· (　　　)

02 바람의 발생 원리 실험에 대한 설명이다. (　　) 안에 알맞은 말을 고르시오.

(1) 전등을 켜서 가열한 후 온도는 모래가 물보다 (높다 , 낮다).

(2) 전등을 켰을 때 모래 위 공기의 기압이 물 위 공기의 기압보다 (높다 , 낮다).

(3) 전등을 켰을 때 향 연기의 이동은 해륙풍에서 (육풍 , 해풍)에 해당한다.

03 그림 (가)는 수조에 모래와 물을 각각 넣고 전등을 켠 후 가열하면서, (나)는 전등을 끈 후 냉각시키면서 온도 변화를 측정하는 모습이다.

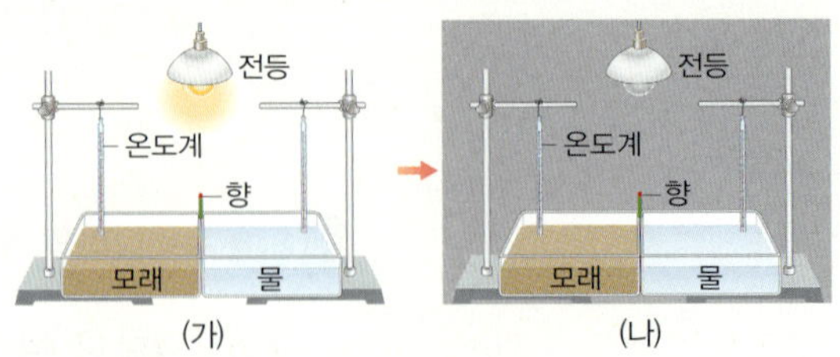

이에 대한 설명으로 옳지 않은 것은?

① (가)에서 온도는 모래가 물보다 높다.

② 모래는 물보다 빨리 가열되고 빨리 냉각된다.

③ (가)에서 향 연기의 이동 방향은 물 → 모래이다.

④ (가)에서 시간이 흐른 후 기압은 물 < 모래이다.

⑤ (나)에서 향 연기의 이동 방향은 모래 → 물이다.

A to Z 기출 분석 다지선다

● with 족보 닷컴

해륙풍

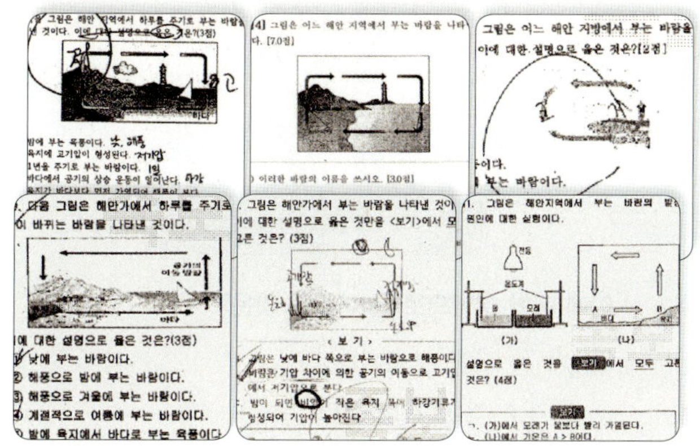

온대 저기압과 일기도 해석

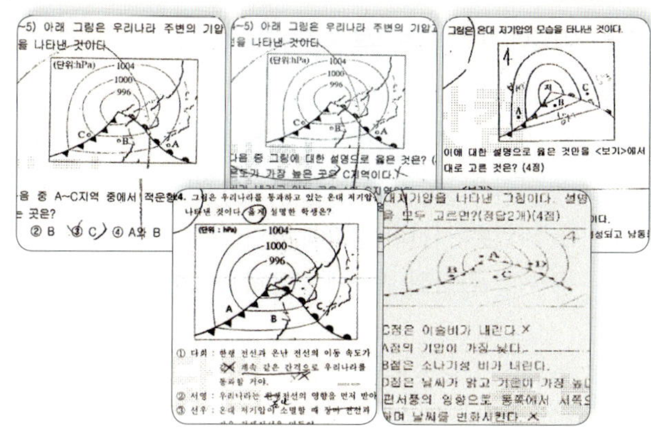

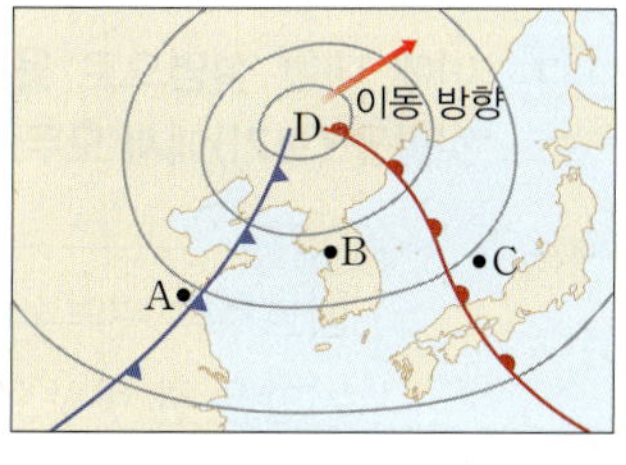

---

01 그림은 해안 지역에서 육지와 바다 사이에 부는 바람을 나타낸 것이다.

이에 대한 설명으로 옳은 것을 모두 고르면? (2개)

① 낮에 부는 바람이다.

② 육지에서 바다로 부는 육풍이다.

③ 기온은 육지가 바다보다 높다.

④ 기압은 바다가 육지보다 높다.

⑤ 하루를 주기로 부는 바람이다.

⑥ 육지의 열용량(비열)이 바다보다 크다.

⑦ 바다가 육지보다 빠르게 가열되고 냉각된다.

⑧ 육지에는 상승 기류, 바다에는 하강 기류가 생긴다.

⑨ 바람은 기압 차이에 의한 공기의 이동으로 저기압에서 고기압으로 분다.

⑩ 우리나라의 여름철에 부는 계절풍의 생성 원리와 같다.

02 오른쪽 그림은 우리나라 부근을 지나는 온대 저기압을 나타낸 것이다.

이에 대한 설명으로 옳지 않은 것을 모두 고르면? (3개)

① A 지역에는 북서풍이 불고 있다.

② A 지역에는 적운형 구름이 발달한다.

③ C 지역에는 좁은 지역에 소나기가 내린다.

④ A~C 지역 중 기온은 B 지역이 가장 높다.

⑤ C 지역은 온난 전선이 통과한 후 기온이 높아진다.

⑥ C 지역에는 온난 전선이 먼저 통과한다.

⑦ C 지역은 온난 전선이 통과한 이후 북서풍에서 남서풍으로 바뀐다.

⑧ 전선면의 기울기는 C 부근의 전선보다 A 부근의 전선이 급하다.

⑨ D 지역에는 상승 기류가 발달한다.

⑩ D 지역에서 바람은 시계 반대 방향으로 불어 들어간다.

⑪ 온대 저기압은 적도 지방에서 자주 발생한다.

⑫ 강수 구역은 온난 전선 앞쪽, 한랭 전선 뒤쪽이다.

⑬ 온대 저기압은 서쪽에서 동쪽으로 이동한다.

⑭ 며칠 후 전선이 겹쳐져 폐색 전선을 형성할 수 있다.

A 기압

최다빈출

01 기압에 대한 설명으로 옳지 <u>않은</u> 것은?

① 1기압은 1013 hPa이다.

② 기압은 모든 방향에서 작용한다.

③ 기압은 높이 올라갈수록 높아진다.

④ 기압은 시간과 장소에 따라 달라진다.

⑤ 기압은 단위 면적에 작용하는 공기의 압력이다.

02 오른쪽 그림과 같이 페트병에 따뜻한 물을 조금 넣고 뚜껑을 닫은 다음 찬물에 넣는 실험을 하였다.

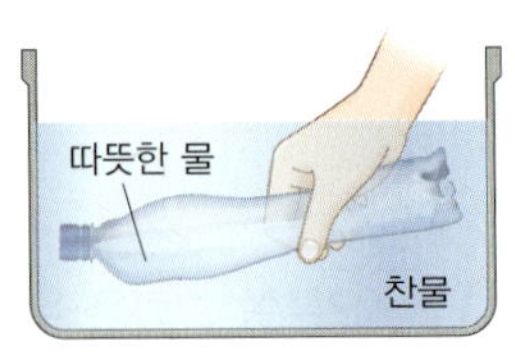

이에 대한 설명으로 옳은 것만을 〈보기〉에서 모두 고른 것은?

> **보기**
> ㄱ. 페트병은 윗부분만 찌그러진다.
> ㄴ. 기압은 한 방향으로만 작용한다.
> ㄷ. 페트병이 찌그러지는 까닭은 페트병 내부의 기압이 낮아졌기 때문이다.

① ㄱ   ② ㄷ   ③ ㄱ, ㄴ

④ ㄴ, ㄷ   ⑤ ㄱ, ㄴ, ㄷ

최다빈출

03 그림과 같이 길이 1 m인 유리관에 수은을 가득 채우고, 수은이 담긴 수조에 거꾸로 세웠더니 76 cm에서 수은이 내려오다가 멈추었다.

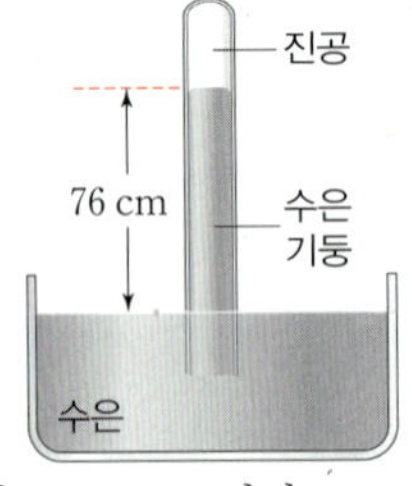

이에 대한 설명으로 옳은 것은?

① 1기압일 때 수은 기둥의 높이는 76 cm이다.

② 수은 대신 물을 사용해도 기둥의 높이는 같을 것이다.

③ 높은 산에서 실험을 하면 수은 기둥의 높이가 높아질 것이다.

④ 유리관을 기울이면 수은 기둥의 높이는 더 높아질 것이다.

⑤ 유리관의 굵기가 굵어지면 수은 기둥의 높이는 낮아질 것이다.

최다빈출

04 그림은 토리첼리의 기압 측정 실험을 나타낸 것이다.

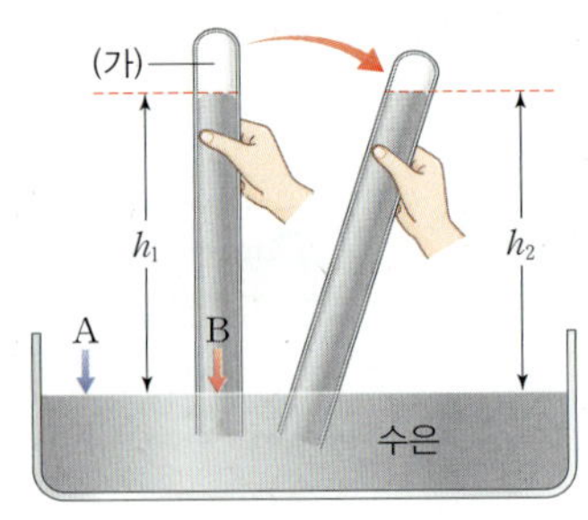

이에 대한 설명으로 옳지 <u>않은</u> 것은?

① (가)는 진공 상태이다.

② h_1과 h_2의 크기는 같다.

③ A와 B의 크기는 같다.

④ A가 1기압이면 h_1은 76 cm이다.

⑤ A의 크기는 시간과 장소에 관계없이 항상 일정하다.

05 기권에서 높이에 따른 기압의 변화를 옳게 나타낸 것은?

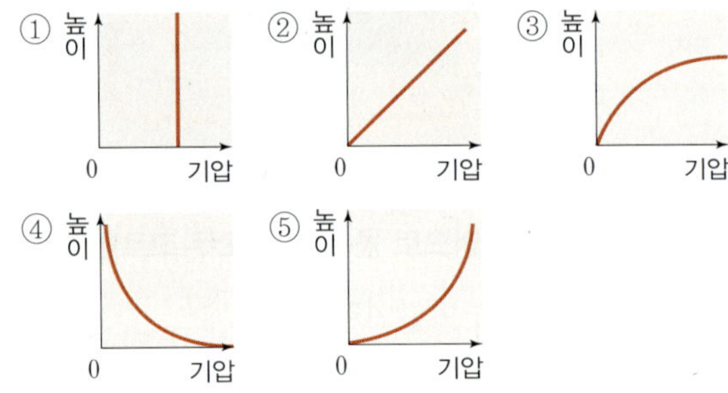

06 다음과 같은 현상이 나타나는 까닭에 대한 설명으로 옳은 것은?

> • 높은 산에 올라갔을 때 귀가 멍멍해진다.
> • 높이 오른 비행기 안에서 과자 봉지가 부푼다.
> • 산 위에서 물을 마신 후 산 아래로 가져온 페트병이 찌그러진다.

① 기압은 모든 방향에서 작용한다.

② 바람은 기압 차이에 의해서 분다.

③ 높은 곳으로 올라갈수록 기압은 낮아진다.

④ 기압 차이가 클수록 바람이 강하게 분다.

⑤ 북반구에서는 지구 자전의 효과로 인해 바람이 오른쪽으로 휜다.

Ⓑ 바람

07 바람에 대한 설명으로 옳은 것을 〈보기〉에서 모두 고른 것은?

> **보기**
> ㄱ. 바람은 기압이 높은 곳에서 낮은 곳으로 분다.
> ㄴ. 바람은 수평 방향의 공기의 움직임이다.
> ㄷ. 기압 차이가 작을수록 바람은 강하게 분다.

① ㄱ   ② ㄷ   ③ ㄱ, ㄴ
④ ㄴ, ㄷ   ⑤ ㄱ, ㄴ, ㄷ

08 오른쪽 그림은 지표면에서의 공기 흐름을 나타낸 것이다.

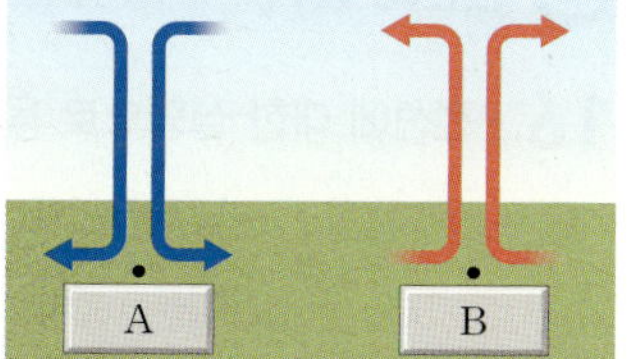

이에 대한 설명으로 옳지 <u>않은</u> 것은?

① 지표면 부근의 기온은 A가 B보다 낮다.
② 기압은 A가 B보다 낮다.
③ B의 상공에서는 공기가 퍼져나간다.
④ 지표면에서 바람은 A에서 B 방향으로 분다.
⑤ 바람은 지표면의 냉각과 가열에 의한 기압 차로 인해 발생한다.

탐구 p. 76

바람의 발생 원리 실험과 해륙풍이 부는 원리를 연계하여 알고 있어야 해.

09 그림 (가)는 같은 양의 모래와 물을 수조에 넣고 전등을 켜서 가열하는 실험을, (나)는 어느 해안 지역에서 부는 바람의 모습을 나타낸 것이다.

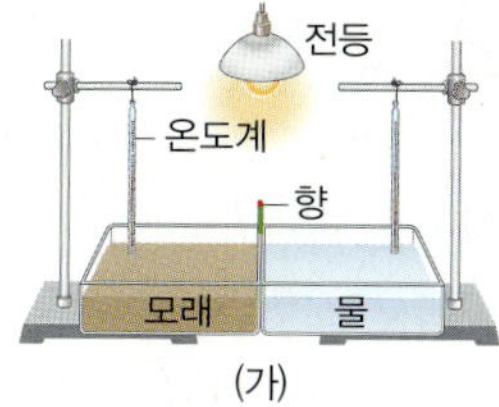

이에 대한 설명으로 옳지 <u>않은</u> 것은?

① (가)에서 온도는 모래가 물보다 높다.
② (가)에서 모래 위의 공기는 상승한다.
③ (가)에서 향 연기는 모래 쪽으로 이동한다.
④ (나)에서 저기압은 육지 쪽에 발달한다.
⑤ (나)는 (가)와 같은 원리로 부는 육풍이다.

기출 분석 p. 77

해륙풍의 그림이 제시되면 화살표의 방향을 먼저 파악한 후 육지와 바다 쪽의 화살표 밑에 기온과 기압을 표시하여 해석하면 헷갈리지 않고 해결할 수 있어.

10 그림은 어느 해안 지역에서 하루를 주기로 방향이 변하는 바람의 모습을 나타낸 것이다.

육지와 바다에서 기온과 기압의 크기 비교 및 바람의 명칭을 옳게 짝 지은 것은?

	기온	기압	바람
①	육지 > 바다	육지 > 바다	해풍
②	육지 > 바다	육지 < 바다	육풍
③	육지 < 바다	육지 > 바다	해풍
④	육지 < 바다	육지 > 바다	육풍
⑤	육지 < 바다	육지 < 바다	육풍

11 그림은 어느 해안 지방에서 하루 동안 시간에 따른 풍속의 변화를 측정하여 나타낸 것이다.

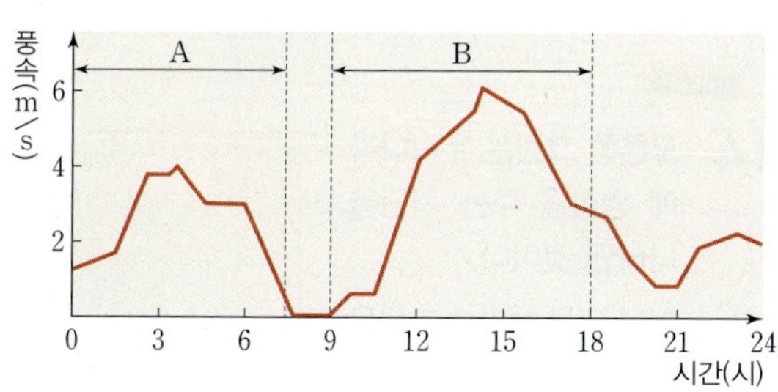

이에 대한 설명으로 옳지 <u>않은</u> 것은?

① A 시간에는 육풍, B 시간에는 해풍이 분다.
② A 시간에 바람은 육지에서 바다 쪽으로 분다.
③ A 시간에 기온은 육지 쪽이 바다 쪽보다 낮다.
④ B 시간에 기압은 육지 쪽이 바다 쪽보다 높다.
⑤ 이와 같은 바람은 흐린 날보다 맑은 날에 강하게 분다.

기출 분석 p. 77
해륙풍과 계절풍을 비교할 때에는 바다와 해양, 육지와 대륙, 밤과 겨울, 낮과 여름을 같게 생각하면 돼.

12 그림 (가)는 해안가에서, (나)는 우리나라 부근의 대륙과 해양 사이에서 부는 바람을 나타낸 것이다.

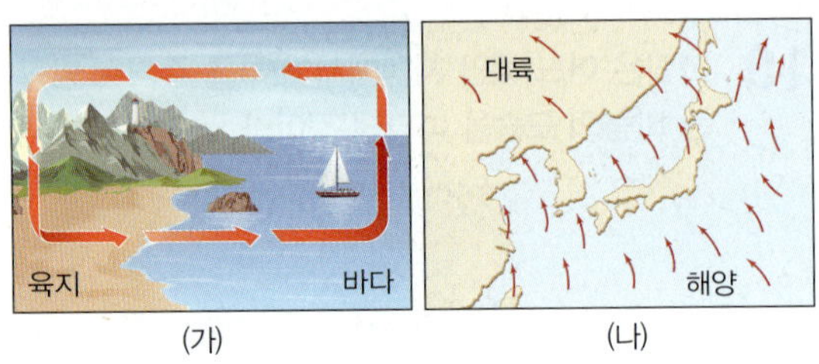

이에 대한 설명으로 옳지 <u>않은</u> 것은?

① (가)는 육풍이다.
② (가)에서 바다는 육지보다 기압이 낮다.
③ (나)에서 대륙은 해양보다 기온이 높다.
④ (나)는 주로 겨울철에 부는 바람이다.
⑤ (가)는 하루를 주기로, (나)는 1년을 주기로 부는 바람이다.

C 기단과 날씨

13 기단에 대한 설명으로 옳지 <u>않은</u> 것은?

① 공기가 한 장소에서 오래 머물면서 형성된다.
② 기온, 습도 등이 비슷한 큰 공기 덩어리이다.
③ 대륙에서 발생한 기단은 건조하다.
④ 저위도에서 발생한 기단은 온난하다.
⑤ 기단은 발생한 이후 새로운 장소로 이동해도 성질이 변하지 않는다.

14 오른쪽 그림은 우리나라에 영향을 주는 기단을 나타낸 것이다.
이에 대한 설명으로 옳은 것은?

① A와 C는 건조한 기단이다.
② B는 한랭 다습한 기단이다.
③ C는 우리나라의 겨울철에 영향을 준다.
④ D는 북태평양 기단으로, 우리나라의 봄철에 영향을 준다.
⑤ 정체 전선은 C와 D의 영향으로 형성된다.

15 그림 (가)는 우리나라 주변의 기단을 나타낸 것이고, (나)는 기단을 기온과 습도에 따라 구분한 것이다.

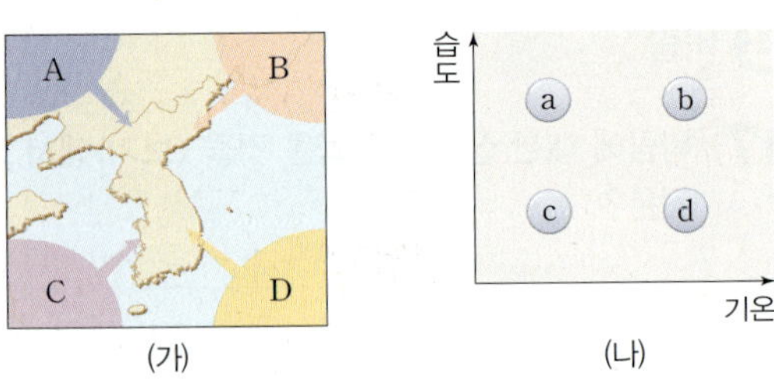

A~D 기단의 성질을 (나)에서 찾아 옳게 짝 지은 것은?

① A − a
② A − b
③ B − c
④ C − d
⑤ D − a

D 전선과 날씨

16 전선에 대한 설명으로 옳지 <u>않은</u> 것은?

① 성질이 다른 두 기단이 만나서 이루는 경계면이 전선면이다.
② 온난 전선은 따뜻한 공기가 찬 공기 위를 타고 오를 때 형성된다.
③ 한랭 전선은 찬 공기가 따뜻한 공기 아래를 파고들 때 형성된다.
④ 폐색 전선은 두 기단의 세력이 비슷할 때 형성된다.
⑤ 우리나라 초여름의 장마 전선은 정체 전선이다.

17 그림과 같이 칸막이로 구분된 수조의 양쪽에 빨간색 색소를 탄 따뜻한 물과 파란색 색소를 탄 찬물을 각각 넣은 다음 칸막이를 천천히 들어 올렸다.

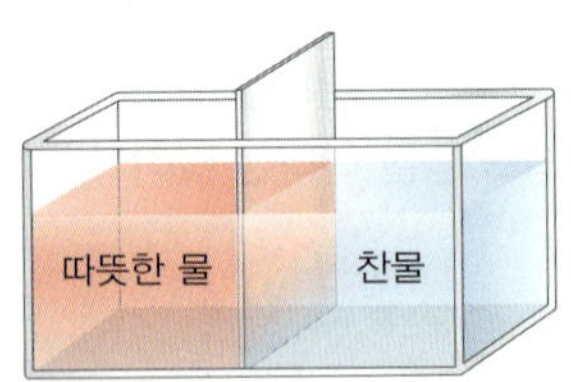

이에 대한 설명으로 옳지 <u>않은</u> 것은?

① 찬물과 따뜻한 물이 바로 섞인다.
② 전선의 형성 원리를 알아보기 위한 실험이다.
③ 찬물이 따뜻한 물 아래로 이동하면서 비스듬한 경계면이 생긴다.
④ 찬물과 따뜻한 물의 경계면은 시간이 지날수록 흐릿해진다.
⑤ 찬물과 따뜻한 물의 경계면이 수조의 바닥과 만나 이루는 선은 전선에 비유할 수 있다.

18 한랭 전선과 온난 전선의 특징을 옳게 비교한 것을 모두 고르면? (2개)

	특징	한랭 전선	온난 전선
①	전선의 기호		
②	전선면의 기울기	완만하다.	급하다.
③	구름 모양	적운형	층운형
④	강수 형태	지속적인 비	소나기
⑤	이동 속도	느리다.	빠르다.
⑥	통과 후 기온	낮아진다.	높아진다.

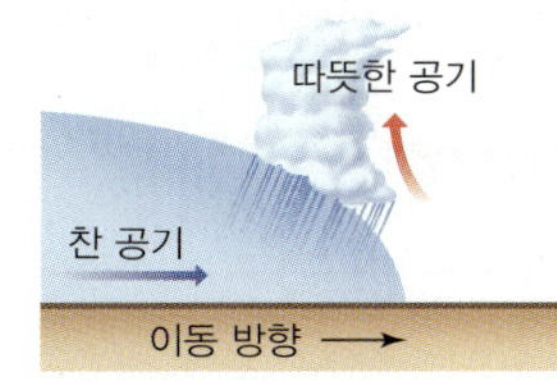

19 그림은 어느 전선의 단면을 나타낸 것이다.

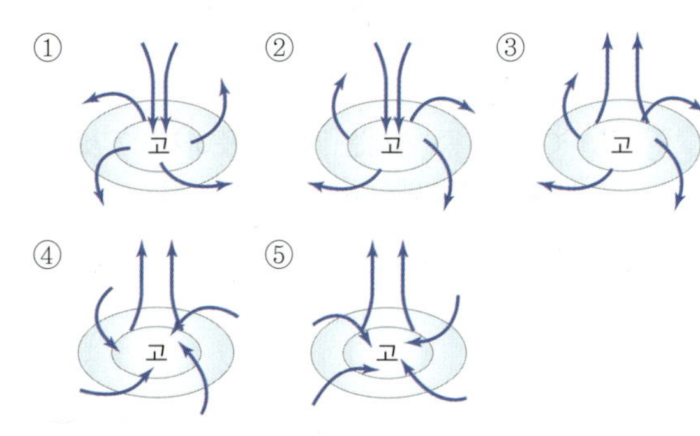

이에 대한 설명으로 옳은 것을 〈보기〉에서 모두 고른 것은?

─ 보기 ─
ㄱ. 전선면의 기울기가 급하다.
ㄴ. 전선의 이동 속도가 느리다.
ㄷ. 찬 공기가 따뜻한 공기를 타고 올라갈 때 형성된다.

① ㄱ 　② ㄴ 　③ ㄱ, ㄷ
④ ㄴ, ㄷ 　⑤ ㄱ, ㄴ, ㄷ

20 그림은 어느 전선의 단면을 나타낸 것이다.

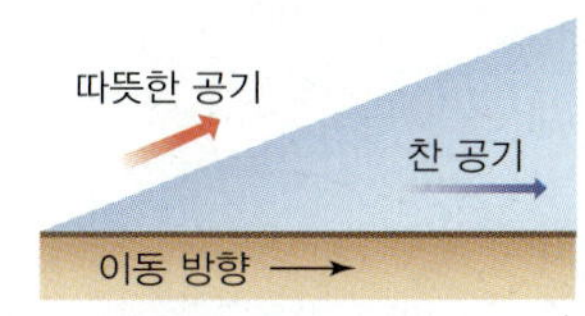

이에 대한 설명으로 옳지 않은 것은?

① 온난 전선이다.
② 지속적인 비가 내린다.
③ 층운형 구름이 만들어진다.
④ 전선면의 기울기가 완만하다.
⑤ 찬 공기가 따뜻한 공기를 파고들 때 형성된다.

E 기압과 날씨

21 북반구에서 나타나는 고기압과 저기압의 특징을 비교한 것으로 옳지 않은 것은?

	특징	고기압	저기압
①	중심 기압	주변보다 높다.	주변보다 낮다.
②	풍향	시계 방향	시계 반대 방향
③	바람의 이동	불어 들어온다.	불어 나간다.
④	기류	하강 기류	상승 기류
⑤	날씨	맑다.	흐리다.

22 북반구의 고기압 중심부에서 바람의 방향과 공기의 연직 운동을 옳게 나타낸 것은?

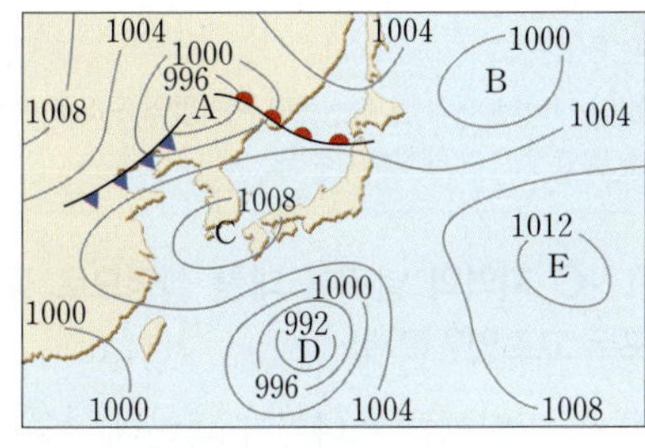

23 그림은 우리나라 부근의 일기도를 나타낸 것이다.

이에 대한 설명으로 옳지 않은 것은?

① A 지역은 날씨가 흐리다.
② A, B, D 지역에는 저기압이 발달한다.
③ 바람은 C 지역에서 D 지역 쪽으로 분다.
④ D 지역의 중심에서는 상승 기류가 발달한다.
⑤ E 지역에서는 바람이 시계 반대 방향으로 불어 들어온다.

[24~27] 그림은 온대 저기압 주변 공기의 이동을 나타낸 것이다.

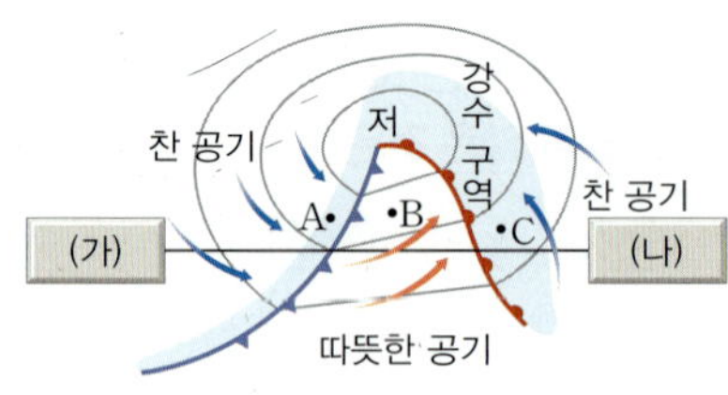

24 (가)−(나) 방향의 연직 단면도를 옳게 나타낸 것은?

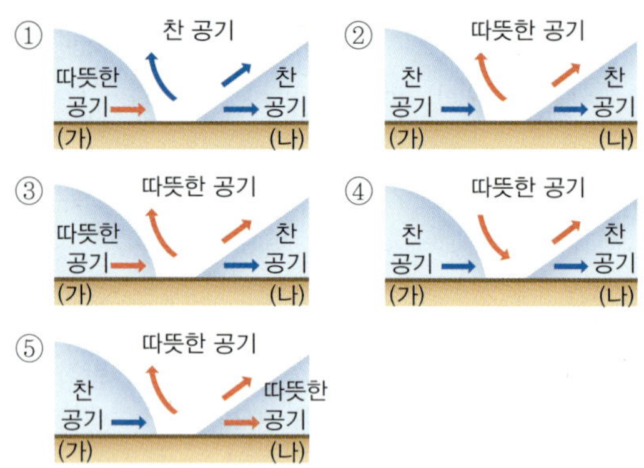

25 A~C 지역 중 현재는 맑고 따뜻하지만 앞으로 소나기가 내릴 것으로 예상되는 지역은?

① A   ② B   ③ C
④ A, B   ⑤ B, C

26 A~C 지역 중 층운형 구름이 형성되어 지속적으로 이슬비가 내릴 것으로 예상되는 지역은?

① A   ② B   ③ C
④ A, B   ⑤ B, C

기출 분석 p. 77

온대 저기압이 나타날 때의 날씨는 온대 저기압의 구조와 전선 앞뒤 공기의 이동 방향을 알고 있으면 해석하기 쉬워.

27 A~C 지역의 날씨에 대한 설명으로 옳지 <u>않은</u> 것을 모두 고르면? (2개)

① A 지역에는 소나기가 내린다.
② B 지역은 앞으로 남서풍이 불 것이다.
③ A~C 지역 중 가장 따뜻한 곳은 B이다.
④ C 지역에는 층운형 구름이 발달해 있다.
⑤ C 지역은 넓은 구역에서 지속적인 비가 내리고 있다.
⑥ (가)−(나)에서 두 전선 사이의 간격은 점점 넓어질 것이다.

F **우리나라의 계절별 날씨**

28 우리나라의 계절별 날씨에 대한 설명으로 옳지 <u>않은</u> 것은?

① 봄에는 황사가 나타난다.
② 초여름에는 고온 건조한 기단의 영향을 받는다.
③ 여름에는 덥고 습하며, 열대야가 자주 발생한다.
④ 여름과 가을에는 태풍이 자주 발생한다.
⑤ 겨울에는 춥고 건조한 날씨가 지속된다.

최다빈출

29 그림 (가)와 (나)는 서로 다른 계절의 우리나라 부근의 일기도를 나타낸 것이다.

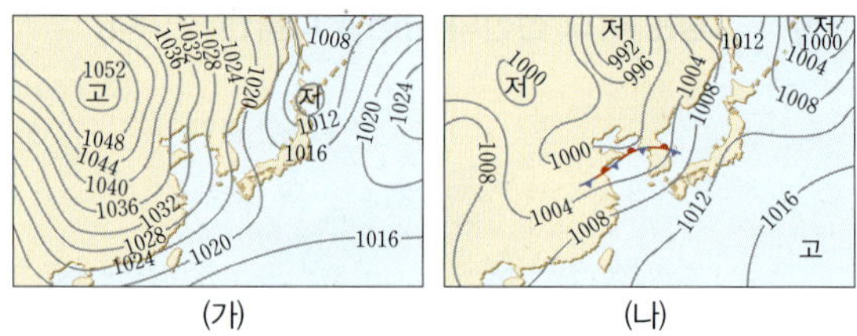

이에 대한 설명으로 옳은 것을 모두 고르면? (2개)

① (가)는 여름철에 볼 수 있는 대표적인 일기도이다.
② (가)에서 우리나라는 북태평양 기단의 영향을 받는다.
③ (가)에서는 남고북저형의 기압 배치가 나타난다.
④ (나)에서 우리나라에는 남동 계절풍이 분다.
⑤ (나)에서 우리나라는 고온 다습한 기단의 영향으로 덥고 습한 날씨가 나타난다.
⑥ (가)와 (나)에서는 이동성 고기압과 저기압이 자주 통과하여 날씨의 변화가 심하다.

30 그림 (가)는 우리나라 어느 계절의 일기도를, (나)는 우리나라의 날씨에 영향을 주는 기단을 나타낸 것이다.

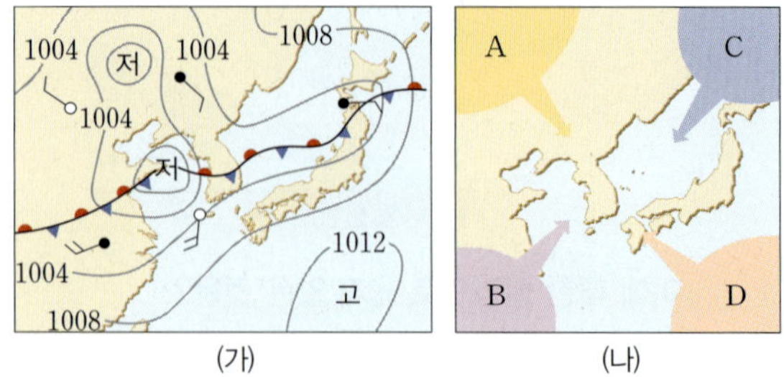

(가)의 일기도가 나타날 때 우리나라에 영향을 주는 기단을 (나)에서 골라 옳게 짝 지은 것은?

① A, B   ② A, D   ③ B, C
④ B, D   ⑤ C, D

서술형은 이렇게

31 오른쪽 그림과 같이 길이 1 m 인 유리관에 수은을 가득 채우고, 수은이 담긴 수조에 거꾸로 세웠더니 76 cm 높이에서 수은이 내려오다가 멈추었다.

이 실험에서 유리관 속의 수은이 내려오다가 수은 면으로부터 76 cm 높이에서 멈추는 까닭을 서술하시오.

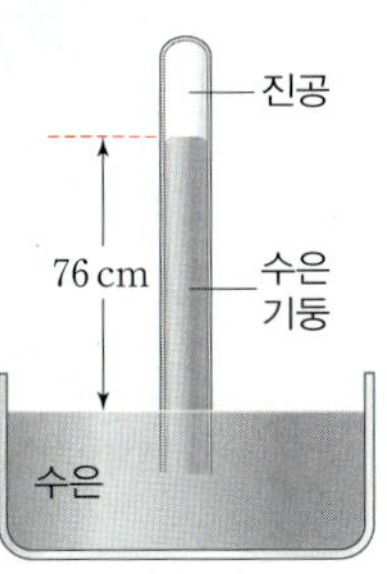

____

____

최다빈출

32 그림과 같이 수조에 같은 양의 모래와 물을 넣고 전등을 켜서 가열하였다.

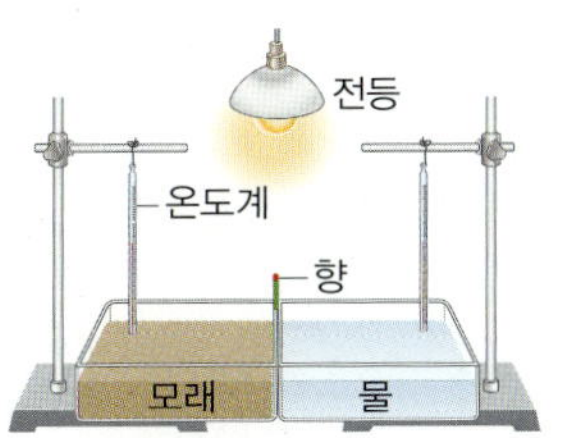

향 연기가 이동하는 방향을 쓰고, 그 까닭을 가열 속도 차이와 기압 차이를 포함하여 서술하시오.

____

____

33 그림은 차고 건조한 대륙에서 생성된 기단이 따뜻한 바다 위로 이동하는 모습을 나타낸 것이다.

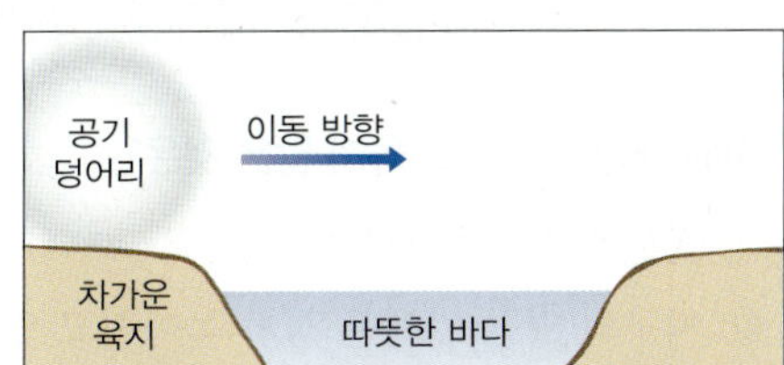

이 기단이 따뜻한 바다 위를 이동하는 동안 온도와 습도의 변화를 서술하시오.

____

____

34 오른쪽 그림은 어느 날 우리나라 부근의 일기도를 나타낸 것이다.

A와 B 지역에 발달한 기압을 각각 쓰고, A 지역에서의 바람의 방향, 중심 기류, 날씨를 서술하시오.

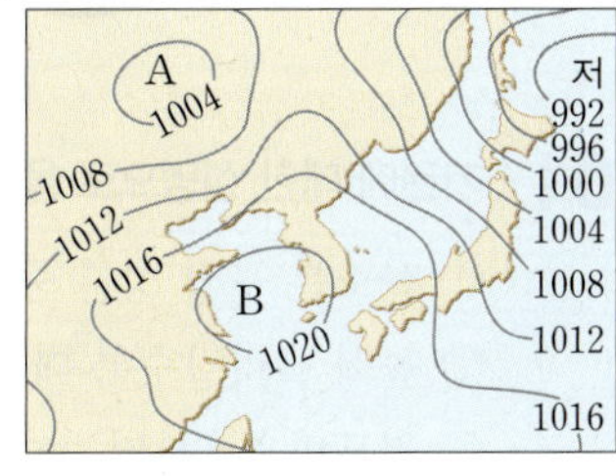

____

____

최다빈출

35 온대 저기압이 우리나라 부근을 통과할 때 먼저 통과하는 전선의 종류를 쓰고, 그 까닭을 온대 저기압의 구조와 이동 방향을 포함하여 서술하시오.

____

____

최다빈출

36 오른쪽 그림은 우리나라 부근의 일기도를 나타낸 것이다.

A~C 지역 중 기온이 가장 높은 곳을 쓰고, 온난 전선이 통과한 후 C 지역의 기온, 날씨, 풍향의 변화를 서술하시오.

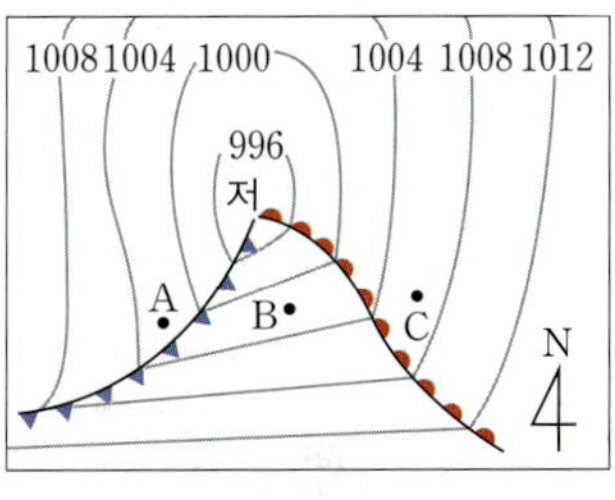

____

____

37 오른쪽 그림은 우리나라 어느 계절의 일기도이다.

(1) 이 계절에 영향을 미치는 기단의 이름과 계절풍을 각각 쓰시오.

(2) 이 일기도가 나타나는 계절을 쓰고, 그 까닭을 기압 배치를 포함하여 서술하시오.

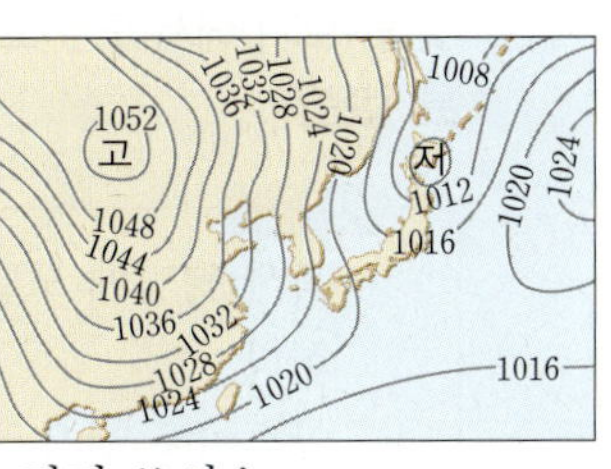

____

____

01 기권에 대한 설명으로 옳은 것은?

① 산소는 구성 성분 중 가장 많은 양을 차지한다.
② 높이 올라갈수록 대기의 밀도는 높아진다.
③ 지표면으로부터 높이 약 50 km까지 분포한다.
④ 외권에서 들어오는 자외선을 흡수한다.
⑤ 우주 공간에서 날아오는 운석을 막아 줄 수는 없다.

02 그림은 기권을 4개의 층으로 구분한 것이다.

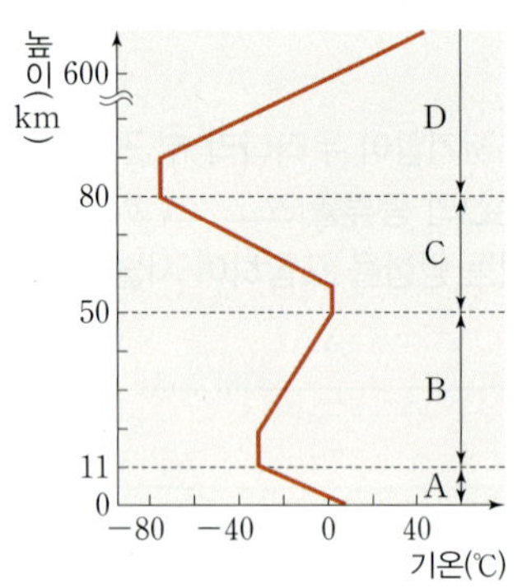

A~D층의 특징에 대한 설명으로 옳은 것은?

① A층에서는 기상 현상이 나타난다.
② B층에서는 유성이 출현하기도 한다.
③ C층에서는 대류가 일어나 기상 현상이 나타난다.
④ D층은 자외선을 흡수하여 지구상에 생명체가 살 수 있게 해 준다.
⑤ D층은 안정된 층으로 비행기의 항로로 이용된다.

03 오른쪽 그림은 복사 평형을 알아보기 위한 실험 장치를 나타낸 것이다.
이에 대한 설명으로 옳은 것을 〈보기〉에서 모두 고른 것은?

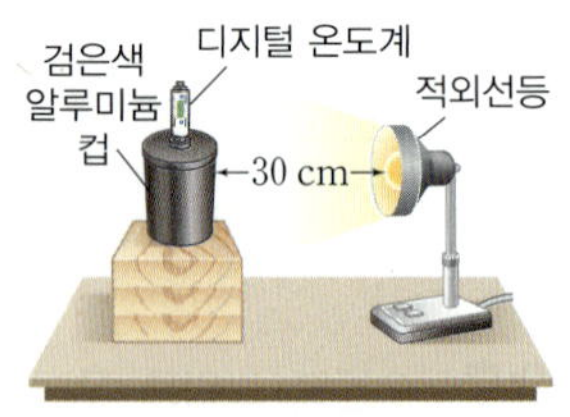

보기

ㄱ. 복사 평형에 도달한 이후 온도는 계속 상승한다.
ㄴ. 알루미늄 컵은 지구에, 적외선등은 태양에 해당한다.
ㄷ. 적외선등으로부터 거리가 멀수록 복사 평형 온도는 낮아진다.

① ㄱ　　　② ㄴ　　　③ ㄱ, ㄷ
④ ㄴ, ㄷ　　　⑤ ㄱ, ㄴ, ㄷ

04 그림은 지구의 복사 평형을 나타낸 것이다.

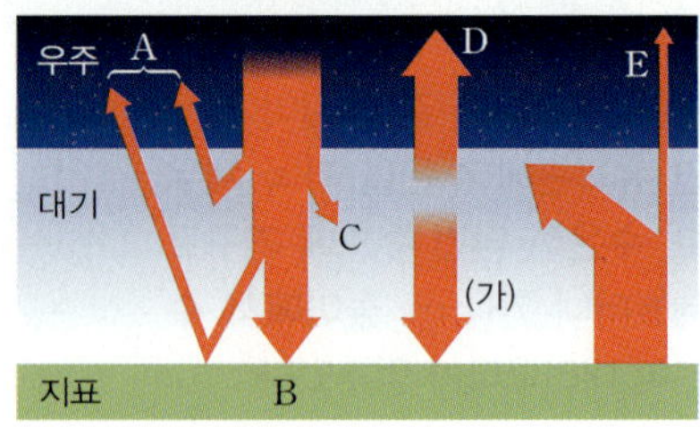

이에 대한 설명으로 옳지 <u>않은</u> 것은?

① A는 약 30 %이다.
② A + D + E = 100 %이다.
③ B는 대기가 없을 때보다 더 크다.
④ B + C = D + E이다.
⑤ (가) 과정에 의해 온실 효과가 나타난다.

05 그림은 최근 130년간 지구의 평균 기온과 기체 A의 농도 변화를 나타낸 것이다.

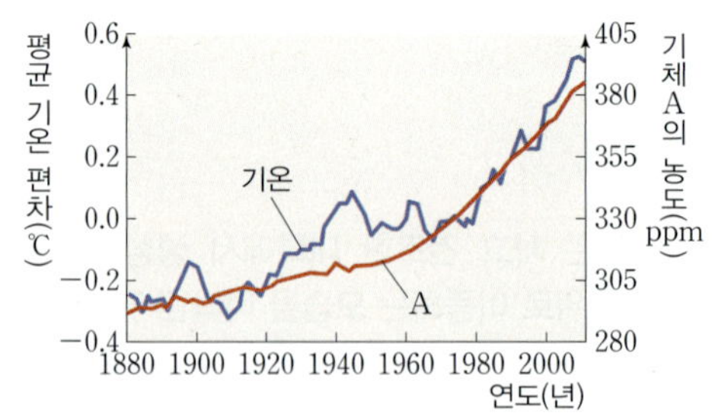

이에 대한 설명으로 옳지 <u>않은</u> 것은?

① A는 이산화 탄소이다.
② 지구의 평균 기온은 점차 높아지고 있다.
③ A의 농도 증가로 지구 온난화가 발생하였다.
④ 이 기간 동안 화석 연료의 사용량은 점차 감소하였다.
⑤ 해수면의 높이는 1900년보다 2000년에 높았을 것이다.

[06~07] 그림은 기온과 포화 수증기량의 관계를 나타낸 것이다.

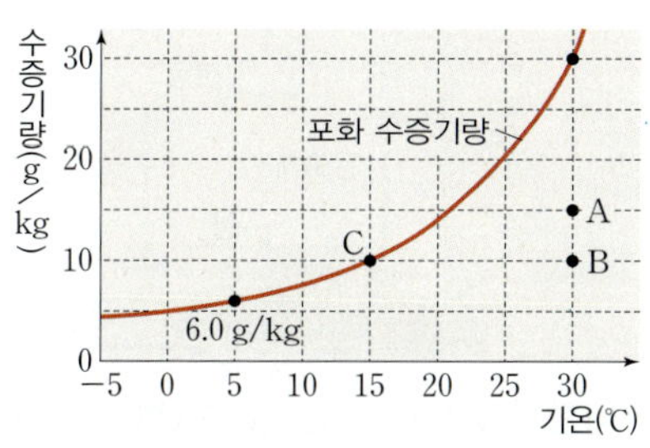

06 A~C에 대한 설명으로 옳지 <u>않은</u> 것은?

① 포화 수증기량은 A 공기가 C 공기보다 많다.

② B 공기는 불포화 상태이다.

③ C 공기의 상대 습도는 100 %이다.

④ 세 공기의 이슬점은 A>B>C 순이다.

⑤ 현재 공기 중에 포함된 수증기량은 A 공기가 가장 많다.

07 A 공기 1 kg을 5 ℃까지 냉각시킬 때, 응결되는 수증기량은 몇 g인가?

① 6 g 　② 9 g 　③ 15 g

④ 24 g 　⑤ 30 g

08 그림은 기온과 포화 수증기량의 관계를 나타낸 것이다.

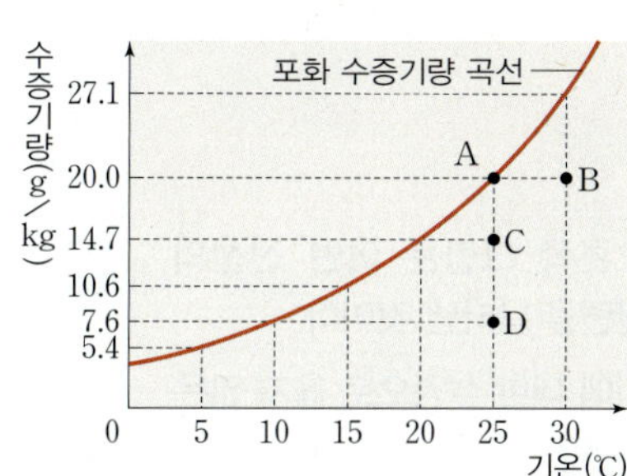

A~D 공기를 5 ℃까지 냉각시켰을 때 응결되는 수증기량이 가장 적은 것과 이 공기의 상대 습도를 옳게 짝 지은 것은?

① A, 100 % 　② B, 74 % 　③ C, 74 %

④ D, 27 % 　⑤ D, 38 %

09 그림은 하루 동안 기온, 상대 습도, 이슬점의 변화를 나타낸 것이다.

이에 대한 설명으로 옳은 것은?

① 이날은 비가 오는 날이다.

② 기온과 상대 습도의 변화는 대체로 비슷하다.

③ 하루 중 이슬점의 변화는 크게 나타난다.

④ 낮에는 기온이 높아져서 상대 습도가 낮아진다.

⑤ 상대 습도가 가장 낮은 시간은 오전 6시이다.

10 다음은 구름의 생성 과정을 나열한 것이다.

> 공기 상승 → (㉠) → 기온 하강 →
> (㉡) → (㉢) → 구름 생성

㉠~㉢에 해당하는 것을 옳게 짝 지은 것은?

	㉠	㉡	㉢
①	단열 압축	이슬점 도달	수증기 응결
②	단열 압축	수증기 응결	이슬점 도달
③	단열 팽창	이슬점 도달	수증기 응결
④	단열 팽창	수증기 응결	이슬점 도달
⑤	수증기 응결	단열 팽창	이슬점 도달

11 오른쪽 그림과 같이 페트병 속에 약간의 물과 향 연기를 넣고 뚜껑을 닫은 후 간이 가압 장치를 여러 번 눌렀다가 뚜껑을 열었다.

장치 내부에서 나타나는 변화로 옳은 것은?

① 기온이 높아진다.

② 상대 습도가 낮아진다.

③ 단열 압축이 일어난다.

④ 물의 증발이 일어난다.

⑤ 장치 내부가 뿌옇게 흐려진다.

12 그림 (가)와 (나)는 서로 다른 두 지역에서 발달한 구름의 모습을 나타낸 것이다.

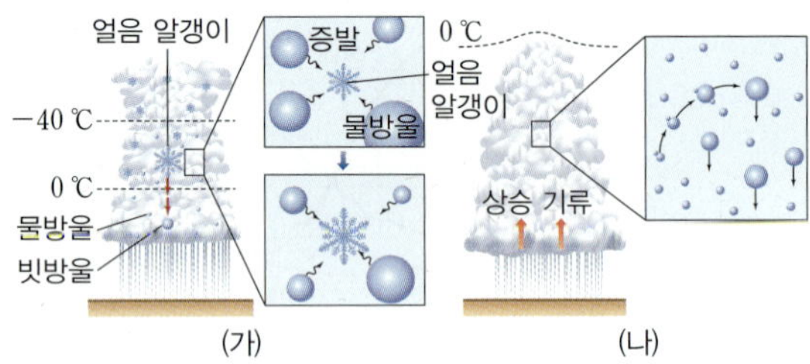

이에 대한 설명으로 옳은 것은?

① (가)는 병합설, (나)는 빙정설이다.
② (나)는 중위도나 고위도 지방에서 비가 생성되는 과정이다.
③ 우리나라 겨울철에는 주로 (나)와 같은 과정으로 비가 내린다.
④ (가) 구름에서는 −40~0 ℃ 구간의 물방울에서 증발한 수증기가 얼음 알갱이에 달라붙어 성장한다.
⑤ (나) 구름에서는 강한 상승 기류에 의해 얼음 알갱이가 크게 성장한다.

13 기압에 대한 설명으로 옳은 것을 〈보기〉에서 모두 고른 것은?

> **보기**
> ㄱ. 공기의 무게에 의한 압력이다.
> ㄴ. 장소에 관계없이 일정한 값을 가진다.
> ㄷ. 1기압은 76 cm 높이의 수은 기둥이 누르는 압력과 같다.

① ㄱ　　　② ㄴ　　　③ ㄱ, ㄷ
④ ㄴ, ㄷ　　　⑤ ㄱ, ㄴ, ㄷ

14 오른쪽 그림은 토리첼리의 기압 측정 실험을 나타낸 것이다.

이에 대한 설명으로 옳지 <u>않은</u> 것은?

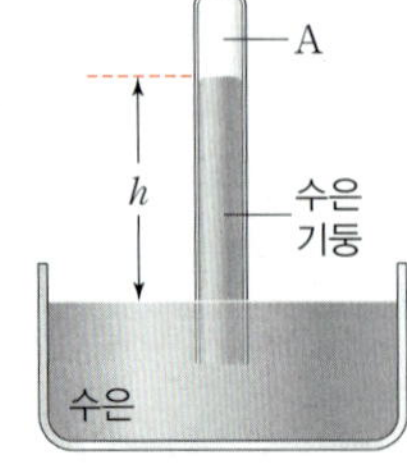

① 수은 기둥이 누르는 압력은 대기압과 같다.
② 기압이 낮아지면 수은 기둥의 높이도 낮아진다.
③ A는 진공 상태이다.
④ 유리관을 기울이면 수은 기둥의 높이가 낮아진다.
⑤ 1기압일 때 수은 기둥의 높이(h)는 76 cm이다.

15 그림과 같이 수조에 같은 양의 모래와 물을 넣고, 전등을 켠 후 10분 동안 가열하면서 온도를 측정하였다.

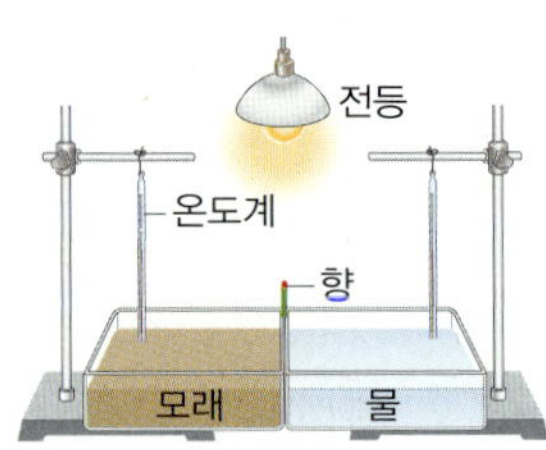

이에 대한 설명으로 옳은 것을 〈보기〉에서 모두 고른 것은?

> **보기**
> ㄱ. 온도는 모래가 물보다 높다.
> ㄴ. 기압은 모래 쪽보다 물 쪽이 높다.
> ㄷ. 향 연기는 모래에서 물 쪽으로 이동한다.
> ㄹ. 낮에 부는 해풍이 발생하는 원리를 알 수 있다.

① ㄱ, ㄴ　　　② ㄴ, ㄷ　　　③ ㄷ, ㄹ
④ ㄱ, ㄴ, ㄹ　　　⑤ ㄱ, ㄷ, ㄹ

16 오른쪽 그림은 해안 지역에서 부는 바람을 나타낸 것이다.

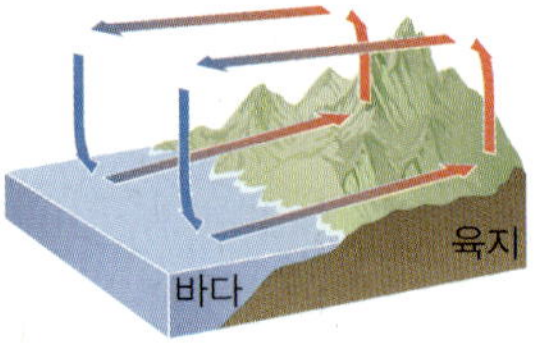

이에 대한 설명으로 옳은 것은?

① 육풍이다.
② 밤에 부는 바람이다.
③ 1년을 주기로 부는 바람이다.
④ 기온은 육지가 바다보다 낮다.
⑤ 기압은 바다가 육지보다 높다.

17 오른쪽 그림은 어떤 전선의 단면을 나타낸 것이다.

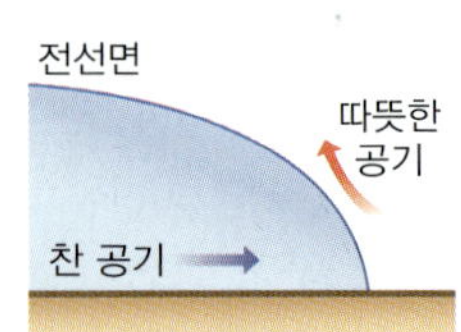

이에 대한 설명으로 옳지 <u>않은</u> 것은?

① 한랭 전선이다.
② 소나기가 내린다.
③ 적운형 구름이 만들어진다.
④ 전선면의 기울기가 급하다.
⑤ 비가 내리는 구역이 비교적 넓다.

[18~19] 그림은 우리나라의 날씨에 영향을 주는 기단을 나타낸 것이다.

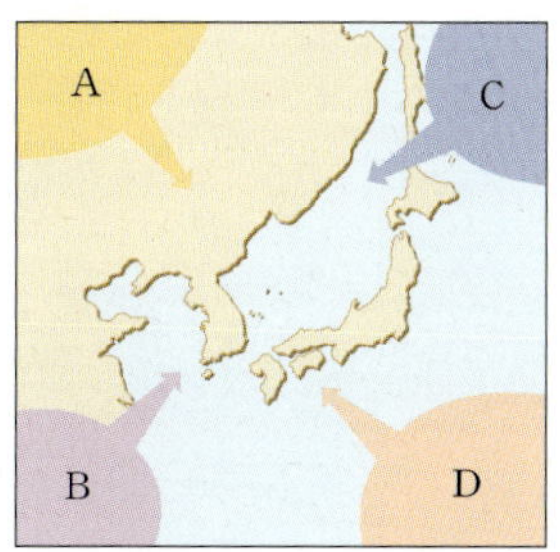

18 A~D 기단 중 무덥고 습한 여름철 날씨에 영향을 주는 기단의 기호와 이름을 옳게 짝 지은 것은?

① A, 시베리아 기단
② B, 양쯔강 기단
③ C, 북태평양 기단
④ D, 오호츠크해 기단
⑤ D, 북태평양 기단

19 이에 대한 설명으로 옳지 <u>않은</u> 것을 모두 고르면? (2개)

① A는 시베리아 기단으로 겨울철에 영향을 준다.
② A와 D가 만나 장마 전선을 형성한다.
③ B는 봄철에 영향을 주는 오호츠크해 기단이다.
④ 저위도에서 발생하여 온난한 기단은 B와 D이다.
⑤ C의 영향으로 초여름 동해안에 저온 현상이 나타나기도 한다.

20 그림은 우리나라 부근을 통과하는 온대 저기압의 모습을 나타낸 것이다.

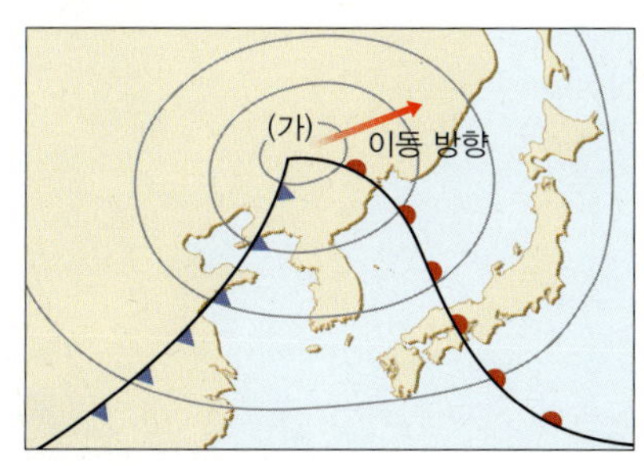

(가) 지역에서 부는 바람의 방향과 중심 기류를 옳게 나타낸 것은?

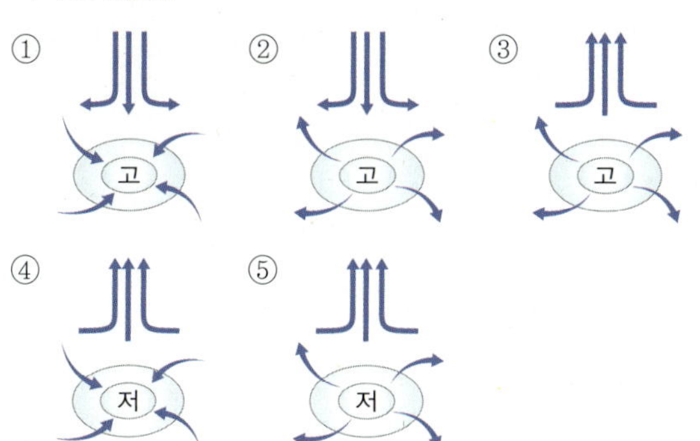

21 고기압과 저기압에 대한 설명으로 옳지 <u>않은</u> 것은?

① 고기압의 중심부에서는 하강 기류가 형성된다.
② 북반구의 고기압 중심부에서는 바람이 시계 방향으로 불어 나간다.
③ 저기압 지역의 날씨는 흐리거나 비가 내린다.
④ 저기압은 주위보다 상대적으로 기압이 낮은 곳이다.
⑤ 바람은 저기압에서 고기압 쪽으로 분다.

22 그림은 온대 저기압의 단면을 나타낸 것이다.

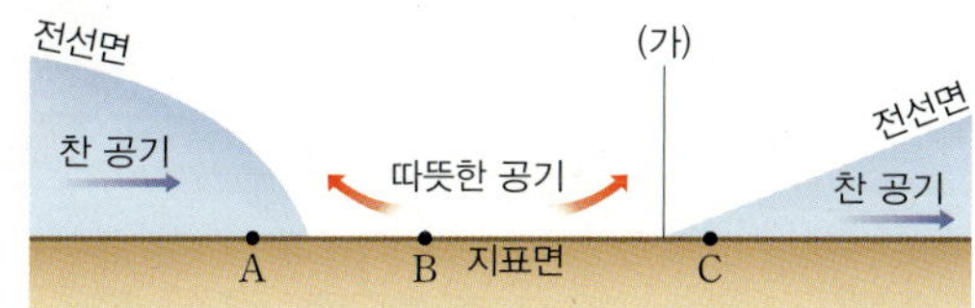

이에 대한 설명으로 옳지 <u>않은</u> 것은?

① A 지역에서는 북서풍이 분다.
② B 지역의 날씨는 맑다.
③ 기온은 A 지역이 B 지역보다 낮다.
④ (가)는 온난 전선이다.
⑤ 한랭 전선이 통과한 이후 C 지역의 기온은 높아지고, 날씨는 맑아질 것이다.

23 그림은 우리나라 어느 계절의 일기도이다.

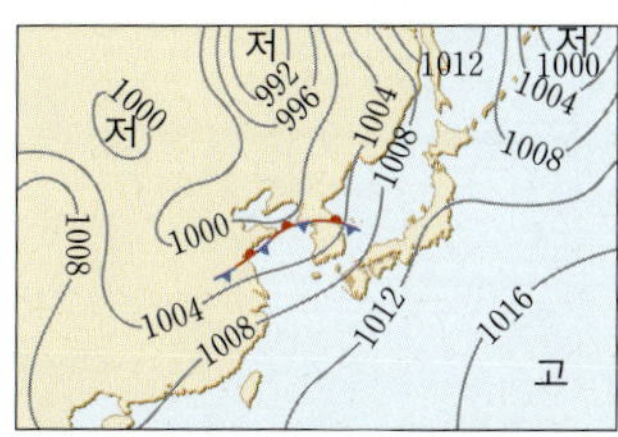

우리나라의 날씨에 대한 설명으로 옳지 <u>않은</u> 것을 모두 고르면? (2개)

① 남동 계절풍이 분다.
② 북태평양 기단의 영향을 받는다.
③ 이동성 고기압이 자주 발달하여 날씨 변화가 심하다.
④ 서고동저형의 기압 배치로 폭설이나 한파 등이 나타난다.
⑤ 고온 다습한 기단의 영향으로 무더위와 열대야가 나타난다.

운동과 에너지

01 운동

A 운동의 표현과 기록

1. 운동 시간에 따라 물체의 위치가 변하는 현상

(1) **이동 거리** : 물체가 실제로 이동한 거리

(2) **속력과 평균 속력**

속력	평균 속력
물체의 빠르기로, 물체의 단위 시간 동안 이동한 거리(단위 : m/s, km/h)	전체 이동 거리를 걸린 시간으로 나누어 구한 속력(단위 : m/s, km/h)
속력 = $\dfrac{\text{이동 거리}}{\text{걸린 시간}}$	평균 속력 = $\dfrac{\text{전체 이동 거리}}{\text{걸린 시간}}$

(3) **운동하는 물체의 빠르기 비교**

　① 이동한 거리가 같을 때 : 걸린 시간이 짧을수록 더 빠르다.

　② 이동한 시간이 같을 때 : 이동한 거리가 길수록 더 빠르다.

2. 운동의 기록

다중 섬광 사진	시간기록계
일정한 시간 간격으로 운동하는 물체를 촬영하여 기록하는 장치	일정한 시간 간격으로 종이테이프에 타점을 찍어 물체의 운동을 기록하는 장치

<table>
<tr><td>운동 방향 →
0 5 10 15 20 25 30 35 40 45 50 55 60 65 70 75 80 (cm)</td><td>→ 운동 방향
⑤ ④ ③ ② ①
나중에 찍힌 타점　처음에 찍힌 타점</td></tr>
</table>

B 등속 운동 　기출 분석　p. 95

1. 등속 운동 물체가 운동할 때 시간에 따라 속력이 변하지 않고 일정한 운동

(1) **등속 운동을 하는 경우** : 마찰이 없는 면에서 물체에 힘이 작용하지 않으면 운동하던 물체는 등속 운동을 한다.

(2) **등속 운동의 예** : 에스컬레이터, 무빙워크, 케이블카, 리프트 등

2. 등속 운동의 그래프

시간-이동 거리 그래프	시간-속력 그래프
기울기 = $\dfrac{\text{이동 거리}}{\text{시간}}$ = 속력	넓이 = 속력×시간 = 이동 거리
• 원점을 지나는 직선 모양 • 이동 거리는 시간에 비례한다. • 기울기 = $\dfrac{\text{이동 거리}}{\text{걸린 시간}}$ = 속력	• 시간축에 나란한 직선 모양 • 시간에 관계없이 속력은 일정하다. • 그래프 아랫부분의 넓이 = 속력 × 시간 = 이동 거리

속력의 단위

• m/s : 1초(second) 동안 이동한 거리(m : 미터)

• km/h : 1시간(hour) 이동한 거리(km : 킬로미터)

예 $72 \text{ km/h} = \dfrac{72000 \text{ m}}{3600 \text{ s}}$
　　　$= 20 \text{ m/s}$
　　(1 km=1000 m, 1 h=3600 s)

평균 속력

일상생활에서는 대부분 속력이 변하는 운동을 하기 때문에 평균 속력을 주로 사용한다.

시간-이동 거리 그래프에서 속력 비교

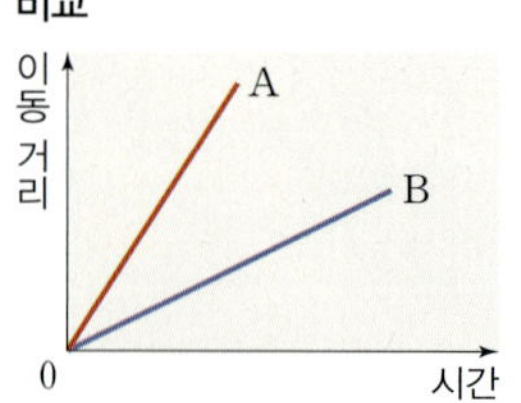

시간-이동 거리 그래프에서 기울기를 비교하면 A>B이므로, 속력은 A>B이다.

시간-속력 그래프에서 이동 거리 비교

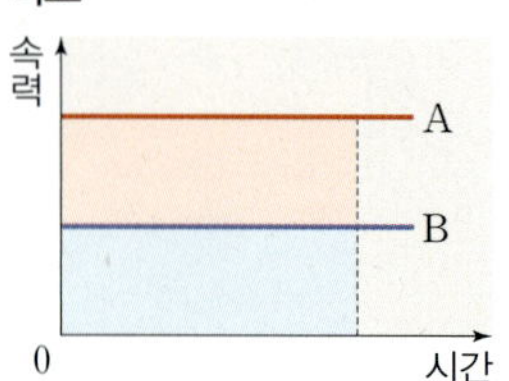

시간-속력 그래프에서 아랫부분의 넓이를 비교하면 A>B이므로, 이동 거리는 A>B이다.

Ⓐ 운동의 표현과 기록

01 속력에 대한 설명으로 옳은 것은 ○, 옳지 <u>않은</u> 것은 ×로 표시하시오.

(1) 속력은 이동 거리를 걸린 시간으로 나누어 구한다. ┈┈┈┈┈┈ (　　　)

(2) 이동한 거리가 같을 때 걸린 시간이 짧을수록 속력이 느리다. ┈┈ (　　　)

(3) 속력의 단위는 m/s, km/h를 사용한다. ┈┈┈┈┈┈┈┈ (　　　)

02 다음과 같이 운동하는 물체의 속력, 이동 거리, 걸린 시간을 구하시오.

(1) 10초 동안 150 m를 이동한 물체의 속력 ┈┈┈┈┈┈┈ (　　　) m/s

(2) 5 m/s의 속력으로 15초 동안 이동한 거리 ┈┈┈┈┈┈ (　　　) m

(3) 7 m/s의 속력으로 350 m를 이동하는 데 걸린 시간 ┈┈┈┈ (　　　) s

03 다음은 달리기를 하고 있는 세 사람에 대한 설명이다.

> • A : 50 m를 10초 동안 달린다.
> • B : 100 m를 20초 동안 달린다.
> • C : 50 m를 5초 동안 달린다.

(1) A, B, C 중 가장 빠른 사람은 누구인지 쓰시오. ┈┈┈┈┈ (　　　)

(2) A, B, C 중 빠르기가 같은 사람을 쓰시오. ┈┈┈┈┈┈ (　　　)

Ⓑ 등속 운동

04 등속 운동에 대한 설명으로 옳은 것은 ○, 옳지 <u>않은</u> 것은 ×로 표시하시오.

(1) 속력과 운동 방향이 모두 일정하다. ┈┈┈┈┈┈┈┈ (　　　)

(2) 운동하는 물체에 일정한 힘이 작용하면 물체는 등속 운동을 한다. ·· (　　　)

(3) 무빙워크, 에스컬레이터 등의 운동이 해당된다. ┈┈┈┈┈┈ (　　　)

05 그림 (가)는 어떤 물체의 이동 거리를 시간에 따라 나타낸 것이고, (나)는 어떤 물체의 속력을 시간에 따라 나타낸 것이다.

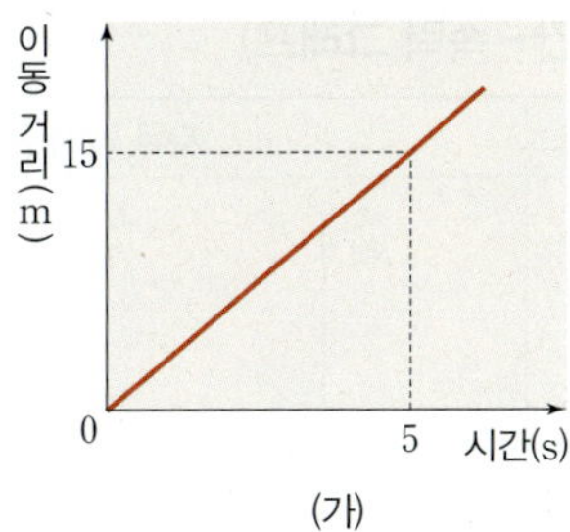

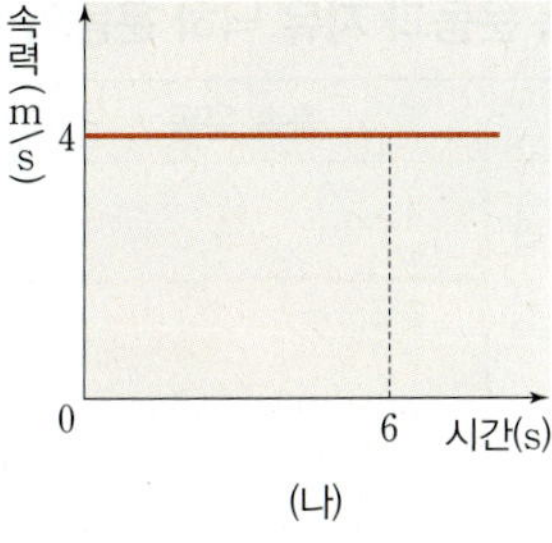

(1) (가)에서 물체의 속력은 몇 m/s인지 구하시오. ┈┈┈┈┈┈ (　　　)

(2) (나)에서 물체가 6초 동안 이동한 거리는 몇 m인지 구하시오. ┈┈ (　　　)

01 운동

C 자유 낙하 운동 　탐구 p. 94　　기출 분석 p. 95

1. 자유 낙하 운동 공기의 저항이 없을 때 공중에 정지해 있던 물체가 중력만 받으면서 아래로 떨어지는 운동

(1) **물체에 작용하는 힘(중력)** : 물체의 무게와 크기가 같고, 연직 아래 방향(중력의 방향)으로 작용한다.

(2) **물체의 운동 방향** : 중력의 방향(연직 아래 방향)과 같다.

(3) **속력 변화** : 자유 낙하 하는 물체의 속력은 1초에 9.8 m/s씩 증가한다.

(4) **이동 거리** : 같은 시간 동안 물체의 이동 거리는 점점 증가한다.

(5) **자유 낙하 운동의 시간-속력 그래프**

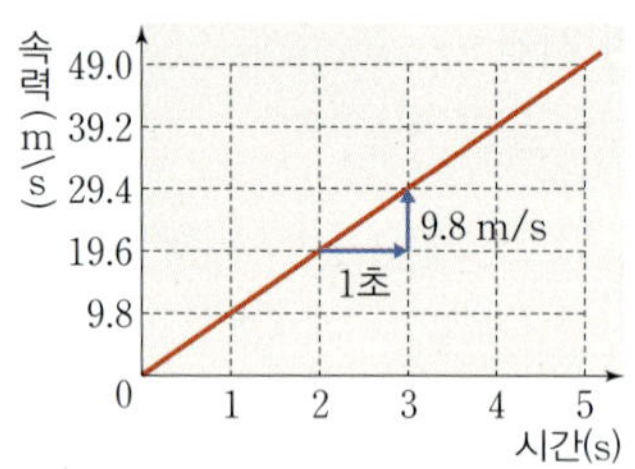

- 기울기의 크기 : 9.8(중력 가속도 상수)
- 1초마다 속력이 9.8 m/s씩 증가한다.
  ➡ 물체의 속력은 시간에 비례하여 일정하게 증가한다.
- 속력이 일정하게 증가하는 까닭 : 물체의 운동 방향으로 중력이 작용하기 때문이다.

중력의 크기

물체에 작용하는 중력은 물체의 무게와 같고, 이는 물체의 질량과 비례한다. 중력의 크기는 자유 낙하 할 때 속력 변화 값인 9.8을 질량에 곱하여 구한다.
중력의 크기(N)＝9.8×질량(kg)
이때 속력 변화량 9.8을 중력 가속도 상수라고 한다.

2. 질량이 다른 물체의 자유 낙하 운동

(1) **질량이 다른 물체의 자유 낙하 운동**

공기 저항이 없을 때(진공 중)	공기 저항이 있을 때
쇠구슬과 깃털이 동시에 떨어진다.	쇠구슬이 깃털보다 먼저 떨어진다.
진공 상태이므로 공기 저항이 없고, 운동 방향으로 중력이 작용한다. ➡ 물체의 질량에 관계없이 속력이 시간에 비례하여 일정하게 증가한다.	물체의 운동 방향과 반대 방향으로 공기 저항이 작용한다. ➡ 깃털이 쇠구슬보다 공기 저항의 영향을 많이 받아 느리게 떨어진다.

(2) **등속 운동과 자유 낙하 운동의 비교(시간-속력 그래프)**

등속 운동	자유 낙하 운동
넓이＝속력×시간＝이동 거리	
• 속력이 일정하다. • 시간당 이동 거리는 일정하다.	• 속력이 일정하게 증가한다. • 시간당 이동 거리는 점점 증가한다.

속력이 변하는 운동

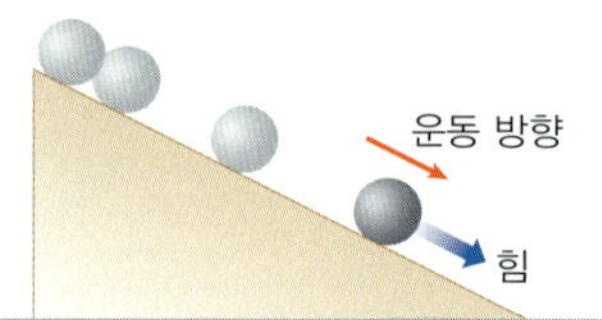

빗면을 굴러 내려가는 공에 작용하는 힘의 크기가 일정하므로, 공은 속력이 일정하게 증가하는 운동을 한다.

속력이 일정하게 증가하는 물체의 운동의 시간-이동 거리 그래프

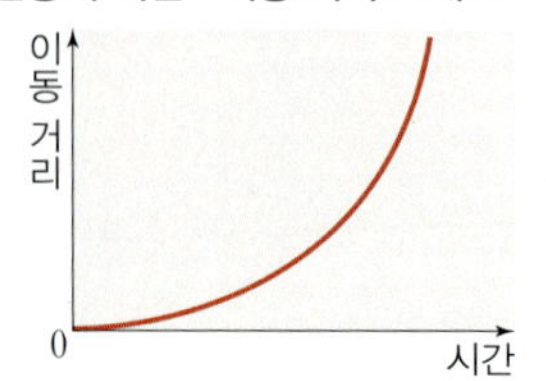

같은 시간 동안 이동한 거리가 점점 증가한다.

04 ㅈㅇㄴㅎㅇㄷ : 공기 저항이 없을 때 공중에 정지해 있던 물체가 중력만 받으면서 아래로 떨어지는 운동

05 ㅈㅇㄴㅎ 하는 물체의 속력은 1초에 9.8 m/s씩 증가한다.

06 ㅈㄱ 중에서 질량이 다른 물체를 지면으로부터 같은 높이에서 동시에 떨어뜨리면 물체는 지면에 동시에 도달한다.

○C 자유 낙하 운동

06 자유 낙하 운동에 대한 설명으로 옳은 것은 ○, 옳지 <u>않은</u> 것은 ×로 표시하시오.

(1) 자유 낙하 하는 물체의 운동 방향과 물체에 작용하는 힘의 방향이 같다.
.... (   )

(2) 자유 낙하 하는 물체의 속력은 일정하게 증가한다 .... (   )

(3) 질량이 다른 쇠구슬과 깃털을 진공 중에서 바닥으로부터 같은 높이에서 동시에 자유 낙하시키면 질량이 큰 쇠구슬이 먼저 바닥에 도착한다. ...... (   )

07 그림은 물체의 운동을 일정한 시간 간격으로 찍은 다중 섬광 사진이다.

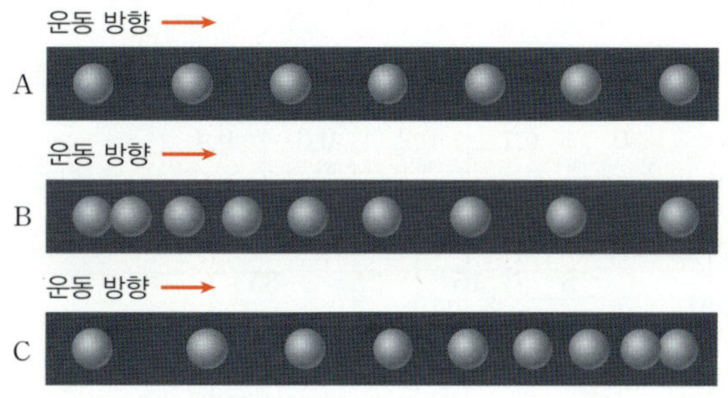

각각의 운동에 해당하는 것을 고르시오.

(1) 속력이 증가하는 운동 : (   )
(2) 속력이 감소하는 운동 : (   )
(3) 속력이 일정한 운동 : (   )

08 그림은 어떤 물체의 속력을 시간에 따라 나타낸 것이다.

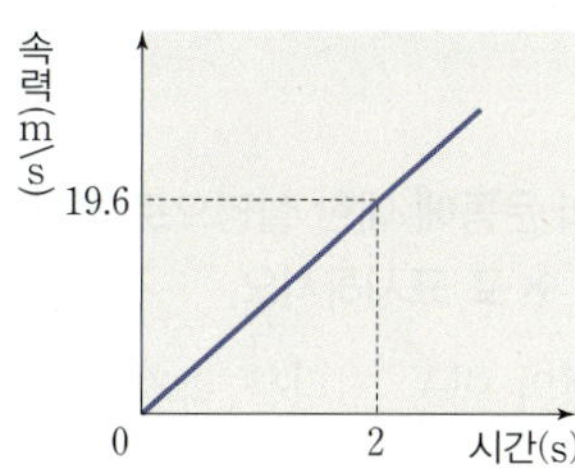

(1) 물체는 시간에 따라 속력이 일정하게 (증가한다 , 감소한다).
(2) 물체의 운동 방향과 힘의 방향은 (같은 , 반대) 방향이다.
(3) 물체의 속력이 1초마다 (   ) m/s씩 빨라지고 있다.

09 오른쪽 그림 (가), (나)는 공기 중과 진공 중에서 쇠구슬과 깃털을 같은 높이에서 동시에 낙하시키는 것을 순서 없이 나타낸 것이다. (가)와 (나) 중에서 진공 중에서 쇠구슬과 깃털을 낙하시키는 경우는 어느 것인지 쓰시오.

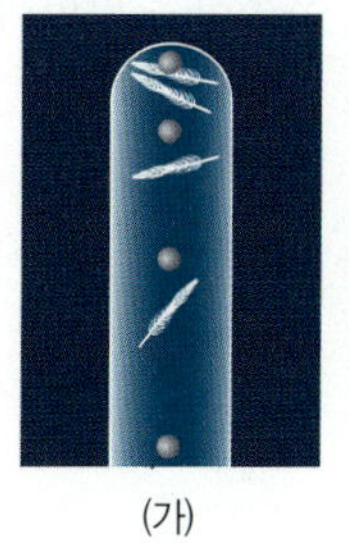 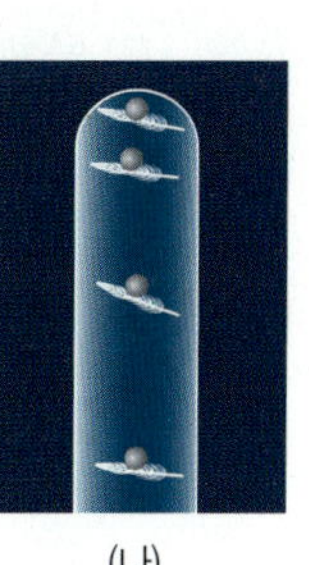

(가)   (나)

자유 낙하 운동

과정

❶ 자를 고정하고 자의 눈금이 0인 곳에서 물체 A를 가만히 놓아 물체가 떨어지는 모습을 촬영한다.

❷ 동영상 프로그램을 이용하여 0.1초마다 공의 위치를 확인한다.

❸ 크기가 같고 질량이 다른 물체 B를 이용하여 과정 ❶, ❷를 반복한다.

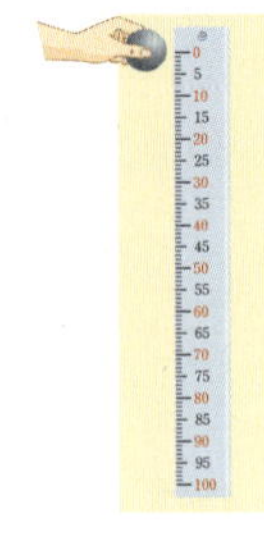

결과

물체 A와 B가 낙하 할 때 시간에 따른 구간 이동 거리와 평균 속력은 다음과 같다.

시간(s)	0	0.1	0.2	0.3	0.4
이동 거리(cm)	0	5	20	45	80
구간별 평균 이동 거리(cm)		5	15	25	35
구간별 평균 속력(cm/s)		50	150	250	350

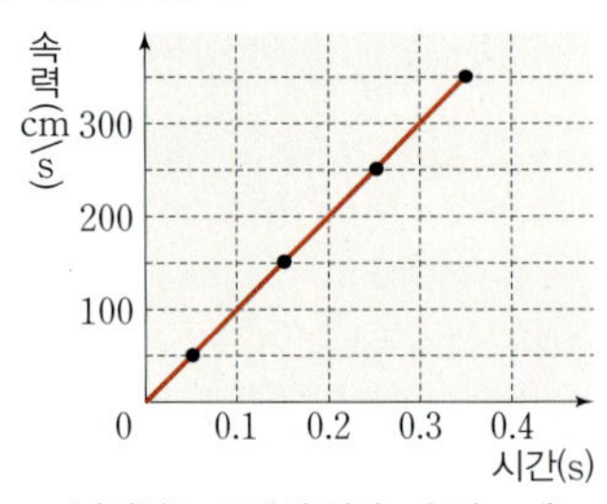

▲ 낙하하는 물체의 시간–속력 그래프

정리

1 공의 이동 거리는 시간에 따라 점점 증가한다.

2 공의 속력은 시간에 따라 일정하게 증가한다.

3 자유 낙하 하는 물체의 속력 변화는 질량과 관계없이 시간에 따라 일정하다.

TIP

자유 낙하 운동

공기의 저항이 없을 때 공중에 정지해 있던 물체가 중력만 받으면서 아래로 떨어지는 운동으로 물체의 속력은 일정하게 증가한다.

구간 평균 속력 구하기

• 0초~0.1초 사이에 이동한 거리가 5 cm이므로 구간 평균 속력은 $\dfrac{5\ cm}{0.1\ s}=50$ cm/s이다.

• 0.1초~0.2초 사이에 이동한 거리는 $20\ cm-5\ cm=15\ cm$이므로, 구간 평균 속력은 $\dfrac{15\ cm}{0.1\ s}=150$ cm/s이다.

확인 문제

01 자유 낙하 하는 물체의 운동에 대한 설명으로 옳은 것은 ○, 옳지 <u>않은</u> 것은 ×로 표시하시오.

(1) 시간에 따라 물체의 이동 거리를 측정하면 일정하게 증가한다. ………………… (   )

(2) 물체의 운동을 시간–속력 그래프로 나타내면 그래프의 기울기가 일정하다. ……… (   )

(3) 속력이 일정하게 빨라지는 운동을 한다. ………………………………… (   )

(4) 물체가 운동하는 방향과 물체에 작용하는 힘의 방향은 반대 방향이다. ……………… (   )

시험에서는 **이렇게!!**

02 오른쪽 그림은 자유 낙하 하는 물체의 운동을 일정한 시간 간격으로 찍은 것이다. 이에 대한 설명으로 옳은 것을 〈보기〉에서 모두 고른 것은? (단, 공기 저항은 무시한다.)

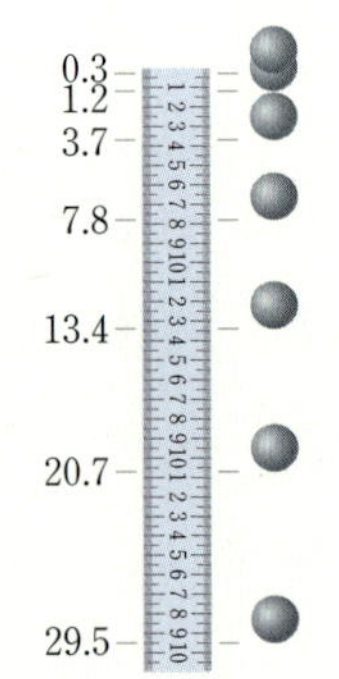

보기

ㄱ. 공은 속력이 증가하는 운동을 한다.

ㄴ. 공에는 일정한 크기의 힘이 작용한다.

ㄷ. 공에 작용한 힘은 공의 운동 방향과 같은 방향으로 작용한다.

① ㄱ 　② ㄷ 　③ ㄱ, ㄴ
④ ㄴ, ㄷ 　⑤ ㄱ, ㄴ, ㄷ

기출 분석 다지선다 with 족보 닷컴

등속 운동

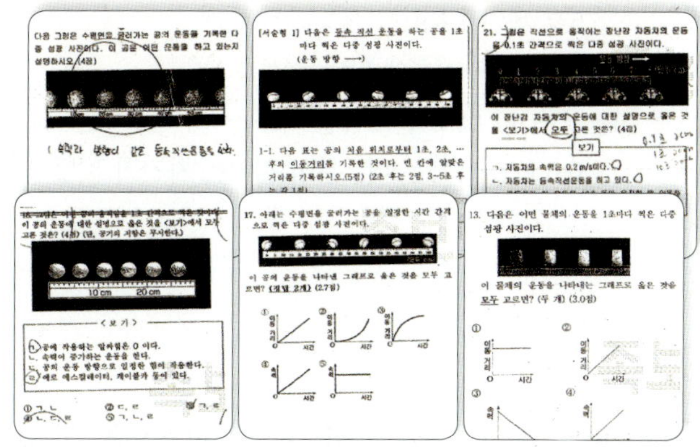

자유 낙하 운동

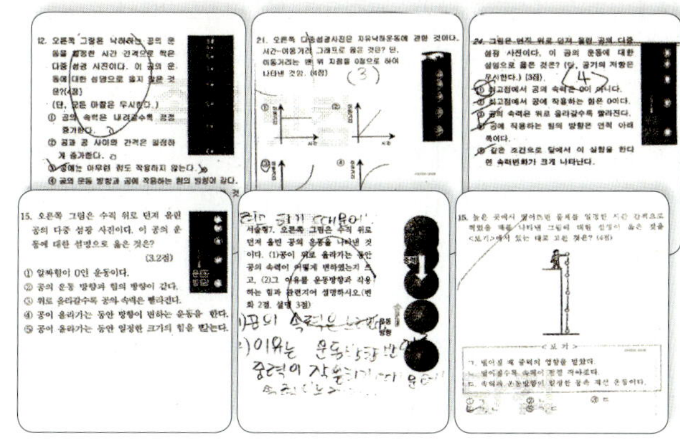

---

01 그림은 움직이는 물체의 운동을 0.1초 간격으로 찍은 다중 섬광 사진을 나타낸 것이다.

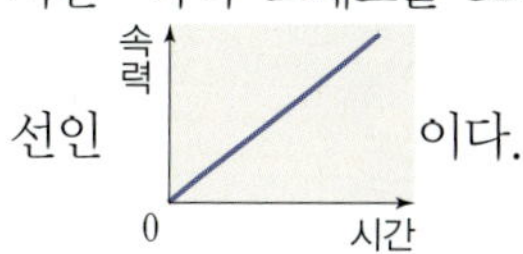

이 물체의 운동에 대한 설명으로 옳지 <u>않은</u> 것을 모두 고르면? (2개)

① 물체의 속력이 일정하다.

② 물체의 속력은 1 m/s이다.

③ 시간−속력 그래프를 그리면 가로축과 나란한 모양인   이다.

④ 자유 낙하 하는 공의 속력은 이 물체의 운동과 같은 운동을 한다.

⑤ 물체의 이동 거리는 시간에 따라 일정하게 증가한다.

⑥ 시간−이동 거리 그래프를 그리면 원점을 지나는 직선인   이다.

⑦ 물체는 등속 운동을 한다.

02 오른쪽 그림은 공을 가만히 떨어뜨렸을 때 공이 자유 낙하 하는 모습을 찍은 다중 섬광 사진이다. 이에 대한 설명으로 옳지 <u>않은</u> 것을 모두 고르면? (단, 공기 저항은 무시한다.) (2개)

① 운동 방향이 일정한 운동이다.

② 공의 운동 방향은 아래쪽이다.

③ 공에 작용하는 힘의 크기는 일정하다.

④ 공의 운동 방향과 같은 방향으로 힘이 작용한다.

⑤ 질량이 더 큰 공을 같은 높이에서 떨어뜨리면 바닥에 더 빨리 도착한다.

⑥ 시간에 따라 속력이 일정하게 증가한다.

⑦ 시간−속력 그래프를 그리면 원점을 지나는 직선인   이다.

⑧ 시간에 따라 이동 거리가 일정하게 증가한다.

A 운동의 표현과 기록

01 운동과 속력에 대한 설명으로 옳지 <u>않은</u> 것은?

① 운동은 시간에 따라 물체의 위치가 변하는 현상이다.
② 속력은 단위 시간 동안 이동한 거리를 나타낸다.
③ 속력의 단위는 m/s, km/h 등을 사용한다.
④ 1 m/s는 물체가 1초 동안 1 m 이동한다는 의미이다.
⑤ 같은 거리를 이동하는 데 걸린 시간이 짧을수록 속력이 느리다.

02 그림은 윤지네 집, 문구점, 학교까지의 거리를 나타낸 것으로, 윤지가 오전 8시 20분에 집에서 출발하여 학교에 갔다가 문구점에 도착하니 오전 8시 40분이었다.

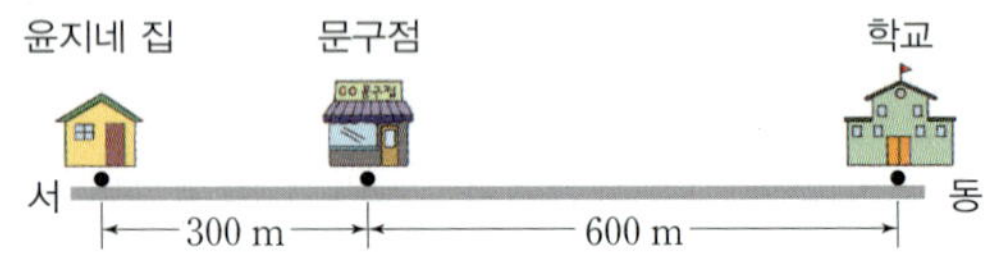

윤지가 집에서 학교를 거쳐 문구점으로 이동하는 동안 윤지의 평균 속력은?

① 0.5 m/s ② 0.75 m/s ③ 1.2 m/s
④ 1.25 m/s ⑤ 1.5 m/s

03 그림은 무빙워크에 서 있는 사람의 위치를 2초마다 나타낸 것이다.

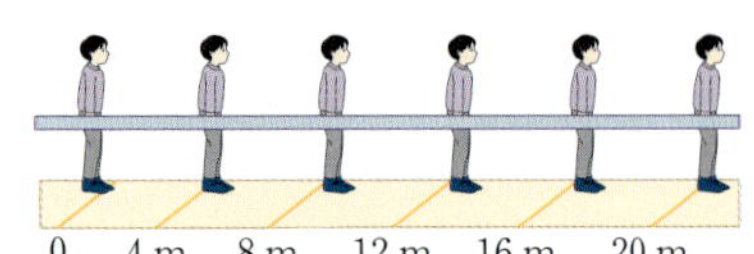

사람의 속력으로 옳은 것은?

① 2 m/s ② 4 m/s ③ 6 m/s
④ 8 m/s ⑤ 10 m/s

04 다음 중 속력이 가장 빠른 것은?

① 9 m/s로 이동하는 모터 보트
② 5분 동안 1 km를 이동하는 수레
③ 100 m를 10초에 달리는 선수
④ 초속 11 m로 날아가는 야구공
⑤ 0.6 km를 가는 데 1분이 걸리는 자전거

05 그림은 어떤 물체의 운동을 시간에 따른 이동 거리를 나타낸 그래프이다.

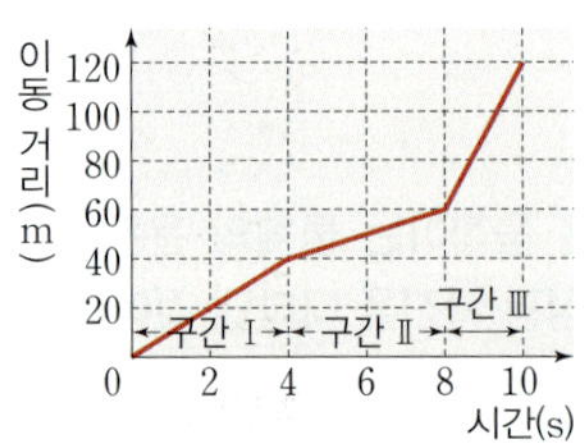

0~10초 동안에서 속력이 가장 느린 구간(가)과 그 구간에서의 평균 속력(나)을 옳게 짝 지은 것은?

	(가)	(나)		(가)	(나)
①	Ⅰ	10 m/s	②	Ⅱ	5 m/s
③	Ⅱ	20 m/s	④	Ⅲ	30 m/s
⑤	Ⅲ	60 m/s			

06 그림은 바다 위에 떠 있는 탐사선에서 바닥으로 초음파를 보내면 초음파가 바닥에서 반사되어 되돌아오는 모습을 나타낸 것이다.

초음파가 한 번 왕복하는 데 10초가 걸렸다면 바다의 깊이는? (단, 초음파의 물속에서의 속력은 1500 m/s이다.)

① 1500 m ② 4500 m ③ 7500 m
④ 10000 m ⑤ 15000 m

B 등속 운동

07 등속 운동에 대한 설명으로 옳은 것을 〈보기〉에서 모두 고른 것은?

> **보기**
> ㄱ. 속력이 일정하다.
> ㄴ. 이동 거리는 시간에 비례하여 증가한다.
> ㄷ. 등속 운동을 하는 물체에 힘이 작용하지 않으면 정지한다.

① ㄱ ② ㄷ ③ ㄱ, ㄴ
④ ㄴ, ㄷ ⑤ ㄱ, ㄴ, ㄷ

기출 분석 p. 95

일정한 시간 간격으로 물체의 위치를 나타낸 다중 섬광 사진을 분석하여 물체의 운동을 설명할 수 있어야 한다.

08 그림은 물체의 운동을 0.1초 간격으로 찍은 다중 섬광 사진을 나타낸 것이다.

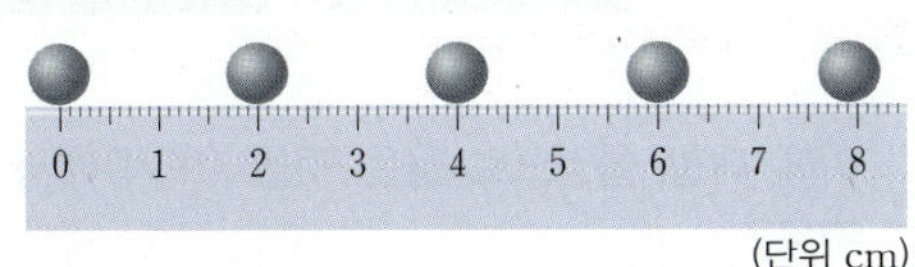

물체의 운동을 나타낸 그래프로 옳은 것을 〈보기〉에서 모두 고르면? (2개)

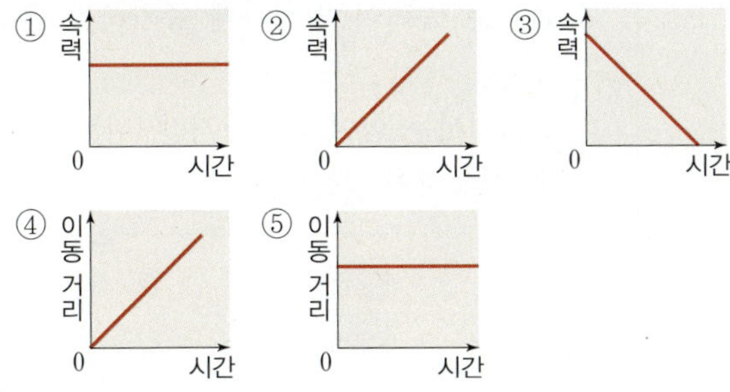

최다빈출

09 오른쪽 그림은 어떤 물체의 운동을 시간-속력 그래프로 나타낸 것이다. 이 물체의 운동에 대한 설명으로 옳지 <u>않은</u> 것은?

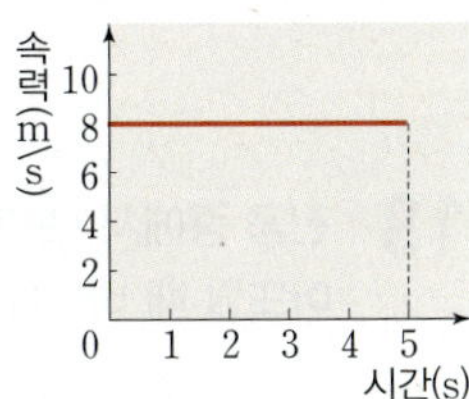

① 물체의 속력은 8 m/s이다.
② 3초 동안 이동한 거리는 24 m이다.
③ 무빙워크는 이와 같은 운동을 한다.
④ 시간에 따라 속력이 일정하게 증가한다.
⑤ 시간에 따라 이동 거리가 일정하게 증가한다.

10 그림은 직선상에서 운동하는 물체 A~D의 시간에 따른 이동 거리를 나타낸 것이다.

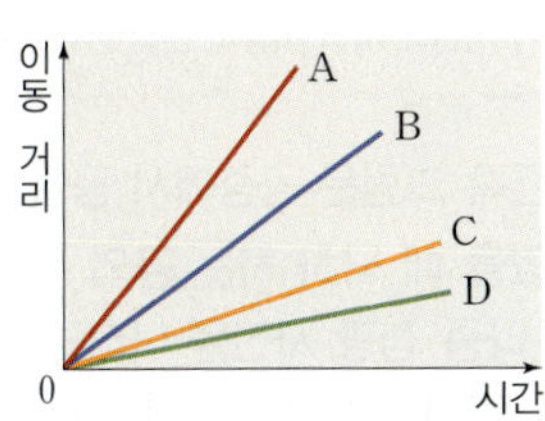

물체의 속력이 가장 느린 것은?

① A ② B ③ C
④ D ⑤ 모두 같다.

최다빈출

11 그림은 직선상에서 운동하는 두 물체 A, B의 시간에 따른 이동 거리를 나타낸 것이다.

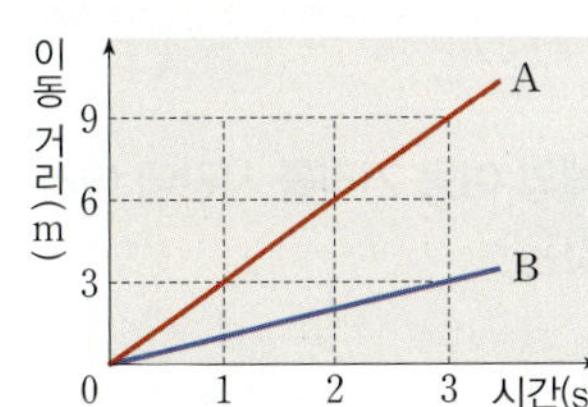

이 물체의 운동에 대한 설명으로 옳은 것을 〈보기〉에서 모두 고른 것은?

> **보기**
> ㄱ. A와 B 모두 속력이 일정하다.
> ㄴ. A와 B의 속력의 비는 3 : 1이다.
> ㄷ. 시간이 지날수록 두 물체의 이동 거리 차이는 커질 것이다.

① ㄱ ② ㄷ ③ ㄱ, ㄴ
④ ㄴ, ㄷ ⑤ ㄱ, ㄴ, ㄷ

12 그림은 직선상에서 운동하는 두 물체 A와 B의 속력을 시간에 따라 나타낸 것이다.

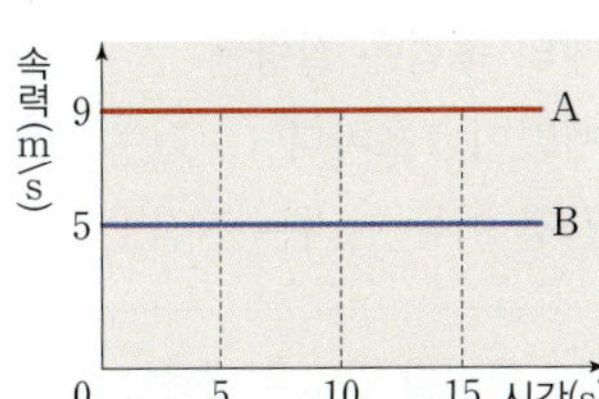

두 물체가 10초 동안 이동하였을 때, 두 물체가 이동한 거리의 차는?

① 4 m ② 9 m ③ 40 m
④ 50 m ⑤ 60 m

C 자유 낙하 운동

탐구 p. 94　**기출 분석** p. 95

자유 낙하 하는 물체의 운동을 나타내는 다중 섬광 사진이나 표, 그래프에서 속력과 이동 거리가 시간에 따라 어떻게 변하는지 알아두자.

[13~14] 오른쪽 그림은 공중에서 공을 가만히 놓았을 때 낙하 하는 공의 운동을 찍은 다중 섬광 사진을 나타낸 것이다. (단, 공기 저항은 무시한다.)

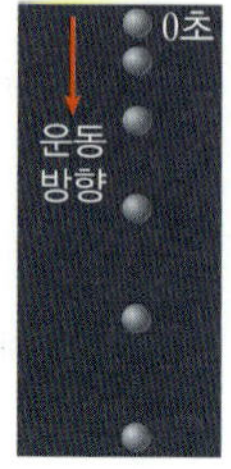

13 이 공의 운동에 대한 설명으로 옳은 것은?

① 공의 속력은 변하지 않는다.

② 공의 운동 방향이 변하는 운동이다.

③ 공의 질량이 클수록 빨리 떨어진다.

④ 공에 작용하는 힘의 크기는 점점 커진다.

⑤ 공의 운동 방향과 같은 방향으로 힘이 작용한다.

14 이 물체의 이동 거리를 시간에 따라 나타낸 것으로 가장 옳은 것은?

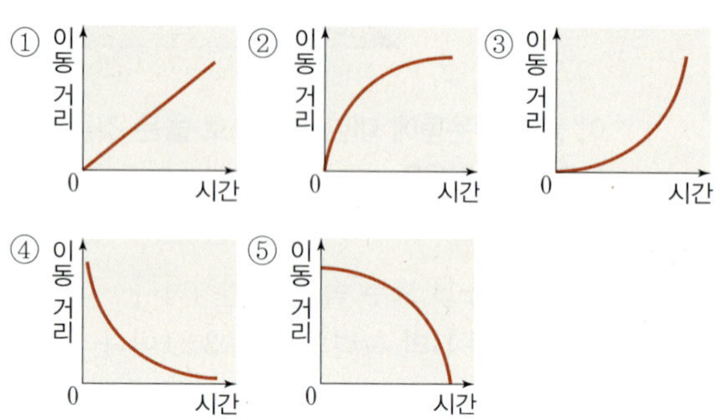

15 다음은 자유 낙하 운동을 하는 물체에 대한 설명이다.

오른쪽 그림은 자유 낙하 하는 물체의 속력을 시간에 따라 나타낸 그래프이다. 이 물체의 속력은 질량에 관계없이 1초마다 (㉠) m/s씩 증가하며, 시간당 이동 거리는 점점 (㉡)한다.

㉠, ㉡에 들어갈 알맞은 내용으로 옳은 것은?

	㉠	㉡		㉠	㉡
①	4.9	감소	②	4.9	증가
③	9.8	감소	④	9.8	증가
⑤	19.6	증가			

16 오른쪽 그림은 운동하는 물체의 속력을 시간에 따라 나타낸 것이다. 이 물체의 운동에 대한 설명으로 옳지 않은 것은?

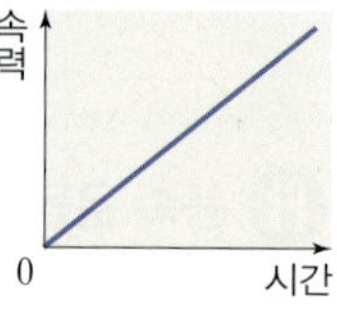

① 속력이 일정하게 증가한다.

② 작용하는 힘의 크기가 일정하다.

③ 그래프의 기울기는 이동 거리를 의미한다.

④ 자유 낙하 하는 물체의 운동과 같다.

⑤ 작용하는 힘의 방향과 물체의 운동 방향이 같다.

🏆 **최다빈출**

17 그림 (가)와 (나)는 공기 중과 진공 중에서 낙하하는 깃털과 쇠구슬의 운동을 순서 없이 나타낸 것이다.

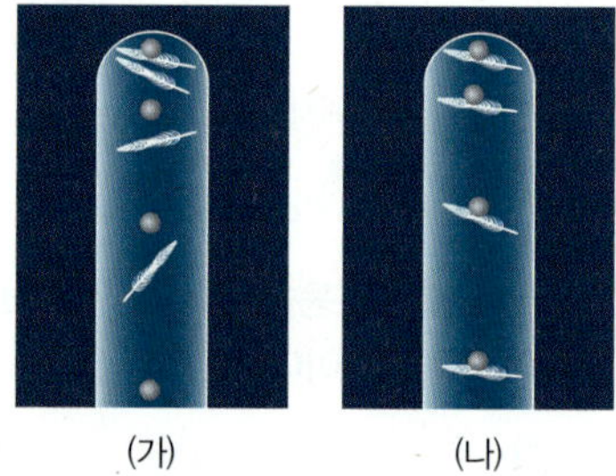

이에 대한 설명으로 옳은 것을 〈보기〉에서 모두 고른 것은?

보기

ㄱ. (가)는 공기 중에서 일어나는 현상이다.

ㄴ. (나)는 속력이 일정하게 증가하는 운동을 한다.

ㄷ. (가)에서는 힘이 작용하지만 (나)에서는 힘이 작용하지 않는다.

① ㄱ　　② ㄷ　　③ ㄱ, ㄴ

④ ㄴ, ㄷ　　⑤ ㄱ, ㄴ, ㄷ

18 진공 중에서 〈보기〉의 물체를 같은 높이에서 동시에 떨어뜨릴 때 바닥에 가장 먼저 떨어지는 것은?

보기

ㄱ. 1 g의 깃털　　ㄴ. 50 g의 돌

ㄷ. 100 g의 나무 도막　　ㄹ. 2 kg의 쇠공

① ㄱ　　② ㄴ　　③ ㄷ

④ ㄹ　　⑤ 모두 동시에 떨어진다.

서술형은 이렇게

최다빈출

19 그림은 굴러가는 공의 운동을 0.1초 간격으로 찍은 다중 섬광 사진이다.

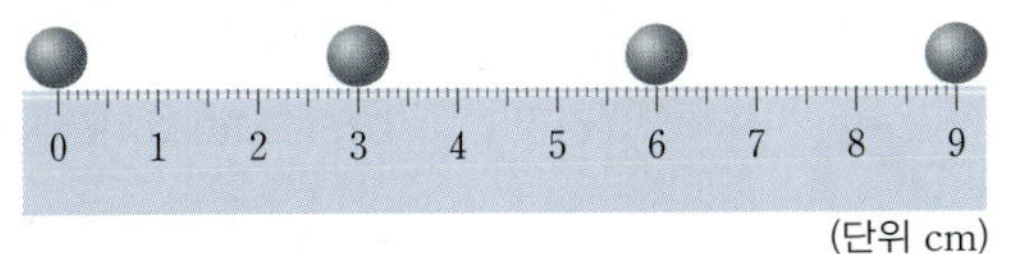

(1) 공의 속력은 몇 m/s인지 풀이 과정과 함께 구하시오.

(2) 공이 20초 동안 이동한 거리는 몇 m인지 풀이 과정과 함께 구하시오.

20 다음은 운동하고 있는 물체를 나타낸 것이다.

> (가) 100 m를 10초에 달리는 육상선수
> (나) 1분 동안 300 m를 헤엄치는 물고기
> (다) 1시간 동안 144 km를 달리는 오토바이

물체의 속력을 풀이 과정과 함께 구하고, 속력이 빠른 순서대로 나열하시오

21 그림은 1초 간격으로 장난감 자동차의 운동을 찍은 다중 섬광 사진이다.

이 장난감 자동차의 속력이 몇 m/s인지 구하고, 속력과 운동 방향으로 장난감 자동차의 운동을 설명하시오.

22 그림 (가)는 물체의 이동 거리를 시간에 따라 나타낸 그래프이다.

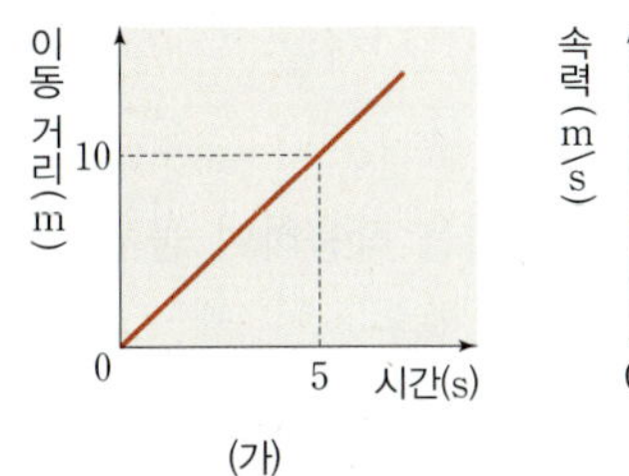

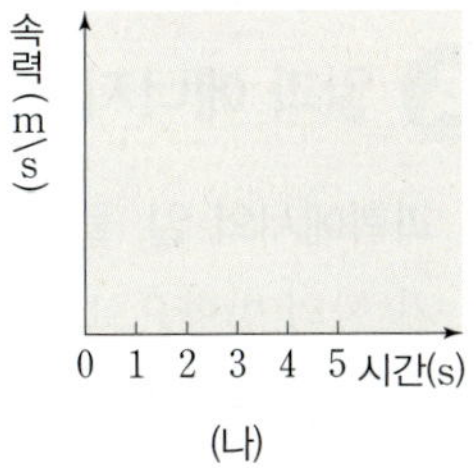

0초부터 5초까지 물체의 평균 속력을 구하고, 이 물체의 시간–속력 그래프를 그림 (나)에 완성하시오.

23 그림은 진공 중에서 낙하 하는 깃털과 쇠구슬의 운동을 일정한 시간 간격으로 찍은 것이다.

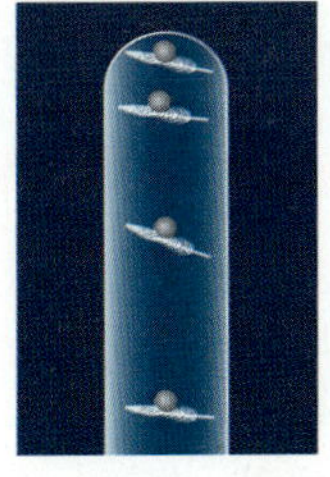

(1) 깃털과 쇠구슬에 작용하는 힘의 종류와 운동 방향을 쓰시오.

(2) 깃털과 쇠구슬이 동시에 떨어지는 까닭을 설명하시오.

24 그림은 낙하 하는 물체의 속력을 시간에 따라 나타낸 그래프이다.

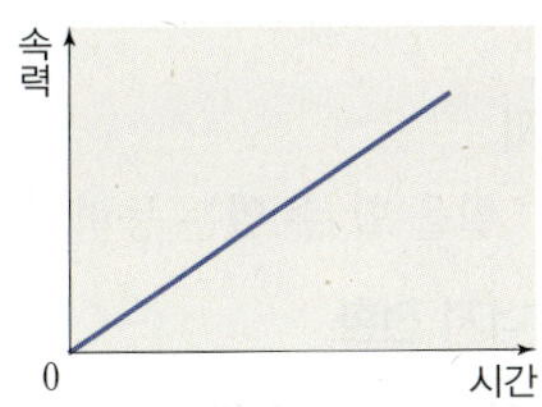

(1) 시간에 따른 물체의 속력 변화를 설명하시오.

(2) 물체의 운동 방향과 물체에 작용하는 힘의 방향의 관계를 설명하시오.

02 일과 에너지

A 일과 에너지

1. 과학에서의 일 물체에 힘을 작용하여 물체가 힘의 방향으로 이동한 경우

(1) **일의 양(W)** : 물체에 작용한 힘의 크기와 힘의 방향으로 이동한 거리의 곱으로 구한다.(단위 : J(줄))

> 일의 양(W)＝힘의 크기(F)×이동한 거리(s)

(2) **중력에 대하여 한 일과 중력이 한 일**

중력에 대해 한 일	중력이 한 일
• 물체를 연직 방향으로 들어 올릴 때에는 중력에 대해 일을 한다. • 중력에 대해 한 일 ＝물체의 무게(9.8×질량)×들어 올린 높이(h)	• 사과가 자유 낙하 할 때에는 중력이 사과에 일을 한다. • 중력이 한 일＝중력의 크기×떨어진 높이

(3) **과학에서 일을 하지 않은 경우(일의 양이 0인 경우)**

물체에 작용하는 힘이 0인 경우	물체의 이동 거리가 0인 경우	물체의 이동 방향과 힘의 방향이 수직인 경우
마찰이 없는 곳에서 등속 직선 운동을 한다.	물체에 힘을 작용하였으나 물체의 이동 거리가 0이다.	물체가 힘의 방향으로 이동한 거리가 0이다.

2. 일과 에너지

(1) **에너지** : 일을 할 수 있는 능력으로, 단위는 일과 같은 단위인 J(줄)을 사용한다.

(2) **일과 에너지 전환**

일 → 물체의 에너지로 전환	물체의 에너지 → 일로 전환
물체에 일을 하면 물체의 에너지가 증가한다.	외부에 일을 한 물체는 에너지가 감소한다.

과학에서의 일이 아닌 경우(일상에서의 일)

정신적인 활동인 인간의 모든 활동
• 공부를 한다.
• 계획을 세운다.

이동 거리 – 힘 그래프

그래프 아랫부분의 넓이는 한 일의 양을 나타낸다.
• 힘의 크기가 일정한 경우

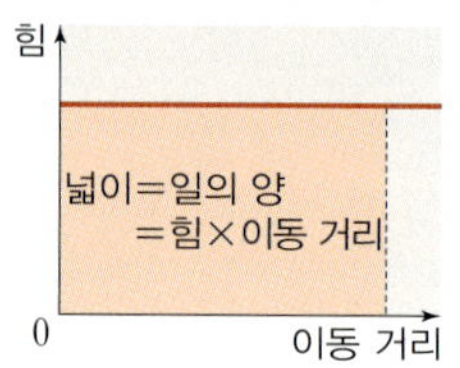

• 힘의 크기가 일정하게 증가한 경우

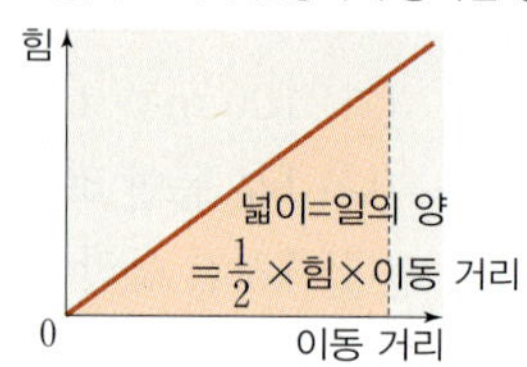

일의 양

1 N의 힘이 작용하여 물체가 힘의 방향으로 1 m 이동했을 때 한 일의 양을 1 J이라고 한다.
1 J＝1 N×1 m

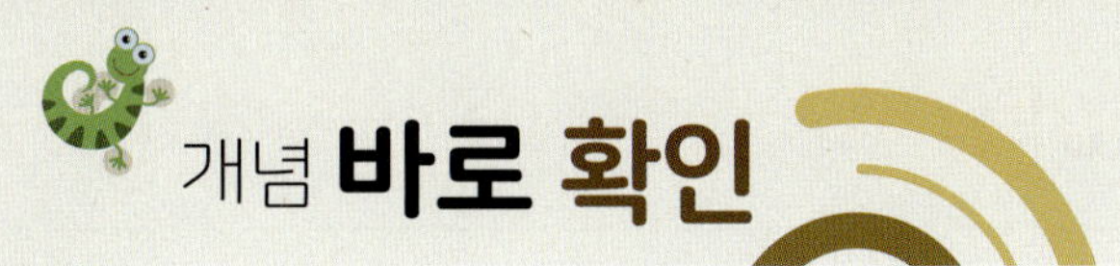

개념 바로 확인

초성 확인 문제

01 과학에서의 일 : 물체에 힘이 작용하여 물체가 ㅎ의 방향으로 이동한 경우

02 과학에서 일을 하지 않은 경우는 물체에 작용하는 ㅎ이나 물체의 ㅇㄷ ㄱㄹ가 0인 경우이다.

03 과학에서 일을 하지 않은 경우는 힘의 방향과 이동 방향이 ㅅㅈ인 경우이다.

04 ㅇㄴㅈ : 일을 할 수 있는 능력으로, 단위는 J(줄)을 사용한다.

Ⓐ 일과 에너지

01 과학에서의 일을 한 경우는 ○, 일을 하지 **않은** 경우는 ×로 표시하시오.

(1) 바닥에 놓여 있는 책을 들어서 책꽂이에 꽂았다. ····························· (   )

(2) 마트에서 수레를 밀어 앞으로 이동시켰다. ····························· (   )

(3) 가방을 든 상태로 가만히 서 있었다. ····························· (   )

02 그림과 같이 몸무게가 w인 스케이트 선수가 마찰이 없는 얼음판에서 일정한 속력 v로 직선을 따라 움직이고 있다.

스케이트 선수가 한 일을 쓰시오.

03 그림과 같이 무게가 50 N인 물체에 100 N의 힘을 주어 힘의 방향으로 50 cm 이동시켰다.

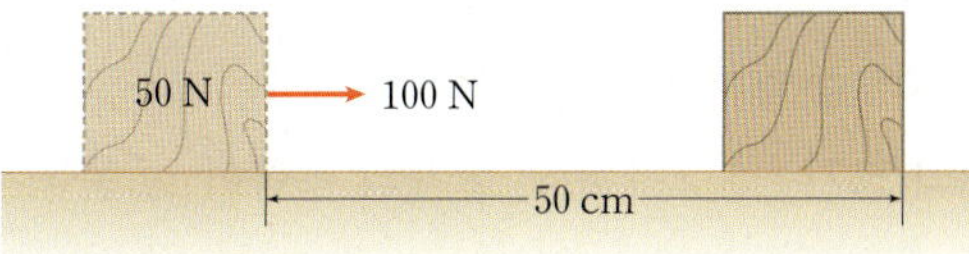

힘이 물체에 한 일의 양은 몇 J인지 구하시오.

04 그림은 수평면 위에 놓인 물체에 작용하는 힘의 크기와 물체가 힘의 방향으로 이동한 거리를 그래프로 나타낸 것이다.

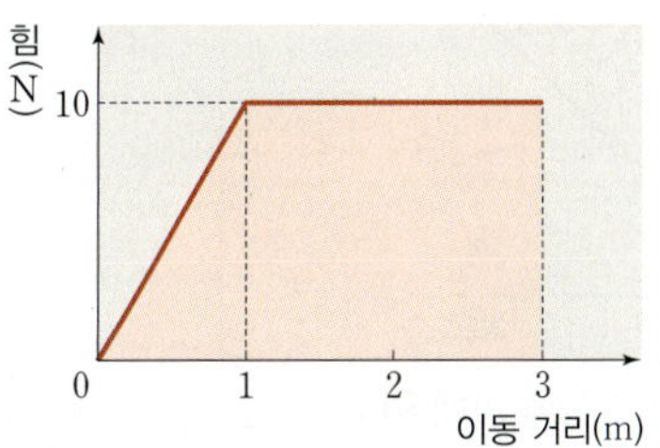

물체를 3 m 이동시키는 동안 작용한 힘이 물체에 한 일의 양은 몇 J인지 구하시오.

05 일과 에너지에 대한 설명으로 옳은 것은 ○, 옳지 **않은** 것은 ×로 표시하시오.

(1) 에너지의 단위는 일의 단위와 같다. ····························· (   )

(2) 물체가 가진 에너지는 일로 전환될 수 없다. ····························· (   )

(3) 물체가 외부에 일을 하면 물체가 가진 에너지가 감소한다. ············· (   )

02 일과 에너지

B 중력에 의한 위치 에너지 [탐구 p. 104] [기출 분석 p. 106]

1. 중력에 의한 위치 에너지 기준면보다 높은 곳에 있는 물체가 가지는 에너지

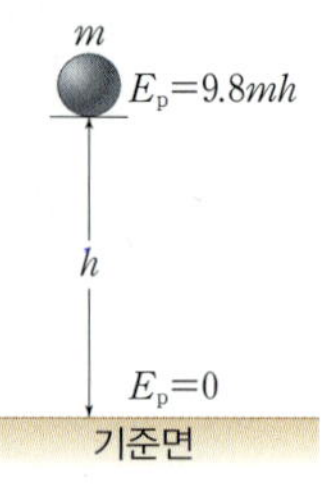

(1) **중력에 의한 위치 에너지의 크기** : 질량이 m인 물체의 높이가 h, 위치 에너지가 E_p일 때 다음과 같다.

> 중력에 의한 위치 에너지$=9.8\times$질량$\times$높이, $E_p=9.8\,mh$

(2) **중력에 의한 위치 에너지와 질량 및 높이 관계**

물체의 높이가 일정한 경우	물체의 질량이 일정한 경우
위치 에너지 / 높이 일정 / 0 / 질량	위치 에너지 / 질량 일정 / 0 / 높이
중력에 의한 위치 에너지는 물체의 질량에 비례한다. ➡ 위치 에너지∝질량	중력에 의한 위치 에너지는 물체의 높이에 비례한다. ➡ 위치 에너지∝높이

C 운동 에너지 [탐구 p. 105] [기출 분석 p. 106]

1. 운동 에너지 운동하는 물체가 가지는 에너지

(1) **운동 에너지의 크기** : 질량이 m인 물체의 속력이 v, 운동 에너지가 E_k일 때 다음과 같다.

> 운동 에너지$=\dfrac{1}{2}\times$질량$\times$(속력)^2, $E_k=\dfrac{1}{2}mv^2$

(2) **운동 에너지와 질량 및 속력 관계**

속력이 일정한 경우	질량이 일정한 경우
운동 에너지 / 속력 일정 / 0 / 질량	운동 에너지 / 질량 일정 / 0 / (속력)^2
운동 에너지는 물체의 질량에 비례한다. ➡ 운동 에너지∝질량	운동 에너지는 물체 속력의 제곱에 비례한다. ➡ 운동 에너지∝(속력)^2

(3) **운동 에너지와 일**

물체가 일을 할 때	물체에 일을 해 줄 때
v / 정지 / 마찰력(F) / 이동 거리 s / 마찰이 있는 바닥	$v_{처음}$ / F / $v_{나중}$ / 이동 거리 s / 마찰이 없는 바닥
운동하던 물체가 다른 물체에 일을 하면 일을 한만큼 운동 에너지가 감소한다.	물체에 해 준 일의 양만큼 운동 에너지가 증가한다.

기준면

물체의 높이를 측정하는 기준이 되는 면을 기준면이라고 하며, 기준면에 있는 물체의 중력에 의한 위치 에너지는 0이다.

중력에 의한 위치 에너지

일반적인 위치 에너지는 중력에 의한 위치 에너지를 말한다.

중력에 의한 위치 에너지와 일

• 일 → 중력에 의한 위치 에너지 : 물체를 천천히 위로 올릴 때 한 일만큼 위치 에너지가 증가한다.
• 중력에 의한 위치 에너지 → 일 : 물체가 떨어지면 물체가 가진 중력에 의한 위치 에너지가 일을 한다.

운동 에너지의 측정

운동하던 물체가 정지하면서 할 수 있는 일의 양을 측정하면 운동 에너지를 구할 수 있다.

05 중력에 의한 ⬜⬜ 에너지 : 기준면보다 높은 곳에 있는 물체가 가진 에너지이다.

06 중력에 의한 위치 에너지의 크기(E_p)=9.8×⬜⬜×기준면으로부터의 ⬜⬜

07 ⬜⬜ 에너지 : 운동하는 물체가 가지는 에너지이다.

08 운동 에너지의 크기(E_k)=$\frac{1}{2}$×⬜⬜×(⬜⬜)^2

B 중력에 의한 위치 에너지

06 중력에 의한 위치 에너지와 운동 에너지에 대한 설명으로 옳은 것은 ○, 옳지 <u>않은</u> 것은 ×로 표시하시오.

(1) 중력에 의한 위치 에너지는 기준면에 관계없이 일정하다. ··············· (   )

(2) 중력에 의한 위치 에너지는 기준면으로부터의 높이에 비례하고, 질량에 반비례한다. ··· (   )

(3) 운동 에너지는 질량과 물체의 속력의 제곱에 비례한다. ··············· (   )

07 그림은 지면으로부터 높이 1 m 책상 위에 질량이 500 g인 사과가 놓여 있는 것을 나타낸 것이다.

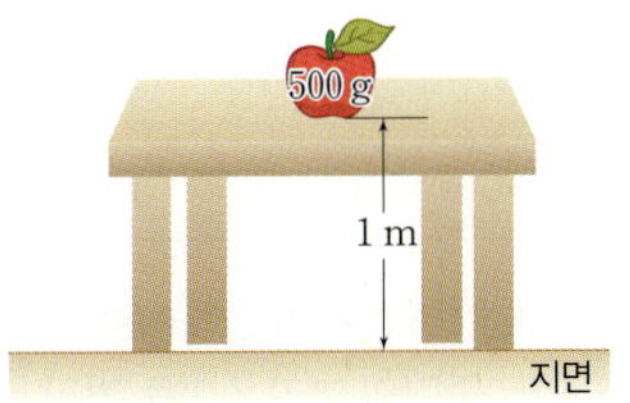

(1) 기준면이 지면일 때, 사과가 가지는 중력에 의한 위치 에너지를 구하시오.

(2) 기준면이 책상면일 때, 사과가 가지는 중력에 의한 위치 에너지를 구하시오.

C 운동 에너지

08 그림은 질량이 10 kg인 물체가 2 m/s의 속력으로 운동하는 것을 나타낸 것이다.

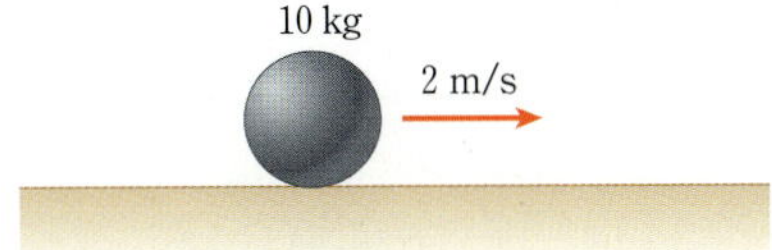

물체의 운동 에너지를 구하시오. (단, 모든 마찰은 무시한다.)

09 질량이 2 kg인 물체의 운동 에너지가 16 J이라면, 이 물체의 속력은 몇 m/s인지 구하시오.

10 그림 (가)는 질량이 1 kg인 수레가 2 m/s의 속력으로 운동하는 모습을 나타낸 것이다. 그림 (나)는 (가)에서 수레의 질량을 2배, 속력을 $\frac{1}{2}$배로 하였을 때 수레가 운동하는 모습을 나타낸 것이다.

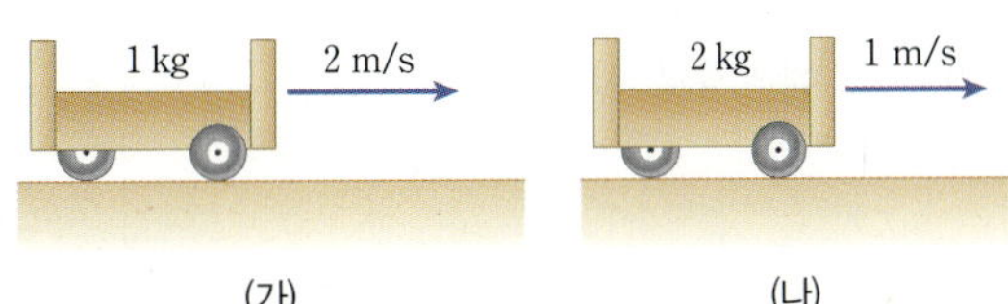

(나)에서 수레의 운동 에너지는 (가)에서 수레의 운동 에너지의 몇 배인지 구하시오. (단, 모든 마찰은 무시한다.)

기출 최다多 탐구

중력이 한 일과 운동 에너지

TIP

과정

❶ 그림과 같이 스탠드에 투명 플라스틱 관과 자를 장치하고, 종이컵을 고정한다.

❷ A 지점에 속력 측정기를 설치하고 A로부터 0.5 m 높이에 있는 O 지점에서 질량이 100 g인 쇠구슬을 가만히 놓는다.

❸ 쇠구슬이 A를 지날 때의 속력을 측정한다.

❹ 과정 ❷, ❸을 두 번 더 반복한다.

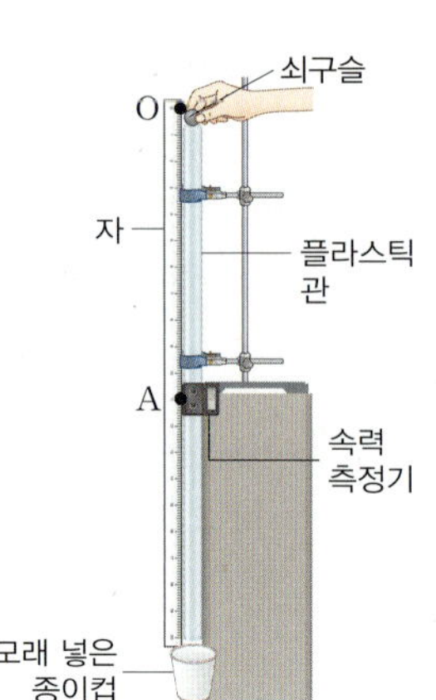

쇠구슬이 낙하 하면서 플라스틱 관에 부딪히면 속력의 변화가 생기므로 쇠구슬이 플라스틱 관에 닿지 않도록 유의한다.

결과

횟수	1회	2회	3회	평균
속력(m/s)	3.1	3.0	3.2	3.1

1 쇠구슬이 O에서 A까지 떨어지는 동안 중력이 쇠구슬에 한 일
＝중력이 쇠구슬에 한 일의 양＝중력의 크기×이동 거리＝$(9.8 \times 0.1)\,N \times 0.5\,m$＝약 0.5 J

2. A에서의 쇠구슬의 운동 에너지＝$\frac{1}{2} \times 0.1\,kg \times (3.1\,m/s)^2$＝약 0.5 J

정리

1 A 지점에서 중력이 쇠구슬에 한 일의 양과 쇠구슬의 운동 에너지는 서로 같다.

2 쇠구슬이 떨어질 때 중력이 쇠구슬에 한 일이 쇠구슬의 운동 에너지로 전환된다.

확인 문제

01 위 실험에 대한 설명으로 옳은 것은 ○, 옳지 <u>않은</u> 것은 ×로 표시하시오.

(1) 중력이 쇠구슬에 한 일의 양은 쇠구슬이 낙하한 거리에 비례한다. ····················· (   )

(2) 중력이 쇠구슬에 일을 하면 쇠구슬의 운동 에너지는 증가한다. ····················· (   )

(3) 중력이 쇠구슬에 한 일의 양이 쇠구슬의 운동 에너지보다 작다. ····················· (   )

(4) 쇠구슬이 떨어질 때 중력이 쇠구슬에 한 일이 쇠구슬의 운동 에너지로 전환된다. ·· (   )

시험에서는 이렇게!!

02 오른쪽 그림과 같이 장치하고 질량이 200 g인 쇠구슬을 O 지점에서 가만히 놓아 A 지점에서 쇠구슬의 속력을 측정하였다. O에서 A까지의 거리는 0.5 m이다. 이에 대한 설명으로 옳지 <u>않</u>은 것은? (단, 공기 저항은 무시한다.)

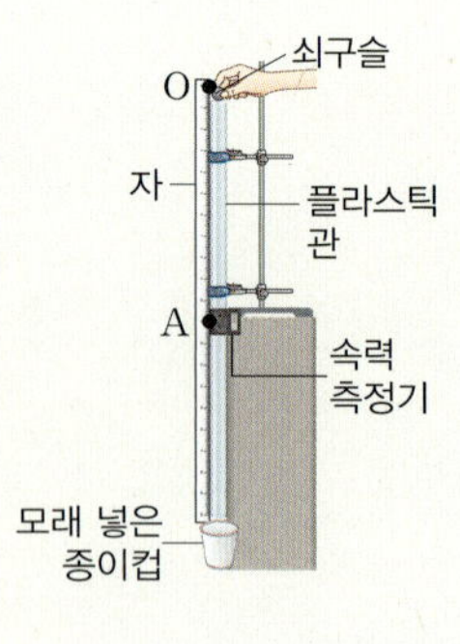

① 쇠구슬에 작용하는 힘은 중력이다.

② 쇠구슬의 운동 방향은 일정하다.

③ 쇠구슬이 낙하 하는 동안 중력이 쇠구슬에 일을 한다.

④ 쇠구슬이 낙하 하는 동안 쇠구슬의 속력은 증가한다.

⑤ A에서의 쇠구슬의 운동 에너지는 0.49 J이다.

운동 에너지의 크기

TIP

과정 운동 에너지와 질량 관계

❶ 질량이 다른 수레 3개를 나란히 놓고 막대로 동시에 밀어 나무 도막과 충돌하게 한다.

❷ 수레가 밀고 간 나무 도막의 이동 거리를 측정한다.

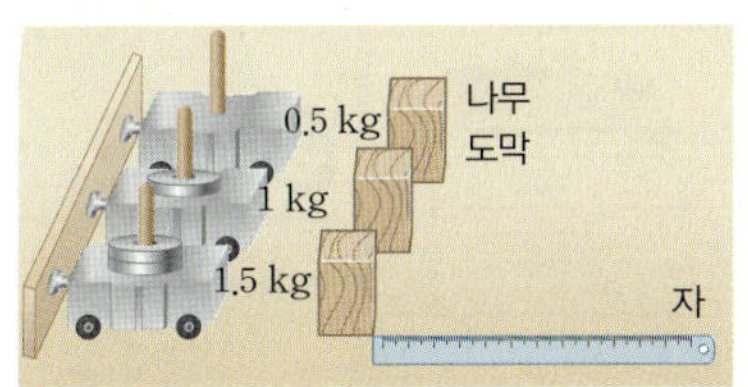

결과

수레의 질량(kg)	0.5	1.0	1.5
나무 도막의 이동 거리(cm)	8	16	24

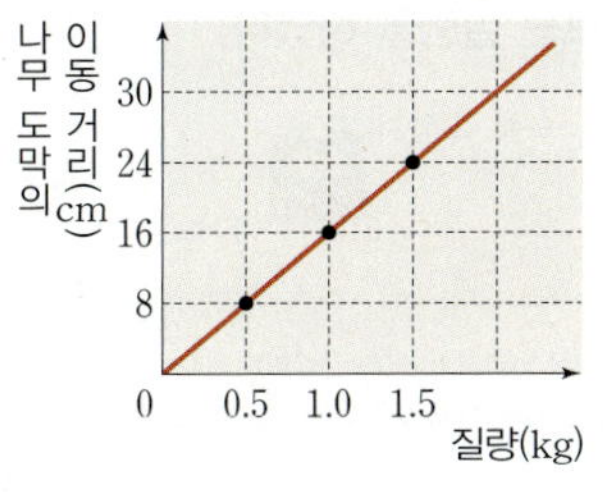

과정 운동 에너지와 속력 관계

❶ 수레가 나무 도막에 충돌하기 직전에 속력 측정기를 지나도록 하고, 수레를 나무 도막과 충돌시켜 나무 도막의 이동 거리를 측정한다.

❷ 수레의 속력을 달리하며 과정 ❶을 반복한다.

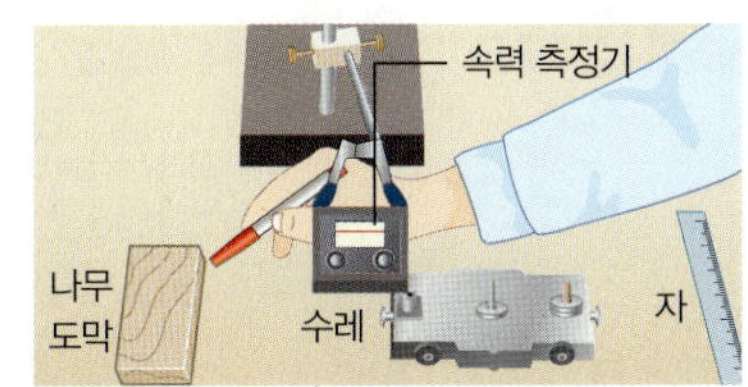

결과

(수레의 속력)^2((m/s)^2)	1	4	9
나무 도막의 이동 거리(cm)	8	32	72

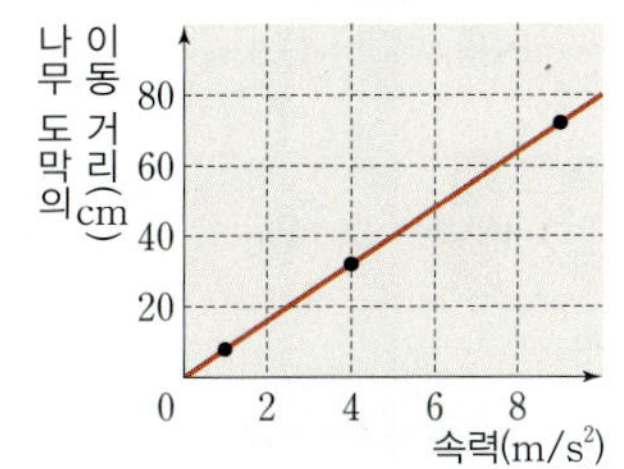

수레의 질량

빈 수레와 추를 1개, 2개 올려놓은 수레를 준비한다.(이때 추 1개의 질량은 빈 수레의 질량과 같은 것이 좋다.)

운동 에너지와 질량 관계

수레의 속력을 일정하게 하고 수레의 질량을 변화시키면서 수레의 질량과 운동 에너지의 관계를 알아보는 실험이다.

운동 에너지와 속력 관계

수레의 질량을 일정하게 하고 속력을 변화시켜 운동 에너지의 관계를 알아보는 실험이다.

실험에서 수레가 일을 하여 나무 도막을 이동시켰고 수레가 한 일은 수레의 운동 에너지로 전환된 것이므로, '나무 도막의 이동 거리∝수레가 한 일∝수레의 운동 에너지'이다.

정리

1 속력이 일정할 때 수레의 운동 에너지는 수레의 질량에 비례한다.

2 수레의 질량이 일정할 때 수레의 운동 에너지는 수레의 속력의 제곱에 비례한다.

확인 문제

01 위 실험에 대한 설명으로 옳은 것은 ○, 옳지 <u>않은</u> 것은 ×로 표시하시오.

(1) 속력이 일정할 때 수레의 운동 에너지는 수레의 질량에 비례한다. ·················· (   )

(2) 수레의 질량이 일정할 때 수레의 운동 에너지는 속력에 비례한다. ·················· (   )

(3) 수레의 운동 에너지는 나무 도막을 미는 일로 전환된다. ·················· (   )

(4) 수레의 운동 에너지와 나무 도막이 밀려난 거리는 비례한다. ·················· (   )

시험에서는 **이렇게!!**

02 표는 수레의 운동 에너지와 질량, 속력의 관계를 알아보기 위한 실험 결과를 나타낸 것이다.

실험	수레의 질량 (kg)	수레의 속력 (m/s)	나무 도막의 이동 거리(cm)
A	1	1	5
B	2	1	(가)
C	2	(나)	40

(가)와 (나)에 들어갈 값으로 옳은 것은?

	(가)	(나)		(가)	(나)
①	10	2	②	10	4
③	20	2	④	20	4
⑤	40	2			

중력에 의한 위치 에너지

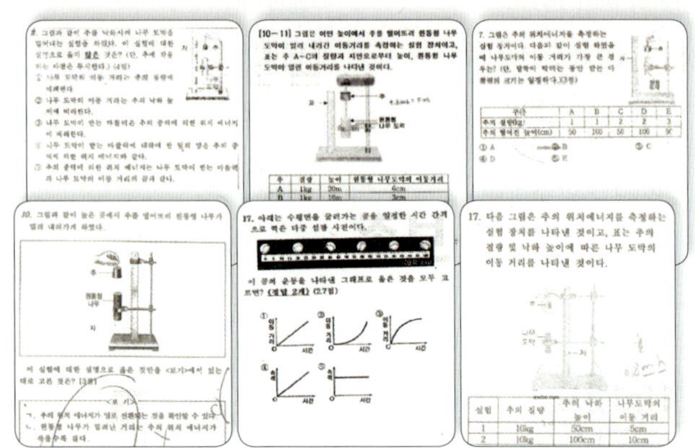

운동 에너지

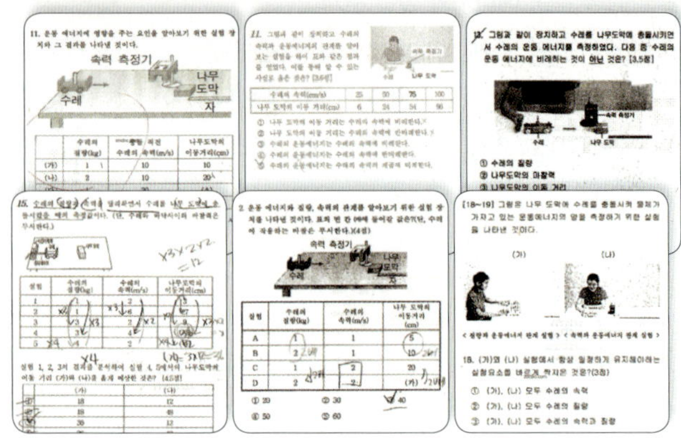

---

01 오른쪽 그림과 같이 질량과 높이를 다르게 하면서 추를 낙하시켰을 때 나무 도막의 이동 거리를 측정하는 실험을 하였다. 이에 대한 설명으로 옳은 것을 모두 고르면? (단, 추에 작용하는 마찰은 무시한다.) (4개)

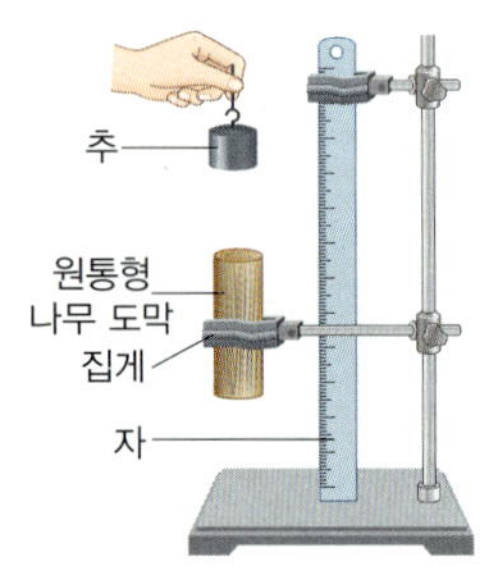

① 나무 도막의 이동 거리는 추의 질량에 반비례한다.

② 나무 도막의 이동 거리는 추의 높이에 반비례한다.

③ 추의 중력에 의한 위치 에너지는 나무 도막의 이동 거리에 비례한다.

④ 추의 중력에 의한 위치 에너지에 영향을 주는 것은 추의 질량, 추의 낙하 높이이다.

⑤ 추의 중력에 의한 위치 에너지에 관계없이 나무 도막의 이동 거리는 일정하다.

⑥ 나무 도막의 이동 거리는 추의 중력에 의한 위치 에너지와 같다.

⑦ 나무 도막의 이동 거리는 추가 한 일의 양에 비례한다.

⑧ 질량이 일정할 때 추의 높이와 중력에 의한 위치 에너지 관계 그래프는 ○○○○ 이다.

---

02 그림과 같이 장치하고 수레의 질량, 속력과 운동 에너지의 관계를 알아보는 실험을 하였다.

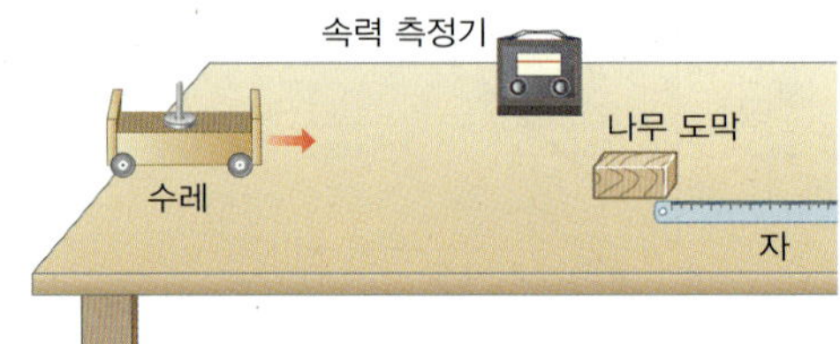

이에 대한 설명으로 옳지 <u>않은</u> 것을 모두 고르면? (단, 수레와 바닥 사이의 마찰은 무시하며, 나무 도막과 바닥 사이의 마찰은 일정하다.) (3개)

① 물체의 운동 에너지를 결정하는 요소에는 질량과 속력이 있다.

② 수레의 운동 에너지는 질량에 반비례한다.

③ 수레의 운동 에너지는 속력에 비례한다.

④ 수레의 운동 에너지는 나무 도막을 미는 일로 전환된다.

⑤ 나무 도막의 이동 거리는 수레의 속력에 비례한다.

⑥ 속력이 일정할 때 추의 질량과 운동 에너지 관계 그래프는 ○○○○ 이다.

⑦ 추의 질량이 일정할 때 수레의 속력의 제곱과 운동 에너지 관계 그래프는 ○○○○ 이다.

A 일과 에너지

최다빈출

01 과학에서 의미하는 일을 한 경우는?

① 바닥에 떨어진 책을 주워서 책상에 올렸다.
② 상자를 들고 일정한 속력으로 걸어가고 있다.
③ 얼음판 위에서 일정한 속력으로 미끄러지고 있다.
④ 바위를 힘껏 밀었으나 바위가 움직이지 않았다.
⑤ 인공위성이 일정한 속력으로 지구 주위를 돌고 있다.

02 그림은 어떤 물체에 작용한 힘의 크기와 이동 거리의 관계를 나타낸 그래프이다.

그래프 아랫부분의 사각형 넓이가 의미하는 것은?

① 속력　　② 이동 거리　　③ 물체의 질량
④ 물체의 무게　　⑤ 한 일의 양

03 그림 (가)는 질량이 5 kg인 물체를 일정한 속력으로 높이 1 m만큼 들어 올리는 모습을, (나)는 (가)의 물체를 수평면에서 일정한 속력으로 1 m 끌어당겼을 때 용수철저울의 눈금이 50 N을 가리키는 모습을 나타낸 것이다.

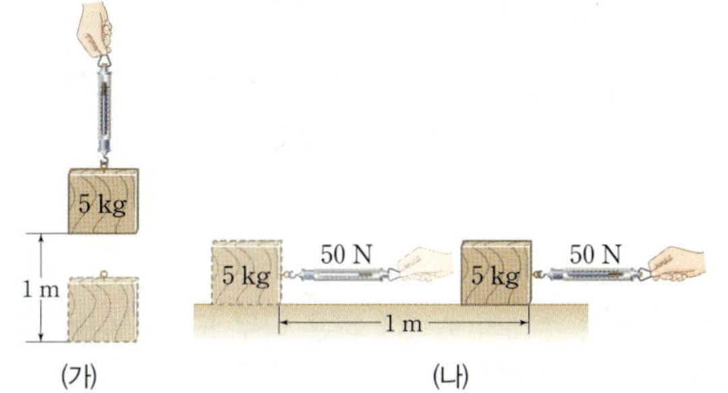

이에 대한 설명으로 옳은 것은? (단, 물체의 무게는 '9.8 × 질량'이다.)

① (가)에서 용수철저울의 눈금은 49 N이다.
② (가)에서 중력에 대해 한 일의 양은 5 J이다.
③ (나)에서는 중력에 대해 일을 한다.
④ (나)에서 물체에 작용한 힘이 한 일의 양은 49 J이다.
⑤ 물체에 한 일의 양은 (가)에서가 (나)에서보다 크다.

04 에너지에 대한 설명으로 옳은 것을 〈보기〉에서 모두 고른 것은?

───〈보기〉───
ㄱ. 에너지의 단위는 J(줄)을 사용한다.
ㄴ. 에너지는 일을 할 수 있는 능력을 말한다.
ㄷ. 물체가 외부에 일을 하면 물체의 에너지는 증가한다.

① ㄱ　　② ㄴ　　③ ㄷ
④ ㄱ, ㄴ　　⑤ ㄴ, ㄷ

B 중력에 의한 위치 에너지

탐구 p. 104　**기출 분석** p. 106

중력에 의한 위치 에너지는 물체의 높이와 질량에 비례하며, 일로 전환될 수 있음을 기억하자.

[05~06] 오른쪽 그림은 추의 중력에 의한 위치 에너지와 추의 질량, 기준면으로부터의 높이의 관계를 알아보는 실험을 나타낸 것이다. (단, 공기의 저항은 무시한다.)

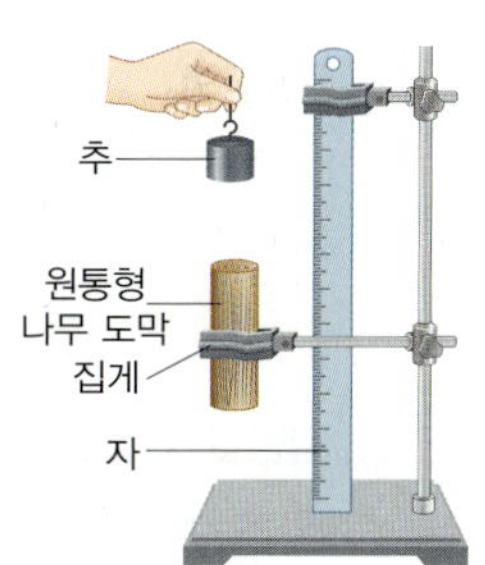

최다빈출

05 위 실험에 대한 설명으로 옳지 않은 것은?

① 추의 높이가 높아질수록 추의 중력에 의한 위치 에너지는 증가한다.
② 나무 도막의 이동 거리는 추의 질량에 비례한다.
③ 나무 도막의 이동 거리는 추를 떨어뜨린 높이에 비례한다.
④ 나무 도막의 이동 거리는 추가 한 일의 양에 비례한다.
⑤ 나무 도막의 이동 거리는 추의 중력에 의한 위치 에너지와 같다.

06 표는 질량이 500 g인 추를 떨어뜨렸을 때 낙하 높이에 따른 나무 도막의 이동 거리를 나타낸 것이다.

추의 낙하 높이(cm)	80	120	160
나무 도막의 이동 거리(cm)	8	12	16

나무 도막이 받은 힘의 크기는?

① 4.9 N　　② 9.8 N　　③ 19.6 N
④ 49 N　　⑤ 98 N

07 중력에 의한 위치 에너지에 대한 설명으로 옳은 것은?

① 기준면에서 중력에 의한 위치 에너지는 0이다.
② 중력에 의한 위치 에너지의 기준면은 항상 지면이다.
③ 물체가 가진 중력에 의한 위치 에너지는 기준면에 관계없이 일정하다.
④ 물체의 중력에 의한 위치 에너지는 물체의 수평 이동 거리에 따라 달라진다.
⑤ 물체가 자유 낙하 할 때 중력에 의한 위치 에너지의 감소량은 낙하 거리에 관계없이 일정하다.

08 그림은 공 A~D의 질량과 지면으로부터의 높이를 나타낸 것이다.

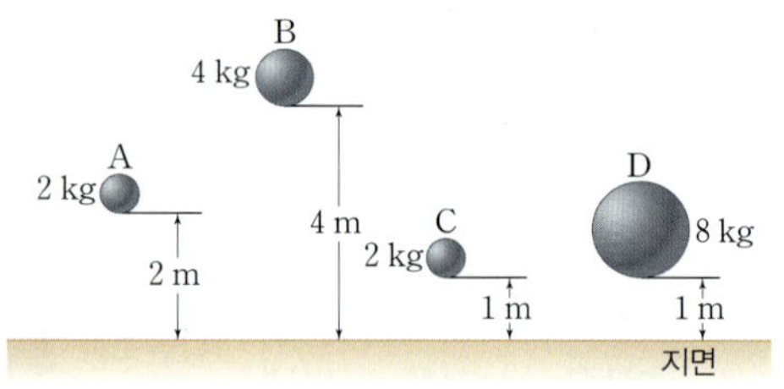

지면을 기준면으로 A~D의 중력에 의한 위치 에너지를 각각 E_A, E_B, E_C, E_D라고 할 때, 중력에 의한 위치 에너지의 크기를 비교한 것으로 옳은 것은? (단, 물체의 크기는 무시한다.)

① $E_A = E_B = E_C = E_D$
② $E_B > E_A = E_D > E_C$
③ $E_B > E_D > E_A > E_C$
④ $E_B = E_D > E_A > E_C$
⑤ $E_D > E_C > E_B > E_A$

09 오른쪽 그림과 같이 질량이 400 g인 사과 A가 높이 15 m의 나뭇가지에 매달려 있고 A로부터 5 m 더 높은 곳에 사과 B가 1개 매달려 있다. A, B의 지면으로부터 중력에 의한 위치 에너지가 같다면 B의 질량은? (단, 사과의 크기는 무시한다.)

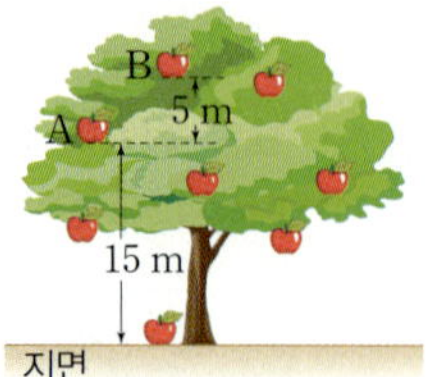

① 300 g   ② 600 g   ③ 900 g
④ 1200 g   ⑤ 1500 g

C 운동 에너지

탐구 p. 105   기출 분석 p. 106

물체의 질량, 속력과 운동 에너지의 관계를 알고, 운동 에너지와 일이 서로 전환될 수 있음을 알아 두자.

[10~11] 다음은 수레의 속력과 운동 에너지의 관계를 알아보는 실험 과정이다. (단, 수레와 바닥 사이의 마찰은 무시하며, 나무 도막과 바닥 사이의 마찰은 일정하다.)

(가) 수레가 나무 도막에 충돌하기 직전에 속력 측정기를 지나도록 장치한다.
(나) 속력 측정기를 작동시키고 수레를 밀어 나무 도막과 충돌시켜 나무 도막의 이동 거리를 측정한다.
(다) 수레의 질량은 일정하게 하고, 수레의 속력만 변화시키면서 과정 (나)를 반복한다.

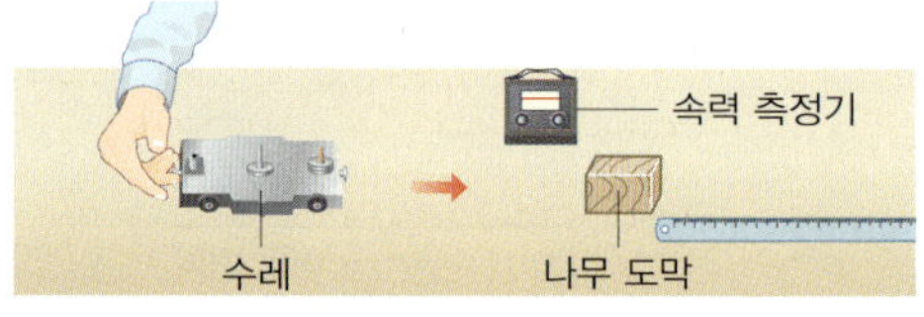

최다빈출

10 위 실험에 대한 설명으로 옳지 <u>않은</u> 것은?

① 운동하는 물체는 일을 할 수 있는 능력을 가지고 있다.
② 수레의 운동 에너지는 수레의 질량, 속력과 관계 있다.
③ 나무 도막의 이동 거리는 수레의 속력에 비례한다.
④ 수레의 운동 에너지는 수레의 속력의 제곱에 비례한다.
⑤ 이 실험에서 수레의 운동 에너지가 일로 전환되는 것을 확인할 수 있다.

11 표는 수레의 속력에 따른 나무 도막의 이동 거리를 나타낸 것이다.

실험	수레의 속력(m/s)	나무 도막의 이동 거리(cm)
A	1	5
B	2	(가)
C	4	80

(가)에 들어갈 값으로 옳은 것은?

① 5   ② 10   ③ 20
④ 30   ⑤ 40

12 운동 에너지와 관련 있는 물리량을 그래프로 옳게 나타낸 것을 모두 고르면? (2개)

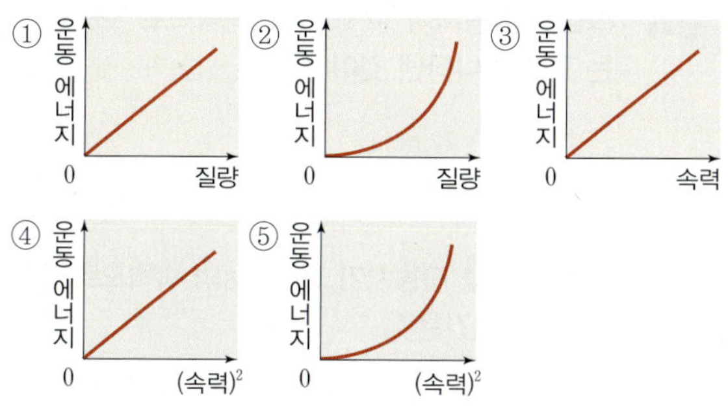

13 그림은 마찰이 없는 수평면 위에 정지해 있는 질량이 10 kg인 수레에 일정한 크기의 힘 F를 계속 작용하여 4 m 이동시키는 모습을 나타낸 것이다.

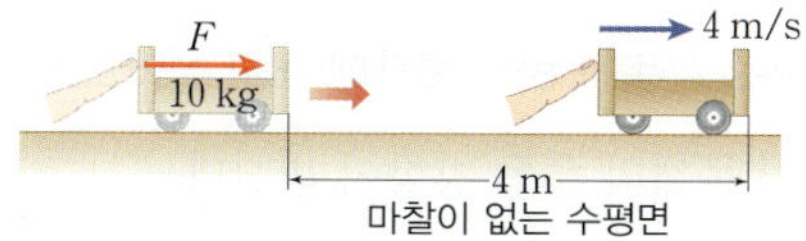

4 m 이동시켰을 때 물체의 속력이 4 m/s이라면 물체에 작용한 힘의 크기 F는?

① 10 N   ② 20 N   ③ 40 N
④ 80 N   ⑤ 160 N

14 질량이 2 kg인 물체가 4 m/s의 속력으로 등속 운동을 하고 있다. 이 물체에 운동 방향과 같은 방향으로 힘을 주어 9 J의 일을 더 해 주었을 때, 물체의 속력은?

① 4 m/s   ② 5 m/s   ③ 6 m/s
④ 7 m/s   ⑤ 8 m/s

최다빈출

15 그림은 수평면에서 4 m/s의 속력으로 운동하던 질량이 10 kg인 수레가 나무 도막과 충돌하여 5 m 이동한 후 정지한 모습을 나타낸 것이다.

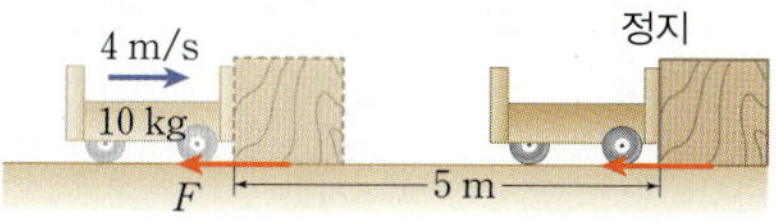

이에 대한 설명으로 옳은 것을 〈보기〉에서 모두 고른 것은? (단, 수레에 작용하는 마찰은 무시한다.)

보기
ㄱ. 나무 도막에 작용하는 힘의 크기(F)는 8 N이다.
ㄴ. 수레가 나무 도막에 해 준 일의 양은 80 J이다.
ㄷ. 수레의 속력을 2 m/s로 변화시키면 나무 도막은 1.25 m 이동한다.

① ㄱ   ② ㄴ   ③ ㄷ
④ ㄱ, ㄷ   ⑤ ㄴ, ㄷ

16 그림은 역도 선수가 무게가 500 N인 역기를 들고 가만히 서 있는 모습을 나타낸 것이다.

역도 선수가 한 일의 양을 구하고, 그 까닭을 설명하시오.

17 그림은 지면으로부터 높이 5 m에 베란다가, 베란다로부터 높이 3 m에 옥상이 있고, 옥상에 질량이 50 kg인 물체가 놓여 있는 모습을 나타낸 것이다.

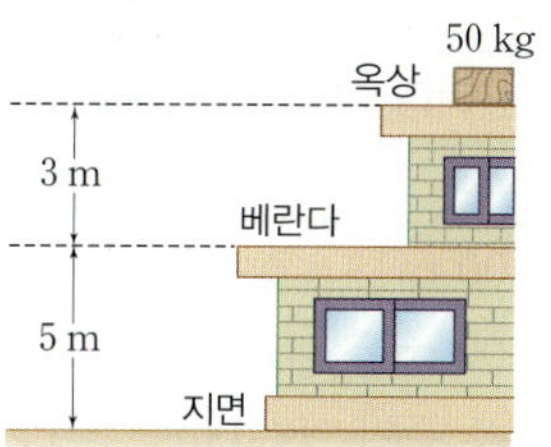

기준면을 지면으로 할 때(가)와 베란다로 할 때(나), 물체의 중력에 의한 위치 에너지의 비 $E_{(가)} : E_{(나)}$를 풀이 과정과 함께 구하시오.

18 그림과 같이 질량이 200 g인 쇠구슬을 지면으로부터 높이가 10 m인 지점에서 가만히 놓았더니 쇠구슬이 굴러 내려와 지면에 정지해 있는 나무 도막과 충돌하여 나무 도막이 2 m 이동한 후 멈추었다. (단, 쇠구슬과 바닥 사이의 마찰은 무시하며, 나무 도막과 바닥 사이의 마찰은 일정하다.)

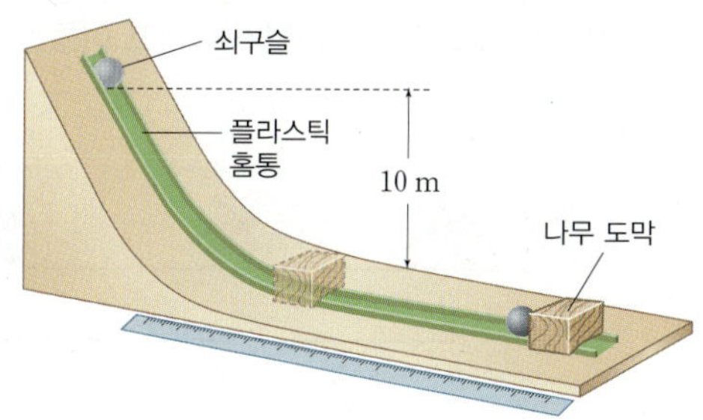

(1) 쇠구슬이 굴러 내려와 나무 도막과 충돌하기 직전의 속력을 풀이 과정과 함께 구하시오.

(2) 쇠구슬을 40 m 높이에서 가만히 놓았을 때 나무 도막의 이동 거리를 풀이 과정과 함께 구하시오.

01 속력에 대한 설명으로 옳지 않은 것은?

① 물체의 빠르기를 나타낸다.
② 단위는 m/s나 km/h 등을 사용한다.
③ 단위 시간 농안 이동한 거리를 알 수 있다.
④ 같은 시간 동안 이동한 거리가 길수록 속력이 빠르다.
⑤ 속력의 변화로 물체의 운동 방향의 변화를 알 수 있다.

02 〈보기〉는 여러 가지 경우의 속력을 나타낸 것이다.

> **보기**
> ㄱ. 100 m를 6초에 달리는 치타
> ㄴ. 100 m를 달리는 데 10초 걸리는 육상선수
> ㄷ. 1분 동안 1800 m를 달리는 오토바이
> ㄹ. 1시간 동안 72 km를 이동하는 자동차

가장 빠른 것부터 순서대로 옳게 나열한 것은?

① ㄱ—ㄷ—ㄹ—ㄴ　　② ㄱ—ㄹ—ㄷ—ㄴ
③ ㄷ—ㄱ—ㄹ—ㄴ　　④ ㄷ—ㄹ—ㄱ—ㄴ
⑤ ㄹ—ㄷ—ㄱ—ㄴ

03 그림은 영희와 민수가 자전거를 타고 이동한 거리를 시간에 따라 나타낸 것이다.

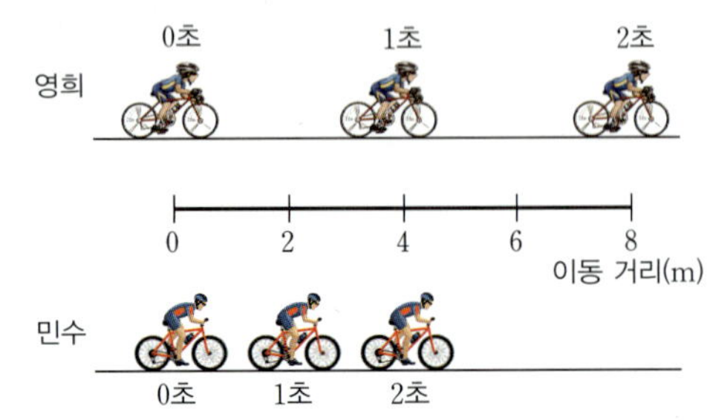

영희와 민수의 속력의 비는?

	영희 : 민수		영희 : 민수
①	1 : 1	②	1 : 2
③	1 : 4	④	2 : 1
⑤	2 : 3		

04 그림은 자동차가 12 m/s의 속력으로 8초 동안 이동하는 모습을 나타낸 것이다.

같은 거리를 자동차가 16 m/s의 속력으로 이동하였을 때, 걸린 시간은?

① 2초　　　② 3초　　　③ 4초
④ 6초　　　⑤ 8초

05 등속 운동을 하는 물체에 대한 설명으로 옳은 것은?

① 물체의 운동 방향이 변한다.
② 물체의 속력은 시간에 비례하여 증가한다.
③ 물체의 이동 거리는 시간의 제곱에 비례한다.
④ 물체의 이동 거리는 속력과 걸린 시간을 곱하여 구한다.
⑤ 운동하는 물체에 힘이 작용하지 않으면 물체는 정지한다.

06 다음은 물체의 이동 거리와 속력을 시간에 따른 그래프로 나타낸 것이다. 에스컬레이터나 무빙워크의 운동을 나타낸 그래프로 옳은 것을 〈보기〉에서 모두 고른 것은?

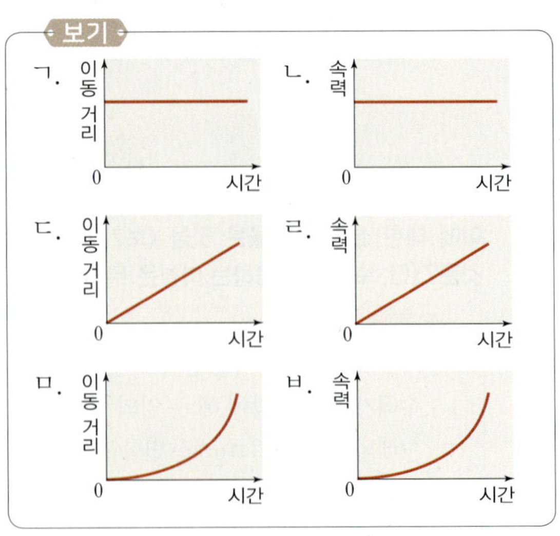

① ㄱ, ㄹ　　② ㄴ, ㄷ　　③ ㄴ, ㅁ
④ ㄷ, ㅁ　　⑤ ㅁ, ㅂ

07 그림은 움직이는 물체를 일정한 시간 간격으로 찍은 다중 섬광 사진이고, 표는 물체의 이동 거리를 걸린 시간에 따라 나타낸 것이다.

걸린 시간(s)	0	1	2	3	4	5
이동 거리(cm)	0	20	40	60	80	100

이에 대한 설명으로 옳은 것을 〈보기〉에서 모두 고른 것은?

보기
ㄱ. 물체의 속력이 일정하다.
ㄴ. 물체의 이동 거리는 시간에 비례한다.
ㄷ. 정지 상태에서 출발하는 엘리베이터는 이와 같이 운동한다.

① ㄱ　　　② ㄴ　　　③ ㄷ
④ ㄱ, ㄴ　　　⑤ ㄱ, ㄴ, ㄷ

08 오른쪽 그림은 두 물체 A와 B의 속력을 시간에 따라 나타낸 것이다. 이에 대한 설명으로 옳은 것을 〈보기〉에서 모두 고른 것은?

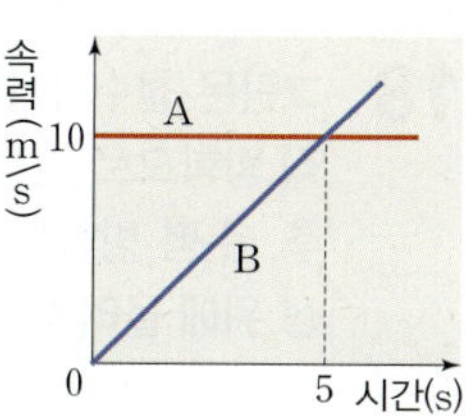

보기
ㄱ. A는 정지해 있는 물체이다.
ㄴ. B의 속력은 일정하게 증가한다.
ㄷ. 0초부터 5초까지 이동한 거리는 A가 B의 2배이다.

① ㄱ　　　② ㄴ　　　③ ㄱ, ㄷ
④ ㄴ, ㄷ　　　⑤ ㄱ, ㄴ, ㄷ

09 오른쪽 그림은 진공 중에서 쇠구슬과 깃털을 같은 높이에서 동시에 가만히 놓은 모습을 찍은 다중 섬광 사진이다. 질량은 쇠구슬이 깃털보다 크다. 이에 대한 설명으로 옳은 것을 〈보기〉에서 모두 고른 것은?

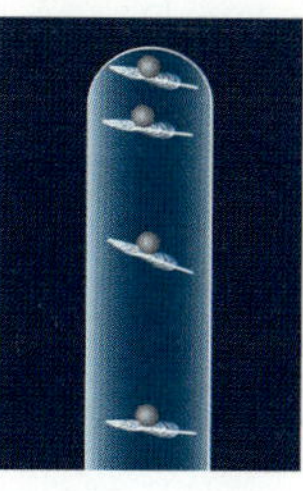

보기
ㄱ. 속력은 쇠구슬이 깃털보다 빠르다.
ㄴ. 중력의 크기는 쇠구슬이 깃털보다 크다.
ㄷ. 깃털의 운동 방향과 중력 방향은 같다.

① ㄱ　　　② ㄴ　　　③ ㄱ, ㄷ
④ ㄴ, ㄷ　　　⑤ ㄱ, ㄴ, ㄷ

[10~11] 오른쪽 그림은 높은 곳에서 가만히 놓은 공이 낙하 하는 모습을 나타낸 것이다. (단, 공기 저항은 무시한다.)

10 이 공의 운동에 대한 설명으로 옳은 것을 〈보기〉에서 모두 고른 것은?

보기
ㄱ. 공의 운동 방향이 일정하다.
ㄴ. 공의 속력이 점점 빨라진다.
ㄷ. 공의 운동 방향으로 일정한 힘이 작용한다.

① ㄱ　　　② ㄷ　　　③ ㄱ, ㄴ
④ ㄴ, ㄷ　　　⑤ ㄱ, ㄴ, ㄷ

11 이 공의 운동을 그래프로 옳게 나타낸 것은?

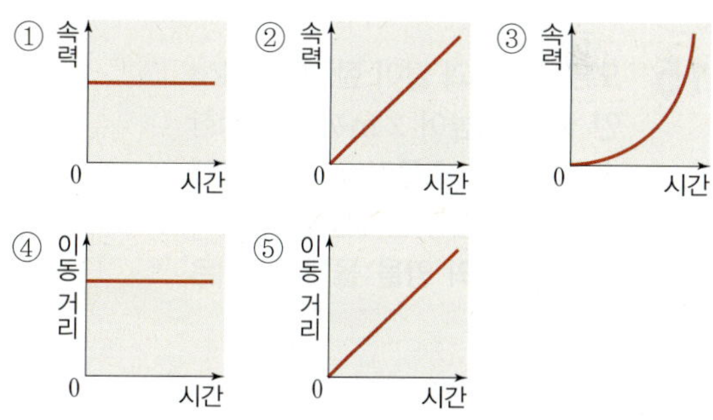

12 그림은 직선 도로에서 같은 방향으로 운동하는 두 물체 A, B의 이동 거리를 시간에 따라 나타낸 것이다.

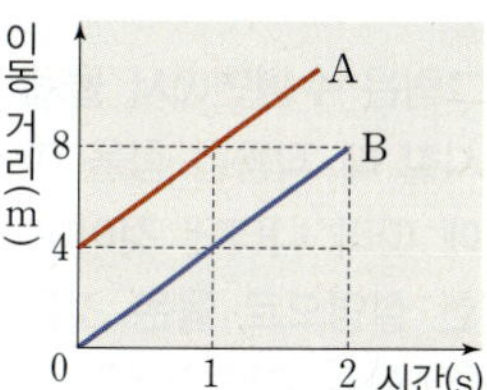

이에 대한 설명으로 옳은 것을 〈보기〉에서 모두 고른 것은?

보기
ㄱ. B는 등속 운동을 한다.
ㄴ. A와 B의 속력은 서로 같다.
ㄷ. A와 B 사이의 거리는 시간이 지날수록 멀어진다.

① ㄱ　　　② ㄷ　　　③ ㄱ, ㄴ
④ ㄴ, ㄷ　　　⑤ ㄱ, ㄴ, ㄷ

13 과학에서의 일이 0인 경우는?

① 교실에서 책상을 1 m 밀어서 옮겼다.

② 상자를 5 m 높이까지 들어 올렸다.

③ 상자를 들고 수평 방향으로 5 m 걸어갔다.

④ 바위를 힘껏 밀어 수평 방향으로 10 cm 옮겼다.

⑤ 책을 들고 1층에서 2층으로 계단을 올라갔다.

14 일의 양이 가장 큰 경우는?

① 질량이 10 kg인 책을 들고 서 있다.

② 무게 10 N인 물체를 높이 5 m까지 들어 올렸다.

③ 질량 10 kg인 상자를 5 N의 힘으로 5 m 밀었다.

④ 질량 10 kg인 물체를 5 m 높이까지 들어 올렸다.

⑤ 10 N의 힘으로 상자를 들고 수평 방향으로 2 m 앞으로 걸어갔다.

15 오른쪽 그림과 같이 질량이 20 kg인 물체를 높이 2 m까지 일정한 속력으로 들어 올렸다. 이때 물체에 작용한 힘과 물체를 들어 올리면서 한 일의 양을 옳게 짝 지은 것은?

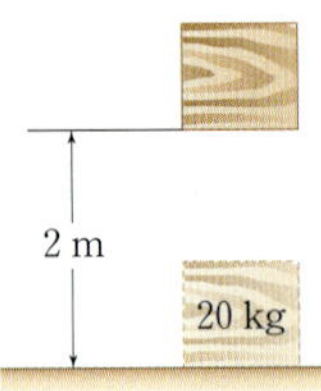

	힘	한 일의 양		힘	한 일의 양
①	20 N	40 J	②	20 N	196 J
③	98 N	196 J	④	98 N	392 J
⑤	196 N	392 J			

16 오른쪽 그림은 수평면에서 물체를 이동시킬 때 작용한 힘을 이동 거리에 따라 나타낸 것이다. 이에 대한 설명으로 옳은 것을 〈보기〉에서 모두 고른 것은?

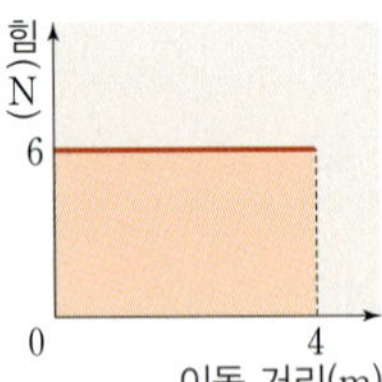

보기

ㄱ. 물체가 4 m 이동하는 동안 6 N의 힘이 계속 작용하였다.

ㄴ. 4 m 이동하는 동안 물체에 24 J의 일을 하였다.

ㄷ. 물체에 한 일의 양은 이동 거리에 관계 없이 일정하다.

① ㄱ　　　② ㄷ　　　③ ㄱ, ㄴ

④ ㄴ, ㄷ　　　⑤ ㄱ, ㄴ, ㄷ

17 그림 (가)는 물체를 A에서 B를 거쳐 C까지 일정한 속력으로 이동시키는 모습을 나타낸 것이고, (나)는 (가)에서 작용한 힘을 이동한 거리에 따라 나타낸 것이다.

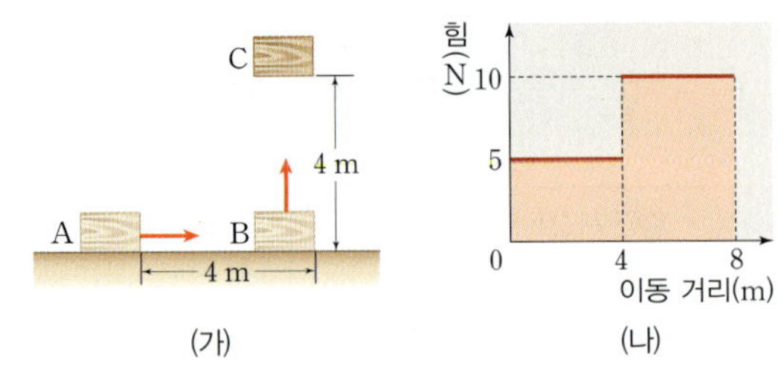

이에 대한 설명으로 옳은 것을 〈보기〉에서 모두 고른 것은?

보기

ㄱ. 수평면에서 물체를 미는 힘은 5 N이다.

ㄴ. 물체의 무게는 10 N이다.

ㄷ. 중력에 대해 한 일의 양은 40 J이다.

① ㄱ　　　② ㄷ　　　③ ㄱ, ㄴ

④ ㄴ, ㄷ　　　⑤ ㄱ, ㄴ, ㄷ

18 그림은 철수가 수평면에 있는 무게가 5 N인 물체를 수직 방향으로 일정한 속력으로 높이 1 m까지 들어 올린 후, 수평 방향으로 일정한 속력으로 5 m 이동시켜 책상 위에 올려놓은 모습을 나타낸 것이다.

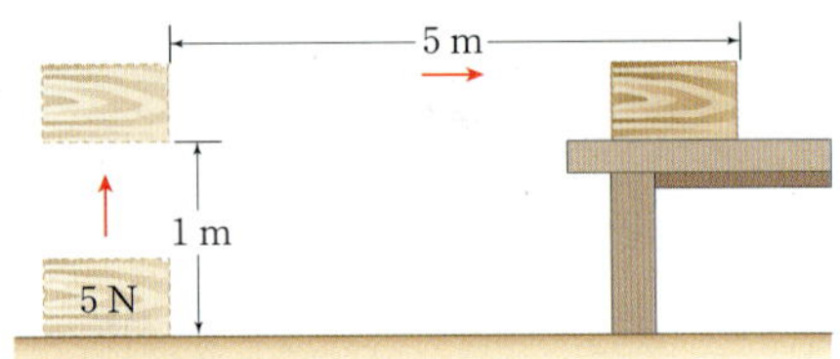

철수가 물체에 한 일의 양은?

① 5 J　　　② 9.8 J　　　③ 25 J

④ 30 J　　　⑤ 49 J

19 그림과 같이 선반 A에 놓여 있는 물체를 선반 B로 올려놓는 데 40 J의 일을 하였다.

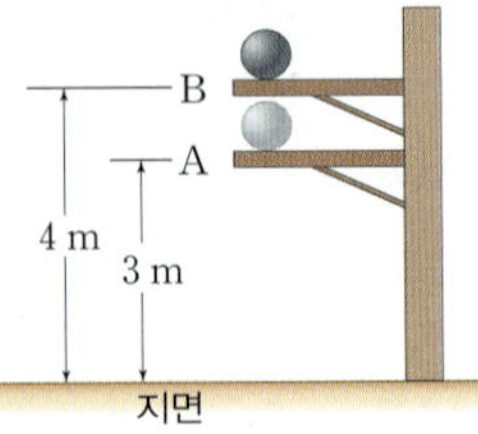

지면을 기준면으로 할 때, B에서 물체가 가지는 중력에 의한 위치 에너지는?

① 120 J　　　② 160 J　　　③ 180 J

④ 200 J　　　⑤ 280 J

[20~21] 오른쪽 그림과 같이 낙하 하는 추의 질량과 높이에 따라 나무 도막의 이동 거리를 측정하는 실험을 하였다.

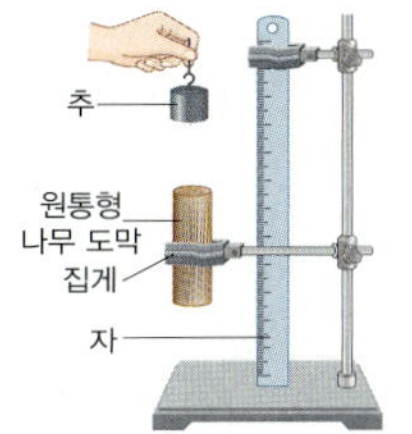

20 추의 높이와 중력에 의한 위치 에너지의 관계 그래프로 옳은 것은?

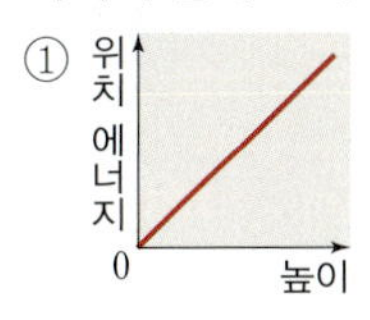
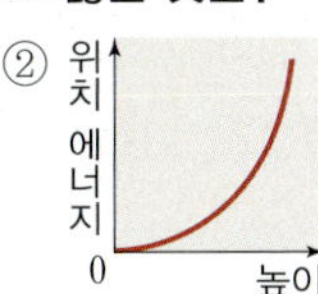
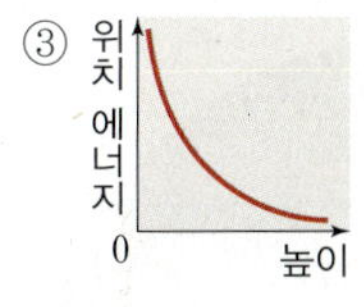
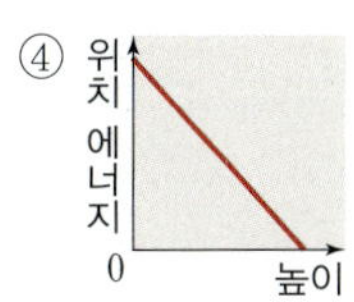
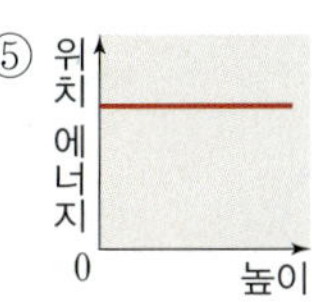

21 표는 위 실험의 결과를 나타낸 것이다.

구분	실험 1	실험 2	실험 3
추의 질량(g)	150	300	600
추의 낙하 높이(cm)	48	12	6
나무 도막의 이동 거리	(가)	(나)	s

(가), (나)에 들어갈 알맞은 값을 옳게 짝 지은 것은?

	(가)	(나)		(가)	(나)
①	$\frac{1}{2}s$	s	②	s	$2s$
③	$2s$	s	④	$2s$	$4s$
⑤	$4s$	$2s$			

22 그림은 마찰이 없는 빗면에서 질량이 10 kg인 공이 굴러 내려와 수평면 위에 놓인 나무 도막과 충돌하여 나무 도막이 2 m 이동한 후 정지한 모습을 나타낸 것이다.

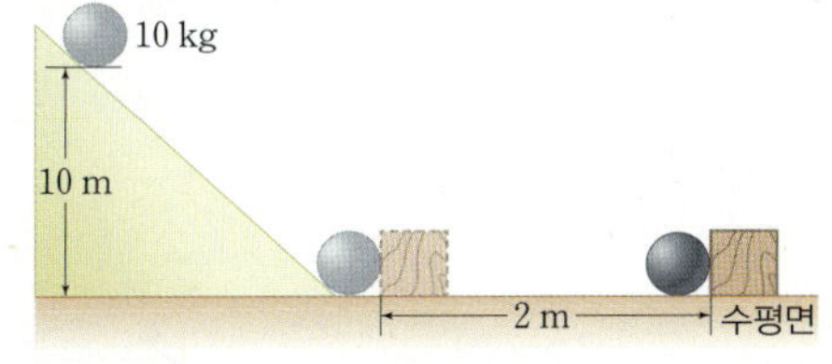

이에 대한 설명으로 옳은 것을 〈보기〉에서 모두 고른 것은? (단, 공과 수평면의 마찰은 무시하고, 나무 도막과 수평면의 마찰은 일정하다.)

〈보기〉
ㄱ. 높이 10 m에서 공의 중력에 의한 위치 에너지는 100 J이다.
ㄴ. 나무 도막을 미는 힘은 98 N이다.
ㄷ. 공의 중력에 의한 위치 에너지는 공이 나무 도막에 한 일과 같다.

① ㄱ   ② ㄴ   ③ ㄷ   ④ ㄱ, ㄷ   ⑤ ㄴ, ㄷ

[23~24] 그림 (가)와 (나)는 질량이 각각 1 kg인 두 수레 A, B가 운동하다가 나무 도막에 충돌하였을 때, 나무 도막이 각각 1 m, 4 m 이동한 후 정지한 것을 나타낸 것이다. 충돌 전 A의 속력은 1 m/s이다.

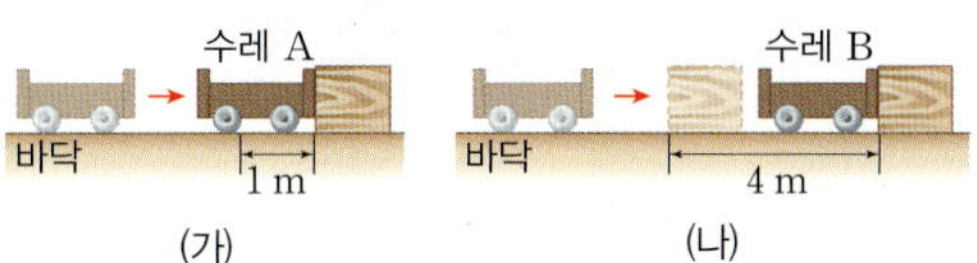

23 이에 대한 설명으로 옳은 것을 〈보기〉에서 모두 고른 것은? (단, 수레와 바닥 사이의 마찰은 무시하고, 나무 도막과 바닥 사이의 마찰은 일정하다.)

〈보기〉
ㄱ. (가)에서 나무 도막을 밀고 가는 힘의 크기는 0.5 N이다.
ㄴ. B의 속력은 2 m/s이다.
ㄷ. 수레의 운동 에너지는 수레가 나무 도막에 한 일로 전환된다.

① ㄱ   ② ㄷ   ③ ㄱ, ㄴ
④ ㄴ, ㄷ   ⑤ ㄱ, ㄴ, ㄷ

24 운동 에너지(E_k)와 속력의 제곱(v^2)의 관계를 나타낸 그래프로 옳은 것은?

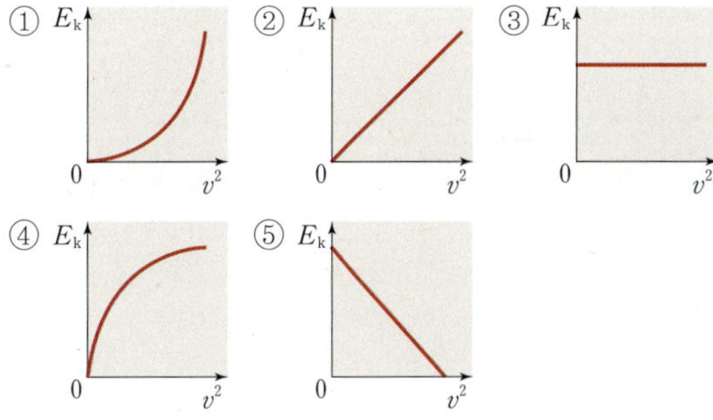

25 그림은 수레가 수평면에서 일정한 속력으로 운동하다가 정지해 있는 나무 도막에 부딪쳐 나무 도막을 10 cm 밀고 간 후 멈추는 것을 나타낸 것이다.

수레의 질량과 속력을 각각 4배, 2배로 하였을 때, 나무 도막의 이동 거리는? (단, 수레와 수평면 사이의 마찰은 무시하고, 나무 도막과 수평면 사이의 마찰은 일정하다.)

① 40 cm   ② 60 cm   ③ 80 cm
④ 120 cm   ⑤ 160 cm

IV

자극과 반응

01 감각 기관

A 눈(시각)

1. 시각 눈을 통해 빛의 자극을 받아들여 느끼는 감각

2. 눈의 구조와 기능 `기출 분석` p. 121

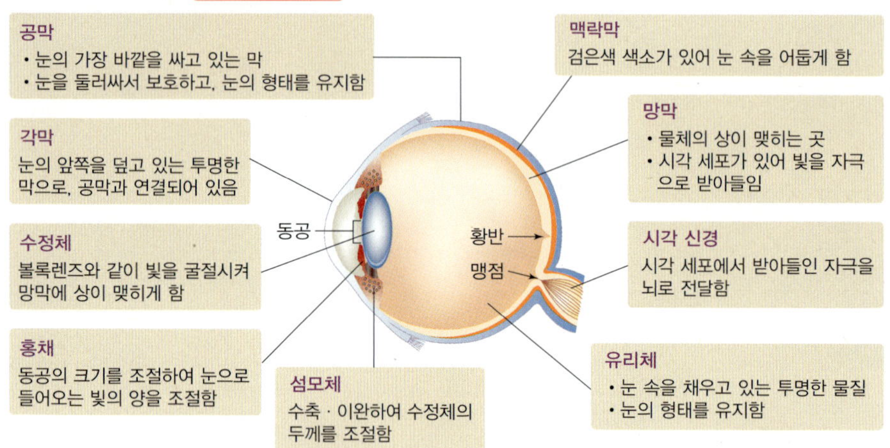

3. 시각의 성립 빛 → 각막 → 수정체 → 유리체 → 망막(시각 세포) → 시각 신경 → 뇌

└ 모양과 기능이 다른 두 종류 (간상 세포, 원뿔 세포)의 세포가 있다.

4. 눈의 조절 작용 `더 알아보기` p. 122

밝기에 따른 동공의 크기 변화	거리에 따른 수정체의 두께 변화
홍채에 의한 동공의 크기 변화에 의해 눈으로 들어오는 빛의 양이 조절된다.	섬모체에 의한 수정체의 두께 변화에 의해 망막에 상이 뚜렷하게 맺힌다.

B 피부(피부 감각) `탐구` p. 120

1. 피부 감각 피부의 감각점을 통해 자극을 받아들여 느끼는 감각

(1) **감각점의 종류** : 통점(통증), 압점(눌림, 압력), 촉점(접촉), 냉점(차가움), 온점(따뜻함)

(2) **감각점의 분포** : 통점의 수가 대체적으로 가장 많고, 온점의 수가 가장 적다.

(3) 몸의 부위에 따라 감각점의 분포 정도는 다르며, 특정 감각점이 많은 신체 부위는 그 감각점이 받아들이는 자극에 더 예민하다.

▲ 피부의 구조와 감각점의 분포

2. 피부 감각의 성립 자극 → 피부의 감각점 → 감각 신경 → 뇌

황반과 맹점
• 황반 : 망막에서 시각 세포가 밀집되어 있는 부분으로, 물체의 상이 이곳에 맺히면 가장 선명하게 볼 수 있다.
• 맹점 : 망막에서 시각 신경이 모여 나가는 부분으로, 시각 세포가 없어 이곳에 물체의 상이 맺혀도 보이지 않는다.

맹점 확인 실험
(가) 그림과 같이 종이에 ●과 +로 표시한 후, 왼쪽 눈을 감고 오른쪽 눈으로 ●을 쳐다본다.

(나) 종이와의 거리를 처음에는 멀리서 시작해서 가까이 응시하면 +가 보이지 않을 때가 있다. ➡ +가 보이지 않는 까닭은 맹점에 상이 맺혔기 때문이다.

피부 감각점의 특징
• 피부의 진피에 대부분 분포한다.
• 내장 기관에도 감각점이 분포한다.
• 하나의 감각점에서는 한 가지의 감각만 감지한다.

통점
통증을 느끼는 감각점으로, 고통으로 인해 외부 자극에 대응할 수 있게 해 준다. 신체 중 비교적 피부 표피에 있으며, 몸 전체에 대략 200만~400만 개가 있다.

냉점과 온점
냉점과 온점은 특정 온도를 감지하는 것이 아니라, 온도의 변화 차이(상대적인 온도)를 감지하여 온도가 낮아지면 냉점에서 냉각으로, 온도가 높아지면 온점에서 온각으로 느낀다.

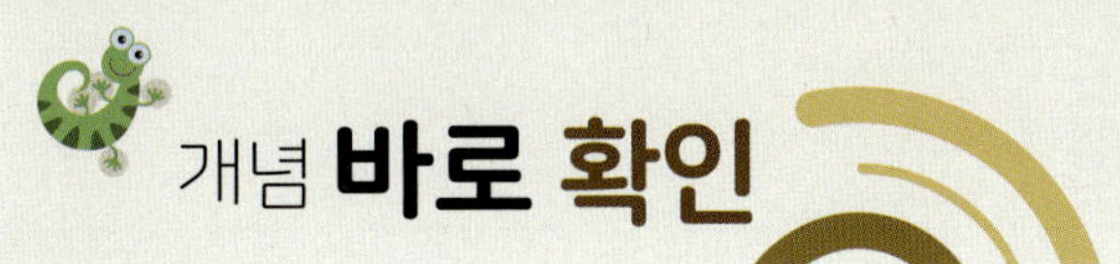

개념 **바로 확인**

01 ㄱㅁ : 눈의 앞쪽을 덮고 있는 투명한 막이다.

02 ㄷㄱ : 눈 안쪽으로 빛이 들어가는 구멍이다.

03 ㅁㅁ : 시각 세포가 존재하여 상이 맺히는 곳이다.

04 ㅎㅊ : 동공의 크기를 조절하여 눈으로 들어오는 빛의 양을 조절한다.

05 밝을 때 : 홍채가 ㅎㅈ되어 동공이 ㅊㅅ된다.

06 먼 곳의 물체를 볼 때 : ㅅㅁㅊ가 이완되어 ㅅㅈㅊ가 얇아진다.

07 ㄱㄱㅈ : 피부에서 자극을 받아들이는 부위이다.

08 우리 몸의 감각점 중 ㅌㅈ의 수가 가장 많다.

Ⓐ 눈(시각)

[01~02] 오른쪽 그림은 사람 눈의 구조를 나타낸 것이다.

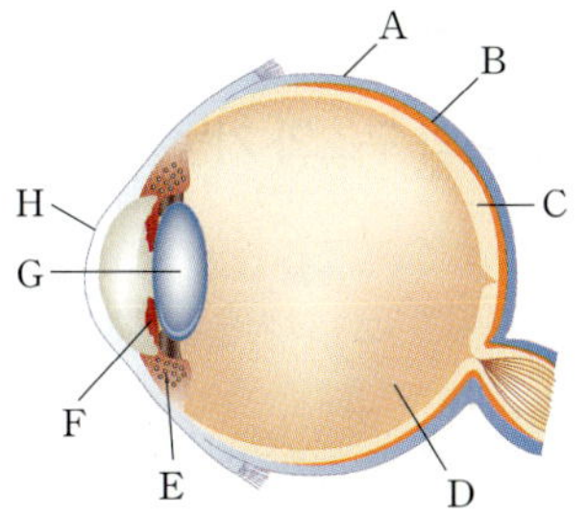

01 A~H에 해당하는 부위의 명칭을 쓰시오.

(1) A : (　　　)　　　(2) B : (　　　)
(3) C : (　　　)　　　(4) D : (　　　)
(5) E : (　　　)　　　(6) F : (　　　)
(7) G : (　　　)　　　(8) H : (　　　)

02 다음 설명에 해당하는 부위의 기호를 쓰시오.

(1) 빛을 굴절시켜 망막에 상을 맺히게 한다. ······ (　　　)
(2) 검은색 색소가 있어 눈 속을 어둡게 한다. ······ (　　　)
(3) 수축·이완하여 수정체의 두께를 조절한다. ······ (　　　)

03 다음은 시각의 성립 경로를 나타낸 것이다. (　　　) 안에 들어갈 알맞은 말을 쓰시오.

> 빛 → 각막 → ㉠ (　　　) → 유리체 → ㉡ (　　　)의 시각 세포 → 시각 신경 → 뇌

04 그림은 밝을 때와 어두울 때 눈의 상태를 순서 없이 나타낸 것이다. (1)과 (2)에 알맞은 기호를 쓰시오.

(가)　　　(나)

(1) (가)와 (나) 중 밝을 때 눈의 상태 ······ (　　　)
(2) (가)와 (나) 중 홍채가 축소된 경우 ······ (　　　)

05 오른쪽 그림은 먼 곳을 볼 때와 가까운 곳을 볼 때 수정체의 모양을 순서 없이 나타낸 것이다. (1)과 (2)에 알맞은 기호를 쓰시오.

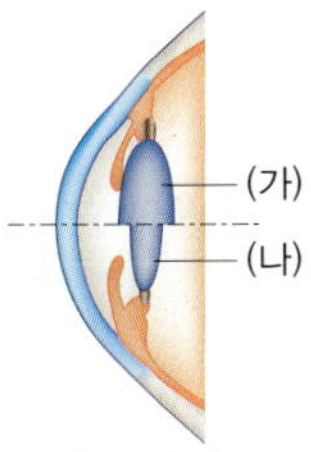

(1) (가)와 (나) 중 먼 곳을 볼 때 수정체의 모양 ······ (　　　)
(2) (가)와 (나) 중 섬모체가 수축된 경우 ······ (　　　)

Ⓑ 피부(피부 감각)

06 피부 감각에 대한 설명으로 옳은 것은 ○, 옳지 <u>않은</u> 것은 ×로 표시하시오.

(1) 대체적으로 통점의 수가 가장 많다. ······ (　　　)
(2) 감각점은 몸 전체에 동일한 정도로 고르게 분포한다. ······ (　　　)
(3) 특정 감각점이 많은 신체 부위는 그 감각점이 받아들이는 자극에 더 예민하다.
······ (　　　)

01 감각 기관

C 귀(청각, 평형 감각)

1. 청각 귀에서 공기 등을 통해 전달된 소리를 자극으로 받아들여 느끼는 감각

2. 귀의 구조와 기능 기출 분석 p. 121

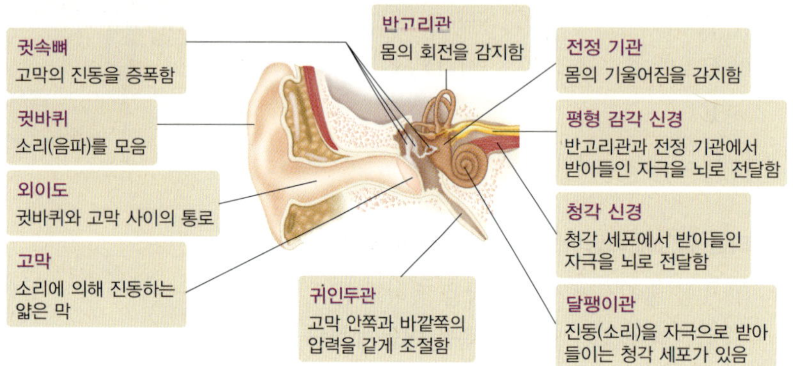

3. 청각의 성립 소리(음파) → 귓바퀴 → 외이도 → 고막 → 귓속뼈 → 달팽이관의 청각 세포 → 청각 신경 → 뇌

4. 평형 감각 반고리관과 전정 기관에서 받아들인 자극이 평형 감각 신경을 통해 뇌로 전달되면 몸의 회전과 기울기 등을 감지하여 몸의 균형을 유지할 수 있다.

D 코(후각), 혀(미각)

1. 코, 혀의 구조와 기능

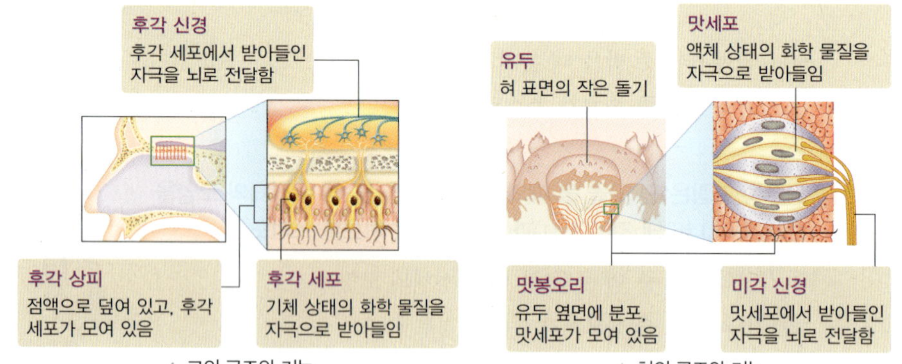

▲ 코의 구조와 기능　　▲ 혀의 구조와 기능

2. 후각과 미각의 특징

후각은 사람의 감각 중 가장 예민하다.

구분	후각	미각
감각	코에서 기체 상태의 화학 물질을 자극으로 받아들여 느끼는 감각	액체 상태의 화학 물질을 자극으로 받아들여 느끼는 감각
특징	• 다른 감각에 비해 매우 예민한 감각이다. ➡ 후각 세포는 예민하여 쉽게 피로해지므로 같은 냄새를 계속 맡으면 나중에 냄새를 잘 느끼지 못한다.	• 기본 맛 : 단맛, 짠맛, 신맛, 쓴맛, 감칠맛 • 음식 맛은 미각과 후각이 함께 작용하여 다양하게 느끼는 것이다.
감각의 성립	기체 상태의 화학 물질 → 후각 상피의 후각 세포 → 후각 신경 → 뇌	액체 상태의 화학 물질 → 맛봉오리의 맛세포 → 미각 신경 → 뇌

평형 감각 기관

• 반고리관 : 3개의 반원 모양 고리가 서로 직각으로 배열되어 있는 구조로, 몸이 회전하면 반고리관에 들어 있는 림프액이 움직여 감각 세포를 자극함으로써 몸이 회전하는 것을 감지한다.

• 전정 기관 : 몸의 자세를 감지할 수 있는 감각 세포가 있다. 몸이 기울어지면 이 감각 세포가 자극되어 뇌로 신호를 전달하고 반사적으로 몸의 평형을 유지한다.

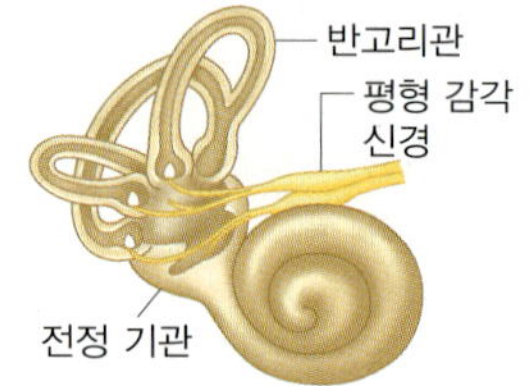

기본 맛 이외의 맛

매운맛과 떫은맛은 각각 혀와 입속 피부의 통점과 압점에서 자극을 받아 느끼는 피부 감각으로, 미각의 기본 맛에는 해당하지 않는다.

감각 기관에서 받아들이는 자극의 종류

감각 기관	자극의 종류
눈	빛
귀	소리
피부	접촉, 온도 변화, 통증, 압력 등
코	기체 상태의 화학 물질
혀	액체 상태의 화학 물질

개념 **바로 확인**

09 ㅂㄱㄹㄱ : 몸의 회전을 감지한다.

10 ㅈㅈㄱㄱ : 몸의 기울어짐을 감지한다.

11 ㄱㅁ : 소리에 의해 진동하는 얇은 막이다.

12 ㄱㅂㅋ : 소리(음파)를 모으는 역할을 한다.

13 ㄱㅅㅃ : 고막의 진동을 증폭하는 역할을 한다.

14 ㄱㅇㄷㄱ : 고막 안쪽과 바깥쪽의 압력을 같게 조절한다.

15 후각 세포 : ㄱㅊ 상태의 화학 물질을 자극으로 받아들인다.

16 맛세포 : ㅇㅊ 상태의 화학 물질을 자극으로 받아들인다.

C 귀(청각, 평형 감각)

[07~08] 오른쪽 그림은 사람 귀의 구조를 나타낸 것이다.

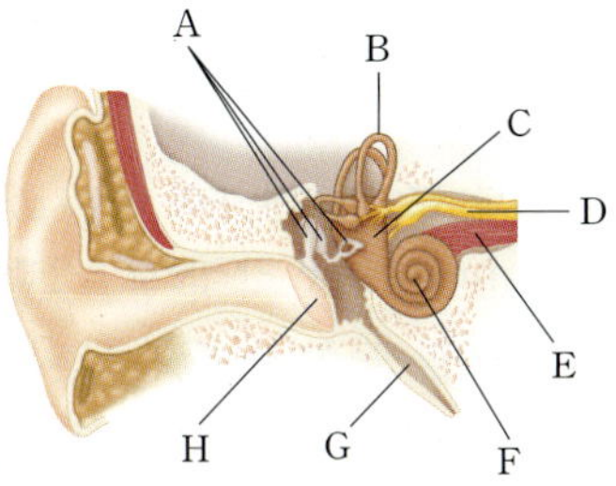

07 A~H에 해당하는 부위의 명칭을 쓰시오.

(1) A : (　　　　　)　　(2) B : (　　　　　)
(3) C : (　　　　　)　　(4) D : (　　　　　)
(5) E : (　　　　　)　　(6) F : (　　　　　)
(7) G : (　　　　　)　　(8) H : (　　　　　)

08 다음 설명에 해당하는 부위의 기호를 쓰시오.

(1) 몸의 회전을 감지한다. ································ (　　　)
(2) 고막의 진동을 증폭한다. ······························ (　　　)
(3) 몸의 기울어짐을 감지한다. ···························· (　　　)
(4) 소리에 의해 진동하는 얇은 막이다. ················· (　　　)
(5) 고막 안쪽과 바깥쪽의 압력을 같게 조절한다. ······ (　　　)

09 다음은 청각의 성립 경로를 나타낸 것이다. (　　　) 안에 들어갈 알맞은 말을 쓰시오.

소리 → ㉠ (　　　　) → 외이도→ ㉡ (　　　　) → 귓속뼈 → ㉢ (　　　　)의 청각 세포 → 청각 신경 → 뇌

D 코(후각), 혀(미각)

[10~11] 오른쪽 그림 (가)는 코의 일부 구조를, (나)는 혀의 일부 구조를 나타낸 것이다.

10 ㉠과 ㉡에 해당하는 세포의 명칭을 쓰시오.

(1) ㉠ : (　　　　　)
(2) ㉡ : (　　　　　)

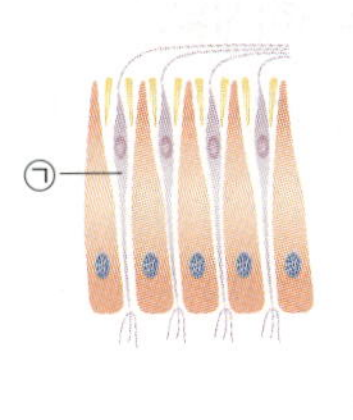 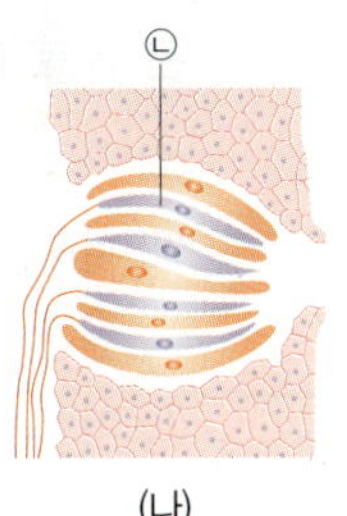

(가)　　　　(나)

11 다음 (　　　) 안에 들어갈 알맞은 말을 쓰시오.

(가)에서 세포 ㉠은 (　　　　) 상태의 화학 물질을 자극으로 받아들이고, (나)에서 세포 ㉡은 (　　　　) 상태의 화학 물질을 자극으로 받아들인다.

12 후각과 미각에 대한 설명으로 옳은 것은 ○, 옳지 <u>않은</u> 것은 ×로 표시하시오.

(1) 후각은 매우 예민한 감각이다. ······························ (　　　)
(2) 감칠맛은 혀로 느끼는 기본 맛에 해당한다. ·················· (　　　)
(3) 음식의 맛은 후각과 미각의 상호 작용에 의해 느낀다. ········ (　　　)

피부 감각점의 분포 조사

과정

❶ 하드보드지의 네 변에 이쑤시개를 두 개씩 각각 2 mm, 4 mm, 6 mm, 8 mm 간격으로 붙인다.

❷ 두 사람 중 한 사람은 눈을 가리고, 다른 사람은 2 mm, 4 mm, 6 mm, 8 mm 간격의 순서로 눈을 가린 사람의 손바닥을 이쑤시개로 살짝 누른다.

❸ 이쑤시개가 두 개로 느껴지는지, 한 개로 느껴지는지 말하고, 손바닥, 손가락 끝, 손등에서 이쑤시개가 두 개로 느껴지는 최소 거리를 기록한다.

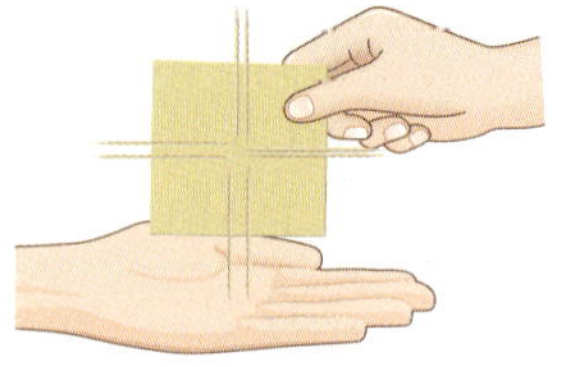

결과

부위	손바닥	손가락 끝	손등
두 개로 느껴지는 최소 거리(mm)	6	2	8

정리

1 이쑤시개가 한 개로 느껴지는 까닭은 이쑤시개 간격에 해당하는 거리에 감각점이 한 개만 분포하기 때문이다.

2. 이쑤시개가 두 개로 느껴지는 최소 거리가 짧은 부위일수록 감각이 예민한 부위이다. 따라서 손가락 끝이 가장 예민하다.

TIP

통점
일반적으로 피부에 가장 많이 분포하고 있는 감각점은 통점이다.

유의 사항
피부에 이쑤시개를 너무 세게 누르지 않도록 한다.

손가락 끝은 감각점의 수가 많아 가장 예민하고, 손등은 감각점의 수가 적어 가장 둔감하다.

확인 문제

01 이 실험에 대한 설명으로 옳은 것은 ○, 옳지 <u>않은</u> 것은 ×로 표시하시오.

(1) 가장 예민한 부위는 손등이다. ⋯⋯⋯ (　　　)

(2) 피부에 이쑤시개로 누르는 압력을 느끼는 감각점은 온점이다. ⋯⋯⋯⋯⋯⋯⋯ (　　　)

(3) 이쑤시개가 두 개로 느껴지는 최소 거리가 짧을수록 감각점이 많이 분포한 부위이다.
⋯⋯⋯⋯⋯⋯⋯⋯⋯⋯⋯⋯⋯ (　　　)

02 표는 두 개의 이쑤시개를 이마, 입술, 손바닥에 각각 눌렀을 때 두 개로 느껴지는 최소 거리를 나타낸 것이다.

부위	이마	입술	손바닥
최소 거리(mm)	12	5	8

이마, 입술, 손바닥 중 감각점이 가장 많이 분포하고 있는 부위를 쓰시오.

시험에서는 이렇게!!

03 오른쪽 그림과 같이 자에 두 개의 이쑤시개를 테이프로 고정하고, 몸의 두 부위에 대어 보았더니 부위 (가)에서는 두 개로 느껴졌지만 부위 (나)에서는 한 개로 느껴졌다.

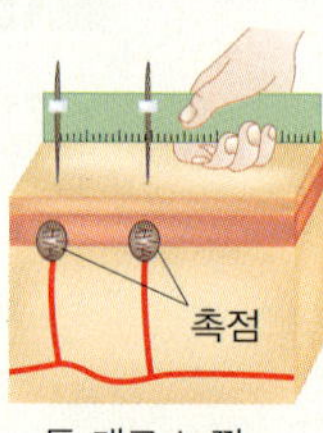

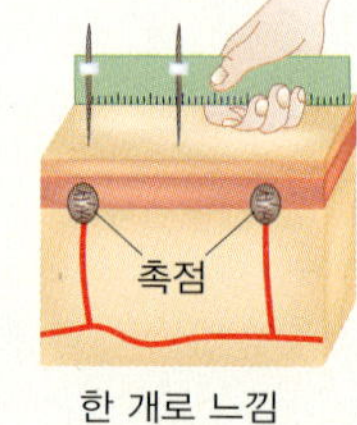

이에 대한 설명으로 옳은 것을 〈보기〉에서 모두 고른 것은? (단, 제시된 감각점만 고려한다.)

〈보기〉
ㄱ. (가)는 (나)에 비해 감각점이 많다.
ㄴ. 우리 몸은 부위에 관계없이 감각점의 분포 정도가 모두 동일하다.
ㄷ. (가)에서 두 개의 이쑤시개 간격을 더 좁혀서 누르면 두 개로 느껴진다.

① ㄱ　　　② ㄴ　　　③ ㄷ
④ ㄱ, ㄴ　　　⑤ ㄱ, ㄷ

눈(시각)	귀(청각, 평형 감각)

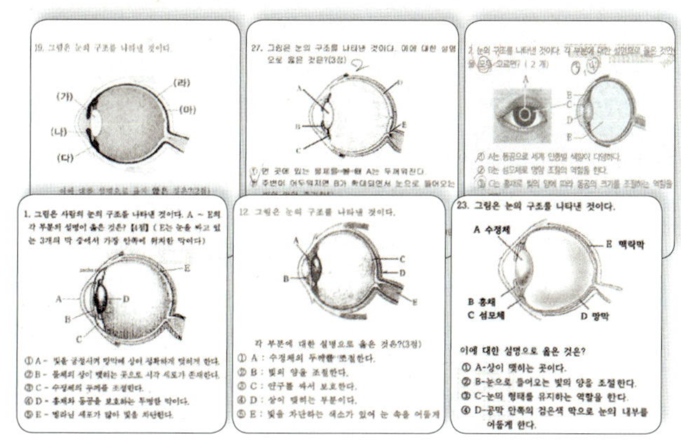

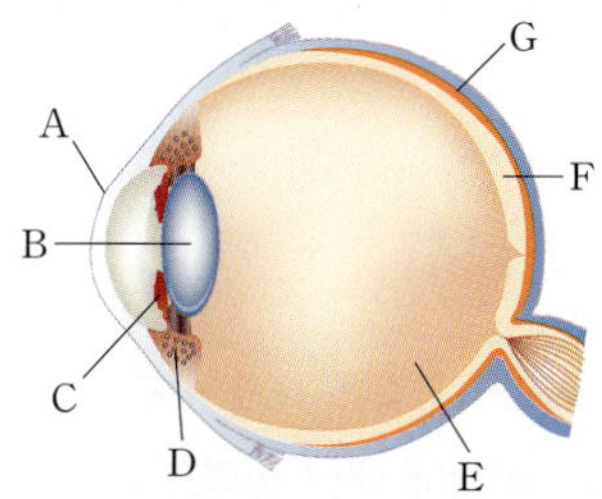

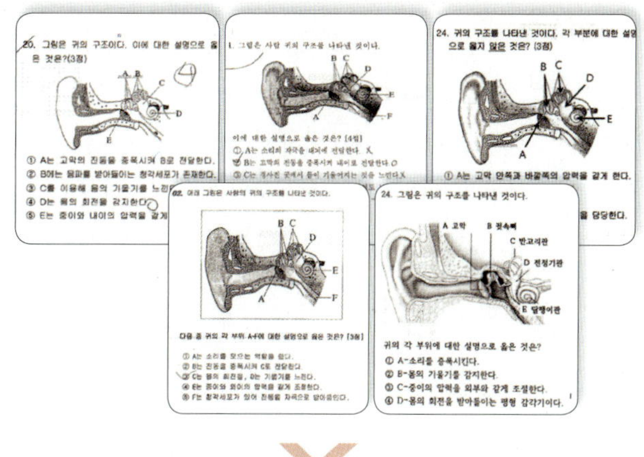
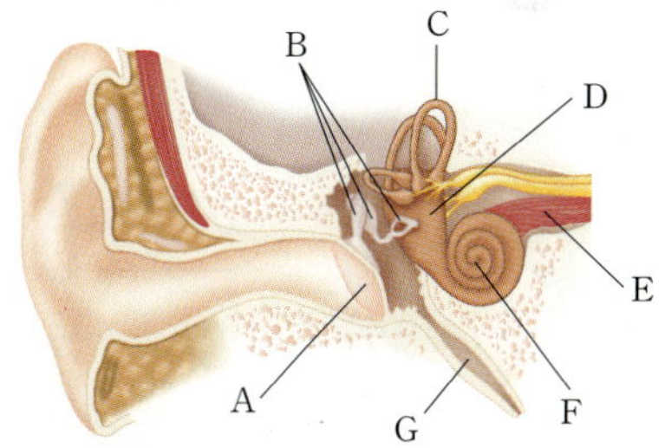

---

01 그림은 사람 눈의 구조를 나타낸 것이다.

이에 대한 설명으로 옳은 것을 모두 고르면? (3개)

① A는 눈의 앞쪽을 덮고 있는 투명한 막이다.
② B는 빛을 굴절시킨다.
③ B는 동공의 크기를 조절한다.
④ C는 수정체의 두께를 조절한다.
⑤ C는 눈의 형태를 유지시킨다.
⑥ D는 동공의 크기를 조절하여 눈 안으로 들어오는 빛의 양을 조절한다.
⑦ E는 눈 속을 채우고 있는 투명한 물질이다.
⑧ F는 검은색 색소가 있어 눈 속을 어둡게 하는 부위이다.
⑨ G는 시각 세포가 분포하여 빛을 자극으로 받아들인다.

02 그림은 사람 귀의 구조를 나타낸 것이다.

이에 대한 설명으로 옳은 것을 모두 고르면? (3개)

① A는 소리를 모으는 역할을 한다.
② 소리의 진동을 증폭하는 부위는 B이다.
③ B는 몸의 회전을 감지한다.
④ C는 몸의 기울어짐을 감지한다.
⑤ D에 청각 세포가 분포한다.
⑥ C와 D는 몸의 균형을 유지하는 데 관여한다.
⑦ E는 소리를 자극으로 받아들이는 청각 세포가 있다.
⑧ F는 고막 안쪽과 바깥쪽의 압력을 같게 조절한다.
⑨ 높은 곳에 올라가 귀가 멍해지는 경우 침을 삼키면 괜찮아지는 것과 관련이 깊은 곳은 G이다.

더 알아보기

● 눈의 이상 – 근시와 원시

구분	근시	원시
증상	눈의 기능이 떨어져 가까운 곳의 물체는 뚜렷하게 잘 보이지만, 먼 곳의 물체는 잘 보이지 않는 현상	눈의 기능이 떨어져 먼 곳의 물체는 뚜렷하게 잘 보이지만, 가까운 곳의 물체는 잘 보이지 않는 현상
원인	수정체와 망막 사이의 거리가 정상보다 길다. ➡ 먼 곳의 물체를 볼 때 물체의 상이 망막 앞쪽에 맺힌다.	수정체와 망막 사이의 거리가 정상보다 짧다. ➡ 가까운 곳의 물체를 볼 때 물체의 상이 망막 뒤쪽에 맺힌다.
교정 방법	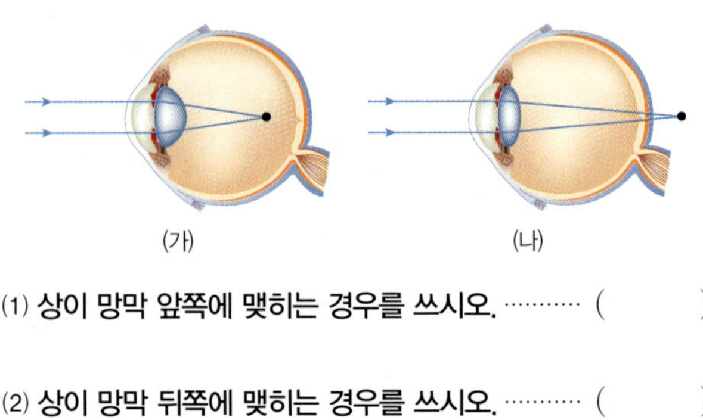 오목렌즈(빛을 퍼뜨림)로 교정	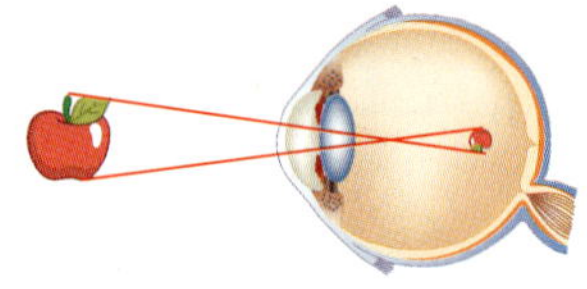 볼록렌즈(빛을 모아 줌)로 교정

유제 01

그림은 눈에 이상이 있는 사람이 물체를 볼 때 상이 맺히는 두 가지 경우를 나타낸 것이다.

(1) 상이 망막 앞쪽에 맺히는 경우를 쓰시오. ……… (　　　)

(2) 상이 망막 뒤쪽에 맺히는 경우를 쓰시오. ……… (　　　)

(3) 먼 곳의 물체가 잘 보이지 않는 경우를 쓰시오. ·· (　　　)

(4) 가까운 곳의 물체가 잘 보이지 않는 경우를 쓰시오.
　　　　　　　　　　　　　　　　　　 (　　　)

(5) 볼록렌즈로 교정해야 하는 경우를 쓰시오. ……… (　　　)

(6) 오목렌즈로 교정해야 하는 경우를 쓰시오. ……… (　　　)

유제 02

그림은 어떤 사람이 사과를 보았을 때 눈에서 상이 맺히는 모습을 나타낸 것이다.

이 사람의 눈의 이상에 대한 설명으로 옳은 것은?

① 원시이다.

② 볼록렌즈로 교정한다.

③ 상이 망막의 뒤에 맺힌다.

④ 먼 곳에 있는 물체가 잘 보이지 않는다.

⑤ 수정체와 망막 사이의 거리가 정상보다 짧을 때 나타난다.

유제 03

그림은 어떤 사람이 사과를 보았을 때 눈에서 상이 맺히는 모습을 나타낸 것이다.

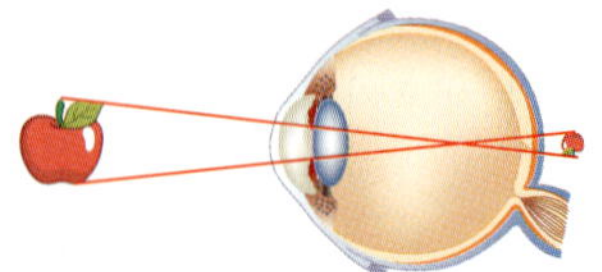

이와 같은 눈의 이상과 이 사람에게 필요한 렌즈의 종류를 옳게 짝 지은 것은?

① 근시 – 오목렌즈　　② 근시 – 볼록렌즈

③ 원시 – 오목렌즈　　④ 원시 – 볼록렌즈

⑤ 난시 – 오목렌즈

A 눈(시각)

기출 분석 p. 121

눈의 구조와 기능을 이해하고 있어야 하며, 시각의 성립 과정에 대해서도 알아두자.

[01~02] 그림은 사람 눈의 구조를 나타낸 것이다.

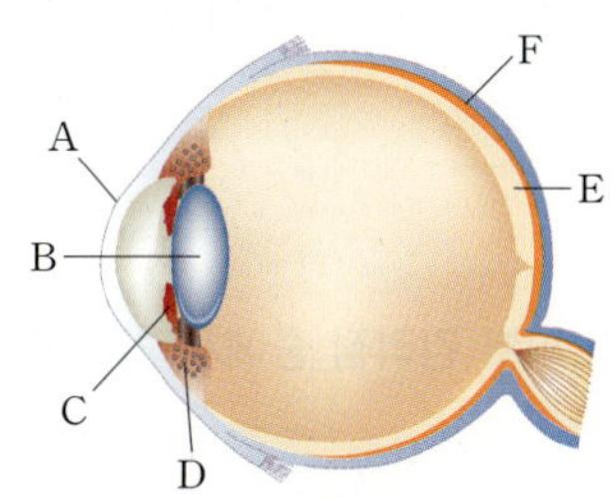

01 다음에서 설명하는 부위의 기호와 명칭을 옳게 짝 지은 것은?

> • 빛을 굴절시켜 망막에 상이 맺히게 한다.
> • 섬모체에 의해 두께가 조절된다.

① A-각막 ② B-수정체 ③ C-홍채
④ E-망막 ⑤ F-맥락막

최다빈출

02 눈의 각 부분에 대한 설명으로 옳지 **않은** 것은?

① A는 눈의 앞쪽을 덮고 있는 투명한 막이다.
② C는 동공의 크기를 조절한다.
③ D는 홍채의 면적을 변화시킨다.
④ E는 시각 세포가 있어 빛을 자극으로 받아들인다.
⑤ F는 검은색 색소가 있어 눈 속을 어둡게 한다.

03 사람 눈의 구조에서 시각 세포가 많이 모여 있어 이곳에 상이 맺히면 물체가 선명하게 보이는 곳의 명칭을 쓰시오.

04 왼쪽 눈을 가리고 오른쪽 눈으로 그림의 +에 초점을 맞춘 후 책과 눈 사이의 거리를 점차 가까이 하였다.

> +   ○

어떤 순간 ○ 표시가 보이지 않았는데, 이와 같은 현상이 일어나는 까닭과 관련된 눈의 구조는?

① 동공   ② 망막   ③ 맹점
④ 수정체   ⑤ 맥락막

05 시각의 성립 경로를 순서대로 옳게 나열한 것은?

① 빛 → 각막 → 수정체 → 유리체 → 망막의 시각 세포 → 시각 신경 → 뇌
② 빛 → 각막 → 수정체 → 망막의 시각 세포 → 유리체 → 시각 신경 → 뇌
③ 빛 → 유리체 → 망막의 시각 세포 → 수정체 → 맥락막 → 시각 신경 → 뇌
④ 빛 → 망막의 시각 세포 → 수정체 → 유리체 → 맥락막 → 시각 신경 → 뇌
⑤ 빛 → 망막의 시각 세포 → 유리체 → 수정체 → 맥락막 → 시각 신경 → 뇌

06 그림과 같이 어떤 사람의 눈이 주변 환경의 변화에 의해 (가)에서 (나)로 변하였다.

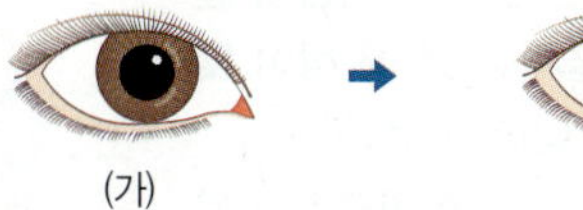

이와 같은 변화에 대한 설명으로 옳은 것을 〈보기〉에서 모두 고른 것은?

> **보기**
> ㄱ. 동공이 작아졌다.
> ㄴ. 홍채가 확장하였다.
> ㄷ. 어두운 곳으로 이동하였다.

① ㄱ   ② ㄷ   ③ ㄱ, ㄴ
④ ㄴ, ㄷ   ⑤ ㄱ, ㄴ, ㄷ

07 눈의 조절 작용에 대한 설명으로 옳은 것은?

① 밝은 곳에서는 동공이 커진다.
② 거리 조절에는 홍채가 관여한다.
③ 밝기 조절에는 섬모체가 관여한다.
④ 밝은 곳에서는 수정체가 두꺼워진다.
⑤ 섬모체가 이완하면 수정체가 얇아진다.

08 오른쪽 그림은 거리에 따른 수정체의 두께 변화를 나타낸 것이다. A와 B는 각각 먼 곳을 볼 때와 가까운 곳을 볼 때 중 하나이다.
이에 대한 설명으로 옳은 것을 〈보기〉에서 모두 고른 것은?

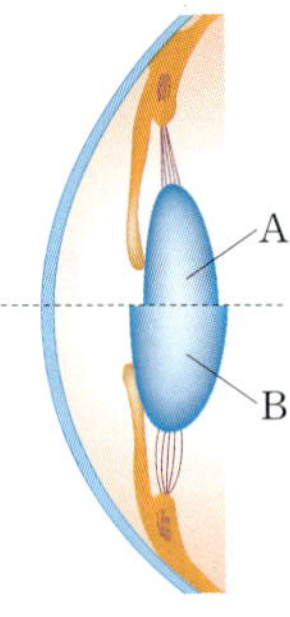

─ 보기 ─
ㄱ. A는 가까운 곳을 볼 때이다.
ㄴ. 섬모체가 수축한 경우는 B이다.
ㄷ. 어두운 영화관에서 밝은 곳으로 나갈 때 A에서 B로 변한다.

① ㄱ　　　② ㄴ　　　③ ㄱ, ㄷ
④ ㄴ, ㄷ　　　⑤ ㄱ, ㄴ, ㄷ

09 오른쪽 그림은 어떤 사람이 멀리 있는 물체를 볼 때 상이 맺힌 모습을 나타낸 것이다.
이 사람에 대한 설명으로 옳은 것을 〈보기〉에서 모두 고른 것은?

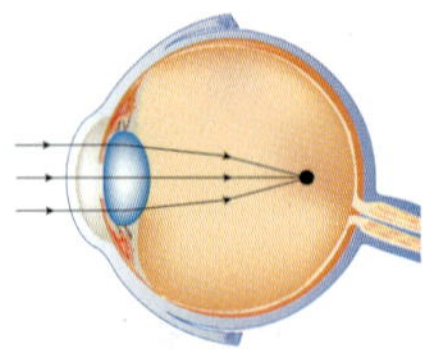

─ 보기 ─
ㄱ. 근시이다.
ㄴ. 눈의 이상은 오목렌즈로 교정한다.
ㄷ. 멀리 있는 물체가 잘 보이지 않는다.

① ㄱ　　　② ㄴ　　　③ ㄱ, ㄷ
④ ㄴ, ㄷ　　　⑤ ㄱ, ㄴ, ㄷ

B 피부(피부 감각)

최다빈출

10 피부 감각에 대한 설명으로 옳지 <u>않은</u> 것은?

① 내장 기관에도 감각점이 존재한다.
② 감각점은 대부분 피부의 진피에 분포한다.
③ 감각점이 많은 부위는 상대적으로 예민하다.
④ 자극의 강도가 강해지면 통각으로 느껴진다.
⑤ 감각점은 우리 몸 전체에 동일하게 분포한다.

11 우리 몸의 피부 감각점 중에서 가장 많이 분포하고 있는 것은?

① 촉점　　　② 압점　　　③ 냉점
④ 온점　　　⑤ 통점

탐구 **p. 120**

몸의 부위에 따라 감각점이 분포하는 정도가 다르기 때문에 몸의 각 부위에 따라 감각을 느끼는 정도가 다르다는 것을 알아두자.

12 다음은 촉점의 분포를 알아보기 위한 실험이다.

(가) 하드보드지의 네 변에 이쑤시개를 두 개씩 각각 2 mm, 4 mm, 6 mm, 8 mm 간격으로 붙인다.
(나) 손등, 이마, 손가락 끝을 이쑤시개로 눌러 보고, 이쑤시개가 두 개로 느껴지는 최소 거리를 측정한다.

신체 부위	손등	이마	손가락 끝
최소 거리(mm)	6	8	2

이 실험에 대한 설명으로 옳은 것을 〈보기〉에서 모두 고른 것은?

─ 보기 ─
ㄱ. 가장 예민한 곳은 이마이다.
ㄴ. 감각점이 가장 많이 분포한 곳은 손가락 끝이다.
ㄷ. 손등에서 이쑤시개로 누르는 감각을 느끼는 감각점은 냉점이다.

① ㄱ　　　② ㄴ　　　③ ㄱ, ㄷ
④ ㄴ, ㄷ　　　⑤ ㄱ, ㄴ, ㄷ

C 귀(청각, 평형 감각)

기출 분석 p. 121

귀의 구조와 기능을 이해하고 있어야 하며, 청각의 성립 과정에 대해서도 알아두자.

[13~16] 그림은 사람 귀의 구조를 나타낸 것이다.

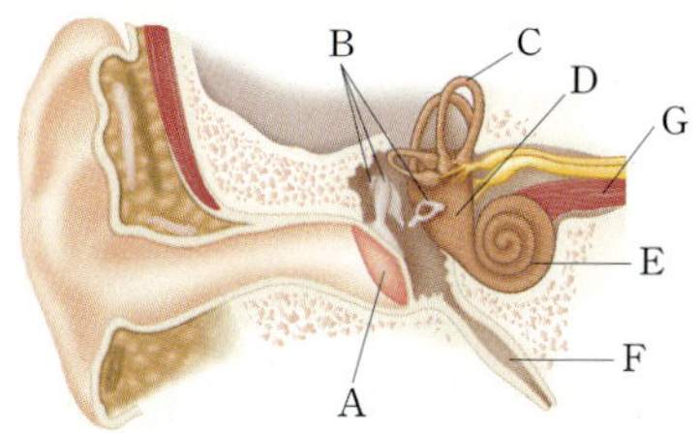

13 A~G 중 청각 세포가 있어 소리 자극을 받아들이는 곳의 기호와 명칭을 옳게 짝 지은 것은?

① A − 고막
② B − 귓속뼈
③ C − 반고리관
④ E − 달팽이관
⑤ G − 청각 신경

최다빈출

14 다음 현상과 관련 깊은 귀의 구조를 찾아 옳게 짝 지은 것은?

> ㉠ 놀이동산에서 회전하는 기구를 탔는데, 멈춘 후에도 계속 어지러움을 느꼈다.
> ㉡ 평균대 위에서 몸의 균형을 잡기 위해 양팔을 벌렸지만 계속 몸이 기울어지는 것을 느꼈다.

	㉠	㉡		㉠	㉡
①	A	C	②	B	D
③	C	D	④	C	E
⑤	E	C			

15 산에 올라가 귀가 먹먹할 때 하품을 하면 먹먹한 현상이 사라진다. 이와 같은 현상과 관련 깊은 귀의 구조는?

① A
② B
③ D
④ E
⑤ F

16 청각의 성립 경로를 순서대로 옳게 나열한 것은?

① 소리 → 외이도 → A → B → C → 청각 신경 → 뇌
② 소리 → 외이도 → A → B → E → 청각 신경 → 뇌
③ 소리 → 외이도 → A → B → F → 청각 신경 → 뇌
④ 소리 → 외이도 → A → C → D → 청각 신경 → 뇌
⑤ 소리 → 외이도 → A → D → E → 청각 신경 → 뇌

D 코(후각), 혀(미각)

17 그림은 사람 코의 구조를 나타낸 것이다.

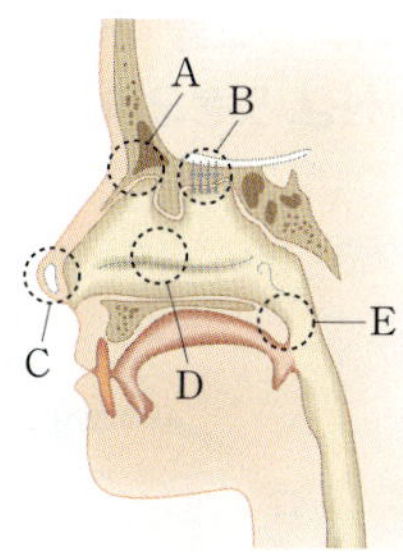

점액으로 덮여 있고 후각 세포가 모여 있어 자극을 받아들이는 곳의 기호와 명칭을 옳게 짝 지은 것은?

① A − 후각 상피
② B − 후각 상피
③ C − 후각 신경
④ D − 귀인두관
⑤ E − 비강

최다빈출

18 사람의 감각 중에서 가장 예민하여 피로해지기 쉬운 감각은?

① 시각
② 청각
③ 후각
④ 미각
⑤ 피부 감각

19 다음은 주스의 맛을 느끼는 데 관여하는 감각에 대해 알아보는 실험이다.

> (가) 눈만 가리고 배주스와 사과주스의 맛을 구분해 본다.
> (나) 눈을 가리고 코를 막은 후, 배주스와 사과주스의 맛을 구분해 본다.
> (다) (가)에서는 배주스와 사과주스의 맛을 각각 구분하였으나, (나)에서는 배주스와 사과주스의 맛을 구분하지 못하였다.

이 실험 결과에 대한 설명으로 가장 타당한 것은?

① 배주스 맛은 미각만으로 완벽하게 느낀다.
② 사과주스 맛은 후각만으로 완벽하게 느낀다.
③ 두 주스 맛은 시각과 후각에 의해서 느낀다.
④ 두 주스 맛은 미각과 후각이 서로 상호 작용하여 느낀다.
⑤ 두 주스 맛은 미각과 시각이 서로 상호 작용하여 느낀다.

20 그림은 사람 혀의 구조를 나타낸 것이다. A~D는 각각 맛세포, 미각 신경, 맛봉오리, 유두 중 하나이다.

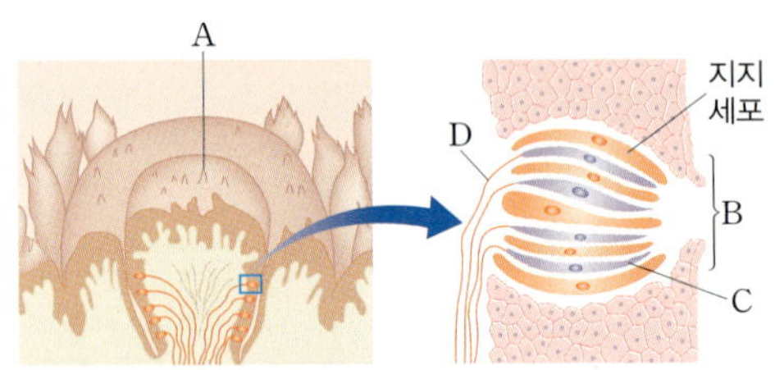

이에 대한 설명으로 옳은 것을 〈보기〉에서 모두 고른 것은?

> **보기**
> ㄱ. A는 혀 표면의 작은 돌기이다.
> ㄴ. B는 맛세포를 포함하고 있다.
> ㄷ. C에서 받아들인 자극은 D를 통해 뇌로 전달된다.

① ㄱ　　　② ㄴ　　　③ ㄱ, ㄷ
④ ㄴ, ㄷ　　　⑤ ㄱ, ㄴ, ㄷ

21 혀에서 느끼는 기본 맛이 아닌 것은?

① 단맛　　　② 짠맛　　　③ 신맛
④ 매운맛　　　⑤ 감칠맛

22 다음은 미각의 성립 경로를 나타낸 것이다. (　　) 안에 들어갈 알맞은 말을 쓰시오.

> ㉠ (　　　　) 상태의 화학 물질(자극) → 맛봉오리의 ㉡ (　　　　) → 미각 신경 → 뇌

23 감각 기관과 이 감각 기관에서 받아들이는 자극의 종류를 옳게 짝 지은 것은?

① 눈 − 액체 상태의 화학 물질
② 코 − 기체 상태의 화학 물질
③ 귀 − 접촉
④ 혀 − 빛
⑤ 피부 − 소리

24 사람의 감각에 대한 설명으로 옳은 것은?

① 떫은맛은 혀에서 느끼는 미각이다.
② 후각은 다른 감각에 비해 매우 둔감하다.
③ 피부 감각점의 수가 적을수록 더 예민하다.
④ 감각점은 피부 전체에 고르게 분포되어 있다.
⑤ 냉점에서는 차가움을, 온점에서는 따뜻함을 느낀다.

서술형은 이렇게

25 어두운 곳에 있다가 밝은 곳으로 나갔을 때 밝기에 대한 눈의 조절 과정을 〈보기〉의 용어 중 2가지를 이용하여 서술하시오.

> **보기**
>
> 홍채   수정체   동공   섬모체

26 그림은 철수가 사과를 보았을 때 눈에 맺히는 상의 모습을 나타낸 것이다.

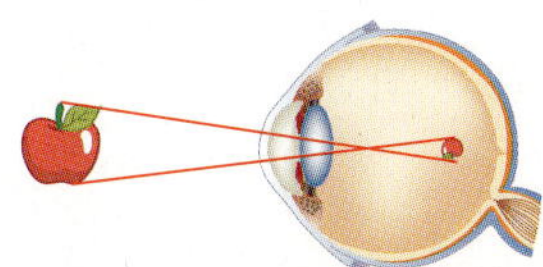

철수의 눈의 이상이 근시인지 원시인지를 진단하고, 이를 교정하기 위해 어떤 렌즈를 착용해야 하는지 서술하시오.

27 손가락 끝은 다른 부위에 비해 피부 감각이 매우 예민하다. 그 까닭에 대해 서술하시오.

28 그림은 귀의 구조를 나타낸 것이다.

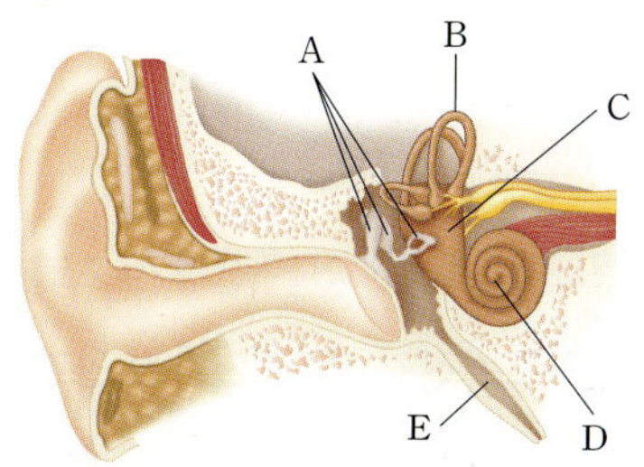

높은 산에 올라 귀가 먹먹해졌을 때 침을 삼키면 귀가 편안해진다. 이와 관련 있는 귀의 구조를 찾아 기호를 쓰고, 그 까닭에 대해 서술하시오.

29 다음은 우리 주변에서 볼 수 있는 음식의 맛과 관련된 현상이다.

> (가) 약을 먹을 때 코를 막고 먹는다.
> (나) 감기에 걸리면 음식의 맛을 잘 느끼지 못한다.

(가), (나)와 같은 현상으로 보아 음식의 맛을 정확하게 느끼기 위해서 어떤 감각이 서로 작용해야 하는지 서술하시오.

02 신경계

A 뉴런 [기출 분석] p. 133

1. 뉴런 신경계를 이루고 있는 신경 세포로, 신경계의 구조적, 기능적 단위이다.

(1) **뉴런의 구조** : 신경 세포체, 가지 돌기, 축삭 돌기로 이루어져 있다.

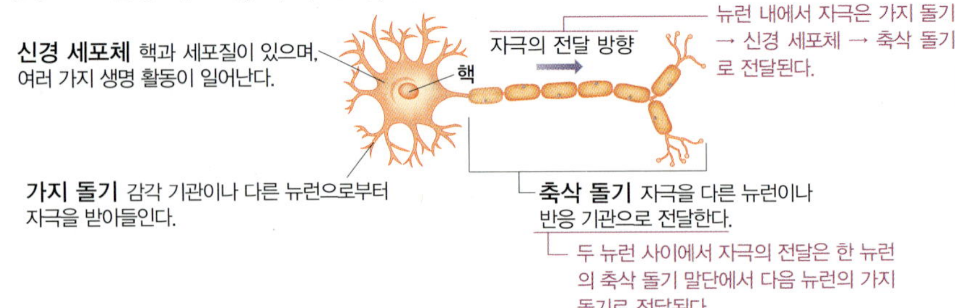

(2) **뉴런의 종류** : 기능에 따라 감각 뉴런, 연합 뉴런, 운동 뉴런으로 구분된다.

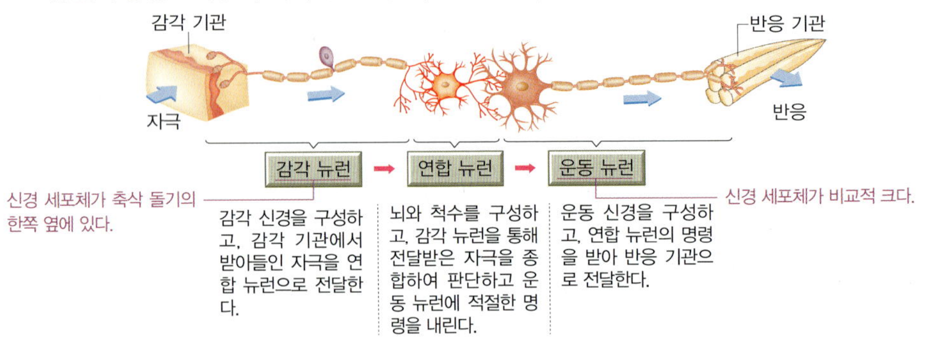

2. 자극의 전달 경로 자극 → 감각 기관 → 감각 뉴런 → 연합 뉴런 → 운동 뉴런 → 반응 기관 → 반응

B 중추 신경계 [기출 분석] p. 133

1. 신경계 자극에 대한 반응과 전달, 그리고 이를 통합하여 판단하고 명령을 전달하는 체계로, 중추 신경계와 말초 신경계로 구성된다.

2. 중추 신경계 뇌와 척수로 구성되며, 자극을 느끼고 판단하여 적절한 명령을 내린다.

(1) 뇌는 대뇌, 소뇌, 간뇌, 중간뇌, 연수로 구분되며, 연수 아래에 척수가 연결되어 있다.

(2) 뇌와 척수는 두개골과 척추로 싸여 있어 외부 충격으로부터 보호된다.

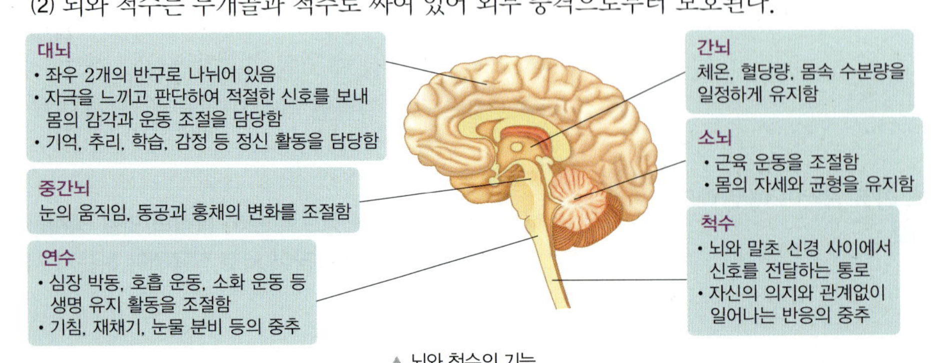

▲ 뇌와 척수의 기능

뉴런과 신경

뉴런은 자극을 전달하는 하나의 신경 세포이고, 신경은 여러 개의 뉴런이 모여 다발을 이룬 것이다.

신경계의 구성

자극을 판단하고 명령을 내리는 중추 신경계와 중추 신경계에서 뻗어 나와 온몸에 분포하고 있는 말초 신경계로 구성된다.

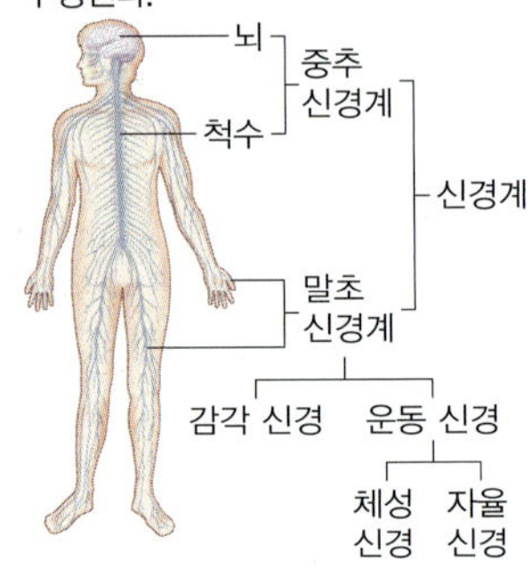

척추와 척수

척추는 등 쪽에 있는 뼈이고, 척수는 척추 내에 존재하는 중추 신경의 일부분으로 뇌와 말초 신경(감각 신경, 운동 신경)의 중간 다리 역할을 한다.

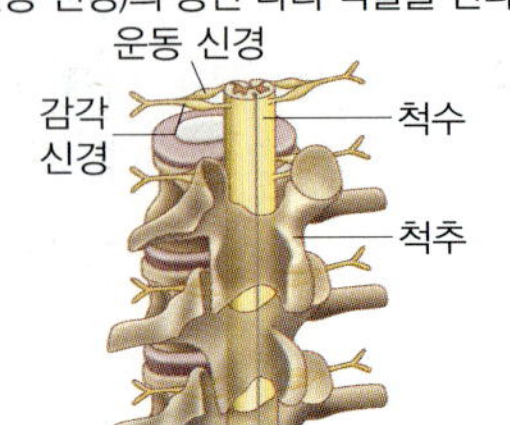

정답 및 해설 38쪽 ●

Ⓐ 뉴런

[01~02] 오른쪽 그림은 뉴런의 구조를 나타낸 것이다.

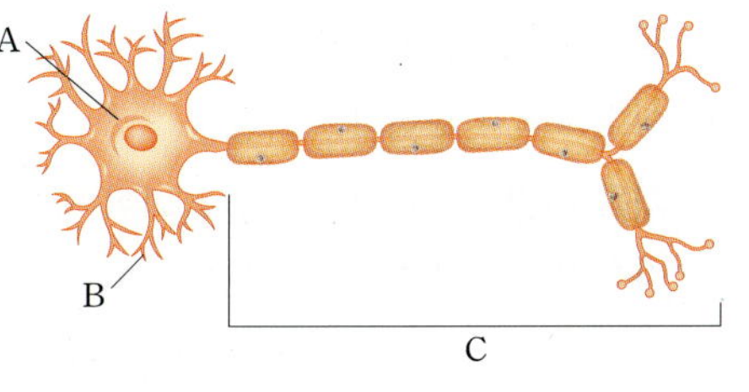

01 A~C에 해당하는 부위의 명칭을 쓰시오.

(1) A : (   )

(2) B : (   )

(3) C : (   )

02 다음 설명에 해당하는 부위의 기호를 쓰시오.

(1) 핵이 있어 다양한 생명 활동이 일어난다. ································· (   )

(2) 다른 뉴런이나 반응 기관으로 자극을 전달한다. ···················· (   )

03 뉴런에 대한 설명으로 옳은 것은 ○, 옳지 <u>않은</u> 것은 ×로 표시하시오.

(1) 뉴런은 기능에 따라 감각 뉴런, 연합 뉴런, 운동 뉴런으로 나눈다. ·· (   )

(2) 뇌와 척수의 명령을 반응 기관으로 전달하는 것은 감각 뉴런이다. ·· (   )

04 다음은 자극의 전달 경로를 나타낸 것이다. (   ) 안에 들어갈 알맞은 말을 쓰시오.

> 자극 → 감각 기관 → ㉠ (   ) 뉴런 → 연합 뉴런 → ㉡ (   ) 뉴런
> → 반응 기관 → 반응

Ⓑ 중추 신경계

05 신경계에 대한 설명으로 옳은 것은 ○, 옳지 <u>않은</u> 것은 ×로 표시하시오.

(1) 뇌와 척수는 중추 신경계에 해당한다. ································· (   )

(2) 신경계는 중추 신경계와 말초 신경계로 구성된다. ···················· (   )

(3) 척수는 연수 위쪽에 있으며 척추에 싸여 보호된다. ···················· (   )

06 오른쪽 그림은 신경계의 구성을 나타낸 것이다. ㉠과 ㉡에 해당하는 신경계의 명칭을 쓰시오.

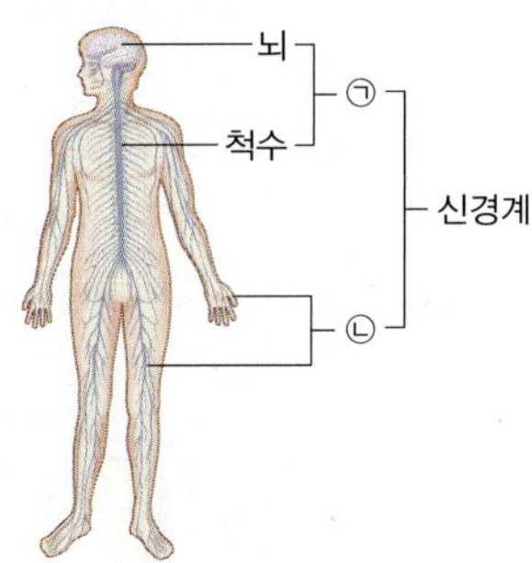

(1) ㉠ : (   )

(2) ㉡ : (   )

07 오른쪽 그림은 뇌의 구조를 나타낸 것이다. A~E 중 다음 설명에 해당하는 부위의 기호를 쓰시오.

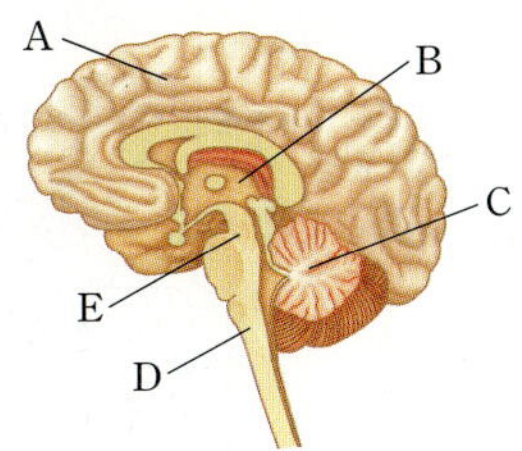

(1) 몸의 자세와 균형 유지의 중추 : (   )

(2) 눈의 운동 및 동공 크기 조절의 중추 : (   )

(3) 호흡 운동, 심장 박동의 조절 중추 : (   )

(4) 기억, 추리 등의 정신 활동 담당의 중추 : (   )

C 말초 신경계

1. 말초 신경계 뇌와 척수에서 뻗어 나와 온몸에 퍼져 있는 신경으로, 감각 신경과 운동 신경으로 구성된다.

2. 자율 신경 내장 기관에 연결되어 있어 대뇌의 직접적인 명령 없이 내장 기관의 운동을 자율적으로 조절하며, 교감 신경과 부교감 신경으로 구분된다.

교감 신경	긴장하거나 위기 상황에 처했을 때 우리 몸을 대처하기 알맞은 상태로 만들어 준다.
부교감 신경	긴장 상황이 해소되면 우리 몸을 원래의 안정된 상태로 되돌린다.

3. 자율 신경의 조절 작용 교감 신경과 부교감 신경은 같은 내장 기관에 분포하여 서로 반대 작용을 한다.

ㄴ 길항 작용

구분	동공 크기	호흡 운동	심장 박동	소화 운동	방광
교감 신경	확대	촉진	촉진	억제	이완
부교감 신경	축소	억제	억제	촉진	수축

D 자극에 따른 반응의 경로 [탐구] p. 132

1. 의식적인 반응 대뇌가 중추가 되어 일어나는 반응 ➡ 대뇌에서의 판단 과정이 복잡할수록 반응이 나타나는 데 시간이 오래 걸린다.

2. 무조건 반사 대뇌의 판단을 거치지 않고 무의식적으로 일어나는 반응 ➡ 매우 빠르게 일어나므로 갑작스런 위험으로부터 우리 몸을 보호한다.

3. 의식적인 반응과 무조건 반사 비교 (최다 빈출)

구분	의식적인 반응	무조건 반사		
반응 중추	대뇌	척수, 연수, 중간뇌		
반응 예	• 컵에 물 따르기 • 신호등을 보고 길 건너기 • 어두워졌을 때 불을 켜는 행동 • 야구 선수가 날아오는 공을 보고 방망이 휘두르기	중추	척수	무릎 반사, 뜨거운 물체에 손이 닿았을 때 움츠러드는 반응, 갓난아기의 배변·배뇨 반사
			연수	침과 눈물의 분비, 재채기, 기침, 하품, 구토
			중간뇌	홍채 조절(동공 반사)

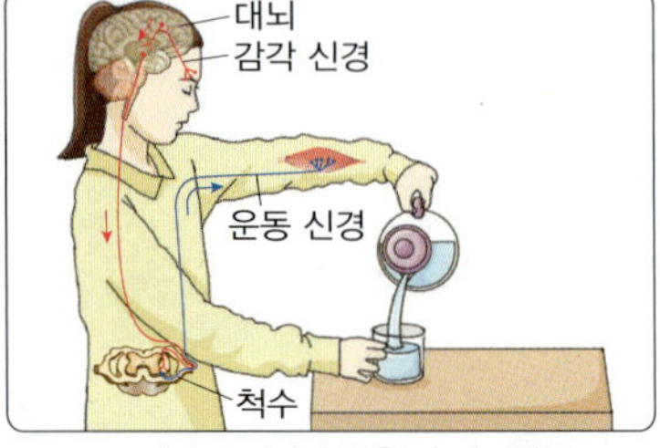

▲ 컵에 주전자의 물을 따르는 행동

▲ 손이 뜨거운 것에 닿았을 때 손을 떼는 행동

반응 경로의 예	자극 → 감각 기관 → 감각 신경 → (척수) → 대뇌 → (척수) → 운동 신경 → 반응 기관 → 반응	자극 → 감각 기관 → 감각 신경 → 반응 중추(척수) → 운동 신경 → 반응 기관 → 반응

감각 신경, 운동 신경
• 감각 신경 : 감각 기관에서 받아들인 자극을 중추 신경계로 전달한다.
• 운동 신경 : 중추 신경계에서 내린 명령을 반응 기관으로 전달한다.

말초 신경계의 구성
말초 신경계는 감각 신경과 운동 신경으로 구성되어 있는데, 운동 신경은 대뇌의 명령에 따라 몸을 움직이는 데 관여하는 체성 신경과 내장 기관의 운동을 자율적으로 조절하는 자율 신경으로 구분된다.

자극에 대한 반응의 종류

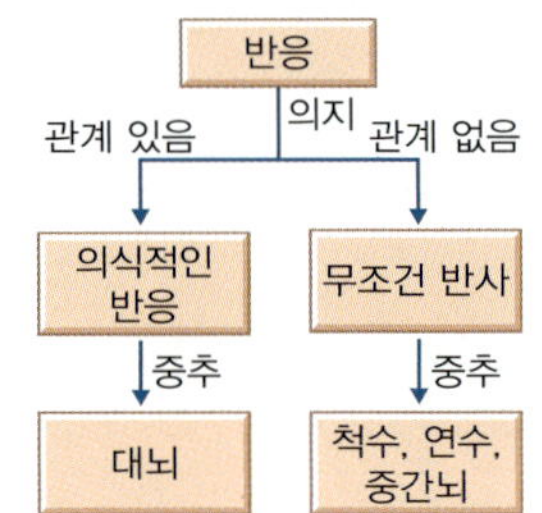

무조건 반사와 자극의 전달
무조건 반사가 대뇌를 거치지 않고 일어난다고 해도 감각을 느끼지 못하는 것은 아니다. 감각 기관에서 받아들인 통증 자극이 대뇌로 전달되기 전에 무조건 반사를 통해 반응이 먼저 일어나고, 통증 자극이 대뇌에 전달되면 반응이 일어난 후에 감각을 느끼게 된다.

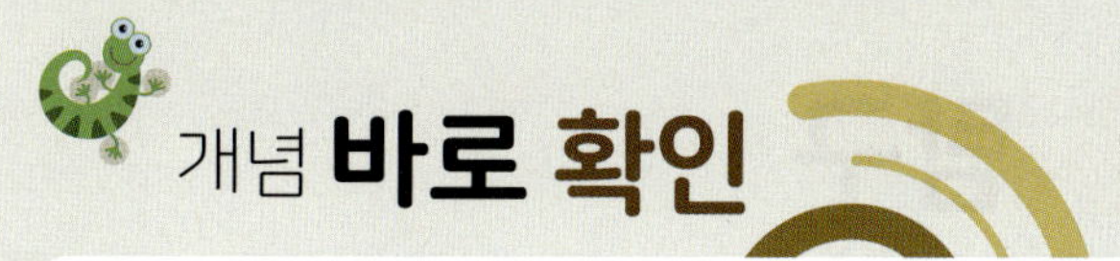

개념 **바로 확인**

정답 및 해설 38쪽 ●

초성 확인 문제

07 ㅁㅊ 신경계 : 중추 신경계와 온몸을 연결하며, 감각 신경과 운동 신경으로 이루어져 있다.

08 ㅈㅇ 신경 : 대뇌의 직접적인 명령 없이 내장 기관의 운동을 자율적으로 조절하는 신경

09 ㅇㅅㅈㅇ 반응 : 대뇌의 판단 과정을 거쳐 자신의 의지에 따라 일어나는 반응

10 ㅁㅈㄱ 반사 : 의지와 관계 없이 일어나는 무의식적 반응

11 음식을 먹을 때 침이 분비되는 반응의 중추는 ㅇㅅ 이다.

C 말초 신경계

08 말초 신경계에 대한 설명으로 옳은 것은 ○, 옳지 않은 것은 ×로 표시하시오.

(1) 운동 신경으로만 이루어져 있다. ···································· (　　　)
(2) 뇌와 척수에서 뻗어 나와 온몸에 퍼져 있다. ···················· (　　　)
(3) 교감 신경과 부교감 신경은 자율 신경에 포함된다. ·············· (　　　)
(4) 자율 신경은 대뇌의 명령을 받아 내장 기관의 운동을 조절한다. ····· (　　　)

09 표는 교감 신경과 부교감 신경의 조절 작용을 나타낸 것이다. (　　　) 안에 들어갈 알맞은 말을 쓰시오.

구분	교감 신경	부교감 신경
동공 크기	㉠ (　　　)	㉡ (　　　)
심장 박동	㉢ (　　　)	㉣ (　　　)
소화 운동	㉤ (　　　)	㉥ (　　　)
호흡 운동	㉦ (　　　)	㉧ (　　　)

D 자극에 따른 반응의 경로

10 의식적인 반응의 조절 중추는?

① 간뇌　　　② 대뇌　　　③ 소뇌　　　④ 척수　　　⑤ 연수

11 다음 반응 중 의식적인 반응의 경우에는 '의', 무조건 반사의 경우에는 '무'라고 쓰시오.

(1) 음식을 먹을 때 침이 분비된다. ································· (　　　)
(2) 주전자에 담긴 물을 컵에 따른다. ······························ (　　　)
(3) 날아오는 공을 보고 방망이를 휘둘렀다. ························ (　　　)
(4) 무릎뼈 아랫부분을 고무망치로 가볍게 쳤더니 다리가 올라갔다. ····· (　　　)

12 다음 각 반응의 조절 중추를 쓰시오.

(1) 신호등을 보고 길을 건넜다. ································· (　　　)
(2) 무서운 개와 마주쳤을 때 동공의 크기가 커졌다. ················· (　　　)
(3) 뜨거운 물체에 손이 닿았을 때 손을 빠르게 움츠렸다. ············ (　　　)
(4) 미세먼지가 많은 날 걸었더니 재채기가 갑자기 나왔다. ············ (　　　)

13 오른쪽 그림은 감각 기관에서 수용된 자극이 중추 신경계를 거쳐 반응 기관에 전달되는 경로를 나타낸 것이다.
무릎 반사가 일어났을 때의 반응 경로를 기호를 이용하여 쓰시오.

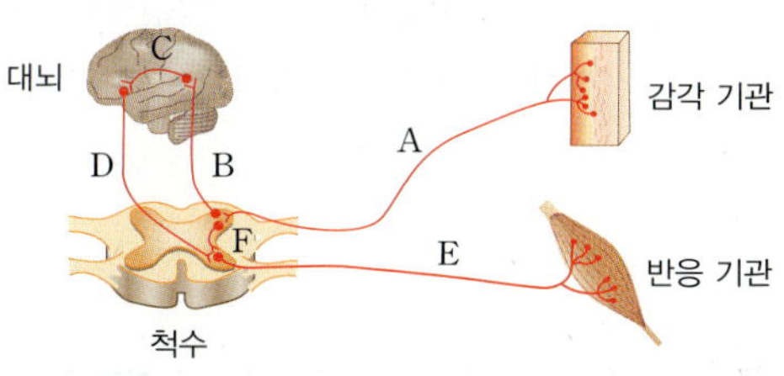

기출 최다多 탐구

정답 및 해설 38쪽

● 자극에 대한 반응 실험

과정

❶ 두 사람 중 한 사람(A)이 예고 없이 자를 놓아 떨어뜨리면, 다른 사람(B)은 떨어지는 자를 보고 재빨리 잡은 후 엄지손가락이 가리키는 눈금을 기록한다.

❷ B의 눈을 가린 후, A가 '땅' 하는 소리를 내면서 자를 놓아 떨어뜨리면 B가 재빨리 잡아 엄지손가락이 가리키는 눈금을 기록한다.

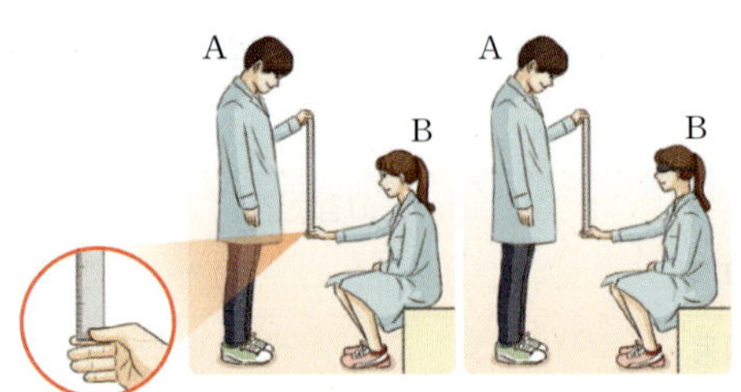

❸ 과정 ❶과 ❷를 5회 반복하고 자가 떨어진 거리의 평균값을 구한다.

결과

구분		1회	2회	3회	4회	5회	평균값
자가 떨어진 거리 (cm)	눈으로 보고 잡을 때	21	20.5	20	19.5	19	20
	소리를 듣고 잡을 때	31	30	30.5	29.5	29	30

정리

1 자가 떨어진 거리가 길수록 반응 시간이 길다. ➡ 소리를 듣고 자를 잡는 반응보다 눈으로 보고 자를 잡는 반응이 더 빨리 일어난다.

2 자극을 받아들여 반응이 일어나기까지 시간이 걸린다. ➡ 감각 기관에서 받아들인 자극이 신경계를 통해 뇌, 척수, 근육으로 전달되는 데 시간이 걸리기 때문이다.

TIP

반응의 빠르기
시각을 통한 반응이 청각을 통한 반응보다 더 빠르다.

유의 사항
자를 잡는 사람은 자의 끝 부분과 자신의 손가락만 쳐다보고 자를 잡도록 한다.

자를 잡기까지의 경로
눈(귀) → 시각 신경(청각 신경) → 대뇌 → 척수 → 운동 신경 → 손의 근육

확인 문제

01 이 실험에 대한 설명으로 옳은 것은 ○, 옳지 않은 것은 ×로 표시하시오.

(1) 소리를 듣고 자를 잡는 것은 무조건 반사이다.
.... ( )

(2) 눈으로 떨어지는 자를 보고 잡는 반응의 중추는 대뇌이다. .... ( )

(3) 감각 기관에서 자극을 받아들여 반응이 나타나기까지 신경계를 거치므로 시간이 걸린다.
.... ( )

02 눈을 가린 후 떨어지는 자를 소리만 듣고 잡는 반응이 일어나는 경로를 쓰시오.

시험에서는 이렇게!!

03 그림은 한 사람은 도화지로 만든 원통형 실험 장치에 빨간색 공을 떨어뜨리고, 다른 한 사람은 실험 장치 옆 부분에 뚫린 구멍을 통해 떨어지는 공을 보고 받는 실험을 나타낸 것이다. 이 실험에 대한 설명으로 옳은 것은?

① 의식적인 반응이다.
② 반응의 중추는 척수이다.
③ 반응의 경로에 청각 신경이 포함된다.
④ 실험을 반복할수록 반응 경로가 짧아진다.
⑤ 실험을 반복할수록 반응 속도가 점점 느려진다.

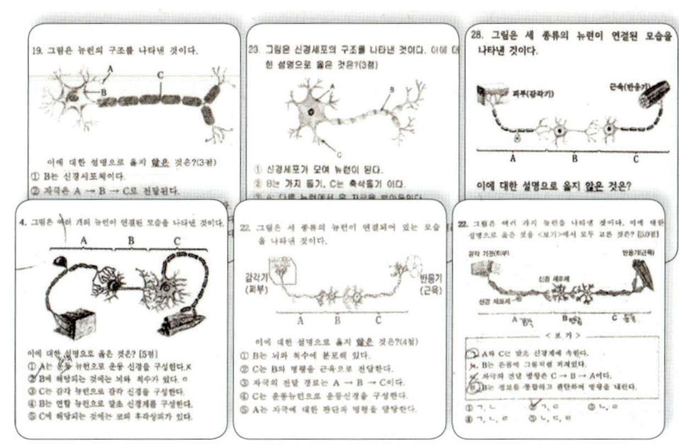

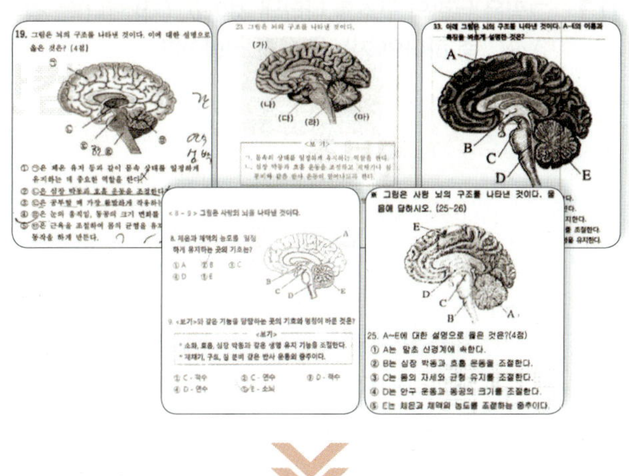

---

01 그림은 뉴런 A~C가 연결되어 있는 모습을 나타낸 것이다.

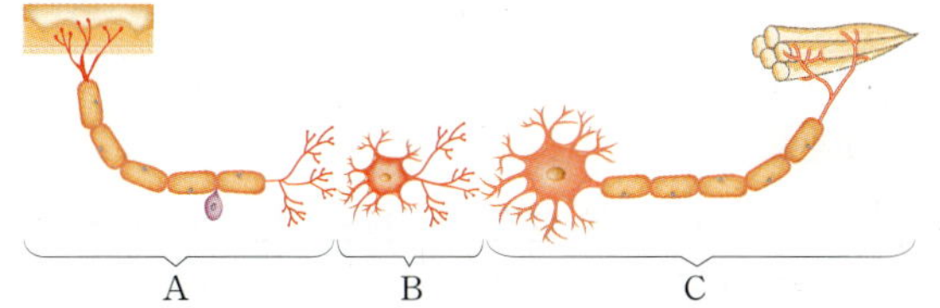

A   B   C

이에 대한 설명으로 옳은 것을 모두 고르면? (3개)

① A는 감각 기관으로부터 받은 자극을 B로 전달한다.

② 자극을 종합하고 판단하여 적절한 명령을 내리는 뉴런은 A이다.

③ A와 C는 중추 신경계에 속한다.

④ A와 C는 말초 신경계를 구성한다.

⑤ B는 말초 신경계를 구성한다.

⑥ C는 가지 돌기와 축삭 돌기로만 구성된다.

⑦ C에 이상이 생기면 감각을 느끼지 못한다.

⑧ 감각 기관의 자극을 연합 뉴런에 전달하는 뉴런은 C이다.

⑨ C는 B에서 내린 명령을 반응 기관으로 전달한다.

⑩ 자극의 전달 방향은 C → B → A이다.

02 그림은 사람 뇌의 구조를 나타낸 것이다.

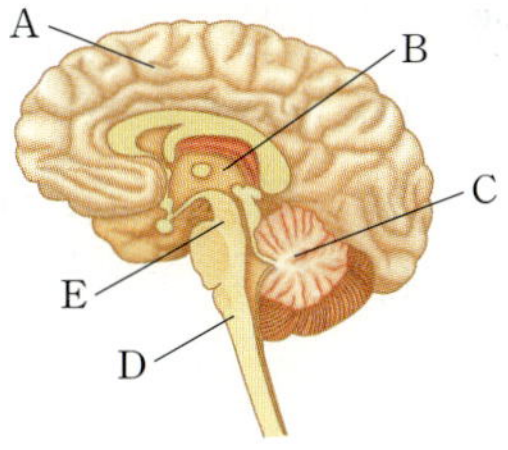

이에 대한 설명으로 옳은 것을 모두 고르면? (3개)

① A는 무릎 반사의 중추이다.

② A는 추리, 판단 등 고등한 정신 작용을 담당한다.

③ B에 이상이 생기면 언어 장애가 올 수 있다.

④ B는 심장 박동과 호흡 운동을 조절한다.

⑤ C는 동공의 크기를 조절한다.

⑥ C는 체온과 혈당량을 일정하게 조절한다.

⑦ D는 말초 신경계에 속한다.

⑧ D는 침 분비, 재채기, 하품 등의 반사 중추이다.

⑨ E는 안구 운동과 동공의 크기를 조절한다.

⑩ E는 체온과 혈당량을 조절하는 중추이다.

A 뉴런

01 그림은 뉴런의 구조를 나타낸 것이고, (가)~(다)는 각각 A~C 중 하나의 기능에 대한 설명이다.

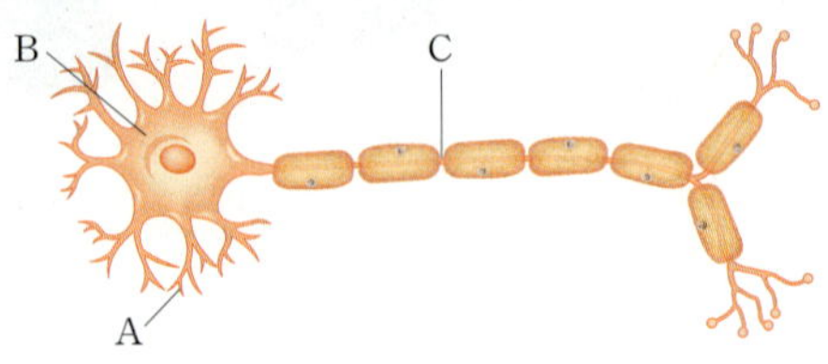

> (가) 자극을 다른 뉴런이나 기관으로 전달한다.
> (나) 핵과 대부분의 세포질이 모여 있어 생명 활동이 일어난다.
> (다) 다른 뉴런이나 감각 기관으로부터 오는 자극을 받아들인다.

(가)~(다)에 해당하는 부위를 옳게 짝 지은 것은?

	(가)	(나)	(다)			(가)	(나)	(다)
①	A	B	C		②	A	C	B
③	B	A	C		④	C	A	B
⑤	C	B	A					

02 뉴런에 대한 설명으로 옳은 것을 〈보기〉에서 모두 고른 것은?

> **보기**
> ㄱ. 뉴런은 하나의 세포로 이루어져 있다.
> ㄴ. 뉴런은 신경계를 구성하는 기본 단위이다.
> ㄷ. 한 뉴런의 축삭 돌기에서 다음 뉴런의 가지 돌기 쪽으로 자극이 전달된다.

① ㄱ ② ㄴ ③ ㄱ, ㄷ
④ ㄴ, ㄷ ⑤ ㄱ, ㄴ, ㄷ

03 우리 몸에서 받아들인 자극을 전달하고, 종합·판단하여 그에 대한 명령을 각 반응기로 전달하는 데 관여하는 기관이 모여 이루어진 것은?

① 눈 ② 뉴런 ③ 신경계
④ 내분비샘 ⑤ 감각 기관

기출 분석 p. 133

뉴런의 구조와 기능을 이해하고 있어야 하며, 자극의 전달 과정에 대해서도 알아두자.

[04~05] 그림은 뉴런 A~C가 연결되어 있는 모습을 나타낸 것이다.

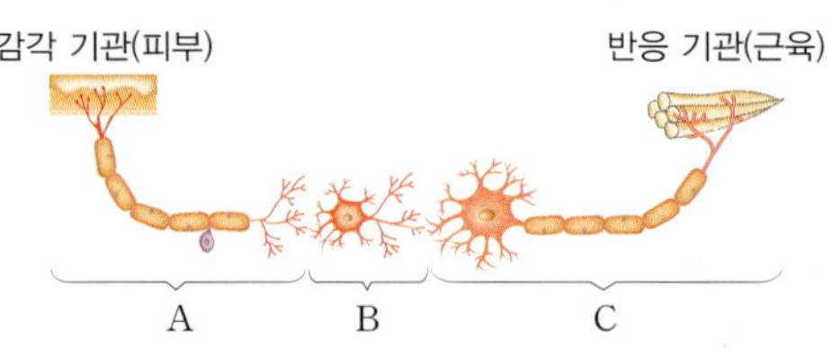

04 A~C에 해당하는 뉴런을 옳게 짝 지은 것은?

	A	B	C
①	감각 뉴런	연합 뉴런	운동 뉴런
②	감각 뉴런	운동 뉴런	연합 뉴런
③	연합 뉴런	감각 뉴런	운동 뉴런
④	운동 뉴런	연합 뉴런	감각 뉴런
⑤	운동 뉴런	감각 뉴런	연합 뉴런

최다빈출

05 A~C에 대한 설명으로 옳은 것을 〈보기〉에서 모두 고른 것은?

> **보기**
> ㄱ. A는 감각 기관에서 오는 자극을 받아들인다.
> ㄴ. B는 연합 뉴런으로, 중추 신경계를 구성한다.
> ㄷ. C는 중추의 명령을 반응 기관으로 전달한다.

① ㄱ ② ㄴ ③ ㄱ, ㄷ
④ ㄴ, ㄷ ⑤ ㄱ, ㄴ, ㄷ

B 중추 신경계

06 다음은 뇌의 한 부분에 대한 설명이다.

> • 우리 몸의 균형을 유지하고, 근육 운동을 조절한다.
> • 이곳에 이상이 생기면 조화로운 운동을 하지 못하고, 안정적인 자세를 유지할 수 없다.

이와 관련 깊은 뇌의 부위는?

① 간뇌 ② 대뇌 ③ 소뇌
④ 연수 ⑤ 중간뇌

기출 분석 p. 133

뇌의 구조와 기능을 이해하고 있어야 하며, 신경계의 구조와 기능에 대해서도 알아두자.

07 그림은 사람 뇌의 구조를 나타낸 것이다.

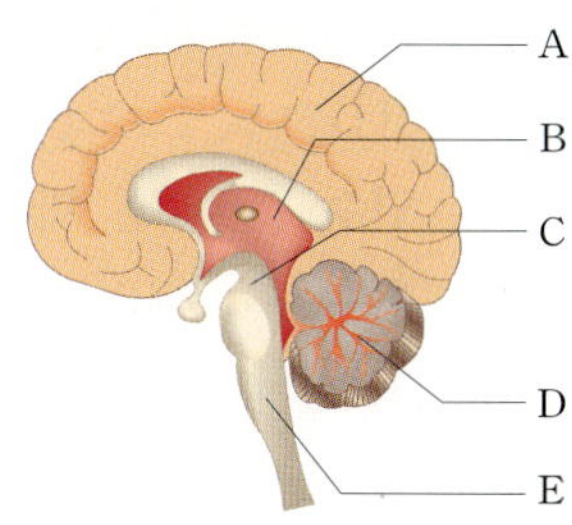

이에 대한 설명으로 옳은 것은?

① A는 동공 반사의 중추이다.
② B는 추리, 기억 등의 고등 정신 활동을 담당한다.
③ C는 혈당량과 체온을 일정하게 유지한다.
④ D는 무릎 반사, 배뇨 등의 반사 중추이다.
⑤ E는 심장 박동과 호흡 운동을 조절한다.

[08~09] 그림은 사람의 신경계를 나타낸 것이다.

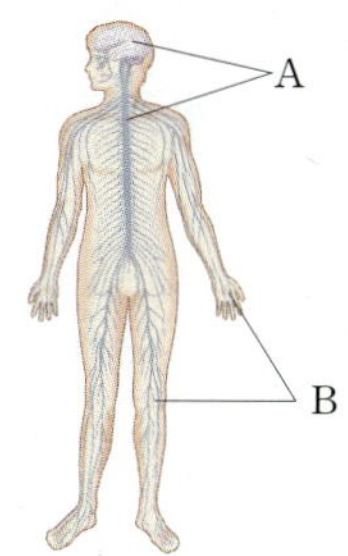

08 신경계를 크게 두 가지로 구분할 때, A와 B에 해당하는 신경계를 쓰시오.

최다빈출

09 사람의 신경계에 대한 설명으로 옳지 <u>않은</u> 것은?

① A는 연합 뉴런으로 이루어져 있다.
② A와 B를 이루는 기본 단위는 뉴런이다.
③ B는 운동 신경으로만 이루어진다.
④ B는 몸의 각 부분과 중추 신경계를 연결한다.
⑤ 자극에 대한 정보를 종합하고 판단하여 명령을 내리는 신경계는 A이다.

C 말초 신경계

10 말초 신경계에 대한 설명으로 옳은 것은?

① 운동 신경으로만 구성되어 있다.
② 교감 신경은 자율 신경을 구성한다.
③ 대뇌의 직접적인 조절을 모두 받는다.
④ 위기에 처했을 때 부교감 신경이 작용한다.
⑤ 우리 몸의 각 부분은 말초 신경계에 의해 모두 뇌와 직접 연결되어 있다.

11 교감 신경의 작용으로 옳지 <u>않은</u> 것은?

① 동공 확대 ② 소화 운동 촉진
③ 호흡 운동 촉진 ④ 심장 박동 촉진
⑤ 소화액 분비 억제

12 그림 (가)는 도로를 걷다가 갑자기 차가 나타나 위험을 느꼈을 때, (나)는 차가 지나간 후 위험한 상황에서 벗어났을 때의 모습을 나타낸 것이다.

(가)　　　　　(나)

(가), (나) 상황에서 우리 몸에 작용하는 자율 신경에 대한 설명으로 옳은 것은?

① (가)에서 동공이 확대된다.
② (가)에서 부교감 신경이 작용한다.
③ (나)에서 교감 신경이 작용한다.
④ (나)에서 심장 박동이 빨라진다.
⑤ (가)와 (나)는 모두 대뇌의 직접적인 명령을 받아 일어난다.

D 자극에 따른 반응의 경로

[13~14] 그림 (가)는 잠자리를 보고 손으로 잡을 때의 반응 경로를, (나)는 무릎뼈 바로 아래를 고무망치로 가볍게 쳤을 때의 반응 경로를 나타낸 것이다.

(가)   (나)

13 이에 대한 설명으로 옳은 것은?

① (가)는 무의식적으로 일어나는 반응이다.
② (가)의 반응 경로에 척수가 포함되지 않는다.
③ (나)는 대뇌가 관여하지 않는다.
④ (가)는 (나)에 비해 반응 속도가 빠르다.
⑤ (나)는 (가)에 비해 반응의 경로가 매우 길다.

14 다음은 (나)의 반응 경로이다. ( ) 안에 들어갈 알맞은 말을 쓰시오.

> 자극 → 감각 기관(피부) → ㉠ ( ) 신경
> → ㉡ ( ) → ㉢ ( ) 신경 → 반응
> 기관(근육) → 반응

15 그림은 축구를 하다가 헤딩을 할 때 순간적으로 눈을 감는 행동을 나타낸 것이다.

헤딩을 할 때, 순간적으로 눈을 감는 행동에 대한 설명으로 옳은 것을 〈보기〉에서 모두 고른 것은?

> **보기**
> ㄱ. 의식적인 반응이다.
> ㄴ. 대뇌의 기억에 의해 일어난다.
> ㄷ. 순간적으로 눈을 감는 행동은 헤딩을 하는 반응보다 더 빠르게 일어난다.

① ㄱ   ② ㄷ   ③ ㄱ, ㄴ
④ ㄱ, ㄷ   ⑤ ㄴ, ㄷ

16 다음 반응 (가)와 (나)의 중추를 옳게 짝 지은 것은?

(가) 팔에 앉은 모기를 보고 쫓는다.   (나) 뜨거운 피자를 잡는 순간 자신도 모르게 피자를 떨어뜨렸다.

	(가)	(나)			(가)	(나)
①	대뇌	연수		②	대뇌	대뇌
③	대뇌	척수		④	소뇌	연수
⑤	척수	척수				

17 다음에서 설명하는 반응과 그 반응의 중추를 옳게 짝 지은 것은?

구분	반응	중추
①	갑자기 기침이 나왔다.	대뇌
②	레몬을 입에 넣었을 때 침이 고였다.	간뇌
③	우리 몸의 체온은 항상 일정하다.	중간뇌
④	공부를 하는 데 갑자기 하품이 나왔다.	연수
⑤	밝은 곳에서 어두운 곳으로 들어갔더니 동공이 커졌다.	척수

18 그림은 자극에 대한 반응 경로를 나타낸 것이다.

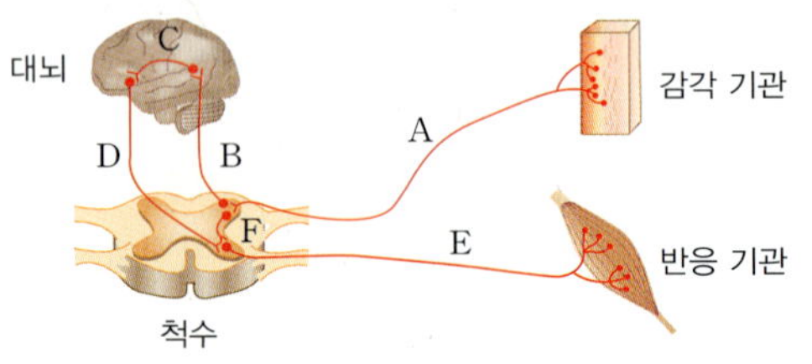

겨울에 손이 시려워서 주머니에 손을 넣을 때의 반응 경로를 기호를 이용하여 쓰시오.

서술형은 이렇게

19 그림은 뉴런의 구조를 나타낸 것이다.

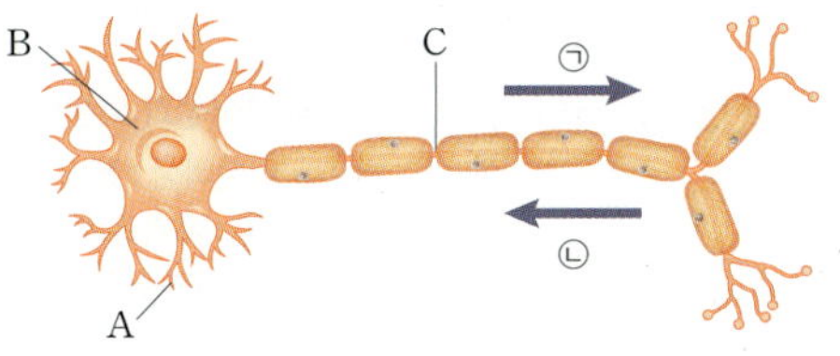

(1) A~C 중 핵을 가지고 있어 다양한 생명 활동이 일어나는 부위의 기호와 명칭을 쓰시오.

____

(2) 연결되어 있는 다른 뉴런으로부터 자극을 받아들였을 때 자극은 ㉠과 ㉡ 중 어떤 방향으로 이동하는지 쓰시오.

____

20 그림은 3개의 뉴런 A~C가 연결되어 있는 것을 나타낸 것이다.

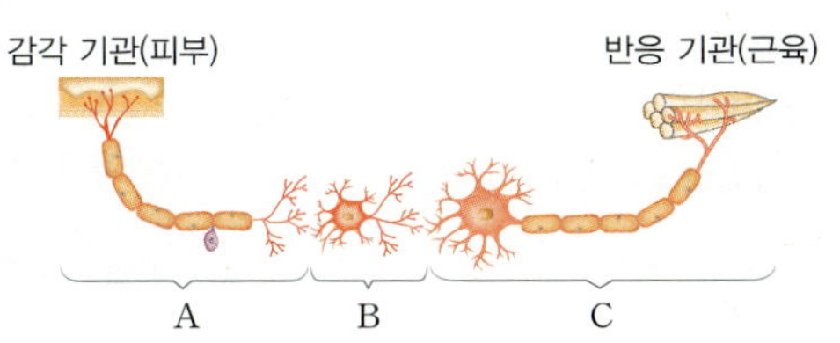

(1) A~C의 명칭을 쓰시오.

____

(2) A~C 사이에 자극이 전달되는 경로를 순서대로 쓰시오.

____

21 우리가 사나운 개를 만났을 때 작용하는 자율 신경의 종류를 쓰고, 이때 동공의 크기, 호흡 운동, 심장 박동의 변화에 대해 서술하시오.

____

22 그림은 사람 뇌의 구조를 나타낸 것이다.

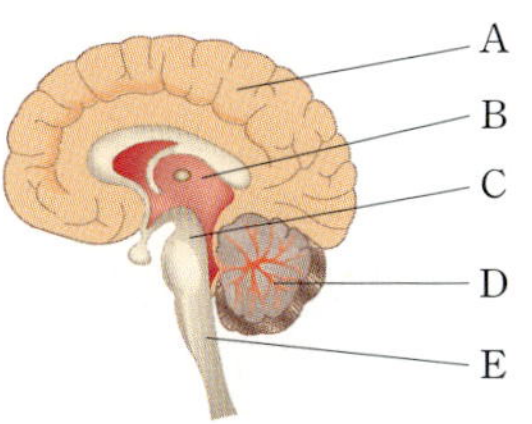

A~E 중 자는 동안에도 활발하게 활동하는 부위는 어디인지 근거를 들어 서술하시오.

____

23 그림은 자극에 대한 반응 경로를 나타낸 것이다.

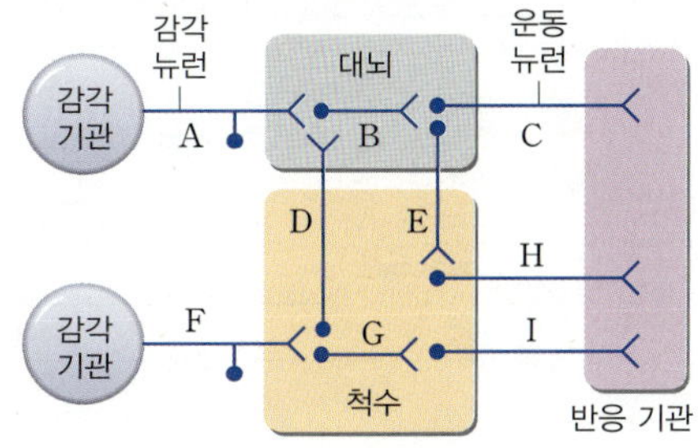

(1) 뜨거운 물체에 손이 닿았을 때, 자신도 모르게 손을 움츠리는 반응의 종류와 이때 반응 경로를 기호를 이용하여 쓰시오.

____

(2) 어두운 방에서 손을 더듬어 전등 스위치를 누르는 반응의 종류와 이때 반응 경로를 기호를 이용하여 쓰시오.

____

03 호르몬

A 호르몬

1. 호르몬 내분비샘에서 혈액으로 분비되어 표적 세포나 표적 기관으로 신호를 전달하는 화학 물질

2. 호르몬의 특징

(1) 체내의 특정한 조직이나 기관에서 만들어져 혈액으로 분비된다.

(2) 혈액을 통해 이동하다가 표적 기관 또는 표적 세포에만 작용한다.

(3) 적은 양으로 우리 몸의 생리 작용을 조절한다.

(4) 분비량이 너무 많으면 과다증, 너무 적으면 결핍증과 같은 증상이 나타날 수 있다.

3. 호르몬과 신경에 의한 작용

구분	전달 매체	전달 속도	작용 범위	효과의 지속성
호르몬	혈액	느리다.	넓다.	지속적이다.
신경	뉴런	빠르다.	좁다.	일시적이다.

B 사람의 내분비계

1. 내분비계 호르몬을 생성하여 분비하는 기관들의 모임

2. 사람의 내분비샘과 호르몬 기출 분석 p. 142

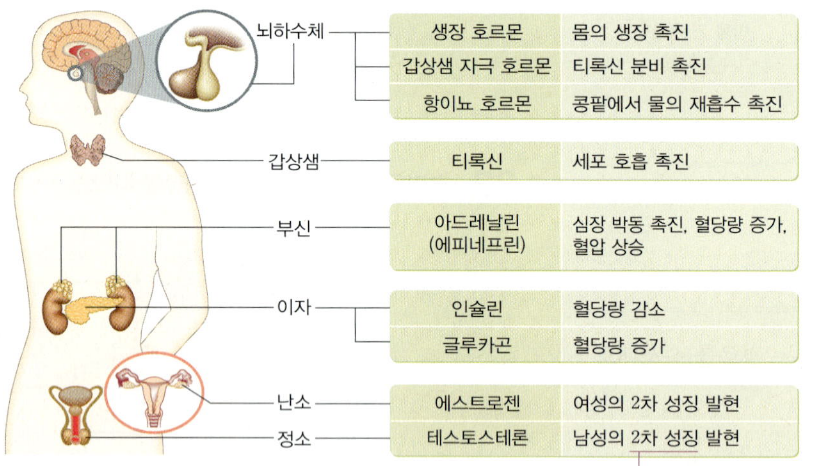

3. 호르몬의 과다증과 결핍증

호르몬 이상		질병	증상
생장 호르몬	결핍	소인증	키가 정상인에 비해 매우 작다.
	과다	거인증	키가 정상인에 비해 매우 크다.
		말단 비대증	몸의 말단부(손, 발, 코 등)가 커지거나 두꺼워진다.
티록신	결핍	갑상샘 기능 저하증	쉽게 피로해지고, 추위를 잘 타며, 체중이 증가한다.
	과다	갑상샘 기능 항진증	맥박이 빨라지고, 눈이 돌출되며, 체중이 감소한다.
인슐린	결핍	당뇨병	오줌에 당이 섞여 나오고, 심한 갈증과 피로가 자주 나타나며, 합병증을 유발한다.

내분비샘과 외분비샘

- 내분비샘 : 분비관이 따로 없어 혈관으로 호르몬을 직접 분비하는 조직이나 기관
- 외분비샘 : 분비관을 통해 물질(침, 소화액, 눈물 등)을 분비하는 조직이나 기관

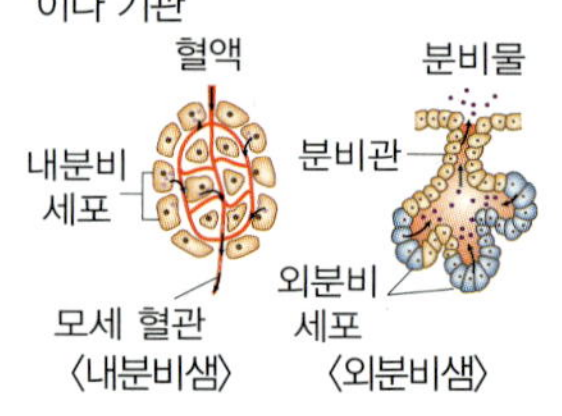

뇌하수체

간뇌의 시상 하부 아래에 있는 분비샘으로 전엽과 후엽으로 구성된다.

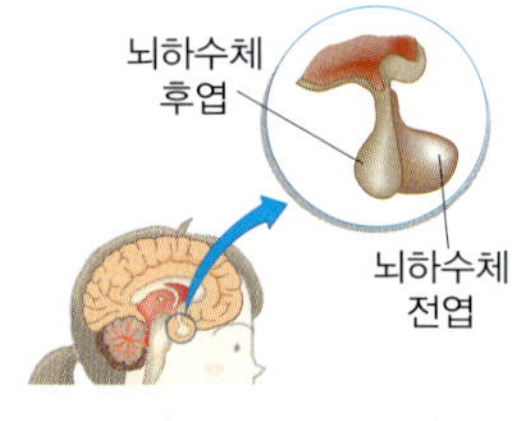

이자

이자는 혈당량 조절 호르몬을 분비하는 내분비샘이면서, 영양소를 분해하는 소화 효소를 분비하는 외분비샘의 기능도 있다.

청소년기의 2차 성징

청소년기에 뇌하수체에서 생식샘 자극 호르몬이 분비되면 난소와 정소에서 성호르몬이 분비되고, 이 성호르몬의 작용으로 2차 성징이 나타난다.

- 남자 : 목소리가 굵어지고 수염이 나며 골격과 근육이 발달한다. 정자를 생성하기 시작한다.
- 여자 : 가슴과 골반이 발달하고, 월경과 배란이 일어난다.

개념 **바로 확인**

초성 확인 문제

01 ㅎㄹㅁ : 내분비샘에서 혈액으로 분비되어 신호를 전달하는 물질

02 호르몬은 ㅍㅈ ㄱㅍ에 작용한다.

03 호르몬은 신경보다 전달 속도가 ㄴㄹㄷ.

04 ㅅㅈ 호르몬 : 뇌하수체에서 분비되며, 몸의 생장을 촉진하는 호르몬

05 ㅇㄷㄹㄴㄹ : 부신에서 분비되며 심장 박동을 촉진하는 호르몬

06 갑상샘 기능 ㅈㅎㅈ : 티록신의 분비가 부족하여 생기는 질병

A 호르몬

01 호르몬에 대한 설명으로 옳은 것은 ○, 옳지 않은 것은 ×로 표시하시오.

(1) 외분비샘에서 분비된다. ·· (   )

(2) 분비관을 통해 분비된다. ·· (   )

(3) 혈액을 통해 이동하다가 표적 기관에 작용한다. ················· (   )

(4) 적은 양으로 우리 몸의 생리 작용을 조절하지 못한다. ·········· (   )

02 오른쪽 그림은 우리 몸에서 신호가 전달되는 과정을 나타낸 것이다.

(1) A의 명칭을 쓰시오.

(2) B와 같이 신호를 받아들이는 기관을 무엇이라 하는지 쓰시오.

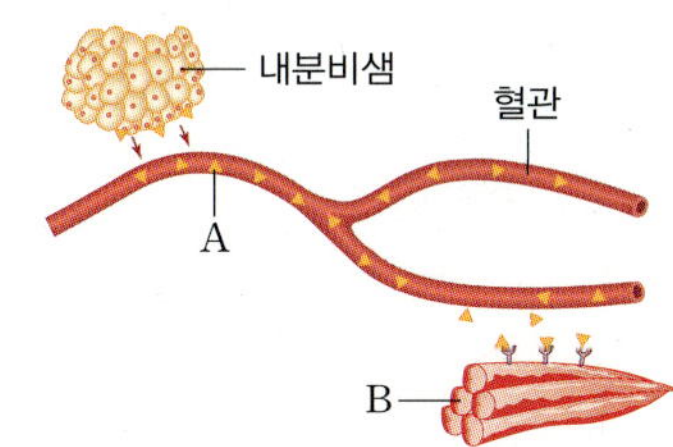

03 다음 설명 중 호르몬과 관련된 설명에는 '호', 신경계와 관련된 설명에는 '신'이라고 쓰시오.

(1) 작용 범위가 넓다. ··· (   )

(2) 반응 속도가 빠르다. ·· (   )

(3) 효과가 일시적이다. ·· (   )

(4) 혈액에 의해 전달된다. ·· (   )

B 사람의 내분비계

[04~05] 오른쪽 그림은 사람의 내분비샘을 나타낸 것이다.

04 각 내분비샘의 명칭을 쓰시오.

(1) A : (   )　(2) B : (   )

(3) C : (   )　(4) D : (   )

(5) E : (   )

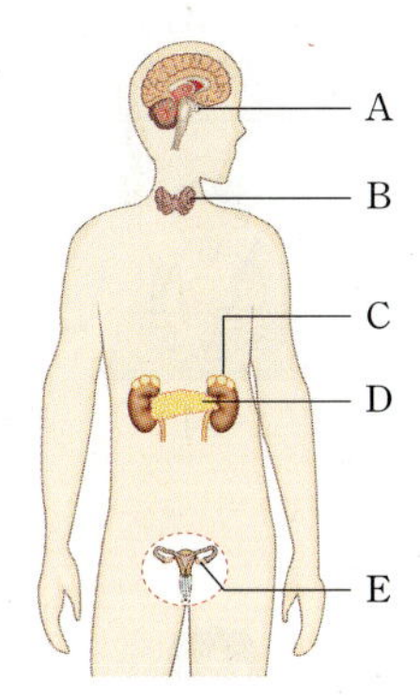

05 표는 내분비샘 A~E에서 분비되는 호르몬과 그 호르몬의 기능을 나타낸 것이다. (   ) 안에 들어갈 알맞은 말을 쓰시오.

내분비샘	호르몬	기능
A	㉠ ( )	콩팥에서 물의 재흡수 촉진
B	㉡ ( )	세포 호흡 촉진
C	아드레날린	㉢ ( ) 촉진
D	인슐린	혈당량 ㉣ ( )
E	㉤ ( )	여성의 2차 성징 발현

03 호르몬

ⓒ 항상성

1. 항상성 외부 환경 변화에 대응하여 생명 현상이 제대로 일어날 수 있도록 우리 몸속 상태(체온, 혈당량, 몸속 수분량 등)를 일정하게 유지하려는 성질

(1) 항상성 조절 중추는 간뇌이다.

(2) 항상성은 호르몬과 신경의 작용에 의해 조절된다.

2. 체온 조절

더울 때	피부 근처에 있는 혈관이 확장되고, 땀 분비가 증가한다. ➡ 열 방출량 증가, 열 발생량 감소
추울 때	피부 근처에 있는 혈관이 수축되고, 몸의 근육이 떨린다. ➡ 열 방출량 감소, 열 발생량 증가

땀을 흘리면 땀이 기화하면서 피부의 열에너지를 흡수하여 체온이 낮아진다.

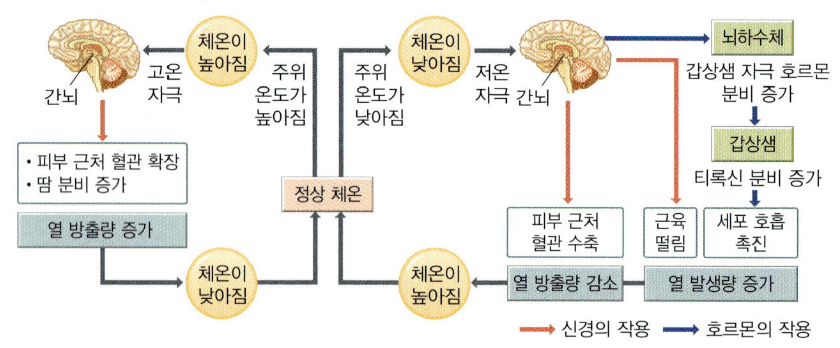

3. 혈당량 조절 [기출 분석 p. 142] [더 알아보기 p. 143]

혈당량이 높을 때	이자에서 인슐린 분비 증가 → 조직 세포의 포도당 흡수 촉진, 간에서 포도당을 글리코젠으로 합성 촉진 → 혈당량 감소 → 정상 혈당량
혈당량이 낮을 때	이자에서 글루카곤 분비 증가 → 간에서 글리코젠을 포도당으로 분해, 방출 촉진 → 혈당량 증가 → 정상 혈당량

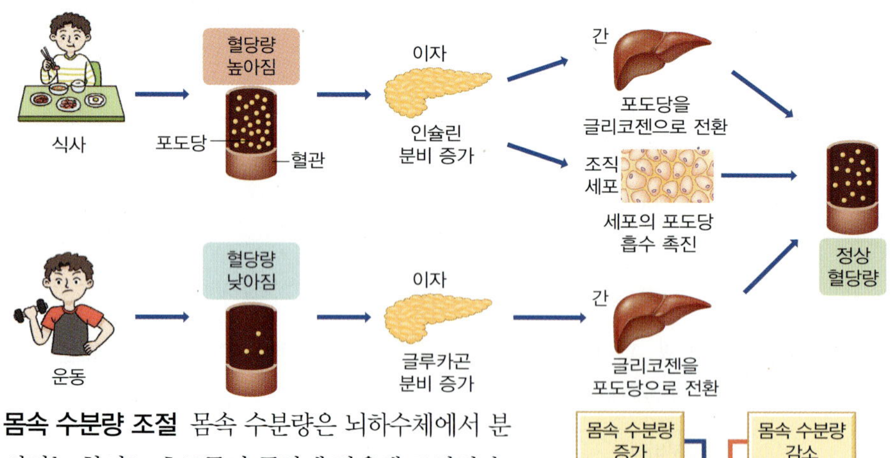

4. 몸속 수분량 조절 몸속 수분량은 뇌하수체에서 분비되는 항이뇨 호르몬이 콩팥에 작용해 조절된다.

(1) **몸속 수분량 증가** : 뇌하수체에서 분비되는 항이뇨 호르몬 분비 감소 → 물의 재흡수 억제 → 오줌의 양 증가

(2) **몸속 수분량 감소** : 뇌하수체에서 분비되는 항이뇨 호르몬 분비 증가 → 물의 재흡수 촉진 → 오줌의 양 감소

온도 변화에 따른 피부 근처의 혈관의 변화

· 더울 때 : 피부 근처의 혈관이 확장하며, 이때 혈관을 흐르는 혈액의 양이 증가하여 열 방출량이 증가한다.

· 추울 때 : 피부 근처의 혈관이 수축하며, 이때 혈관을 흐르는 혈액의 양이 감소하여 열 방출량이 감소한다.

포도당

· 포도당은 탄수화물을 이루는 기본 단위로 단당류이다.

· 생명 활동에 필요한 에너지를 공급하는 주요 에너지원이다.

글리코젠

글리코젠은 동물의 간이나 근육 등에 저장되어 있는 탄수화물 중 하나이다.

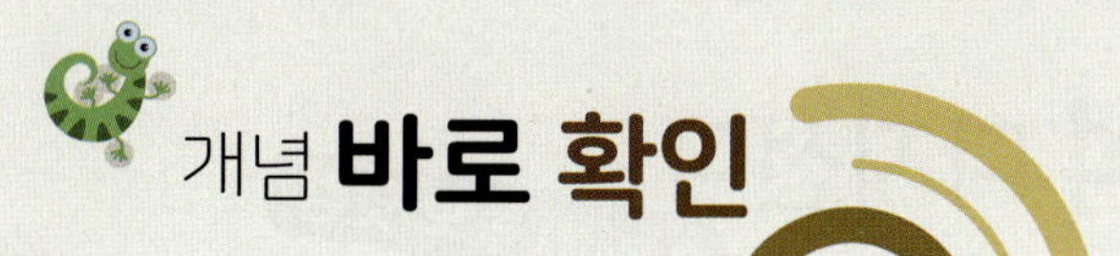
개념 **바로 확인**

07 ㅎㅅㅅ : 외부 환경의 변화에 적절하게 반응하여 몸의 상태를 일정하게 유지하는 성질

08 항상성은 호르몬과 ㅅㄱ의 작용에 의해 조절된다.

09 체온과 혈당량의 조절 중추는 ㄱㄴ이다.

10 더울 때 : 열 방출량 ㅈㄱ, 열 발생량 ㄱㅅ

11 혈당량이 높을 때는 이자에서 ㅇㅅㄹ이, 혈당량이 낮을 때는 이자에서 ㄱㄹㅋㄱ이 분비된다.

ⓒ 항상성

06 항상성에 대한 설명으로 옳은 것은 ○, 옳지 <u>않은</u> 것은 ×로 표시하시오.

(1) 조절 중추는 연수이다. ·· (   )

(2) 호르몬의 작용에 의해서만 조절된다. ································ (   )

(3) 외부 환경에 대해 몸의 상태를 일정하게 유지하려는 성질이다. ······· (   )

[07~08] 그림은 체온이 조절되는 과정을 나타낸 것이다. (가)와 (나)는 각각 추울 때와 더울 때 중 하나이다.

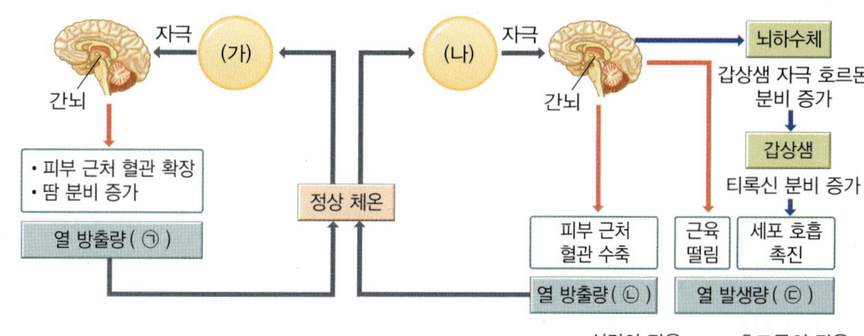

07 (가)와 (나)에 해당하는 상황을 쓰시오.

(1) (가) : (   )   (2) (나) : (   )

08 ㉠~㉢에 들어갈 알맞은 말을 쓰시오.

(1) ㉠ : (   )   (2) ㉡ : (   )   (3) ㉢ : (   )

[09~10] 오른쪽 그림은 혈당량이 조절되는 과정을 나타낸 것이다.

09 A와 B에 해당하는 호르몬을 쓰시오.

(1) A : (   )
(2) B : (   )

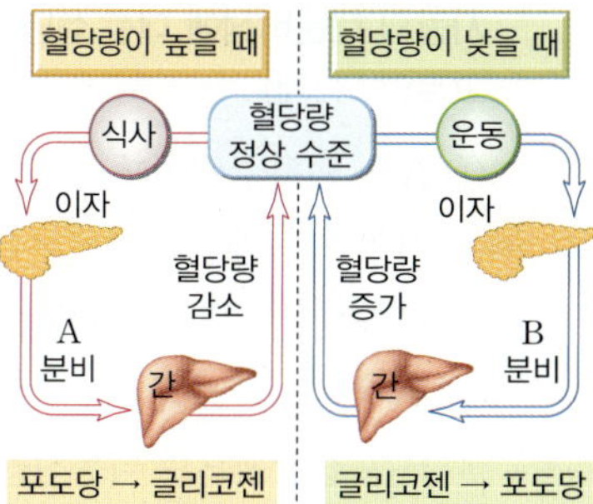

10 혈당량 조절 과정에 대한 설명으로 옳은 것은 ○, 옳지 <u>않은</u> 것은 ×로 표시하시오.

(1) A와 B가 작용하는 표적 기관은 간이다. ································ (   )

(2) A와 B에 의해 혈당량이 일정하게 유지된다. ······················ (   )

11 다음 설명에 해당하는 호르몬을 쓰시오.

> • 몸속 수분량을 조절하는 호르몬이다.
> • 콩팥에 작용하여 물의 재흡수를 촉진하는 호르몬이다.

사람의 내분비샘과 호르몬

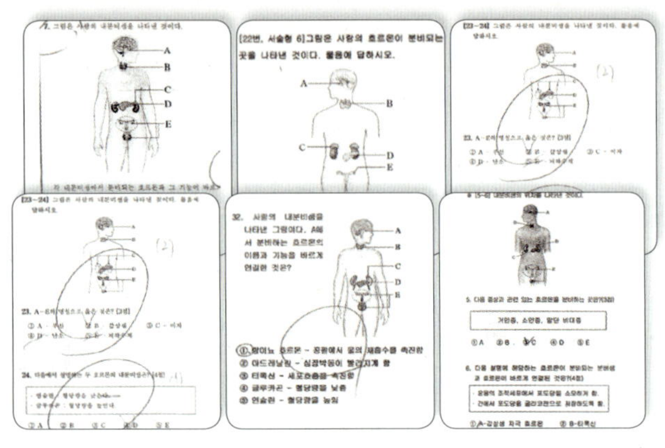

혈당량 조절

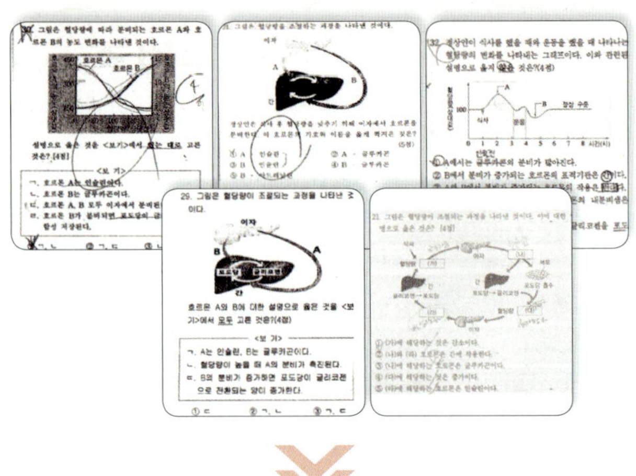

---

01 그림은 사람의 내분비샘을 나타낸 것이다.

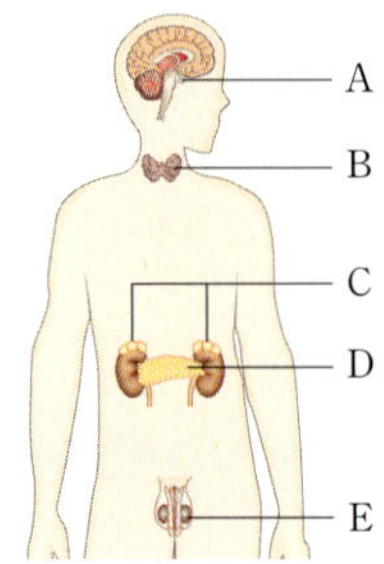

사람의 내분비샘에 대한 설명으로 옳지 <u>않은</u> 것을 모두 고르면? (2개)

① A는 뇌하수체이다.
② 거인증과 관련된 호르몬은 A에서 분비된다.
③ 티록신 분비를 촉진하는 호르몬은 A에서 분비된다.
④ B는 갑상샘으로 티록신을 분비한다.
⑤ 세포 호흡을 촉진하는 호르몬은 B에서 분비된다.
⑥ C에서 혈당량을 감소시키는 아드레날린이 분비된다.
⑦ D에서 혈당량을 조절하는 호르몬이 분비된다.
⑧ 인슐린과 글루카곤은 D에서 분비된다.
⑨ 생식샘 자극 호르몬은 E에서 분비된다.
⑩ 테스토스테론은 E에서 분비된다.

02 그림은 호르몬 A와 B에 의해 혈당량이 조절되는 과정을 나타낸 것이다.

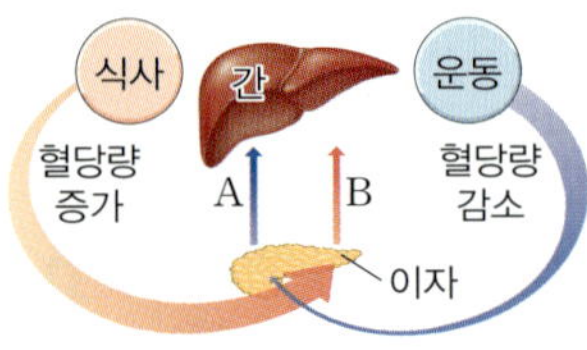

혈당량 조절 과정에 대한 설명으로 옳지 <u>않은</u> 것을 모두 고르면? (2개)

① 간은 A와 B의 표적 기관이다.
② A는 혈당량을 증가시키는 글루카곤이다.
③ 체내 혈당량이 낮을 때 A의 분비가 촉진된다.
④ B는 혈당량을 감소시키는 인슐린이다.
⑤ 아드레날린은 B와 같은 작용을 한다.
⑥ B는 조직 세포의 포도당 흡수를 촉진한다.
⑦ 체내 혈당량이 높을 때 B의 분비가 촉진된다.
⑧ B의 작용으로 간에서 포도당이 글리코젠으로 분해된다.
⑨ B가 결핍되면 오줌으로 포도당이 배출될 수 있다.
⑩ 운동을 하면 A의 분비가 촉진되고 B의 분비가 억제된다.

◉ 혈당량 조절

① 이자에서 분비되는 호르몬에 의한 혈당량 조절

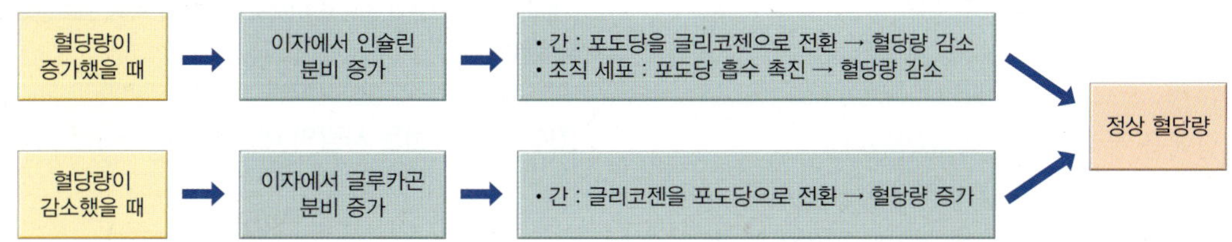

② **식사 후와 운동 후의 체내 혈당량 조절**

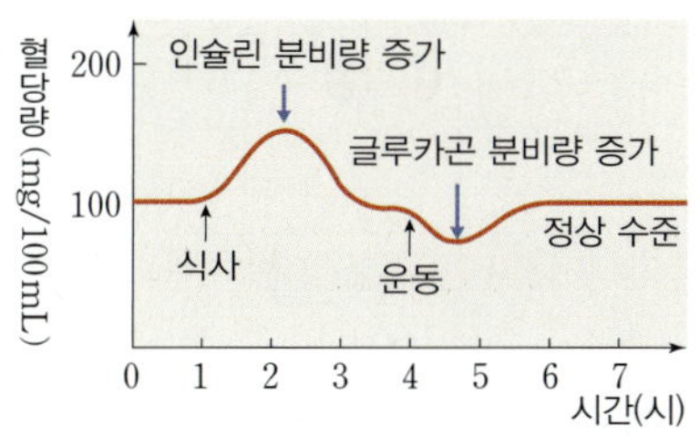

1. 식사 후 녹말이 포도당으로 소화된 후 소장의 융털로 흡수되므로 체내 혈당량이 증가한다.

> 체내 혈당량 증가 → 인슐린 분비량 증가 → 간에서 포도당이 글리코젠으로 합성, 조직 세포의 포도당 흡수 촉진 → 혈당량 감소

2. 운동 후 운동을 하면 에너지가 많이 필요하므로 포도당이 소모되어 체내 혈당량이 감소한다.

> 체내 혈당량 감소 → 글루카곤 분비량 증가 → 간에서 글리코젠이 포도당으로 분해, 방출 → 혈당량 증가

③ **정상인과 당뇨병 환자에서 식사 후 혈당량과 혈액의 인슐린 농도 변화**

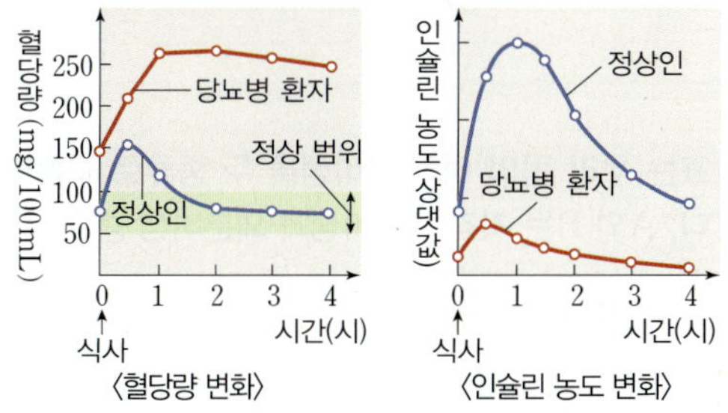

1. 정상인 식사 후 혈당량이 증가하면 인슐린의 농도가 증가하여 혈당량을 정상 수준으로 낮춘다.

> 인슐린은 간에서 포도당이 글리코젠으로 합성되도록 하고, 조직 세포의 포도당 흡수를 촉진하여 혈당량을 낮춘다.

2. 당뇨병 환자 혈당량이 증가해도 정상인만큼 인슐린이 농도가 증가하지 않으므로 혈당량을 정상 수준으로 낮추지 못한다.

유제 01

그림은 혈당량이 증가했을 때와 감소했을 때의 조절 과정을 나타낸 것이다.

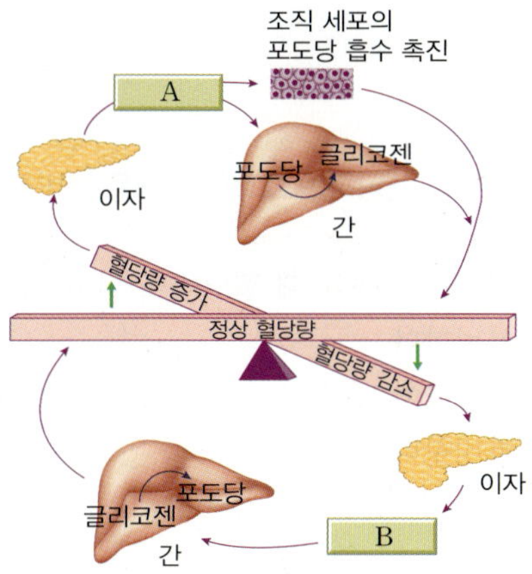

A와 B에 해당하는 호르몬을 쓰시오.

유제 02

그림은 체내 혈당량에 따른 호르몬 A와 B의 농도를 나타낸 것이다. A와 B는 이자에서 분비된다.

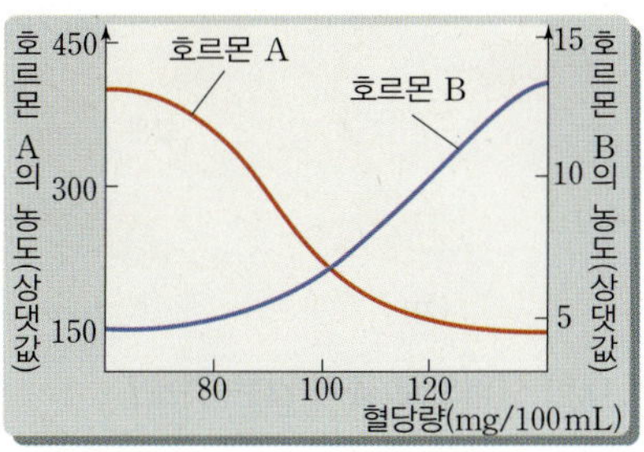

⑴ A와 B에 해당하는 호르몬을 쓰시오.
⑵ A와 B 중 식사 후 분비량이 증가하는 호르몬을 쓰시오.

A 호르몬

최다빈출

01 호르몬에 대한 설명으로 옳은 것을 〈보기〉에서 모두 고른 것은?

> **보기**
> ㄱ. 혈액을 통해 온몸으로 운반된다.
> ㄴ. 적은 양으로 몸의 생리 작용을 조절한다.
> ㄷ. 우리 몸의 모든 기관에 동일하게 작용한다.

① ㄱ   ② ㄷ   ③ ㄱ, ㄴ
④ ㄴ, ㄷ   ⑤ ㄱ, ㄴ, ㄷ

02 표는 우리 몸의 여러 분비샘을 두 종류로 구분한 것이다. A와 B는 각각 내분비샘과 외분비샘 중 하나이다.

A	땀샘, 소화샘, 침샘
B	뇌하수체, 갑상샘

이에 대한 설명으로 옳은 것은?

① A는 내분비샘이다.
② 부신은 A에 속한다.
③ 호르몬은 B에서 분비된다.
④ B는 분비관을 통해 물질을 분비한다.
⑤ A와 B에서 분비되는 물질은 모두 표적 기관에만 작용한다.

03 그림은 우리 몸에서 신호가 전달되는 2가지 방법을 나타낸 것이다.

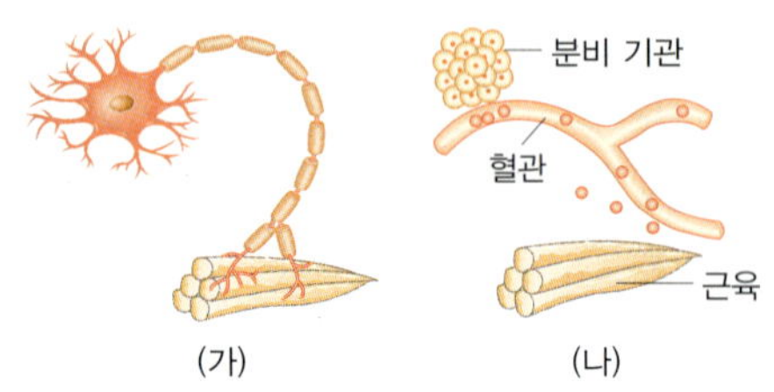

이에 대한 설명으로 옳지 **않은** 것은?

① (가)는 신경을 통해 신호가 전달된다.
② (나)는 호르몬을 통해 신호가 전달된다.
③ (가)는 (나)보다 작용 범위가 넓다.
④ (가)는 (나)보다 반응 속도가 빠르다.
⑤ (나)는 (가)보다 반응 효과가 지속적이다.

B 사람의 내분비계

기출 분석 p. 142

내분비샘과 호르몬의 종류를 이해하고 있어야 하며, 호르몬과 관련된 질병도 알아두자.

[04~06] 그림은 사람의 내분비샘을 나타낸 것이다.

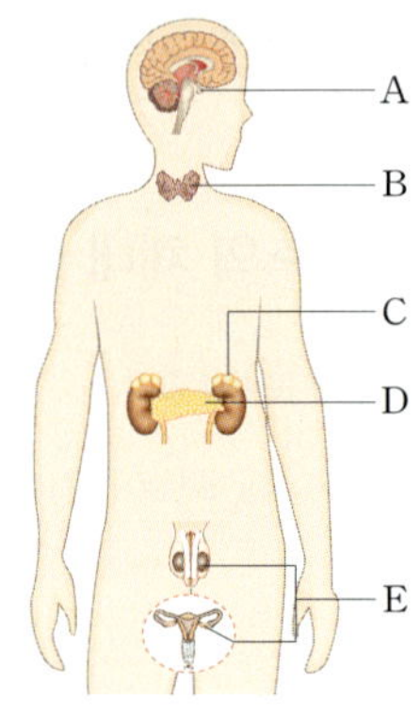

04 A~E에서 분비되는 호르몬을 옳게 짝 지은 것은?

① A – 아드레날린   ② B – 티록신
③ C – 글루카곤   ④ D – 테스토스테론
⑤ E – 생식샘 자극 호르몬

05 몸의 생장을 촉진하는 호르몬을 분비하는 곳은?

① A   ② B   ③ C
④ D   ⑤ E

06 다음 설명에 해당하는 호르몬을 모두 분비하는 곳은?

> • 혈당량이 높을 때 혈당량을 낮추는 호르몬을 분비한다.
> • 혈당량이 낮을 때 혈당량을 높이는 호르몬을 분비한다.

① A   ② B   ③ C
④ D   ⑤ E

07 청소년기에 나타나는 변화에 대한 설명으로 옳은 것을 〈보기〉에서 모두 고른 것은?

- 보기 -
ㄱ. 남자의 2차 성징이 촉진된다.
ㄴ. 여자는 월경과 배란이 일어난다.
ㄷ. 뇌하수체에서 생식샘 자극 호르몬의 분비가 증가한다.

① ㄱ ② ㄷ ③ ㄱ, ㄴ
④ ㄴ, ㄷ ⑤ ㄱ, ㄴ, ㄷ

08 티록신이 결핍된 사람에 대한 설명으로 옳은 것은?

① 심한 갈증을 느낀다.
② 키가 비정상적으로 크다.
③ 2차 성징이 매우 빨리 나타난다.
④ 추위를 많이 타고 체중이 증가한다.
⑤ 더위를 많이 타고 땀을 많이 흘린다.

09 그림은 정상인의 손과 말단 비대증에 걸린 사람의 손 모습을 나타낸 것이다.

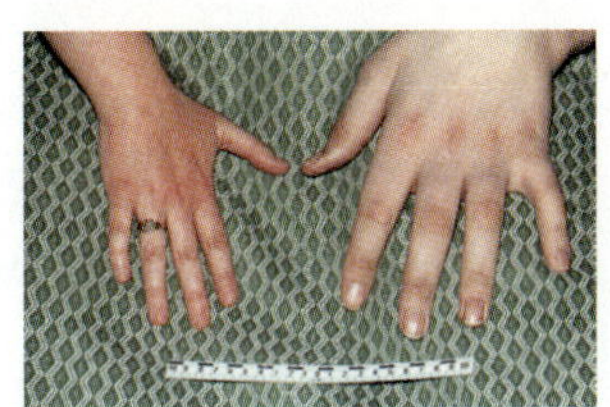

말단 비대증이 나타나는 까닭에 대한 설명으로 옳은 것은?

① 티록신 결핍으로 인해 나타난다.
② 생장 호르몬이 부족하여 나타난다.
③ 인슐린의 분비량이 부족하여 나타난다.
④ 생장 호르몬이 과다하게 분비되어 나타난다.
⑤ 부신에서 분비되는 호르몬이 결핍되어 나타난다.

C 항상성

최다빈출

10 항상성에 대한 설명으로 옳은 것을 〈보기〉에서 모두 고른 것은?

- 보기 -
ㄱ. 신경과 호르몬의 작용으로 조절된다.
ㄴ. 항상성 유지의 조절 중추는 연수이다.
ㄷ. 혈당량과 체온 등을 일정하게 유지하려는 성질이다.

① ㄱ ② ㄴ ③ ㄱ, ㄷ
④ ㄴ, ㄷ ⑤ ㄱ, ㄴ, ㄷ

11 우리 몸의 항상성과 관련 없는 것은?

① 더울 때 땀이 난다.
② 추울 때 피부 혈관이 수축된다.
③ 식사를 할 때 입에서 침이 분비된다.
④ 짜게 먹으면 물을 많이 마시게 된다.
⑤ 식사 후에는 인슐린 분비량이 증가한다.

12 추울 때 세포 호흡을 촉진하여 체내 열 발생량을 증가시키는 호르몬이 분비되는 내분비샘은?

① 뇌하수체 ② 갑상샘 ③ 이자
④ 부신 ⑤ 정소

13 그림은 추울 때 체온 조절 과정을 나타낸 것이다.

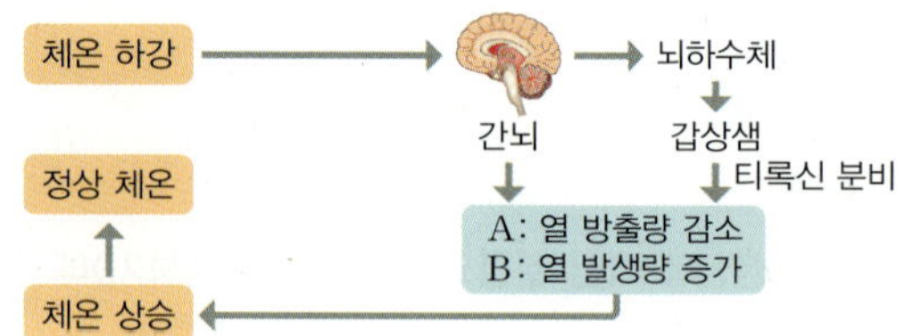

A와 B에 해당하는 작용으로 옳은 것은?

① A : 근육 떨림

② A : 피부 근처 혈관 수축

③ A : 티록신 분비 촉진

④ B : 피부 근처 혈관 수축

⑤ B : 땀 분비 증가

14 그림은 냉수욕을 할 때 체온 변화를 나타낸 것이다.

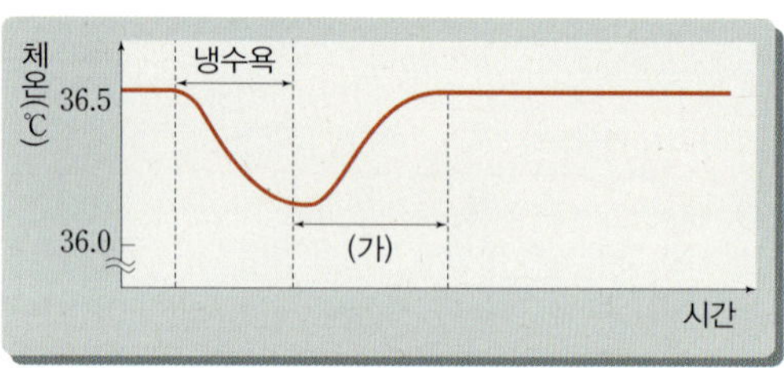

(가) 시기 동안 일어나는 작용으로 옳은 것은?

① 열 발생량이 감소한다.

② 세포 호흡이 억제된다.

③ 근육의 떨림이 감소한다.

④ 티록신의 분비량이 많아진다.

⑤ 피부 근처의 혈관이 확장된다.

기출 분석 p. 142

신경과 호르몬의 작용에 의해 혈당량이 일정하게 조절되는 과정을 이해하고 있어야 한다.

15 그림은 혈당량 조절 과정의 일부를 나타낸 것이다. A~C는 호르몬이다.

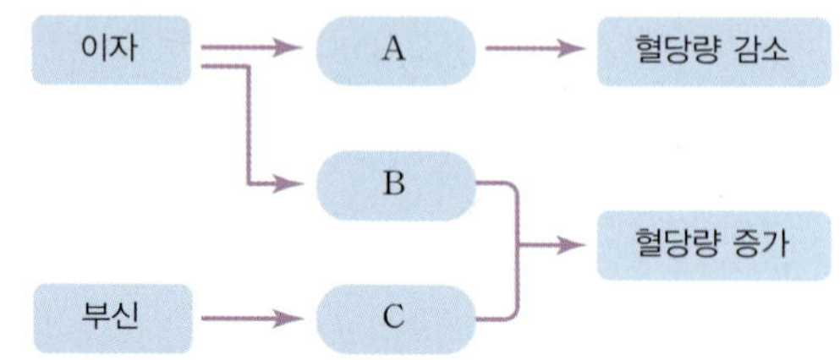

이에 대한 설명으로 옳지 <u>않은</u> 것은?

① 혈당량이 높을 때 A의 분비량이 증가한다.

② 혈당량이 낮을 때 B의 분비량이 증가한다.

③ A는 조직 세포의 포도당 흡수를 촉진한다.

④ C는 간에서 포도당을 글리코젠으로 전환시킨다.

⑤ A와 B는 혈당량에 대해 서로 반대 작용을 한다.

16 다음은 혈당량이 높아졌을 때 조절 과정을 나타낸 것이다. ㉠~㉢에 들어갈 알맞은 말을 쓰시오.

체내 혈당량이 높아지면 ㉠ (　　　　)에서 인슐린의 분비량을 증가시켜 간에서 ㉡ (　　　　)을 ㉢ (　　　　)으로 합성하고, 세포의 포도당 흡수를 ㉣ (　　　　)함으로써 혈당량을 낮춘다.

최다빈출

17 그림은 식사 후 이자에서 분비되는 호르몬 A와 B의 농도 변화를 나타낸 것이다.

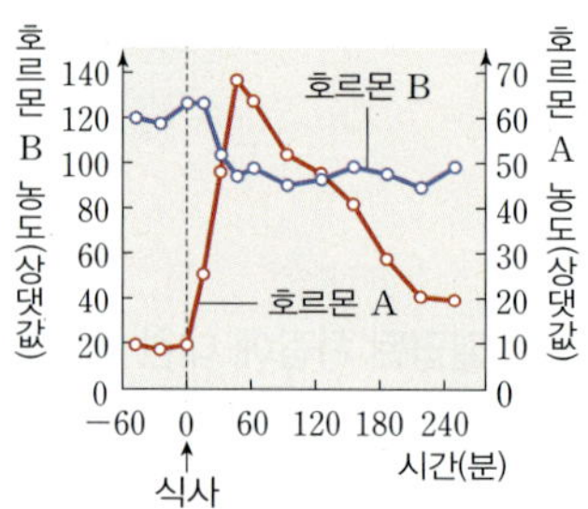

이에 대한 설명으로 옳은 것을 〈보기〉에서 모두 고른 것은?

〈보기〉

ㄱ. A는 인슐린이다.

ㄴ. A는 조직 세포에서 포도당 흡수를 촉진한다.

ㄷ. B는 간에서 포도당을 글리코젠으로 전환한다.

① ㄱ　　　　② ㄷ　　　　③ ㄱ, ㄴ

④ ㄴ, ㄷ　　　⑤ ㄱ, ㄴ, ㄷ

18 물을 많이 마셨을 때 우리 몸속에서 일어나는 작용을 〈보기〉에서 모두 고른 것은?

〈보기〉

ㄱ. 오줌의 양이 증가한다.

ㄴ. 콩팥에서 물의 재흡수가 촉진된다.

ㄷ. 뇌하수체에서 항이뇨 호르몬 분비가 증가한다.

① ㄱ　　　　② ㄴ　　　　③ ㄷ

④ ㄱ, ㄷ　　　⑤ ㄴ, ㄷ

서술형은 이렇게

[19~21] 그림은 사람의 내분비샘을 나타낸 것이다.

최다빈출

19 A와 B에서 분비되는 호르몬을 각각 1가지씩 쓰시오.

(1) A :

(2) B :

20 C에서 분비되는 호르몬을 1가지 쓰고, 그 기능에 대해 서술하시오.

21 다음은 D에서 분비되는 호르몬 X에 대한 설명이다.

> X가 정상적으로 분비되지 않거나, X가 분비되더라도 표적 세포가 X를 수용하지 못할 경우 혈당량은 정상보다 높은 상태가 지속되며, 이 상태가 유지되면 포도당이 오줌으로 배출되는 증상이 나타난다.

X의 명칭을 쓰고, X의 부족 이상으로 나타날 수 있는 질병을 1가지 쓰시오.

22 우리 몸의 항상성은 호르몬과 신경의 조절 작용으로 유지된다. 호르몬과 신경의 작용을 비교하여 차이점을 2가지만 서술하시오.

23 다음은 외부 날씨에 대해 우리 몸에서 일어나는 체온 조절 과정에 대한 설명이다.

> • 근육의 떨림
> • 티록신 분비 증가
> • 피부 근처의 혈관 수축

이와 같은 체온 조절 과정의 조절 중추를 쓰고, 날씨가 어떤 조건일 때 나타나는 조절 과정인지 서술하시오.

최다빈출

24 그림은 식사와 운동을 할 때 건강한 사람의 혈당량 변화를 나타낸 것이다. 구간 Ⅰ과 Ⅱ에서 분비되는 혈당량 조절 호르몬은 이자에서 분비된다.

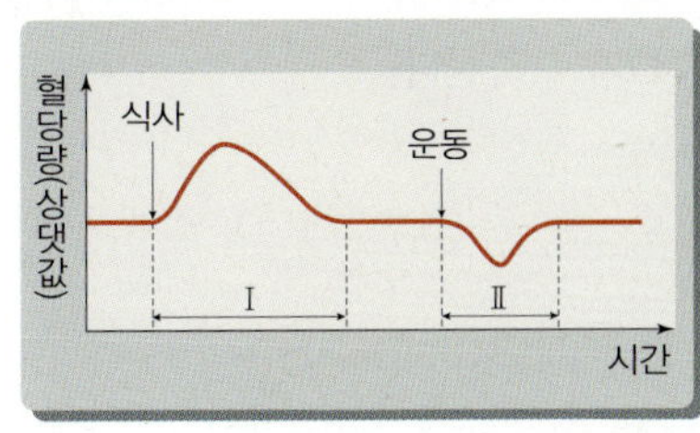

(1) 구간 Ⅰ에서 분비되는 호르몬과 이 호르몬에 의해 간에서 일어나는 조절 작용에 대해 서술하시오.

(2) 구간 Ⅱ에서 분비되는 호르몬과 이 호르몬에 의해 간에서 일어나는 조절 작용에 대해 서술하시오.

[01~02] 그림은 사람 눈의 구조를 나타낸 것이다.

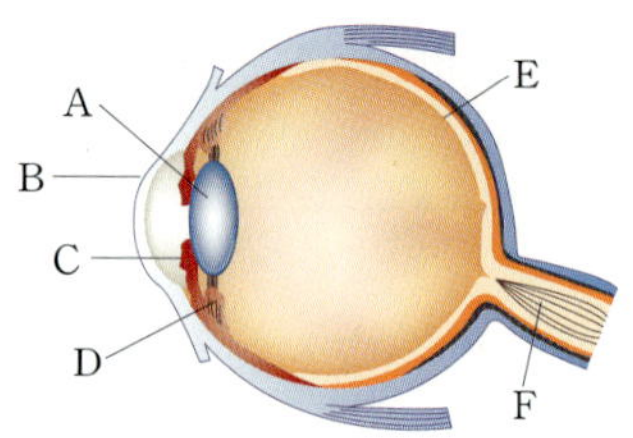

01 이에 대한 설명으로 옳은 것은?

① A는 상이 맺히는 곳이다.
② B는 들어오는 빛의 양을 조절한다.
③ C는 수정체의 두께를 조절하는 역할을 한다.
④ E에 시각 세포가 존재하여 빛 자극을 받아들인다.
⑤ 시각의 성립 경로는 B → C → A → E → F → 뇌이다.

02 서연이가 어두운 곳에 있다가 밝은 곳으로 나와서 멀리 날아가는 새를 보았을 때, 눈에서 나타나는 변화에 대한 설명으로 옳은 것을 모두 고르면? (2개)

① A가 두꺼워진다.　　② C가 확장한다.
③ C가 축소한다.　　④ D가 이완한다.
⑤ D가 수축한다.

03 손가락 끝은 손등과 손바닥의 다른 부위에 비해 감각이 예민하다. 그 까닭으로 가장 타당한 것은?

① 피부가 약해서
② 감각점이 없기 때문에
③ 피부의 감각 신경이 둔해서
④ 감각점이 많이 분포하기 때문에
⑤ 몸의 가장 말단 부위이기 때문에

04 다음은 눈의 구조 중 특정 부위의 특징을 알아보기 위한 실험이다.

> (가) 그림과 같이 종이의 왼쪽에는 ＋를, 오른쪽에는 ○를 표시한다.
>
> 
>
> (나) 왼쪽 눈을 가리고 오른쪽 눈으로 그림의 ＋에 초점을 맞추고, ＋와 ○가 모두 보이는지 확인한다.
> (다) 종이를 천천히 앞뒤로 움직였더니 어느 순간 ○가 보이지 않았다.

이 실험에 대한 설명으로 옳은 것을 〈보기〉에서 모두 고른 것은?

─〈보기〉─
ㄱ. 맹점의 특징을 알아보기 위한 실험이다.
ㄴ. (나)에서 시각 세포가 존재하는 곳에 ＋와 ○의 상이 맺혔다.
ㄷ. (다)에서 ○가 보이지 않는 것은 황반에 상이 맺혔기 때문이다.

① ㄱ　　　　② ㄷ　　　　③ ㄱ, ㄴ
④ ㄴ, ㄷ　　　⑤ ㄱ, ㄴ, ㄷ

05 그림은 두 사람의 눈에서 각각 상이 맺히는 모습을 나타낸 것이다. (가)와 (나)는 근시와 원시 중 하나이다.

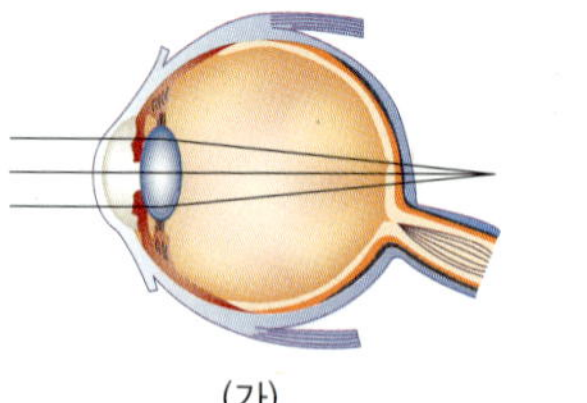
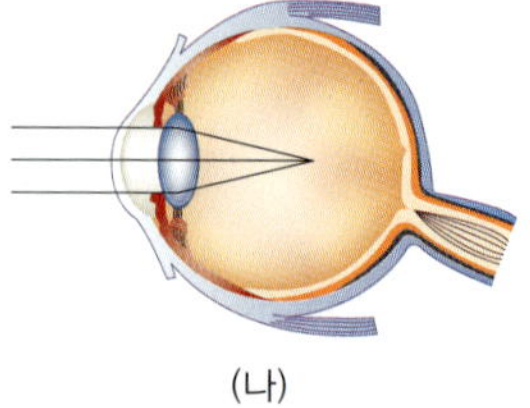

이에 대한 설명으로 옳은 것을 〈보기〉에서 모두 고른 것은?

─〈보기〉─
ㄱ. (가)는 근시이다.
ㄴ. (가)는 볼록렌즈로 시력을 교정할 수 있다.
ㄷ. (나)는 먼 곳의 물체가 잘 보이지 않는다.

① ㄱ　　　　② ㄴ　　　　③ ㄷ
④ ㄱ, ㄴ　　　⑤ ㄴ, ㄷ

[06~08] 그림은 사람 귀의 구조를 나타낸 것이다.

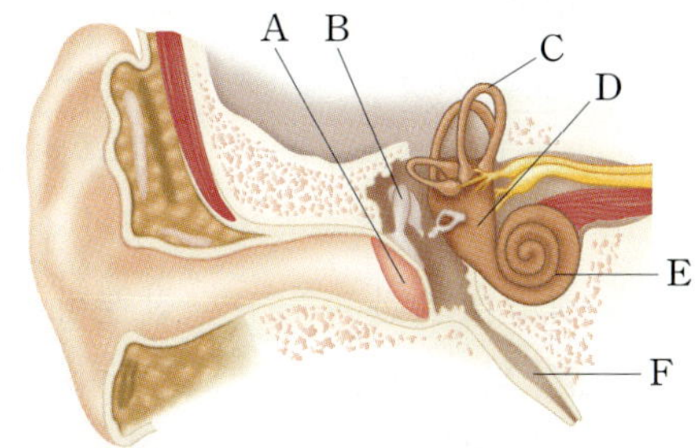

06 이에 대한 설명으로 옳은 것은?

① A는 고막의 진동을 증폭시킨다.
② B는 몸의 회전 감각을 감지한다.
③ C는 몸의 기울기를 감지한다.
④ D는 소리에 진동하는 막이다.
⑤ F는 고막 안쪽과 바깥쪽의 압력을 같게 조절한다.

07 A~F 중 청각의 성립 경로에 포함되지 <u>않는</u> 구조를 모두 고른 것은?

① A, B, C ② A, B, F ③ B, D, E
④ C, D, F ⑤ D, E, F

08 다음은 평형 감각을 알아보기 위한 실험이다.

> 한 사람은 안대로 눈을 가린 후 회전의자에 앉고, 다른 사람은 회전의자를 돌리면서 의자에 앉아 있는 사람에게 회전 방향을 물어본다.

실험 결과 눈을 가려도 회전 방향을 감지할 수 있었는데, 이와 관련된 귀의 구조를 기호로 쓰시오.

09 그림은 우리 몸에서 화학 물질을 감지하는 두 종류의 감각 세포 ㉠과 ㉡을 나타낸 것이다. A와 B는 각각 감각 세포와 뇌를 연결하는 신경이다.

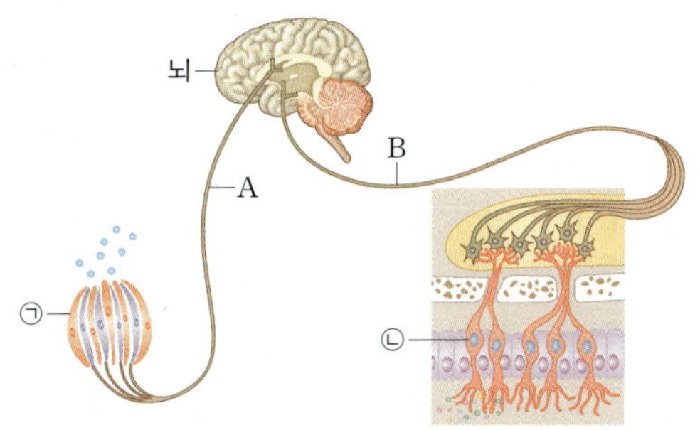

이에 대한 설명으로 옳은 것은?

① ㉠은 후각 세포이다.
② ㉠은 기체 상태의 화학 물질을 감지한다.
③ ㉡은 액체 상태의 화학 물질을 감지한다.
④ ㉠은 ㉡에 비해 매우 예민하고 쉽게 피로해진다.
⑤ 뇌에서 A와 B를 통해 전달된 자극을 통합하여 맛을 느낀다.

10 혀에 대한 설명으로 옳지 <u>않은</u> 것은?

① 액체 상태의 화학 물질을 감지한다.
② 표면에 좁쌀 모양의 돌기가 나 있다.
③ 맛세포는 매운맛과 떫은맛을 감지한다.
④ 맛봉오리에 맛을 감지하는 맛세포가 있다.
⑤ 혀는 단맛, 쓴맛, 신맛, 짠맛, 감칠맛을 감지할 수 있다.

11 뉴런에 대한 설명으로 옳지 <u>않은</u> 것은?

① 신경계를 이루는 신경 세포이다.
② 신경 세포체, 가지 돌기, 축삭 돌기로 구성된다.
③ 기능에 따라 감각 뉴런, 운동 뉴런, 연합 뉴런으로 구분된다.
④ 축삭 돌기에는 핵과 세포질이 있어 생명 활동이 일어난다.
⑤ 감각 뉴런 → 연합 뉴런 → 운동 뉴런의 순으로 자극이 전달된다.

12 오른쪽 그림은 사람 뇌의 구조를 나타낸 것이다. 이에 대한 설명으로 옳은 것은?

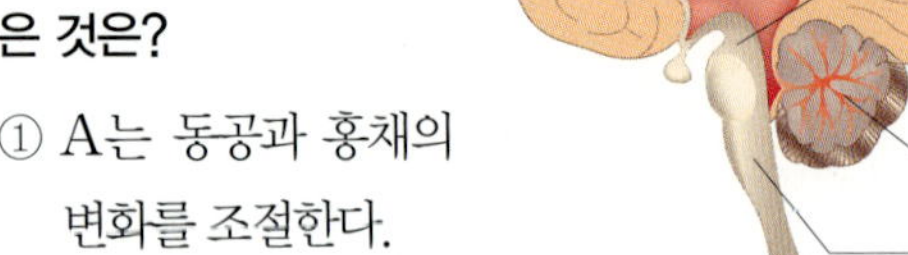

① A는 동공과 홍채의 변화를 조절한다.
② B는 심장 박동, 소화 운동 등을 조절한다.
③ C는 기억, 추리, 감정 등 정신 활동을 담당한다.
④ D는 몸의 자세를 바로 잡거나 균형을 유지한다.
⑤ E는 체온과 몸속 수분량 등을 조절한다.

13 그림은 사람이 전화를 걸고 받는 과정을 나타낸 것이다.

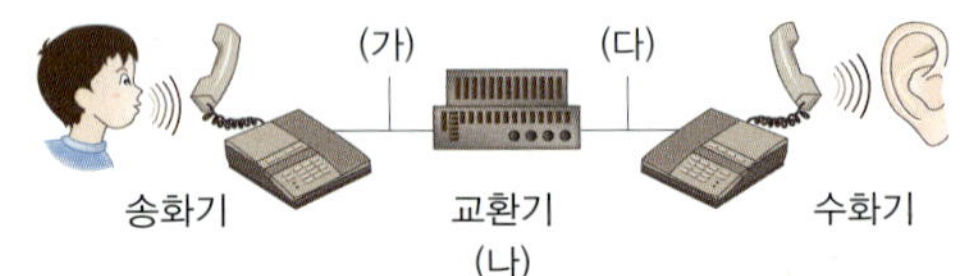

이를 우리 몸의 신경계와 비교한 것 중 옳지 <u>않은</u> 것은?

① 송화기 : 감각 기관
② (가) : 감각 신경
③ (나) : 뇌, 척수
④ (다) : 중추 신경
⑤ 수화기 : 반응 기관

14 그림은 사람의 신경계를 나타낸 것이다. A~C는 각각 말초 신경, 척수, 뇌 중 하나이다.

이에 대한 설명으로 옳지 <u>않은</u> 것은?

① A는 중추 신경계에 속한다.
② B는 말초 신경계에 속한다.
③ C는 감각 신경과 운동 신경을 포함한다.
④ 뜨거운 주전자에 손이 닿았을 때 재빨리 손을 떼는 반응의 중추는 B이다.
⑤ 무릎뼈 바로 아래를 고무망치로 때려 다리가 올라갈 때의 반응 경로는 C → B → C이다.

15 교감 신경과 부교감 신경이 작용했을 때의 반응을 옳게 짝 지은 것은?

	교감 신경	부교감 신경
①	동공 축소	동공 확대
②	방광 이완	방광 수축
③	침 분비 촉진	침 분비 억제
④	심장 박동 억제	심장 박동 촉진
⑤	소화 운동 촉진	소화 운동 억제

16 그림은 공을 보고 손으로 잡기까지 자극에 대한 반응의 경로를 나타낸 것이다.

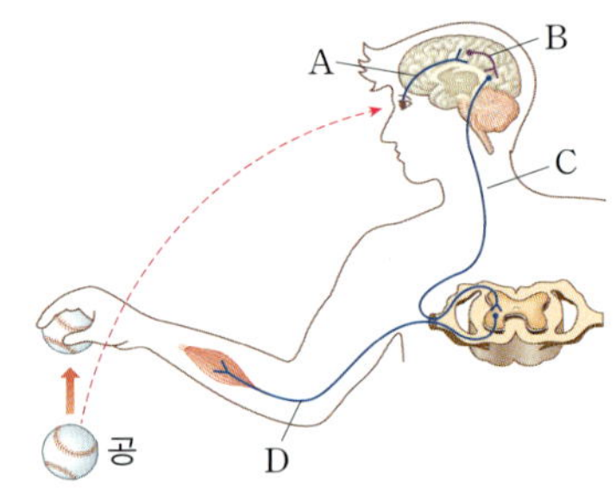

이에 대한 설명으로 옳지 <u>않은</u> 것은?

① A는 눈에서 받아들인 자극을 대뇌로 전달한다.
② B는 연합 뉴런으로 대뇌를 구성하고 있다.
③ 이와 같은 반응의 중추는 C이다.
④ D는 운동 신경이다.
⑤ 반응 경로는 눈 → A → B → C → D → 손 근육 순이다.

17 그림은 자극을 받아들여 반응이 일어나기까지의 두 가지 경로를 나타낸 것이다. (가)와 (나)는 각각 무조건 반사와 의식적인 반응 중 하나이다.

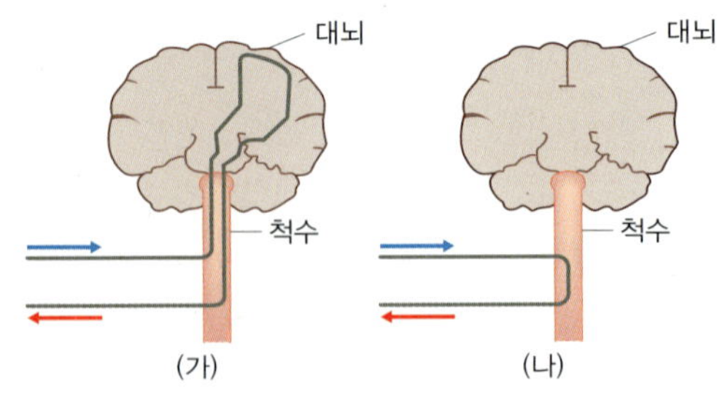

이에 대한 설명으로 옳은 것은?

① (가)는 무조건 반사이다.
② (나)의 반응 중추는 대뇌이다.
③ 무릎 반사는 (가)의 경로로 일어난다.
④ (가)는 (나)보다 반응 속도가 느리다.
⑤ 레몬을 입에 넣었을 때 침이 고이는 반응은 (나)의 경로로 일어난다.

18 호르몬에 대한 설명으로 옳지 <u>않은</u> 것은?

① 내분비샘에서 분비된다.

② 혈액으로 분비되어 운반된다.

③ 신경보다 신호 전달 속도가 느리다.

④ 분비량이 부족하면 결핍증이 나타난다.

⑤ 특정 호르몬은 우리 몸의 세포에 모두 작용한다.

19 오른쪽 그림은 사람의 내분비샘을 나타낸 것이다.
사람의 내분비샘에서 분비되는 호르몬과 그 기능을 옳게 짝 지은 것은?

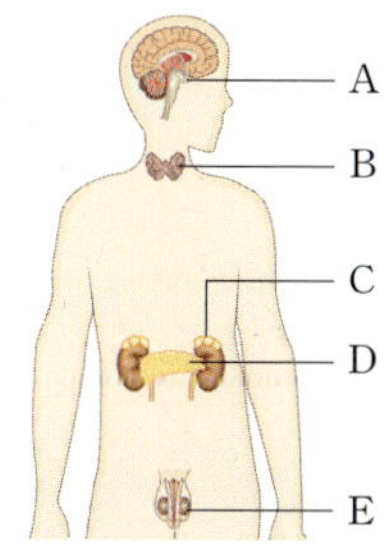

	내분비샘	호르몬	기능
①	A	항이뇨 호르몬	콩팥에서 수분 재흡수 억제
②	B	티록신	심장 박동 억제
③	C	아드레날린	혈당량 감소
④	D	인슐린	혈당량 감소
⑤	E	에스트로겐	남성의 2차 성징 발현

20 다음은 호르몬 A~C에 대한 설명이다.

- A : 성장기에 과다하게 분비되면 매우 크게 성장하고, 결핍되면 성장이 멈춘다.
- B : 과다하게 분비되면 눈이 돌출되고 체중이 감소한다.
- C : 결핍되면 혈당량이 높은 상태가 지속되어 포도당이 오줌에 섞여 나온다.

이에 대한 설명으로 옳은 것은?

① A는 갑상샘에서 분비된다.

② B는 세포 호흡을 촉진한다.

③ B가 결핍되면 갑상샘 기능 항진증이 나타난다.

④ C는 부신에서 분비된다.

⑤ C와 테스토스테론은 혈당량에 대해 서로 반대 작용을 한다.

21 그림은 티록신의 분비 조절 과정을 나타낸 것이다.

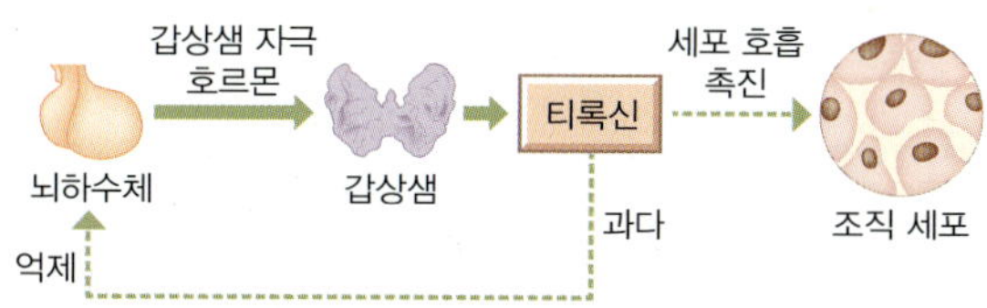

이에 대한 설명으로 옳은 것을 〈보기〉에서 모두 고른 것은?

- 보기 -
ㄱ. 체온이 정상보다 낮아지면 티록신의 분비량이 증가한다.
ㄴ. 갑상샘 자극 호르몬의 분비가 촉진되면 열 발생량이 증가한다.
ㄷ. 혈액 내 티록신의 농도가 높아지면 뇌하수체의 작용이 억제된다.

① ㄱ　　　② ㄴ　　　③ ㄱ, ㄴ

④ ㄴ, ㄷ　　　⑤ ㄱ, ㄴ, ㄷ

22 날씨가 추울 때 우리 몸에서 체온이 조절되는 과정에 대한 설명으로 옳지 <u>않은</u> 것은?

① 간뇌에서 체온이 낮은 것을 감지한다.

② 갑상샘에서 티록신의 분비가 증가한다.

③ 몸의 근육이 떨려 열 발생량이 증가한다.

④ 신경과 호르몬의 작용을 통해 체온이 조절된다.

⑤ 피부 근처에 있는 혈관이 이완하여 열 방출량이 증가한다.

23 오른쪽 그림은 혈당량에 따른 호르몬 X와 Y의 농도를 나타낸 것이다. X와 Y는 이자에서 분비된다.
이에 대한 설명으로 옳은 것을 〈보기〉에서 모두 고른 것은?

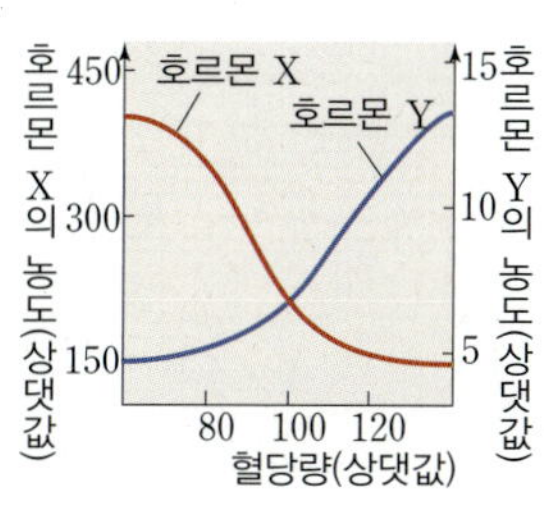

- 보기 -
ㄱ. X는 인슐린이다.
ㄴ. 혈당량이 증가하면 Y의 분비가 촉진된다.
ㄷ. X와 Y는 서로 반대되는 작용으로 혈당량을 일정하게 조절한다.

① ㄱ　　　② ㄷ　　　③ ㄱ, ㄴ

④ ㄴ, ㄷ　　　⑤ ㄱ, ㄴ, ㄷ

중학 국어의 문을 두드려라!

똑똑한 독해
중학 국어

똑독

중학 국어 비문학 독해+어휘

똑똑 중학 국어 **문법**

똑똑 중학 국어 어휘

개념 학습과 문제 풀이의
1DAY 구성으로
계획적인 학습 가능

중학교 국어 교과서와
100% 연계된
개념 학습

족보닷컴을 활용하여
출제한 문제로
내신 시험과 수행 평가 대비

족보닷컴과 함께하는
이투스북
BON 본 
시험 대비 교재
중등 과학
3-1

족보닷컴과 함께하는
BON. 본
시험 대비 교재
중등 과학
3-1

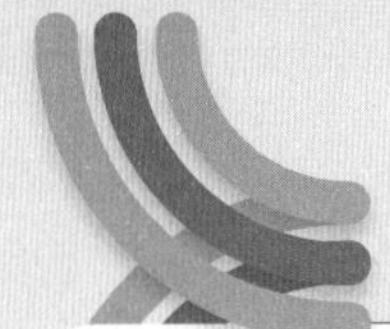

핵심 내용 정리

01 물질 변화와 화학 반응식

1 물리 변화와 화학 변화

(1) ❶( ) 변화 : 물질의 고유한 성질은 변하지 않으면서 모양, 크기, 상태 등의 겉모습이 변하는 현상

모양 변화	유리컵이 깨진다.
상태 변화	아이스크림이 녹는다.
❷( )	향수병의 마개를 열어놓으면 향기가 퍼진다.
용해	설탕을 물에 넣으면 녹는다.

(2) ❸( ) 변화 : 어떤 물질이 전혀 다른 성질의 새로운 물질로 변하는 현상

빛과 열 발생	양초가 빛과 열을 내면서 탄다.
❹( ) 생성	석회수에 입김을 불어 넣으면 뿌옇게 흐려진다.
기체 생성	달걀 껍데기와 식초가 반응하면 이산화 탄소가 발생한다.
색깔, 냄새, 맛 등의 변화	• 깎아 놓은 사과의 색이 변한다. • 김치의 맛이 점점 시어진다.

2 물리 변화와 화학 변화에서 물질을 이루는 입자의 배열 변화

구분	물리 변화	화학 변화
모형	물 분자 → 물리 변화/상태 변화(기화) ← 물 분자 수증기 / 물	수소 분자, 산소 분자 / 화학 변화 전기 분해 / 수소 + 산소
변하는 것	• ❺( )의 배열	• 원자의 배열 • 분자의 종류 • 물질의 ❼( )
변하지 않는 것	• 원자의 배열 • 분자의 종류와 개수 • 물질의 성질 • ❻( )의 종류와 개수 • 물질의 전체 질량	• ❽( )의 종류와 개수 • 물질의 전체 질량

3 화학 반응과 화학 반응식

(1) 화학 반응 : 화학 변화가 일어나 어떤 물질이 전혀 다른 성질의 새로운 물질로 변하는 반응

(2) 화학 반응식 : 화학 반응을 ❾( )과 기호를 이용하여 나타낸 것

① 화학 반응식을 나타내는 방법

단계	방법
1단계	반응물과 생성물의 이름과 기호(→, +)로 화학 반응을 표현한다. • '→'를 기준으로 반응물은 ❿( )에, 생성물은 ⓫( )에 적는다. • 반응물이나 생성물이 여러 가지인 경우 '+'로 연결한다. 수소 + ⓬( ) ── 물
2단계	반응물과 생성물을 화학식으로 나타낸다. $H_2 + O_2 \longrightarrow$ ⓭( )
3단계	반응 전후에 원자의 종류와 ⓮( )가 같아지도록 화학식 앞의 ⓯( )를 맞춘다. 계수는 가장 간단한 ⓰( )로 나타내며, 1은 생략한다. • 반응 전후 산소 원자의 개수를 맞춘다. $H_2 + \underline{O_2} \longrightarrow \underline{2H_2O}$ 2개　　　2×1개 • 반응 전후 수소 원자의 개수를 맞춘다. $\underline{2H_2} + O_2 \longrightarrow \underline{2H_2O}$ 2×2개　　　2×2개

② 화학 반응식으로 알 수 있는 것

화학 반응식	N_2	$+$	$3H_2$	$\longrightarrow$	$2NH_3$

모형	질소	수소	암모니아

물질의 종류	반응물		생성물
	질소	수소	암모니아
❼( )의 종류와 개수	질소 분자 1개	수소 분자 3개	암모니아 분자 2개
원자의 종류와 개수	질소 원자 2개	수소 원자 ⓭( )개	질소 원자 ⓳( )개, 수소 원자 6개
계수비	1	: 3	: 2
⓴( ) 수의 비	1	: 3	: 2

01 물질 변화와 화학 반응식

1 물질의 고유한 성질은 변하지 않으면서 모양이나 크기, 상태 등이 변하는 현상을 (   ) 변화라고 한다.

2 어떤 물질이 처음과 전혀 다른 성질의 새로운 물질로 변하는 현상을 (   ) 변화라고 한다.

3 그림은 물 분자의 변화를 모형으로 나타낸 것이다. (가)와 (나)는 물리 변화, 화학 변화 중 어떤 변화에 해당하는지 각각 쓰시오.

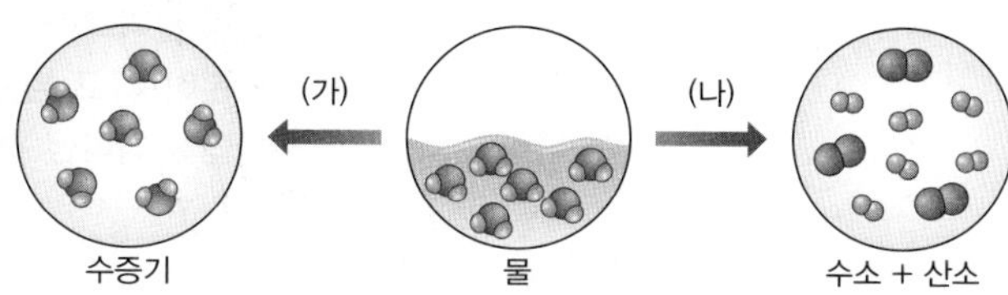

4 다음 현상이 물리 변화이면 '물리', 화학 변화이면 '화학'이라고 쓰시오.
(1) 촛불 주위의 양초가 녹아 촛농이 된다. ··· (   )
(2) 뜨거운 프라이팬 위의 달걀이 익는다. ··· (   )
(3) 탄산음료의 마개를 열면 기체가 발생한다. ··· (   )
(4) 상처 부위에 과산화 수소수를 바르면 기체가 발생한다. ··· (   )

5 물리 변화가 일어날 때는 분자의 종류는 변하지 않고 (원자 , 분자)의 배열만 달라진다.

6 화학 변화가 일어날 때는 (1) (원자 , 분자)의 종류와 개수는 변하지 않고, (2) (원자 , 분자)의 배열이 달라져 (3) (원자 , 분자)의 종류가 변한다.

7 화학 반응을 화학식과 기호, 계수를 이용하여 나타낸 식을 (   )이라고 한다.

8 다음 화학 반응식에서 (   ) 안에 알맞은 계수를 쓰시오.
(1) $CH_4 + ($ $)O_2 \longrightarrow CO_2 + ($ $)H_2O$
(2) $($ $)H_2O_2 \longrightarrow ($ $)H_2O + O_2$

[9~10] 오른쪽 화학 반응식은 수소와 염소가 반응하여 염화 수소를 생성하는 반응의 화학 반응식을 나타낸 것이다.

$$H_2 + Cl_2 \longrightarrow 2HCl$$

9 각 물질의 계수비(수소 : 염소 : 염화 수소)를 구하시오.

10 수소 분자 10개가 완전히 반응하기 위해 필요한 염소 분자의 최소 개수를 구하시오.

01 물질을 이루는 분자의 종류는 변하지 않고 분자의 배열만 달라지는 변화를 모두 고르면? (2개)

① 물이 증발하여 수증기로 변한다.
② 철이 녹슬어 붉은색으로 변한다.
③ 물에 황산 구리(Ⅱ)를 녹이면 수용액이 푸른색으로 변한다.
④ 물을 전기 분해하면 수소 기체와 산소 기체가 발생한다.
⑤ 달걀 껍데기와 식초가 반응하면 이산화 탄소가 발생한다.

02 물질의 변화에 대한 설명으로 옳지 <u>않은</u> 것은?

① 질량 보존 법칙은 화학 변화와 물리 변화에서 모두 성립한다.
② 상태 변화, 모양 변화, 용해, 확산은 물리 변화에 해당한다.
③ 화학 변화가 일어나면 원자의 배열이 달라져 새로운 물질이 생성된다.
④ 물리 변화가 일어날 때 분자의 배열이 변하므로 원자의 개수가 감소한다.
⑤ 색깔과 맛의 변화, 빛과 열의 발생, 새로운 기체 생성, 앙금 생성은 화학 변화가 일어났음을 알 수 있는 증거이다.

03 물질의 변화 중 화학 변화가 일어날 때에만 관찰할 수 있는 현상을 모두 고르면? (2개)

① 물질의 모양이 변화한다.
② 빛이나 열이 발생한다.
③ 물질이 용해된다.
④ 앙금이 생성된다.
⑤ 물질의 상태가 변화한다.

04 물질 변화의 종류가 나머지 넷과 <u>다른</u> 것은?

① 유리창에 김이 서린다.
② 나무나 돌을 깎아 조각품을 만든다.
③ 날아오는 공에 맞아 유리창이 깨진다.
④ 가을이 되면 단풍잎이 붉은색으로 변한다.
⑤ 향수병의 마개를 열어놓으면 향기가 퍼진다.

05 그림은 마그네슘 리본, 구부린 마그네슘 리본, 마그네슘 리본이 타고 남은 재에 각각 묽은 염산을 떨어뜨리는 모습을 나타낸 것이다.

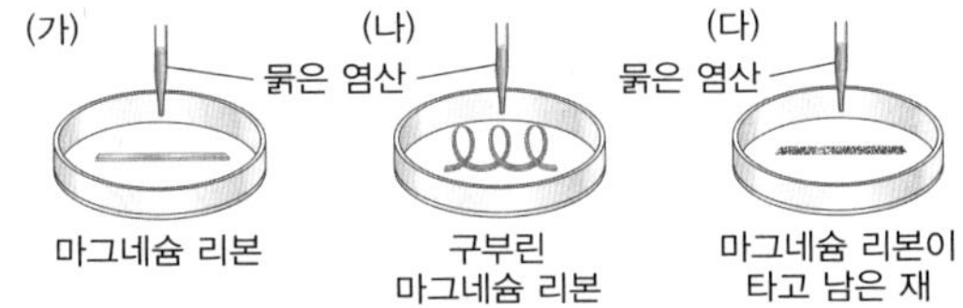

이에 대한 설명으로 옳지 <u>않은</u> 것은?

① (가)에서 기체가 발생한다.
② (나)에서 기체가 발생한다.
③ (다)에서 기체가 발생한다.
④ 마그네슘 리본을 구부려도 마그네슘의 성질은 변하지 않는다.
⑤ 마그네슘 리본을 태우면 성질이 다른 새로운 물질로 변한다.

06 다음은 우리 주변에서 일어나는 여러 가지 물질의 변화를 나타낸 것이다.

> (가) 설탕을 물에 넣어 녹이면 설탕물이 된다.
> (나) 철이 녹슬어 붉은색으로 변한다.
> (다) 양초가 녹아 흘러내리다가 식으면 굳는다.
> (라) 상처가 났을 때 과산화 수소수로 소독하면 거품이 생긴다.
> (마) 불꽃놀이에서 여러 금속 원소가 연소하면서 다양한 색의 불꽃을 나타낸다.

(가)~(마)에 대한 설명으로 옳은 것은?

① (가)는 반응 후에 질량이 줄어든다.
② (나)는 반응 전후 원자의 배열이 같다.
③ (다)는 반응 전후 원자의 종류가 같다.
④ (라)는 반응 후에 물질의 성질이 변하지 않는다.
⑤ (마)는 반응 전후 분자의 개수가 같다.

07 다음 설명의 (　　　) 안에 공통적으로 들어갈 말로 가장 적절한 것을 모두 고르면? (2개)

> • 물리 변화가 일어날 때, (　　　)은(는) 변하지 않는다.
> • 화학 변화가 일어날 때, (　　　)은(는) 변한다.

① 원자의 배열　　　② 원자의 개수
③ 원자의 종류　　　④ 분자의 종류
⑤ 물질의 총 질량

08 우리 주변의 현상과 물질 변화의 종류를 짝 지은 것으로 옳지 <u>않은</u> 것은?

① 김치가 시어진다. − 화학 변화
② 꽃향기가 퍼져 나간다. − 물리 변화
③ 이른 아침 풀잎에 이슬이 맺힌다. − 물리 변화
④ 드라이아이스가 공기 중에서 이산화 탄소 기체로 변한다. − 화학 변화
⑤ 불꽃놀이에서는 여러 금속 원소가 연소하면서 다양한 색의 불꽃을 나타낸다. − 화학 변화

09 그림은 물질의 변화를 입자 모형으로 나타낸 것이다.

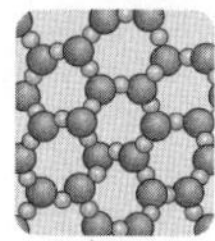 (가) 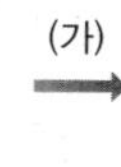 (나) 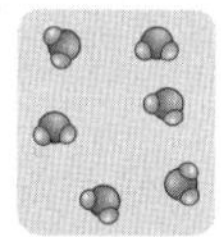

(가)와 (나)에 대한 설명을 옳게 분류한 것은?

> ㄱ. 원자의 배열은 변화 전후가 같다.
> ㄴ. 대표적인 예로 금속이 녹스는 현상이 있다.
> ㄷ. 대표적인 예로 얼음이 든 병에 물방울이 맺히는 현상이 있다.
> ㄹ. 변화가 일어나도 물질의 고유한 성질은 변하지 않는다.
> ㅁ. 변화가 일어나면 처음의 물질과 성질이 다른 새로운 물질이 생성된다.

	(가)	(나)
①	ㄱ, ㄷ	ㄴ, ㄹ, ㅁ
②	ㄴ, ㄹ	ㄱ, ㄷ, ㅁ
③	ㄴ, ㅁ	ㄱ, ㄷ, ㄹ
④	ㄱ, ㄷ, ㄹ	ㄴ, ㅁ
⑤	ㄱ, ㄷ, ㅁ	ㄴ, ㄹ

10 다음 화학식에 대한 설명으로 옳지 <u>않은</u> 것은?

> $$3NH_3$$

① 분자의 개수는 3개이다.
② 원자의 총 개수는 12개이다.
③ 암모니아의 화학식이다.
④ 한 분자를 구성하는 원소는 2가지이다.
⑤ 한 분자는 3개의 원자로 구성되어 있다.

11 화학 반응식을 통해 알 수 있는 것이 <u>아닌</u> 것은?

① 반응물과 생성물의 종류
② 생성물을 이루는 원자의 종류
③ 반응하는 원자의 크기와 질량
④ 반응물과 생성물의 분자 수의 비
⑤ 반응한 기체와 생성된 기체 사이의 부피비

12 다음 화학 반응식에 대한 설명으로 옳은 것은?

> $$2H_2O \longrightarrow 2H_2 + O_2$$

① 반응에 참여하는 물 : 수소 : 산소의 분자 수의 비는 2 : 2 : 1이다.
② 반응 전과 후의 물질의 성질은 변하지 않지만 원자의 개수는 변한다.
③ 반응에 참여하는 물 : 수소 : 산소의 원자 수의 비는 2 : 2 : 1이다.
④ 반응물은 수소와 산소이고, 생성물은 물이다.
⑤ 물 분자 2개가 분해되면 수소 분자 1개와 산소 분자 2개가 생성된다.

13 화학 반응식을 **잘못** 나타낸 것은?

① $Cu_2 + O_2 \longrightarrow 2CuO$

② $Fe + S \longrightarrow FeS$

③ $N_2 + 3H_2 \longrightarrow 2NH_3$

④ $2H_2O_2 \longrightarrow 2H_2O + O_2$

⑤ $Mg + 2HCl \longrightarrow MgCl_2 + H_2$

14 다음 화학 반응식에 대한 설명으로 옳은 것은?

$$N_2 + \boxed{(가)} \ O_2 \longrightarrow \boxed{(나)} \ NO_2$$

① (가)와 (나)에 들어갈 숫자는 각각 1, 2이다.

② 반응 전후에 분자의 개수는 변하지 않는다.

③ 질소 분자 1개와 산소 분자 2개가 반응한다.

④ 반응물은 이산화 질소, 생성물은 질소와 산소이다.

⑤ 반응에 참여하는 질소 : 산소 : 이산화 질소의 분자 수의 비는 1 : 1 : 2이다.

15 그림은 어떤 화학 반응을 모형으로 나타낸 것이다.

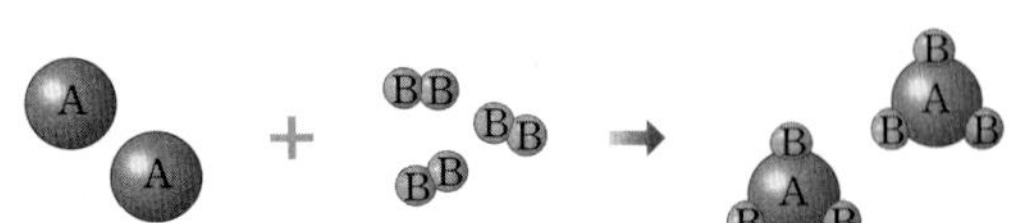

이 반응을 화학 반응식으로 옳게 나타낸 것은?

① $A_2 + B_6 \longrightarrow A_2B_6$

② $A_2 + 3B_2 \longrightarrow 2AB_3$

③ $2A + B_6 \longrightarrow 2AB_3$

④ $2A + 3B_2 \longrightarrow A_2B_6$

⑤ $2A + 3B_2 \longrightarrow 2AB_3$

16 과산화 수소 분해 반응의 화학 반응식에서 ㉠~㉢에 들어갈 숫자를 옳게 짝 지은 것은?

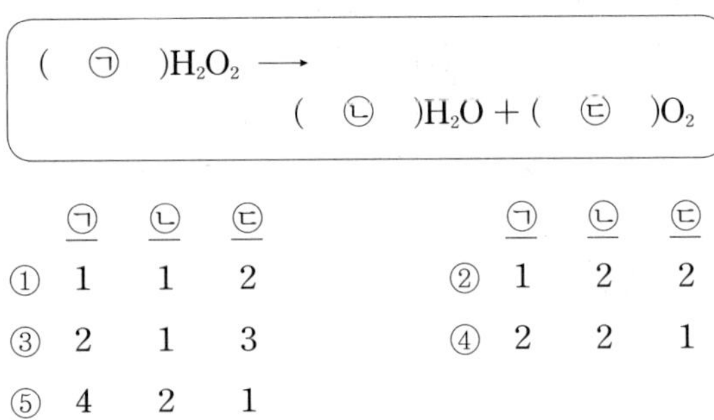

$$(\ ㉠ \ )H_2O_2 \longrightarrow (\ ㉡ \ )H_2O + (\ ㉢ \ )O_2$$

	㉠	㉡	㉢		㉠	㉡	㉢
①	1	1	2	②	1	2	2
③	2	1	3	④	2	2	1
⑤	4	2	1				

17 그림은 탄산수소 나트륨이 분해되는 반응을 모형으로 나타낸 것이다.

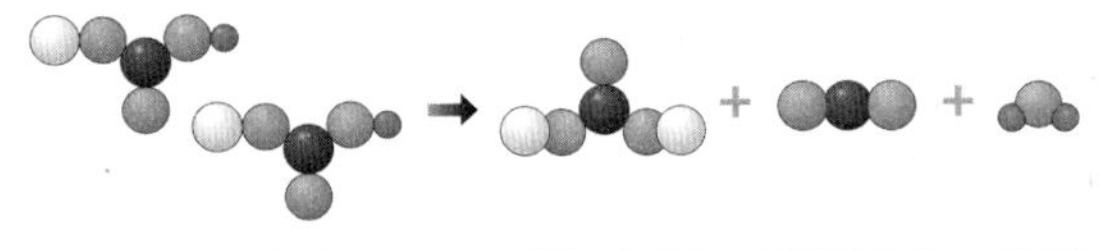

이에 대한 설명으로 옳은 것만을 〈보기〉에서 모두 고른 것은?

┤ **보기** ├

ㄱ. 반응물의 전체 원자의 개수는 12개이다.

ㄴ. 이산화 탄소와 수증기의 분자 수의 비는 1 : 1이다.

ㄷ. 이 반응의 화학 반응식은 $NaHCO_3 \longrightarrow Na_2CO_3 + CO_2 + H_2O$이다.

① ㄱ   ② ㄷ   ③ ㄱ, ㄴ

④ ㄴ, ㄷ   ⑤ ㄱ, ㄴ, ㄷ

18 물의 분해 반응을 화학 반응식으로 나타내는 방법에 대한 설명으로 옳은 것은?

① 계수는 반드시 표시해야 한다.

② 반응물은 수소와 산소이다.

③ 완성된 화학 반응식은 $2H_2 + O_2 \longrightarrow 2H_2O$이다.

④ 반응 전후의 원자의 개수가 같도록 계수를 맞춘다.

⑤ 반응물은 '→'의 오른쪽에, 생성물은 '→'의 왼쪽에 쓴다.

서술형

19 그림은 물질의 변화를 입자 모형으로 나타낸 것이다.

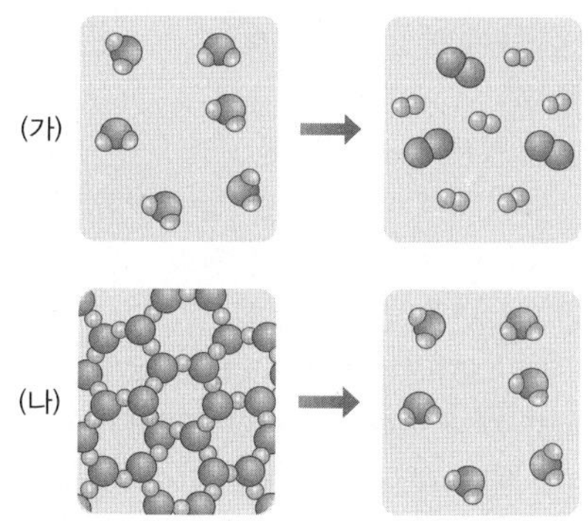

(1) 화학 변화와 물리 변화 중 (가)와 (나)에 해당하는 변화를 각각 쓰시오.

(2) (1)과 같이 생각한 까닭을 '원자'와 '분자'의 용어를 활용하여 서술하시오.

20 다음은 마그네슘 리본을 이용한 실험이다.

[실험 과정]
(가) 마그네슘 리본 3개를 준비한다. ㉠ 1개는 그대로 두고, ㉡ 다른 1개는 구부리고, ㉢ 나머지 1개는 태우고 남은 재를 모아 각각 페트리 접시에 올려놓았다.
(나) (가)에서 3개의 페트리 접시에 각각 올려 놓은 마그네슘 리본, 구부린 마그네슘 리본, 마그네슘을 태우고 남은 재의 전류를 전기 전도계를 이용하여 측정한다.

[결과]
• 그대로 둔 마그네슘 리본, 구부린 마그네슘 리본에서만 전류가 흘렀다.

㉠~㉢ 중 화학 변화가 일어난 것을 고르고, 그 까닭을 실험 결과와 관련지어 서술하시오.

21 그림은 어떤 화학 반응을 모형으로 나타낸 것이다.

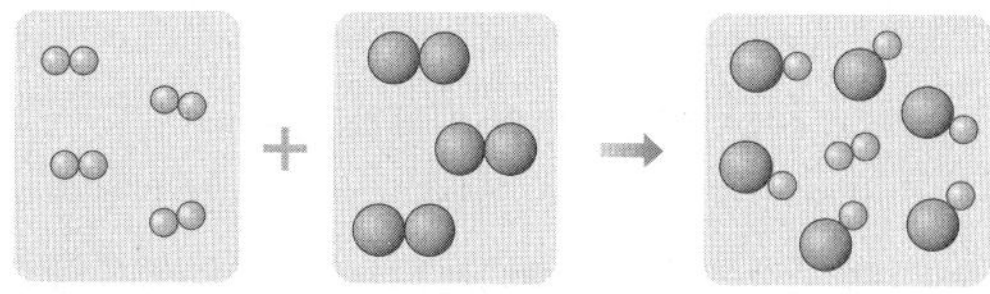

이 반응을 화학 반응식으로 나타내시오. (단, ⬤는 원자 A, ⬤는 원자 B를 나타낸다.)

22 다음은 화학 반응식을 나타내는 방법이다.

[1단계]
반응물과 생성물의 이름과 기호(→, ＋)로 화학 반응을 표현한다.
[2단계]
반응물과 생성물을 화학식으로 나타낸다.
[3단계]

|(가)|
(단, 1은 생략한다.)

(가)에 들어갈 알맞은 내용을 다음의 용어를 모두 활용하여 서술하시오.

화학 반응, 원자, 종류, 개수, 화학식, 계수

23 다음은 여러 가지 반응의 화학 반응식이다.

(가) $CH_3OH + O_2 \longrightarrow CO_2 + 2H_2O$
(나) $2Mg + O_2 \longrightarrow 2MgO$
(다) $2H_2O_2 + MnO_2 \longrightarrow H_2O + O_2$
(라) $CH_4 + 2O_2 \longrightarrow CO_2 + 2H_2O$

(1) (가)~(라) 중 잘못된 화학 반응식을 모두 고르시오. (2개)

(2) (1)에서 고른 화학 반응식을 옳게 고쳐 쓰시오.

02 질량 보존 법칙, 일정 성분비 법칙

1 질량 보존 법칙 : 화학 반응이 일어날 때 반응 전후에 전체 물질의 질량은 변하지 않고 일정하다.

(1) 질량 보존 법칙이 성립하는 까닭 : 화학 반응이 일어날 때 물질을 이루는 ❶(   )의 종류와 개수가 변하지 않기 때문이다.

(2) 질량 보존 법칙은 물리 변화와 화학 변화에서 모두 성립한다.

2 여러 가지 화학 반응에서 질량 변화

(1) 앙금 생성 반응

반응	예 염화 나트륨 수용액과 질산 은 수용액의 반응 염화 나트륨($NaCl$) + 질산 은($AgNO_3$) ⟶ ❷( ) + 질산 나트륨($NaNO_3$)	
질량 관계	열린 공간	닫힌 공간
	열린 용기와 닫힌 용기에서 모두 반응 전후에 질량이 일정하다.	
	(염화 나트륨＋질산 은)의 질량 ＝(❷( )＋질산 나트륨)의 질량	

(2) 기체 발생 반응

반응	예 탄산 칼슘과 묽은 염산의 반응 탄산 칼슘($CaCO_3$) + 묽은 염산(HCl) ⟶ 염화 칼슘($CaCl_2$) + 이산화 탄소(CO_2) + 물(H_2O)	
질량 관계	열린 공간	닫힌 공간
	발생한 기체가 날아가므로 반응 후 질량이 ❸( )한다.	발생한 기체가 날아가지 못하므로 반응 전후 질량이 일정하다.
	(탄산 칼슘 + 염화 수소)의 질량 ＝(염화 칼슘 + 이산화 탄소 + 물)의 질량	

(3) 연소 반응

반응	예 강철 솜의 연소 반응 철 + 산소 ⟶ 산화 철(Ⅱ)	
질량 관계	열린 공간	닫힌 공간
	철이 공기 중의 산소와 결합하므로 반응 후 질량이 ❹( )한다.	결합한 산소의 질량을 합하면 반응 전후 질량이 일정하다.
	(철＋❺( ))의 질량 ＝산화 철(Ⅱ)의 질량	

3 일정 성분비 법칙 : 화합물을 구성하는 성분 원소 사이에는 일정한 ❻(   )가 성립한다.

(1) 일정 성분비 법칙이 성립하는 까닭 : 화합물을 이루는 원자들이 항상 일정한 ❼(   )로 결합하기 때문이다.

(2) 일정 성분비 법칙은 ❽(   )에서는 성립하지만, ❾(   )에서는 성립하지 않는다.

(3) 화합물을 구성하는 성분 원소의 종류가 같아도 질량비가 다르면 다른 물질이다.

4 모형으로 나타내는 일정 성분비 법칙

(1) 여러 가지 화합물의 질량비(원자 1개의 상대적 질량 : 수소(H) 1, 탄소(C) 12, 질소(N) 14, 산소(O) 16, 구리(Cu) 64

구분	물	이산화 탄소	❿( )	산화 구리(Ⅱ)
모형	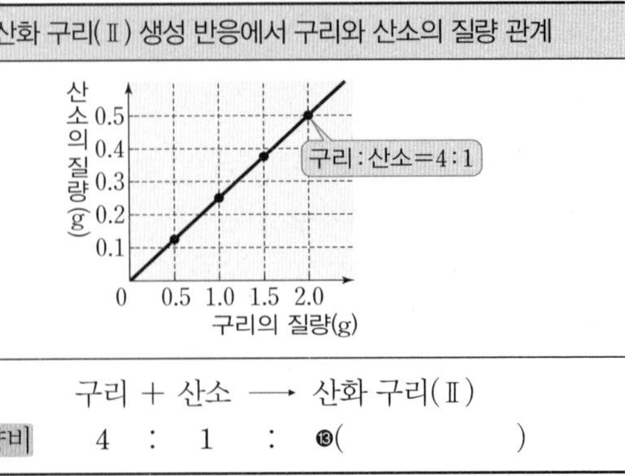			
원자의 개수비	수소 : 산소 ＝2 : 1	탄소 : 산소 ＝1 : 2	수소 : 질소 ＝3 : 1	구리 : 산소 ＝⓫( )
질량비	수소 : 산소 (2×1) : 16 ＝⓬( )	탄소 : 산소 ＝12 : (2×16) ＝3 : 8	수소 : 질소 ＝(3×1) : 14 ＝3 : 14	구리 : 산소 ＝64 : 16 ＝4 : 1

(2) 볼트(B)와 너트(N)를 이용하여 만든 화합물의 질량비

예 화합물 BN_2를 만들 때

볼트(B)   너트(N)   화합물(BN_2)

- B 1개, N 2개가 결합하여 BN_2 1개를 생성한다. 따라서 B와 N는 1 : 2의 개수비로 결합한다.
- 화합물 BN_2를 구성하는 볼트(B)와 너트(N)의 질량비는 일정하다. ➡ B＝3 g, N＝1 g일 때 질량비는 B : N＝(3 g×1) : (1 g×2)＝3 : 2이다.

5 산화 구리(Ⅱ) 생성 반응에서 질량비

산화 구리(Ⅱ) 생성 반응에서 구리와 산소의 질량 관계

구리 + 산소 ⟶ 산화 구리(Ⅱ)

질량비	4	:	1	:	⓭( )

02 질량 보존 법칙, 일정 성분비 법칙

1 질량 보존 법칙에 대한 설명으로 옳은 것은 ○, 옳지 <u>않은</u> 것은 ×로 표시하시오.

(1) 질량 보존 법칙은 물리 변화에서도 성립한다. ·· (　　　　)

(2) 밀폐된 공간에서 물질의 연소 반응이 일어나면 반응 후 전체 물질의 질량은 감소한다.
·· (　　　　)

(3) 밀폐된 공간에서 기체가 발생하는 반응이 일어나면 질량 보존 법칙이 성립하지 않는다.
·· (　　　　)

2 질량 보존 법칙이 성립하는 경우를 모두 고르시오.

ㄱ. 나무가 연소한다.　　　　ㄴ. 물이 분해된다.　　　　ㄷ. 물이 수증기가 된다.

3 다음 반응이 일어날 때 반응 후의 질량 변화를 골라 선으로 연결하시오.

(1) 공기 중에서 마그네슘 조각을 연소시킨다. •　　　　　　• ㉠ 감소

(2) 열린 용기에서 달걀 껍데기와 묽은 염산을 반응시킨다. •　　　　　　• ㉡ 일정

(3) 염화 나트륨 수용액과 질산 은 수용액을 반응시킨다. •　　　　　　• ㉢ 증가

4 수소 기체 8 g이 산소 기체와 완전히 반응하여 수증기 72 g이 생성되었을 때 반응한 산소 기체의 질량을 구하시오.

5 다음은 메테인의 연소 반응의 화학 반응식과 이에 대한 설명이다. (　　　　) 안에 알맞은 말을 쓰시오.

[화학 반응식]
$CH_4 + 2O_2 \longrightarrow CO_2 + 2($　　　　$)$
• 반응 전과 후 (　　　　)의 종류와 개수가 같으므로 전체 물질의 (　　　　)은(는) 변하지 않는다.

6 성분 물질의 질량비가 항상 일정한 것을 모두 고르시오.

ㄱ. 소금물　　　ㄴ. 암모니아　　　ㄷ. 이산화 탄소　　　ㄹ. 우유　　　ㅁ. 공기

7 수소 기체 10 g과 산소 기체 40 g을 반응시켰더니, 물 45 g이 생성되고 수소 기체 5 g이 남았다. 반응하는 수소와 산소의 질량비(수소 : 산소)를 구하시오.

8 볼트(B) 10개와 너트(N) 15개를 이용하여 화합물 BN_3을 만들 때, 최대로 만들 수 있는 BN_3의 개수를 쓰시오.

9 마그네슘 1.2 g을 산소와 완전히 반응시켰더니, 산화 마그네슘 2.0 g이 생성되었다. 마그네슘 15 g과 산소 12 g을 완전히 반응시킬 때 반응하지 않고 남은 물질의 종류와 질량을 구하시오.

실전 대비 예상 문제

01 묽은 염산 $10\,g$과 마그네슘 조각 $5\,g$을 뚜껑을 닫지 않은 채 반응시키면서 반응 전과 후의 질량을 측정하였다. 이 실험에 대한 설명으로 옳지 <u>않은</u> 것은?

① 전체 물질의 질량은 반응 전이 반응 후보다 크다.

② 반응 후 수소 기체가 발생한다.

③ 반응 후 새로운 원자가 생성되어 물질의 성질이 달라진다.

④ 이 반응의 화학 반응식은
$$2HCl + Mg \longrightarrow MgCl_2 + H_2$$이다.

⑤ 뚜껑을 닫고 반응시키면 반응 후 전체 물질의 질량은 $15\,g$이다.

02 그림과 같이 막대 저울의 양쪽에 같은 질량의 강철 솜을 매달아 수평이 되게 한 후, 강철 솜 B를 가열하였다.

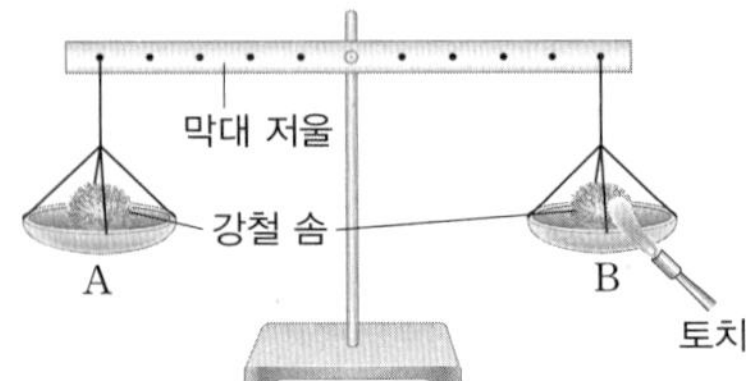

이 실험에 대한 설명으로 옳지 <u>않은</u> 것은?

① 강철 솜을 가열하면 산소와 결합한다.

② 가열 후에 막대 저울의 B 쪽이 내려간다.

③ 가열 후 생성된 물질은 자석에 붙지 않는다.

④ 강철 솜 대신 나무를 양쪽에 매달고 같은 실험을 해도 결과는 같다.

⑤ 강철 솜과 반응한 산소의 질량을 포함하면 반응 전후 전체 물질의 질량은 일정하다.

03 연소 반응에 대한 설명으로 옳은 것만을 〈보기〉에서 모두 고른 것은?

┤ **보기** ├

ㄱ. 물질이 연소할 때에는 항상 이산화 탄소 기체가 생성된다.

ㄴ. 닫힌 공간에서 나무를 연소시키면 반응 후 질량이 감소한다.

ㄷ. 닫힌 공간에서 강철 솜을 연소시키면 반응 전후 질량이 일정하다.

① ㄱ ② ㄷ ③ ㄱ, ㄴ

④ ㄴ, ㄷ ⑤ ㄱ, ㄴ, ㄷ

04 그림과 같이 염화 나트륨 수용액과 질산 은 수용액을 반응시키면서 반응 전과 후의 질량을 측정하였다.

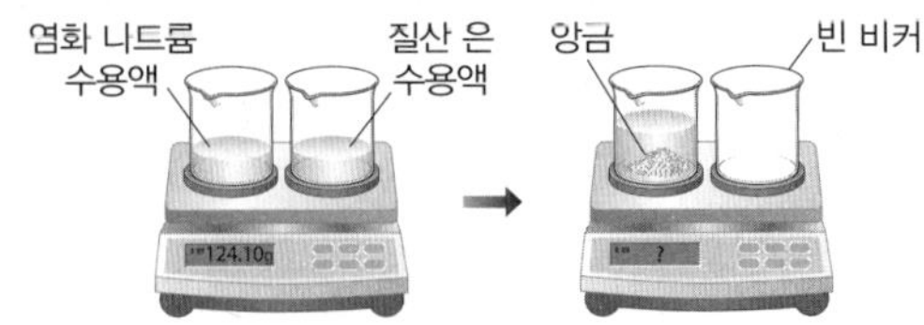

이 실험에 대한 설명으로 옳은 것은?

① 반응 후 질량은 생성된 앙금의 질량만큼 증가한다.

② 반응 후 질량은 사라진 염화 이온의 질량만큼 감소한다.

③ 염화 나트륨 수용액의 질량과 생성된 앙금의 질량이 같다.

④ 화학 반응이 일어나도 원자는 사라지거나 새로 생겨나지 않으므로 질량은 변하지 않는다.

⑤ 화학 반응이 일어날 때 분자는 새로 생성되거나 소멸되지 않는다.

05 다음은 탄산 칼슘과 묽은 염산의 반응과 밀폐된 용기에서 반응이 일어날 때 반응 전후, 뚜껑을 연 후의 질량을 측정하는 모습이다.

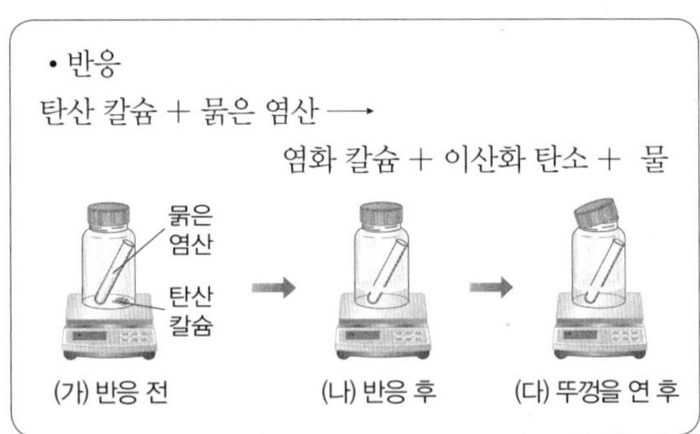

이에 대한 설명으로 옳은 것은?

① (가)~(다)에서 전체 물질의 질량은 모두 같다.

② 반응 후 이산화 탄소 기체가 생성되어 전체 물질의 질량은 (가) < (나)이다.

③ (다)에서는 발생한 기체가 빠져나가므로 전체 물질의 질량은 감소한다.

④ 화학 반응이 일어나는 동안 분자는 새로 생성되거나 소멸되지 않는다.

⑤ 반응물은 2가지이고, 생성물은 3가지이므로 반응 후 전체 물질의 질량은 증가한다.

06 황화 철에서 철과 황의 질량비는 7 : 4이다. 철 2.8 g과 황 1.2 g을 완전히 반응시킬 때 남는 물질의 종류와 질량을 옳게 짝 지은 것은?

① 철, 0.7 g   ② 철, 1.4 g   ③ 철, 2.2 g
④ 황, 0.7 g   ⑤ 황, 2.2 g

07 일정 성분비 법칙이 성립하지 <u>않는</u> 경우는?

① 수소가 연소하여 물이 생성된다.
② 소금을 물에 녹여 소금물을 만든다.
③ 구리를 가열하면 산화 구리(II)가 생성된다.
④ 나트륨이 공기 중에서 산화되어 산화 나트륨이 생성된다.
⑤ 철가루와 황가루를 섞어 가열하면 황화 철이 생성된다.

08 표와 같이 7개의 박스에 각각 너트(N) 8개를 넣고 볼트(B)의 개수를 늘려가며 BN_2를 만들었다.

박스 번호	1	2	3	4	5	6	7
너트(N)의 개수(개)	8	8	8	8	8	8	8
볼트(B)의 개수(개)	1	2	3	4	5	6	7
화합물 BN_2의 개수(개)	1	2	3	4	4	4	4

이에 대한 설명으로 옳은 것은?

① 일정 성분비 법칙을 설명하기에 적합하다.
② 화합물 BN_2는 볼트(B) 2개와 너트(N) 1개의 일정한 비율로 만들어졌다.
③ 소금을 물에 녹이는 반응도 위의 모형으로 설명할 수 있다.
④ 볼트(B)의 개수가 늘어날수록 BN_2의 개수는 일정하게 계속 늘어날 것이다.
⑤ 화합물을 구성하는 성분 원소 사이에는 일정한 질량비가 성립하지 않는다.

09 표는 구리가 연소하여 산화 구리(II)가 생성될 때, 반응한 구리와 생성된 산화 구리(II)의 질량을 나타낸 것이다.

구리의 질량(g)	2	4	6	8	10
산화 구리(II)의 질량(g)	2.5	5.0	7.5	10	12.5

이 반응에 대한 설명으로 옳은 것은?

① 반응하는 구리와 산소의 질량비는 4 : 5이다.
② 이 반응을 화학 반응식으로 나타내면
$$2Cu + 2O \longrightarrow 2CuO$$이다.
③ 구리 0.4 g이 연소하면 산화 구리(II) 0.6 g이 생성된다.
④ 구리 6 g이 완전히 반응하여 산화 구리(II)를 생성하려면 산소 기체 1.5 g이 필요하다.
⑤ 화합물에서 성분 원소의 질량비가 항상 일정하다는 질량 보존 법칙이 성립함을 알 수 있다.

10 표는 같은 크기의 각 시험관에 들어 있는 10 % 질산 납 수용액과 10 % 아이오딘화 칼륨 수용액의 부피, 생성된 앙금의 높이를 나타낸 것이다.

시험관	A	B	C	D	E	F
10% 질산 납 수용액(mL)	6	6	6	6	6	6
10% 아이오딘화 칼륨 수용액(mL)	0	2	4	6	8	10
생성된 앙금의 높이(mm)	0	4	8	12	12	12

같은 크기의 시험관에 다음과 같이 각각 반응시켰을 때, 생성된 앙금의 높이가 시험관 D보다 높을 것으로 예상되는 것은?

	10 % 아이오딘화 칼륨 수용액(mL)	10 % 질산 납 수용액(mL)
①	5	2
②	6	8
③	7	4
④	8	8
⑤	9	6

11 밀폐된 공간에서만 반응 전후 전체 질량이 일정한 것을 확인할 수 있는 반응은?

① 질산 은 + 구리 ⟶ 은 + 질산 구리(Ⅱ)

② 염화 나트륨 + 질산 은 ⟶
　　　　　　　　　염화 은 + 질산 나트륨

③ 탄산 칼슘 + 묽은 염산 ⟶
　　　　　　　　　염화 칼슘 + 물 + 이산화 탄소

④ 황산 구리(Ⅱ) + 황화 나트륨 ⟶
　　　　　　　　　황화 구리(Ⅱ) + 황산 나트륨

⑤ 질산 납 + 아이오딘화 칼륨 ⟶
　　　　　　　　　질산 칼륨 + 아이오딘화 납

12 그림은 마그네슘과 산소가 반응하여 산화 마그네슘이 생성되는 반응을 모형으로 나타낸 것이다.

 +  ⟶ 

이에 대한 설명으로 옳지 <u>않은</u> 것은? (단, 원자 1개의 상대적 질량은 마그네슘 24, 산소 16이다.)

① 마그네슘과 산소의 반응 질량비는 3 : 2이다.

② 마그네슘 6 g을 연소시킬 때 생성되는 산화 마그네슘의 질량은 8 g이다.

③ 이 모형으로 일정 성분비 법칙을 설명할 수 있다.

④ 이 모형으로 질량 보존 법칙을 설명할 수 있다.

⑤ 반응물과 생성물을 비교하면 원자의 배열 상태가 달라졌다.

13 다음의 여러 화학 반응에서 반응 전후 전체 질량이 일정하지 <u>않은</u> 것은?

① 철가루와 황가루를 시험관에 잘 섞어 넣고 마개를 닫아 가열하였다.

② 아이오딘화 칼륨과 질산 납을 반응시켰더니 노란색 앙금이 생겼다.

③ 밀폐된 플라스크 안에서 양초를 연소시켰다.

④ 묽은 염산이 담긴 플라스크에 달걀 껍데기를 넣고 즉시 플라스크 입구에 풍선을 끼워 반응시켰다.

⑤ 마그네슘을 증발접시 위에서 완전히 연소시켰다.

14 표는 수소와 산소가 반응하여 수증기를 생성하는 반응의 질량 관계를 나타낸 것이다.

실험	반응 전 기체의 질량(g)		남은 기체	
	수소	산소	종류	질량(g)
1	0.20	2.50	산소	0.90
2	0.27	1.44	(㉠)	(㉡)
3	0.15	3.20	산소	2.00

㉠, ㉡에 알맞은 기체의 종류와 질량을 옳게 짝 지은 것은?

	㉠	㉡		㉠	㉡
①	수소	0.09	②	수소	1.60
③	수소	2.00	④	산소	0.90
⑤	산소	2.00			

15 표는 물질 A와 B가 반응하여 물질 C를 생성하는 반응의 질량 관계를 나타낸 것이다.

실험	반응 전 물질의 질량(g)		생성된 C의 질량(g)	남은 물질의 종류와 질량
	A	B		
1	30	60	70	B, 20 g
2	60	(가)	52.5	A, 37.5 g
3	60	60	(나)	A, 15 g

이 실험에 대한 설명으로 옳은 것을 〈보기〉에서 모두 고른 것은?

┌─ **보기** ┐
ㄱ. (가)는 30이다.
ㄴ. (나)는 100이다.
ㄷ. C를 이루는 A와 B의 질량비는 3 : 4이다.
ㄹ. 실험 1에 A 20 g을 더 넣어주면 반응이 완전히 끝난 후 A 5 g이 남는다.
└─────┘

① ㄱ, ㄴ　　　② ㄱ, ㄷ　　　③ ㄴ, ㄹ
④ ㄱ, ㄷ, ㄹ　　　⑤ ㄴ, ㄷ, ㄹ

16 화학 반응이 일어날 때 질량 보존 법칙이 성립하는 까닭을 제시된 단어를 모두 사용하여 서술하시오.

물질, 원자, 종류, 개수

____

____

17 그림은 염화 나트륨 수용액과 질산 은 수용액의 반응을 모형으로 나타낸 것이다.

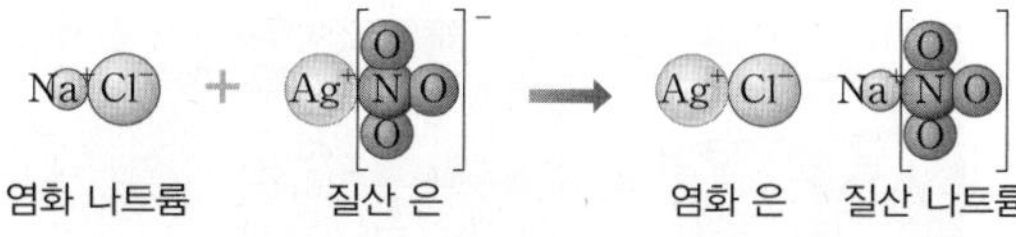

(1) 이 반응이 일어날 때 나타나는 현상과 반응 전후 질량 변화를 서술하시오.

____

____

(2) 이 반응에서 질량 보존 법칙이 성립하는 까닭을 원자와 관련지어 서술하시오.

____

____

18 그림과 같이 나무를 공기 중에서 연소시킨 후, 타고 남은 재의 질량을 측정하면 반응 후가 반응 전보다 감소하기 때문에 질량 보존 법칙을 설명할 수 없었다.

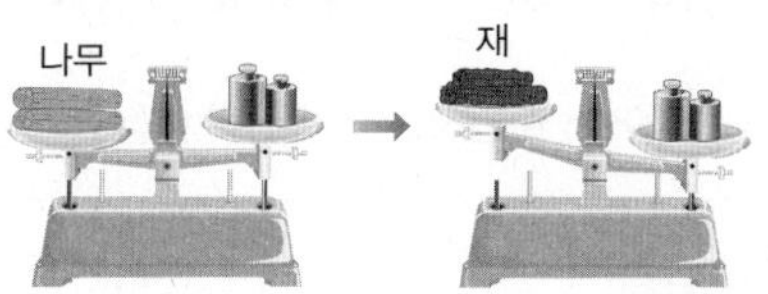

(1) 반응 후 질량이 감소한 까닭을 서술하시오.

____

____

(2) 질량 보존 법칙을 설명할 수 있도록 실험을 개선할 방법을 서술하시오.

____

____

19 일정 성분비 법칙이 성립하는 까닭을 제시된 단어를 모두 사용하여 서술하시오.

화합물, 원자, 개수비

____

____

20 그림은 과산화 수소의 분자 모형을 나타낸 것이다.

수소 8 g과 산소 64 g이 완전히 반응하여 생성된 과산화 수소의 질량은 몇 g인지 풀이 과정과 함께 서술하시오. (단 원자 1개의 상대적 질량은 수소(H) 1, 산소(O) 16이다.)

____

____

____

21 그림은 마그네슘과 산소가 반응하여 산화 마그네슘을 생성할 때의 질량 관계를 나타낸 것이다.

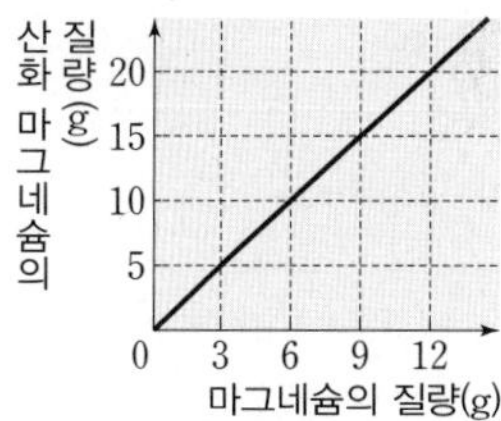

(1) 마그네슘과 산소가 반응하여 산화 마그네슘을 생성할 때 질량비(마그네슘 : 산소 : 산화 마그네슘)를 구하시오.

____

(2) 산화 마그네슘 50 g을 얻기 위해 필요한 마그네슘과 산소의 최소 질량을 각각 구하고, 풀이 과정과 함께 서술하시오.

____

____

____

03 기체 반응 법칙, 화학 반응에서의 에너지 출입

1 기체 반응 법칙 : 일정한 온도와 압력에서 기체가 반응하여 새로운 기체를 생성할 때 각 기체의 ❶(   ) 사이에는 간단한 ❷(   )가 성립한다.

(1) 기체 반응 법칙이 성립하는 까닭 : 일정한 온도와 압력에서 모든 기체는 같은 부피 속에 같은 개수의 ❸(   )가 들어 있기 때문이다.

기체	수소	산소	암모니아	이산화 탄소
분자 모형				
분자 개수	4	4	4	4

(2) 기체 반응 법칙은 반응물과 생성물이 모두 ❹(   )인 경우에만 성립한다.

2 화학 반응식과 기체 반응 법칙 : 반응물과 생성물이 모두 기체인 반응에서 화학 반응식의 계수비는 각 기체의 분자 수의 비, ❺(   )와 같다.

예 수증기 생성 반응

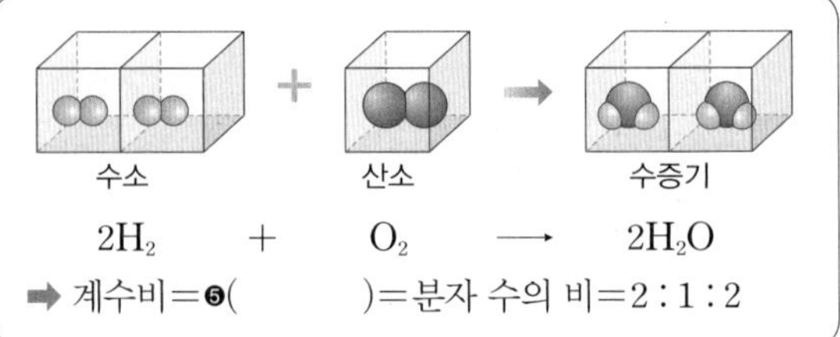

수소　　　　산소　　　　수증기

$$2H_2 + O_2 \longrightarrow 2H_2O$$

➡ 계수비=❺(   )=분자 수의 비=2 : 1 : 2

예 암모니아 생성 반응

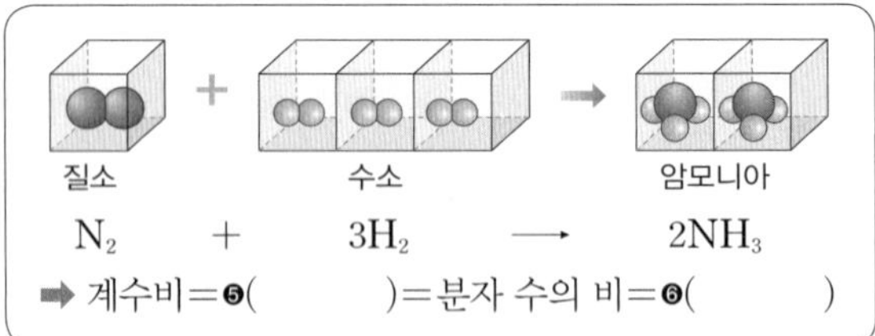

질소　　　　수소　　　　암모니아

$$N_2 + 3H_2 \longrightarrow 2NH_3$$

➡ 계수비=❺(   )=분자 수의 비=❻(   )

예 염화 수소 생성 반응

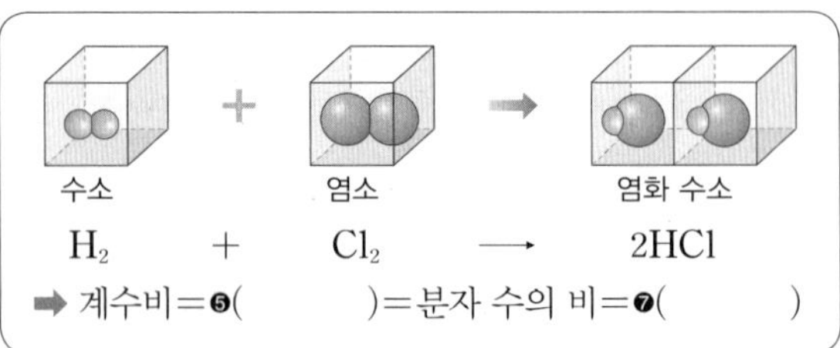

수소　　　　염소　　　　염화 수소

$$H_2 + Cl_2 \longrightarrow 2HCl$$

➡ 계수비=❺(   )=분자 수의 비=❼(   )

3 화학 반응에서의 에너지 출입 : 화학 반응이 일어날 때 ❽(   )를 방출하거나 흡수한다.

(1) 화학 반응이 일어날 때 에너지를 방출하거나 흡수하는 까닭 : 화학 반응에서 반응물과 생성물은 고유의 에너지를 가지고 있고, 반응이 일어날 때 에너지의 차이만큼 에너지를 방출하거나 흡수하기 때문이다.

(2) 발열 반응 : 발열 반응이 일어날 때 주위로 에너지를 ❾(   )하는 반응 ➡ 반응이 일어날 때 주위의 온도가 ❿(   )아진다.

> 반응물 ⟶ 생성물 + 에너지

예 연소 반응, 금속이 녹스는 반응, 금속과 산의 반응, 산과 염기의 반응, 산화 칼슘(또는 황산 칼슘)과 물의 반응 등

  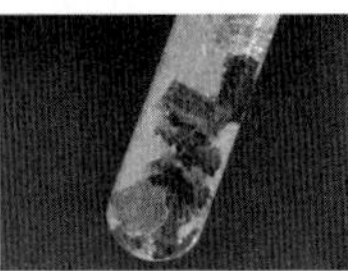

▲ 연료의 연소 반응　　▲ 철이 녹스는 반응　　▲ Mg과 염산의 반응

(3) 흡열 반응 : 흡열 반응이 일어날 때 주위로부터 에너지를 ⓫(   )하는 반응 ➡ 반응이 일어날 때 주위의 온도가 ⓬(   )아진다.

> 반응물 + 에너지 ⟶ 생성물

예 소금(또는 설탕)과 물의 반응, 탄산수소 나트륨의 열분해, 수산화 바륨과 염화 암모늄의 반응, 질산 암모늄과 물의 반응, 광합성, 물의 전기 분해 등

 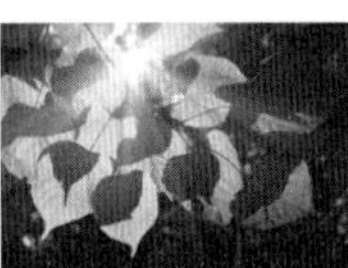 

▲ 소금과 물의 반응　　▲ 광합성　　▲ $NaHCO_3$의 열분해

4 화학 반응에서 출입하는 에너지의 이용

손난로	손난로 속 철 가루와 공기 중의 산소가 반응하면서 발생한 열로 손을 따뜻하게 한다.
제설제 (염화 칼슘)	눈이 쌓인 도로에 염화 칼슘을 뿌리면 물에 용해되면서 방출된 열로 눈을 녹인다.
난방 및 음식 조리	천연가스가 연소할 때 방출하는 열에너지를 이용하여 난방 및 음식을 조리한다.
⓭ ( )	산화 칼슘이 물에 용해되면서 방출하는 열을 이용하여 용기 속 음료를 데운다.
⓮ ( )	질산 암모늄이 물에 용해되면서 열을 흡수하여 다친 부위의 통증을 완화시킨다.

1 일정한 온도와 압력에서 기체가 반응하여 새로운 기체를 생성할 때 각 기체의 부피 사이에는 간단한 정수비가 성립한다. 이를 (   ) 법칙이라고 한다.

2 일정한 온도와 압력에서 수소 기체 2 L 속에 수소 분자가 100개 들어 있다면, 같은 온도와 압력에서 염소 기체 1 L 속에 들어 있는 염소 분자의 개수를 구하시오.

[3~5] 오른쪽 그림은 질소 기체와 수소 기체가 반응하여 암모니아가 생성될 때의 부피 관계를 나타낸 것이다. (단, 반응 전후의 온도와 압력은 같다.)

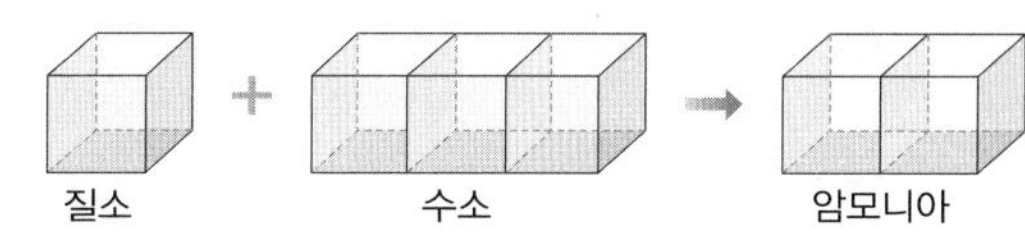

3 이 반응에서 기체의 부피비(질소 : 수소 : 암모니아)를 쓰시오.

4 질소 기체 15 mL와 수소 기체 30 mL를 완전히 반응시킬 때, 반응하지 않고 남은 기체의 종류와 부피를 구하시오.

5 암모니아 30 mL를 얻기 위해 필요한 질소 기체와 수소 기체의 최소 부피를 구하시오.

6 수소 기체 30 mL와 산소 기체 10 mL가 반응하면 수증기 20 mL가 생성되고, 수소 기체 10 mL가 남는다. 각 기체 사이의 부피비(수소 : 산소 : 수증기)를 구하시오. (단, 반응 전후의 온도와 압력은 같다.)

7 손난로는 (1) (   ) 반응을 활용한 예이고, 냉각 팩은 (2) (   ) 반응을 활용한 예이다.

8 다음 반응을 발열 반응과 흡열 반응으로 분류하시오.

> (가) 마그네슘과 묽은 염산의 반응   (나) 산화 칼슘과 물의 반응
> (다) 물의 전기 분해   (라) 수산화 바륨과 염화 암모늄의 반응

9 다음 (   ) 안에 알맞은 말을 고르시오.

> 탄산수소 나트륨을 가열하면 에너지를 (1) (방출 , 흡수)하여 분해되면서 주위의 온도가 (2) (높 , 낮)아지는 (3) (발열 , 흡열) 반응이 일어난다.

실전 대비 예상 문제

01 온도와 압력이 같을 때, 분자의 개수가 가장 큰 기체는?

① 1 L의 수소 ② 2 L의 수증기
③ 8 L의 암모니아 ④ 16 L의 염화 수소
⑤ 8 L의 이산화 탄소

02 그림은 25 ℃, 1기압, V L에 들어 있는 기체를 모형으로 나타낸 것이다.

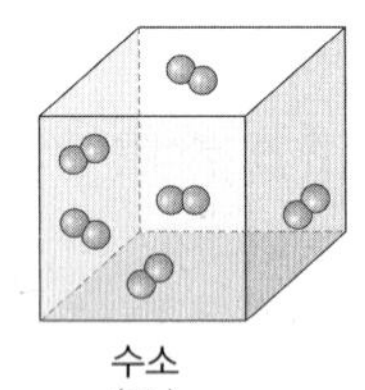 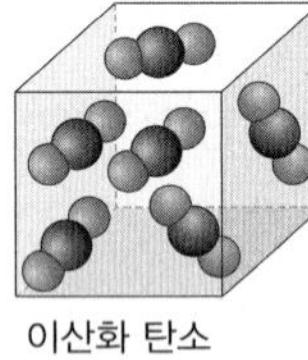 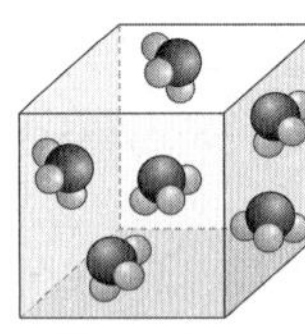

수소 (H₂)　　이산화 탄소 (CO₂)　　암모니아 (NH₃)

이에 대한 설명으로 옳지 <u>않은</u> 것은?

① 기체 반응 법칙을 설명하기에 적합한 모형이다.
② 25 ℃, 1기압에서 V L에 들어 있는 세 기체의 질량은 같지 않다.
③ 같은 부피 속에 같은 개수의 원자가 존재함을 알 수 있다.
④ 25 ℃, 1기압에서 $2V$ L에 들어 있는 질소 분자는 12개이다.
⑤ 기체의 반응에서 화학 반응식의 계수비로부터 기체의 부피비를 알 수 있다.

03 25 ℃, 1기압에서 수소 기체 1 L와 산소 기체 1 L가 있다. 두 기체 1 L가 같은 값을 갖는 것은?

① 기체의 질량 ② 기체의 밀도
③ 기체의 끓는점 ④ 기체 분자의 개수
⑤ 물에 대한 기체의 용해도

04 표는 기체 A₂와 B₂가 반응하여 기체 AB₃를 생성할 때 반응 전후의 기체의 부피 관계를 나타낸 것이다.

실험	반응 전 기체의 부피(mL)		반응 후 남은 기체의 부피(mL)		생성된 AB₃의 부피 (mL)
	A₂	B₂	A₂	B₂	
1	20	30	10	0	20
2	20	80	0	20	40

이 반응의 화학 반응식으로 옳은 것은? (단, 반응 전후의 온도와 압력은 같다.)

① $A_2 + 2B_2 \longrightarrow AB_3$
② $A_2 + 2B_2 \longrightarrow 3AB_3$
③ $A_2 + 3B_2 \longrightarrow 2AB_3$
④ $2A_2 + B_2 \longrightarrow 3AB_3$
⑤ $2A_2 + 3B_2 \longrightarrow 2AB_3$

05 그림은 수소 10 mL를 산소와 반응시켜 수증기를 생성할 때, 산소의 부피에 따른 반응 후 남은 반응물의 부피를 나타낸 것이다.

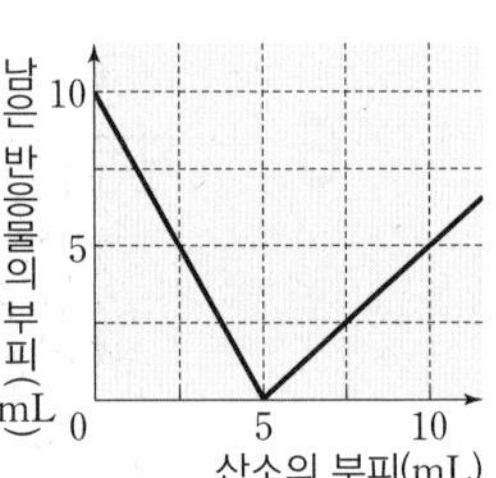

산소 20 mL가 완전히 반응하기 위해서 필요한 수소의 최소 부피는?

① 5 mL ② 10 mL ③ 20 mL
④ 40 mL ⑤ 80 mL

06 일정한 온도와 압력에서 다음의 4가지 기체가 각각 용기에 들어 있다.

> ㉠ 산소 500 mL ㉡ 질소 1 L
> ㉢ 이산화 탄소 2 L ㉣ 암모니아 500 mL

이에 대한 설명으로 옳은 것은?

① ㉠과 ㉣은 원자의 개수가 같다.
② ㉠과 ㉣은 분자의 개수가 같다.
③ 원자의 개수는 ㉢이 ㉡의 2배이다.
④ ㉠~㉣은 모두 분자의 크기가 같다.
⑤ ㉠~㉣은 모두 같은 개수의 분자를 포함한다.

07 다음은 질소 기체와 수소 기체가 반응하여 암모니아 기체를 생성하는 반응에 대한 설명이다.

> • A : 일정한 온도와 압력에서 3부피의 수소와 1부피의 질소가 반응하면 2부피의 암모니아가 생성된다.
> • B : 수소와 질소가 반응하여 암모니아가 생성될 때의 질량비는 수소 : 질소＝3 : 14이다.
> • C : 화학 반응 전후 원자의 종류와 개수는 변하지 않는다.

위에서 제시한 내용을 모두 만족하는 반응 모형으로 옳은 것은?

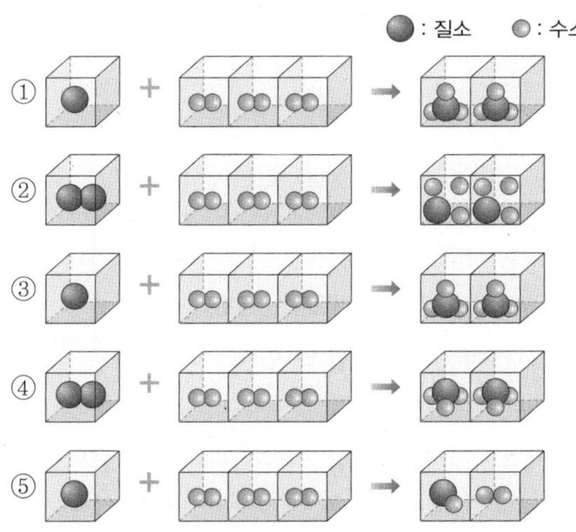

08 기체 반응 법칙이 성립하는 경우를 〈보기〉에서 모두 고른 것은?

> ┤ 보기 ├
> ㄱ. 설탕물을 물에 용해시켜 설탕물을 만들 때
> ㄴ. 철이 공기 중에서 녹이 슬어 산화 철이 될 때
> ㄷ. 산소와 수소가 반응하여 수증기가 생성될 때
> ㄹ. 질소와 수소가 반응하여 암모니아가 생성될 때
> ㅁ. 검은 가루의 탄소와 산소가 반응하여 이산화 탄소가 생성될 때
> ㅂ. 마그네슘에 묽은 염산을 떨어뜨려 기체가 발생할 때

① ㄱ, ㄷ ② ㄱ, ㄹ ③ ㄴ, ㅁ
④ ㄷ, ㄹ ⑤ ㅁ, ㅂ

09 표는 25 ℃, 1기압에서 수소와 질소가 반응하여 암모니아가 생성될 때 기체의 부피 관계를 나타낸 것이다.

실험	반응한 기체의 부피(mL)		생성된 암모니아 기체의 부피(mL)
	질소	수소	
1	5	15	10
2	9	27	18

이에 대한 설명으로 옳지 <u>않은</u> 것은?

① 반응물과 생성물의 부피비(질소 : 수소 : 암모니아)는 1 : 3 : 2이다.
② 이 반응을 모형으로 나타내면 다음과 같다.

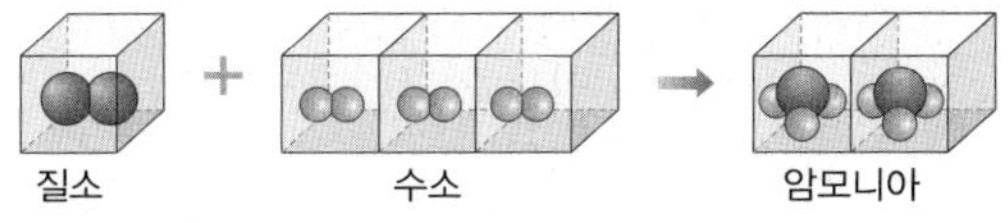

③ 암모니아 분자 1개는 질소 원자 1개와 수소 원자 3개가 결합하여 이루어진다.
④ 암모니아 200 mL를 얻으려면 질소 기체 100 mL와 수소 기체 300 mL를 반응시켜야 한다.
⑤ 수소 분자 300개와 질소 분자 200개를 완전히 반응시킬 때 생성되는 암모니아 분자는 500개이다.

10 다음은 일산화 탄소와 산소의 반응을 반응 모형과 화학 반응식으로 나타낸 것이다.

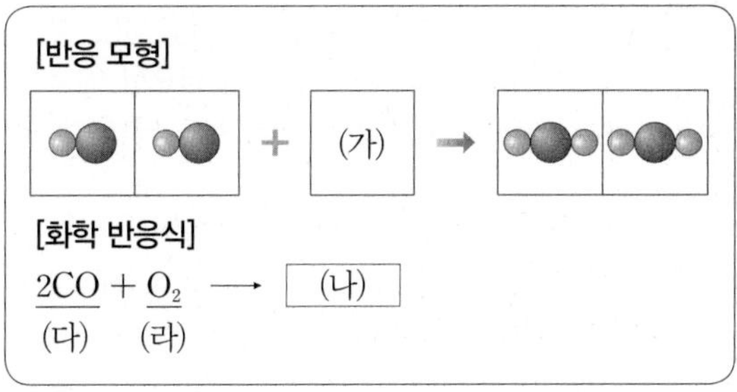

이에 대한 설명으로 옳은 것을 〈보기〉에서 모두 고른 것은?

> ┤ 보기 ├
> ㄱ. (가)에 알맞은 모형은 ○○이다.
> ㄴ. (나)는 CO_2이다.
> ㄷ. (다)의 전체 원자 수는 4개이다.
> ㄹ. (라)는 산소 2분자를 의미한다.

① ㄱ, ㄷ ② ㄴ, ㄹ ③ ㄷ, ㄹ
④ ㄱ, ㄴ, ㄷ ⑤ ㄴ, ㄷ, ㄹ

11 그림은 암모니아(NH_3), 산소(O_2), 질소(N_2) 기체가 밀폐된 용기 속에 각각 들어 있는 모습을 나타낸 것이다.

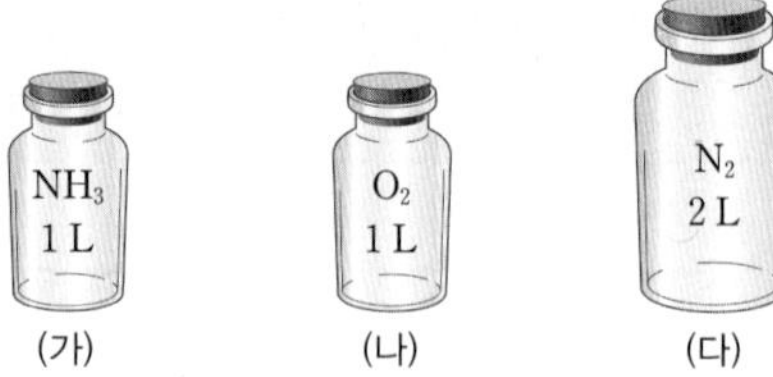

(나)에 들어 있는 산소의 분자의 개수가 N개일 때, 이에 대한 설명으로 옳은 것은? (단, 용기 속의 온도와 압력은 같다.)

① (가)에 들어 있는 원소의 종류는 4가지이다.

② (가)에 들어 있는 전체 원자의 개수는 $4N$개이다.

③ (가)에 들어 있는 암모니아 분자의 개수는 $2N$개이다.

④ (다)에 들어 있는 전체 원자의 개수는 $2N$개이다.

⑤ (다)에 들어 있는 질소 분자의 개수는 N개이다.

12 다음은 광합성을 통해 포도당을 생성하는 반응 (가)와 포도당을 이용하여 생명 활동에 필요한 에너지를 얻는 반응 (나)를 각각 화학 반응식으로 나타낸 것이다.

$$\text{(가)} (\quad ㉠ \quad) + 6H_2O \xrightarrow{\text{빛에너지}} C_6H_{12}O_6 + 6O_2$$

$$\text{(나)} \ C_6H_{12}O_6 + 6O_2 \longrightarrow 6CO_2 + (\quad ㉡ \quad) + \text{에너지}$$

이에 대한 설명으로 옳지 <u>않은</u> 것은?

① ㉠은 $6CO_2$, ㉡은 $6H_2O$이다.

② (가)는 흡열 반응이다.

③ (가)가 일어날 때 주위의 온도가 낮아진다.

④ (가)와 (나)는 에너지의 출입 방향이 서로 반대이다.

⑤ (나)는 반응물의 에너지 합이 생성물의 에너지 합보다 작다.

13 그림과 같이 증류수에 수산화 나트륨($NaOH$)을 넣고 녹였더니, 온도가 높아졌다.

이에 대한 설명으로 옳은 것을 〈보기〉에서 모두 고른 것은?

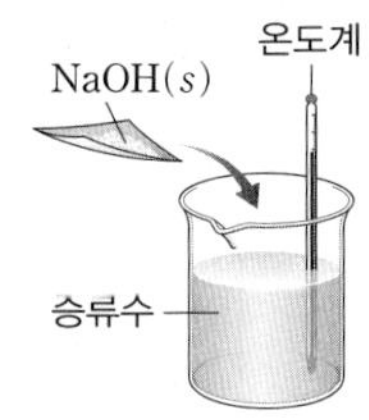

| 보기 |

ㄱ. 반응이 일어날 때 열을 방출한다.

ㄴ. 반응물의 에너지 합이 생성물의 에너지 합보다 크다.

ㄷ. 수산화 나트륨을 녹인 수용액에 묽은 염산을 넣으면 혼합 용액의 온도는 높아진다.

① ㄱ   ② ㄷ   ③ ㄱ, ㄴ

④ ㄴ, ㄷ   ⑤ ㄱ, ㄴ, ㄷ

14 그림은 수소의 연소 반응에서 반응물과 생성물의 에너지 변화를 나타낸 것이다.

이에 대한 설명으로 옳은 것은?

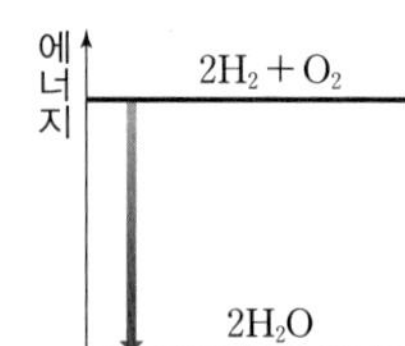

① 반응이 일어날 때 열을 흡수한다.

② 반응이 일어날 때 주위의 온도가 낮아진다.

③ H_2가 연소할 때 반응 부피비는 $H_2 : O_2 = 2 : 1$이다.

④ 반응물이 생성물로 변할 때 에너지가 증가한다.

⑤ 물을 전기 분해할 때와 에너지의 출입 방향이 같다.

15 다음은 우리 주변의 2가지 현상에 대한 설명이다.

- 자동차 내부에서 ㉠ <u>연료가 연소</u>하여 자동차가 움직인다.
- 식물은 ㉡ <u>광합성</u>을 통해 포도당을 합성한다.

㉠과 ㉡의 반응에 대한 설명으로 옳은 것을 〈보기〉에서 모두 고른 것은?

| 보기 |

ㄱ. ㉡은 발열 반응이다.

ㄴ. ㉠은 반응물의 에너지 합이 생성물의 에너지 합보다 크다.

ㄷ. ㉠과 ㉡은 에너지의 출입 방향이 반대이다.

① ㄱ   ② ㄴ   ③ ㄷ

④ ㄴ, ㄷ   ⑤ ㄱ, ㄴ, ㄷ

16 그림은 일정한 온도와 압력에서 수소 기체와 염소 기체가 반응하여 염화 수소 기체가 생성되는 반응을 모형으로 나타낸 것이다.

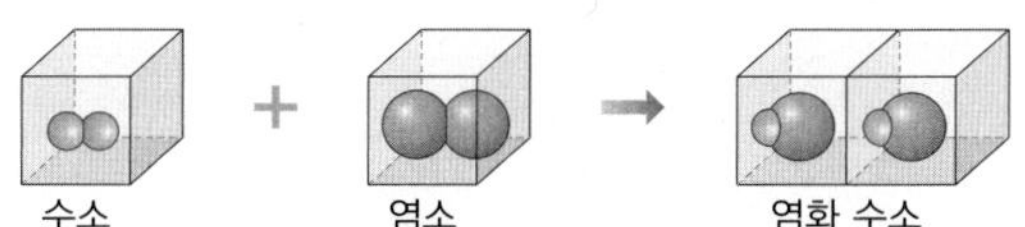

10 mL의 염소 기체를 완전히 반응시키기 위해 필요한 수소 기체의 최소 부피와 반응 후 생성되는 염화 수소 기체의 부피를 쓰고, 그 까닭을 서술하시오 .

____

____

____

17 다음은 여러 가지 화학 반응식을 나타낸 것이다. (가)~(다) 중 기체 반응 법칙이 성립하는 반응을 모두 고르고, 그 까닭을 서술하시오.

> (가) 탄소 + 산소 ⟶ 일산화 탄소
> (나) 질소 + 산소 ⟶ 이산화 질소
> (다) 수소 + 염소 ⟶ 염화 수소

____

____

18 그림은 기체 A_2와 기체 B_2가 반응하여 기체 C가 생성되는 반응을 모형으로 나타낸 것이다.

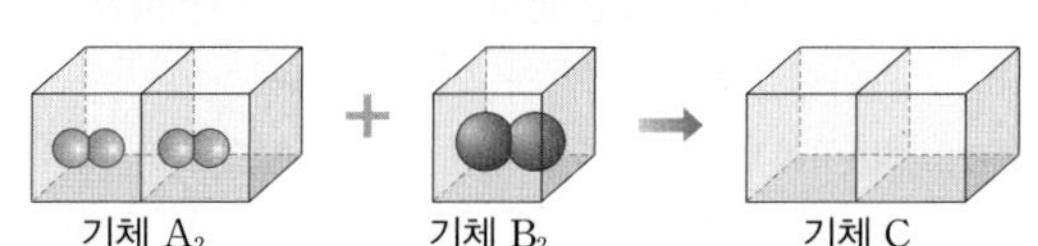

반응 후 기체 C 2부피의 분자 모형을 그리시오. (단, 반응 전후의 온도와 압력은 같다.)

19 다음은 화학 반응에서 출입하는 에너지를 활용한 예를 나타낸 것이다.

> (가) 발열 용기를 이용하여 음료를 데운다.
> (나) 연료를 연소시켜 음식을 조리한다.
> (다) 휴대용 손난로를 이용하여 손을 따뜻하게 한다.
> (라) 냉각 팩으로 열을 내리거나 다친 부위의 통증을 완화시킨다.

(1) (가)~(라)를 발열 반응과 흡열 반응으로 분류하시오.

____

(2) (가)~(라)에서 각 반응이 일어날 때 주위의 온도 변화를 에너지 출입과 관련지어 서술하시오.

____

____

20 그림은 어떤 화학 반응이 일어날 때 에너지 출입을 나타낸 것이다.

(1) 이 반응은 발열 반응과 흡열 반응 중 어떤 반응인지 쓰시오.

____

(2) 이 반응이 일어날 때 주위의 온도는 어떻게 변하는지 에너지 출입과 관련지어 서술하시오.

____

____

21 표는 발열 반응과 흡열 반응의 예를 분류한 것이다.

(가)	(나)
• 물의 전기 분해 • 탄산수소 나트륨의 열 분해	• 마그네슘과 염산의 반응 • 연료의 연소 반응

(가)와 (나) 중 냉각 팩과 같은 방향으로 에너지가 출입하는 반응을 고르고, 그 까닭을 에너지 출입 방향과 관련지어 서술하시오.

____

____

01 기권과 지구 기온

1 기권 : 지구를 둘러싸고 있는 대기
(1) 범위 : 지표~약 1000 km 높이
(2) 특징 : 대기는 대부분 지표 부근에 존재하며, 높이 올라갈수록 공기가 ❶(　　　　　)해진다.

2 대기의 조성 : ❷(　　　　　)와 산소가 대부분을 차지하며, ❸(　　　　　)는 대기 중에서 차지하는 비율은 적지만 기상 현상이 일어나는 데 중요한 역할을 한다.

3 기권의 층상 구조 : 높이에 따른 기온 변화를 기준으로, 지표면에서부터 ❹(　　　　　), ❺(　　　　　), ❻(　　　　　), ❼(　　　　　)으로 구분한다.

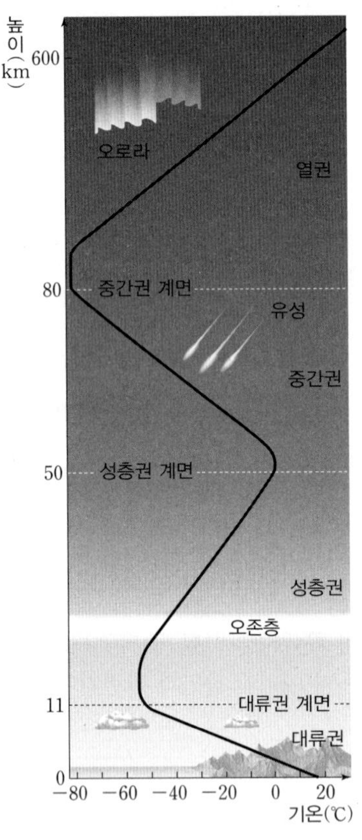

구분	특징
열권	• 낮과 밤의 기온 차가 매우 큼 • 오로라 관측, 인공위성의 궤도로 이용
중간권	• 대류 현상 발생 • 기상 현상 없음, 유성 관측
성층권	• 대기가 매우 안정, 오존층 존재 • 비행기의 항로로 이용
대류권	• 대류 현상 및 기상 현상 발생 • 대부분의 공기가 대류권에 분포

4 지구의 복사 평형
(1) 복사 에너지 : 물체가 복사의 형태로 방출하는 에너지
(2) 지구의 ❽(　　　　　) : 지구가 흡수하는 태양 복사 에너지양과 방출하는 지구 복사 에너지양이 같아서 지구의 평균 기온은 거의 일정하게 유지된다.

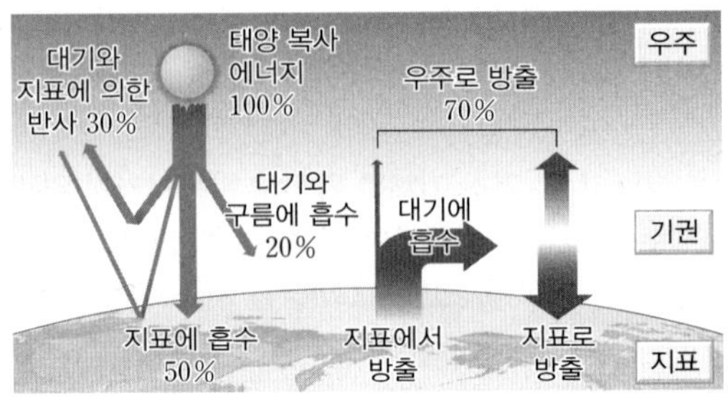

5 온실 효과 : 대기에서 흡수한 지구 복사 에너지의 일부를 지표로 다시 방출하여 지구의 평균 기온이 높게 유지되는 현상
(1) 온실 기체 : 지구 복사 에너지를 흡수하여 온실 효과를 일으키는 기체 예 수증기, 이산화 탄소 등
(2) 지구와 달의 평균 온도 : 지구는 ❾(　　　　　)가 일어나 대기가 없는 달보다 높은 온도에서 복사 평형을 이룬다.
(3) 복사 평형 실험
① 실험과 실제 지구 비교 : 전등은 태양, 알루미늄 컵은 지구에 비유된다.
② 복사 평형 온도에 도달하기 이전 : 온도 상승
➡ 에너지 흡수량이 방출량보다 ❿(　　　　　) 때문
③ 거리에 따른 복사 평형 : 전등에서 거리가 멀어질수록 복사 평형 온도는 낮아지고, 복사 평형에 도달하는 시간은 길어진다.

6 지구 온난화 : 대기 중 온실 기체의 양이 많아지면서 온실 효과가 강화되어 지구의 평균 기온이 점점 상승하는 현상

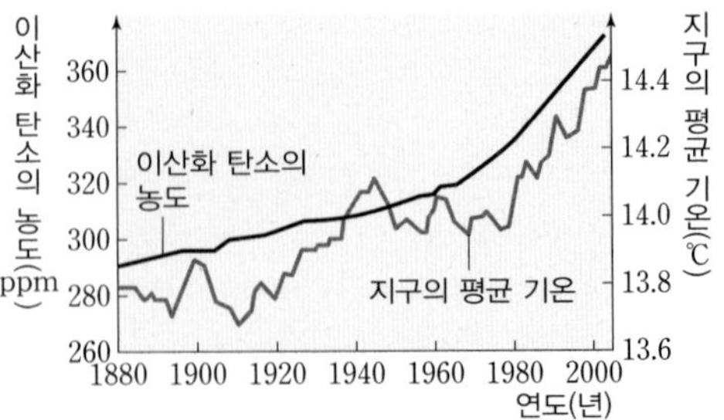

(1) 이산화 탄소의 농도와 기온 : 대기 중 이산화 탄소의 농도가 증가할수록 지구의 평균 기온이 ⓫(　　　　　).
(2) 지구 온난화의 영향 : 해수면의 상승으로 육지 면적 감소, 빙하의 면적 감소, 기상 이변(폭우, 폭설 등) 증가, 생태계 변화 등

1 지구를 둘러싸고 있는 대기가 차지하는 공간을 ⑴ ( )이라 하고, 이 중 가장 많은 부피비를 차지하는 기체는 ⑵ ( ), 두 번째로 많은 부피비를 차지하는 기체는 ⑶ ( )이다.

2 기권은 높이에 따른 ⑴ ( ) 변화를 기준으로, 지표면으로부터 순서대로 ⑵ ( ) −성층권−⑶ ( ) −열권으로 구분한다.

[3~5] 오른쪽 그림은 기권의 높이에 따른 기온 분포를 나타낸 것이다.

3 A~D층의 이름을 각각 쓰시오.

4 오존층이 존재하는 층의 기호를 쓰시오.

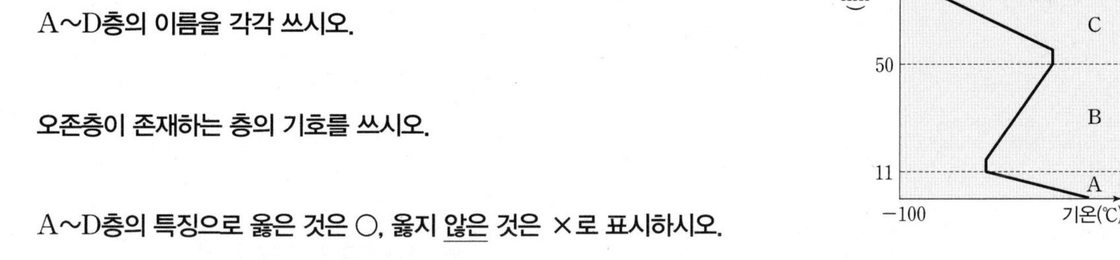

5 A~D층의 특징으로 옳은 것은 ○, 옳지 않은 것은 ×로 표시하시오.

⑴ A와 D층에서는 대류 운동이 활발하다. ································ ( )
⑵ B층은 비행기의 항로로 주로 이용된다. ································ ( )
⑶ C층은 낮과 밤의 기온 차가 가장 크다. ································ ( )

6 물체가 흡수하는 복사 에너지양과 방출하는 복사 에너지양이 같아 온도가 일정하게 유지되는 상태를 무엇이라고 하는지 쓰시오.

7 지구의 대기가 지구 복사 에너지를 흡수하였다가 지표로 재방출하여 지구의 평균 기온이 높게 유지되는 것을 ⑴ ( )라 하고, 이러한 현상을 일으키는 기체를 ⑵ ( )라고 한다.

8 그림 ㈎는 지구의 복사 평형 실험에서 전등을 켜고 2분 간격으로 알루미늄 컵 속 공기의 온도를 측정하는 모습을, ㈏는 그 결과를 그래프로 나타낸 것이다.

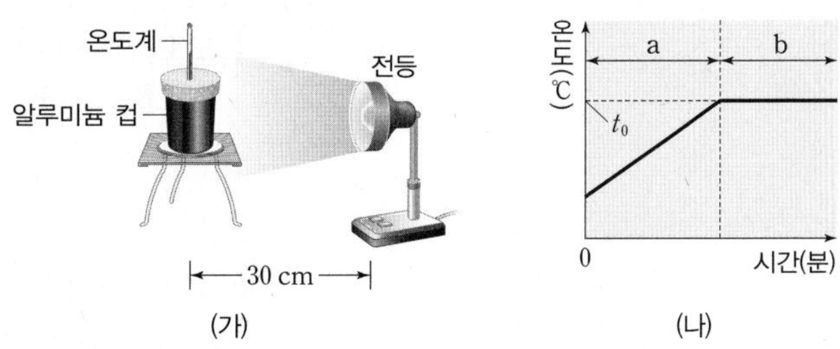

이 실험에 대한 설명으로 옳은 것은 ○, 옳지 않은 것은 ×로 표시하시오.

⑴ 전등은 태양, 알루미늄 컵은 지구에 해당된다. ································ ( )
⑵ a 구간에서는 흡수하는 복사 에너지양이 방출하는 복사 에너지양보다 많다. ············ ( )
⑶ 컵과 전등 사이의 거리가 멀수록 더 높은 온도에서 b와 같은 구간이 나타난다. ········ ( )
⑷ 온도가 일정해지기 시작하는 t_0은 컵의 복사 평형 온도이다. ································ ( )

9 대기 중 온실 기체의 농도가 증가하여 지구의 평균 기온이 점점 높아지는 현상은 무엇인지 쓰시오.

실전 대비 예상 문제

01 기권에 대한 설명으로 옳은 것은?

① 산소가 가장 많은 양을 차지하고 있다.
② 기권에 포함된 수증기의 양은 항상 일정하다.
③ 기권은 질소, 산소 등 여러 기체로 이루어져 있다.
④ 높이에 따른 기압 변화를 기준으로 4개의 층으로 구분한다.
⑤ 지표에서 높이 1000 km까지 공기가 고른 밀도로 분포하고 있다.

[02~03] 그림은 기권을 4개의 층으로 구분한 것이다.

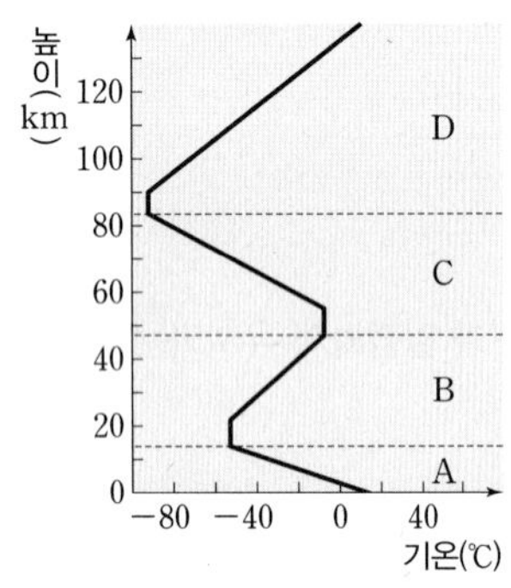

02 이와 같이 높이에 따라 기권을 구분하는 기준은?

① 기온 변화
② 기압 변화
③ 풍향 변화
④ 수증기량 변화
⑤ 기상 현상 변화

03 A층과 C층의 공통점으로 옳은 것은?

① 공기가 매우 희박하다.
② 공기의 대류 운동이 일어난다.
③ 구름, 비 등의 기상 현상이 일어난다.
④ 오존층이 존재하여 자외선을 흡수한다.
⑤ 밤과 낮의 기온 차가 매우 크게 나타난다.

04 대류권에 대한 설명으로 옳은 것은?

① 공기의 밀도가 가장 작다.
② 대기의 약 5 %가 분포한다.
③ 공기가 매우 안정적인 상태이다.
④ 높이 올라갈수록 기온이 하강한다.
⑤ 기상 현상이 나타나지 않아 비행기의 항로로 이용된다.

[05~08] 오른쪽 그림은 기권의 구조를 나타낸 것이다.

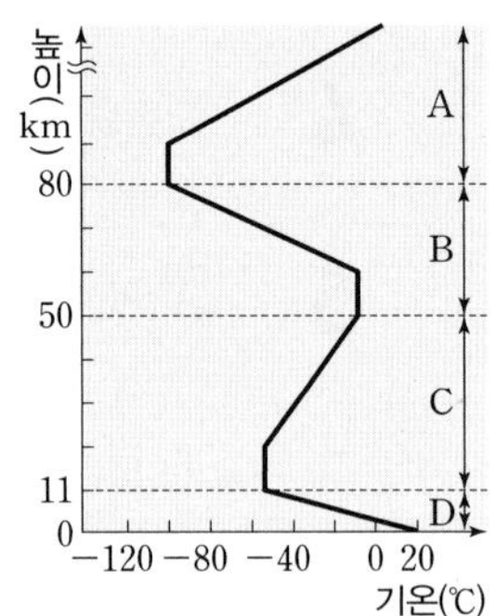

05 A~D층의 이름을 각각 쓰시오.

06 대류 운동이 일어나는 층의 기호를 모두 쓰시오.

07 오존층이 존재하는 층의 기호를 쓰시오.

08 오로라가 나타나고 인공위성의 궤도로 이용되는 층의 기호를 쓰시오.

09 오존층에 대한 설명으로 옳지 <u>않은</u> 것은?

① 성층권에 분포하고 있다.
② 고도 20~30 km 사이에 분포한다.
③ 인간 활동으로 인해 최근 오존층이 점점 파괴되고 있다.
④ 오존층 부근에서 눈, 비, 구름 등의 기상 현상이 나타난다.
⑤ 태양에서 방출하는 자외선을 흡수하여 지구상의 생명체를 보호한다.

10 열권에서 높이 올라갈수록 기온이 상승하는 까닭은?

① 기압이 높기 때문이다.

② 공기의 밀도가 크기 때문이다.

③ 공기 중의 수증기량이 적기 때문이다.

④ 태양 복사 에너지에 의해 직접 가열되기 때문이다.

⑤ 지표면에서 방출되는 지구 복사 에너지에 의해 가열되기 때문이다.

11 다음은 기권의 어느 층에서 나타나는 특징에 대한 설명이다.

- 대류 운동이 일어난다.
- 높이 올라갈수록 기온이 하강한다.
- 수증기가 있어 구름, 비, 눈 등의 기상 현상이 나타난다.

이와 같은 특징이 나타나는 층을 모두 고른 것은?

① 대류권   ② 성층권

③ 중간권   ④ 열권, 성층권

⑤ 대류권, 중간권

12 그림은 기권을 구성하는 기체의 부피비를 나타낸 것이다.

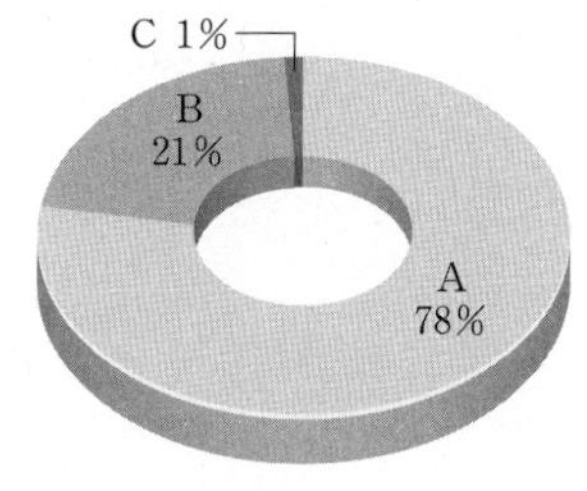

이에 대한 설명으로 옳지 <u>않은</u> 것은? (단, 수증기는 포함하지 않았다.)

① A는 질소, B는 산소이다.

② A는 구름, 비 등의 기상 현상을 일으키는 중요한 역할을 한다.

③ B는 생물의 호흡에 이용된다.

④ B는 물질이 타는 데 필요한 기체이다.

⑤ C는 아르곤 등이다.

13 그림 (가)와 같이 장치를 하고 2분 간격으로 온도를 측정한 결과가 (나)와 같았다.

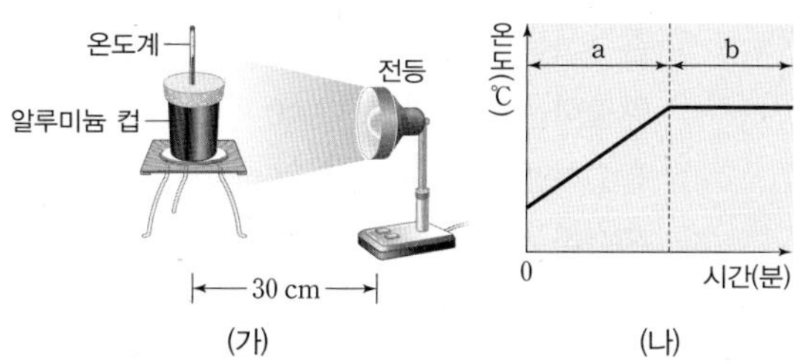

이에 대한 설명으로 옳은 것을 〈보기〉에서 모두 고른 것은?

| 보기 |

ㄱ. (나)의 a에서는 흡수하는 복사 에너지양이 방출하는 복사 에너지양보다 많다.

ㄴ. (나)의 b에서는 흡수하는 복사 에너지양이 방출하는 복사 에너지양보다 적다.

ㄷ. 컵과 전등의 거리를 더 멀게 하면 더 높은 온도에서 (나)의 b와 같은 구간이 나타날 것이다.

① ㄱ   ② ㄴ   ③ ㄱ, ㄷ

④ ㄴ, ㄷ   ⑤ ㄱ, ㄴ, ㄷ

14 그림은 물체의 복사 평형을 알아보기 위한 실험 장치를 나타낸 것이다.

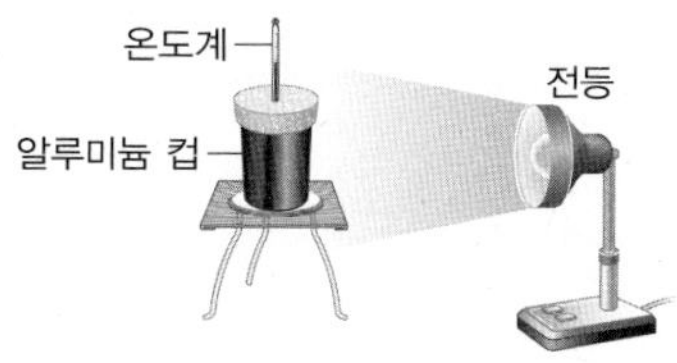

이에 대한 설명으로 옳은 것을 〈보기〉에서 모두 고른 것은?

| 보기 |

ㄱ. 전등은 태양에, 알루미늄 컵은 지구에 비유된다.

ㄴ. 전등 빛의 세기가 셀수록 알루미늄 컵의 복사 평형 온도는 상승한다.

ㄷ. 전등과 알루미늄 컵 사이의 거리는 복사 평형 온도에 영향을 주지 않는다.

① ㄱ   ② ㄷ   ③ ㄱ, ㄴ

④ ㄴ, ㄷ   ⑤ ㄱ, ㄴ, ㄷ

15 복사 평형이 일어날 때, 흡수하는 에너지양과 방출하는 에너지양을 옳게 비교한 것은?

① 흡수하는 에너지의 양＝0

② 방출하는 에너지의 양＝0

③ 흡수하는 에너지의 양＜방출하는 에너지의 양

④ 흡수하는 에너지의 양＝방출하는 에너지의 양

⑤ 흡수하는 에너지의 양＞방출하는 에너지의 양

[16~18] 그림은 지구의 복사 평형을 나타낸 것이다.

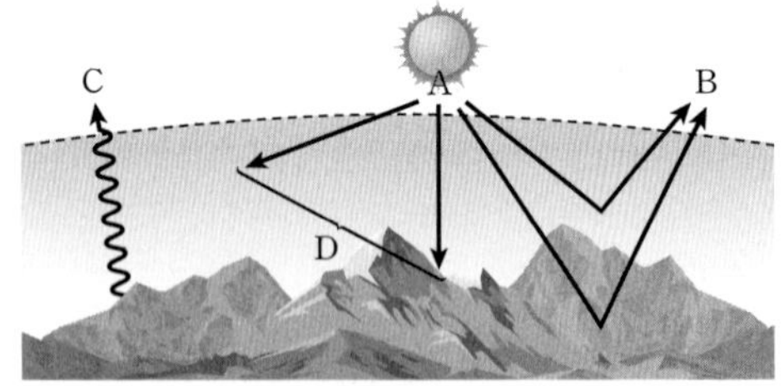

16 지구로 들어오는 태양 복사 에너지양 중 반사되어 우주로 되돌아가는 양은?

① A　　　② B　　　③ C

④ D　　　⑤ B, C

17 지구에 도달하는 태양 복사 에너지양을 100 %라고 할때, 이에 대한 설명으로 옳지 <u>않은</u> 것은?

① A와 B의 양은 서로 같다.

② D의 양은 70 %이다.

③ 지표면에 의해 흡수되는 양은 50 %이다.

④ A~D 중 가장 큰 양을 차지하는 것은 A이다.

⑤ 우주 공간으로 반사되는 에너지양인 B는 30 %이다.

18 지구 복사 에너지(C) 중 일부는 대기에 흡수되었다가 다시 방출된다. 이러한 과정의 결과 나타나는 현상과 관련이 깊은 것은?

① 밤낮의 기온 차가 커진다.

② 기압 차가 생겨 바람이 분다.

③ 달보다 지구의 표면 온도가 높다.

④ 구름, 비 등의 기상 현상이 일어난다.

⑤ 태양 복사 에너지 중 자외선은 지표에 도달하지 않는다.

19 다음과 같은 특징을 갖는 기체의 이름을 쓰시오.

- 식물의 광합성에 이용된다.
- 물에 녹으면 탄산 이온이 된다.
- 지구 온난화를 일으키는 주요 원인 기체이다.

20 다음에서 설명하는 현상은 무엇인지 쓰시오.

- 대기가 흡수한 에너지의 일부를 지표면으로 다시 방출하여 지구의 온도가 높게 유지되는 현상이다.
- 이 현상에 의해 지구의 평균 온도는 달보다 높게 유지된다.
- 이산화 탄소, 메테인, 수증기 등은 이 현상을 일으키는 기체이다.

21 지구의 대기는 지구 복사 에너지 중 일부를 흡수한 후 다시 지표로 방출하는데 이와 관련된 현상은?

① 지구의 표면 온도가 달보다 높다.
② 높이 올라갈수록 기압이 낮아진다.
③ 구름, 비, 눈 등의 기상 현상이 일어난다.
④ 저위도 지역과 고위도 지역의 기온 차가 커진다.
⑤ 태양으로부터 오는 자외선이 지표에 도달하지 않는다.

22 그림은 대기 중 이산화 탄소의 농도와 평균 기온의 관계를 나타낸 것이다

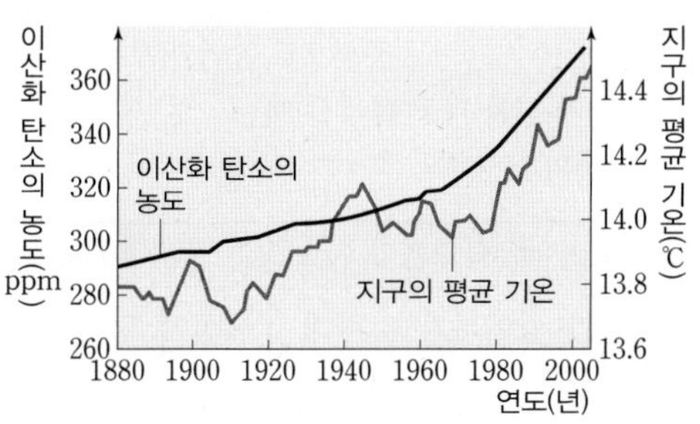

이산화 탄소의 농도가 1880년대 이후 급격히 증가한 원인은?

① 사막화 현상
② 이상 기후 현상
③ 지식 정보화 사회 도래
④ 산업 혁명으로 화석 연료 사용량 급증
⑤ 숲 가꾸기 운동을 통한 산림 면적 증가

23 지구 온난화로 일어나는 현상이 <u>아닌</u> 것은?

① 해수면이 점점 높아진다.
② 기상 이변이 자주 나타난다.
③ 육지의 면적이 점점 좁아진다.
④ 극지방의 빙하의 면적이 줄어든다.
⑤ 한대 식물의 서식지가 점점 저위도로 이동한다.

24 오른쪽 그림은 기권을 4개의 층으로 구분한 것이다.

A~D층 중 성층권에 해당하는 층의 기호를 쓰고, 성층권에서 높이 올라갈수록 기온이 높아지는 까닭을 서술하시오.

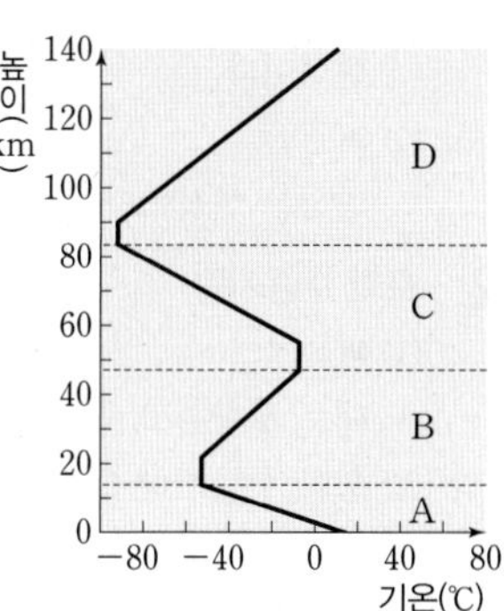

____

____

[25~26] 그림과 같이 뚜껑을 덮은 검은색 알루미늄 컵에 온도계를 꽂고 전등을 켰더니, 온도가 올라가다가 어느 정도 시간이 지난 후 복사 평형이 이루어졌다.

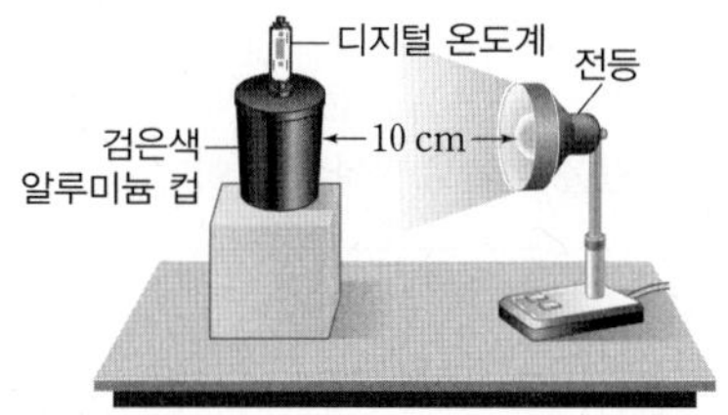

25 알루미늄 컵의 뚜껑을 열고 이 실험을 한다면 온도 변화는 어떻게 나타날지 서술하시오.

____

____

26 이 실험으로부터 예상할 때 만약 지구에 대기가 없다면 지구의 평균 온도는 현재와 어떻게 달라질지 서술하시오.

____

____

27 다음 단어를 모두 포함하여 지구 온난화의 발생 과정을 서술하시오.

> 화석 연료, 온실 효과, 이산화 탄소

____

____

1 증발과 응결

(1) ❶( ) : 물 표면에서 물이 수증기로 변하는 현상이다.

(2) ❷( ) : 공기 중의 수증기가 액체 상태의 물로 변하는 현상이다.

2 포화 수증기량

(1) ❸( ) 상태 : 일정량의 공기가 수증기를 최대로 포함하고 있는 상태이다.

(2) 포화 수증기량 : 포화 상태의 공기 1 kg 속에 들어 있는 수증기의 양(g)이다.

(3) 기온과 포화 수증기량의 관계 : 기온이 ❹( ) 수록 포화 수증기량이 많아진다.

3 ❺( ) : 공기 중의 수증기가 응결하기 시작할 때의 온도이다.

(1) 공기 중에 포함된 수증기량이 많을수록 이슬점이 높다.

(2) 현재 공기 중에 포함된 수증기량＝이슬점에서의 포화 수증기량

(3) 응결량 : 현재 수증기량에서 냉각된 온도에서의 포화 수증기량을 뺀 값이다.

4 ❻( ) : 현재 기온에서의 포화 수증기량에 대한 실제 수증기량을 비율로 나타낸 것이다.

$$상대 습도(\%) = \frac{현재 공기 중에 포함된 실제 수증기량(g/kg)}{현재 기온에서의 포화 수증기량(g/kg)} \times 100$$

(1) 수증기량과 상대 습도의 관계 : 기온이 일정할 때, 실제 수증기량이 많을수록 상대 습도가 높아진다.

(2) 기온과 상대 습도의 관계 : 수증기량이 일정할 때, 기온이 낮을수록 상대 습도가 높아진다.

5 날씨와 상대 습도 변화

(1) 맑은 날 하루 동안 수증기량은 거의 일정하여 이슬점의 변화가 적다.

(2) 기온과 ❼( )가 반대로 나타나는 까닭 : 수증기량이 거의 일정할 때, 기온이 높을수록 포화 수증기량이 증가하기 때문이다.

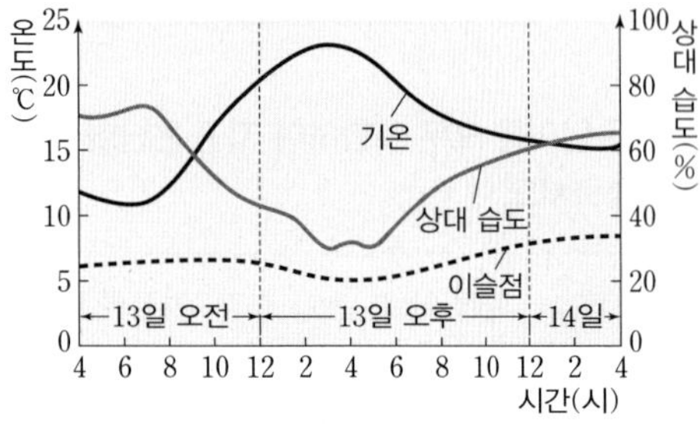

▲ 맑은 날 하루 동안 기온, 상대 습도, 이슬점 변화

6 구름 : 공기 중에서 수증기가 응결하여 생긴 작은 물방울이나 얼음 알갱이(빙정)가 하늘에 떠 있는 것이다.

(1) 생성 과정 : 공기 덩어리 상승 → ❽( ) → 이슬점 도달 → 수증기 응결 → 구름 생성

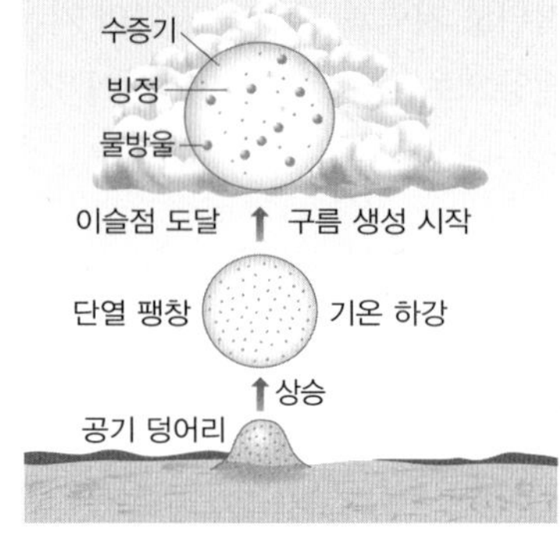

(2) 구름이 생성되는 경우

• 지표면의 일부가 강하게 가열될 때

• 따뜻한 공기와 찬 공기가 만날 때

• ❾( ) 중심으로 공기가 모여들 때

• 공기가 산을 타고 올라갈 때

(3) 구름의 모양

적운형 구름	층운형 구름
• 공기 덩어리가 강하게 상승할 때 생성 • 위로 솟는 모양	• 공기 덩어리가 약하게 상승할 때 생성 • 옆으로 퍼지는 모양

7 강수 과정

❿( )	⓫( )
• 열대 지방에서 내리는 비 • 대부분 물방울로 구성 • 크고 작은 물방울들이 부딪치고 합쳐져서 점점 커지면 빗방울이 되어 지표로 떨어진다. ➡ 따뜻한 비	• 중위도나 고위도 지방에서 내리는 비 • 물방울과 빙정으로 구성 • $-40\,℃{\sim}0\,℃$ 구간의 물방울에서 증발한 수증기가 얼음 알갱이에 달라붙어 얼음 알갱이가 점점 커지면 아래로 떨어진다. ➡ 차가운 비

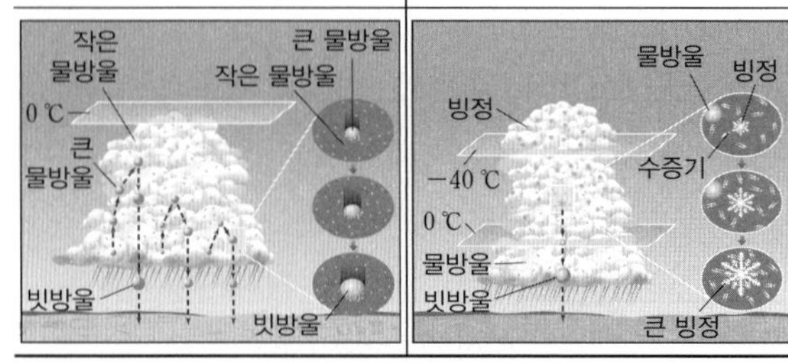

1 다음 (　　　) 안에 알맞은 말을 고르시오.

> 물 표면에서 물이 수증기로 변하는 현상을 ㉠ (증발 , 응결)이라고 한다. ㉡ (증발 , 응결)은 햇빛이 비칠 때,
> 표면적이 ㉢ (좁을 , 넓을)수록, 기온이 ㉣ (낮을 , 높을)수록, 바람이 ㉤ (약할 , 강할)수록 잘 일어난다.

2 다음 (　　　) 안에 공통으로 알맞은 말을 쓰시오.

> 대기 중의 포화 수증기량은 (　　　　　　)에 따라 달라지는데 (　　　　　　)이 높을수록 포화 수증기량이
> 많아지고, (　　　　　　)이 낮을수록 포화 수증기량이 적어진다.

3 공기 중의 수증기가 응결하기 시작할 때의 온도를 무엇이라고 하는지 쓰시오.

[4~5] 오른쪽 그림은 기온에 따른 포화 수증기량 곡선을 나타낸 것이다.

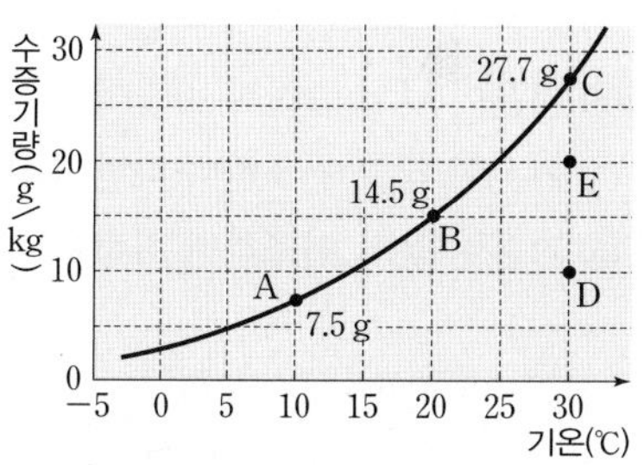

4 A~E 중 포화 상태에 해당하는 공기의 기호를 모두 쓰시오.

5 A~E 중 상대 습도가 가장 낮은 공기의 기호를 쓰시오.

6 맑은 날의 기온, 이슬점, 상대 습도에 대한 설명으로 옳은 것은 ○, 옳지 <u>않은</u> 것은 ×로 표시하시오.
　(1) 맑은 날 하룻동안 이슬점은 거의 변화가 없다. ··· (　　　)
　(2) 기온과 상대 습도의 변화는 거의 반대로 나타난다. ··· (　　　)
　(3) 하룻동안 수증기량은 크게 변한다. ··· (　　　)

7 다음 (　　　) 안에 알맞은 말을 고르시오.

> 구름은 공기 덩어리의 ㉠ (상승 , 하강) → 단열 ㉡ (팽창 , 수축) → 기온 하강 → 수증기 ㉢ (증발 , 응결)
> 의 과정을 거쳐 생성된다.

8 다음은 비나 눈이 생성되는 과정에 대한 설명이다. (　　　) 안에 알맞은 말을 쓰시오.

> ㉠ (　　　　　　)은 저위도 지방에서 비가 내리는 과정이다. 구름의 대부분 온도가 0 ℃ 이상으로, 크고 작
> 은 물방울이 서로 충돌하면서 합쳐져 무거워지면 비가 내린다. ㉡ (　　　　　　)은 중·고위도 지방에서 비
> 나 눈이 내리는 과정이다. −40 ℃~0 ℃ 구간의 물방울에서 증발한 수증기가 얼음 알갱이에 달라붙어 무거
> 워져 내리면 눈, 내리는 도중 녹으면 비가 된다.

실전 대비 예상 문제

01 오른쪽 그림은 물 표면에서 물 분자가 출입하는 것을 나타낸 것이다. 물속으로 들어가는 분자의 수보다 물 밖으로 나가는 분자의 수가 더 많을 때 일어나는 현상은?

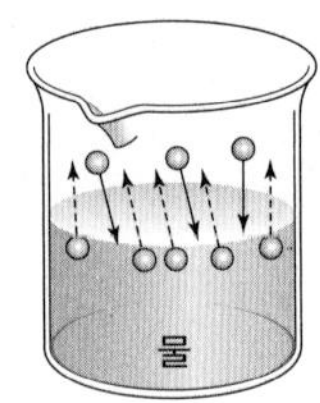

① 끓음　　　　② 확산
③ 증발　　　　④ 응결
⑤ 용해

02 증발이 가장 잘 일어나는 날은?

① 기온이 높고 습하며 바람이 없는 날
② 기온이 낮고 습하며 바람이 없는 날
③ 기온이 낮고 습하며 바람이 부는 날
④ 기온이 낮고 건조하며 바람이 부는 날
⑤ 기온이 높고 건조하며 바람이 부는 날

03 불포화 상태의 공기를 포화 상태로 만들기 위한 방법으로 옳은 것을 모두 고르면? (2개)

① 공기를 냉각시킨다.
② 공기를 가열시킨다.
③ 수증기를 공급한다.
④ 수증기를 제거한다.
⑤ 공기를 냉각시키고 수증기를 제거한다.

04 증발에 의해 일어나는 현상은?

① 새벽에 안개가 낀다.
② 늦가을 마당에 서리가 내린다.
③ 해가 뜨면 풀잎에 맺힌 이슬이 사라진다.
④ 목욕탕에 들어가니 안경이 뿌옇게 흐려진다.
⑤ 얼음물이 들어있는 컵 표면에 물방울이 맺힌다.

05 그림은 끓는 물에서 나온 김을 플라스크에 모은 후 고무마개로 막고, 헤어드라이어로 플라스크 표면에 뜨거운 바람을 불어 주는 모습을 나타낸 것이다.

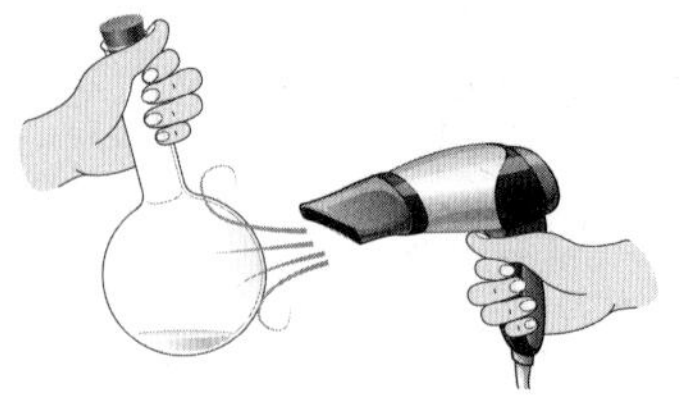

이에 대한 설명으로 옳은 것을 〈보기〉에서 모두 고른 것은?

| 보기 |
ㄱ. 헤어드라이어로 플라스크를 가열하면 플라스크 내부가 맑아진다.
ㄴ. 플라스크 내부의 물방울은 증발하여 수증기로 변한다.
ㄷ. 포화 수증기량은 온도가 높아지면 감소한다는 것을 알 수 있다.

① ㄱ　　　　② ㄷ　　　　③ ㄱ, ㄴ
④ ㄴ, ㄷ　　　⑤ ㄱ, ㄴ, ㄷ

06 기온과 포화 수증기량의 관계를 나타낸 것으로 옳은 것은?

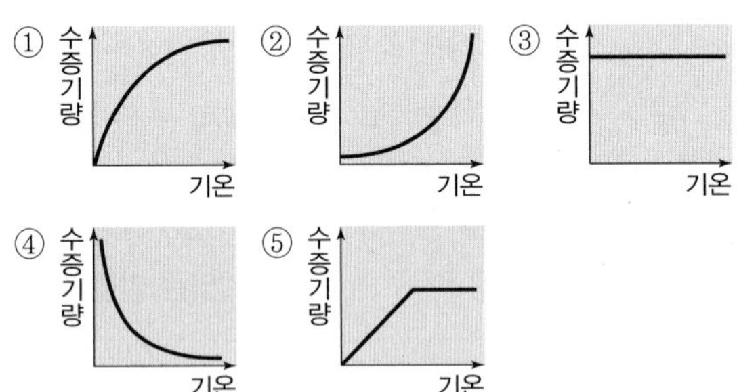

07 다음에서 설명하는 것은 무엇인지 쓰시오.

- 포화 상태에 도달할 때의 온도
- 상대 습도가 100 %일 때의 온도
- 공기 중의 수증기가 응결하기 시작할 때의 온도
- 현재 수증기량과 포화 수증기량이 같을 때의 온도

08 그림과 같이 이슬점을 측정하기 위해 물이 담긴 알루미늄 컵에 얼음을 넣고 유리 막대로 저어 주었다.

이에 대한 설명으로 옳은 것을 〈보기〉에서 모두 고른 것은?

| 보기 |
ㄱ. 컵은 깨끗이 닦아서 사용한다.
ㄴ. 컵의 표면이 흐려지는 순간의 온도를 측정한다.
ㄷ. 컵의 표면이 흐려지기 시작할 때의 온도가 이슬점이다.

① ㄱ　　　　② ㄷ　　　　③ ㄱ, ㄴ
④ ㄴ, ㄷ　　　⑤ ㄱ, ㄴ, ㄷ

09 그림은 기온에 따른 포화 수증기량의 변화를 나타낸 것이다.

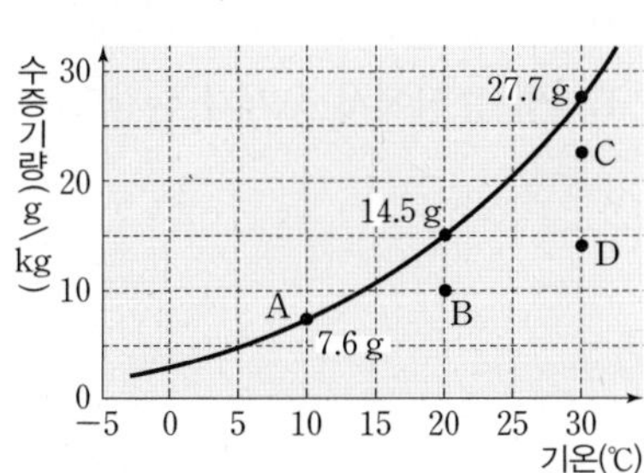

A~D 공기에 대한 설명으로 옳지 <u>않은</u> 것은?

① A 공기는 포화 상태이다.
② 이슬점이 가장 낮은 공기는 B이다.
③ 상대 습도가 가장 높은 공기는 A이다.
④ 1 kg 속에 포함된 수증기량이 가장 많은 공기는 C이다.
⑤ 5 ℃로 냉각시킬 때 응결량이 가장 많은 공기는 C이다.

10 그림은 기온과 포화 수증기량의 관계를 나타낸 것이다.

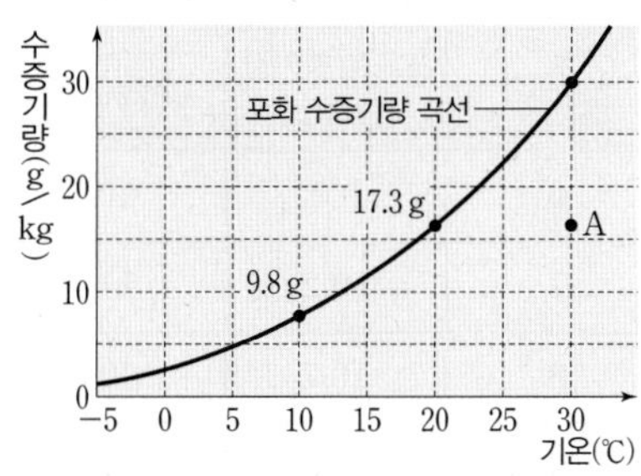

A 공기의 상대 습도(%)를 구하는 식으로 옳은 것은?

① $\dfrac{9.8}{30} \times 100$　　　② $\dfrac{17.3}{30} \times 100$

③ $\dfrac{20}{30} \times 100$　　　④ $\dfrac{9.8}{20} \times 100$

⑤ $\dfrac{30}{30} \times 100$

11 표는 기온에 따른 포화 수증기량을 나타낸 것이다.

기온(℃)	포화 수증기량 (g/kg)	기온(℃)	포화 수증기량 (g/kg)
6	9.0	10	12.3
7	10.2	11	13.1
8	10.7	12	14.0
9	11.5	13	14.6

현재 기온이 13 ℃인 공기가 8 ℃가 될 때 이슬이 맺히기 시작하였다. 이 공기의 상대 습도는 몇 %인가?

① 약 30 %　　② 약 47 %　　③ 약 54 %
④ 약 64 %　　⑤ 약 73 %

12 표는 질량이 10 kg인 방 안의 기온에 따른 포화 수증기량을 나타낸 것이다.

기온(℃)	5	10	15	20	25	30
포화 수증기량 (g/kg)	6.5	9.1	12.5	17.0	22.9	30.3

방 안의 현재 기온이 15 ℃이고 이슬점이 5 ℃일 때, 이 방 안에 있는 수증기의 총량은 몇 g인가?

① 26 g　　② 65 g　　③ 125 g
④ 168 g　　⑤ 212 g

13 표는 기온에 따른 포화 수증기량을 나타낸 것이다.

기온(℃)	포화 수증기량 (g/kg)	기온(℃)	포화 수증기량 (g/kg)
6	9.0	10	12.3
7	10.2	11	13.1
8	10.7	12	14.0
9	11.5	13	14.6

현재 기온이 11 ℃이고, 습도가 약 69 %일 때 다음 날 새벽에 이슬이 맺히기 시작하는 온도는 몇 ℃인가?

① 약 6 ℃ ② 약 7 ℃ ③ 약 8 ℃
④ 약 9 ℃ ⑤ 약 10 ℃

14 그림은 하루 동안의 기온, 상대 습도, 이슬점의 변화를 나타낸 것이다.

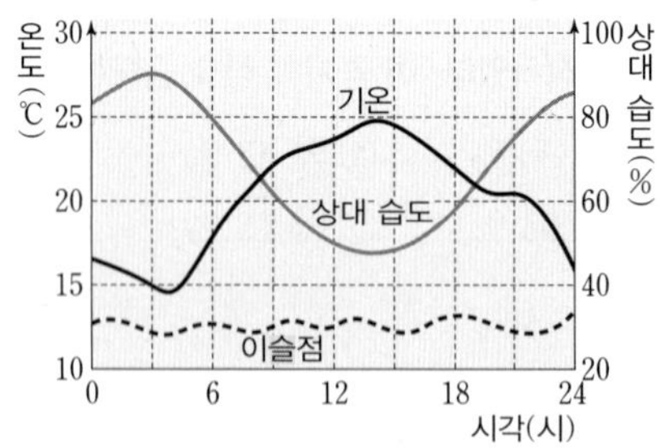

이에 대한 설명으로 옳은 것을 〈보기〉에서 모두 고른 것은?

| 보기 |
ㄱ. 이날 새벽에는 이슬이 맺히게 된다.
ㄴ. 야간에 습도가 높은 까닭은 증발이 활발하게 일어나기 때문이다.
ㄷ. 이슬점의 변화가 작은 것은 대기에 포함된 수증기량의 변화가 적기 때문이다.

① ㄱ ② ㄴ ③ ㄱ, ㄷ
④ ㄴ, ㄷ ⑤ ㄱ, ㄴ, ㄷ

15 그림 (가)와 (나)는 모양이 서로 다른 두 종류의 구름을 나타낸 것이다.

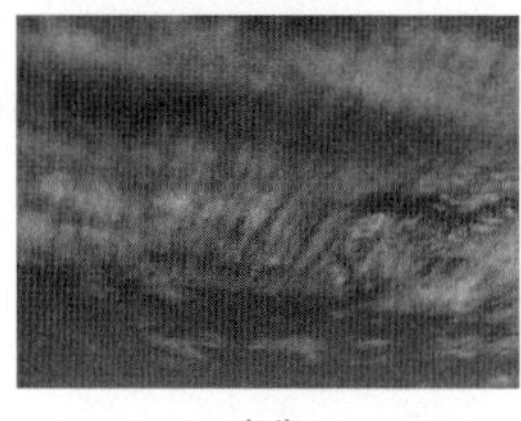

(가) (나)

(가)와 (나) 구름의 이름과 상승 운동이 강할 때 형성되는 구름을 옳게 짝 지은 것은?

	(가)	(나)	형성 구름
①	층운형	적운형	층운형
②	층운형	적운형	적운형
③	적운형	층운형	층운형
④	적운형	층운형	적운형
⑤	적운형	적운형	적운형

16 공기가 상승하여 구름이 생성되는 경우가 <u>아닌</u> 것은?

① 찬 공기와 더운 공기가 만날 때
② 지표면이 불균등하게 가열될 때
③ 산비탈을 타고 공기가 상승할 때
④ 저기압 중심으로 공기가 모여들 때
⑤ 고기압 중심에서 공기가 하강할 때

17 열대 지방에서 내리는 비의 생성 과정에 대한 설명으로 옳은 것은?

① 구름 속의 얼음 알갱이가 녹아서
② 구름 속의 물방울이 서로 합쳐져서
③ 구름 속의 물방울에 수증기가 달라붙어서
④ 구름 속의 물방울에 얼음 알갱이가 달라붙어
⑤ 구름 속의 얼음 알갱이에 수증기가 달라붙어서

18 그림은 수직으로 발달한 구름의 모습을 나타낸 것이다.

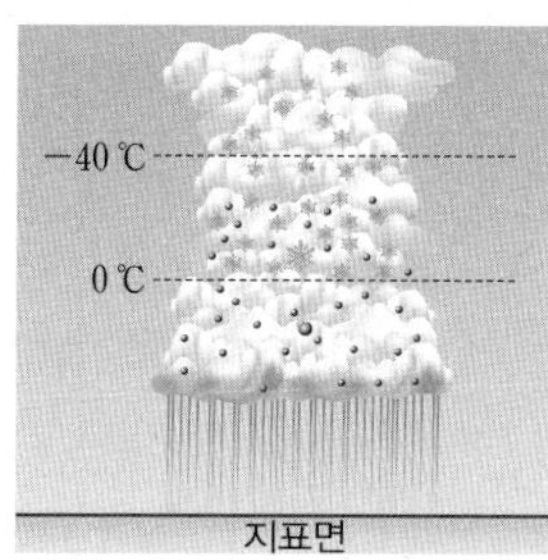

이에 대한 설명으로 옳은 것을 〈보기〉에서 모두 고른 것은?

┤ 보기 ├
ㄱ. 고위도나 중위도 지방에서 발달하는 구름이다.
ㄴ. 눈이 내려오다 따뜻한 대기층을 지나면서 녹으면 비가 된다.
ㄷ. 이와 같은 과정으로 비와 눈이 만들어진다는 이론을 병합설이라고 한다.

① ㄱ　　　　② ㄷ　　　　③ ㄱ, ㄴ
④ ㄴ, ㄷ　　　⑤ ㄱ, ㄴ, ㄷ

19 그림은 우리나라와 같은 중위도 지방에서 비나 눈이 만들어지는 과정을 나타낸 것이다.

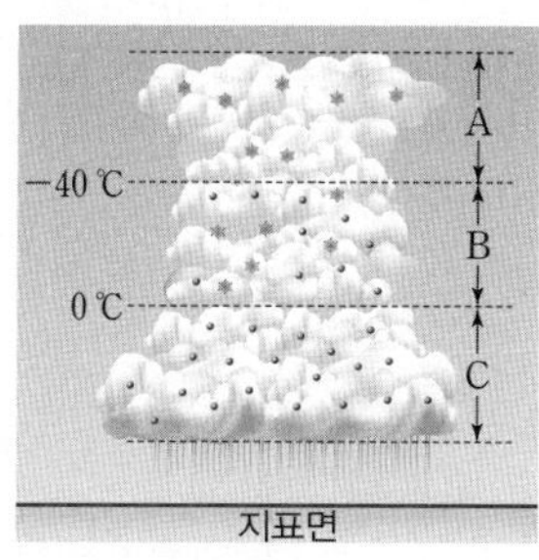

A~C 중 물방울과 얼음 알갱이가 함께 존재하는 층과 강수 이론을 옳게 짝 지은 것은?

	층	강수 이론
①	A	병합설
②	A	빙정설
③	B	병합설
④	B	빙정설
⑤	C	병합설

20 그림은 어느 맑은 날의 기온, 상대 습도, 이슬점의 변화를 나타낸 것이다.

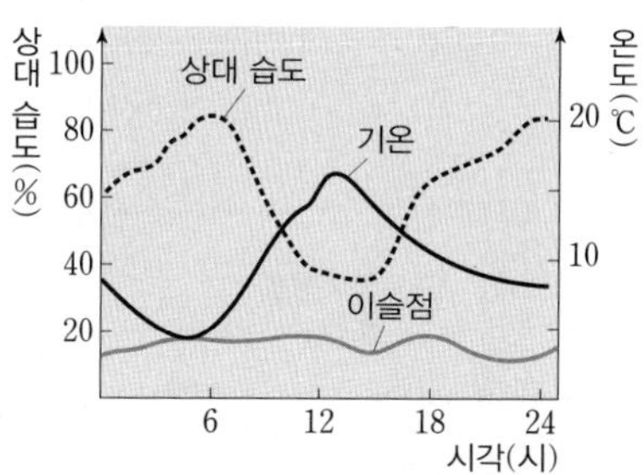

하루 동안 이슬점이 거의 변함없이 일정하게 나타나는 까닭을 서술하시오.

____

____

[21~22] 그림은 포화 수증기량 곡선을 나타낸 것이다.

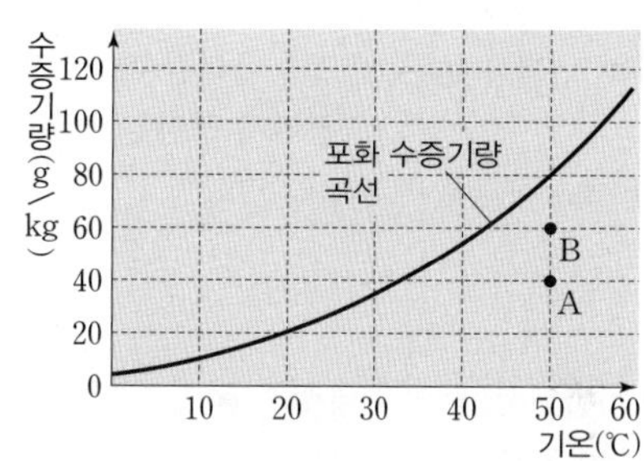

21 불포화 상태인 A 공기를 포화 상태로 만드는 방법을 2가지 서술하시오.

____

____

22 A와 B 중 상대 습도가 높은 것을 쓰고, 그 까닭을 서술하시오.

____

____

23 우리나라와 같은 중위도 지방에서 겨울철에 비가 만들어지는 과정을 서술하시오.

____

____

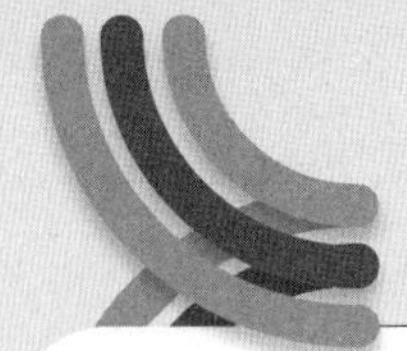

1 기압
(1) 기압의 작용 : ❶(　　　　　　　) 방향에서 고르게 작용한다.
(2) 기압의 측정 실험 : 수은을 가득 채운 길이 1 m의 유리관을 수은이 담긴 수조에 거꾸로 세우면, 유리관 속 수은이 약 ❷(　　　　　　) cm 높이까지 내려오다가 멈춘다.

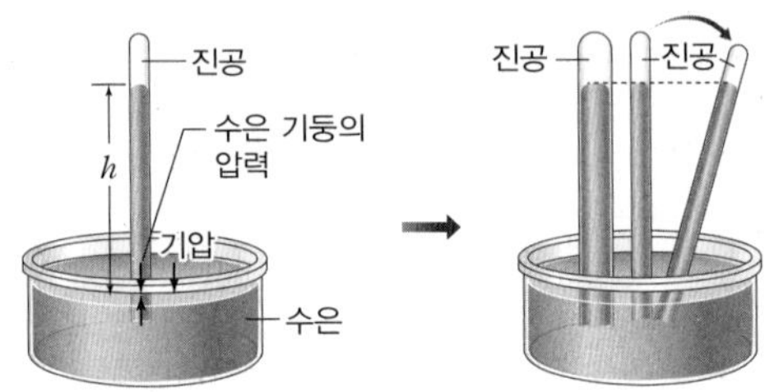

① 수은 기둥이 멈춘 까닭 : 수은이 담긴 수조의 수은 면에 작용하는 ❸(　　　　　　)의 크기와 유리관 속 수은 기둥 76 cm가 누르는 압력의 크기가 같아졌기 때문이다.
② 수은 기둥의 높이 변화 : 유리관의 굵기나 기울기가 변해도 수은 기둥의 높이(h)는 변하지 않는다.
(3) 기압의 크기 : 1기압＝76 cmHg＝1013 hPa＝약 10 m 물기둥의 압력
(4) 기압의 변화 : 높은 곳으로 올라갈수록 기압은 급격히 ❹(　　　　　　)지고, 공기가 끊임없이 움직이므로 측정 장소나 시간에 따라 달라진다.

2 바람 : 바람이 불어오는 방향을 ❺(　　　　　　)이라 하고, 기압이 높은 곳에서 낮은 곳으로 분다. 바람의 세기를 ❻(　　　　　　)이라 하는데 기압 차가 클수록 빨라진다.
(1) 해륙풍 : 해안에서 하루를 주기로 풍향이 바뀌는 바람이다.

구분	❼(　　　　)	❽(　　　　)
모습	바다 육지	육지 바다
시기	❾(　　　　)	❿(　　　　)
방향	바다 → 육지	육지 → 바다
기온	육지＞바다	육지＜바다
기압	육지＜바다	육지＞바다

(2) ⓫(　　　　　　) : 대륙과 해양 사이에서 일 년을 주기로 풍향이 바뀌는 바람으로, 남동 계절풍(여름철)과 북서 계절풍(겨울철)이 있다.

3 우리나라에 영향을 주는 기단

구분	계절	성질	날씨
⓬(　　　) 기단	겨울	한랭 건조	• 춥고 건조 • 한파
⓭(　　　) 기단	봄과 가을	온난 건조	• 따뜻하고 건조 • 황사
⓮(　　　) 기단	여름	고온 다습	• 덥고 습함 • 폭염, 열대야
⓯(　　　) 기단	초여 름	한랭 다습	• 서늘하고 습함 • 동해안의 저온 현상

4 전선
(1) 한랭 전선과 온난 전선의 특징

구분	한랭 전선	온난 전선
전선면의 기울기	급하다.	완만하다.
구름	⓰(　　　) 구름	⓱(　　　) 구름
강수	전선 뒤쪽 좁은 지역에 ⓲(　　　)	전선 앞쪽 넓은 지역에 ⓳(　　　)
이동 속도	빠르다.	느리다.
통과 후 기온	낮아진다.	높아진다.

(2) ⓴(　　　　　) 전선 : 두 기단의 세력이 거의 비슷하여 오랫동안 한곳에 머물 때 형성되는 전선
(3) ㉑(　　　　　) 전선 : 상대적으로 이동 속도가 빠른 한랭 전선이 온난 전선과 겹쳐져서 형성되는 전선

5 온대 저기압과 날씨 : 북반구 중위도 지방에서 온대 저기압은 편서풍에 의해 서쪽에서 동쪽으로 이동한다.

지역	한랭 전선 뒷면	전선 사이	온난 전선 앞면
구름	적운형 구름	없음	층운형 구름
날씨	좁은 지역에 소나기	㉒(　　　)	넓은 지역에 이슬비
풍향	북서풍	남서풍	남동풍

1 다음 (   ) 안에 알맞은 말을 쓰시오.

> 1기압 = ㉠ (   ) cmHg = ㉡ (   ) hPa = 약 ㉢ (   ) m 물기둥의 압력

2 바람은 기압이 (1) (   ) 곳에서 (2) (   ) 곳으로 움직이는 공기의 흐름이다. 주변보다 기압이 높은 곳을 (3) (   ), 주변보다 기압이 낮은 곳을 (4) (   )이라고 한다.

3 다음은 바람에 대한 설명이다. 해당하는 바람의 이름을 각각 쓰시오.

(1) 해안가에서 하루를 주기로 풍향이 바뀌는 바람
(2) 대륙과 해양 사이에서 1년을 주기로 풍향이 바뀌는 바람
(3) 해안가에서 밤에 육지에서 바다로 부는 바람
(4) 우리나라의 겨울에 대륙에서 해양으로 부는 바람

4 우리나라에 영향을 주는 기단의 성질과 영향을 주는 계절을 선으로 연결하시오.

(1) 시베리아 기단   •   • ㉠ 고온 다습 •   • ⓐ 여름
(2) 양쯔강 기단   •   • ㉡ 온난 건조 •   • ⓑ 겨울
(3) 북태평양 기단 •   • ㉢ 한랭 다습 •   • ⓒ 봄 · 가을
(4) 오호츠크해 기단 •   • ㉣ 한랭 건조 •   • ⓓ 초여름

5 다음은 전선의 형성에 대한 설명이다. 해당하는 전선의 이름을 각각 쓰시오.

(1) 따뜻한 공기가 찬 공기 위를 타고 올라갈 때 형성되는 전선
(2) 찬 공기가 따뜻한 공기 아래로 파고들 때 형성되는 전선
(3) 두 기단의 세력이 거의 비슷하여 오랫동안 한곳에 머물 때 형성되는 전선
(4) 한랭 전선이 온난 전선과 겹쳐져서 형성되는 전선

6 그림 (가)와 (나)는 서로 다른 전선의 단면을 나타낸 것이다. 물음에 답하시오.

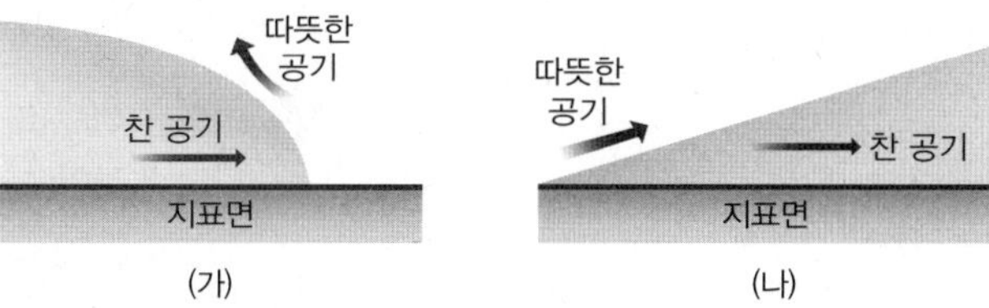

(1) (가)와 (나) 전선의 이름을 각각 쓰시오.
(2) (가)와 (나) 중 전선의 기울기가 더 급한 것을 쓰시오.
(3) (가)와 (나)의 전선에서 생성되는 구름의 종류를 각각 쓰시오.
(4) (가)와 (나) 중 강수 구역이 더 넓은 것을 쓰시오.
(5) (가)와 (나)의 전선 부근에서 나타나는 강수 형태를 각각 쓰시오.

7 중위도 지방에서 발달하고, 남서쪽에는 한랭 전선을, 남동쪽에는 온난 전선을 동반하며 편서풍에 의해 서쪽에서 동쪽으로 중심이 이동하는 저기압의 이름을 쓰시오.

8 우리나라에서 여름철과 겨울철의 대표적인 기압 배치를 각각 쓰시오.

실전 대비 예상 문제

01 기압에 대한 설명으로 옳지 <u>않은</u> 것은?

① 높이 올라갈수록 기압은 낮아진다.
② 기압의 단위는 주로 hPa을 사용한다.
③ 공기의 무게에 의해 생기는 압력이다.
④ 시각과 장소에 관계없이 항상 일정하다.
⑤ 1기압은 수은 기둥 높이 76 cm가 누르는 압력에
해당한다.

[02~03] 그림은 토리첼리의 기압 측정 실험을 나타낸
것이다.

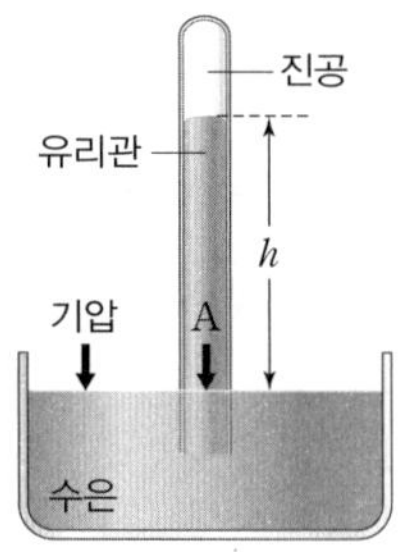

02 1기압 상태에서 이 실험을 하였을 때, 수은 기둥이
멈추는 높이(h)는 몇 cm인가?

① 0.76 cm   ② 7.6 cm   ③ 76 cm
④ 760 cm   ⑤ 7600 cm

03 이 실험에 대한 설명으로 옳지 <u>않은</u> 것은?

① A는 수은 기둥이 누르는 압력이다.
② 유리관을 기울여도 수은 기둥의 높이는 변하지
않는다.
③ 높은 산에 올라가면 수은 기둥의 높이는 높아
진다.
④ 수은 대신 물로 실험한다면 물 기둥의 높이는
약 10 m이다.
⑤ 수은 기둥이 80 cm 높이에서 멈추었다면 공기
의 압력은 1기압보다 크다.

04 다음은 서로 다른 지역 A~C에서 같은 시각에 측정한
기압을 나타낸 것이다.

- A 지역 : 760 mmHg
- B 지역 : 1015 hPa
- C 지역 : 약 8 m 물기둥의 압력

기압의 크기를 옳게 비교한 것은?

① A=B=C   ② A>B>C
③ B>A>C   ④ B>C>A
⑤ C>B>A

05 기압과 바람에 대한 설명으로 옳지 <u>않은</u> 것은?

① 기압 차가 클수록 바람은 세게 분다.
② 바람은 고기압에서 저기압으로 분다.
③ 바람은 두 지점의 기압 차이 때문에 생긴다.
④ 저기압 중심부에서는 하강 기류가 나타난다.
⑤ 북반구의 고기압 중심에서는 바람이 시계 방향
으로 불어 나간다.

06 그림은 어느 바닷가에서 깃발이 바람에 날리는 모습을
나타낸 것이다.

이에 대한 설명으로 옳지 <u>않은</u> 것은?

① 밤에 부는 육풍이다.
② 육지에 하강 기류가 있다.
③ 바다의 기압이 육지보다 높다.
④ 바다의 기온이 육지보다 높다.
⑤ 육지에서 바다 쪽으로 바람이 불고 있다.

[07~08] 그림과 같이 장치한 후 전등을 비추면서 향 연기의 움직임을 관찰하고, 전등을 끄고 다시 향 연기의 움직임을 관찰하였다.

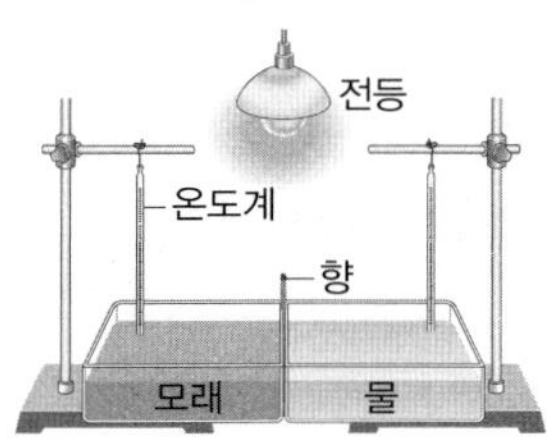

07 이 실험에 대한 설명으로 옳은 것은?

① 물이 모래보다 비열이 작다.
② 전등을 비출 때 물 위의 공기가 상승한다.
③ 모래는 물보다 빨리 가열되고 빨리 냉각된다.
④ 전등을 비출 때 향 연기는 모래에서 물 쪽으로 이동한다.
⑤ 전등을 끄고 충분히 식히면 향 연기는 물에서 모래 쪽으로 이동한다.

08 전등을 켰을 때 향 연기의 움직임과 같은 원리에 의해 생기는 바람은?

① 해풍
② 육풍
③ 무역풍
④ 편서풍
⑤ 극동풍

09 그림은 우리나라에서 부는 계절풍을 나타낸 것이다.

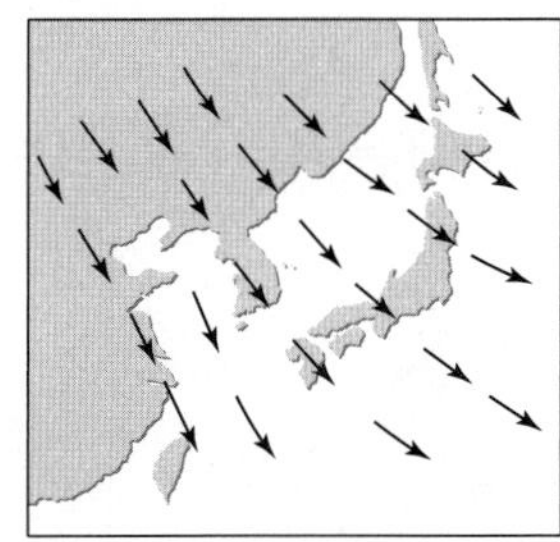

이에 대한 설명으로 옳은 것을 〈보기〉에서 모두 고른 것은?

> **보기**
> ㄱ. 겨울철에 부는 계절풍이다.
> ㄴ. 기온은 육지 쪽이 바다 쪽보다 높다.
> ㄷ. 기압은 바다 쪽이 육지 쪽보다 높다.

① ㄱ
② ㄴ
③ ㄷ
④ ㄱ, ㄴ
⑤ ㄴ, ㄷ

10 기단에 대한 설명으로 옳지 **않은** 것은?

① 해양에서 형성된 기단은 습하다.
② 대륙에서 형성된 기단은 건조하다.
③ 고위도에서 형성된 기단은 온난하다.
④ 기단은 지표면을 따라 이동하면서 기단의 아랫부분부터 성질이 변한다.
⑤ 찬 기단이 따뜻한 바다 위를 지나가면 기온이 상승하고 습도가 높아진다.

11 그림은 우리나라의 날씨에 영향을 주는 기단을 나타낸 것이다.

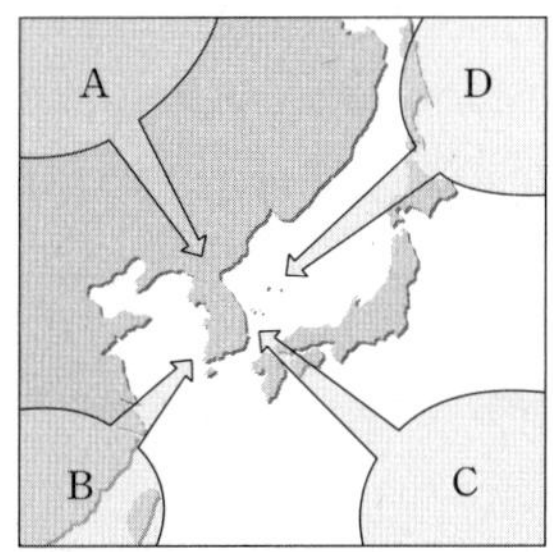

이에 대한 설명으로 옳은 것은?

① A와 B는 해양에서 발원한 기단이다.
② A는 시베리아 기단이고, C는 오호츠크해 기단이다.
③ B와 C는 우리나라의 장마철에 영향을 주는 기단이다.
④ C는 고온 다습한 성질로 우리나라의 여름철에 영향을 준다.
⑤ D는 우리나라에서 발생하는 황사와 관련이 깊다.

12 그림은 우리나라 주변 기단의 성질을 나타낸 것이다.

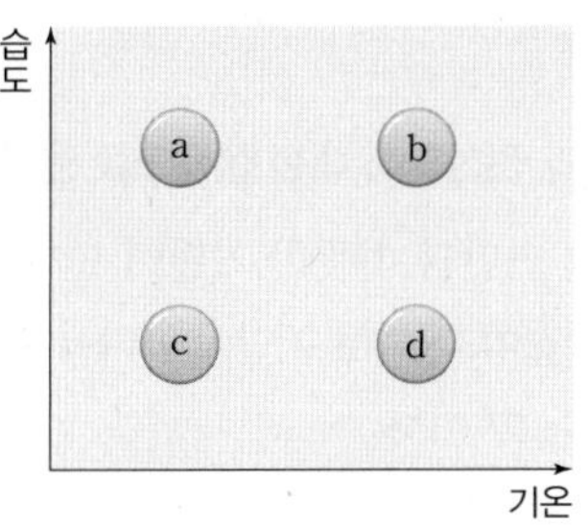

우리나라의 장마철에 영향을 주는 기단의 기호를 옳게 짝 지은 것은?

① a, b
② a, d
③ b, c
④ c, d
⑤ d, a

[13~14] 그림과 같이 수조의 가운데에 칸막이를 세우고, 각각의 칸에 찬물과 따뜻한 물을 넣은 다음 칸막이를 천천히 들어 올렸다.

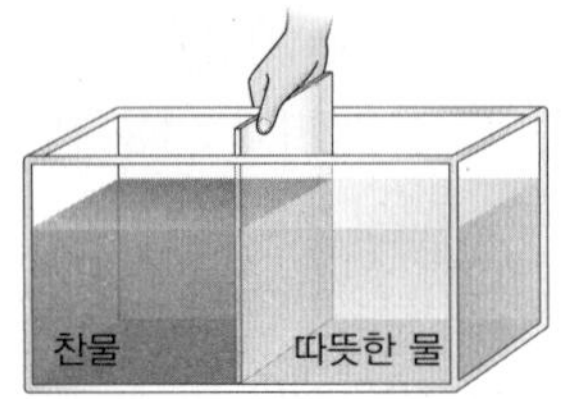

13 이 실험과 같은 원리로 형성되는 것은?

① 기단   ② 전선   ③ 구름
④ 바람   ⑤ 이슬

14 칸막이를 들어 올리면서 수조를 관찰하였을 때 나타나는 현상에 대한 설명으로 옳은 것은?

① 아무 변화가 일어나지 않는다.
② 찬물과 따뜻한 물이 골고루 섞인다.
③ 찬물이 따뜻한 물을 파고들어 경계가 생긴다.
④ 칸막이가 있던 부분에 계단 모양의 경계가 생긴다.
⑤ 찬물이 따뜻한 물을 타고 올라가서 경계가 생긴다.

15 전선과 전선면에 대한 설명으로 옳은 것은?

① 찬 기단과 따뜻한 기단이 만나면 바로 섞인다.
② 성질이 다른 두 기단이 만나서 만들어지는 경계면이 전선면이다.
③ 온난 전선의 뒤쪽에서는 적운형 구름이 발달한다.
④ 한랭 전선의 앞쪽에서는 넓은 지역에 지속적인 비가 내린다.
⑤ 두 기단의 세력이 비슷하여 오랫동안 머물러 있는 전선을 폐색 전선이라고 한다.

16 한랭 전선의 이동 속도는 온난 전선의 이동 속도보다 빠르기 때문에 시간이 흐른 후 두 전선이 겹쳐지면서 형성되는 전선의 이름은?

① 온난 전선   ② 한랭 전선
③ 정체 전선   ④ 폐색 전선
⑤ 장마 전선

17 그림은 성질이 서로 다른 기단 A와 B가 만나는 모습을 나타낸 것이다.

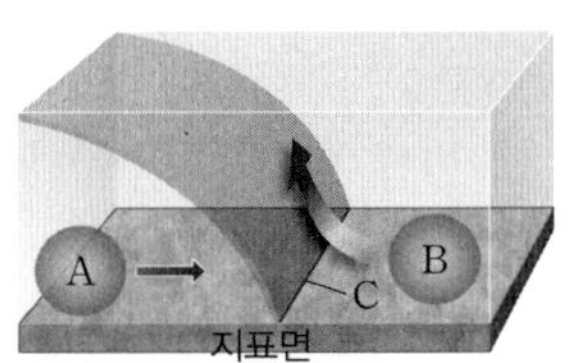

이에 대한 설명으로 옳지 <u>않은</u> 것은?

① A는 B보다 온도가 낮다.
② A는 B보다 밀도가 크다.
③ B는 상승하면서 적운형 구름을 만든다.
④ A와 B가 만나면서 두 기단이 빠르게 섞인다.
⑤ C는 전선면과 지표면이 만나 이루는 경계선으로 전선이다.

18 그림 (가)와 (나)는 서로 다른 전선의 단면을 나타낸 것이다.

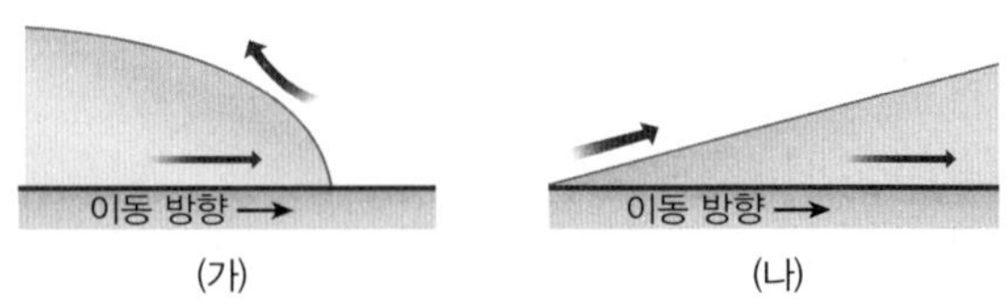

두 전선을 비교한 것으로 옳지 <u>않은</u> 것은?

		(가)	(나)
①	전선의 이름	온난 전선	한랭 전선
②	생성 구름	적운형 구름	층운형 구름
③	강수 형태	소나기	이슬비
④	이동 속도	빠르다	느리다
⑤	통과 후 기온	하강	상승

19 그림은 우리나라 주변에 발달한 온대 저기압을 나타낸 것이다.

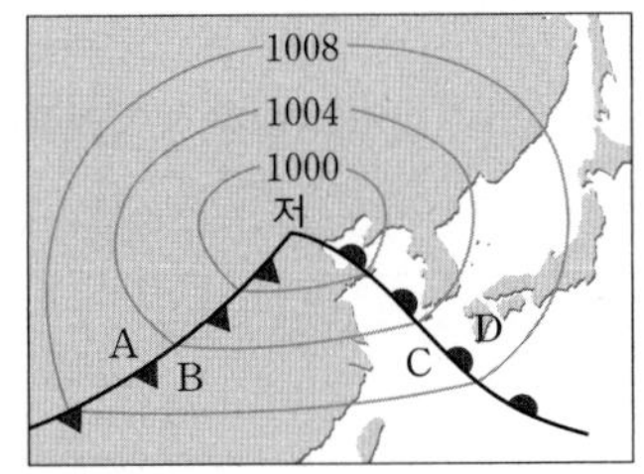

이에 대한 설명으로 옳은 것은?

① A 지역은 북동풍이 강하게 불고 있다.

② B 지역은 소나기성 비가 내린다.

③ C 지역은 지속적으로 비가 내리고 있다.

④ D 지역은 층운형 구름이 발달한다.

⑤ 온대 저기압은 서서히 서쪽으로 이동해 갈 것이다.

20 다음은 우리나라에서 나타나는 계절별 날씨의 특징을 나열한 것이다.

> (가) 열대야가 나타나고 폭염이 지속된다.
> (나) 하늘이 높고 푸르며 첫서리가 내린다.
> (다) 황사 현상과 꽃샘추위 등이 나타난다.
> (라) 한파가 나타나며, 폭설이 내리기도 한다.

봄부터 겨울까지 순서대로 옳게 나열한 것은?

① (가)─(나)─(다)─(라)

② (가)─(다)─(나)─(라)

③ (다)─(나)─(가)─(라)

④ (다)─(가)─(나)─(라)

⑤ (라)─(나)─(가)─(다)

21 오른쪽 그림은 길이가 1 m 정도 되는 유리관에 수은을 가득 채운 다음, 수은이 담긴 수조에 거꾸로 세운 모습을 나타낸 것이다.

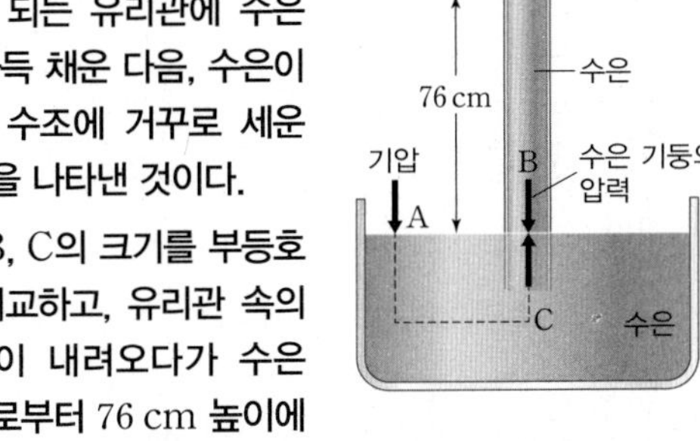

A, B, C의 크기를 부등호로 비교하고, 유리관 속의 수은이 내려오다가 수은면으로부터 76 cm 높이에서 더 이상 내려오지 않고 멈추는 까닭을 서술하시오.

22 오른쪽 그림은 맑은 날 밤에 해안 지방에서 부는 바람의 모습을 나타낸 것이다.

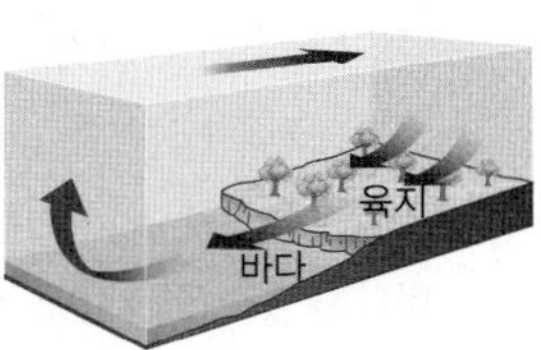

이와 같은 바람의 생성 원인을 다음 단어를 모두 포함하여 서술하시오.

> 육지, 바다, 냉각, 기압, 육풍

23 오른쪽 그림은 따뜻한 공기가 찬 공기 쪽으로 이동하는 모습을 나타낸 것이다.

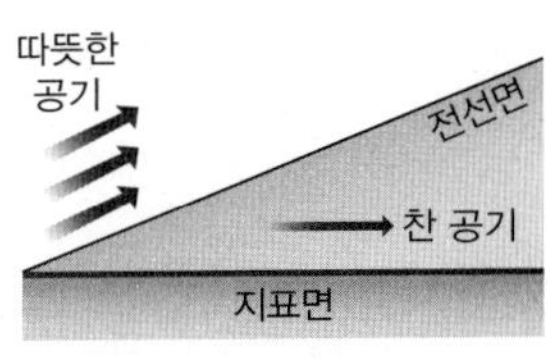

전선의 이름을 쓰고, 전선이 통과할 때 나타나는 구름, 강수, 그리고 전선이 통과한 직후의 기온 변화를 서술하시오.

핵심 내용 정리

01 운동

1 물체의 운동 : 시간에 따라 물체의 위치가 변하는 현상

2 속력

(1) 속력 : 물체의 ❶(　　　　　　), 물체가 단위 시간 동안 이동한 거리

$$속력 = \dfrac{❷(\qquad\qquad)}{걸린\ 시간} \quad [단위 : m/s,\ km/h]$$

(2) 평균 속력 : 전체 이동 거리를 걸린 시간으로 나눈 값

$$평균\ 속력 = \dfrac{전체\ 이동\ 거리}{걸린\ 시간} \quad [단위 : m/s,\ km/h]$$

3 다중 섬광 사진 : 일정한 시간 간격으로 운동하는 물체를 촬영하여 기록하는 장치

4 운동하는 물체의 빠르기 비교

(1) 이동한 거리가 같을 때 : 이동한 거리가 일정할 때 이동하는 동안 걸린 시간이 ❸(　　　　　)수록 물체의 속력이 빠르다.

(2) 이동한 시간이 같을 때 : 일정한 시간 간격으로 측정한 물체 사이의 간격이 ❹(　　　　　)수록 물체의 속력이 빠르다.

5 ❺(　　　　　) : 물체가 운동할 때 시간에 따라 속력이 변하지 않고 일정한 운동

(1) 등속 운동을 하는 경우 : 마찰이 없는 면에서 물체에 힘이 작용하지 않으면 운동하던 물체는 등속 운동을 한다.

(2) 등속 운동의 **예** : 에스컬레이터, 무빙워크, 리프트 등

(3) 등속 운동의 그래프

시간-이동 거리 그래프	시간-속력 그래프
이동 거리 기울기=속력 0　　시간	속력 넓이=이동 거리 0　　시간
• 원점을 지나가는 직선 모양	• 시간축에 나란한 직선 모양
• 이동 거리는 시간에 ❻(　　　)	• 시간에 관계없이 속력이 일정
• 기울기 $= \dfrac{이동\ 거리}{시간}$ $=❼(\qquad)$	• 그래프 아랫부분의 넓이=시간×속력 $=❽(\qquad)$

(4) 등속 운동의 해석 : 다중 섬광 사진에서 물체 사이의 간격이 일정하다.

6 자유 낙하 운동 : 공기의 저항이 없을 때 정지해 있던 물체가 ❾(　　　　　)만 받으면서 아래로 떨어지는 운동

(1) 중력의 크기 : 물체의 질량에 비례하며, 질량에 속력 변화 값인 9.8을 곱하여 구한다.

$$중력의\ 크기(N) = ❿(\qquad) \times 질량(kg)$$

(2) 물체의 운동 방향 : ⓫(　　　　　)의 방향과 같다.

(3) 물체의 속력 변화 : 자유 낙하 하는 물체의 속력은 1초에 ⓬(　　　　　)씩 증가한다.

(4) 낙하하는 물체의 운동 실험

과정

높은 곳에서 공을 가만히 놓아 떨어지는 모습을 촬영한 다음, 공의 운동을 분석한다.

결과

걸린 시간(s)	0	0.1	0.2	0.3	0.4
이동 거리(cm)	0	5	20	45	80
속력(cm/s)		50	150	250	350

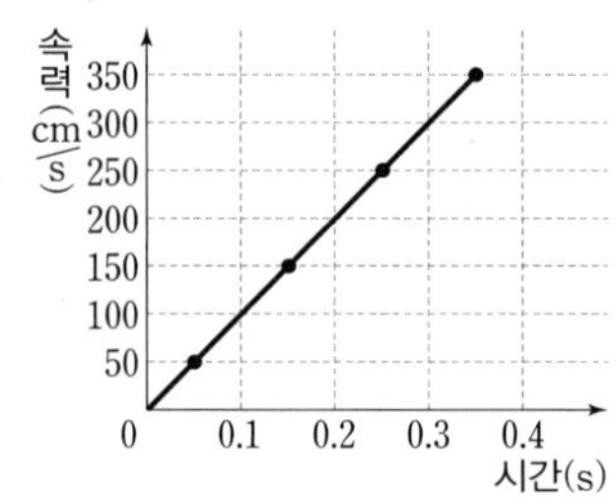

정리

이동 거리는 시간에 따라 점점 ⓭(　　　　　)하고, 속력은 시간에 따라 일정하게 증가한다.

(5) 질량이 다른 물체의 자유 낙하 운동

공기 중에서 낙하할 때	진공 중에서 낙하할 때
공기 저항을 적게 받는 ⓮(　　　　　)이 먼저 떨어진다.	물체가 ⓯(　　　　　) 떨어진다.

1 다음을 계산하시오.

(1) 200 m를 달리는 데 40초가 걸렸다면 평균 속력은 (　　　　　) m/s이다.

(2) 3 m/s의 속력으로 2분 동안 직선을 따라 운동하였다면 이동한 거리는 (　　　　　) m이다.

(3) 물체가 25 m/s의 속력으로 1 km를 이동하였다면 걸린 시간은 (　　　　　)초이다.

2 등속 운동에 대한 설명으로 옳은 것은 ○, 옳지 <u>않은</u> 것은 ×로 표시하시오.

(1) 물체의 속력이 일정한 운동이다. ·· (　　　　　)

(2) 물체의 운동 방향이 변하지 않는다. ·· (　　　　　)

(3) 마찰이 없는 면에서 운동하는 물체에 힘이 일정하게 작용한다. ······························ (　　　　　)

3 오른쪽 그림은 직선상에서 운동하는 물체 A와 B의 이동 거리를 시간에 따라 나타낸 것이다.

(1) A와 B 중 속력이 더 빠른 것을 쓰시오.

(2) A와 B의 속력을 각각 구하시오.

　　A : (　　　　　) m/s　　　B : (　　　　　) m/s

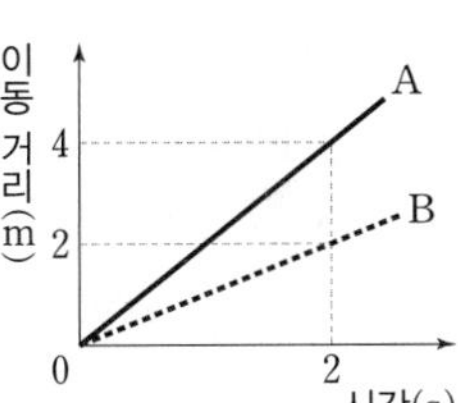

4 오른쪽 그림은 직선상에서 운동하는 물체의 속력을 시간에 따라 나타낸 것이다. 5초 동안 물체가 이동한 거리는 몇 m인지 구하시오.

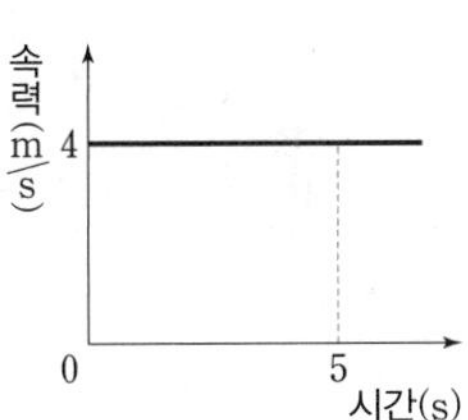

5 자유 낙하 운동을 설명한 다음 글의 빈칸에 들어갈 알맞은 말을 쓰시오.

> 낙하 하는 물체에 작용하는 ㉠ (　　　　　)의 크기는 일정하고, 힘의 방향과 물체의 운동 방향이 같으므로 물체의 속력은 일정하게 ㉡ (　　　　　)한다.

6 자유 낙하 운동에 대한 설명으로 옳은 것은 ○, 옳지 <u>않은</u> 것은 ×로 표시하시오.

(1) 자유 낙하 하는 물체의 속력은 1초에 9.8 m/s씩 증가한다. ································· (　　　　　)

(2) 공기 저항이 없을 때 같은 높이에서 자유 낙하 하는 두 물체는 질량에 관계없이 바닥에 동시에 도달한다. ·· (　　　　　)

01 물체의 운동에 대한 설명으로 옳지 <u>않은</u> 것은?

① 빠르기만으로 물체의 운동을 나타낼 수 있다.

② 속력을 이용하여 물체의 빠르기를 알 수 있다.

③ 빠르기가 같아도 운동 방향이 다르면 다른 운동 이다.

④ 같은 시간 동안 이동한 거리가 길수록 속력이 빠르다.

⑤ 같은 거리를 이동하는 데 걸린 시간이 짧을수록 속력이 빠르다.

02 그림은 기차 A와 B가 각각 600 m를 이동하는 모습을 나타낸 것으로, A와 B는 600 m를 이동하는 데 각각 12초, 15초가 걸렸다.

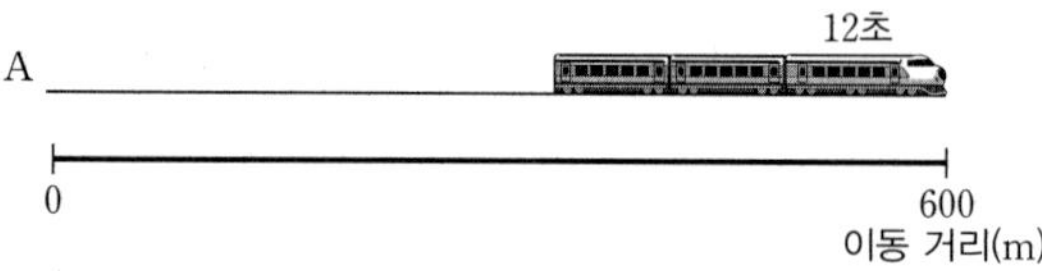

두 기차의 속력 비 A : B는?

① 2 : 3 ② 3 : 2 ③ 3 : 4

④ 4 : 5 ⑤ 5 : 4

03 그림과 같이 직선 도로를 따라 진우가 집에서 학교까지 2 m/s의 일정한 속력으로 걸어갔더니 15분이 걸렸다.

학교에서 집까지 직선상으로 3 m/s의 일정한 속력으로 돌아왔다면 돌아오는 데 걸린 시간은?

① 7분 ② 10분 ③ 12분

④ 20분 ⑤ 25분

04 다음 중 속력이 가장 빠른 것은?

① 8 m/s로 이동하는 오토바이

② 시속 18 km로 이동하는 자전거

③ 100 m의 거리를 10초에 달리는 육상선수

④ 1.2 km의 거리를 10분 동안 이동하는 보트

⑤ 360 km의 거리를 2시간 동안 이동하는 기차

05 표는 직선상에서 운동하는 자동차의 이동 거리를 시간에 따라 나타낸 것이다.

걸린 시간(h)	0	1	2	3	4
이동 거리(km)	0	70	150	210	240

4시간 동안 자동차의 평균 속력은?

① 40 km/h ② 50 km/h ③ 60 km/h

④ 70 km/h ⑤ 80 km/h

06 그림은 민수가 자전거를 타고 직선 도로를 36 km/h의 속력으로 달리는 모습을 나타낸 것이다.

민수가 10초 동안 이동하였다면, 이동한 거리는?

① 10 m ② 50 m ③ 100 m

④ 500 m ⑤ 1000 m

07 오른쪽 그림은 직선상에서 한 방향으로 운동하는 물체의 이동 거리를 시간에 따라 나타낸 것이다. 이에 대한 설명으로 옳은 것을 〈보기〉에서 모두 고른 것은?

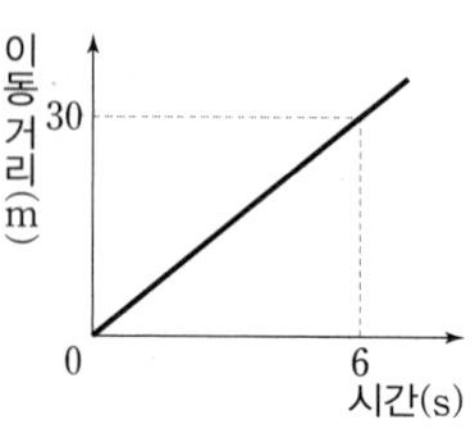

┤ 보기 ├

ㄱ. 1초일 때 물체의 속력은 5 m/s이다.

ㄴ. 3초일 때 15 m 지점을 지날 것이다.

ㄷ. 등속 운동을 한다.

① ㄱ ② ㄷ ③ ㄱ, ㄴ

④ ㄴ, ㄷ ⑤ ㄱ, ㄴ, ㄷ

[08~09] 그림은 마찰이 없는 수평면에서 운동하는 물체를 다중 섬광 장치를 이용하여 찍은 사진이다.

08 이 물체의 운동에 대한 설명으로 옳지 <u>않은</u> 것은?

① 이동 거리는 시간에 비례한다.
② 물체는 운동 방향이 변하지 않는다.
③ 물체의 운동 방향과 같은 방향으로만 일정한 힘의 크기가 계속 작용하고 있다.
④ 속력과 방향이 일정한 운동을 하고 있다.
⑤ 단위 시간 동안 일정한 거리만큼 이동하였다.

09 위와 같은 운동을 하는 물체로 옳지 <u>않은</u> 것을 모두 고르면? (2개)

① 바이킹　　　　　② 무빙워크
③ 대관람차　　　　④ 컨베이어 벨트
⑤ 에스컬레이터

10 그림은 직선상에서 운동하는 자동차 A와 B의 위치를 1초 간격으로 나타낸 것이다.

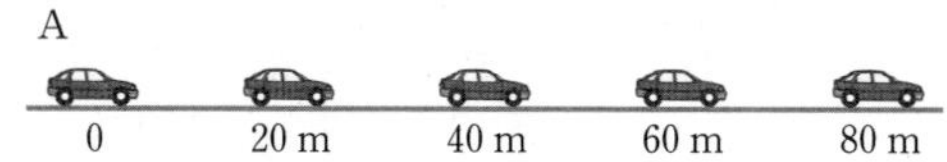

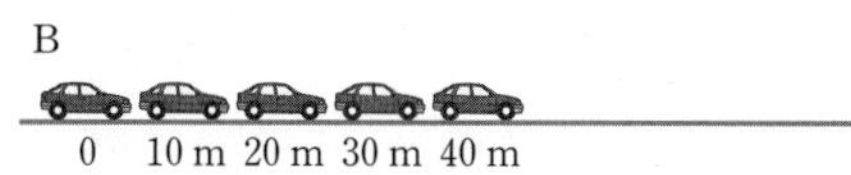

A와 B의 운동에 대한 설명으로 옳은 것을 〈보기〉에서 모두 고른 것은?

┌ **보기** ├
ㄱ. A와 B는 속력이 일정한 운동을 한다.
ㄴ. 속력은 A가 B의 2배이다.
ㄷ. 같은 거리를 이동하는 데 걸리는 시간은 A가 B의 2배이다.

① ㄱ　　　　② ㄷ　　　　③ ㄱ, ㄴ
④ ㄴ, ㄷ　　　⑤ ㄱ, ㄴ, ㄷ

11 등속 운동을 나타내는 그래프를 모두 고르면? (2개)

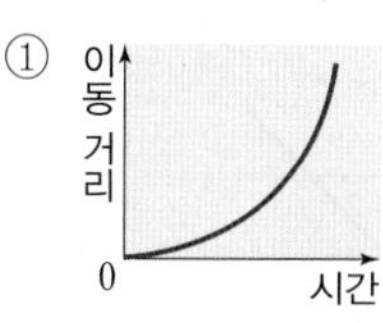
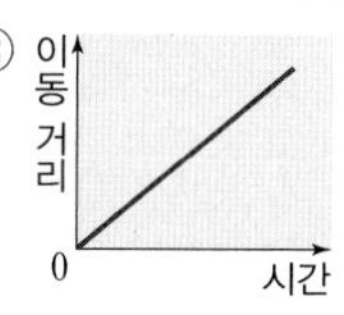
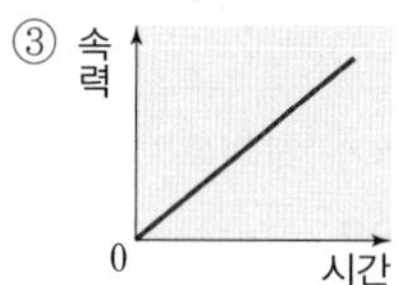
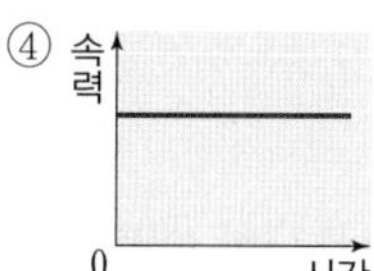
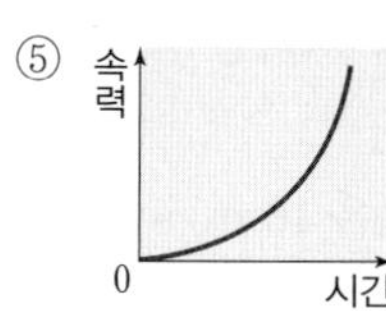

12 오른쪽 그림은 같은 방향으로 등속 운동을 하는 두 물체 A, B의 속력을 시간에 따라 나타낸 것이다. A, B가 5초 동안 운동했을 때와 10초 동안 운동했을 때 A와 B의 이동 거리 차이를 옳게 짝 지은 것은?

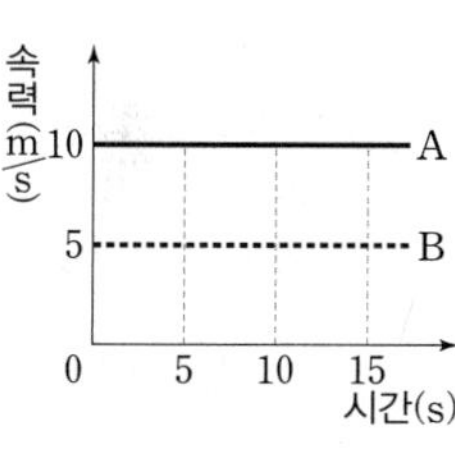

	5초	10초		5초	10초
①	15 m	25 m	②	25 m	50 m
③	25 m	75 m	④	50 m	75 m
⑤	50 m	100 m			

13 오른쪽 그림은 같은 방향으로 운동하는 물체 A, B의 이동 거리를 시간에 따라 나타낸 것이다. 이에 대한 설명으로 옳은 것을 〈보기〉에서 모두 고른 것은?

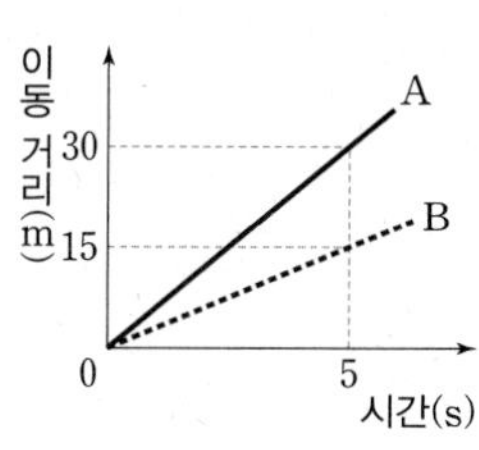

┌ **보기** ├
ㄱ. A와 B 모두 빠르기가 일정하다.
ㄴ. B의 속력은 A의 속력의 2배이다.
ㄷ. A의 운동을 다중 섬광 장치로 찍으면 물체 사이의 간격은 점점 넓어진다.

① ㄱ　　　　② ㄷ　　　　③ ㄱ, ㄴ
④ ㄴ, ㄷ　　　⑤ ㄱ, ㄴ, ㄷ

14 그림은 물체 A, B의 속력을 시간에 따라 나타낸 것이다.

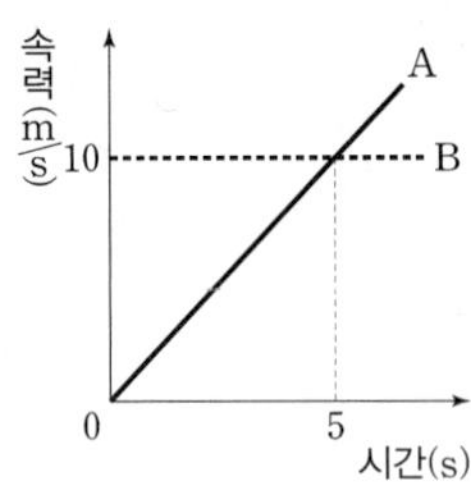

이에 대한 설명으로 옳은 것은?

① 단위 시간 동안 A의 이동 거리는 점점 증가한다.
② B는 가만히 멈추어 있다.
③ 5초 동안 A의 평균 속력은 10 m/s이다.
④ 5초 동안 A와 B의 이동 거리는 서로 같다.
⑤ A에 작용하는 힘의 크기는 점점 커진다.

15 오른쪽 그림은 진공 중에서 낙하 하는 공의 모습을 나타낸 것이다. 이 공의 운동에 대한 설명으로 옳지 <u>않은</u> 것은?

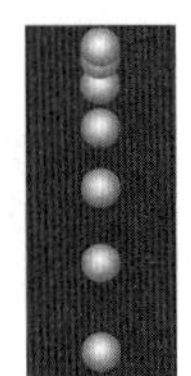

① 공의 속력이 증가한다.
② 내려올수록 공과 공 사이의 간격이 증가한다.
③ 공에 작용하는 힘의 방향은 연직 아래 방향이다.
④ 공의 운동 방향과 공에 작용하는 힘의 방향이 같다.
⑤ 공에 작용하는 힘의 크기는 점점 커진다.

16 자유 낙하 하는 물체의 속력을 시간에 따라 나타낸 것으로 가장 적절한 것은?

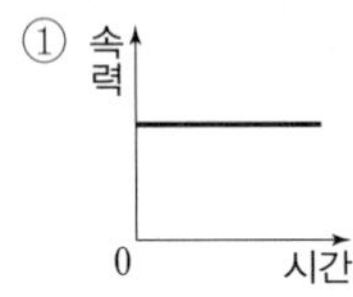
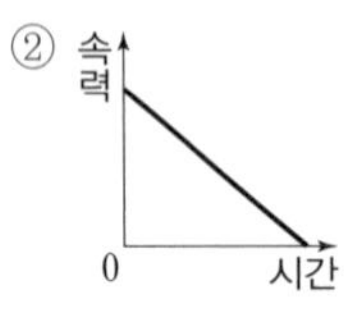
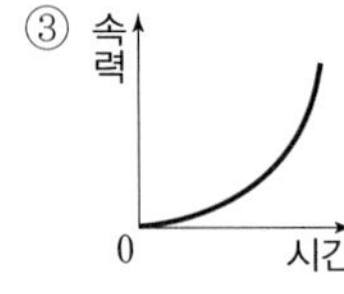
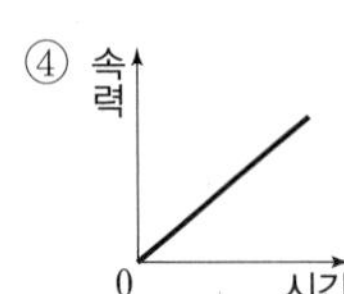
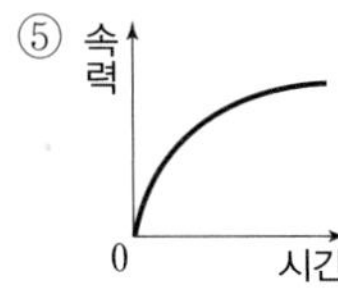

17 그림 (가)와 (나)는 공기 중과 진공 중에서 같은 높이에서 동시에 떨어뜨린 쇠구슬과 깃털이 운동하는 모습을 일정한 시간 간격으로 나타낸 것이다.

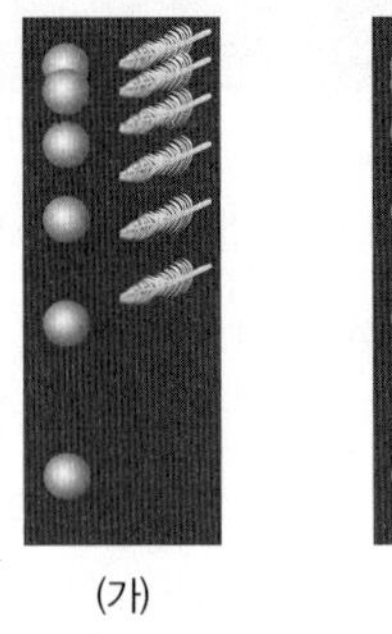

(가)　　　　(나)

이에 대한 설명으로 옳은 것은?

① (가)는 진공 중에서 낙하 하는 모습이다.
② (가)에서 쇠구슬은 깃털보다 공기 저항을 더 크게 받는다.
③ (가)에서 깃털에 작용하는 중력의 방향은 깃털의 운동 방향과 반대 방향이다.
④ (나)에서 쇠구슬과 깃털에 작용하는 힘은 없다.
⑤ (나)에서 두 물체는 속력이 일정하게 증가하는 운동을 한다.

18 그림은 질량이 다른 세 물체 A, B, C를 같은 높이에서 동시에 떨어뜨리는 모습을 나타낸 것이다.

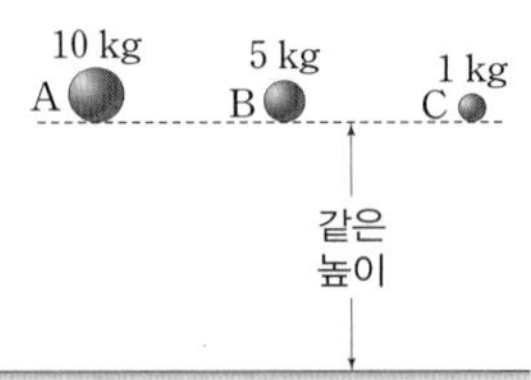

A~C에 작용하는 중력의 크기(가)와 속력 변화(나)를 옳게 비교한 것끼리 짝 지은 것은? (단, 공기의 저항은 무시한다.)

	(가)	(나)
①	A>B>C	A=B=C
②	A>B>C	A>B>C
③	A>B>C	B>A>C
④	A=B=C	A>B>C
⑤	A=B=C	A=B=C

19 그림은 슬기와 민수가 자전거를 타고 이동한 거리를 시간에 따라 나타낸 것이다.

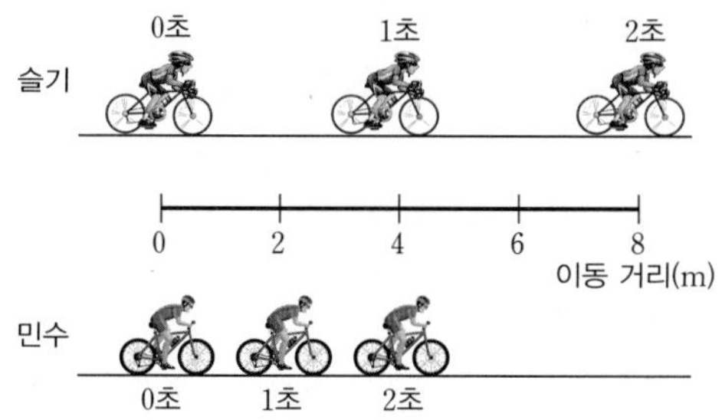

(1) 슬기와 민수의 속력을 구하시오.

(2) 10초 후 슬기는 민수보다 몇 m 앞서가고 있는지를 풀이 과정과 함께 구하시오.

20 그림은 같은 방향으로 직선 운동을 하고 있는 물체 A와 B의 속력을 시간에 따라 나타낸 것이다.

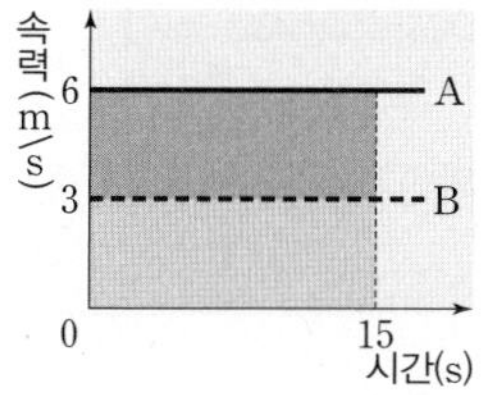

15초 동안 이동하였을 때 A와 B의 이동 거리의 차이를 풀이 과정과 함께 구하시오.

21 그림은 네 물체 A~D의 시간에 따른 이동 거리를 그래프로 나타낸 것이다.

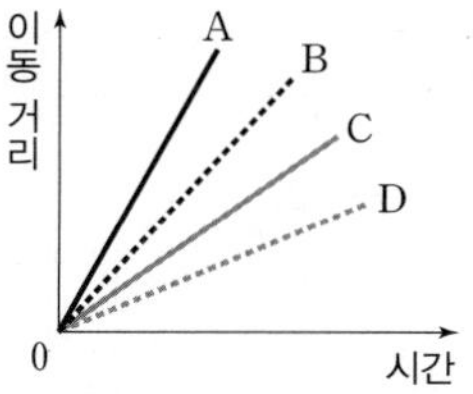

A~D 중 속력이 가장 빠른 것을 쓰고, 그 까닭을 그래프의 기울기와 관련지어 서술하시오.

22 그림은 직선상에서 운동하고 있는 물체 A와 B의 이동 거리를 시간에 따라 나타낸 것이다.

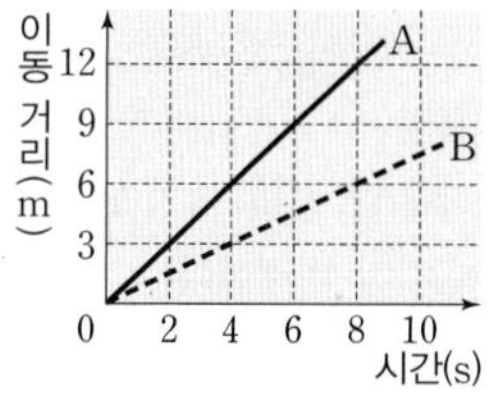

A와 B의 속력의 비(A : B)를 풀이 과정과 함께 구하시오.

23 오른쪽 그림은 진공에서 낙하 하는 깃털의 운동을 일정한 시간 간격으로 다중 섬광 사진으로 촬영한 것을 나타낸 것이다.

(1) 깃털에 작용하는 힘을 쓰시오.

(2) 깃털의 속력 변화를 쓰시오.

(3) (2)와 같이 속력이 변하는 까닭을 깃털에 작용하는 힘과 관련지어 설명하시오.

24 오른쪽 그림은 공중에서 공을 가만히 놓았을 때 공이 자유 낙하 운동을 하는 모습을 나타낸 것이다.

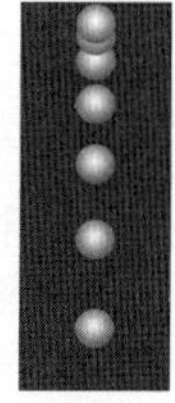

(1) 공의 속력을 시간에 따른 그래프로 나타내시오.

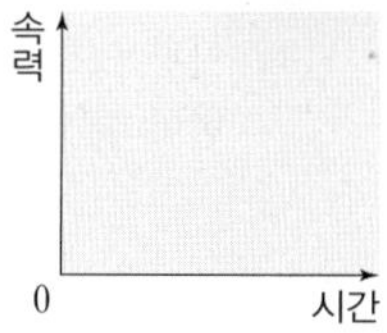

(2) 공이 4초 후에 지면에 닿았을 때 속력이 30 m/s 이라면 4초 동안 공의 평균 속력을 구하시오.

02 일과 에너지　　　　　　　　　　　　Ⅲ. 운동과 에너지

1 과학에서의 일 : 물체에 ❶(　　　　　　)을 작용하여 물체가 힘의 방향으로 이동한 경우 과학에서 일을 했다고 한다.

(1) 일의 양(W)

① 물체에 작용한 힘의 크기(F)와 힘의 방향으로 이동한 거리(s)에 각각 비례한다.

$$\text{일의 양}(W) = ❷(\qquad\quad) \times ❸(\qquad\quad)$$
$$W = F \times s$$

② 일의 단위 : J(줄)
- 1 J : 물체에 1 N의 힘을 주어 1 m 만큼 이동한 경우
- $1\,\text{N} \times 1\,\text{m} = 1\,\text{N}\cdot\text{m} = 1\,\text{J}$

(2) 중력에 대하여 한 일과 중력이 한 일

① 중력에 대해 한 일 : 물체를 들어 올릴 때에는 중력에 대해 일을 한다.

중력에 대해 한 일
＝물체의 ❹(　　　　　) × 높이
＝9.8×질량×높이

② 중력이 한 일 : 물체가 떨어질 때에는 중력이 물체에 일을 한다.

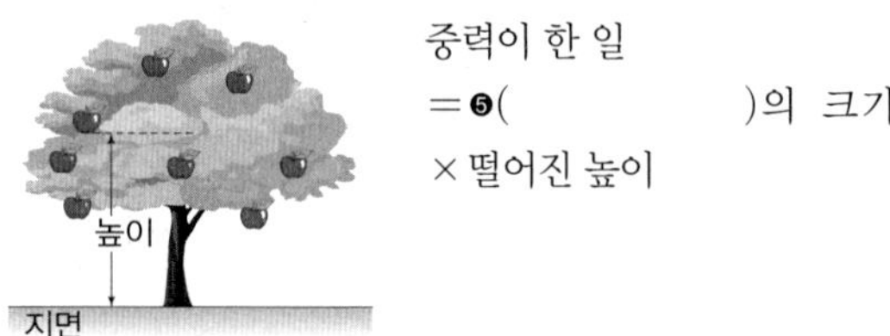

중력이 한 일
＝❺(　　　　　)의 크기 × 떨어진 높이

(3) 과학에서 일을 하지 않은 경우(일의 양이 0인 경우)

① 물체에 작용하는 힘이 0인 경우 : 물체가 등속 운동을 하는 경우

② 물체가 이동한 거리가 0인 경우 : 힘을 작용해도 물체가 움직이지 않는 경우

③ 힘의 방향과 이동 방향이 ❻(　　　　　)인 경우 : 힘의 방향으로 이동한 거리가 0인 경우

(4) 힘과 이동 거리 그래프에서 그래프 아랫부분의 넓이는 힘이 한 일의 양을 나타낸다.

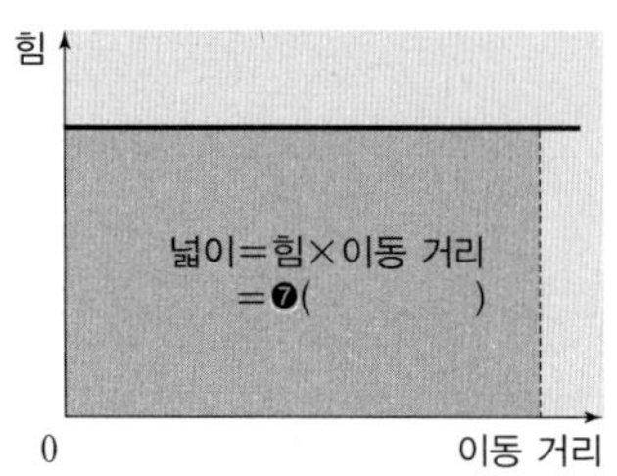

2 일과 에너지

(1) ❽(　　　　　　　) : 일을 할 수 있는 능력[단위 : J(줄), N·m]

(2) 일 − 에너지 관계 : 물체가 외부로부터 일을 받으면 물체의 에너지는 ❾(　　　　　)하고, 물체가 외부에 일을 해 주면 물체의 에너지는 ❿(　　　　　)한다.

3 중력에 의한 위치 에너지 : 기준면보다 높은 곳에 있는 물체가 가지는 에너지

(1) 질량이 m인 물체의 높이가 h일 때, 물체의 중력에 의한 위치 에너지의 크기(E_p)는 다음과 같다.

$$\text{중력에 의한 위치 에너지} = 9.8 \times ⓫(\qquad\quad) \times \text{높이}$$
$$E_p = 9.8mh$$

(2) 중력에 의한 위치 에너지와 질량 및 높이의 관계

질량이 일정할 때	높이가 일정할 때
 위치 에너지 질량 일정 0 　　　　높이	 위치 에너지 높이 일정 0 　　　　질량
중력에 의한 위치 에너지∝⓬(　　　)	중력에 의한 위치 에너지∝⓭(　　　)

4 운동 에너지 : 운동하는 물체가 가지는 에너지

(1) 질량이 m인 물체의 속력이 v일 때, 운동 에너지의 크기(E_k)는 다음과 같다.

$$\text{운동 에너지} = \frac{1}{2} \times \text{질량} \times ⓮(\qquad\quad), \quad E_k = \frac{1}{2}mv^2$$

(2) 운동 에너지와 질량 및 속력의 관계

속력이 일정할 때	질량이 일정할 때
 운동 에너지 속력 일정 0 　　　　질량	 운동 에너지 질량 일정 0 　　　(속력)^2
운동 에너지∝질량	운동 에너지∝(속력)^2

1 과학에서의 일에 해당하는 것은 ○, 해당하지 <u>않은</u> 것은 ×로 표시하시오.

(1) 책상을 밀어서 옮겼다. ··· (　　　　)

(2) 가방을 들고 수평 방향으로 일정한 속력으로 걸어갔다. ···························· (　　　　)

(3) 바닥에 놓인 역기를 들어 올렸다. ·· (　　　　)

(4) 바위를 밀었으나 움직이지 않았다. ··· (　　　　)

2 다음과 같은 경우에서 일의 양을 각각 구하시오.

(1) 무게가 100 N인 물체를 50 N의 힘으로 밀어 10 m 옮기는 경우 ······················ (　　　　)

(2) 질량이 10 kg인 물체를 높이 10 m까지 들어 올리는 경우 ····························· (　　　　)

(3) 무게가 100 N인 물체를 들고 수평 방향으로 일정한 속력으로 100 m 이동한 경우···· (　　　　)

3 다음은 힘과 이동 거리의 그래프에 대한 내용이다. ㉠, ㉡에 들어갈 알맞은 내용을 쓰시오.

오른쪽 그림은 물체에 작용한 힘을 이동 거리에 따라 나타낸 그래프이다. 힘과 이동 거리의 그래프에서 일의 양은 그래프 아랫부분의
㉠ (　　　　　　　　)와 같으므로 물체가 4 m 이동하는 동안 물체에 한 일은 ㉡ (　　　　　　　　) J이다.

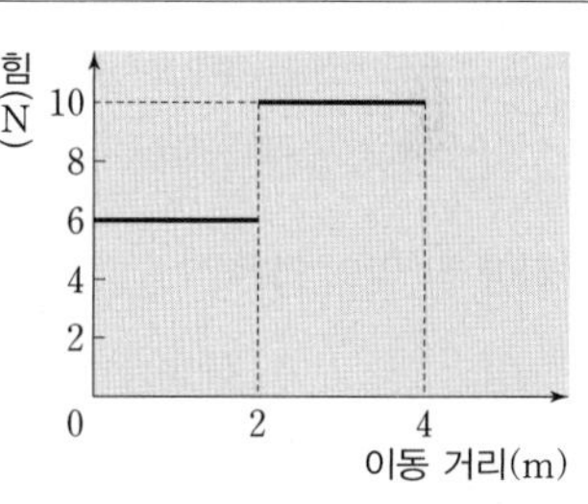

4 일을 할 수 있는 능력을 (　　　　　　)라고 하며, 단위는 (　　　　　　)을 사용한다.

5 질량이 m인 물체의 높이가 h, 위치 에너지가 E_p일 때, 중력에 의한 위치 에너지 $E_\mathrm{p}=($　　　　　　$)$이다.

6 기준면으로부터 높이가 5 m인 위치에서 질량이 2 kg인 공이 갖는 중력에 의한 위치 에너지를 구하시오.

7 기준면이 지면일 때 질량이 10 kg인 공의 중력에 의한 위치 에너지가 490 J이었다면, 이 공이 놓여 있는 위치는 지면으로부터 몇 m 높이인지 구하시오.

8 질량이 m인 물체의 속력이 v, 운동 에너지가 E_k일 때, 운동 에너지 $E_\mathrm{k}=($　　　　　　$)$이다.

9 질량이 4 kg인 물체가 4 m/s의 속력으로 운동할 때 운동 에너지를 구하시오.

10 질량이 4 kg인 물체의 운동 에너지가 200 J이라면, 이 물체의 속력을 구하시오.

실전 대비 예상 문제

01 과학에서 의미하는 일을 한 경우는?

① 책상에 앉아 독서를 하였다.
② 상자를 선반 위로 들어 올렸다.
③ 벽을 밀었으나 움직이지 않았다.
④ 가방을 들고 수평 방향으로 일정한 속력으로 걸어갔다.
⑤ 마찰이 없는 얼음판 위에서 물체가 등속 운동을 하였다.

02 그림은 수평면 위에 놓인 질량이 $10\,kg$인 물체를 $2\,N$의 힘을 작용하여 천천히 $5\,m$ 이동시킨 모습을 나타낸 것이다.

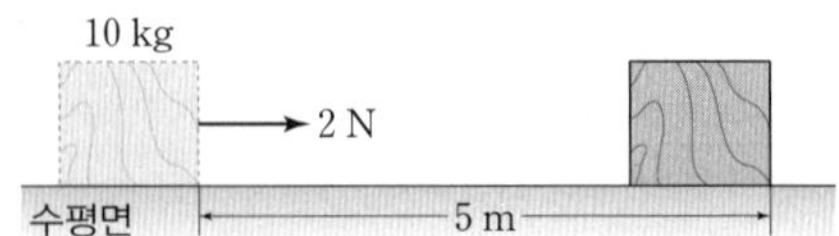

물체에 한 일의 양은?

① 0 J ② 10 J ③ 20 J
④ 25 J ⑤ 490 J

03 그림 (가)는 한 권의 책을 천천히 높이 $1\,m$까지 들어 올리는 모습을 나타낸 것이다. 그림 (나)는 두 권의 책을 천천히 높이 $1\,m$까지 들어 올리는 모습을, (다)는 한 권의 책을 천천히 높이 $2\,m$까지 들어 올리는 모습을 나타낸 것이다. 한 권의 책의 무게는 $5\,N$이다.

(가)   (나)   (다)

이에 대한 설명으로 옳은 것을 〈보기〉에서 모두 고른 것은?

| 보기 |

ㄱ. (가)에서 한 일의 양은 5 J이다.
ㄴ. (나)와 (다)에서 한 일의 양은 서로 같다.
ㄷ. 무게가 같을 때 이동 거리가 길수록 한 일의 양이 많다.

① ㄱ ② ㄴ ③ ㄱ, ㄷ
④ ㄴ, ㄷ ⑤ ㄱ, ㄴ, ㄷ

04 그림은 민수가 질량이 $2\,kg$인 상자를 높이 $50\,cm$까지 위로 천천히 들어 올리는 모습을 나타낸 것이다.

상자를 들어 올리는 힘의 크기와 한 일의 양을 옳게 짝지은 것은?

	힘의 크기	일의 양
①	2 N	1 J
②	2 N	100 J
③	19.6 N	9.8 J
④	19.6 N	100 J
⑤	100 N	9.8 J

05 그림은 물체를 높이 $5\,m$까지 천천히 들어 올리는 모습을 나타낸 것이다.

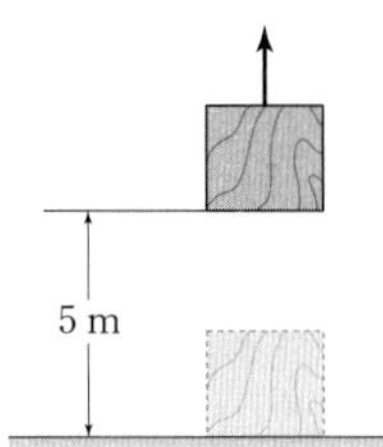

물체를 들어 올리는데 $49\,J$의 일을 하였다면, 물체의 질량은?

① 1 kg ② 4.9 kg ③ 9.8 kg
④ 54 kg ⑤ 245 kg

06 그림은 질량이 $5\,kg$인 물체를 천천히 들어 올리는 모습을 나타낸 것이다.

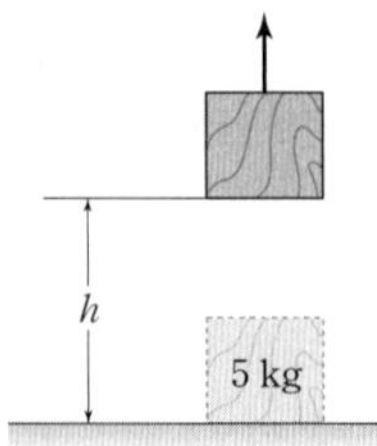

물체를 들어 올리는데 한 일의 양이 $98\,J$이었다면, 물체를 들어 올린 높이(h)는?

① 0.2 m ② 1 m ③ 1.6 m
④ 2 m ⑤ 4 m

07 그림은 교실 바닥에 놓인 질량이 10 kg인 상자를 5 N의 힘으로 3 m 밀고 간 후, 높이 2 m까지 천천히 들어 올리는 모습을 나타낸 것이다.

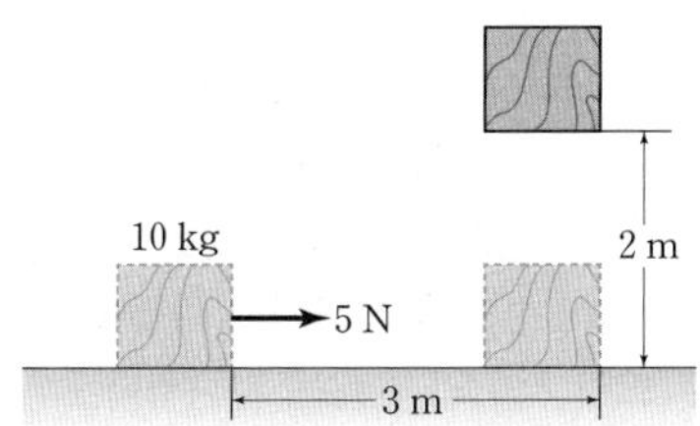

한 일의 양은?

① 15 J
② 25 J
③ 196 J
④ 211 J
⑤ 490 J

08 에너지에 대한 설명으로 옳지 <u>않은</u> 것은?

① 에너지와 일은 서로 전환된다.
② 에너지는 일을 할 수 있는 능력이다.
③ 에너지의 단위는 일의 단위와 같은 J(줄)을 사용한다.
④ 물체에 일을 해 주면 물체의 에너지는 감소한다.
⑤ 물체가 가진 에너지는 그 물체가 한 일의 양으로 알 수 있다.

09 그림은 추의 중력에 의한 위치 에너지와 질량과 높이의 관계를 알아보는 실험을 나타낸 것이다.

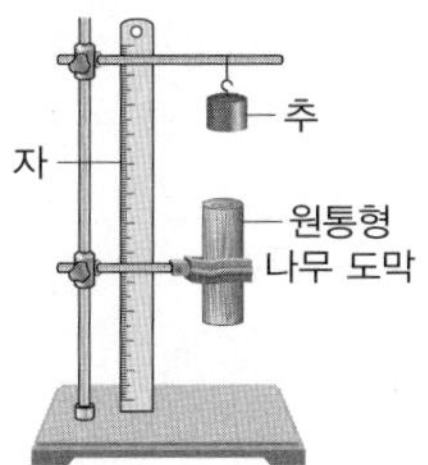

이 실험에 대한 설명으로 옳은 것을 〈보기〉에서 모두 고른 것은?

| 보기 |

ㄱ. 추의 높이를 낮게 할수록 원통형 나무 도막의 이동 거리가 길어진다.
ㄴ. 추의 질량을 작게 할수록 원통형 나무 도막의 이동 거리는 길어진다.
ㄷ. 추의 중력에 의한 위치 에너지는 원통형 나무 도막이 한 일의 양과 같다.

① ㄱ
② ㄴ
③ ㄷ
④ ㄱ, ㄴ
⑤ ㄴ, ㄷ

10 그림은 지면으로부터 높이 10 m에 물체가 놓여 있는 모습을 나타낸 것이다.

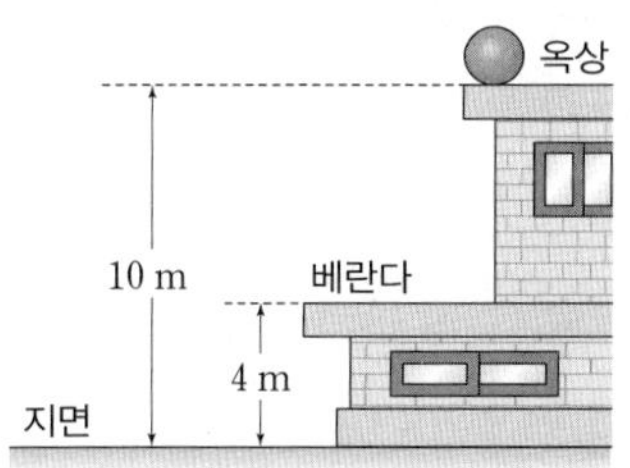

지면을 기준으로 한 중력에 의한 위치 에너지(E_A)와 베란다를 기준으로 한 중력에 의한 위치 에너지(E_B)의 비는?

	E_A	:	E_B			E_A	:	E_B
①	2	:	3		②	2	:	5
③	3	:	2		④	5	:	2
⑤	5	:	3					

11 그림은 물체 A~D의 질량과 지면으로부터의 높이를 각각 나타낸 것이다.

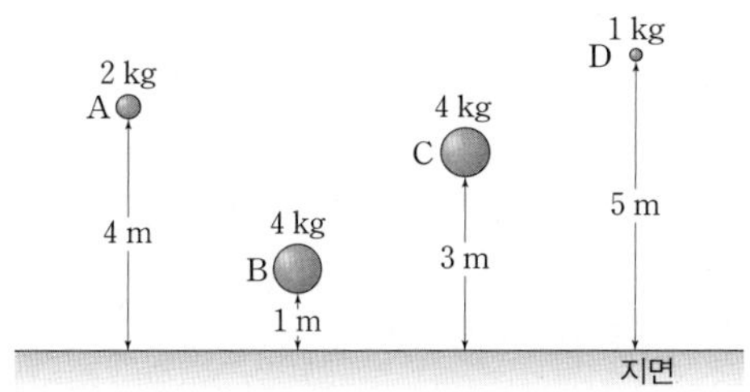

A~D가 가지는 중력에 의한 위치 에너지의 크기를 옳게 비교한 것은? (단, 물체의 크기는 무시한다.)

① A>D>C>B
② B>D>A>C
③ C>A>D>B
④ C>B>A>D
⑤ D>A>C>B

12 질량이 500 g인 추를 높이 30 cm에서 떨어뜨렸을 때 원통형 나무 도막이 5 cm 이동한 모습을 나타낸 것이다.

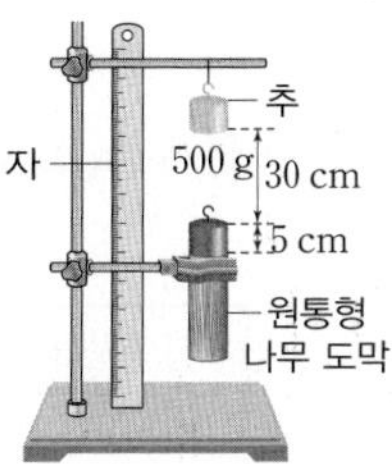

같은 추를 높이 15 cm에서 떨어뜨린다면 원통형 나무 도막이 이동하는 거리는? (단, 원통형 나무 도막과 집게 사이의 마찰력은 일정하며, 공기의 저항은 무시한다.)

① 2.5 cm
② 5 cm
③ 10 cm
④ 15 cm
⑤ 30 cm

13 그림은 질량이 5 kg인 구슬을 높이 2 m까지 천천히 들어 올린 후 빗면에 가만히 놓았더니 구슬이 굴러 내려와 수평면 위에 놓인 나무 도막을 1 m 밀어낸 후 정지한 모습을 나타낸 것이다.

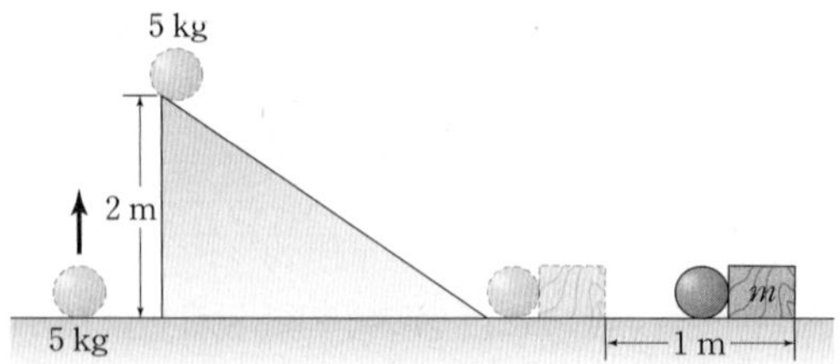

수평면에서 높이 2 m까지 구슬을 들어 올리는 데 한 일(W_1), 높이 2 m에서 구슬이 가지는 중력에 의한 위치 에너지(E_p), 나무 도막이 한 일(W_2)을 옳게 비교한 것은? (단, 구슬에 작용하는 마찰은 무시하며, 수평면과 나무 도막 사이의 마찰은 일정하다.)

① $W_1 = E_\mathrm{p} = W_2$ ② $W_1 > E_\mathrm{p} = W_2$
③ $W_1 < E_\mathrm{p} = W_2$ ④ $W_1 = E_\mathrm{p} > W_2$
⑤ $W_1 = E_\mathrm{p} < W_2$

14 그림은 마찰이 없는 수평면에서 질량이 10 kg인 짐을 실은 질량이 50 kg인 수레가 2 m/s의 속력으로 운동하는 모습을 나타낸 것이다.

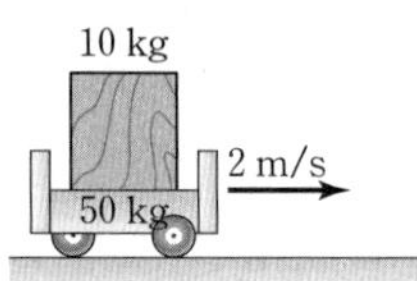

이 수레의 운동 에너지는?

① 20 J ② 80 J ③ 100 J
④ 120 J ⑤ 500 J

15 표는 운동하는 두 물체 A, B의 질량과 속력을 나타낸 것이다.

구분	질량(kg)	속력(m/s)
A	4	4
B	2	2

A의 운동 에너지는 B의 운동 에너지의 몇 배인가?

① 2배 ② 4배 ③ 6배
④ 8배 ⑤ 10배

16 그림은 속력 v로 달리던 수레가 수평면에 놓인 나무 도막을 미는 일을 하는 모습을 나타낸 것이다.

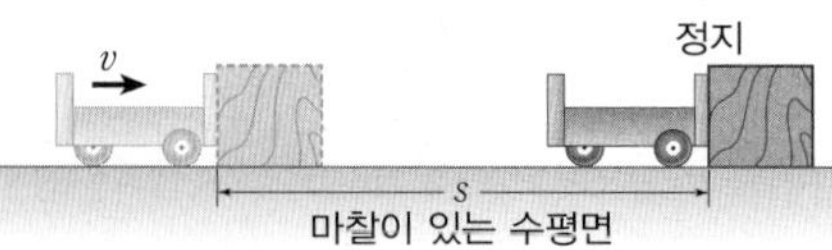

이에 대한 설명으로 옳은 것을 〈보기〉에서 모두 고른 것은? (단, 수레에 작용하는 마찰은 무시하며 수평면과 나무 도막 사이의 마찰은 일정하다.)

보기
ㄱ. 수레가 가진 에너지는 운동 에너지이다.
ㄴ. 수레의 감소한 에너지의 양은 나무 도막이 한 일의 양과 같다.
ㄷ. 수레의 속력을 $2v$로 하면 나무 도막은 $4s$만큼 이동한다.

① ㄱ ② ㄷ ③ ㄱ, ㄴ
④ ㄴ, ㄷ ⑤ ㄱ, ㄴ, ㄷ

17 그림은 마찰이 없는 수평면 위에 정지해 있는 질량이 4 kg인 수레에 5 N의 힘을 주어 수평 방향으로 10 m 이동시킨 모습을 나타낸 것이다.

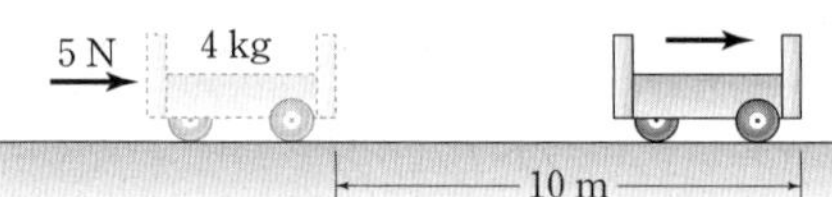

이 물체의 운동에 대한 설명으로 옳은 것을 〈보기〉에서 모두 고른 것은?

보기
ㄱ. 일이 운동 에너지로 전환된 것이다.
ㄴ. 10 m까지 운동 에너지의 증가량은 50 J이다.
ㄷ. 10 m 이동한 순간의 속력은 25 m/s이다.

① ㄱ ② ㄴ ③ ㄷ
④ ㄱ, ㄴ ⑤ ㄴ, ㄷ

18 그림은 마찰이 없는 수평면 위에 정지해 있는 질량이 10 kg인 수레에 일정한 힘 F를 계속 작용하여 4 m 이동시킨 모습을 나타낸 것이다.

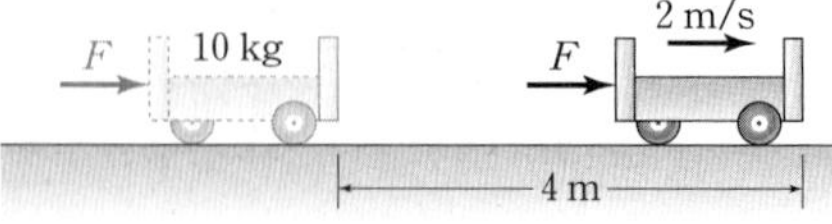

수레가 4 m 이동한 순간의 속력이 2 m/s였다면 수레에 작용한 힘의 크기 F는?

① 5 N ② 10 N ③ 15 N
④ 20 N ⑤ 25 N

19 다음의 경우 일상에서는 일을 하였다고 하지만 과학에서는 일을 하지 않았다고 한다.

> (가) 벽을 힘껏 밀었으나 밀리지 않았다.
> (나) 무게가 10 N인 가방을 메고 수평 방향으로 일정한 속력으로 걸어간다.

(가), (나)의 경우 그 까닭을 각각 서술하시오.

____

20 철수는 질량이 10 kg인 물체를 높이 2 m까지 일정한 속력으로 들어 올린 후 수평 방향으로 천천히 10 m 이동시키는 A → B → C의 경로로 일을 하였다. 영희는 10 N의 힘으로 10 m를 천천히 밀고 간 후 높이 2 m까지 일정한 속력으로 들어 올리는 A → B′ → C의 경로로 일을 하였다.

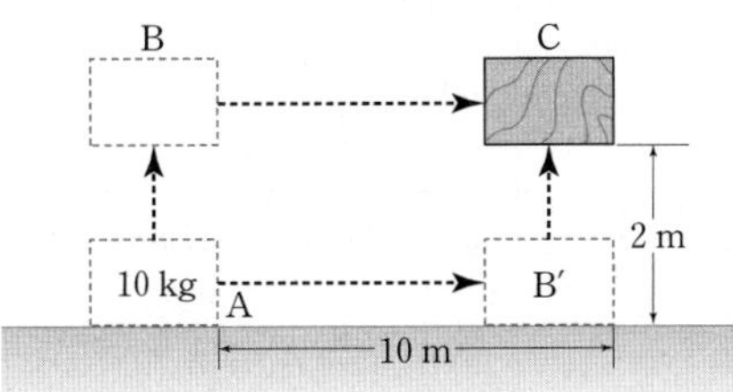

철수와 영희가 A에서 C까지 물체를 이동시키는 동안 한 일의 양을 풀이 과정과 함께 구하고 비교하시오.

____

21 그림은 영희가 물체를 이동시켰을 때 영희가 준 힘의 크기와 물체의 이동 거리를 나타낸 것이다.

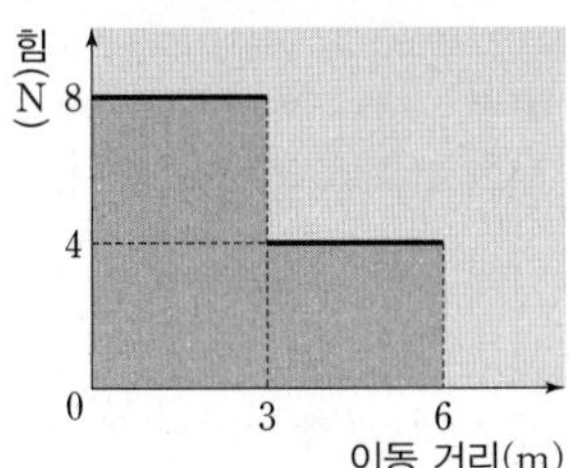

물체를 6 m 이동시킬 때까지 영희가 물체에 한 일의 양을 풀이 과정과 함께 구하시오.

____

22 그림은 지면으로부터 높이 1 m에 있는 질량이 10 kg인 상자를 높이 5 m로 천천히 들어 올리는 모습을 나타낸 것이다.

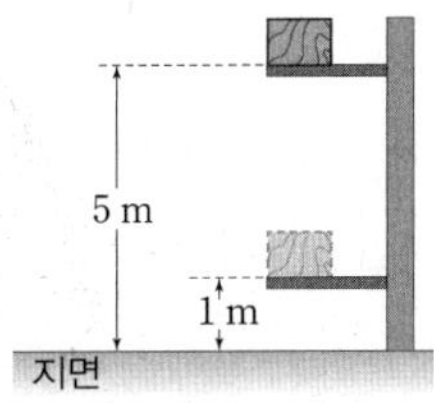

상자에 해 준 일의 양을 풀이 과정과 함께 구하시오.

____

23 그림은 높이 2 m에서 공이 빗면을 굴러 내려온 다음, 수평면에서 질량이 2 kg인 나무 도막을 미는 모습을 나타낸 것이다.

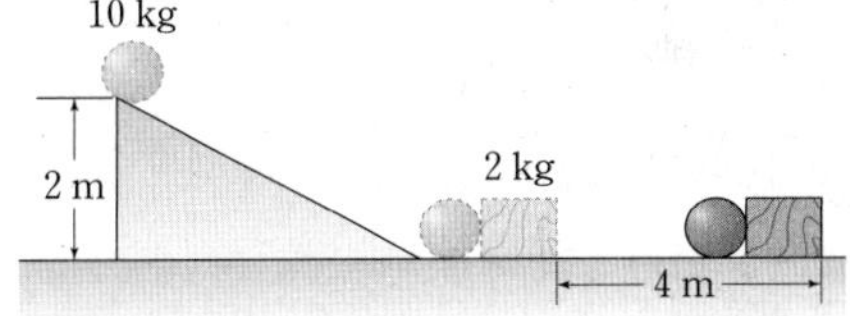

공이 나무 도막과 충돌한 후 4 m 이동하여 멈췄다면, 이때 나무 도막이 한 일의 양과 빗면 위에 놓인 공이 가진 에너지의 양을 풀이 과정과 함께 구하시오. (단, 공에 작용하는 마찰은 무시하며 수평면과 나무 도막 사이의 마찰은 일정하다.)

____

24 그림은 질량이 200 kg인 자동차가 10 m/s의 속력으로 달리다가 브레이크를 밟았더니 20 m 미끄러진 후 멈추는 것을 나타낸 것이다.

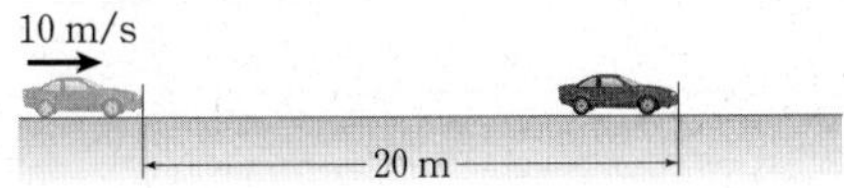

자동차가 30 m/s의 속력으로 달리다가 브레이크를 밟았을 때 자동차가 미끄러진 거리를 풀이 과정과 함께 구하시오. (단, 바닥과 자동차 사이의 마찰력은 일정하다.)

____

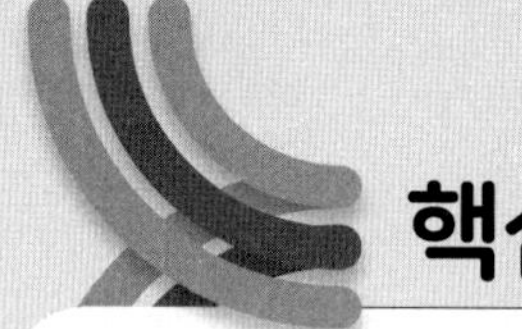

01 감각 기관

1 눈 (시각)

(1) 눈의 구조와 기능

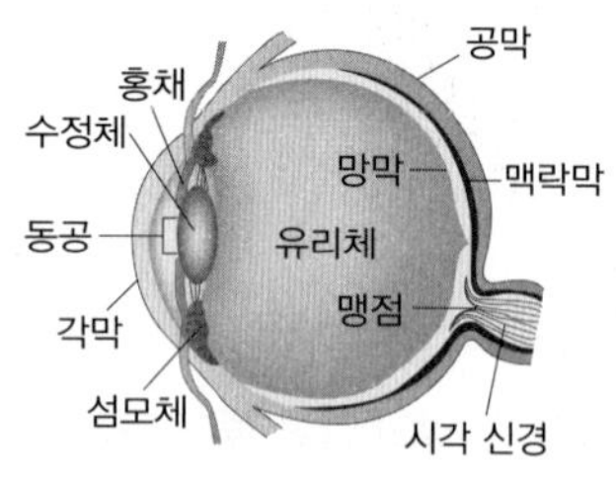

구조	기능
각막	눈 앞쪽을 덮고 있는 얇고 투명한 막
❶( )	동공의 크기를 변화시켜 빛의 양을 조절
수정체	빛을 굴절시켜 망막에 상이 맺히게 한다.
섬모체	수정체의 두께를 조절한다.
유리체	눈 속을 채우고 있는 투명한 물질로, 눈의 형태 유지한다.
❷( )	물체의 상이 맺히는 곳으로, 시각 세포가 존재한다.
맥락막	검은색 색소가 있어 눈 속을 어둡게 한다.

(2) 시각의 성립 : 빛 → 각막 → 수정체 → 유리체 → 망막의 시각 세포 → 시각 신경 → 뇌

(3) 눈의 조절 작용

① 밝기에 따른 동공의 크기 변화 : 홍채에 의한 동공의 크기 변화에 의해 눈으로 들어오는 빛의 양이 조절된다.

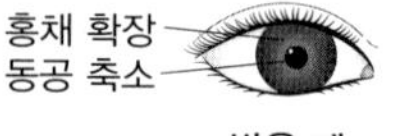

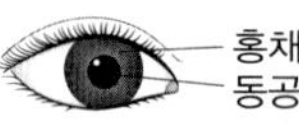

② 거리에 따른 수정체의 두께 변화 : ❸( )에 의한 수정체의 두께 변화에 의해 망막에 상이 뚜렷하게 맺힌다.

(4) 눈의 이상과 교정

구분	❹( )	❺( )
증상	먼 곳을 볼 때 상이 망막 앞에 맺혀 잘 보이지 않는다.	가까운 곳을 볼 때 상이 망막의 뒤에 맺혀 잘 보이지 않는다.
원인	수정체와 망막 사이의 거리가 정상보다 길다.	수정체와 망막 사이의 거리가 정상보다 짧다.
교정 방법	오목렌즈(빛을 퍼뜨림)로 교정	볼록렌즈(빛을 모아줌)로 교정

2 피부(피부 감각)

(1) 피부의 감각점 : 촉점(접촉), 압점(눌림, 압력), 통점(통증), 냉점(차가움), 온점(따뜻함) 등의 감각점이 있다.

(2) 몸의 부위에 따라 감각점의 분포 정도는 다르지만, 평균적으로 ❻( )이 가장 많다.

3 귀(청각, 평형 감각)

(1) 귀의 구조와 기능

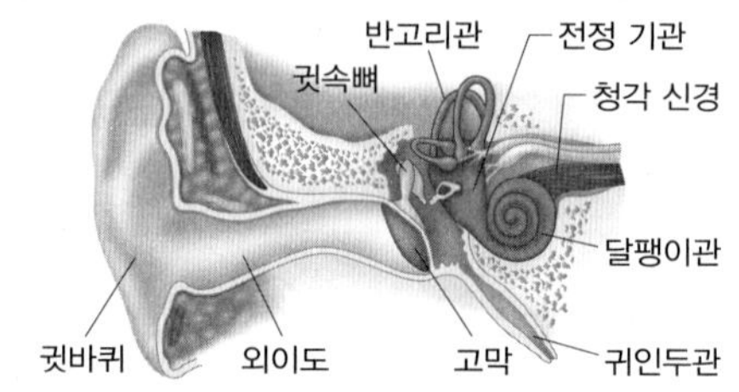

구조	기능
귓바퀴	소리를 모으는 역할을 한다.
외이도	귓바퀴와 고막 사이의 통로
고막	소리(음파)에 의해 진동하는 얇은 막
귓속뼈	고막의 진동을 증폭시킨다.
❼( )	몸의 회전을 감지한다.
❽( )	몸의 기울어짐을 감지한다.
❾( )	청각 세포가 존재해 소리 자극을 받아들여 청각 신경으로 전달한다.
청각 신경	청각 세포가 받아들인 자극을 뇌로 전달한다.
귀인두관	고막 안팎의 압력을 같게 조절한다.

(2) 청각의 성립 : 소리 → 귓바퀴 → 외이도 → 고막 → 귓속뼈 → 달팽이관(청각 세포) → 청각 신경 → 뇌

4 코(후각), 혀(미각)

구분	코(후각)	혀(미각)
자극원	❿( ) 상태의 화학 물질	⓫( ) 상태의 화학 물질
감각의 성립	기체 상태의 화학 물질 → 후각 상피(후각 세포) → 후각 신경 → 뇌	액체 상태의 화학 물질 → 맛봉오리(맛세포) → 미각 신경 → 뇌
특징	다른 감각에 비해 매우 예민하여 쉽게 피로해진다.	기본 맛 : 단맛, 짠맛, 쓴맛, 신맛, 감칠맛

1 시각은 물체에서 반사된 (　　　　　　)을 시각 세포에서 자극으로 받아들여 물체의 모양과 색깔 등을 느끼는 감각이다.

2 눈의 구조 중 눈의 가장 앞쪽을 싸고 있는 투명한 막은 (　　　　　)이다.

3 눈의 구조 중 동공의 크기를 조절하여 눈으로 들어오는 빛의 양을 조절하는 것은 (　　　　　)이다.

4 눈의 구조 중 물체의 상이 맺히는 부분으로, 시각 세포가 있어 빛을 자극으로 받아들이는 부위는 (　　　　　)이다.

5 가까이 있는 물체를 볼 때 수정체의 두께는 (두꺼워 , 얇아)진다.

6 어두운 곳에 있다가 밝은 곳으로 나갔을 때 동공의 크기는 (커 , 작아)진다.

7 근시는 수정체와 망막 사이의 거리가 정상보다 (짧을 , 길) 때 생기는 눈의 이상으로, (오목렌즈 , 볼록렌즈)로 교정한다.

8 원시는 수정체와 망막 사이의 거리가 정상보다 (짧을 , 길) 때 생기는 눈의 이상으로, (오목렌즈 , 볼록렌즈)로 교정한다.

9 우리는 혀를 통해 (　　　　　) 상태의 화학 물질을 자극으로 받아들여 맛을 느끼게 되는데, 이를 미각이라고 한다.

10 오른쪽 그림은 사람 귀의 구조 중 일부를 나타낸 것이다. 물음에 알맞은 기호를 쓰시오.

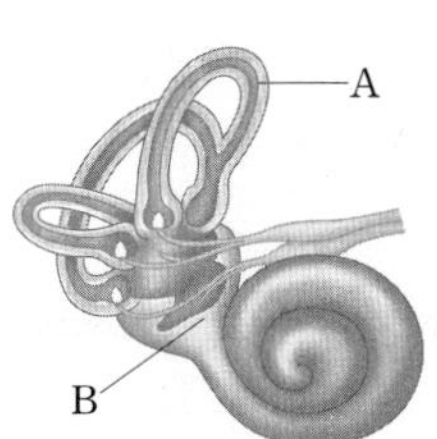

⑴ 몸의 움직임이나 기울어짐은 어디에서 감지하는가?

⑵ 몸의 회전은 어디에서 감지하는가?

11 청각의 성립 경로는 소리 → 귓바퀴 → 외이도 → (　　　　　) → 귓속뼈 → (　　　　　)의 청각 세포 → 청각 신경 → 뇌 순이다.

실전 대비 예상 문제

[01~03] 그림은 사람 눈의 구조를 나타낸 것이다.

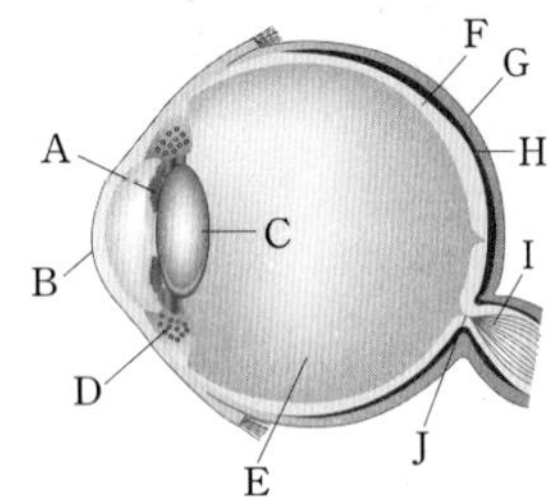

01 각 부위의 기호와 명칭을 옳게 짝 지은 것은?

① A – 섬모체
② B – 동공
③ C – 수정체
④ E – 홍채
⑤ I – 맥락막

02 각 부위에 대한 설명으로 옳지 <u>않은</u> 것은?

① B는 투명하고 얇은 막으로 빛이 통과한다.
② C는 볼록렌즈 모양으로 빛이 굴절하는 곳이다.
③ D가 수축하면 수정체의 두께가 두꺼워진다.
④ E는 검은색 색소가 많이 분포해 눈 속을 어둡게 한다.
⑤ F에는 물체의 형태와 색깔을 구분할 수 있는 시각 세포가 있다.

03 시각의 성립 경로를 순서대로 옳게 나열한 것은?

① 빛 → B → A → C → E → F → 뇌
② 빛 → B → A → E → F → I → 뇌
③ 빛 → B → C → E → F → I → 뇌
④ 빛 → B → C → E → I → J → 뇌
⑤ 빛 → B → C → F → G → H → 뇌

04 그림은 어떤 사람의 눈에서 수정체의 두께 변화를 나타낸 것이다.

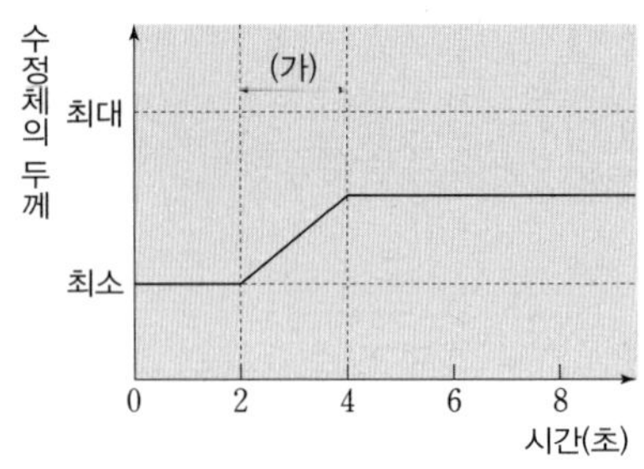

(가) 시기에 대한 설명으로 옳은 것은?

① 홍채가 축소하였다.
② 동공이 확대되었다.
③ 먼 산을 바라보았다.
④ 섬모체가 수축하였다.
⑤ 어두운 곳으로 들어갔다.

05 그림은 어떤 사람의 눈에서 일어난 변화를 나타낸 것이다.

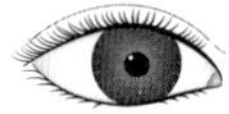  

이러한 변화가 일어난 경우에 해당하는 것은?

① 어두운 방에서 전등을 켰다.
② 눈이 나빠져서 볼록렌즈를 착용하였다.
③ 밝은 곳에 있다가 어두운 곳으로 이동하였다.
④ 방망이로 친 공이 멀리 날아가는 모습을 보았다.
⑤ 먼 곳에서 가까운 곳으로 날아오는 새를 바라보았다.

06 방에서 책을 보다가 창밖의 멀리 있는 산을 바라보았다. 이때 일어나는 눈의 변화로 옳은 것은?

① 동공이 축소된다.　　② 섬모체가 수축한다.
③ 홍채가 확장한다.　　④ 수정체가 얇아진다.
⑤ 상이 맹점에 맺힌다.

07 그림은 어떤 사람이 멀리 있는 물체를 볼 때 눈에 상이 맺히는 모습을 나타낸 것이다. 이 사람은 근시와 원시 중 하나이다.

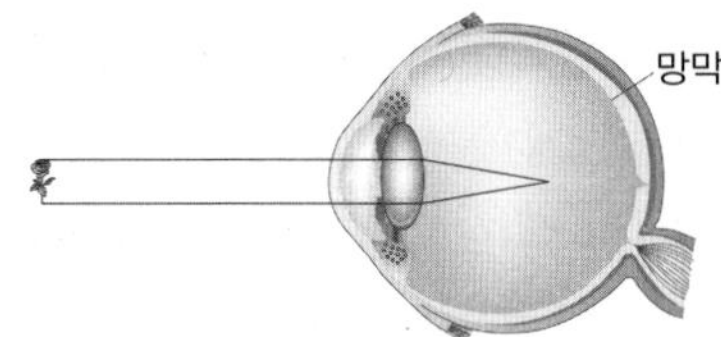

이에 대한 설명으로 옳은 것은?

① 원시이다.
② 수정체와 망막 사이의 거리가 정상보다 길다.
③ 노안의 경우 이와 비슷한 증상을 나타낸다.
④ 망막의 시각 세포가 손상되어 생긴 증상이다.
⑤ 가까운 곳의 물체를 볼 때 상이 망막 뒤에 맺힌다.

08 다음은 할아버지가 신문을 볼 때에 대한 설명이다.

할아버지는 (A) 곳에 있는 물체가 잘 보이지 않는 원시이며, 원시를 교정하기 위해서 (B)렌즈로 된 안경을 착용한다.

A, B에 들어갈 말을 옳게 짝 지은 것은?

	A	B
①	먼	오목
②	먼	볼록
③	가까운	오목
④	가까운	볼록
⑤	가까운	평면

09 다음은 피부 감각에 대한 설명이다. (　　)에서 알맞은 말을 골라 ○표 하시오.

- 얼음물에 담갔던 손을 25 ℃ 물에 담갔을 때 자극을 받아들이는 피부의 감각점은 (냉점 , 온점)이다.
- 냉점이나 온점에서는 온도의 (상대적 , 절대적) 변화를 감지한다.

10 감각점에서 감지하는 자극을 옳게 설명한 것은?

① 온점은 차가움을 느낀다.
② 압점은 압력을 느낀다.
③ 냉점은 접촉을 느낀다.
④ 촉점은 통증을 느낀다.
⑤ 통점은 따뜻함을 느낀다.

11 다음은 우리 몸에서의 감각과 관련된 ○, × 퀴즈 문제이다.

㉠ 떫은맛은 냉점에서 감지한다.
㉡ 온점은 피부의 표피에 위치한다.
㉢ 우리 몸의 내장 기관에는 감각점이 없다.
㉣ 감각점은 몸 전체에 고르게 분포되어 있다.
㉤ 손등보다 손가락 끝이 감각점이 많아 예민하다.

5명의 학생이 ○, × 퀴즈를 풀어 표와 같은 결과를 얻었다고 했을 때, 이중 문제를 가장 많이 맞힌 학생은?

구분	㉠	㉡	㉢	㉣	㉤
서연	○	○	○	○	×
수연	○	○	×	×	○
건형	○	×	×	×	○
철수	×	×	×	○	○
수호	×	×	×	×	○

① 서연　　　② 수연　　　③ 건형
④ 철수　　　⑤ 수호

12 자극과 그 자극을 받아들이는 감각 기관을 옳게 짝 지은 것은?

	자극	감각 기관
①	빛	피부
②	압력	혀
③	몸의 기울어짐	귀
④	접촉	코
⑤	액체 상태의 화학 물질	눈

[13~15] 그림은 사람 귀의 구조를 나타낸 것이다.

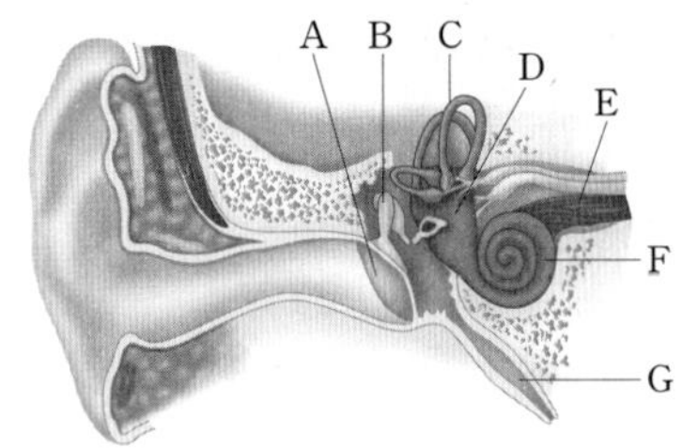

13 각 구조에 대한 설명으로 옳은 것은?

① A는 소리를 증폭시킨다.
② B는 소리에 의해 진동하는 얇은 막이다.
③ C는 몸의 기울어짐을 감지한다.
④ D에 문제가 있는 경우 소리를 듣지 못한다.
⑤ F에는 청각 세포가 있어 소리 자극을 받아들이고, 이를 E로 전달한다.

14 G에 대한 설명으로 옳은 것은?

① 몸의 회전을 감지한다.
② 청각의 성립 경로에 포함된다.
③ 평형 감각과 관련된 구조이다.
④ 고막 안팎의 압력을 같게 조절한다.
⑤ 소리 정보를 청각 신경으로 전달한다.

15 A~G 중 청각의 성립 경로에 포함되지 <u>않는</u> 부위를 모두 고른 것은?

① B, C, D　　　② B, C, E
③ C, D, G　　　④ C, E, F
⑤ D, F, G

16 청각의 성립 경로를 옳게 나타낸 것은?

① 귓바퀴 → 외이도 → 귓속뼈 → 고막 → 달팽이관 → 청각 신경 → 뇌
② 귓바퀴 → 외이도 → 고막 → 전정 기관 → 청각 신경 → 뇌
③ 귓바퀴 → 외이도 → 고막 → 귓속뼈 → 전정 기관 → 달팽이관 → 뇌
④ 귓바퀴 → 외이도 → 고막 → 귓속뼈 → 달팽이관 → 청각 신경 → 뇌
⑤ 귓바퀴 → 외이도 → 고막 → 청각 신경 → 달팽이관 → 뇌

17 다음과 같은 문제를 가진 사람에게 나타나는 증상으로 가장 옳은 것은?

> 커다란 소음을 자주 들어 달팽이관 속에 있는 청각 세포가 일부 파괴되었다.

① 소리가 작게 들릴 것이다.
② 어지러움을 자주 느낄 것이다.
③ 소리가 전혀 들리지 않을 것이다.
④ 몸의 균형을 제대로 잡지 못할 것이다.
⑤ 귀가 먹먹한 증상이 자주 나타날 것이다.

18 귀와 코에서 받아들이는 자극의 종류를 옳게 나열한 것은?

	귀	코
①	소리(음파)	액체 상태의 화학 물질
②	소리(음파)	기체 상태의 화학 물질
③	접촉	액체 상태의 화학 물질
④	압력	기체 상태의 화학 물질
⑤	회전	모든 상태의 화학 물

19 그림은 사람 코의 구조를 나타낸 것이다.

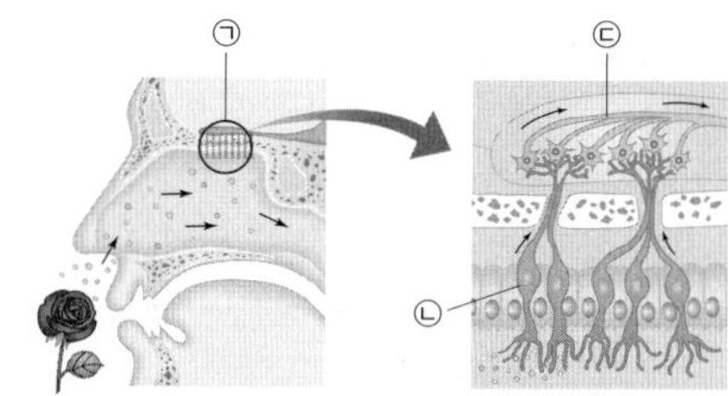

이에 대한 설명으로 옳지 <u>않은</u> 것은?

① 코는 후각을 담당하는 기관이다.

② ㉠에는 냄새를 감지하는 세포가 존재한다.

③ ㉡은 기체 상태의 화학 물질을 감지한다.

④ ㉡에서 감지한 자극은 ㉢을 거쳐 뇌로 전달된다.

⑤ ㉡은 같은 자극을 계속 받을수록 더 강하게 느끼게 된다.

20 사람의 후각과 미각에 대한 설명으로 옳은 것을 〈보기〉에서 모두 고른 것은?

┤ **보기** ├

ㄱ. 미각은 가장 예민한 감각이다.

ㄴ. 후각과 미각 정보는 뇌로 전달된다.

ㄷ. 코에서 느끼는 냄새의 종류는 5가지이다.

ㄹ. 후각과 미각이 함께 작용하여 음식의 맛을 느낀다.

① ㄱ, ㄴ　　　② ㄱ, ㄷ　　　③ ㄴ, ㄹ

④ ㄷ, ㄹ　　　⑤ ㄴ, ㄷ, ㄹ

21 다음 구조들의 공통점은?

> 달팽이관, 망막, 후각 상피, 맛봉오리

① 자극을 간뇌로 전달한다.

② 소리 자극을 받아들인다.

③ 감각 신경으로 이루어져 있다.

④ 오랜 자극에 쉽게 피로해진다.

⑤ 자극을 감지하는 세포가 존재한다.

22 그림은 사람 눈의 구조를 나타낸 것이다.

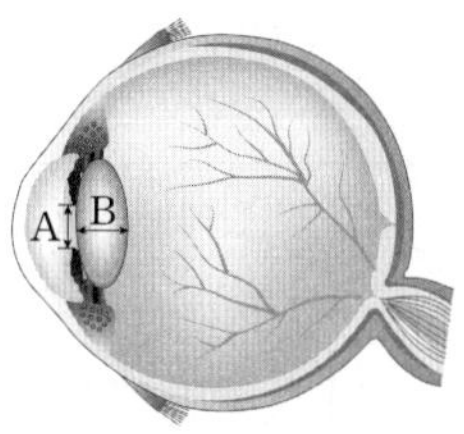

어두운 곳에서 책을 보다가 눈의 피로를 느낀 후 밝은 곳에 나와 먼 산을 보았을 때, A와 B의 변화에 대해 서술하시오.

____

____

23 피부에 있는 5가지 감각점과 그 기능에 대해 서술하시오.

____

____

____

24 그림은 정상 개구리 (가)와 귀의 일부 구조가 손상된 개구리 (나)를 판자에 올려놓은 후, 각각 앞으로 기울였을 때의 모습을 나타낸 것이다.

(가) 고개를 들어 균형을 잡는다.　　(나) 균형을 잡지 못한다.

개구리 (나)가 균형을 잡지 못하는 까닭을 귀의 구조와 관련지어 서술하시오.

____

____

1 뉴런

(1) 뉴런의 구조와 기능

신경 세포체	핵과 세포질이 있으며, 여러 가지 생명 활동이 일어난다.
❶(　　　) 돌기	감각 기관이나 다른 뉴런으로부터 자극을 받아들인다.
❷(　　　) 돌기	가지 돌기에서 받아들인 자극을 다른 뉴런이나 반응 기관으로 전달한다.

(2) 뉴런의 종류

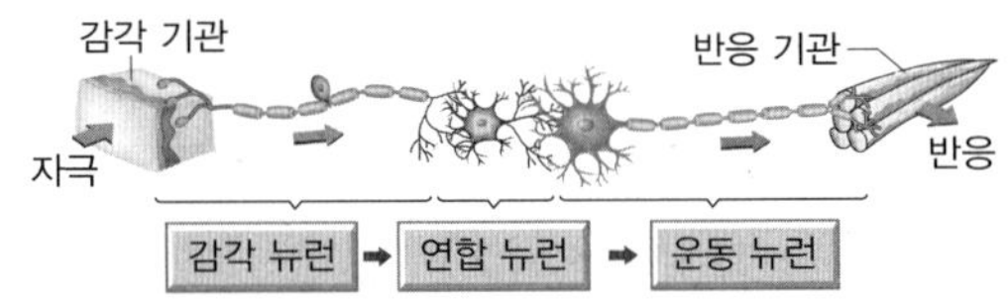

감각 뉴런	감각 기관에서 받아들인 자극을 연합 뉴런으로 전달한다.
❸(　　　) 뉴런	뇌와 척수를 구성하며, 감각 뉴런을 통해 전달받은 자극을 종합하여 판단하고 운동 뉴런에 적절한 명령을 내린다.
운동 뉴런	연합 뉴런의 명령을 받아 반응 기관으로 전달한다.

(3) 자극의 전달 경로 : 자극 → 감각 기관 → 감각 뉴런 → 연합 뉴런 → 운동 뉴런 → 반응 기관 → 반응

2 중추 신경계

(1) 중추 신경계 : 뇌와 척수로 구성되며, 자극에 대해 판단하고 적절한 명령을 내린다.

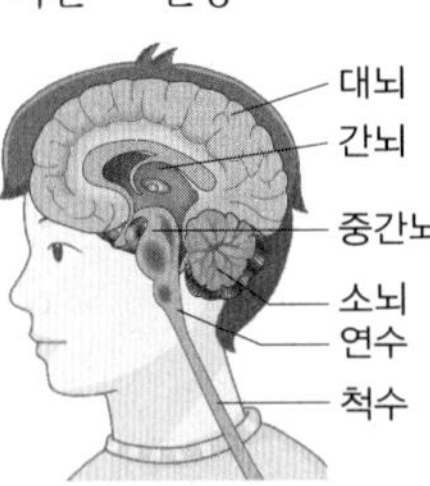

뇌	대뇌	자극을 종합, 판단하여 명령을 내리고 고등 정신 활동을 담당한다.
	❹(　　　)	체온, 혈당량, 몸속 수분량 등을 일정하게 조절한다.
	중간뇌	눈의 움직임, 홍채의 변화를 조절한다.
	소뇌	근육 운동 조절, 몸의 균형을 유지한다.
	❺(　　　)	심장 박동, 호흡 운동, 소화 운동 등 생명 유지 활동을 조절한다.
척수		무조건 반사의 중추이다.

3 말초 신경계

(1) 말초 신경계 : 중추 신경계와 온몸의 조직이나 기관을 연결하는 신경이다.

(2) 자율 신경계 : 대뇌의 조절을 받지 않고 여러 내장 기관의 기능을 자율적으로 조절하며, 교감 신경과 부교감 신경으로 구성된다.

① 교감 신경 : 긴장하거나 위기 상황에 처했을 때 우리 몸을 대처하기 알맞은 상태로 만들어준다.

② 부교감 신경 : 긴장 상황이 해소되면 우리 몸을 원래의 안정된 상태로 되돌린다.

③ 자율 신경의 조절 작용

구분	동공 크기	호흡 운동	심장 박동	소화 운동
❻(　　　) 신경	확대	촉진	촉진	억제
❼(　　　) 신경	축소	억제	억제	촉진

4 자극에 따른 반응의 경로

(1) 의식적인 반응 : ❽(　　　　　)의 판단과 명령에 의해 의식적으로 일어나는 반응

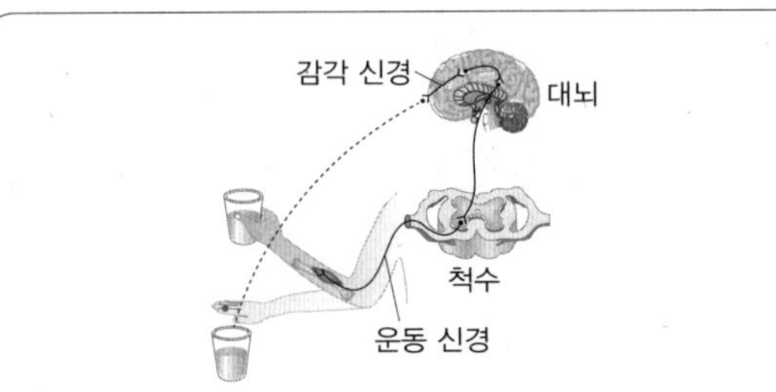

의식적인 반응의 경로 : 자극 → 감각 기관 → 감각 신경 → (척수) → 대뇌 → (척수) → 운동 신경 → 반응 기관 → 반응

(2) ❾(　　　　) 반사 : 자극에 대해 자신의 의지와 관계없이 무의식적으로 일어나는 반응 ➡ 대뇌를 거치지 않아 의식적인 반응보다 반응이 빠르게 일어나므로 위급한 상황에서 몸을 보호하는 데 중요한 역할을 한다.

반응의 중추	반응의 예
❿(　　　　)	무릎 반사, 갓난아기의 배변·배뇨 반사, 뜨거운 물체나 뾰족한 물체에 손이 닿았을 때 자신도 모르게 순간적으로 손을 움츠리는 행동
연수	침과 눈물 분비, 재채기, 기침, 하품, 구토
중간뇌	홍채 조절(동공 반사)

1 신경계를 구성하는 신경 세포를 (　　　　　)이라고 한다.

2 그림은 뉴런의 구조를 나타낸 것이다. 각 부위의 이름을 쓰시오.

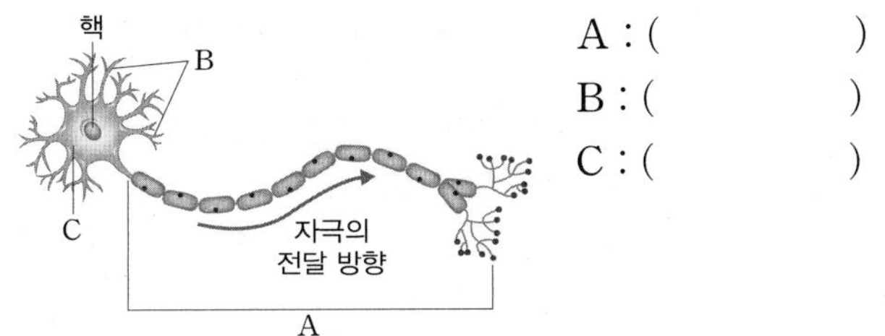

A : (　　　　　)
B : (　　　　　)
C : (　　　　　)

3 신경계는 크게 중추 신경계와 말초 신경계로 나눌 수 있다. (　　　　　) 신경계는 뇌와 척수로 이루어져 있으며, (　　　　　) 신경계는 체성 신경계와 (　　　　　) 신경계로 나눌 수 있다.

[4~8] 오른쪽 그림은 사람 뇌의 구조를 나타낸 것이다. (　　　) 안에 들어갈 알맞은 기호를 쓰시오.

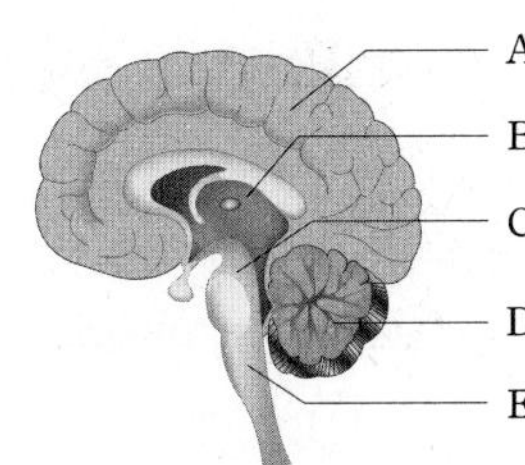

4 고등 정신 활동을 담당하는 부위는 (　　　　　)이다.

5 눈의 움직임과 홍채의 작용을 조절하는 기능을 담당하는 부위는 (　　　　　)이다.

6 대뇌와 함께 몸의 근육 운동을 조절하고, 몸의 균형을 유지하는 기능을 담당하는 부위는 (　　　　　)이다.

7 호흡 운동, 심장 박동, 소화 운동 등과 같은 생명 활동을 조절하는 기능을 담당하는 부위는 (　　　　　)이다.

8 체온, 몸속 수분량 등을 조절하여 몸의 상태를 일정하게 유지하는 기능을 담당하는 부위는 (　　　　　)이다.

9 자극에 대한 반응 중 의식적인 반응은 (　　　　　)의 판단 과정을 거쳐 자신의 의지에 따라 일어나는 반응이다.

10 자극에 대한 반응 중 (　　　　　)는 대뇌가 관여하지 않아 자신의 의지와 관계없이 일어나는 무의식적인 반응이다.

실전 대비 예상 문제

[01~02] 그림은 뉴런의 구조를 나타낸 것이다.

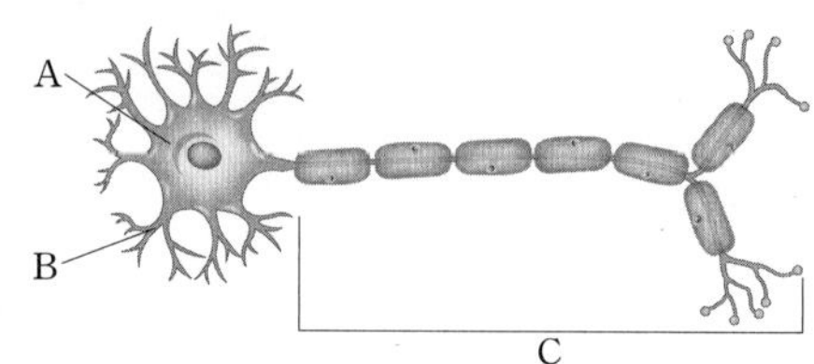

01 각 구조에 해당하는 부위의 명칭을 쓰시오.

(1) A : (　　　　　　　　　)

(2) B : (　　　　　　　　　)

(3) C : (　　　　　　　　　)

02 이에 대한 설명으로 옳지 <u>않은</u> 것은?

① 뉴런은 신경계를 구성하는 기본 단위이다.

② A에는 핵과 세포질이 있다.

③ B는 자극을 받아들인다.

④ C는 신경 세포체에서 길게 뻗은 돌기이다.

⑤ 자극의 전달 방향은 C → B → A이다.

03 그림은 컴퓨터에서 정보가 전달되는 과정을 나타낸 것이다.

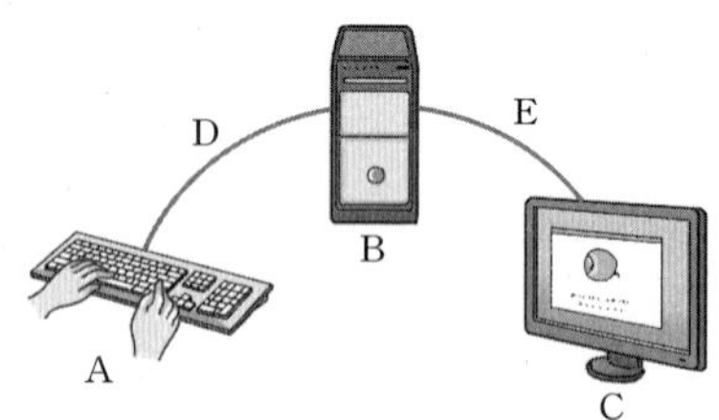

이를 우리 몸의 신경계와 비교하여 설명한 것으로 옳은 것은?

① A는 우리 몸의 반응 기관에 해당한다.

② B는 정보를 종합하여 판단하고 명령을 내리는 중추 신경계에 해당한다.

③ 자극을 받아들이는 기관은 C에 해당한다.

④ D는 운동 뉴런, E는 감각 뉴런에 해당한다.

⑤ 정보가 전달되는 경로는 C → E → D → A 순이다.

04 그림은 뉴런 3개(ⓐ~ⓒ)가 서로 연결되어 있는 모습을 나타낸 것이다.

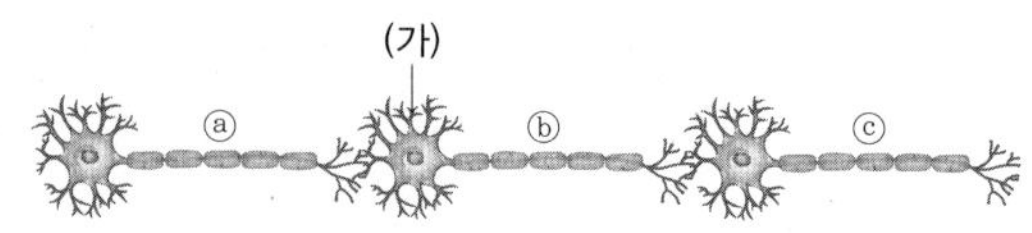

(가) 부분에 자극을 가했을 때, 자극이 전달되는 뉴런을 모두 고른 것은?

① ⓑ　　　　　② ⓒ　　　　　③ ⓐ, ⓒ

④ ⓑ, ⓒ　　　　⑤ ⓐ, ⓑ, ⓒ

[05~06] 그림은 세 종류의 뉴런이 서로 연결된 모습을 나타낸 것이다.

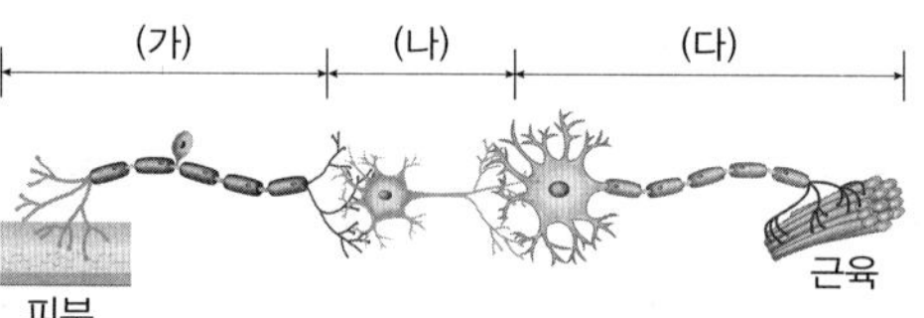

05 A~C 각각에 해당하는 뉴런을 옳게 짝 지은 것은?

> A. 명령을 근육으로 전달한다.
> B. 피부에서 받아들인 자극을 전달한다.
> C. 자극을 느끼고 적절한 명령을 내린다.

	A	B	C
①	(가)	(나)	(다)
②	(가)	(다)	(나)
③	(나)	(다)	(가)
④	(다)	(나)	(가)
⑤	(다)	(가)	(나)

06 (가)~(다)에서 자극이 전달되는 순서를 옳게 나열한 것은?

① (가) → (나) → (다)　② (가) → (다) → (나)

③ (나) → (가) → (다)　④ (다) → (가) → (나)

⑤ (다) → (나) → (가)

[07~10] 그림은 사람 뇌의 구조를 나타낸 것이다.

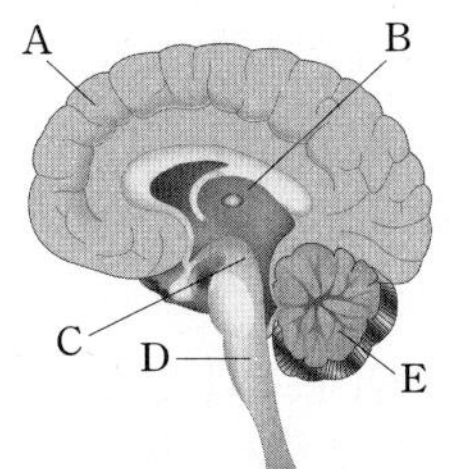

07 A에 대한 설명으로 옳지 <u>않은</u> 것은?

① 표면에 주름이 많다.
② 좌우 2개의 반구로 이루어져 있다.
③ 호흡, 심장 박동, 소화 운동 등을 조절한다.
④ 추리, 판단, 기억 등 고등 정신의 활동을 담당한다.
⑤ 감각 정보를 분석하고 종합·판단하여 반응을 조절한다.

08 ㉠~㉢에 해당하는 뇌의 부위를 옳게 짝 지은 것은?

> ㉠ 홍채의 작용을 조절하는 중추이다.
> ㉡ 체온, 몸속 수분량을 조절하는 중추이다.
> ㉢ 침 분비, 재채기, 기침 등의 반응 중추이다.

	㉠	㉡	㉢
①	A	B	C
②	A	C	E
③	B	C	A
④	C	B	D
⑤	E	D	C

09 우리 몸에서 일어나는 반응의 예와 이 반응의 중추를 옳게 짝 지은 것은?

	반응의 예	중추
①	밝은 곳에 갔더니 동공이 작아졌다.	A
②	갑자기 하품이 났다.	B
③	평균대 위에서 균형을 유지하였다.	C
④	체해서 구토가 나왔다.	D
⑤	뜨거운 것을 만졌을 때 자신도 모르게 재빨리 손을 뗐다.	E

10 다음은 철수의 뇌에 이상이 생겨 나타나는 증상에 대한 설명이다.

> • 말을 어눌하게 한다.
> • 기억력이 점차 떨어진다.

이와 같은 증상이 나타나는 까닭과 관련 깊은 뇌의 구조는?

① 대뇌 　　② 소뇌 　　③ 중간뇌
④ 연수 　　⑤ 간뇌

[11~12] 그림은 사람의 신경계를 나타낸 것이다.

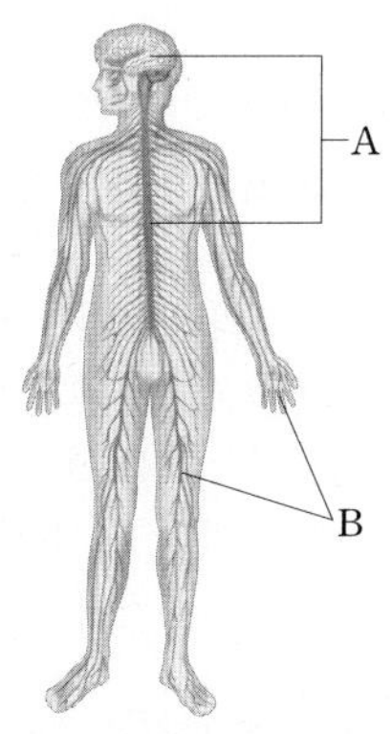

11 A에 대한 설명으로 옳은 것을 〈보기〉에서 모두 고른 것은?

> **┤ 보기 ├**
> ㄱ. 뇌와 척수로 구성된다.
> ㄴ. 우리 몸의 중추적인 역할을 하는 신경계이다.
> ㄷ. 감각 뉴런, 운동 뉴런, 연합 뉴런으로 구성되어 있다.

① ㄱ 　　② ㄷ 　　③ ㄱ, ㄴ
④ ㄴ, ㄷ 　　⑤ ㄱ, ㄴ, ㄷ

12 B에 대한 설명으로 옳지 <u>않은</u> 것은?

① 척수는 B에 속한다.
② 체성 신경은 대뇌의 조절을 받는 신경이다.
③ 운동 뉴런과 감각 뉴런으로 구성되어 있다.
④ 자율 신경은 여러 가지 내장 기관을 조절한다.
⑤ 자율 신경은 대뇌의 직접적인 조절을 받지 않는다.

13 오른쪽 그림은 번지점프를 하기 직전의 모습을 나타낸 것이다.
이러한 상황에서 나타나는 자율 신경의 작용으로 옳은 것은?

① 동공이 축소된다.
② 방광이 수축된다.
③ 침 분비가 촉진된다.
④ 심장 박동이 억제된다.
⑤ 소화 운동이 억제된다.

14 다음은 식물인간과 뇌사에 대한 설명이다.

- 식물인간의 경우 의식은 없지만, 생명을 유지하는 데 중요한 역할을 하는 뇌의 부위는 정상적으로 기능해 스스로 심장 박동, 호흡 운동을 한다.
- 뇌사는 대뇌를 포함해 뇌 전체의 기능이 완전히 멈춘 상태로, 인공호흡기에 의해 호흡한다.

위 글을 바르게 이해한 사람을 모두 고른 것은?

- 서연 : 식물인간은 대뇌의 기능이 정상이야.
- 수연 : 뇌사는 대뇌와 연수의 기능이 모두 멈춘 경우야.
- 수호 : 식물인간은 스스로 호흡 운동을 하니까 연수가 정상적으로 기능을 하고 있는 상태야.

① 서연   ② 수연   ③ 서연, 수호
④ 수연, 수호   ⑤ 서연, 수연, 수호

15 오른쪽 그림은 뇌와 연결된 연수의 아래 부분으로, 뇌와 말초 신경 사이의 흥분 전달 통로 역할을 하는 구조를 나타낸 것이다. A, B의 명칭을 각각 쓰시오.

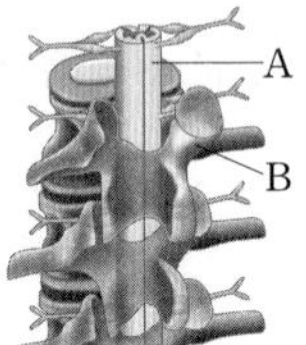

(1) A : (   )
(2) B : (   )

[16~17] 다음은 자극에 대한 반응을 알아보기 위한 실험이다.

(가) B는 자를 놓아 떨어뜨리고, A는 떨어지는 자를 보고 재빨리 잡아 자가 떨어진 거리를 기록한다.

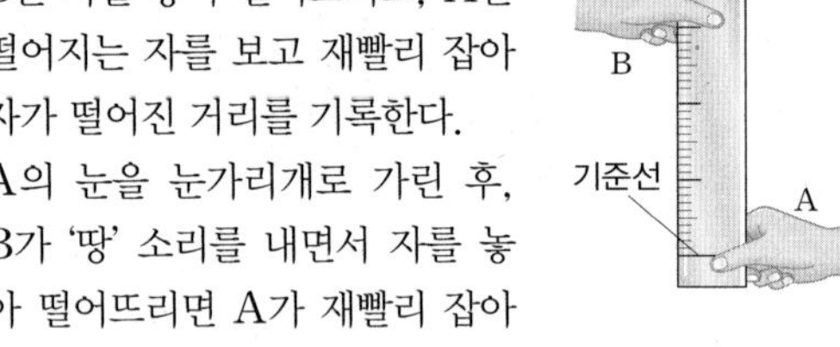

(나) A의 눈을 눈가리개로 가린 후, B가 '땅' 소리를 내면서 자를 놓아 떨어뜨리면 A가 재빨리 잡아 자가 떨어진 거리를 기록한다.

(다) 과정 (가)와 (나)를 5회 반복하고 평균값을 계산한 후, 자가 떨어진 거리를 이용해 자를 잡기까지 걸린 시간 (반응 시간)을 구한다.

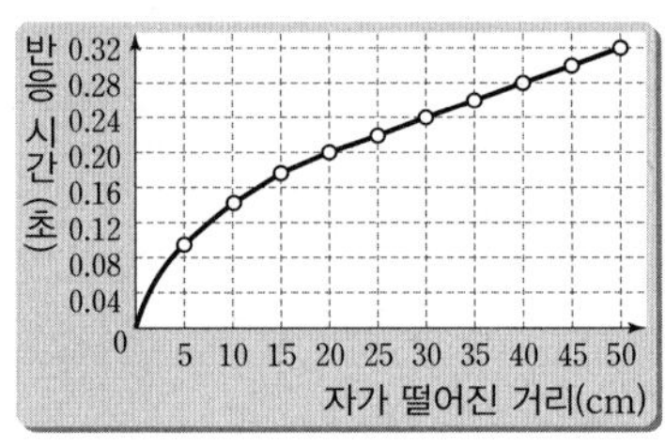

16 이 실험 결과 (가)의 평균값이 20 cm, (나)의 평균값이 30 cm일 때, 두 과정의 반응 시간으로 옳은 것은?

	(가)	(나)		(가)	(나)
①	0.18초	0.20초	②	0.18초	0.24초
③	0.20초	0.22초	④	0.20초	0.24초
⑤	0.22초	0.24초			

17 이 실험에 대한 설명으로 옳은 것을 〈보기〉에서 모두 고른 것은?

┤ 보기 ├
ㄱ. (가)와 (나)의 반응 중추는 모두 대뇌이다.
ㄴ. 시각에 의한 반응이 청각에 의한 반응보다 더 빠르다.
ㄷ. 대뇌에서 처리하는 정보가 많을수록 반응은 더 빠르게 일어난다.

① ㄱ   ② ㄷ   ③ ㄱ, ㄴ
④ ㄴ, ㄷ   ⑤ ㄱ, ㄴ, ㄷ

18 무조건 반사에 대한 설명으로 옳은 것은?

① 의식적인 반응보다 느리게 일어난다.

② 위급한 상황에서 몸을 보호하는 데 유리하다.

③ 간뇌가 직접적으로 작용하여 일어나는 반응이다.

④ 무릎 반사는 대뇌가 중추가 되어 일어나는 반사이다.

⑤ 하품과 재채기는 중간뇌가 중추가 되어 일어나는 반사이다.

[19~20] 오른쪽 그림은 의자에 앉은 사람이 다리에 힘을 뺀 상태에서 다른 사람이 고무 망치로 무릎뼈 바로 아래를 가볍게 쳤더니 다리가 올라가는 모습을 나타낸 것이다.

19 이 반응에 대한 설명으로 옳은 것은?

① 반응의 중추는 대뇌이다.

② 다리의 움직임을 의지대로 조절할 수 있다.

③ 동공의 크기를 조절하는 반응과 중추가 같다.

④ 반대 쪽 다리를 이용해 실험을 하여도 같은 결과가 나온다.

⑤ 반응의 경로는 감각 기관 → 운동 신경 → 감각 신경 → 반응 기관 순이다.

20 다음 중 위의 반응과 중추가 같은 것은?

① 먼지가 많아 기침을 했다.

② 음식을 먹을 때 침이 분비된다.

③ 슬픈 영화를 봤을 때 눈물이 나온다.

④ 마라톤 선수들이 총소리를 듣고 출발했다.

⑤ 뜨거운 물체를 만지면 자신도 모르게 재빨리 손을 뗀다.

21 오른쪽 그림은 잎에 붙어 있는 사마귀를 보고 깜짝 놀라는 모습을 나타낸 것이다. 깜짝 놀랐을 때 작용하는 자율 신경의 종류를 쓰고, 이때 나타날 수 있는 신체 반응에 대해 서술하시오.

22 다음은 무조건 반사에 대한 설명이다.

• 무조건 반사는 ⓐ대뇌가 관여하지 않고 ⓑ무의식적으로 일어나는 반응을 의미한다. 의식적 반응보다 ⓒ느리게 일어나므로 위급한 상황에서 몸을 보호하는 데 중요한 역할을 한다.
• 무조건 반사는 중추에 따라 척수 반사, ⓓ연수 반사, 중간뇌 반사로 나눌 수 있다.

ⓐ~ⓓ 중 틀린 부분을 찾아 기호로 쓰고, 옳게 고치시오.

23 그림은 자극의 전달 경로를 나타낸 것이다.

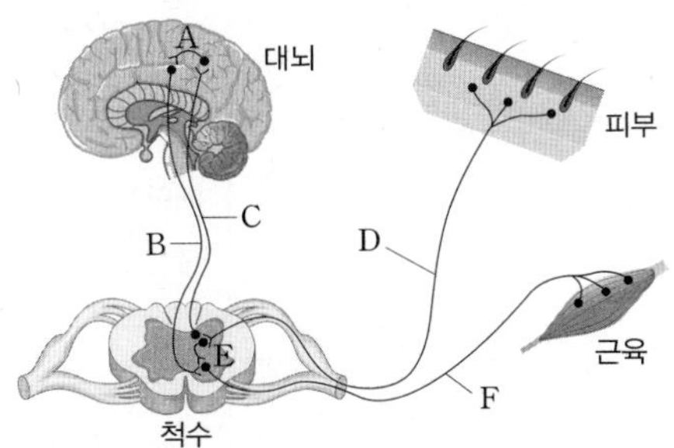

뜨거운 물에 손이 닿았을 때 자신도 모르게 재빨리 손을 뗄 때는 반응의 경로와 반응의 중추를 쓰시오.

(1) 반응의 경로 : (   )

(2) 반응의 중추 : (   )

1 호르몬

(1) 호르몬 : ❶(　　　　　　　　)에서 분비되어 우리 몸의 생리 작용을 조절하는 화학 물질이다.

(2) 호르몬과 신경의 작용

구분	전달 매체	전달 속도	작용 범위	효과의 지속성
❷(　　　)	혈액	느리다.	넓다.	지속적
❸(　　　)	뉴런	빠르다.	좁다.	일시적

2 사람의 내분비계

(1) 사람의 내분비샘과 호르몬

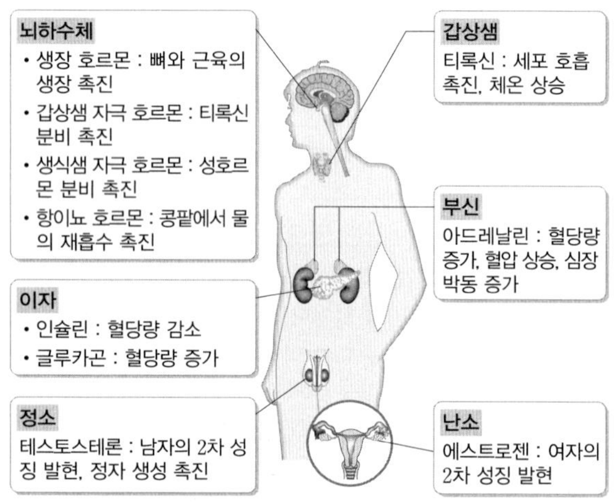

(2) 호르몬의 과다증과 결핍증

호르몬	과다증과 결핍증		증상
생장 호르몬	과다	거인증	키가 정상인에 비해 매우 크다.
		말단 비대증	몸의 말단이 커지거나 두꺼워진다.
	결핍	소인증	키가 정상인에 비해 매우 작다.
❹(　　　)	과다	갑상샘 기능 항진증	맥박이 빨라지고, 눈이 돌출되며, 체중이 감소한다.
	결핍	갑상샘 기능 저하증	추위를 잘 타고 체중이 증가한다.
인슐린	결핍	당뇨병	혈당량이 높아져 포도당이 오줌에 섞여 나온다.

3 항상성

(1) 항상성 : 외부 환경 변화에 대응하여 몸속 상태(체온, 혈당량, 몸속 수분량)를 일정하게 유지하려는 성질

① 항상성 조절 중추는 ❺(　　　　　　)이다.

② 호르몬과 신경의 작용에 의해 조절된다.

(2) 체온 조절

❻(　　　) 때	열 발생량 증가 : 티록신 분비량 증가로 세포 호흡 촉진, 근육 떨림
	열 방출량 감소 : 자율 신경계에 의해 피부 근처 혈관 수축, 털 주변 근육 수축(털이 섬)
❼(　　　) 때	열 발생량 감소 : 티록신 분비량 감소로 세포 호흡 감소
	열 방출량 증가 : 피부 근처 혈관 확장, 털 주변 근육 이완(털이 누움), 땀이 남

(3) 혈당량 조절

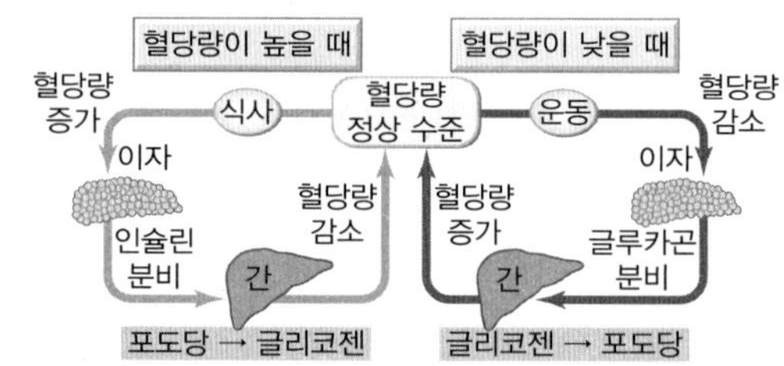

체내 혈당량이 높을 때	이자에서 ❽(　　　　) 분비 증가 → 조직 세포의 포도당 흡수 촉진, 간에서 포도당을 글리코젠으로 합성 촉진 → 혈당량 감소
체내 혈당량이 낮을 때	이자에서 ❾(　　　　) 분비 증가 → 간에서 글리코젠을 포도당으로 분해, 방출 촉진 → 혈당량 증가

(4) 몸속 수분량 조절

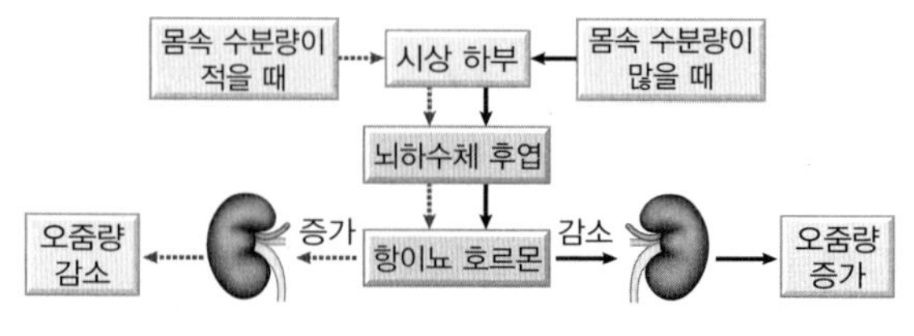

수분량이 적을 때	뇌하수체에서 항이뇨 호르몬 분비 증가 → 콩팥에서 물의 재흡수 촉진 → 오줌의 양 감소
수분량이 많을 때	뇌하수체에서 항이뇨 호르몬 분비 억제 → 콩팥에서 물의 재흡수 감소 → 오줌의 양 증가

쪽지 시험

03 호르몬

1 (　　　　　　　)은 내분비샘에서 혈액으로 분비되어 표적 세포나 표적 기관에 작용하는 화학 물질이다.

2 그림의 내분비샘 A에서 분비되는 호르몬을 모두 골라 ○표 하시오. (답 4개)

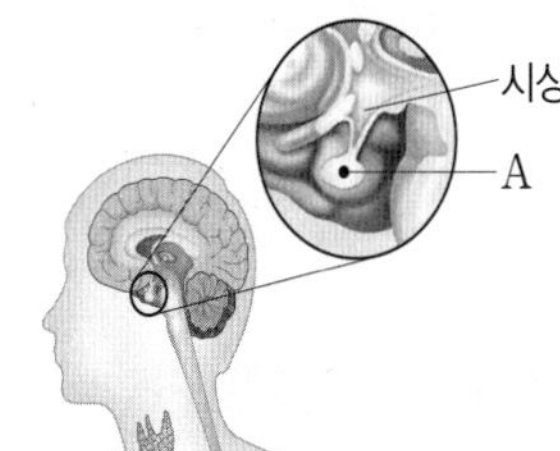

> 티록신, 인슐린, 글루카곤, 아드레날린, 에스트로젠,
> 테스토스테론, 항이뇨 호르몬, 생식샘 자극 호르몬,
> 생장 호르몬, 갑상샘 자극 호르몬

3 다음은 우리 몸에서 분비되는 여러 가지 호르몬의 기능을 나타낸 것이다. 각 호르몬이 분비되는 내분비샘을 쓰시오.

(1) 세포 호흡을 촉진한다. ··· (　　　　　)
(2) 몸의 생장을 촉진한다. ··· (　　　　　)
(3) 콩팥에서 물의 재흡수를 촉진한다. ·· (　　　　　)
(4) 심장 박동을 촉진하고 혈압을 상승하게 한다. ························ (　　　　　)

4 다음 현상과 관련 깊은 생물의 특성을 무엇이라고 하는지 쓰시오.

> • 신경과 호르몬에 의해 조절된다.
> • 외부 환경과 관계없이 체온, 혈당량, 몸속 수분량이 일정하게 유지된다.

5 다음은 혈당량 조절에 대한 설명이다. (　　　) 안에 들어갈 알맞은 호르몬을 쓰시오.

(1) 혈당량이 높을 때 : 이자에서 분비되는 혈당량 조절 호르몬은 (　　　　　　)이다.
(2) 혈당량이 낮을 때 : 이자에서 분비되는 혈당량 조절 호르몬은 (　　　　　　)이다.

6 다음은 우리 몸의 항상성을 위한 조절 과정이다. (　　　) 안에 들어갈 알맞은 말을 쓰시오.

(1) 추울 때 : 우리 몸에서 갑상샘 자극 호르몬의 분비가 증가하여 갑상샘에서 (　　　　　　) 분비가 촉진됨으로써 세포 호흡에 의한 열 발생량이 증가한다.
(2) 몸속 수분량이 많을 때 : 뇌하수체에서 (　　　　　　)의 분비가 감소하여 콩팥에서 물의 재흡수가 억제되고 오줌량이 증가한다.

실전 대비 예상 문제

01 호르몬의 특징으로 옳지 <u>않은</u> 것은?

① 내분비샘에서 분비된다.
② 혈액을 통해 온몸으로 이동한다.
③ 표적 기관이나 표적 세포에 작용한다.
④ 적은 양으로 우리 몸의 생리 작용을 조절한다.
⑤ 많은 양이 분비되더라도 우리 몸에 큰 이상이 생기지 않는다.

02 오른쪽 그림은 A에서 생성된 호르몬이 근육에 도달하기까지의 경로를 나타낸 것이다.
다음 중 A와 같이 호르몬을 분비하는 기관이 <u>아닌</u> 것은?

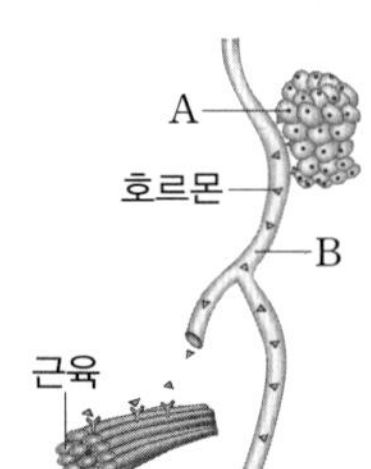

① 간
② 정소
③ 부신
④ 갑상샘
⑤ 뇌하수체

03 그림은 두 종류의 분비샘을 간단히 나타낸 것이다.

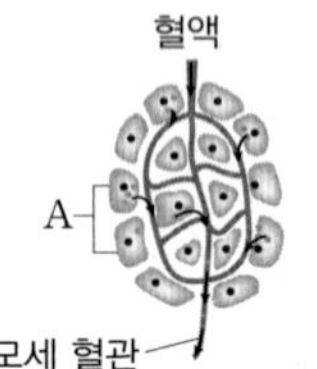

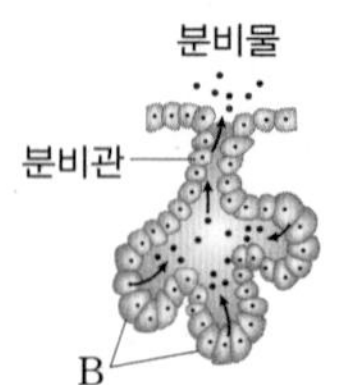

A와 B에 해당하는 분비샘을 옳게 짝 지은 것은?

	A	B
①	뇌하수체	갑상샘
②	갑상샘	눈물샘
③	소화샘	이자
④	침샘	부신
⑤	이자	정소

[04~06] 그림은 사람의 내분비샘을 나타낸 것이다.

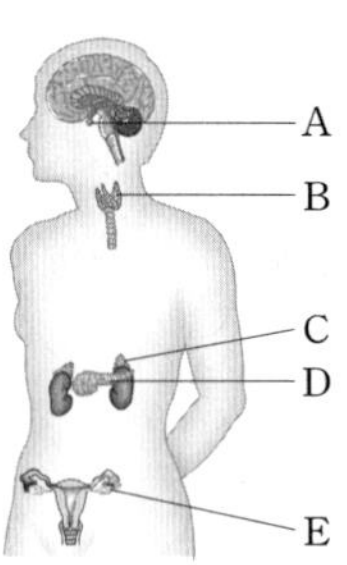

04 A~E에서 분비하는 호르몬을 옳게 짝 지은 것은?

① A : 티록신
② B : 갑상샘 자극 호르몬
③ C : 인슐린
④ D : 글루카곤
⑤ E : 테스토스테론

05 A~E 중 내분비샘과 외분비샘의 기능을 모두 갖는 곳은?

① A
② B
③ C
④ D
⑤ E

06 다음은 청소년기에 여자에서 나타나는 변화에 대한 설명이다.

- 가슴이 발달하고 골반이 커진다.
- 월경이 시작되고 난자가 성숙하여 생식 능력을 갖는다.

이러한 변화를 나타나게 하는 호르몬의 내분비샘과 이 호르몬을 옳게 짝 지은 것은?

① A : 갑상샘 자극 호르몬
② B : 항이뇨 호르몬
③ C : 아드레날린
④ D : 생식샘 자극 호르몬
⑤ E : 에스트로젠

07 그림은 우리 몸에서 항상성 조절을 위해 신호를 전달하는 2가지 방법을 나타낸 것이다.

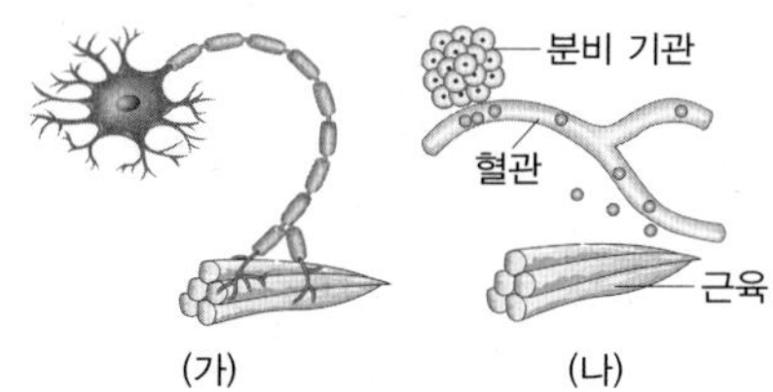

(가)와 (나)의 특징을 옳게 비교한 것은?

	구분	(가)	(나)
①	전달 매체	혈액	뉴런
②	효과 지속성	지속적	일시적
③	작용 범위	넓다	좁다
④	반응 속도	빠르다	느리다
⑤	반응의 특징	표적 기관에만 작용	한 방향으로만 신호 전달

08 뇌하수체에서 분비되는 호르몬에 해당하지 <u>않는</u> 것은?

① 인슐린
② 생장 호르몬
③ 항이뇨 호르몬
④ 생식샘 자극 호르몬
⑤ 갑상샘 자극 호르몬

09 부신에서 분비되는 호르몬과 그 기능을 옳게 짝 지은 것은?

① 인슐린 – 생장 촉진
② 티록신 – 세포 호흡 촉진
③ 항이뇨 호르몬 – 혈당량 증가
④ 아드레날린 – 혈당량 증가, 심장 박동 촉진
⑤ 아드레날린 – 콩팥에서 물의 재흡수 촉진

10 호르몬의 과다증이나 결핍증을 옳게 짝 지은 것은?

① 생장 호르몬 결핍증 – 거인증
② 생장 호르몬 과다증 – 말단 비대증
③ 티록신 결핍증 – 갑상샘 기능 항진증
④ 인슐린 결핍증 – 갑상샘 기능 저하증
⑤ 인슐린 과다증 – 당뇨병

11 다른 내분비샘의 호르몬 분비를 촉진하는 호르몬을 〈보기〉에서 모두 고른 것은?

보기
ㄱ. 글루카곤 ㄴ. 테스토스테론
ㄷ. 항이뇨 호르몬 ㄹ. 갑상샘 자극 호르몬
ㅁ. 생식샘 자극 호르몬

① ㄱ, ㄴ ② ㄴ, ㄷ ③ ㄹ, ㅁ
④ ㄱ, ㄴ, ㄷ ⑤ ㄷ, ㄹ, ㅁ

12 그림은 식사 후와 운동 후 건강한 사람의 혈당량 변화를 나타낸 것이다.

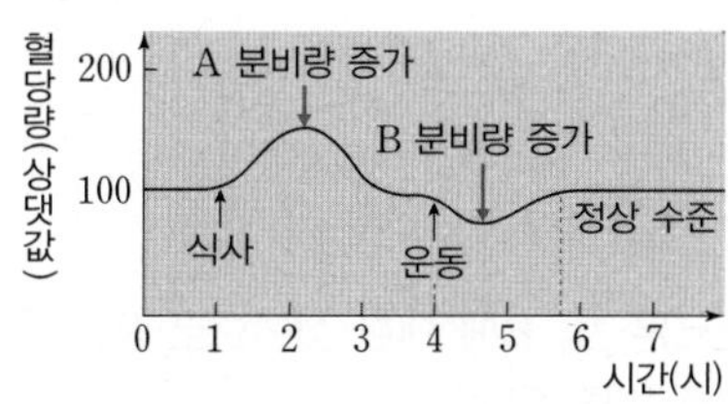

호르몬 A, B에 해당하는 것을 옳게 짝 지은 것은?

	A	B
①	티록신	아드레날린
②	글루카곤	인슐린
③	인슐린	글루카곤
④	인슐린	티록신
⑤	글루카곤	티록신

13 다음과 같은 생물의 특성을 무엇이라고 하는지 쓰고, 이러한 특성을 조절하는 중추가 어디인지 쓰시오.

> • 우리 몸의 체온은 약 36.5 ℃로 유지된다.
> • 사람의 혈당량은 약 0.1 %로 유지된다.
> • 물을 많이 마시면 오줌의 양이 늘어난다.

(　　　　　　　)

[14~15] 그림은 혈당량 조절과 관련된 호르몬 A, B의 작용을 나타낸 것이다.

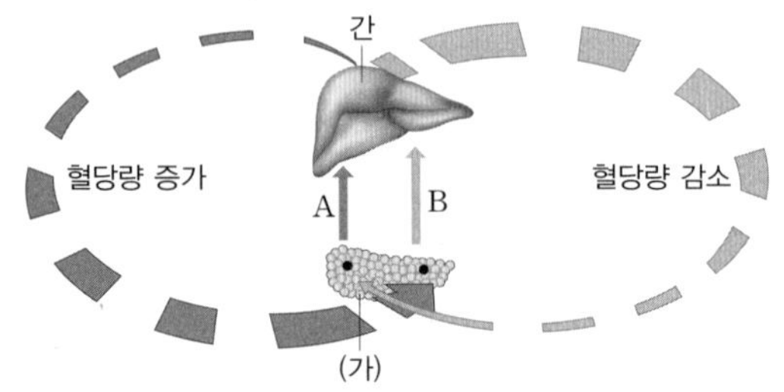

14 호르몬 A, B를 분비하는 내분비샘 (가)의 명칭은?

① 뇌하수체　　② 갑상샘　　③ 이자
④ 부신　　　　⑤ 정소

15 호르몬 A, B에 대한 설명으로 옳은 것을 〈보기〉에서 모두 고른 것은?

┌── 보기 ──
ㄱ. A는 글루카곤, B는 인슐린이다.
ㄴ. A는 간에서 포도당을 글리코젠으로 전환한다.
ㄷ. B는 조직 세포의 포도당 흡수를 촉진하여 혈당량을 낮춘다.

① ㄱ　　　　② ㄴ　　　　③ ㄷ
④ ㄱ, ㄷ　　⑤ ㄴ, ㄷ

16 다음은 어떤 호르몬과 관련된 질병에 대한 설명이다.

> 이 환자는 오줌량이 많아 오줌을 자주 누기 때문에 심한 갈증을 느끼며, 포도당이 오줌으로 배출되므로 음식을 많이 섭취해도 몸무게가 감소하고 피로를 자주 느낀다. 이 병은 치료를 하지 않을 경우 심장 및 콩팥 질환, 실명 등과 같은 합병증이 생길 수 있다.

이 환자의 치료에 사용해야 할 호르몬은?

① 티록신　　　　② 인슐린　　　　③ 생장 호르몬
④ 테스토스테론　⑤ 갑상샘 자극 호르몬

[17~18] 그림은 추울 때 우리 몸에서 일어나는 변화를 나타낸 것이다.

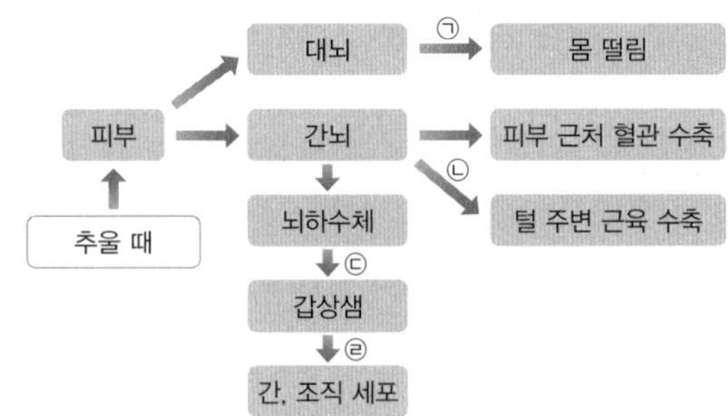

17 ㉠~㉣에서 신경계와 호르몬이 작용하는 과정을 각각 옳게 짝 지은 것은?

	신경계	호르몬
①	㉠	㉡, ㉢, ㉣
②	㉠, ㉡	㉢, ㉣
③	㉢, ㉣	㉠, ㉡
④	㉡	㉠, ㉢, ㉣
⑤	㉡, ㉢, ㉣	㉠

18 이 자료에 대한 설명으로 옳은 것은?

① 체온 조절의 중추는 대뇌이다.
② 몸을 떨면 열 발생량이 감소한다.
③ 티록신 분비가 촉진되면 열 방출량이 증가한다.
④ 털 주변의 근육이 수축하면 열 방출량이 감소한다.
⑤ 추울 때 뇌하수체에서 갑상샘 자극 호르몬의 분비가 억제된다.

19 그림은 주변 온도 변화에 따른 피부 모세 혈관의 변화를 나타낸 것이다.

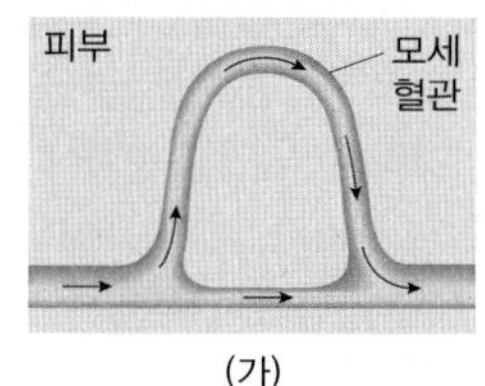
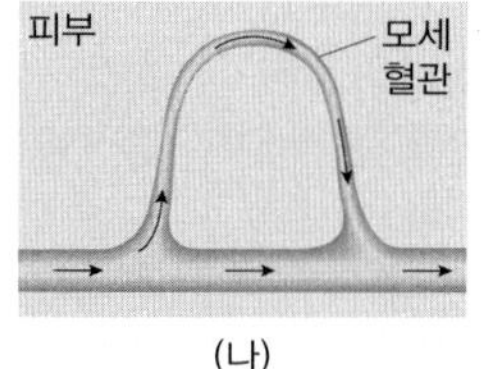

이 자료에 대한 설명으로 옳은 것은?

① (가)는 추울 때, (나)는 더울 때이다.
② (가)는 (나)에 비해 열 방출량이 많다.
③ (가)는 (나)에 비해 열 발생량이 많다.
④ (가)는 (나)에 비해 모세 혈관이 수축되었다.
⑤ (가)는 (나)에 비해 피부 모세 혈관으로 흐르는 혈액의 양이 적다.

[20~21] 그림은 우리 몸속 수분량을 조절하는 과정을 나타낸 것이다.

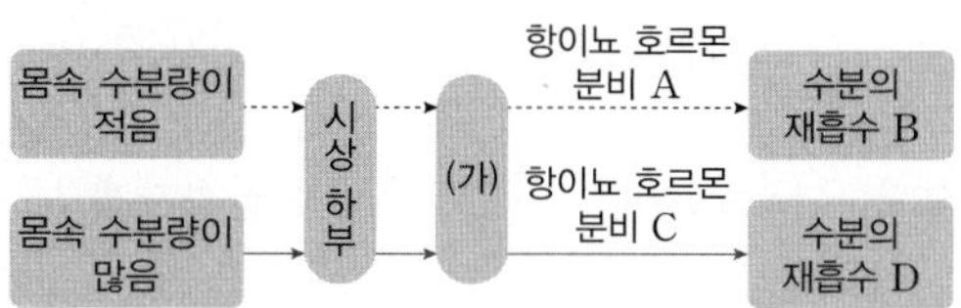

20 항이뇨 호르몬을 분비하는 내분비샘 (가)로 옳은 것은?

① 이자　② 부신　③ 정소
④ 갑상샘　⑤ 뇌하수체

21 A~D에 해당하는 말을 옳게 짝 지은 것은?

	A	B	C	D
①	촉진	증가	촉진	증가
②	촉진	증가	억제	감소
③	촉진	감소	억제	감소
④	억제	감소	촉진	증가
⑤	억제	증가	억제	증가

22 이자에서 분비되는 혈당량 조절 호르몬의 종류를 모두 쓰고, 이 호르몬의 기능에 대해 서술하시오.

____

____

____

23 그림은 추울 때 체온이 조절되는 과정을 나타낸 것이다.

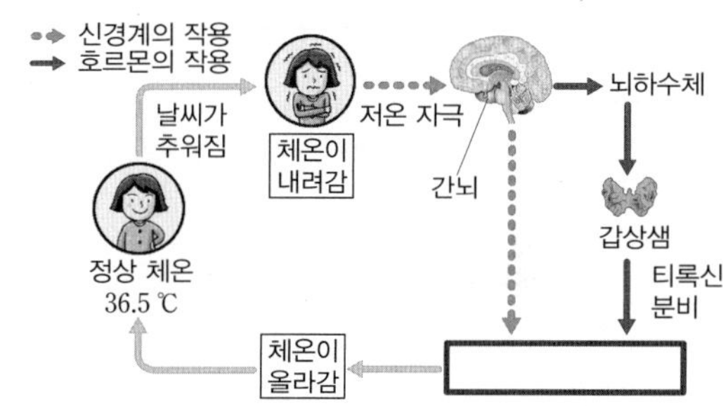

A. 피부 근처의 혈관이 (㉠)하여 몸 밖으로 방출되는 열이 (㉡)한다.
B. 몸을 떨리게 하여 열을 발생시킨다.
C. _______________________

(1) ㉠과 ㉡에 들어갈 알맞은 말을 쓰시오.

____

(2) C의 내용을 티록신의 분비와 관련지어 서술하시오.

____

____

24 친구들과 함께 운동장에서 신나게 뛰어놀던 수호는 덥고 땀이 많이 나서 물을 많이 마셨지만 소변은 한 동안 마렵지 않았다. 그 까닭을 항이뇨 호르몬과 관련지어 서술하시오.

____

____

____

질량 보존 법칙

화학 반응이 일어날 때 반응 전후에 전체 물질의 질량은 변하지 않고 일정하다.

앙금 생성 반응에서 질량 변화	기체 발생 반응에서 질량 변화	연소 반응에서 질량 변화
닫힌 공간과 열린 공간에 관계없이 반응 전후 전체 물질의 질량은 일정하다.	반응 전후 전체 물질의 질량은 닫힌 공간에서는 일정하지만, 열린 공간에서는 기체가 발생하여 빠져나가므로 전체 물질의 질량이 감소한다.	반응 전후 전체 물질의 질량은 닫힌 공간에서는 일정하지만, 열린 공간에서는 공기 중의 산소와 결합하므로 전체 물질의 질량이 증가한다.

일정 성분비 법칙

화합물을 구성하는 성분 원소 사이에는 일정한 질량비가 성립한다.

산화 구리(Ⅱ) 생성 반응에서 질량비	산화 마그네슘 생성 반응에서 질량비
구리를 가열하면 구리와 공기 중의 산소가 일정한 질량비로 반응하여 산화 구리(Ⅱ)가 생성된다. ➡ 구리 : 산소 : 산화 구리(Ⅱ)=4 : 1 : 5	마그네슘을 가열하면 마그네슘과 공기 중의 산소가 일정한 질량비로 반응하여 산화 마그네슘이 생성된다. ➡ 마그네슘 : 산소 : 산화 마그네슘=3 : 2 : 5

기체 반응 법칙

일정한 온도와 압력에서 기체가 반응하여 새로운 기체를 생성할 때 각 기체의 부피 사이에는 간단한 정수비가 성립한다.

> 화학 반응식의 계수비 = 기체의 분자 수의 비 = 기체의 부피비

질량 보존 법칙

1　화학 반응 전후 ⑴ (　　　　　　　)의 종류와 개수는 변하지 않으므로 ⑵ (　　　　　　　)이 일정하게 보존된다.

일정 성분비 법칙

2　오른쪽 그림은 구리와 산소가 반응하여 산화 구리(Ⅱ)가 생성될 때의 질량 관계를 나타낸 것이다.

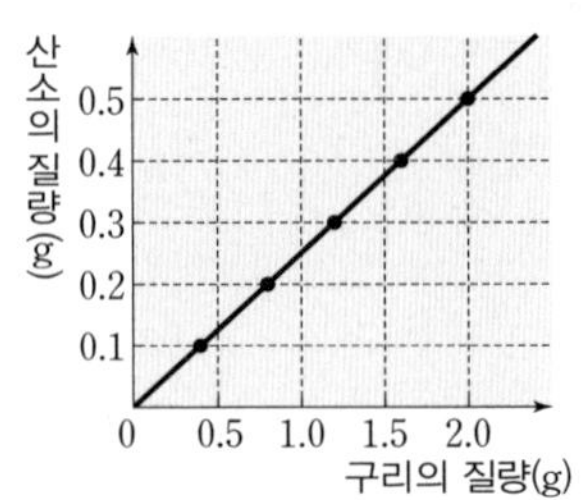

　⑴ 산화 구리(Ⅱ) 생성 반응에서 질량비는 구리 : 산소 : 산화 구리(Ⅱ)
　　=(　　　　　) : (　　　　　) : (　　　　　)이다.

　⑵ 구리 28 g을 완전히 반응시켜 얻을 수 있는 산화 구리(Ⅱ)의 질량은
　　질량비가 구리 : 산화 구리(Ⅱ)=(　　　　　) : (　　　　　)이므로
　　(　　　　　) g이다.

기체 반응 법칙

3　질소 기체 10 mL를 완전히 반응시켜 암모니아 기체를 얻기 위해 필요한 수소 기체의 최소 부피를 구하시오. (단, 반응 전후의 온도와 압력은 같다.)

4　수소 기체 20 mL와 산소 기체 20 mL가 완전히 반응하여 수증기가 생성될 때 반응하지 않고 남은 기체의 종류와 부피를 구하시오. (단, 반응 전후의 온도와 압력은 같다.)

정답 및 해설 **66**쪽

포화 수증기량 곡선

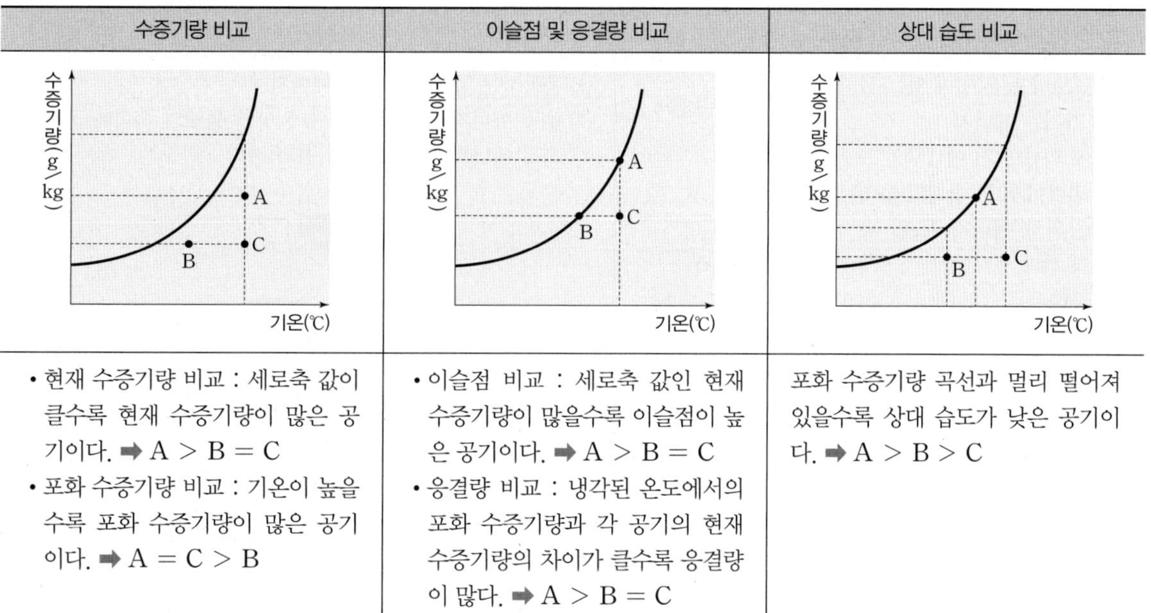

수증기량 비교	이슬점 및 응결량 비교	상대 습도 비교
• 현재 수증기량 비교 : 세로축 값이 클수록 현재 수증기량이 많은 공기이다. ➡ A > B = C • 포화 수증기량 비교 : 기온이 높을수록 포화 수증기량이 많은 공기이다. ➡ A = C > B	• 이슬점 비교 : 세로축 값인 현재 수증기량이 많을수록 이슬점이 높은 공기이다. ➡ A > B = C • 응결량 비교 : 냉각된 온도에서의 포화 수증기량과 각 공기의 현재 수증기량의 차이가 클수록 응결량이 많다. ➡ A > B = C	포화 수증기량 곡선과 멀리 떨어져 있을수록 상대 습도가 낮은 공기이다. ➡ A > B > C

ⓒ 수증기량, 이슬점, 응결량, 상대 습도 비교

[1~9] 오른쪽 그림은 기온에 따른 포화 수증기량 곡선을 나타낸 것이다. A~E 공기에 대한 물음에 답하시오.

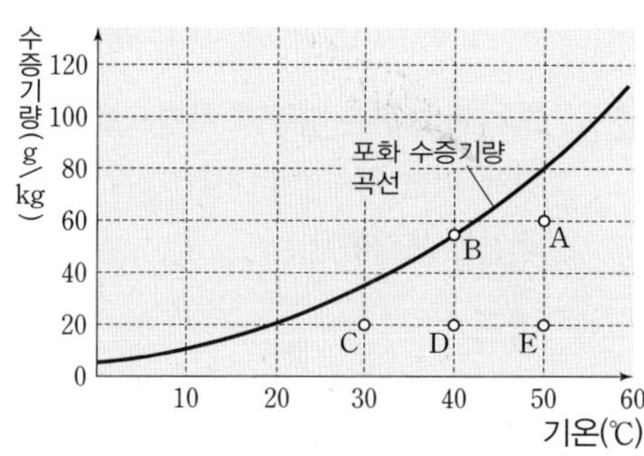

1　현재 수증기량이 가장 큰 공기를 쓰시오.

2　현재 수증기량이 같은 공기와 그 값을 쓰시오.

3　포화 수증기량이 가장 작은 공기를 쓰시오.

4　포화 수증기량의 크기를 부등호로 비교하시오.

5　이슬점이 가장 높은 공기를 쓰시오.

6　이슬점이 같은 공기와 그 값을 쓰시오.

7　10 ℃까지 냉각시킬 때 응결량이 가장 큰 공기를 쓰시오.

8　상대 습도가 가장 높은 공기를 쓰시오.

9　상대 습도가 가장 낮은 공기를 쓰시오.

정답 및 해설 66쪽

중력에 의한 위치 에너지와 운동 에너지

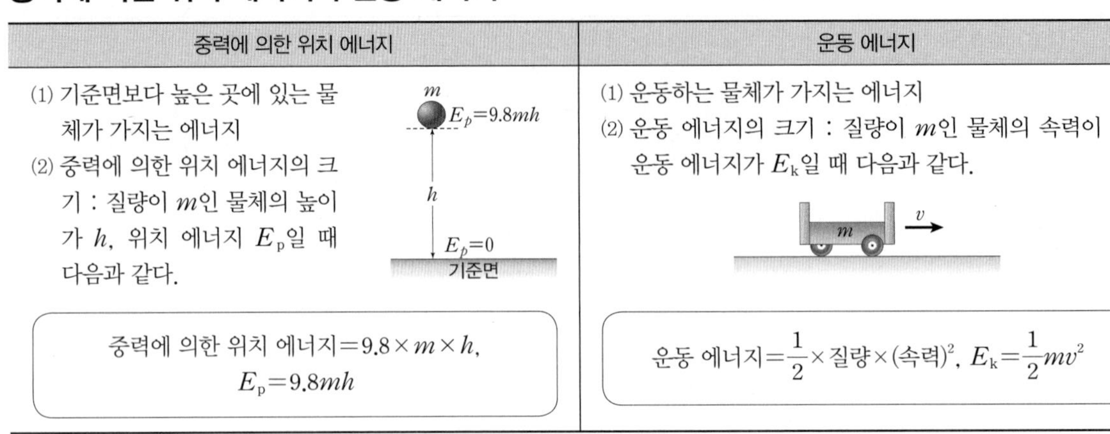

중력에 의한 위치 에너지	운동 에너지
(1) 기준면보다 높은 곳에 있는 물체가 가지는 에너지 (2) 중력에 의한 위치 에너지의 크기 : 질량이 m인 물체의 높이가 h, 위치 에너지 E_p일 때 다음과 같다.	(1) 운동하는 물체가 가지는 에너지 (2) 운동 에너지의 크기 : 질량이 m인 물체의 속력이 v, 운동 에너지가 E_k일 때 다음과 같다.
중력에 의한 위치 에너지 $=9.8\times m\times h$, $E_\mathrm{p}=9.8mh$	운동 에너지 $=\dfrac{1}{2}\times$질량$\times($속력$)^2$, $E_\mathrm{k}=\dfrac{1}{2}mv^2$

C　중력에 의한 위치 에너지와 운동 에너지 계산하기

1 오른쪽 그림과 같이 질량이 10 kg인 물체가 기준면으로부터 높이 2 m에 있다. 물체가 가지는 중력에 의한 위치 에너지를 구하시오.　　　　　　　　　　　（　　　　　　　）

2 오른쪽 그림은 질량과 지면으로부터 높이가 다른 두 공을 나타낸 것이다. A, B의 중력에 의한 위치 에너지를 각각 E_A, E_B라고 할 때, $E_\mathrm{A}:E_\mathrm{B}$를 구하시오. (단, 공의 크기는 무시한다.)

　　　　　　　　　　　　　　　（　　　　　　　）

3 오른쪽 그림과 같이 옥상에 공이 놓여 있다. 지면을 기준으로 했을 때 공의 중력에 의한 위치 에너지($E_\mathrm{p지}$)와 베란다를 기준으로 했을 때 공의 중력에 의한 위치 에너지($E_\mathrm{p베}$)의 비($E_\mathrm{p지}:E_\mathrm{p베}$)를 구하시오.
　　　　　　　　　　（　　　　　　　）

4 질량이 4 kg인 물체가 5 m/s의 속력으로 운동할 때 운동 에너지를 구하시오.

　　　　　　　　　　　　　　　　　　　（　　　　　　　）

5 질량이 8 kg인 물체의 운동 에너지가 16 J일 때, 물체의 속력이 몇 m/s인지 구하시오.

　　　　　　　　　　　　　　　　　　　（　　　　　　　）

6 운동하는 물체의 질량과 속력이 각각 처음의 3배로 증가하면 운동 에너지는 몇 배 증가하는지 구하시오.

　　　　　　　　　　　　　　　　　　　（　　　　　　　）

정답 및 해설 66쪽

눈의 구조와 기능

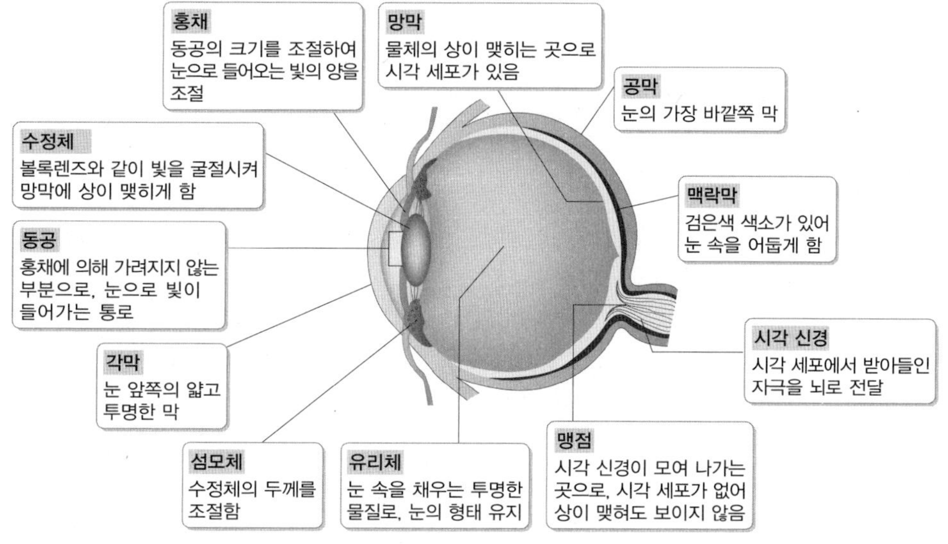

C 눈의 구조와 기능 암기하기

[1~2] 그림은 사람 눈의 구조를 나타낸 것이다. 물음에 답하시오.

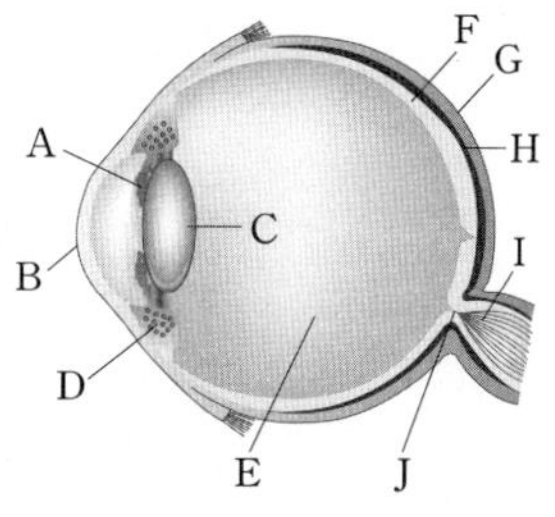

1 A~J의 이름을 쓰고 각 기능을 선으로 연결하시오.

(1) A(   ) •　　　　• ㉠ 눈의 가장 바깥쪽 막

(2) B(   ) •　　　　• ㉡ 수정체의 두께를 조절함

(3) C(   ) •　　　　• ㉢ 눈 앞쪽의 얇고 투명한 막

(4) D(   ) •　　　　• ㉣ 검은색 색소가 있어 눈 속을 어둡게 함

(5) E(   ) •　　　　• ㉤ 시각 세포가 없어 상이 맺혀도 보이지 않음

(6) F(   ) •　　　　• ㉥ 물체의 상이 맺히는 곳으로, 시각 세포가 있음

(7) G(   ) •　　　　• ㉦ 시각 세포에서 받아들인 자극을 뇌로 전달함

(8) H(   ) •　　　　• ㉧ 눈 속을 채우는 투명한 물질로, 눈의 형태를 유지함

(9) I (   ) •　　　　• ㉨ 볼록렌즈와 같이 빛을 굴절시켜 망막에 상이 맺히게 함

(10) J (   ) •　　　　• ㉩ 동공의 크기를 변화시켜 눈으로 들어오는 빛의 양을 조절함

2 시각의 성립 경로를 기호로 이용하여 쓰시오.

BON.본

BON 본

본교재

1 개념 정리

교과서의 주요 개념과 시험에 자주 나오는 내용을 다양한 시각 자료와 함께 정리

- **개념 바로 확인** — 학습한 개념을 바로 확인할 수 있는 문제로 구성
- **초성 확인 문제** — 주요 핵심 용어를 알고 있는지 확인할 수 있음

2 개념 확장&이해

- **기출 최다 탐구** — 시험에 자주 출제되는 주요 탐구를 과정부터 결과까지 집중적으로 분석
- **더 알아보기** — 개념 정리만으로 이해하기 어려운 내용을 쉽고 자세하게 설명
- **기출 분석 다지선다** — 실제로 출제된 학교시험지를 심도 있게 분석하여 시험에 출제될 수 있는 다양한 선택지를 제시

3 실전 문제

- **학교 시험 변형 문제** — 족보닷컴에서 제공하는 학교시험지를 빈도별, 유형별로 분석하여 시험에 출제될 가능성이 높은 문제로 구성
- **단원 확인 문제** — 대단원을 마무리하는 실전 문제로 최종 점검

시험 대비 교재

1 기본 개념 확인

- **핵심 내용 정리** — 시험 직전 단원별 핵심 개념을 다시 한 번 확인
- **쪽지 시험** — 간단한 테스트를 통해 배운 내용을 확실히 알고 있는지 점검

2 실전 점검

- **실전 대비 예상 문제** — 다양한 예상 문제를 통해 학교시험을 완벽하게 대비
- **알면 쉽고 모르면 틀리는 문제** — 암기가 필요하거나 연습이 필요한 문제를 제시

족보닷컴과 함께하는
BON 본

정답 및 해설
중등 과학
3-1

I. 화학 반응의 규칙과 에너지 변화

01 물질 변화와 화학 반응식

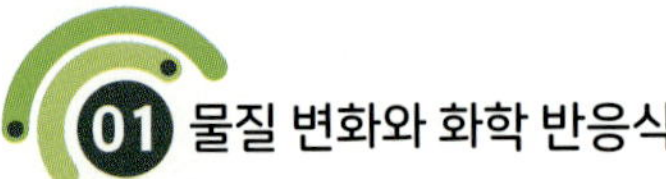

개념 바로 확인 본교재 **11쪽, 13쪽**

초성 확인문제

01 성질, 성질 **02** 분자, 원자 **03** 종류, 개수, 질량
04 물리, 화학 **05** 반응물, 생성물 **06** 계수비
07 분자, 원자 **08** 원자

01 (1) 물리 (2) 물리 (3) 화학 (4) 화학 (5) 물리 (6) 화학 (7) 물리 **02** (1) × (2) × (3) ○ (4) ○ (5) ○ **03** ㄱ, ㄴ, ㅁ **04** (1) ○ (2) × (3) × (4) ○ **05** (1) ○ (2) × (3) ○ (4) × **06** $N_2 + 3H_2 \longrightarrow 2NH_3$ **07** (1) 2 (2) 수소 분자(H_2) 2개, 산소 분자(O_2) 1개 (3) 물 분자(H_2O) 2개 (4) 수소(H_2) : 산소(O_2) : 물(H_2O) = 2 : 1 : 2 **08** ㄱ, ㄷ, ㄹ

02 (3), (4) 화학 변화가 일어날 때 원자의 배열이 달라지며, 빛과 열이 발생하거나 앙금이 생성되거나 기체가 발생하거나 색깔, 냄새, 맛 등의 변화가 일어난다.
오답 피하기 (1) 물질의 고유한 성질은 변하지 않으면서 모양이나 크기, 상태 등의 겉모습이 변하는 현상은 물리 변화이다.
(2) 물리 변화가 일어날 때 분자의 종류는 변하지 않는다.

03 화학 변화가 일어날 때 원자의 배열이 달라져 분자의 종류, 물질의 성질은 변하지만 원자의 종류와 개수, 크기, 물질의 전체 질량 등은 변하지 않는다.

04 (1) (가)는 물이 수증기로 상태 변화(기화)하는 물리 변화, (나)는 물의 전기 분해에 의해 물질의 성질이 변하는 화학 변화에 해당한다.
(4) 젖은 빨래가 마르는 것은 물리 변화이므로 (가)에 해당한다.
오답 피하기 (2) (가)와 (나) 중 물질의 성질이 변하지 않는 변화는 물리 변화인 (가)이다.
(3) 물의 전기 분해는 물이 수소와 산소로 분해되어 물질의 성질이 변하는 화학 변화이다. 따라서 (나)가 물의 전기 분해에 의해 나타난다.

05 화학 반응식을 나타낼 때 화살표의 왼쪽에 반응물을, 오른쪽에 생성물을 적는다. 화학 반응식에서 계수는 가장 간단한 정수비로 나타내며, 1인 경우에는 생략한다.

07 화학 반응식에서 반응물과 생성물의 계수비는 분자 수의 비와 같으므로 $2H_2 + O_2 \longrightarrow 2H_2O$ 반응에서 분자 수의 비는 수소 : 산소 : 물 = 2 : 1 : 2이다.

08 화학 반응식으로부터 알 수 있는 것은 반응물과 생성물의 종류, 반응물과 생성물을 이루는 분자의 종류와 개수, 반응물과 생성물을 이루는 원자의 종류와 개수, 분자(입자) 수의 비 등이다.

A to Z 기출 분석 다지선다 본교재 **14쪽**

01 ②, ⑥, ⑧ **02** ②, ③, ⑤

01 ② 석회수에 입김을 불어 넣었을 때 석회수가 뿌옇게 흐려지는 까닭은 앙금(탄산 칼슘)이 생성되었기 때문이다.
⑥ 가을이 되면 단풍잎이 붉은색으로 변하는 것은 화학 변화의 예이다.
⑧ 물리 변화와 화학 변화에서 모두 원자의 종류와 개수는 변하지 않는다.
오답 피하기 ① (가)는 설탕의 용해로 물리 변화이고, (다)는 고체가 기체로 상태 변화(승화)하는 물리 변화이다.
③ 물의 전기 분해를 화학 반응식으로 나타내면 $2H_2O \longrightarrow 2H_2 + O_2$이다.
④ 물에 황산 구리(Ⅱ)를 녹이면 수용액이 푸른색으로 변한다.
⑤ 양초가 빛과 열을 내면서 타는 연소 반응은 화학 변화이므로 원자의 배열이 변한다.
⑦ 달걀이 익으면 성질이 변하므로 익기 전과 후의 달걀의 성질이 다르다.

02 ② (가)의 화학 반응식의 계수를 맞추면 $a=2$, $b=2$이므로 $a+b=4$이다.
③ (가)에서 반응물은 메테인과 산소, 생성물은 이산화 탄소와 물(수증기)이다.
⑤ (나)의 화학 반응식의 계수를 맞추면 $c=3$이므로 전체 분자의 개수는 반응 전이 4개, 반응 후가 2개로 같지 않다.
오답 피하기 ① (가)는 메테인(CH_4)과 산소가 반응하므로 메테인의 연소 반응이다.
④ 연소 반응이 일어날 때 빛과 열이 발생한다.
⑥ (나)에서 $c=3$이고, 화학 반응식에서 계수비는 분자 수의 비와 같으므로 질소와 수소는 1 : 3의 분자 수의 비로 반응한다.
⑦ (다)의 화학 반응식의 계수를 맞추면 $d=2$, $e=1$이므로 $\dfrac{d+e}{c} = \dfrac{2+1}{3} = 1$이다.
⑧ (다)는 금속 마그네슘(Mg)과 묽은 염산(HCl)이 반응하여 염화 마그네슘($MgCl_2$)과 수소(H_2) 기체를 생성하는 반응이다.
⑨ 화학 반응이 일어날 때 반응 전후 원자의 개수는 일정하므로 (가)~(다) 각각에서 반응 전후 전체 원자의 개수는 같다.

01 ⑤	**02** ③	**03** ①	**04** ④	**05** ⑤	**06** ③	**07** ①
08 ④	**09** ⑤	**10** ③	**11** ②	**12** ④	**13** ④	**14** ④
15 ③	**16** ⑤	**17** ②	**18** 25개			

19 (1) (가) : 물리 변화, (나) : 화학 변화 (2) (가)는 분자의 배열만 달라지고 분자의 종류는 변하지 않았으므로 물리 변화이고, (나)는 원자의 배열이 달라져 분자의 종류가 변했으므로 화학 변화이다. **20** (1) ⓒ (2) 화학 변화가 일어나면 물질의 성질이 변하게 되는데, ⓒ에서 액체 설탕을 오랜 시간 더 가열했을 때 설탕의 색깔, 냄새, 맛 등의 변화가 나타났기 때문이다. **21** (1) (가), (나) (2) 화학 변화, (다)에서 전류가 흐르지 않는 것은 물질의 성질이 변했기 때문이다. **22** (1) $N_2 + 3H_2 \longrightarrow 2NH_3$ (2) 300개, 화학 반응식에서 계수비는 반응물과 생성물의 분자 수의 비와 같으므로 분자 수의 비는 질소 : 수소 : 암모니아 $=1:3:2$이다. 따라서 질소 분자 150개가 충분한 양의 수소와 완전히 반응하여 생성되는 암모니아의 최대 개수는 300개이다.

01 ⑤ 물리 변화에서 물질의 성질은 변하지 않고 모양이나 상태가 달라진다.

오답 피하기 ① 화학 변화가 일어날 때, 물질이 처음과 성질이 전혀 다른 새로운 물질로 변한다.
② 빛과 열이 발생하는 것은 화학 변화가 일어날 때 나타나는 현상 중 하나이다.
③ 물리 변화와 화학 변화가 일어날 때 원자의 개수는 일정하다.
④ 물리 변화가 일어날 때 분자의 배열이 달라진다.

02 제시된 현상들은 화학 변화의 예이다. 화학 변화는 물질의 성질이 변하고, 물리 변화는 물질의 성질이 변하지 않는다.
ㄱ, ㄴ. 화학 변화가 일어날 때 반응 전후 원자의 종류와 개수는 변하지 않지만 원자의 배열이 달라져 분자의 종류가 변한다.
오답 피하기 ㄷ. 화학 변화가 일어나면 물질의 성질이 달라진다.

03 물리 변화와 화학 변화에서 반응 전후에 공통적으로 변하지 않는 것은 원자의 종류, 원자의 개수, 물질의 전체 질량이다.

04 화학 변화가 일어날 때 물질이 처음과 성질이 전혀 다른 새로운 물질로 변하며, 빛과 열이 발생하거나 앙금이 생성되거나 기체가 발생하거나 색깔, 냄새, 맛 등의 변화가 일어난다. 물리 변화가 일어날 때 분자의 배열만 변하고, 물질의 성질은 변하지 않는다.
④ 가을이 되면 단풍잎이 붉은색으로 변하는 것은 화학 변화의 예이다.
오답 피하기 ①, ②, ③ 상태가 변하는 물리 변화의 예이다.
⑤ 모양이 변하는 물리 변화의 예이다.

05 (가)는 물이 수증기로 상태 변화(기화)하는 물리 변화이고, (나)는 물이 수소와 산소로 분해되는 화학 변화이다.
⑤ (가)와 (나)에서 모두 반응 전후 원자의 개수는 변하지 않는다.

오답 피하기 ① (가)는 물리 변화이다.
② 물리 변화가 일어날 때 분자의 배열이 달라진다.
③, ④ 화학 변화가 일어날 때 원자의 배열이 달라져 새로운 분자가 생성된다.

06 마그네슘 리본을 구부리거나 자르는 것은 모두 물질의 성질이 변하지 않는 물리 변화이고, 마그네슘 리본을 태우는 것은 물질의 성질이 변하는 화학 변화이다.
③ 마그네슘 리본을 태운 재는 화학 변화가 일어난 것이므로 마그네슘 리본과 다른 성질을 갖는다.
오답 피하기 ①, ② 구부린 마그네슘 리본은 모양 변화만 있을 뿐 마그네슘 리본과 성질이 같으므로 ㉠은 '기체가 발생함'이다.
④ 마그네슘 리본과 마그네슘 리본을 태운 재는 서로 다른 물질이므로 각 물질의 원자의 배열이 서로 다르다.
⑤ 마그네슘 리본을 자르면 모양 변화만 있을 뿐 마그네슘 리본과 성질이 같으므로 묽은 염산을 떨어뜨리면 기체가 발생한다.

07 ㄱ. 물에 설탕이 녹는 현상은 용해로, 물리 변화이다.
오답 피하기 ㄴ. 용해는 물리 변화이므로 물질을 이루는 원자의 배열은 변하지 않는다.
ㄷ. 설탕 수용액의 전체 질량은 설탕이 물에 용해되기 전과 용해된 후가 같다.

08 A, B. 메테인의 연소 반응은 메테인이 산소와 반응하여 빛과 열이 발생하면서 이산화 탄소와 물(수증기)을 생성하는 화학 변화이다.
오답 피하기 C. 공기 중의 드라이아이스가 작아지는 현상은 상태 변화로, 물리 변화의 예이다.

09 반응 전후 원자의 종류와 개수는 변하지 않으므로 화살표를 기준으로 왼쪽과 오른쪽의 원자의 종류와 개수가 같아야 한다.
⑤ $2Cu + O_2 \longrightarrow 2CuO$은 반응 전후 Cu 원자가 2개, O 원자가 2개로 일정하다.
오답 피하기 ① $2H_2 + O_2 \longrightarrow 2H_2O$
② $C + O_2 \longrightarrow CO_2$
③ $N_2 + O_2 \longrightarrow 2NO$
④ $4Fe + 3O_2 \longrightarrow 2Fe_2O_3$

10 수소 분자 2개와 산소 분자 1개가 반응하여 물 분자 2개를 생성하는 반응의 화학 반응식은 $2H_2 + O_2 \longrightarrow 2H_2O$이다.

11 ② 화학 반응식의 계수는 가장 간단한 정수비로 나타내며, 1은 생략한다.
오답 피하기 ① 화학 반응식은 화학 반응을 화학식과 기호를 이용하여 나타낸 것이다.
③ 화학 반응식에서 반응물과 생성물의 계수비는 분자 수의 비와 같다.
④ 화학 반응이 일어나도 원자의 종류와 개수는 변하지 않고 원자의 배열만 변하므로 새로운 원자가 생겨나거나 없어지지 않는다.

⑤ 화학 반응식을 완성할 때 반응물과 생성물에 있는 원자의 종류와 개수가 같도록 계수를 맞추어야 한다.

12 반응 전후 원자의 종류와 개수는 변하지 않으므로 화살표를 기준으로 왼쪽과 오른쪽의 원자의 종류와 개수가 같아야 한다.
· $CH_4 + 2O_2 \longrightarrow CO_2 + 2H_2O$
· $H_2 + Cl_2 \longrightarrow 2HCl$
따라서 ㉠~㉣은 각각 2, 2, 1, 2이다.

13 ④ (다)에서 반응 전후 원자의 종류와 개수를 맞추면 ㉡×2=㉢×3, ㉠×2=㉢×1이다. 따라서 ㉠=1, ㉡=3, ㉢=2이므로 ㉠+㉢=㉡이다.
[오답 피하기] ① (가)는 반응물과 생성물의 이름, 기호(+, →)로 나타낸 것이다.
② (나)는 각 물질을 화학식으로 나타낸 것이다.
③ (다)에서 H 원자의 개수를 맞추면 ㉡×2=㉢×3이다.
⑤ 완성된 화학 반응식은 $N_2 + 3H_2 \longrightarrow 2NH_3$이다.

14 제시된 모형은 A_2 1개와 B_2 2개가 반응하여 AB_2 2개를 생성하는 반응이므로 이를 만족하는 화학 반응식은 $2H_2 + O_2 \longrightarrow 2H_2O$이다.

15 화학식은 과산화 수소가 H_2O_2(㉠), 물이 H_2O(㉡)이고, 과산화 수소 분해 반응의 화학 반응식을 완성하면 $2H_2O_2 \longrightarrow O_2 + 2H_2O$이므로 ㉢은 2, ㉣은 1, ㉤은 2이다.

16 ⑤ 화학 반응식의 계수비는 분자 수의 비와 같고, 이 반응의 계수비는 메테인 : 산소 : 이산화 탄소 : 물=1 : 2 : 1 : 2이므로 메테인 분자 100개가 반응하면 물 분자 200개가 생성된다.
[오답 피하기] ① 반응물과 생성물은 각각 2가지이다.
②, ④ 화학 반응식은 $CH_4 + 2O_2 \longrightarrow CO_2 + 2H_2O$이고, 화학 반응식의 계수비는 분자 수의 비와 같으므로 반응하는 메테인과 산소의 분자 수의 비는 1 : 2이다.
③ 화학 반응에서 반응 전후 원자의 종류와 개수는 변하지 않는다.

17 ② 암모니아 분자는 질소 원자 1개와 수소 원자 3개로 이루어진다.
[오답 피하기] ① 이 반응은 질소 분자 1개와 수소 분자 3개가 반응하여 암모니아 분자 2개를 생성하는 반응이다.
③ 반응 전후 분자의 개수는 변할 수 있다.
④ 화학 반응이 일어날 때 반응물과 생성물의 계수비는 분자 수의 비와 같으므로 반응한 질소와 생성된 암모니아의 분자 수의 비는 1 : 2이다.
⑤ 물질의 전체 질량은 반응 전후 일정하다.

18 화학 반응이 일어날 때 반응물과 생성물의 계수비는 분자 수의 비와 같다. 분자 수의 비는 질소 : 수소 : 암모니아=1 : 3 : 2이므로 암모니아 분자 50개를 생성하려면 질소 분자

가 최소 25개 필요하다.

19 (가)는 분자의 배열만 바뀌었으므로 물리 변화이고, (나)는 분자의 종류가 달라졌으므로 화학 변화이다.
[모범 정답] (1) (가) : 물리 변화, (나) : 화학 변화
(2) (가)는 분자의 배열만 달라지고 분자의 종류는 변하지 않았으므로 물리 변화이고, (나)는 원자의 배열이 달라져 분자의 종류가 변했으므로 화학 변화이다.

채점 기준	배점
4가지 용어를 모두 포함하여 옳게 서술한 경우	100 %
4가지 용어 중 일부만 포함하여 서술한 경우	50 %

20 설탕이 녹아 투명한 액체 설탕으로 변하는 것(㉠)은 고체가 액체로 상태 변화하는 물리 변화이고, 액체 설탕을 응고시키는 것(㉡)은 액체가 고체로 상태 변화하는 물리 변화이다. 액체 설탕을 오랜 시간 더 가열해 설탕이 타서 검게 변하는 것(㉢)은 물질의 성질이 변했으므로 화학 변화이다.
[모범 정답] (1) ㉢
(2) 화학 변화가 일어나면 물질의 성질이 변하게 되는데, ㉢에서 액체 설탕을 오랜 시간 더 가열했을 때 설탕의 색깔, 냄새, 맛 등의 변화가 나타났기 때문이다.

채점 기준	배점
㉢을 고르고, 그 까닭을 옳게 서술한 경우	100 %
㉢만 옳게 고른 경우	50 %

21 [모범 정답] (1) (가), (나)
(2) 화학 변화, (다)에서 전류가 흐르지 않는 것은 물질의 성질이 변했기 때문이다.

	채점 기준	배점
(1)	(가), (나)를 옳게 고른 경우	50 %
(2)	화학 변화를 고르고, 그 까닭을 옳게 서술한 경우	50 %
	화학 변화만 옳게 고른 경우	25 %

22 [모범 정답] (1) $N_2 + 3H_2 \longrightarrow 2NH_3$
(2) 300개, 화학 반응식에서 계수비는 반응물과 생성물의 분자 수의 비와 같으므로 분자 수의 비는 질소 : 수소 : 암모니아=1 : 3 : 2이다. 따라서 질소 분자 150개가 충분한 양의 수소와 완전히 반응하여 생성되는 암모니아의 최대 개수는 300개이다.

	채점 기준	배점
(1)	화학 반응식을 옳게 쓴 경우	50 %
(2)	생성되는 암모니아 분자의 최대 개수를 풀이 과정과 함께 옳게 서술한 경우	50 %
	암모니아 분자의 최대 개수만 옳게 구한 경우	25 %

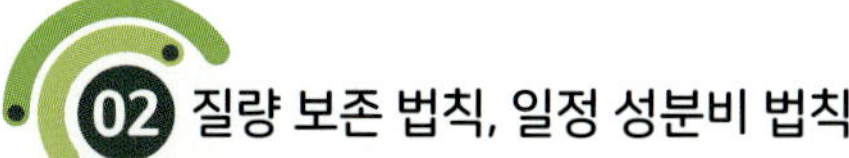

02 질량 보존 법칙, 일정 성분비 법칙

초성 확인 문제

01 화학, 물리　**02** 종류, 배열　**03** 닫힌　**04** 기체, 감소
05 질량비　**06** 화합물　**07** 개수비　**08** 구리, 산소

01 (1) ○ (2) × (3) × (4) ×　**02** (1) ○ (2) × (3) ×　**03** (1)
이산화 탄소(CO_2) (2) 반응 전과 후에 물질의 전체 질량은 같
다.(반응 전＝반응 후) (3) 반응 후가 반응 전보다 물질의 전
체 질량이 감소한다.(반응 전＞반응 후)　**04** ㄱ, ㄷ　**05** (1)
○ (2) × (3) × (4) ○　**06** ㄴ, ㄷ, ㄹ　**07** (1) 3 : 2 (2) 10개,
너트 5개가 남는다.　**08** 30 g

01 (1) 반응물의 전체 질량과 생성물의 전체 질량은 같다.

오답 피하기

(2) 질량 보존 법칙은 물리 변화와 화학 변화에서 모두 성립한다.
(3) 기체가 발생하는 반응에서 발생한 기체의 질량까지 고려하면
반응 전후 물질의 전체 질량은 일정하다.
(4) 물이 얼음이 되는 상태 변화(융해)는 물리 변화이며, 질량 보
존 법칙은 물리 변화에서도 성립한다.

02 (1), (2) (나)에서 생성되는 앙금은 흰색의 염화 은이다.
(3) (가)의 전체 질량과 (나)의 전체 질량은 같다.

03 탄산 칼슘과 묽은 염산이 반응하면 이산화 탄소 기체와 물
(수증기)이 생성되어 공기 중으로 날아간다. 따라서 열린 용기에
서 이 반응이 일어날 때 물질의 전체 질량은 반응 후가 반응 전
보다 작고, 닫힌 용기에서 이 반응이 일어나면 반응 전후 물질의
전체 질량은 같다.

04 열린 공간에서 탄산 칼슘과 묽은 염산이 반응하면 이산화
탄소 기체가, 나무가 연소하면 이산화 탄소 기체와 수증기가 공
기 중으로 날아가므로 질량이 감소한다. 따라서 기체가 발생하
는 반응은 닫힌 공간에서만 질량 보존 법칙이 성립함을 확인할
수 있다.

05 (1), (4) 화합물을 구성하는 원자들은 항상 일정한 개수비로
결합한다는 일정 성분비 법칙은 혼합물과 화합물을 구분하는 중
요한 기준이 된다.

오답 피하기

(2) 일정 성분비 법칙은 화합물에서는 성립하지만, 혼합물에서는
성립하지 않는다.
(3) 화합물을 구성하는 성분 원소 사이에는 일정한 질량비가 성
립한다.

06 일정 성분비 법칙은 화합물에서는 성립하지만, 혼합물에
서는 성립하지 않는다. 산화 구리(Ⅱ), 물, 암모니아는 화합물이

고, 소금물, 우유, 공기는 혼합물이다.

07 (1) 화합물 BN_2를 구성하는 볼트와 너트의 질량비는 볼
트 : 너트＝(1×3 g) : (2×1 g)＝3 : 2이다.
(2) 볼트와 너트는 1 : 2의 개수비로 결합하므로 볼트 10개와 너
트 20개가 결합하여 화합물 BN_2 10개를 만들고, 너트 5개가 남
는다.

08 질량비는 구리 : 산소 : 산화 구리(Ⅱ)＝4 : 1 : 5이므로 구리
24 g이 완전히 반응하였을 때 생성되는 산화 구리(Ⅱ)의 질량은
30 g이다.

기출 최다  탐구

01 ④　**02** ②　**03** (1) ○ (2) × (3) × (4) ○　**04** ④

01 ④ 열린 용기에서 같은 실험을 해도 반응 전후 물질의 전체
질량은 일정하므로 (나)에서 저울은 수평을 이룬다.

오답 피하기

①, ③ ㉠은 $AgCl$으로, 생성되는 흰색 앙금은 염화 은이다.
② 이 반응은 원자의 배열이 달라지는 화학 변화이다.
⑤ (염화 나트륨＋질산 은)의 질량은 (염화 은＋질산 나트륨)의
질량과 같다.

02 ② ㉠은 CO_2이므로 석회수를 뿌옇게 흐리게 한다.

오답 피하기

① $a＝2$이다.
③ 묽은 염산이 들어 있는 삼각 플라스크가 고무풍선으로 밀폐
되어 있으므로 반응 전후 물질의 전체 질량은 일정하다. 따라서
(나)에서 저울은 수평을 이룬다.
④ 이 실험은 질량 보존 법칙을 알아보기 위한 실험이다.
⑤ 고무풍선을 제거한 후 같은 실험을 하면 이산화 탄소 기체가
빠져나가므로 (나)의 저울은 오른쪽으로 기운다.

03 (1) 구리를 가열하면 공기 중의 산소와 반응하여 산화 구리(Ⅱ)
가 생성된다.
(4) 반응한 구리와 생성된 산화 구리(Ⅱ)의 질량비는 4 : 5로 일정
하다.

오답 피하기

(2) 반응하는 구리와 산소의 질량비는 4 : 1이다.
(3) 구리의 질량이 증가할수록 반응하는 산소의 질량도 일정한
비율로 증가한다.

04 ㄱ, ㄷ. 반응한 구리의 질량이 증가할수록 반응한 산소의
질량은 일정한 비율(4 : 1)로 증가하고, 질량비는 구리 : 산소 : 산
화 구리(Ⅱ)＝4 : 1 : 5이므로 산화 구리(Ⅱ) 50 g을 얻으려면 최
소 10 g의 산소가 필요하다.

오답 피하기

ㄴ. 반응하는 구리와 산소의 질량비는 4 : 1이므로 구리 6 g을
완전 연소시켰을 때 반응한 산소의 질량은 1.5 g이다.

A to Z 기출 분석 다지선다

본교재 **26**쪽

01 ①, ③, ⑦ **02** ②, ⑥, ⑧, ⑨

01 ①, ② 묽은 염산과 탄산 칼슘이 반응하면 염화 칼슘, 물, 이산화 탄소 기체가 생성된다. 석회수와 이산화 탄소 기체가 반응하면 탄산 칼슘 앙금이 생성되어 수용액이 뿌옇게 변한다.
③ (가)에서 반응 후 뚜껑을 열었을 때 생성된 이산화 탄소 기체가 공기 중으로 날아가므로 반응 전보다 물질의 전체 질량이 감소한다.
④ (가)에서 뚜껑 대신 고무풍선을 이용하면 반응 후 기체가 생성되므로 고무풍선이 부풀어 오르며, 질량 변화는 없다.
⑤, ⑥ 염화 나트륨 수용액과 질산 은 수용액이 반응하면 흰색의 염화 은 앙금과 질산 나트륨 수용액이 생성된다.
⑦ (나)에서 화학 반응이 일어나므로 반응 전후 원자의 배열이 달라진다.
⑧ (나)에서 반응 전 (염화 나트륨 수용액＋질산 은 수용액)의 질량은 반응 후 (염화 은 앙금＋질산 나트륨 수용액)의 질량과 같다.
⑨ (가)에서는 이산화 탄소 기체가 발생하지만 (나)에서는 기체가 발생하지 않는다.

02 ①, ② 구리와 산소가 반응하여 산화 구리(Ⅱ)가 생성되고, 이 반응의 화학 반응식은 $2Cu + O_2 \longrightarrow 2CuO$이다.
③, ④, ⑤, ⑩ 구리 : 산소 : 산화 구리(Ⅱ)의 질량비는 4 : 1 : 5로 일정하다. 따라서 반응한 구리와 생성된 산화 구리(Ⅱ)의 질량은 같지 않다.
⑥ 구리와 산소는 일정한 질량비로 결합하므로 구리와 결합하는 산소의 질량은 반응하는 구리의 질량에 비례한다.
⑦ 구리의 질량이 증가하면 구리와 반응하는 산소의 질량도 증가한다.
⑧ 반응하는 구리와 산소의 질량비는 4 : 1이므로 산화 구리(Ⅱ)에 포함된 구리의 질량은 산소의 질량보다 크다.
⑨ 구리 : 산소 : 산화 구리(Ⅱ)의 질량비는 4 : 1 : 5이므로 구리 10 g이 모두 반응하려면 산소는 최소 2.5 g이 필요하다.

더 알아보기

본교재 **27**쪽

유제 **01** ① 유제 **02** ⑤

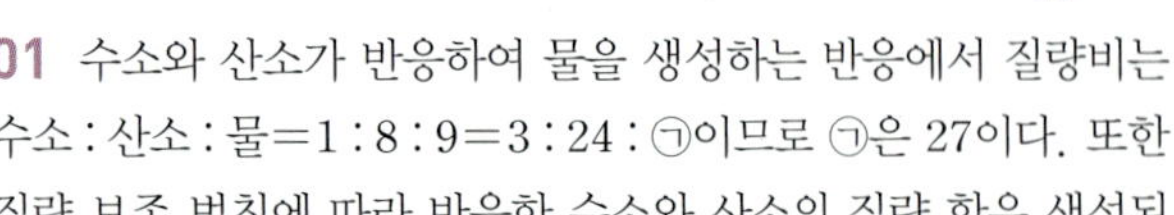

01 수소와 산소가 반응하여 물을 생성하는 반응에서 질량비는 수소 : 산소 : 물＝1 : 8 : 9＝3 : 24 : ㉠이므로 ㉠은 27이다. 또한 질량 보존 법칙에 따라 반응한 수소와 산소의 질량 합은 생성된 물의 질량과 같으므로 3＋24＝㉠＝27이다.

02 ㄴ. B~D 시험관에 들어 있는 납 이온은 모두 반응하였다.
ㄷ. E와 F 시험관에는 반응하지 않고 남은 납 이온이 들어 있으므로 아이오딘화 칼륨 수용액을 더 넣어 주면 앙금이 추가로 생성된다.

오답 피하기
ㄱ. 생성된 앙금은 아이오딘화 납이다. 질산 칼륨은 앙금이 아니며, 물에 녹는다.

빈출 선별 학교 시험 변형 문제

본교재 **28~31**쪽

01 ④ **02** ③ **03** ④ **04** ② **05** ⑤ **06** ① **07** ①
08 ⑤ **09** ④ **10** ⑤ **11** ② **12** 34 g **13** ③ **14** ④
15 ① **16** ④ **17** ① **18** (1) 4 g, 물 36 g을 전기 분해할 때 질량 보존 법칙에 의해 반응 전후 물질의 전체 질량은 일정하므로 생성된 수소 기체의 질량은 4 g이다. (2) 1 : 8 : 9, 일정 성분비 법칙에 따라 화합물을 이루는 성분 원소 사이의 질량비는 항상 일정하므로 수소 4 g, 산소 32 g이 반응하여 물 36 g을 생성할 때 질량비는 수소 : 산소 : 물＝1 : 8 : 9이다.
19 (나), 열린 공간에서 강철 솜을 연소시키면 공기 중의 산소와 결합하여 반응 후 강철 솜의 질량은 증가한다. **20** (1) 묽은 염산과 탄산 칼슘을 반응시켰을 때 기체(이산화 탄소, 수증기)가 발생하여 공기 중으로 날아갔기 때문이다. (2) 묽은 염산과 탄산 칼슘을 반응시킬 때 발생한 기체가 날아가지 못하도록 밀폐 장치를 한 후 실험한다. **21** 화합물, 화합물을 구성하는 성분 원소인 황과 철 사이에 항상 일정한 질량비(53 : 47)가 성립하기 때문이다. **22** (1) 일정 성분비 법칙에 의해 마그네슘과 반응하는 산소의 질량비가 일정하기 때문이다. (2) 마그네슘이 완전히 반응하여 산화 마그네슘이 추가로 생성되지 않기 때문이다. **23** 3200 g, 우주선 승무원 2명이 지구에 도착하는 동안 마셔야 할 물의 최소 질량은 2×300 g/일 $\times 6$일＝3600(g)이다. 물의 합성 반응에서 질량비는 수소 : 산소 : 물＝1 : 8 : 9이므로 반응시켜야 할 산소의 질량은 생성되는 물의 질량의 $\frac{8}{9}$이다. 따라서 이 우주선의 승무원이 지구에 무사히 도착하기 위해 반응시켜야 할 산소의 최소 질량은 $3600 \times \frac{8}{9} = 3200$(g)이다.

01 ㄱ, ㄷ. 질량 보존 법칙은 반응물의 전체 질량과 생성물의 전체 질량이 같다는 법칙으로, 화학 변화와 물리 변화에서 모두 성립한다.

오답 피하기
ㄴ. 기체 발생 반응에서도 질량 보존 법칙이 성립한다. 열린 용기에서 기체 발생 반응이 일어났을 때에는 기체가 발생하여 공기 중으로 날아가므로 감소하지만, 날아간 기체의 질량을 고려하면 질량 보존 법칙이 성립한다.

02 화학 반응이 일어날 때, 원자의 배열은 변하지만 원자의 종류와 개수는 변하지 않기 때문에 반응 전후 질량이 보존된다.

03 ④ (다)는 뚜껑이 열려 있어 반응 후 생성된 이산화 탄소 기체가 공기 중으로 날아가므로 질량이 감소한다.

오답 피하기
① (나)는 뚜껑이 닫혀 있으므로 (가)의 질량은 (나)의 질량과 같다.

② (다)는 뚜껑이 열려 있어 발생한 기체가 공기 중으로 날아가 므로 질량이 감소한다. 따라서 (가)의 질량이 (다)의 질량보다 크 다.
③ 묽은 염산과 탄산 칼슘이 반응하면 염화 칼슘, 이산화 탄소, 물(수증기)이 생성되므로 (나)에서 새로운 물질이 생성된다.
⑤ 화학 반응이 일어날 때 반응 전후 물질의 전체 질량은 변하지 않는다. 즉, 질량 보존 법칙은 항상 성립한다.

04 ② 염화 나트륨 수용액과 질산 은 수용액을 반응시키면 흰 색의 염화 은 앙금과 질산 나트륨 수용액이 생성된다.

① 생성된 염화 은 앙금은 흰색이다.
③ 화학 반응이 일어날 때 반응 전후 원자의 종류와 개수는 변하 지 않는다.
④ 앙금이 생성되었다는 것은 화학 반응이 일어난 것이며, 이에 따라 반응 전후 분자의 종류는 변한다.
⑤ 앙금이 생성되어도 반응 전후 물질의 전체 질량은 변하지 않 는다.

05 ㄴ. 연소 후의 강철 솜 B는 강철 솜 A와는 전혀 다른 성질 을 갖는다.
ㄷ. 강철 솜 B가 연소하면 질량이 증가하여 막대 저울이 B 쪽으 로 기울어지지만 반응한 산소 기체의 질량을 고려하면 연소 전 후 물질의 전체 질량은 같다.

ㄱ. 강철 솜 B를 가열하면 공기 중의 산소와 결합하여 산화 철(Ⅱ) 이 생성되므로 연소 후 막대 저울은 B 쪽으로 기울어진다.

06 반응 전후 전체 물질의 질량은 변하지 않으므로 과산화 수 소의 질량=(물의 질량+산소의 질량)이다. 따라서 $34=18+x$ 이므로 산소의 질량(x)은 16 g이다.

07 탄산 나트륨 수용액과 염화 칼슘 수용액의 반응의 화학 반 응식은 다음과 같다.
$$\text{탄산 나트륨} + \text{염화 칼슘} \longrightarrow \text{염화 나트륨} + \text{탄산 칼슘} \downarrow$$
이 반응에서 생성되는 앙금은 흰색의 탄산 칼슘이고, 반응 전 후 물질의 전체 질량은 일정하므로 이 혼합 용액의 전체 질량은 40 g이다. 따라서 ㉠은 탄산 칼슘, ㉡은 흰색, ㉢은 40 g이다.

08 ⑤ 고무풍선이 발생한 기체가 공기 중으로 날아가지 못하 도록 막는 역할을 하므로 닫힌 공간에서 일어나는 반응이다.

①, ③, ④ 닫힌 공간에서 일어나는 반응이므로 반응 전후 질량 은 일정하지만, 반응 후 고무풍선을 제거하면 발생한 기체가 공 기 중으로 빠져나가므로 질량은 감소한다.
② 묽은 염산(HCl)과 아연(Zn)이 반응하여 염화 아연($ZnCl_2$) 과 수소(H_2) 기체를 생성한다. 이 반응을 화학 반응식으로 나타 내면 $2HCl + Zn \longrightarrow ZnCl_2 + H_2$이다.

09 구리 : 산소 : 산화 구리(Ⅱ)의 질량비는 4 : 1 : 5이므로 구리 24 g이 산소 6 g과 반응하여 산화 구리(Ⅱ) 30 g이 생성된다.

10 ⑤ 산화 구리(Ⅱ)는 화합물이므로 일정 성분비 법칙이 성립 한다. 구리 : 산소 : 산화 구리(Ⅱ)의 질량비는 반응하는 구리의 질량을 증가시켜도 변하지 않으며, 4 : 1 : 5로 일정하다.

①, ②, ③, ④ 반응하는 구리의 질량이 증가하면 구리와 결합하 는 산소의 질량이 증가하므로 산화 구리(Ⅱ) 속에 포함된 산소의 질량, 생성되는 산화 구리(Ⅱ)의 질량, 구리와 산소가 완전히 반 응하는 데 걸리는 시간이 증가한다.

11 반응하는 질소와 수소, 생성되는 암모니아의 질량비(질 소 : 수소 : 암모니아)는 14 : 3 : 17이다. 따라서 질소 4.2 g이 모 두 반응하여 암모니아가 생성될 때 필요한 수소의 최소 질량은 0.9 g이다.

12 암모니아 분자는 질소 원자 1개와 수소 원자 3개로 이 루어지므로 암모니아를 구성하는 질소와 수소의 질량비는 $(14 \times 1) : (1 \times 3) = 14 : 3$이다. 따라서 질소 28 g과 수소 6 g이 반응하여 암모니아 34 g을 생성한다.

13 실험 1에서 반응이 완결되었을 때, B 1 g이 남아 있으므로 A와 B의 반응 질량비는 5 : 1이다. 따라서 실험 2에서 B 3 g은 A 15 g과 완전히 반응하여 A 5 g이 남게 되고, 생성된 AB의 질량은 18 g이다. 따라서 ㉠은 A, ㉡은 5, ㉢은 18이다.

14 ④ 시험관 D에는 아이오딘화 이온과 납 이온이 모두 반응 하여 두 이온이 모두 존재하지 않으므로 시험관 D에 아이오딘 화 칼륨 수용액을 추가로 넣어도 앙금은 더 이상 생성되지 않는 다.

① 생성된 앙금은 노란색의 아이오딘화 납이다.
② A에는 아이오딘화 칼륨 수용액만 있고, B와 C에는 반응하 고 남은 아이오딘화 칼륨 수용액이 들어 있다.
③ 시험관 D에서 질산 납 수용액의 부피가 6 mL일 때 아이오 딘화 이온과 납 이온이 모두 반응했으므로 E와 F에는 질산 납 수용액이 남아 있다.
⑤ 같은 농도의 질산 납 수용액과 아이오딘화 칼륨 수용액은 1 : 1의 부피비로 반응한다.

15 ① 이 반응을 화학 반응식으로 나타내면
$$B + 3N \longrightarrow BN_3 \text{이다.}$$

②, ③ 이 반응에서 질량 보존 법칙과 일정 성분비 법칙이 성립 한다.
④, ⑤ 화합물 BN_3를 이루는 B와 N의 질량비는 $B : N = (1 \times 3) : (3 \times 1) = 1 : 1$이고, 볼트 30개와 너트 30개가 반응하면 볼트 20개가 남고, 화합물(BN_3) 10개가 생성된다.

16 이산화 망가니즈는 분해 반응을 촉진할 뿐, 직접 반응에 참여하지 않으므로 반응한 과산화 수소의 질량은 생성된 물과 산소 기체의 질량의 합과 같다. 따라서 생성되는 산소 기체의 질량은 $34-18=16(g)$이다.

17 ㄴ. 반응한 마그네슘과 생성된 산화 마그네슘의 질량비는 $3:5$이므로 산화 마그네슘 $40\,g$을 얻으려고 할 때 필요한 마그네슘의 질량은 $24\,g$이다.

오답 피하기

ㄱ. 반응한 마그네슘과 생성된 산화 마그네슘의 질량비가 $3:5$이므로 산화 마그네슘을 이루는 마그네슘과 산소의 질량비는 $3:2$이다.

ㄷ. 산화 마그네슘의 생성 반응에서 일정 성분비 법칙이 성립하므로 실험 1~3에서 모두 가열 시간을 늘려도 생성되는 산화 마그네슘의 양은 각각 $0.5\,g$, $1.0\,g$, $1.5\,g$으로 일정하다.

18 모범 정답 (1) $4\,g$, 물 $36\,g$을 전기 분해할 때 질량 보존 법칙에 의해 전기 분해 전후 물질의 전체 질량은 일정하므로 생성된 수소 기체의 질량은 $36-32=4(g)$이다.
(2) $1:8:9$, 일정 성분비 법칙에 따라 화합물을 이루는 성분 원소 사이의 질량비는 항상 일정하므로 수소 $4\,g$, 산소 $32\,g$이 반응하여 물 $36\,g$을 생성할 때 질량비는 수소 : 산소 : 물$=1:8:9$이다.

	채점 기준	배점
(1)	생성된 수소 기체의 질량을 옳게 구하고, 그 까닭을 옳게 서술한 경우	50 %
	생성된 수소 기체의 질량만 옳게 구한 경우	25 %
(2)	질량비(수소 : 산소 : 물)를 옳게 구하고, 그 까닭을 일정 성분비 법칙과 관련지어 옳게 서술한 경우	50 %
	질량비(수소 : 산소 : 물)만 옳게 구한 경우	25 %

19 (가)는 앙금 생성 반응, (나)는 연소 반응이다.
모범 정답 (나), 열린 공간에서 강철 솜을 연소시키면 공기 중의 산소와 결합하여 반응 후 강철 솜의 질량은 증가한다.

채점 기준	배점
(나)를 고르고, 그 까닭을 옳게 서술한 경우	100 %
(나)만 옳게 고른 경우	50 %

20 모범 정답 (1) 묽은 염산과 탄산 칼슘을 반응시켰을 때 기체(이산화 탄소, 수증기)가 발생하여 공기 중으로 날아갔기 때문이다.
(2) 묽은 염산과 탄산 칼슘을 반응시킬 때 발생한 기체가 날아가지 못하도록 밀폐 장치를 한 후 실험한다.

채점 기준	배점
질량이 줄어든 까닭과 질량 보존 법칙을 설명할 수 있는 실험 개선 방법을 모두 옳게 서술한 경우	100 %
질량이 줄어든 까닭과 질량 보존 법칙을 설명할 수 있는 실험 개선 방법 중 한 가지만 옳게 서술한 경우	50 %

21 모범 정답 화합물, 화합물을 구성하는 성분 원소인 황과 철 사이에 항상 일정한 질량비($53:47$)가 성립하기 때문이다.

채점 기준	배점
화합물을 고르고, 그 까닭을 옳게 서술한 경우	100 %
화합물만 옳게 고른 경우	50 %

22 모범 정답 (1) 일정 성분비 법칙에 의해 마그네슘과 반응하는 산소의 질량비가 일정하기 때문이다.
(2) 마그네슘이 완전히 반응하여 산화 마그네슘이 추가로 생성되지 않기 때문이다.

채점 기준	배점
반응 초기에 그래프의 기울기가 일정한 까닭과 일정한 시간이 지난 후 그래프가 평평한 까닭을 모두 옳게 서술한 경우	100 %
반응 초기에 그래프의 기울기가 일정한 까닭과 일정한 시간이 지난 후 그래프가 평평한 까닭 중 한 가지만 옳게 서술한 경우	50 %

23 모범 정답 $3200\,g$, 우주선 승무원 2명이 지구에 도착하는 동안 마셔야 할 물의 최소 질량은 $2\times300\,g/일\times6일=3600(g)$이다. 물의 합성 반응에서 수소 : 산소 : 물$=1:8:9$이므로 반응시켜야 할 산소의 질량은 생성되는 물의 질량의 $\dfrac{8}{9}$이다. 따라서 이 우주선의 승무원이 지구에 무사히 도착하기 위해 반응시켜야 할 산소의 최소 질량은 $3600\times\dfrac{8}{9}=3200(g)$이다.

채점 기준	배점
승무원이 지구에 무사히 도착하기 위해 반응시켜야 할 산소의 최소 질량을 옳게 쓰고, 풀이 과정을 옳게 서술한 경우	100 %
승무원이 지구에 무사히 도착하기 위해 반응시켜야 할 산소의 최소 질량만 옳게 쓴 경우	50 %

03 기체 반응 법칙, 화학 반응에서의 에너지 출입

본교재 33쪽, 35쪽

01 부피, 정수비 **02** 계수비, 부피비 **03** 기체 **04** 분자
05 방출 **06** 흡수 **07** 열에너지 **08** 차이

01 (1) × (2) ○ (3) × (4) ○ **02** ㉠ 온도, ㉡ 기체 반응, ㉢
부피비 **03** (1) 2 : 1 : 2 (2) ㉠ 50 mL, ㉡ 100 mL (3) ㉠
160 mL, ㉡ 수소 기체, 10 mL **04** (1) (가) 질소(N_2), (나)
수소(H_2) (2) ㉠ 300개, ㉡ 200개 **05** (1) × (2) ○ (3) ○ (4)
× (5) × **06** (1) ㄷ, ㅁ, ㅂ (2) ㄱ, ㄴ, ㄹ **07** ㄴ,
ㄷ **08** (1) 방출, 높 (2) 방출 (3) 흡수, 낮

01 (2), (4) 일정한 온도와 압력에서 같은 부피 속에 들어 있는
원자의 개수는 기체의 종류에 따라 다르며, 화학 반응식의 계수
비를 통해 기체의 부피비, 분자 수비를 알 수 있다.

오답 피하기
(1) 일정한 온도와 압력에서 모든 기체는 같은 부피 속에 같은 개
수의 분자가 들어 있다.
(3) 기체 사이의 반응에서 반응하는 기체의 부피의 합은 생성되
는 기체의 부피의 합과 같을 수도 있고, 다를 수도 있다.

03 (1), (2) 수증기 생성 반응에서 기체의 부피비는 수소 : 산
소 : 수증기＝2 : 1 : 2이다. 따라서 수소 기체와 산소 기체는
2 : 1의 부피비로 반응하므로 수소 기체 100 mL와 산소 기체
50 mL가 반응하여 수증기 100 mL를 생성한다.
(3) 수소 기체와 산소 기체는 2 : 1의 부피비로 반응하므로 수소
기체 170 mL와 산소 기체 80 mL가 반응하면 수증기 160 mL
를 생성한다. 따라서 반응 후 수소 기체 10 mL가 남는다.

04 (1) 암모니아 2분자를 생성하기 위해서는 질소 1분자와 수
소 3분자가 반응해야 한다. 따라서 (가)는 질소(N_2), (나)는 수소
(H_2)이다.
(2) 이 반응의 화학 반응식은 $N_2 + 3H_2 \longrightarrow 2NH_3$이므로 분자
수의 비(부피비)는 질소 : 수소 : 암모니아＝1 : 3 : 2이다. 따라서
질소 분자 100개가 수소와 완전히 반응할 때 반응하는 수소 분
자는 300개이고, 이때 생성되는 암모니아 분자는 200개이다.

05 (2) 발열 반응에서 반응물과 생성물의 에너지 차이만큼 열
을 주위로 방출한다.
(3) 묽은 염산과 수산화 나트륨 수용액이 반응할 때 열을 방출한
다.
오답 피하기 (1) 발열 반응이 일어나면 열을 방출하므로 주위의 온
도가 높아진다.
(4) 손난로는 발열 반응의 예이다.
(5) 흡열 반응에서 반응물의 에너지 합은 생성물의 에너지 합보
다 작다.

06 마그네슘과 묽은 염산의 반응, 금속이 녹스는 반응, 연소 반
응은 발열 반응의 예이고, 탄산수소 나트륨의 열분해, 물의 전기
분해, 수산화 바륨과 염화 암모늄의 반응은 흡열 반응의 예이다.

07 냉각 팩은 흡열 반응을 활용한 예이다. 발열 반응을 활용한
예로는 손난로, 제설제, 난방 및 음식 조리, 발열 용기, 구제역
바이러스 제거 등이 있다.

기출 최다 탐구

본교재 **36**쪽

01 ① **02** ③

01 수증기 생성 반응에서 부피비는 수소 : 산소 : 수증기
＝2 : 1 : 2이므로 실험 3에서 수소 20 mL와 산소 10 mL가 반
응하여 수증기 20 mL를 생성한다. 따라서 반응하지 않고 남은
기체의 종류와 부피는 산소 20 mL이다.

02 ③ 손난로 속의 철 가루가 공기 중의 산소와 반응하여 열을
방출한다.
오답 피하기
①, ⑤ 손난로는 발열 반응을 이용한 것이므로 손난로를 흔들기
전 반응물의 에너지 합이 손난로를 흔들고 난 후 생성물의 에너
지 합보다 크다.
②, ④ 손 냉장고는 흡열 반응을 이용한 것이므로 생성물의 에너
지 합이 반응물의 에너지 합보다 크다.

A to Z 기출 분석 다지선다

본교재 **37**쪽

01 ①, ⑤, ⑧, ⑨ **02** ①, ③, ⑤, ⑥, ⑧

01 ① 기체 A는 산소이다.
⑤ 일산화 탄소, 기체 A(산소), 이산화 탄소의 부피비는 2 : 1 : 2
이다.
⑧ 반응 전후 전체 물질의 질량은 일정하므로 반응물의 전체 질
량과 생성물의 질량비는 1 : 1이다.
⑨ 일산화 탄소 : 기체 A(산소) : 이산화 탄소의 부피비는 2 : 1 : 2
이므로 일산화 탄소 30 mL가 충분한 양의 기체 A와 완전히 반
응하면 이산화 탄소는 30 mL가 생성된다.
오답 피하기
② 기체 A에 알맞은 모형은 ●●이다.
③ 이 반응을 화학 반응식으로 나타내면 $2CO + O_2 \longrightarrow 2CO_2$
이다.
④ 일산화 탄소, 기체 A(산소), 이산화 탄소의 분자 수의 비는
2 : 1 : 2이다.
⑥ 반응물의 전체 부피가 생성물의 전체 부피보다 크다.
⑦ 기체 반응의 화학 반응식에서 질량비는 알 수 없다. 따라서
일산화 탄소 10 g이 완전히 반응하기 위해 필요한 기체 A(산소)
는 5 g이 아니다.

⑩ 이산화 탄소 분자 40개를 얻기 위해서는 기체 A(산소) 분자 20개를 일산화 탄소와 완전히 반응시켜야 한다.

02 ① (가)는 B_2이다.

③ 기체 X의 화학식은 AB_3이다.

⑤ 이 반응의 화학 반응식은 $A_2 + 3B_2 \longrightarrow 2AB_3$이므로 기체 A_2와 B_2는 1 : 3의 부피비로 반응한다.

⑥ 이 반응에서 반응하는 기체 A_2와 B_2의 부피비가 1 : 3으로 B_2가 A_2보다 더 많은 양이 반응한다. 따라서 같은 부피의 기체 A_2와 B_2를 반응시키면 반응 후 A_2가 남는다.

⑧ 이 반응에서 기체의 부피비는 $A_2 : B_2 : X = 1 : 3 : 2$이므로 전체 기체의 부피는 반응 전이 반응 후보다 크다.

오답 피하기

② (나)는 5이다.

④ 이 반응의 화학 반응식은 $A_2 + 3B_2 \longrightarrow 2AB_3$이다.

⑦ 기체 B_2 6 mL가 A_2와 완전히 반응하여 생성된 기체 X의 부피는 4 mL이다.

⑨ 기체의 질량비가 아닌 부피비가 $A_2 : B_2 : X = 1 : 3 : 2$이다.

⑩ X 분자 20개를 얻기 위해서는 B_2 분자 30개를 A_2 분자와 완전히 반응시켜야 한다.

빈출 선별 **학교 시험 변형 문제**   본교재 **38~40쪽**

01 ③   **02** ①   **03** ②   **04** ④   **05** ①, ④   **06** ③, ④
07 ④   **08** ⑤   **09** ③   **10** ④   **11** ①   **12** ③   **13** ④
14 (1) $H_2 + Cl_2 \longrightarrow 2HCl$ (2) $40N$개, 이 반응의 기체의 부피비는 염소 : 염화 수소 = 1 : 2이므로 염소 20 L가 완전히 반응하면 염화 수소 분자 40 L가 생성되며, 기체의 부피비 = 분자 수이므로 염화 수소 40 L 속에 염화 수소 분자 $40N$개가 들어 있다.   **15** (1) 흡열 반응 (2) 수산화 바륨과 염화 암모늄이 반응할 때 에너지를 흡수하므로 주위의 온도가 낮아져 나무판과 삼각 플라스크 사이의 물이 얼기 때문에 나무판이 삼각 플라스크에 달라붙는다.

01 기체 반응 법칙은 온도와 압력이 같을 때 기체의 종류에 관계없이 모든 기체는 같은 부피 속에 같은 개수의 분자가 들어 있기 때문에 성립한다.

02 온도와 압력이 같을 때 기체의 종류에 관계없이 모든 기체는 같은 부피 속에 같은 개수의 분자가 들어 있다. 따라서 0 ℃, 1기압에서 모든 기체 V L에는 기체 분자 2개가 들어 있다.

ㄴ. 메테인 기체 $3V$ L에는 메테인 분자 6개가 들어 있다.

오답 피하기

ㄱ. 암모니아 기체 V L에는 암모니아 분자 2개가 들어 있다.

ㄷ. 산소 기체 $4V$ L에는 산소 분자 8개가 들어 있다.

03 기체 반응의 경우 화학 반응식의 계수비 = 분자 수의 비 = 부피비이므로 이 반응에서 기체의 부피비는 메테인 : 산소 : 이산화 탄소 : 수증기 = 1 : 2 : 1 : 2이다.

04 기체의 부피비는 수소 : 산소 : 수증기 = 2 : 1 : 2이므로 수증기 70 mL가 생성되고, 산소 기체 15 mL가 남는다.

05 ①, ④ 이 반응에서 수소, 질소, 암모니아 기체의 부피비는 3 : 1 : 2이므로 반응물의 전체 부피가 생성물의 전체 부피보다 크고, 충분한 양의 수소 기체와 질소 기체 20 mL가 완전히 반응하면 암모니아 기체 40 mL가 생성된다.

오답 피하기

② 반응물의 전체 부피가 생성물의 전체 부피보다 크다.

③ 수소 분자 30개가 완전히 반응하면 암모니아 분자 20개가 생성된다.

⑤ 질소 분자 1개가 완전히 반응하면 암모니아 분자 2개가 생성된다.

06 기체 반응 법칙은 반응물과 생성물이 모두 기체인 경우에만 성립하므로 반응물과 생성물의 상태를 확인해야 한다. 구리(Cu)와 탄소(C)는 고체이므로 구리(Cu), 탄소(C)가 관련된 반응 ③, ④에서 기체 반응 법칙은 성립하지 않는다.

07 ④ 기체 반응의 경우 화학 반응식의 계수비 = 분자 수의 비 = 부피비이지만, 질량비와는 같지 않다.

오답 피하기

① 기체 C의 모형은 ●●이다.

②, ③ 이 반응의 화학 반응식의 계수비는 $A : B : C = 3 : 1 : 2$이므로 기체의 부피비도 $A : B : C = 3 : 1 : 2$이다.

⑤ 기체 B 15 mL가 충분한 양의 기체 A와 반응하면 기체 C 30 mL가 생성된다.

08 ⑤ 이 반응의 화학 반응식은 $A + 3B \longrightarrow 2C$로 나타낼 수 있다.

오답 피하기

①, ②, ③, ④ 이 반응은 반응물과 생성물이 모두 기체이므로 기체 반응 법칙이 성립하며, 기체의 부피비는 $A : B : C = 1 : 3 : 2$이다. 따라서 ㉠은 반응 후 남은 기체 없이 A와 B가 모두 반응했으므로 '없음'이고, ㉡은 30이며, ㉢에 해당하는 기체는 B이다.

09 ③ 연료가 연소하는 반응은 발열 반응으로, 주위로 에너지를 방출한다.

오답 피하기

①, ②, ⑤ 발열 반응은 주위로 에너지를 방출하므로 반응이 일어날 때 주위의 온도가 높아지고, 흡열 반응은 주위로부터 에너지를 흡수하므로 반응이 일어날 때 주위의 온도가 낮아진다.

④ 흡열 반응에서 반응물의 에너지 합은 생성물의 에너지 합보다 작다.

10 (가)는 반응이 일어날 때 주위의 온도가 높아지므로 발열 반응이고, 연소 반응이 이에 해당한다. (나)는 반응물의 에너지 합이 생성물의 에너지 합보다 작으므로 에너지를 흡수하는 흡열 반응이고, 광합성이 이에 해당한다.

11 염화 칼슘이 물에 녹는 과정은 에너지를 방출하는 발열 반응이며, 이때 주위의 온도가 높아지므로 도로에 쌓인 눈이 녹게 된다.

12 ③ (나)에서 에너지를 흡수하는 반응이 일어난다.
오답 피하기
① (나)에서 질산 암모늄이 물에 녹으면서 온도가 낮아지므로 ㉠은 '차가워졌다'가 적절하다.
②, ④ 질산 암모늄의 용해 반응은 흡열 반응이고, 반응물이 생성물로 변할 때 에너지가 높아진다. 따라서 이 실험의 원리를 냉각 팩에 이용할 수 있다.
⑤ (나)에서 질산 암모늄의 용해 반응은 흡열 반응이다.

13 발열 반응을 이용하는 예로는 구제역 바이러스 제거, 손난로 등이 있고, 흡열 반응을 이용하는 예로는 광합성, 수산화 바륨과 염화 암모늄의 반응, 냉각 팩, 물의 전기 분해 등이 있다.

14 **모범 답안** (1) $H_2 + Cl_2 \longrightarrow 2HCl$
(2) $40N$개, 이 반응의 기체의 부피비는 염소 : 염화 수소$=1:2$이므로 염소 20 L가 완전히 반응하면 염화 수소 분자 40 L가 생성되며, 기체의 부피비$=$분자 수비이므로 염화 수소 40 L 속에 염화 수소 분자 $40N$개가 들어 있다.

	채점 기준	배점
(1)	화학 반응식을 옳게 쓴 경우	40 %
(2)	생성되는 염화 수소 기체 분자의 개수를 옳게 구하고, 그 까닭을 옳게 서술한 경우	60 %
	생성되는 염화 수소 기체 분자의 개수만 옳게 구한 경우	30 %

15 **모범 답안** (1) 흡열 반응
(2) 수산화 바륨과 염화 암모늄이 반응할 때 에너지를 흡수하므로 주위의 온도가 낮아져 나무판과 삼각 플라스크 사이의 물이 얼기 때문에 나무판이 삼각 플라스크 밑바닥에 달라붙는다.

채점 기준	배점
흡열 반응을 옳게 쓰고, 나무판이 삼각 플라스크 밑바닥에 달라붙는 까닭을 화학 반응에서의 에너지 출입과 온도 변화를 이용하여 옳게 서술한 경우	100 %
흡열 반응만 옳게 쓴 경우	50 %

01 ② **02** ② **03** ⑤ **04** ② **05** ⑤ **06** ④ **07** ①
08 ④ **09** ② **10** ③ **11** ⑤ **12** ③ **13** ④ **14** ④
15 ②, ③ **16** ③ **17** ②, ③

01 (가)는 화학 변화이므로 원자의 배열이 변하고, 물질의 성질이 변한다. (나)는 물리 변화이므로 분자의 종류가 변하지 않고, 물질의 성질도 변하지 않는다.

02 물질 변화가 일어날 때 원자의 배열, 분자의 종류, 물질의 성질이 변하는 것은 화학 변화이다. 화학 변화의 예로 ㄱ과 ㄷ이 해당한다.

03 ㄱ은 물리 변화의 예이고, ㄴ, ㄷ, ㄹ은 화학 변화의 예이다. 질량 보존 법칙은 물리 변화와 화학 변화에서 모두 성립한다.

04 수소 기체의 화학식은 H_2, 산소 기체의 화학식은 O_2이고, 화학 반응식을 완성하면 $2H_2 + O_2 \longrightarrow 2H_2O$이다.

05 일정 성분비 법칙은 화합물에서만 성립하고, 혼합물에서는 성립하지 않는다. 화합물에 해당하는 것은 물, 산화 구리(Ⅱ), 탄산수소 나트륨이다.

06 질량비는 $A:B:C=1:8:9$이므로 기체 A 10 g과 기체 B 32 g을 반응시킬 때 기체 A 4 g과 기체 B 32 g이 반응하여 기체 C 36 g이 생성되고, 기체 A 6 g이 남는다.

07 볼트 5개와 너트 10개로 BN_2 5개를 만들고, 볼트 5개가 남는다. 볼트 1개의 질량은 3 g, 너트 1개의 질량은 1 g이므로 BN_2 1개의 질량은 5 g이다. 따라서 BN_2 5개의 질량은 25 g이다.

08 메테인의 연소 반응의 화학 반응식은 $CH_4 + 2O_2 \longrightarrow CO_2 + 2H_2O$이다.
④ 이산화 탄소(X) 분자 1개는 탄소 원자 1개와 산소 원자 2개로 이루어진다.
오답 피하기
① 물질 X는 이산화 탄소(CO_2)이다.
② 메테인(CH_4)은 탄소(C)와 수소(H) 성분을 포함하고 있다.
③ 반응 전후 전체 물질의 질량은 일정하므로 (메테인+산소)의 질량$=$(X+물)의 질량이다.
⑤ 이 반응의 모형을 완성하려면 이산화 탄소(X) 분자 1개를 그려야 한다.

09 화학 반응식은 화살표 왼쪽에 반응물, 화살표 오른쪽에 생성물을 써주고, 양쪽의 계수가 같도록 맞춰주면 된다.
따라서 (가)는 2HCl, (나)는 2Mg, (다)는 O_2이다.

10 ③ 수소 기체가 연소되어 물이 생성되는 반응에서 질량비

는 수소 : 산소 : 물=1 : 8 : 9로 일정하다. 따라서 수소 기체가 완전히 연소하기 위해 필요한 산소 기체의 질량은 수소 기체 질량의 8배이다.

오답 피하기
① 과산화 수소가 분해되는 반응은 화학 변화로 원자의 배열이 달라진다.
② 수소 기체 1분자와 염소 기체 1분자를 반응시키면 염화 수소 기체 2분자가 만들어진다.

$$H_2 + Cl_2 \longrightarrow 2HCl$$

④ 탄산수소 나트륨이 분해되면 물질의 성질이 전혀 다른 새로운 물질이 만들어지며, 이는 화학 변화이다.
⑤ 일정량의 질산 납과 반응하는 아이오딘화 칼륨의 양이 일정하므로 아이오딘화 칼륨을 계속 넣어주어도 질산 납이 부족하게 되어 앙금의 양이 증가하다가 일정해진다.

11 구리 : 산소=4 : 1의 질량비로 반응하고, 반응 전후 질량 보존 법칙이 성립하므로 질량비는 구리 : 산소 : 산화 구리(Ⅱ)=4 : 1 : 5이다. 따라서 생성되는 산화 구리(Ⅱ)의 질량은 ①, ②에서 15 g, ③, ④에서 20 g, ⑤에서 25 g이다.

12 질량비는 마그네슘 : 산소 : 산화 마그네슘=3 : 2 : 5이므로 산화 마그네슘 20 g을 얻기 위해서 마그네슘 12 g과 산소 8 g이 반응해야 한다. 따라서 필요한 산소의 최소 질량은 8 g이다.

13 ㄴ. 일정한 온도와 압력에서 기체의 분자 수비=부피비이고, 부피비는 수소 : 산소 : 수증기=2 : 1 : 2이므로 충분한 양의 수소 기체와 산소 기체 20 L가 반응하면 수증기 40 L가 생성된다.
ㄷ. 수소 기체와 산소 기체는 1 : 8의 질량비로 반응하므로 수소 기체 4 g과 산소 기체 16 g이 반응하면 수증기 18 g이 생성되고, 수소 기체 2 g이 남는다.

오답 피하기
ㄱ. 수소 기체와 산소 기체는 2 : 1의 부피비로 반응한다.

14 이 반응에서 기체의 부피비는 A : B : C=1 : 3 : 2이므로 기체 A 30 mL와 기체 B 100 mL가 반응하여 생성되는 기체 C의 부피는 60 mL이고, 기체 B 10 mL가 남는다.

15 같은 온도와 압력에서 같은 부피 속에는 같은 개수의 기체 분자가 들어 있다. 한편, 산소 분자(O_2)와 질소 분자(N_2)는 모두 2개의 원자로 이루어져 있으므로 원자도 같은 개수가 들어 있다.

16 ③ 탄산수소 나트륨의 분해 반응은 흡열 반응이므로 생성물의 에너지 합이 반응물의 에너지 합보다 크다.

오답 피하기
①, ② 탄산수소 나트륨의 분해 반응은 흡열 반응이므로 반응이 일어나면 주위로부터 열을 흡수하여 주위의 온도가 낮아진다.
④ 탄산수소 나트륨이 분해되면 이산화 탄소 기체가 발생하여 빵을 부풀어 오르게 한다.

⑤ 금속과 산의 반응은 발열 반응이므로 에너지의 출입 방향이 반대이다.

17 ②, ③ 손난로 속 철 가루가 산소와 반응하면 산화 철이 생성되면서 주위로 에너지를 방출하므로 주위의 온도가 높아지는 원리로 손난로가 따뜻해진다.

오답 피하기
①, ④ 손난로는 발열 반응을 이용하는 예로, 발열 반응은 생성물의 에너지 합이 반응물의 에너지 합보다 작다.
⑤ 탄산수소 나트륨의 열분해는 흡열 반응이다.

II. 기권과 날씨

01 기권과 지구 기온

초성 확인 문제

01 기권　**02** 기온　**03** 대류권　**04** 오존층　**05** 중간권
06 열권　**07** 복사 평형　**08** 온실 효과　**09** 지구 온난화,
온실　**10** 비례　**11** 상승, 감소

01 ⑴ ○ ⑵ ○ ⑶ ×　**02** A : 산소, B : 질소
03 ㉠ 대류, ㉡ 성층, ㉢ 중간, ㉣ 열
04 ⑴ 높이에 따른 기온 변화 ⑵ A, C ⑶ B, D ⑷ A, C
⑸ A ⑹ B ⑺ D ⑻ C－D 경계(중간권 계면)
05 ㉠ 복사, ㉡ 태양 복사　**06** ⑴ 70 ⑵ 30 ⑶ 70
07 ⑴ × ⑵ ○ ⑶ ○　**08** ⑴ ○ ⑵ × ⑶ ○
09 ㉠ 늘어나기, ㉡ 상승

02 대기의 조성은 질소와 산소가 약 99 %를 차지하며, 그 외에 아르곤, 이산화 탄소 등이 존재한다.

04 ⑴ 기권의 연직 분포는 높이에 따른 기온 변화를 기준으로 4개의 층으로 구분한다.
⑵, ⑷ 대류권과 중간권은 높이 올라갈수록 기온이 낮아지므로 대류가 활발히 일어난다.
⑶ 성층권과 열권은 높이 올라갈수록 기온이 높아져 매우 안정한 상태이므로 대류가 일어나지 않는다.
⑸ 대류권에는 수증기가 존재하여 다양한 기상 현상이 나타난다.
⑹ 성층권에는 오존층이 존재하여 태양 복사 에너지의 자외선을 흡수한다.
⑺ 열권은 공기가 매우 희박하여 낮과 밤의 기온 차가 크게 나타난다.
⑻ 열권과 중간권의 경계면인 C－D 경계(중간권 계면)에서는 최저 기온이 나타난다.

05 모든 물체는 복사 에너지를 방출하는데 물체의 온도가 높을수록 복사 에너지를 많이 방출한다. 태양 복사 에너지는 지구상의 대기와 물의 순환을 일으킨다.

07 ⑴ 지구 복사 에너지 중 일부는 우주로 방출되고 대부분은 대기 중의 온실 기체가 흡수하여 지표로 다시 방출한다.
⑵ 대기가 있는 경우에는 온실 효과가 발생하므로 대기가 없을 때보다 지구의 평균 기온이 높다.
⑶ 온실 기체는 지구 대기를 이루는 기체 중에서 지구 복사 에너지를 흡수하여 온실 효과를 일으키는 기체로, 수증기, 이산화 탄소, 메테인 등이 있다.

08 ⑴ 지구 온난화의 발생으로 인해서 지구의 평균 기온은 점점 상승하고 있다.
⑵ 지구 온난화는 대기 중 온실 기체의 농도가 증가했기 때문에 나타나고 있다.
⑶ 대기 중 이산화 탄소의 양이 증가할수록 지구의 평균 기온이 상승한다.

01 ⑴ × ⑵ ○ ⑶ ○ ⑷ ○　**02** ③

02 ③ 전등과 컵 사이의 거리는 온도에 영향을 주는데, 전등과 컵 사이가 멀수록 복사 평형 온도가 낮아진다.
오답 피하기 ① 물체의 복사 평형 실험에서 전등은 태양, 알루미늄 컵은 지구에 비유된다.
②, ⑤ 어느 정도 시간이 지나면 컵이 흡수하는 복사 에너지양과 방출하는 에너지양이 같은 복사 평형 상태에 도달하여 컵 내부의 온도가 일정하게 유지된다.
④ 컵이 흡수하는 복사 에너지양이 방출하는 에너지양보다 많으면 컵의 온도가 높아진다.

01 ①, ⑧　**02** ④, ⑦

01 ① 기권은 높이에 따른 기온의 변화를 기준으로 4개의 층으로 구분한다.
⑧ C층은 중간권으로, 대류 현상은 발생하지만 수증기가 거의 없기 때문에 비나 눈과 같은 기상 현상은 발생하지 않는다.
오답 피하기 ② A층은 대류권으로, 높이에 따라 기온이 낮아지므로 대류 현상이 일어난다.
③ 기권에 있는 대부분의 공기가 대류권(A)에 분포한다.
④ 대류권에서는 지표면에서 방출되는 에너지가 위로 갈수록 적게 도달하기 때문에 높이 올라갈수록 기온이 낮아진다.
⑤, ⑥ 성층권(B)에는 오존층이 있어 자외선을 흡수하기 때문에 높이 올라갈수록 기온이 높아지는 안정한 층으로 비행기의 항로로 이용된다.
⑦, ⑨ 중간권(C)에서는 유성이 관측되기도 하며 중간권과 열권(D)의 경계면인 중간권 계면에서 기온이 가장 낮다.
⑩, ⑪, ⑫ D층은 열권으로, 공기가 매우 희박하여 낮과 밤의 기온 차가 매우 크다. 고위도 지역의 열권에서는 오로라 현상이 일어나고 열권은 인공위성의 궤도로 이용된다.

02 ④ 우주 공간으로 방출되는 지구 복사 에너지양은 약 70 %로, D에 해당한다.
⑦ 지구는 대기의 온실 효과에 의해 대기가 없을 때보다 높은 온도에서 복사 평형을 이룬다. 따라서 지구는 온실 효과로 인해 대기가 없는 달보다 평균 온도가 높다.

오답 피하기 ① 태양 복사 에너지 중 약 30 %는 대기와 지표에서 반사된다.

②, ③ 태양 복사 에너지 중 약 20 %는 대기와 구름에 의해 흡수(B)되고, 약 50 %는 지표에 의해 흡수(C)된다.

⑤, ⑧ 지구 전체로는 방출하는 에너지양인 D와 지구가 흡수하는 에너지의 총량인 B와 C를 더한 값이 같아 복사 평형 상태를 이루고 있으므로 지구의 평균 기온이 일정하게 유지된다.

⑥ 지표에서 방출되는 에너지는 대기에 흡수된 후 다시 지표로 방출되는 지구 복사 에너지양인 (가)에 의해 온실 효과가 발생한다.

빈출 선별 **학교 시험** 변형 문제 본교재 52~55쪽

01 ③ **02** ① **03** ① **04** ④ **05** ② **06** ⑤ **07** ⑤
08 ④ **09** ⑤ **10** ① **11** ⑤ **12** ④ **13** ① **14** ①
15 ④ **16** ① **17** ⑤ **18** ⑤
19 (1) A : 대류권, B : 성층권, C : 중간권, D : 열권 (2) 중간권에는 수증기가 거의 존재하지 않기 때문이다.
20 컵이 흡수하는 에너지양 > 컵이 방출하는 에너지양, 컵이 흡수하는 에너지양과 방출하는 에너지양이 같아졌기 때문이다.
21 지구의 평균 기온의 상승으로 인해 빙하가 녹아 빙하의 면적은 감소하고 해수면의 높이가 높아지면서 육지의 면적은 감소한다.

---

01 ㄱ. 대기는 지구를 둘러싸고 있는 여러 가지 기체이다.
ㄷ. 대기는 지표면에서 높이 올라갈수록 희박해진다. 높이 약 30 km 이내에 전체 대기의 대부분이 분포한다.

오답 피하기 ㄴ. 대기는 지표면에서부터 지상 약 1000 km까지 분포한다.

02 지구의 대기는 약 78 %의 질소, 약 21 %의 산소와 더불어 아르곤, 수증기, 이산화 탄소 등의 기체로 이루어져 있다.

03 기권을 4개의 층으로 구분하는 기준은 높이에 따른 기온의 변화이다. 대류권과 중간권은 높이 올라갈수록 기온이 점점 낮아지며, 성층권과 열권은 높이 올라갈수록 기온이 점점 높아진다.

04 ④ 기층이 안정되어 있어서 비행기의 항로로 이용되는 층은 B층인 성층권이다.

오답 피하기 ① 대류권인 A층에서는 기상 현상이 발생한다.
② 성층권인 B층에는 오존층이 있어서 자외선을 흡수한다.
③ 중간권과 열권의 경계인 중간권 계면에서 최저 기온이 나타난다.
⑤ 열권인 D층은 대기가 매우 희박하여 낮과 밤의 기온 차가 매우 크게 나타난다.

05 ② 대류가 일어나기 위해서는 높이 올라갈수록 기온이 낮아져야 한다. 따라서 대류권(A)과 중간권(C)에서 대류가 일어난다.

오답 피하기 성층권(B)과 열권(D)은 높이 올라갈수록 기온이 높아지므로 대류가 일어나지 않는다.

06 ㄱ, ㄴ. 성층권에는 오존층이 존재하여 태양 복사 에너지의 자외선을 흡수하므로 높이 올라갈수록 기온이 높아져 대기가 안정하며 대류가 일어나지 않는다.
ㄷ. 성층권의 오존층에서 자외선을 흡수하여 유해한 자외선을 차단하면서 지구의 생명체를 보호한다.

07 성층권에 오존층이 존재하지 않으면 오존층에 의한 자외선 흡수가 일어나지 않으므로, 대류권이나 중간권처럼 성층권도 높이에 따라 기온이 낮아지게 된다. 따라서 기권은 높이 올라갈수록 기온이 낮아지는 층과 높아지는 층, 2개의 층으로 구분될 것이다.

08 ④ 지구 복사 에너지는 주로 적외선 영역에 분포한다.

오답 피하기 ①, ②, ⑤ 복사는 열이 물질의 도움을 받지 않고 직접 전달되는 방법이다. 모든 물체는 복사 에너지를 방출하는데 물체의 온도가 높을수록 복사 에너지를 많이 방출한다.
③ 태양은 온도가 높기 때문에 많은 에너지가 가시광선 영역에 분포하며 지구는 태양에 비해 온도가 낮기 때문에 적외선 영역에 복사 에너지가 집중되어 있다.

09 ⑤ 전등과 컵 사이의 거리는 온도에 영향을 주는데, 전등과 컵 사이가 멀수록 복사 평형 온도가 낮아진다.

오답 피하기 ①, ② 컵 속의 온도 변화를 통해 물체의 복사 평형이 일어나는 과정으로부터 지구 복사 평형을 이해할 수 있는 실험이다. 실험에서 전등은 태양에 비유되고, 알루미늄 컵은 지구에 비유된다.
③, ④ 알루미늄 컵의 색이 달라지면 온도가 달라지는데, 컵이 흰색이면 빛을 많이 반사시켜 컵 내부의 온도가 낮아진다. 또한 전등 빛의 세기가 셀수록 알루미늄 컵의 온도는 더 높아진다. 따라서 전등 빛의 세기가 셀수록 복사 평형 온도인 b 구간의 온도는 높게 나타난다.

10 ① 대기와 지표에 의해서 반사되는 태양 복사 에너지양(A)은 30 %이다.

오답 피하기 ② B는 지구에서 우주로 방출되는 지구 복사 에너지양으로, 지구가 흡수한 태양 복사 에너지양과 같기 때문에 지구에서는 복사 평형이 일어난다.
③, ④ 지구에 입사하는 태양 복사 에너지 중 대기와 구름에 의해 20 % 흡수되고, 지표에서 50 % 흡수된다. 따라서 지구에 흡수되는 태양 복사 에너지양은 70 %이다.
⑤ 지구는 대기에서 흡수한 지구 복사 에너지의 일부를 지표로 다시 방출하는 과정을 통해 온실 효과가 발생하므로 대기가 없을 때보다 높은 온도에서 복사 평형을 이룬다.

11 지표에서 방출되는 에너지는 대기에 흡수된 후 다시 지표로 재방출되는 E 과정을 통해 온실 효과가 발생하여 지구의 평균 기온이 높게 유지된다.

12 A는 우주에서 지구로 입사되는 태양 복사 에너지양이므로 100 %이다. B는 대기와 지표에서 반사되는 태양 복사 에너지양으로 30 %이다. C는 지구에서 우주로 방출되는 지구 복사 에너지양으로 70 %이다. D는 대기와 구름에 흡수되는 태양 복사 에너지양으로 20 %이다. 따라서 A는 B와 C의 합과 같다.

13 유리판으로 덮은 스타이로폼 상자인 (가)는 온실 효과가 발생하여 유리판으로 덮지 않은 스타이로폼 상자인 (나)보다 더 높은 온도까지 상승한다. 일정한 시간이 지나면 유리판을 덮거나 덮지 않은 스타이로폼 상자에서 모두 일정 온도까지 점점 높아지다가 온도가 일정해진다.

14 ㄱ. (가)와 같이 대기가 없는 경우에는 지표면에서 흡수한 태양 복사 에너지양과 같은 양의 지구 복사 에너지를 방출한다.
오답 피하기 ㄴ. (가)는 대기가 없으므로 온실 효과가 일어나지 않고, 대기가 있는 (나)에서만 온실 효과가 일어난다.
ㄷ. 지구의 평균 기온은 대기가 있어 온실 효과가 일어나는 (나)가 (가)보다 높다.

15 ㄴ, ㄷ. 대기 중 온실 효과를 일으키는 기체를 온실 기체라고 하는데 온실 기체로는 수증기, 이산화 탄소, 메테인 등이 있다. 온실 기체의 양이 증가하면 지구의 평균 온도가 높아지는 지구 온난화가 발생한다.
오답 피하기 ㄱ. 지구는 온실 효과에 의해 달보다 평균 온도가 높게 유지된다.

16 ① 지구 온난화로 인해 극지방의 빙하가 녹고 해수가 팽창하면 해수면이 현재보다 높아진다.
오답 피하기 ②, ④, ⑤ 지구 온난화는 인간의 산업 활동으로 인해 화석 연료의 사용이 증가하고, 이에 따라 대기 중 이산화 탄소의 양이 증가하여 온실 효과가 증대됨에 따라 지구의 기온이 상승하는 현상이다.
③ 지구 온난화의 영향으로 해수면이 상승하여 육지 면적이 감소하거나 빙하의 면적이 감소하며 폭우, 폭설 등의 기상 이변이 증가하고 생태계 변화 등이 발생한다.

17 ⑤ 1880년대 이후, 대기 중 이산화 탄소의 농도와 지구의 평균 기온이 높아지고 있으므로 지구의 평균 기온과 이산화 탄소의 농도는 비례 관계이다.
오답 피하기 ① 그림에서 보면 지구의 평균 기온이 점점 증가하는 지구 온난화가 발생하였다.
② 지구 온난화는 대기 중 이산화 탄소 농도가 증가하면서 발생한다.
③ 1880년대 이후 지구의 평균 기온이 상승하면서 해수면의 높이는 높아졌을 것이다.
④ 이산화 탄소는 온실 효과를 일으키는 온실 기체이다.

18 ⑤ 지구 온난화로 추운 지역에서 자라는 식물의 서식지가 고위도로 이동한다.

오답 피하기 ①, ②, ③ 지구 온난화로 인해 극지방의 빙하가 녹고 해수의 열팽창으로 인해 해수면이 높아진다. 이로 인해 육지의 면적은 감소한다.
④ 지구 온난화에 따른 기후 변화로 가뭄, 사막화 현상이 심해지고 집중 호우나 폭설 등 기상 이변이 증가한다.

19 중간권(C)에서 대류 현상은 일어나지만 수증기가 거의 존재하지 않기 때문에 기상 현상은 일어나지 않는다.

	채점 기준	배점
(1)	A~D층의 이름을 모두 옳게 쓴 경우	50 %
(2)	C층에서 기상 현상이 일어나지 않는 까닭을 옳게 서술한 경우	50 %

20 처음에는 컵이 흡수하는 에너지양이 컵이 방출하는 에너지양보다 많아 온도가 높아지고, 나중에는 컵이 흡수하는 에너지양과 방출하는 에너지양이 같아져 온도가 일정해진다.

채점 기준	배점
방출량과 흡수량을 부등호로 옳게 비교하고, 온도가 일정하게 유지되는 까닭을 옳게 서술한 경우	100 %
방출량과 흡수량만 부등호로 옳게 비교한 경우	50 %

21 지구 온난화로 지구의 평균 기온이 상승하면서 빙하가 녹고 해수의 부피가 팽창하여 해수면이 상승한다. 그로 인해 해안 저지대가 침수되어 육지의 면적은 감소한다.

채점 기준	배점
세 가지 변화 경향을 모두 옳게 서술한 경우	100 %
세 가지 변화 경향 중 두 가지만 옳게 서술한 경우	70 %
세 가지 변화 경향 중 한 가지만 옳게 서술한 경우	30 %

02 구름과 강수

초성 확인 문제

01 응결 **02** 포화, 포화 수증기량 **03** 증가 **04** 이슬점
05 포화 수증기량 **06** 습도 **07** 포화 수증기량 **08** 기온
09 이슬점, 상대 습도 **10** 구름 **11** 단열 팽창 **12** 상승
13 병합설, 빙정설

01 (1) ◯ (2) ◯ (3) × **02** (1) ◯ (2) × (3) ◯ (4) ◯
03 (1) A, C, D, E (2) B (3) A>B>C=D=E
(4) 40 g **04** (1) 낮춘다 (2) 높인다 **05** 25 %
06 (1) 5.3 g/kg (2) 10.6 g/kg (3) ㉠ 5.3, ㉡ 10.6, ㉢ 50
(4) A<B=C
07 ㉠ 높아지고, ㉡ 낮아진다 **08** (1) × (2) ◯ (3) ◯
09 (1) ㉠ 증가, ㉡ 하강 (2) ㉠ 감소, ㉡ 상승
10 ㉠ 상승, ㉡ 하강, ㉢ 응결
11 (1) 가열 (2) 올라갈 (3) 낮은 (4) 상승할 **12** 적운형 구름
13 (1) ◯ (2) × (3) ◯ (4) ◯

01 증발은 물이 수증기로 변하는 현상이고, 응결은 공기 중의 수증기가 물방울로 변하는 현상이다. 증발과 응결에 의해 공기 중의 수증기량은 계속해서 변한다.

02 포화 상태는 어떤 공기가 수증기를 최대한 포함하고 있는 상태로, 기온이 높을수록 포화 수증기량은 증가한다. 이슬점은 현재 공기 중에 포함된 수증기량과 관련된 온도로 현재 수증기량이 많을수록 이슬점은 높아진다.

03 (1), (2) 공기가 포화 상태일 때 포화 수증기량 곡선에 위치하므로 B는 포화 상태이며, 나머지 공기는 불포화 상태이다.
(3) 기온이 같은 경우에는 현재 수증기량이 많을수록 이슬점이 높고, 기온이 다른 경우에 현재 수증기량이 같으면 이슬점은 같다. 따라서 A~E 공기의 이슬점의 크기는 A > B > C=D=E이다.
(4) 응결량은 현재 수증기량에서 냉각된 온도에서의 포화 수증기량을 뺀 값이다. A 공기의 현재 수증기량은 60 g이고 20 °C에서 포화 수증기량은 20 g이므로, A 공기 1 kg을 20 °C로 냉각시킬 때의 응결량은 40 g이다.

04 불포화 상태인 공기가 포화 상태에 도달하기 위해서는 온도를 낮추거나, 수증기를 더 공급하는 방법이 있다.

05 상대 습도(%) =
$\dfrac{\text{현재 공기 중에 포함된 수증기량(g/kg)}}{\text{현재 기온에서의 포화 수증기량(g/kg)}} \times 100$이다. 따라서 이 공기의 상대 습도 = $\dfrac{4\ \text{g/kg}}{16\ \text{g/kg}} \times 100 = 25\ \%$이다.

06 (3) A 공기의 현재 수증기량은 5.3 g/kg이고, 포화 수증기량은 10.6 g/kg이다. 따라서 상대 습도= $\dfrac{5.3\ \text{g/kg}}{10.6\ \text{g/kg}} \times 100 = 50\ \%$이다.
(4) B와 C는 포화 수증기량 곡선 상에 있으므로 상대 습도가 100 %이다. 따라서 A~C 공기 상대 습도의 크기는 A<B=C이다.

08 (1) A는 기온이고, B는 상대 습도이다.
(2) 이날 이슬점이 거의 일정하므로 수증기량이 거의 일정함을 알 수 있다.
(3) 맑은 날에는 공기 중의 수증기량이 거의 일정하므로 기온과 습도의 변화는 반대로 나타난다.

09 외부와 열을 교환하지 않고 공기의 부피가 변하여 온도가 변하는 것을 단열 변화라고 한다. 공기 덩어리가 상승하면 부피가 증가하여 기온은 하강하고, 공기 덩어리가 하강하면 부피가 감소하여 기온은 상승한다.

10 구름은 수증기가 응결하여 생긴 작은 물방울이나 얼음 알갱이가 하늘에 떠 있는 것이다. 공기가 상승하면 단열 팽창이 일어나 기온이 하강하고, 이슬점에 도달하여 수증기의 응결이 시작되면서 구름이 생성된다.

11 구름은 지표면의 일부분이 강하게 가열될 때, 공기가 산을 타고 올라갈 때, 기압이 낮은 곳으로 공기가 모여들 때, 찬 공기와 따뜻한 공기가 만날 때 공기가 상승하면서 만들어진다.

13 그림은 열대 지방의 강수 형태로 병합설에 해당한다. 병합설은 구름 속의 크고 작은 물방울들이 서로 충돌하고 합쳐져서 내리는 비를 설명하는 강수 이론으로, 구름의 대부분 온도가 0 °C 이상이다.

01 (1) ◯ (2) × (3) ×
02 (1) 감소 (2) 팽창 (3) 하강 (4) 흐려짐 **03** ④

01 간이 가압 장치의 뚜껑을 여는 것은 자연에서 구름이 생성되는 것을 비유적으로 나타낸 것이며 이때 넣어준 향 연기는 수증기의 응결을 돕는다.

02 간이 가압 장치의 뚜껑을 열면 압력이 감소하므로 부피가 팽창하고 내부의 온도가 낮아져 응결이 일어나면서 내부가 흐려진다.

03 간이 가압 장치를 여러 번 누른 후 뚜껑을 열면 페트병 내부의 압력이 낮아져 공기 덩어리가 단열 팽창하면서 온도가 하강하여 뿌옇게 흐려진다.

01 ④, ⑨, ⑫　02 ②, ⑦, ⑨

01 ④ 포화 수증기량의 변화 요인은 기온으로, 기온이 높을수록 포화 수증기량은 증가한다.

⑨ '응결량 = 현재 수증기량 − 냉각된 온도의 포화 수증기량'이다. D 공기의 현재 수증기량은 26.5 g/kg이고 기온이 20 °C인 공기의 포화 수증기량은 14.5 g/kg이므로, D 공기 1 kg을 20 °C까지 냉각시킬 때 응결량은 12.0 g(=26.5−14.5)이다. 따라서 D 공기 2 kg을 20 °C까지 냉각시킬 때 응결량은 24.0 g이다.

⑫ 젖은 빨래는 상대 습도가 낮을수록 잘 마르므로, 상대 습도가 낮은 E 공기에서 더 잘 마른다.

오답 피하기 ①, ② A 공기는 현재 수증기량과 포화 수증기량이 같은 포화 상태이다.

③ B 공기는 포화 수증기량보다 현재 수증기량이 적은 불포화 상태로, 기온을 낮추거나 수증기를 더 공급하면 포화 상태에 도달한다.

⑤ A, B, E 공기는 모두 포화 수증기량 곡선 그래프에서 같은 가로선 상에 놓여 있으므로, 세 공기의 현재 수증기량은 7.6 g/kg으로 같다.

⑥ C, D, E 공기는 모두 포화 수증기량 곡선 그래프에서 같은 세로선 상에 놓여 있으므로, 세 공기의 포화 수증기량은 모두 35.3 g/kg으로 같다.

⑦, ⑧ C 공기는 20 °C까지 냉각시키면 응결이 일어나기 시작하는 데 이때의 온도가 이슬점이다.

⑩ D 공기의 포화 수증기량은 35.3 g/kg이고 현재 수증기량은 26.5 g/kg이다. 따라서 D 공기의 상대 습도는 약 75 %(= $\frac{26.5\,\text{g/kg}}{35.3\,\text{g/kg}} \times 100$)이다.

⑪ 기온이 같은 공기는 현재 수증기량이 많을수록 상대 습도가 높다. 따라서 상대 습도는 D 공기가 E 공기보다 높다.

02 (가)는 병합설이고, (나)는 빙정설이다.

②, ⑨ (가)는 크고 작은 물방울들이 부딪치고 합쳐져서 점점 커지면 빗방울이 되어 지표로 떨어지는 병합설로 저위도인 열대 지방에서 발달하는 구름으로 따뜻한 비가 내린다. (나)의 빙정설에 의한 구름에서는 찬비가 내린다.

⑦ (나)의 −40 °C~0 °C 구간의 물방울에서 증발한 수증기가 빙정에 달라붙어 입자가 커져 떨어지면 비가 된다.

오답 피하기 ①, ③ (가)는 저위도의 열대 지방에서 발달하는 구름으로 병합설이고, (나)는 우리나라와 같은 중위도나 고위도 지방에서 발달하는 구름으로 빙정설에 해당한다.

④, ⑤ (가)의 구름은 온도가 0 °C이상으로 얼음 알갱이는 존재하지 않고 주로 물방울만 존재하는데 크고 작은 물방울들이 서로 부딪치면서 합쳐지고 무거워지면 떨어져 비가 된다.

⑥, ⑧ (나)의 A 구간에서는 얼음 알갱이와 물방울이 함께 존재하는데, 물방울에서 증발한 수증기가 얼음 알갱이에 달라붙는다.

---

01 ③	02 ⑤	03 ②	04 ②	05 ④	06 ⑤	07 ②
08 ②	09 ④	10 ②	11 ③	12 ⑤	13 ④	14 ①
15 ⑤	16 ②	17 ③	18 ③	19 ③	20 ②	21 ②
22 ④	23 ⑤	24 ③	25 ④	26 ①	27 ④	28 ③
29 ①	30 ⑤					

31 수증기량을 60 g/kg 추가 공급하거나 기온을 20 °C로 낮춘다.

32 600 g, A 공기의 이슬점은 50 °C로 현재 80 g/kg의 수증기를 포함하는데 이 공기를 20 °C로 냉각시키면 공기 중에 수증기를 최대 20 g/kg 포함할 수 있으므로 나머지 수증기 60 g /kg은 응결한다. 따라서 응결량은 600 g(= 60 g/kg×10 kg)이다.

33 25 %, B 공기의 현재 수증기량은 20 g/kg이고 포화 수증기량은 80 g/kg이다. 따라서 상대 습도(%)
$= \dfrac{\text{현재 수증기량(g/kg)}}{\text{포화 수증기량(g/kg)}} \times 100 = \dfrac{20\,\text{g/kg}}{80\,\text{g/kg}} \times 100 = 25\,\%$
이다.

34 ㉠ 상대 습도 $= \dfrac{\text{현재 수증기량(g/kg)}}{\text{포화 수증기량(g/kg)}} \times 100$
$= \dfrac{10.5\,\text{g/kg}}{14.5\,\text{g/kg}} \times 100 ≒ 72.4\,\%,$
㉡ 총 수증기량 $= 10.5\,\text{g/kg} \times 20\,\text{kg} = 210\,\text{g}$

35 반대로 나타난다. 공기 중의 수증기량은 일정한데 기온이 높을수록 포화 수증기량이 증가하여 상대 습도가 낮아지기 때문이다.

36 거의 일정, 이슬점은 현재 수증기량에 따라 변하는데 맑은 날에는 공기 중의 수증기량이 거의 변하지 않기 때문이다.

37 기온은 낮아진다. 페트병 뚜껑을 열면 페트병 내부의 공기가 단열 팽창하기 때문이다.

38 뿌옇게 흐려진다. 향 연기는 응결핵 역할을 하므로 향 연기를 넣은 경우는 향 연기를 넣지 않은 경우보다 더 뿌옇게 흐려진다.

01 ③ 증발과 응결에 의해 공기 중의 수증기 양은 계속해서 변하고 있다.

오답 피하기 ①, ② 증발은 물의 표면에서 물이 수증기로 변하여 공기 중으로 들어가는 현상이고, 응결은 공기 중의 수증기가 물방울로 변하는 현상이다.

④, ⑤ 빨래가 마르거나 컵에 담아 둔 물이 점점 줄어드는 것은 증발과 관련된 현상이고, 얼음물을 넣은 컵 표면에 물방울이 맺히는 것은 응결과 관련된 현상이다.

02 ⑤ 페트리 접시를 수조로 덮은 경우 일정한 시간이 흐르면 수조 안의 공기가 포화되므로 물이 어느 정도 줄어들다가 더 이상 줄어들지 않는다. 이 실험을 통해 일정한 부피의 공기 중에 포함될 수 있는 수증기의 양에는 한계가 있음을 알 수 있다.

오답 피하기 (가)에서는 증발이 계속 일어나고, (나)에서는 증발이 일어나다가 포화 상태가 되면 물이 더 이상 줄지 않는다. 따라서 5일 후 (나) 페트리 접시에는 (가) 페트리 접시보다 많은 양의 물이 남아 있게 된다.

03 ② 이슬점은 현재 수증기량으로 포화 상태가 되는 온도이므로, 현재 온도와는 관계없다.

오답 피하기 이슬점은 응결이 시작할 때의 온도이며 공기가 포화 상태일 때의 온도로 현재 수증기량이 많을수록 높다.

04 공기 중의 포화 수증기량은 기온이 높아질수록 증가한다. 즉, 따뜻한 공기는 같은 부피의 찬 공기보다 수증기를 많이 포함할 수 있다.

05 ④ 새벽에 안개가 끼는 것은 기온이 낮아져 대기 중의 수증기가 응결하는 과정이므로, (나)와 같은 과정으로 설명할 수 있다.

오답 피하기 ①, ② 드라이기로 가열하여 둥근 플라스크 내부의 기온이 높아지면 포화 수증기량이 많아지면서 증발이 일어나 플라스크 내부가 맑아진다.

③ 둥근 플라스크를 찬물에 담그면 내부의 기온이 낮아져 응결이 일어나므로 플라스크 내부가 뿌옇게 흐려진다.

⑤ 이 실험으로부터 포화 수증기량은 기온에 따라 달라진다는 것을 알 수 있다. 기온이 높을수록 포화 수증기량은 증가한다.

06 어떤 공기가 수증기를 최대로 포함하고 있는 상태를 포화 상태라고 하며, 포화 수증기량 곡선 상에 위치할 때 포화 상태이다. 따라서 포화 수증기량 곡선 상에 위치하는 A, B, C 공기는 포화 상태이다.

07 ② B와 D는 현재 포함하고 있는 수증기량은 14.5 g으로 같지만, 포화 수증기량은 온도가 높을수록 증가하므로 B의 포화 수증기량은 14.5 g이고, D의 포화 수증기량은 27.7 g이다.

오답 피하기 불포화 상태인 공기를 포화 상태에 이르게 하려면 기온을 낮추거나, 수증기를 더 공급해야 한다. 따라서 불포화 상태인 D 공기의 온도를 20 ℃로 낮추거나 수증기를 12.2 g 더 공급해 주면 포화 상태가 된다. 공기 중에 포함된 수증기량이 가장 많은 C 공기의 이슬점이 가장 높다.

08 공기 중에 포함된 수증기량이므로 포화 상태가 되는 온도가 이슬점이다. 따라서 이슬점을 비교하면 A>B=C이다.

09 B 공기에 포함된 수증기량인 20 g/kg이 포함되는 온도인 20 ℃가 B 공기의 이슬점이다.

10 응결량은 현재 수증기량에서 냉각된 온도에서의 포화 수증기량을 뺀 값이다. 따라서 현재 수증기량이 가장 많은 A를 10 ℃까지 냉각시킬 때 응결량이 가장 많다.

11 교실의 이슬점이 15 ℃이므로 이 공기에 포함되어 있는 수증기량은 10.5 g/kg×100 kg=1050 g이다. 공기를 5 ℃로 냉각시키면 5.4 g/kg×100 kg=540 g을 제외한 나머지 공기는 응결되므로 1050 g−540 g=510 g이 응결된다.

12 ㄱ. 10 ℃에서 1 kg의 공기는 포화 수증기량인 7.5 g의 수증기를 최대로 포함할 수 있다.

ㄴ. 20 ℃에서 포화 수증기량은 14.5 g/kg이므로, 10.6 g/kg의 수증기를 포함한 공기는 불포화 상태이다.

ㄷ. 이슬점은 공기 중의 수증기가 응결하기 시작할 때의 온도이다. 따라서 25 ℃인 공기 1 kg 속에 10.6 g의 수증기가 들어 있다면, 이 공기의 이슬점은 10.6 g/kg이 포화 수증기량인 15 ℃이다.

13 이슬점은 현재 공기 중에 포함된 수증기의 양이 포화 상태일 때의 온도를 의미하므로, 현재 공기에 포함되어 있는 수증기량을 알 수 있다. 즉, 현재 공기 중에는 10.6 g의 수증기가 포함되어 있는데 이 공기를 10 ℃까지 낮추게 되면 10 ℃의 포화 수증기량인 7.5 g을 뺀 나머지 수증기는 응결하게 된다. 따라서 공기 1 kg의 응결량은 3.1 g(=10.6 g−7.5 g)이므로, 공기 5 kg의 응결량은 15.5 g이다.

14 기온이 20 ℃인 공기 10 kg 중에 14.7 g의 수증기가 포함되어 있으므로 공기 1 kg 중에 포함된 1.47 g이 현재 수증기량이다. 따라서 이 공기의 상대 습도$=\dfrac{1.47\ \text{g/kg}}{14.7\ \text{g/kg}}\times100=10\ \%$이다.

15 ⑤ 이슬점은 공기 중의 수증기가 응결하기 시작할 때의 온도로, 기온이 같아도 현재 수증기량이 많을수록 이슬점이 높다. 따라서 이슬점은 현재 수증기량이 많은 B 공기가 D 공기보다 높다.

오답 피하기 ① 포화 수증기량 곡선 위에 놓여 있는 B 공기의 상대 습도는 100 %이다.

② 상대 습도(%)$=\dfrac{\text{현재 수증기량(g/kg)}}{\text{포화 수증기량(g/kg)}}\times100$이다. E 공기의 현재 수증기량은 20 g/kg이고 포화 수증기량은 80 g/kg이므로 상대 습도는 25 %$(=\dfrac{20\ \text{g/kg}}{80\ \text{g/kg}}\times100)$이다.

③ 기온이 같을 때 상대 습도는 현재 수증기량이 많을수록 높다. 따라서 상대 습도는 A 공기가 E 공기보다 높다.

④ 현재 수증기량이 같을 때 상대 습도는 기온이 높을수록 낮다. 따라서 C~E 공기 중 상대 습도는 기온이 가장 낮은 C 공기가 가장 높다.

16 상대 습도(%) $=$
$\dfrac{\text{현재 공기 중에 포함된 수증기량(g/kg)}}{\text{현재 기온에서의 포화 수증기량(g/kg)}}\times100$이다.
따라서 현재 기온이 20 ℃이고, 이슬점이 15 ℃일 때,
상대 습도(%)$=\dfrac{10.6\ \text{g/kg}}{14.5\ \text{g/kg}}\times100$이다.
따라서 이 공기의 상대 습도는 약 73 %이다.

17 기온이 30 ℃인 공기 2 kg 속에 42 g의 수증기가 포함되어 있으므로 공기 1 kg 속에는 수증기 21 g이 포함되어 있다.

상대 습도(%)$=\dfrac{\text{현재 수증기량(g/kg)}}{\text{포화 수증기량(g/kg)}}\times100$

$=\dfrac{21\ \text{g/kg}}{28\ \text{g/kg}}\times100=75\ \%$

따라서 이 공기의 상대 습도는 75 %이다.

18 기온이 20 ℃이고 상대 습도가 70 %인 공기 중의 현재 수증기량$= \dfrac{\text{상대 습도}}{100} × \text{포화 수증기량} = \dfrac{70}{100} × 14.5\,\text{g/kg} = 10.15\,\text{g/kg}$이고,
응결량은 $2.55\,\text{g/kg}(=10.15\,\text{g/kg} - 7.6\,\text{g/kg})$이므로 공기 4 kg의 응결량은 10.2 g이다.

19 ㄱ. 기온이 높을수록 포화 수증기량이 증가하므로, 기온은 포화 수증기량이 더 많은 (가)가 (나)보다 높다.
ㄷ. 상대 습도$(\%) = \dfrac{\text{현재 공기 중에 포함된 수증기량(g/kg)}}{\text{현재 기온에서의 포화 수증기량(g/kg)}} × 100$이다. 두 공기의 현재 수증기량은 같지만 포화 수증기량은 (가)가 (나)보다 많으므로 상대 습도는 (가)보다 (나)가 높다.
오답 피하기 ㄴ. 이슬점은 공기 중의 수증기가 응결하기 시작할 때의 온도로, 기온이 달라도 현재 수증기량이 같으면 이슬점은 같다. (가)와 (나)는 현재 수증기량이 같으므로 두 공기의 이슬점은 같다.

20 밀폐된 방 안에서 기온이 상승해도 현재 수증기량은 일정하지만, 기온이 높아짐에 따라 포화 수증기량이 증가하므로 상대 습도는 낮아진다.

21 맑은 날 낮에는 기온이 높아 포화 수증기량이 증가하므로 상대 습도가 낮아진다. 반면에 밤에는 기온이 낮아 포화 수증기량이 감소하므로 상대 습도가 높아진다. 이슬점은 공기 중의 수증기량이 거의 변하지 않기 때문에 거의 일정하다. 따라서 A는 기온, B는 상대 습도, C는 이슬점이다.

22 ④ 맑은 날의 기온, 이슬점, 상대 습도 변화를 나타낸 것으로, A는 기온, B는 상대 습도, C는 이슬점이다. 가장 건조할 때는 상대 습도가 가장 낮은 15시경이다.
오답 피하기 이 날은 맑은 날이므로 대기 중 수증기의 양이 거의 변하지 않아 이슬점이 거의 일정하게 나타난다. 맑은 날에는 기온과 상대 습도가 반대로 나타나므로 기온이 높아지면 습도는 낮아진다.

23 ⑤ A는 맑은 날, B는 흐린 날, C는 비 오는 날이며, 비 오는 날에는 하루 중 기온 변화가 작다.
오답 피하기 맑은 날에 대기 중의 수증기량은 거의 일정하므로 기온과 상대 습도는 거의 반대로 나타나며, 비 오는 날의 상대 습도는 맑은 날이나 흐린 날에 비해 가장 높게 나타난다.

24 지표면에서 공기 덩어리가 상승하면서 단열 팽창이 일어난다. 이때 공기 덩어리의 기온이 낮아지다가 이슬점에 도달하면 수증기의 응결이 시작된다. 이러한 과정으로 높은 곳에서 물방울이 생겨 구름이 생성된다. 따라서 구름의 생성 과정은 (다) → (가) → (바) → (마) → (라) → (나)순이다.

25 ④ 구름이 생성되기 시작하는 (나)에서 이슬점에 도달한다.
오답 피하기 ①, ②, ③ (가) → (나) 과정과 같이 공기 덩어리가 상승하는 과정에서는 주변의 압력이 낮아져 부피가 팽창하면서 기온이 낮아지는 단열 팽창을 한다.

⑤ 공기 덩어리가 계속 상승하여 기온이 낮아지다가 이슬점에 도달하면 포화 상태가 되어 수증기가 응결한다.

26 ① 간이 가압 장치를 눌러 압축시키면 페트병 내부의 공기는 압축된다.
오답 피하기 ②, ③ 뚜껑을 열면 페트병 내부의 압력이 감소하면서 단열 팽창하여 페트병 내부의 기온이 낮아진다.
④ 향 연기는 수증기의 응결을 돕는 응결핵 역할을 하므로 향 연기를 넣으면 (나) 과정에서 페트병 내부가 더 뿌옇게 흐려진다.
⑤ (가)는 단열 압축에 따른 구름의 소멸, (나)는 단열 팽창에 따른 구름의 생성 과정을 설명할 수 있다.

27 ④ 고기압 중심부에서는 하강 기류가 형성되므로 단열 압축이 일어나 구름이 생성되지 않는다.
오답 피하기 구름이 생성되기 위해서는 공기가 상승해야 한다. 공기는 지표면의 일부분이 강하게 가열될 때, 공기가 산사면을 타고 오를 때, 따뜻한 공기가 찬 공기를 타고 오를 때, 저기압의 중심부로 공기가 모여들 때 상승한다.

28 ③ (가)는 층운형, (나)는 적운형 구름이다. 층운형 구름은 상승 기류가 약할 때, 적운형 구름은 상승 기류가 강할 때 생성된다.
오답 피하기 ①, ②, ④ 적운형 구름은 상승이 빠르고 강하게 일어나 위로 솟는 모양이 되고, 층운형 구름은 상승이 느리고 약하게 일어나 옆으로 퍼지는 모양이 된다. 적운형 구름에서는 소나기성 비가 내리지만, 층운형 구름에서는 지속적인 비가 내린다.
⑤ 구름의 상승 속도가 다르기 때문에 구름의 모양이 서로 다르게 나타난다.

29 ① 중위도나 고위도 지역의 강수 현상은 빙정설로 설명한다.
오답 피하기 ②, ⑤ 고위도 지역의 구름에는 물방울과 얼음 알갱이가 함께 존재한다. 물방울에서 증발한 수증기가 얼음 알갱이에 달라붙어 커지면 지표로 떨어져 눈이 되고 떨어지는 도중에 녹으면 비가 된다.
③ 저위도 지역의 구름은 대부분 0 ℃보다 높은 온도에서 생성되므로, 대부분 물방울로 구성되며 크고 작은 물방울들이 부딪치고 합쳐져서 점점 커지면 빗방울이 되어 지표로 떨어지는 병합설로 설명한다.
④ 우리나라의 겨울철에는 빙정설과 같은 과정으로 비가 내린다.

30 ⑤ 그림은 병합설에 관한 것으로, 병합설은 구름 속에서 크고 작은 물방울이 부딪치면서 합쳐지고 점점 무거워져 비로 내리는 강수 이론이다. 반면 빙정설은 중위도나 고위도 지방에서의 강수 이론으로, 구름 내부에 얼음 알갱이와 과냉각 물방울, 물방울이 서로 섞여 있으면서 과냉각 물방울에서 증발한 수증기가 얼음 알갱이에 달라붙어 커지면 지표면으로 떨어진다고 설명한다. 이때 지표 부근의 기온이 높으면 녹아서 비로 내리고, 지표 부근의 기온이 낮으면 그대로 떨어져 눈으로 내린다.

오답 피하기 ① 저위도 지방에서 내리는 비이다.
② 구름 내부는 0 ℃ 이상으로 얼음 알갱이는 존재하지 않는다.
③ 크고 작은 물방울이 충돌하고 합쳐져 만들어진다.
④ 구름 내부의 기온이 높아 대부분 물방울로 존재한다.

31 수증기량을 60 g/kg 추가 공급하거나 기온을 20 ℃로 낮춘다.

채점 기준	배점
두 가지 방법을 모두 옳게 서술한 경우	100 %
한 가지 방법만 옳게 서술한 경우	50 %

32 A 공기의 이슬점은 50 ℃로 현재 80 g/kg의 수증기를 포함하고 있다. 이 공기를 20 ℃로 냉각시키면 공기 중에 수증기를 최대 20 g/kg포함할 수 있으므로 나머지 수증기 60 g/kg은 응결한다. 따라서 응결량 = 60 g/kg×10 kg = 600 g이다.

채점 기준	배점
응결량을 구하는 과정과 그 값을 모두 옳게 쓴 경우	100 %
응결량만 옳게 쓴 경우	50 %

33 25 %, B 공기의 현재 수증기량은 20 g/kg이고 포화 수증기량은 80 g/kg이므로, 상대 습도(%) = $\dfrac{현재\ 수증기량(g/kg)}{포화\ 수증기량(g/kg)}$ ×100 = $\dfrac{20\ g/kg}{80\ g/kg}$ × 100 = 25 %이다.

채점 기준	배점
상대 습도를 구하는 과정과 그 값을 모두 옳게 쓴 경우	100 %
상대 습도만 옳게 쓴 경우	50 %

34 ㉠ 상대 습도 = $\dfrac{현재\ 수증기량(g/kg)}{포화\ 수증기량(g/kg)}$ × 100

$= \dfrac{10.5\ g/kg}{14.5\ g/kg}$ × 100 ≒ 72.4 %

㉡ 총 수증기량 = 10.5 g/kg×20 kg=210 g

채점 기준	배점
상대 습도와 총 수증기량을 모두 옳게 쓴 경우	100 %
상대 습도와 총 수증기량 중 한 가지만 옳게 쓴 경우	50 %

35 공기 중의 수증기량은 일정한데 기온이 높을수록 포화 수증기량이 증가하여 상대 습도가 낮아지기 때문에 맑은 날 기온과 상대 습도의 변화 경향은 대체로 반대로 나타난다.

채점 기준	배점
기온과 상대 습도의 변화 경향을 옳게 쓰고, 그 까닭을 옳게 서술한 경우	100 %
기온과 상대 습도의 변화 경향만 옳게 쓴 경우	50 %

36 이슬점은 현재 수증기량에 따라 변하는데 맑은 날에는 공기 중의 수증기량이 거의 변하지 않기 때문에 맑은 날 이슬점은 거의 일정하다.

채점 기준	배점
이슬점의 변화 경향을 옳게 쓰고, 그 까닭을 옳게 서술한 경우	100 %
이슬점의 변화 경향만 옳게 쓴 경우	50 %

37 페트병 뚜껑을 열면 페트병 내부의 공기가 단열 팽창하기 때문에 기온은 낮아진다.

채점 기준	배점
내부의 기온 변화를 옳게 쓰고, 그 까닭을 옳게 서술한 경우	100 %
내부의 기온 변화 경향만 옳게 쓴 경우	50 %

38 향 연기는 수증기의 응결을 도와주는 응결핵 역할을 하므로 향 연기를 넣은 경우는 향 연기를 넣지 않은 경우보다 더 뿌옇게 흐려진다.

채점 기준	배점
내부에서 일어나는 현상을 옳게 쓰고, 향 연기의 역할을 포함하여 두 가지 경우의 차이를 옳게 서술한 경우	100 %
내부에서 일어나는 현상과 향 연기의 역할만 옳게 쓴 경우	70 %
내부에서 일어나는 현상만 옳게 쓴 경우	30 %
향 연기의 역할만 옳게 쓴 경우	30 %

03 기압과 날씨

개념 바로 확인

본교재 **71**쪽, **73**쪽, **75**쪽

초성 확인 문제

01 수은 **02** 기울기 **03** 수평 **04** 기압 **05** 풍향, 풍속
06 해륙풍 **07** 대륙풍, 남동 계절풍 **08** 기단 **09** 양쯔강,
오호츠크해, 북태평양, 시베리아 **10** 전선 **11** 온난, 한랭
12 정체 **13** 고기압, 저기압 **14** 하강, 맑고, 상승, 흐리다
15 온대 저기압 **16** 일기도

01 (1) ○ (2) × (3) × (4) ○ **02** (1) ○ (2) ○ (3) × (4)
○ **03** ㉠ cmHg, ㉡ mmHg, ㉢ hPa **04** (1) 가열 (2)
높아 (3) B, A **05** (1) 높다 (2) 낮다 (3) 바다, 육지 (4) 해
풍 **06** ㉠ 시베리아 기단, ㉡ 오호츠크해 기단, ㉢ 양쯔강
기단, ㉣ 북태평양 기단 **07** (1) ○ (2) × (3) ○ (4)
○ **08** (1) ○ (2) × (3) ○ **09** 정체 전선 **10** (1) 완만하
다 (2) 층운형 (3) 전선 앞쪽 (4) 느리다 (5) 높아진다 **11** (1)
○ (2) ○ (3) × (4) ○ **12** (가) 고기압 (나) 저기압 **13** ㉠
중위도, ㉡ 편서풍, ㉢ 온난 **14** (1) ○ (2) ○ (3) ○ (4)
× **15** (가) 겨울 (나) 여름

01 (1) 공기가 단위 넓이에 작용하는 힘을 기압이라고 한다.
(2) 기압은 모든 방향으로 동일하게 작용한다.
(3) 공기는 끊임없이 움직이기 때문에 기압은 측정하는 장소와
시각에 따라서 달라진다.
(4) 공기의 대부분이 대류권에 있기 때문에 높이 올라갈수록 기
압이 급격히 낮아진다.

02 1기압에서 수은을 가득 채운 1 m의 유리관을 수은이 담긴
수조에 거꾸로 세우면 유리관 속 수은은 표면으로부터 76 cm의
높이까지 내려오다가 멈춘다. 이것은 수은 기둥의 압력과 수은
면에 작용하는 기압의 크기가 같기 때문이다. 이 실험에서 기압
이 일정할 때 수은 기둥의 높이는 유리관의 굵기나 기울기에 관
계없이 수은 기둥의 높이는 같다. 그런데 기압이 높아지면 수은
기둥의 높이는 현재보다 높아질 것이다.

05 해안 지역에서 낮에는 기온이 육지가 바다보다 높으므로
기압은 바다가 육지보다 높다. 따라서 바람은 바다에서 육지로
해풍이 분다.

07 (1) 기단은 공기가 대륙이나 해양과 같은 넓은 장소에 오랫
동안 머물러 기온과 습도 등의 성질이 지표와 비슷해진 큰 공기
덩어리이므로 발생 장소의 성질에 따라 기단의 성질이 결정된다.
(2) 시베리아 기단은 우리나라 겨울철에 영향을 주며, 한랭 건조
하다.
(3) 우리나라의 봄철에 영향을 주는 양쯔강 기단은 온난 건조하다.
(4) 우리나라의 여름철에 영향을 주는 북태평양 기단은 고온 다
습한 성질을 가지므로, 여름철에는 덥고 습한 날씨가 지속된다.

08 (1) 성질이 다른 두 기단이 만나면 잘 섞이지 않고, 경계면
이 형성되는데, 이 경계면을 전선면이라고 한다.
(2) 온난 전선은 따뜻한 공기가 찬 공기 쪽으로 이동하여 찬 공기
위로 천천히 타고 올라갈 때 형성되며, 한랭 전선은 찬 공기가
따뜻한 공기 쪽으로 이동하여 따뜻한 공기 아래로 파고들 때 형
성된다.
(3) 폐색 전선은 이동 속도가 빠른 한랭 전선이 온난 전선과 겹쳐
져서 형성되는 전선이다.

10 온난 전선은 따뜻한 공기가 찬 공기를 천천히 타고 오를 때
형성되므로 전선면의 기울기가 완만하다. 온난 전선의 앞쪽에
서는 층운형 구름이 나타나고 지속적으로 비가 내리며 남동풍이
분다. 온난 전선이 통과하고 나면 따뜻한 공기의 영향으로 기온
이 높아지며 한랭 전선에 비해 이동 속도가 느리기 때문에 한랭
전선과 겹쳐져 폐색 전선이 형성될 수 있다.

11 (1) 주위보다 상대적으로 기압이 높은 곳을 고기압, 주위보
다 상대적으로 기압이 낮은 곳을 저기압이라고 한다.
(2) 북반구의 고기압에서는 바람이 시계 방향으로 불어 나가며,
저기압에서는 바람이 시계 반대 방향으로 불어 들어온다.
(3) 저기압에서는 지표의 공기가 저기압 중심을 향해 모여들어
중심부에 상승 기류가 발달한다.
(4) 저기압의 영향을 받는 곳에서는 상승 기류가 발달하므로 구
름이 생기고 날씨가 흐리다.

13 중위도 지방에서는 온난 전선과 한랭 전선을 동반하는 온
대 저기압이 발생하는데, 온대 저기압의 중심에서 남동쪽으로
온난 전선이 발달하고, 남서쪽으로 한랭 전선이 발달한다. 온대
저기압은 편서풍에 의해 서쪽에서 동쪽으로 이동하므로 온대 저
기압이 통과하는 지역에서는 온난 전선이 먼저 통과하게 된다.

14 (1) A 지역은 한랭 전선의 뒤쪽으로 적운형 구름이 발달하
고, 소나기가 내리며, 북서풍이 분다.
(2) B 지역은 온난 전선과 한랭 전선 사이에 위치한 지역으로 날
씨가 맑다.
(3) C 지역은 온난 전선의 앞쪽으로 층운형 구름이 발달하고, 이
슬비가 내리며, 남동풍이 분다.
(4) 세 지역 중 기온은 온난 전선과 한랭 전선 사이에 위치한 B
지역에서 가장 높다.

기출 최다 탐구

본교재 **76**쪽

01 (1) × (2) × (3) ○ **02** (1) 높다 (2) 낮다 (3) 해풍
03 ④

03 ④ 전등을 켜고 시간이 흐르면, 모래가 물보다 기온이 높아
지므로 모래보다 물의 기압이 더 높다.
오답 피하기 ①, ② 모래는 물보다 빨리 가열되고 빨리 냉각된다.
따라서 (가)에서 온도는 모래가 물보다 높다.

③ 전등을 켠 후 열을 받으면 모래는 물보다 기온이 높아지고 상대적으로 기압이 낮아지게 되어, 물에서 모래 쪽으로 향 연기가 이동한다.

⑤ 전등을 끈 후 열이 식으면 모래는 물보다 기온이 낮아져 상대적으로 기압이 높아지고, 모래에서 물 쪽으로 향 연기가 이동한다.

A to Z 기출 분석 다지선다

본교재 **77쪽**

01 ②, ⑤　02 ③, ⑦, ⑪

01 ②, ⑤ 밤에 육지가 바다보다 빠르게 냉각되어 육지에 고기압이 형성되면서 육지에서 바다로 부는 육풍이다. 해륙풍은 하루를 주기로 바람의 방향이 변한다.

오답 피하기 ①, ③, ④ 밤에 부는 육풍으로, 육지가 바다보다 빠르게 냉각되므로 기온은 육지가 바다보다 낮고, 기압은 육지가 바다보다 높다.

⑥, ⑦ 육지의 열용량(비열)이 바다보다 작기 때문에 육지는 바다보다 빠르게 가열되고 냉각된다.

⑧ 육지에는 공기가 빠르게 냉각하여 기온이 낮으므로 하강 기류가 발달하고, 바다에는 공기가 상대적으로 느리게 냉각하여 기온이 육지보다 높아 상승 기류가 발달한다.

⑨ 바람은 공기가 수평 방향으로 이동하는 흐름으로, 고기압에서 저기압으로 불며, 기압 차이가 클수록 빨라진다.

⑩ 우리나라의 겨울철에는 대륙이 해양보다 빠르게 식으면서 대륙에 고기압이 형성되어 대륙에서 해양으로 북서 계절풍이 부는데, 이는 하루를 주기로 육지에서 바다로 부는 육풍의 생성 원리와 같다.

02 ③ 온난 전선 앞쪽에 위치한 C 지역에는 넓은 지역에 이슬비가 내린다.

⑦ C 지역에는 남동풍이 불고 있는데 온난 전선이 통과한 이후에는 남서풍으로 바뀐다.

⑪ 온대 저기압은 북쪽의 찬 기단과 남쪽의 따뜻한 기단이 만나는 중위도 지방에서 발생한다.

오답 피하기 ①, ② 한랭 전선의 뒤쪽에 위치한 A 지역에는 북서풍이 불고 적운형 구름이 발달하여 좁은 지역에 소나기가 내린다.

④ 한랭 전선과 온난 전선 사이에 위치한 B 지역의 기온이 가장 높다.

⑤ 한랭 전선이 C 지역을 통과한 이후 따뜻한 공기가 유입되어 기온이 높아질 것이다.

⑥, ⑬ 온대 저기압은 편서풍의 영향으로 서쪽에서 동쪽으로 이동하므로 C 지역은 온난 전선이 통과한 후 한랭 전선이 통과한다.

⑧ 전선면의 기울기는 C 부근의 온난 전선보다 A 부근의 한랭 전선이 급하다.

⑨, ⑩ D 지역은 온대 저기압의 중심부로 상승 기류가 발달하며 바람은 시계 반대 방향으로 불어 들어간다.

⑫ 온난 전선에서 강수 구역은 전선 앞쪽의 넓은 지역이고, 한랭 전선에서 강수 구역은 전선 뒤쪽의 좁은 지역이다.

⑭ 한랭 전선은 온난 전선보다 이동 속도가 빠르기 때문에 며칠 후에는 한랭 전선이 온난 전선을 따라잡아 겹쳐지면서 폐색 전선이 형성될 수 있다.

빈출 선별 학교 시험 변형 문제

본교재 **78~83쪽**

01 ③　02 ②　03 ①　04 ⑤　05 ④　06 ③　07 ③
08 ②　09 ⑤　10 ④　11 ④　12 ④　13 ⑤　14 ⑤
15 ④　16 ④　17 ①　18 ③, ⑥　19 ①　20 ⑤
21 ③　22 ④　23 ⑤　24 ②　25 ②　26 ③　27 ②, ⑥
28 ②　29 ④, ⑤　30 ⑤

31 수은 기둥이 누르는 압력과 수조의 수은 면에 작용하는 기압의 크기가 같아졌기 때문이다.

32 모래 쪽, 모래가 물보다 빠르게 가열되므로 모래 쪽에 저기압이 발달하고, 물 쪽에 고기압이 발달하여 공기가 물 쪽에서 모래 쪽으로 이동하기 때문이다.

33 차고 건조한 성질의 기단이 따뜻한 바다 위를 지나면 바다로부터 열과 수증기를 공급 받아 기온과 습도 모두 높아진다.

34 A : 저기압, B : 고기압, A 지역에는 저기압이 발달하므로 바람은 시계 반대 방향으로 불어 들어오며, 상승 기류가 발달하고 구름이 생성되어 흐리거나 비가 내린다.

35 온난 전선, 온대 저기압은 중심에서 남동쪽으로 온난 전선이, 남서쪽으로 한랭 전선이 형성되는데 편서풍의 영향으로 온대 저기압은 서쪽에서 동쪽으로 이동하기 때문이다.

36 B, 기온은 높아지고 날씨는 맑아지며 풍향은 남동풍에서 남서풍으로 변한다.

37 (1) 시베리아 기단, 북서 계절풍 (2) 겨울, 서고동저형의 기압 배치가 나타나기 때문이다.

01 ③ 기압은 단위 면적에 작용하는 공기의 압력이다. 지구의 대기는 높이 올라갈수록 희박해지므로, 기압도 낮아진다.

오답 피하기 지구의 대기는 1기압으로 1013 hPa에 해당하며, 모든 방향에서 동일하게 작용한다. 또한 기압은 장소와 시간에 따라서 달라진다.

02 ㄷ. 페트병에 따뜻한 물을 넣고 뚜껑을 닫은 후 찬물에 넣으면 페트병 내부의 기압이 외부 기압보다 낮아지므로 페트병이 찌그러진다.

오답 피하기 ㄱ, ㄴ. 기압은 모든 방향에서 동일하게 작용하므로 페트병은 모든 방향에서 찌그러진다.

03 ① 1기압은 높이 76 cm의 수은 기둥이 누르는 압력과 같다.

오답 피하기 ② 수은 대신 물을 사용하게 되면, 기둥의 높이는 약 10 m로 증가한다. 이것은 수은의 밀도가 물의 밀도보다 약 13.6배 크기 때문이다. 물로 실험을 할 경우 유리관의 길이가 10 m 이상이 되어야 하므로 토리첼리는 실험의 편의성을 위해 물보다 밀도가 큰 수은을 사용하였다.

③ 대류권에서 고도가 높아질수록 기압이 낮아지므로 높은 산에서 실험을 하면 수은 기둥의 높이는 낮아질 것이다.

④, ⑤ 유리관을 기울이거나 유리관의 굵기가 굵어져도 수은 기둥의 높이는 변함이 없다.

04 ⑤ 공기는 끊임없이 움직이기 때문에 기압(A)은 측정하는 장소와 시각에 따라서 달라진다.

오답 피하기 ①, ③ 유리관 속의 수은 기둥이 누르는 압력의 크기(B)와 수은 면에 작용하는 기압의 크기(A)가 평형을 이루고 있을 때 유리관 안의 빈공인 (가)는 물질이 전혀 존재하지 않는 공간인 진공 상태이다.
② 기압이 일정할 때 유리관의 굵기나 기울기에 관계없이 수은 기둥의 높이는 같으므로 h_1과 h_2의 크기는 같다.
④ 1기압에서 수은 기둥의 높이 h_1은 76 cm이다.

05 높이 올라갈수록 공기의 밀도가 작아지기 때문에 기압은 높이 올라갈수록 낮아진다. 높이 약 5.5 km에서 1기압의 절반으로 줄어든다.

06 높이 오른 비행기 안에서 과자 봉지가 부풀고, 높은 산에 올라갔을 때가 귀가 멍멍해지며, 산 아래로 내려왔을 때 페트병이 찌그러진 것은 높이 올라갈수록 기압이 낮아지기 때문에 나타나는 현상이다. 비행기 안은 기압이 낮으므로 과자 봉지 내부의 기압이 더 높아 과자 봉지가 부풀게 되고, 높은 산에 올라갈수록 귀가 멍멍해지는 까닭은 외이와 중이의 압력이 달라져 고막이 터지는 것을 막으려는 신체의 자연적인 반응이다.

07 ㄱ, ㄴ. 바람은 수평 방향으로 이동하는 공기의 움직임으로, 기압이 높은 곳에서 낮은 곳으로 분다.

오답 피하기 ㄷ. 두 지점 사이의 기압 차이가 클수록 바람이 강하게 분다.

08 ② A는 하강 기류가 있는 고기압, B는 상승 기류가 있는 저기압이다.

오답 피하기 고기압은 주변보다 기압이 높은 곳으로, 지표면이 냉각되어 하강 기류가 형성되면 상공에서 공기가 모여들어 지표면의 기압이 높아진다. 저기압은 주변보다 기압이 낮은 곳으로, 지표면이 가열되어 공기가 상승하면 상공에서 공기가 퍼져나가 지표면의 기압이 낮아진다. 바람은 기압이 높은 곳에서 낮은 곳으로 불기 때문에 A에서 B 방향으로 바람이 분다.

09 ⑤ (나)는 낮에 육지가 바다보다 빠르게 가열되면서 육지 쪽에는 저기압이, 바다 쪽에는 고기압이 발달하여 바다에서 육지 쪽으로 해풍이 부는 모습으로 (가)와 같은 원리로 바람이 분다.

오답 피하기 ①, ② 모래가 물보다 빠르게 가열되므로 (가)에서 온도는 모래가 물보다 높다. 따라서 모래 위의 공기는 상승하고 물 위의 공기는 하강한다.
③ 모래 위에는 저기압이, 물 위에는 고기압이 되므로 향 연기는 모래 쪽으로 이동한다.

④ (나)에서 육지는 (가)의 모래에 해당하고, 바다는 물에 해당하므로, 육지 쪽에서는 저기압이 발달하고 바다 쪽에서는 고기압이 발달한다.

10 밤에는 육지가 바다보다 빠르게 냉각되면서 육지의 기온이 바다보다 낮다. 이로 인해 육지 쪽에는 고기압이 발달하고 바다 쪽에는 저기압이 발달하여 육지 쪽에서 바다 쪽으로 육풍이 분다.

11 ④ A는 육풍, B는 해풍이다. 해풍이 부는 낮 시간 동안에는 바다 쪽이 육지 쪽보다 기압이 높아 바다에서 육지로 바람이 분다.

오답 피하기 A는 육풍이므로 육지에서 바다 쪽으로 부는 바람이다. 이때 육지의 기온은 바다보다 낮고 기압은 바다보다 높다. 이와 같은 해륙풍은 맑은 날에 바다와 육지의 기온 차가 더 크기 때문에 흐린 날보다 맑은 날에 강하게 분다.

12 ④ (가)는 밤에 부는 육풍이고, (나)는 우리나라의 여름철에 부는 남동 계절풍이다.

오답 피하기 해륙풍은 하루를 주기로, 계절풍은 1년을 주기로 부는 바람이다. 육풍은 육지에서 바다 쪽으로 부는 바람으로 육지의 기압이 바다보다 높다. 남동 계절풍은 여름철에 부는 바람으로 대륙보다 해양의 기온이 낮아 해양에 고기압이 형성되어, 해양에서 대륙 쪽으로 부는 바람이다.

13 ⑤ 기단은 발생한 지역을 떠나 다른 곳으로 이동하면 이동하는 지역의 영향을 받아 변질된다. 차고 건조한 성질의 기단이 이동하면서 따뜻한 바다 위를 통과하면 기온이 상승하고 수증기량이 증가하여 비나 눈이 내린다.

오답 피하기 기단은 기온과 습도가 거의 균일한 거대한 공기 덩어리로 공기가 한 장소에서 오래 머물면서 형성된다. 기단의 성질은 발생지의 성질에 따라 결정되므로 대륙에서 생성된 기단은 건조하고, 저위도에서 발생한 기단은 온난하다.

14 ⑤ 여름을 전후하여 한랭 다습한 오호츠크해 기단(C)과 고온 다습한 북태평양 기단(D)이 만나 정체 전선인 장마 전선이 형성되어 우리나라에 많은 비가 내린다.

오답 피하기 ① A는 시베리아 기단으로 대륙에서 발생하여 건조하다. 반면 C는 오호츠크해 기단으로 바다에서 발생하여 습하다.
② B는 양쯔강 기단으로 온난 건조한 기단이다.
③ C는 오호츠크해 기단으로 북쪽의 오호츠크해에서 발달하여 한랭 다습하며, 우리나라의 초여름에 영향을 준다.
④ D는 북태평양 기단으로 우리나라의 여름철에 영향을 준다.

15 (가)에서 A는 시베리아 기단, B는 오호츠크해 기단, C는 양쯔강 기단, D는 북태평양 기단이다. 시베리아 기단은 한랭 건조하므로 습도와 기온이 모두 낮은 c에 해당한다. 오호츠크해 기단은 한랭 다습하므로 a, 양쯔강 기단은 온난 건조하므로 d, 북태평양 기단은 고온 다습하므로 b에 해당한다.

16 ④ 한랭 전선이 온난 전선보다 이동 속도가 빠르기 때문에 시간이 흐름에 따라 두 전선이 겹쳐지면서 형성되는 것이 폐색 전선이다.

오답 피하기 ① 성질이 다른 두 기단이 만나면 잘 섞이지 않고 경계면이 형성되는데, 이 경계면을 전선면이라고 한다.
②, ③ 온난 전선은 따뜻한 공기가 찬 공기 쪽으로 이동하여 타고 오를 때 형성되며, 한랭 전선은 찬 공기가 따뜻한 공기의 아래쪽을 파고들 때 형성된다.
⑤ 세력이 비슷한 두 기단이 한 곳에 오래 머물면 정체 전선이 형성되는데, 우리나라의 장마 전선은 정체 전선의 대표적인 예이다.

17 ① 찬물과 따뜻한 물은 바로 섞이지 않고 경계면이 형성되면서 천천히 섞인다.

오답 피하기 ②, ③, ⑤ 이 실험은 전선의 형성 원리를 알아보기 위한 것으로 칸막이를 들어 올리면 찬물의 밀도가 따뜻한 물의 밀도보다 커서 찬물이 따뜻한 물을 파고 들면서 경계면이 형성되는데, 이 경계면은 전선면이고, 경계면이 수조의 바닥과 만나 이루는 선은 전선에 비유할 수 있다.
④ 시간이 지남에 따라 찬물과 따뜻한 물의 경계는 점점 흐려지면서 서로 섞인다.

18 ③ 온난 전선의 앞쪽에는 층운형 구름이, 한랭 전선의 뒤쪽에는 적운형 구름이 생성된다.
⑥ 온난 전선이 통과한 이후에는 따뜻한 공기가 이동해 오기 때문에 기온이 높아지고, 한랭 전선이 통과한 이후에는 찬 공기가 이동해 오기 때문에 기온이 낮아진다.

오답 피하기 ② 온난 전선은 전선면의 기울기가 완만하고, 한랭 전선은 전선면의 기울기가 급하다.
④ 온난 전선의 앞쪽에서는 층운형 구름이 발달하여 넓은 지역에서 지속적인 비가 내리고, 한랭 전선의 뒤쪽에서는 적운형 구름이 발달하여 좁은 지역에서 소나기성 비가 내린다.
⑤ 상대적으로 온난 전선의 이동 속도는 느리고, 한랭 전선의 이동 속도는 빠르다.

19 ㄱ. 한랭 전선에서는 따뜻한 공기가 강하게 상승하므로, 한랭 전선은 온난 전선보다 전선면의 기울기가 급하다.

오답 피하기 ㄴ. 한랭 전선은 온난 전선에 비해 이동 속도가 빨라 한랭 전선이 온난 전선을 따라잡아 겹쳐지면서 폐색 전선이 형성된다.
ㄷ. 한랭 전선은 찬 공기가 따뜻한 공기를 파고들 때 형성되고, 온난 전선은 따뜻한 기단이 이동하여 차가운 기단 위로 타고 올라갈 때 형성된다.

20 ⑤ 찬 공기가 따뜻한 공기를 파고들 때 형성되는 전선은 한랭 전선이다.

오답 피하기 ① 그림은 따뜻한 공기가 찬 공기 위로 타고 올라갈 때 형성되는 온난 전선이다.

②, ③, ④ 온난 전선의 전선면 기울기는 완만하고, 층운형 구름이 만들어져 이슬비와 같은 지속적인 비가 내린다.

21 ③ 북반구의 고기압에서 바람은 시계 방향으로 불어 나가고, 저기압은 시계 반대 방향으로 불어 들어온다.

오답 피하기 고기압은 주변보다 기압이 높고, 저기압은 주변보다 기압이 낮다. 고기압 중심에서는 하강 기류가, 저기압 중심에서는 상승 기류가 형성된다. 고기압에서는 하강 기류에 의해 맑은 날씨가, 저기압에서는 상승 기류에 의해 구름이 생성되고 흐린 날씨가 나타난다.

22 북반구의 고기압 중심부에서는 하강 기류가 발달하여 바람이 시계 방향으로 불어 나간다. 반면 남반구의 고기압 중심부에서는 시계 반대 방향으로 불어 나간다.

23 ⑤ 고기압인 E 지역에서는 바람이 시계 방향으로 불어 나간다.

오답 피하기 ①, ② A, B, D 지역에는 저기압이 발달하므로 A 지역은 날씨가 흐리다.
③ 바람은 고기압인 C 지역에서 저기압인 D 지역으로 분다.
④ 저기압이 발달한 D 지역에서는 상승 기류가 발달한다.

24 온대 저기압은 중심의 남동쪽 방향으로 온난 전선을, 남서쪽 방향으로 한랭 전선을 동반한다. 온난 전선은 따뜻한 공기가 찬 공기 위를 타고 올라가면서 완만한 전선면을 형성하고, 한랭 전선은 찬 공기가 따뜻한 공기를 파고들면서 경사가 급한 전선면을 형성한다.

25 B 지역은 현재 맑고 따뜻한 날씨이지만, 편서풍의 영향으로 온대 저기압이 서쪽에서 동쪽으로 이동하면서 한랭 전선이 통과하므로 소나기가 내릴 것이다.

26 C 지역은 온난 전선 앞쪽에 위치하고 있으므로 현재 층운형 구름이 형성되어 지속적으로 이슬비가 내리고 있을 것으로 예상된다.

27 ② B 지역은 앞으로 한랭 전선이 통과하면 북서풍이 불 것이다.
⑥ 한랭 전선은 온난 전선보다 이동 속도가 빠르기 때문에 두 전선 사이의 폭인 (가)−(나) 사이의 간격은 점점 좁아지다가 두 전선이 겹쳐져 폐색 전선을 형성한다.

오답 피하기 ① A 지역은 현재 한랭 전선 뒤쪽에 위치하여 소나기성 비가 내리고 있다.
③ 현재 맑고 따뜻한 지역은 온난 전선과 한랭 전선 사이에 위치한 B 지역이다.
④, ⑤ C 지역은 온난 전선의 앞쪽으로 층운형 구름이 발달하여 넓은 지역에 지속적인 비가 내리고 있다.

28 우리나라의 초여름에는 한랭 다습한 오호츠크해 기단의 영향을 받아 동해안에 저온 현상이 나타나기도 한다.

29 ④ (나)는 여름철의 일기도로 남고북저형의 기압 배치에 따라 우리나라에는 남동 계절풍이 분다.
⑤ (나)에서 우리나라는 고온 다습한 북태평양 기단의 영향으로 덥고 습한 날씨가 나타난다.
오답 피하기 ①, ②, ③ (가)는 겨울철의 일기도로 시베리아 기단의 영향을 받으며 서고동저형의 기압 배치가 나타난다.
⑥ 봄과 가을에는 이동성 고기압과 저기압이 자주 통과하여 날씨의 변화가 심하다.

30 (가)의 일기도에는 정체 전선인 장마 전선이 형성되어 있다. 장마 전선은 한랭 다습한 오호츠크해 기단(C)과 고온 다습한 북태평양 기단(D)의 영향으로 형성된다.

31 수은 면에 작용하는 대기압과 수은 기둥 76 cm가 누르는 압력이 같기 때문이다.

채점 기준	배점
수은 기둥이 누르는 압력과 수조의 수은 면에 작용하는 기압의 크기를 비교하여 옳게 서술한 경우	100 %
기압의 크기가 같기 때문이라고만 서술한 경우	50 %

32 모래는 물보다 빠르게 가열되므로 모래 쪽에 저기압이 발달하고, 물 쪽에 고기압이 발달한다.

채점 기준	배점
향 연기가 이동하는 방향을 옳게 쓰고, 그 까닭을 옳게 서술한 경우	100 %
향 연기가 이동하는 방향만 옳게 쓴 경우	50 %

33 기단은 기온과 습도 등의 성질이 지표와 비슷해진 큰 공기 덩어리이다. 이러한 기단은 발생지를 떠나게 되면 성질이 변질된다.

채점 기준	배점
기단이 이동하는 동안 온도와 습도의 변화를 모두 옳게 서술한 경우	100 %
온도와 습도의 변화 중 한 가지만 옳게 서술한 경우	50 %

34 고기압은 주위보다 기압이 높은 곳으로 북반구에서는 하강한 공기가 시계 방향으로 불어 나가고, 하강 기류가 발달하며 구름이 소멸하여 맑은 날씨가 나타난다.

채점 기준	배점
기압의 종류, 바람의 방향, 중심 기류, 날씨를 모두 옳게 서술한 경우	100 %
기압의 종류, 바람의 방향, 중심 기류, 날씨 중 세 가지만 옳게 서술한 경우	70 %
기압의 종류, 바람의 방향, 중심 기류, 날씨 중 두 가지만 옳게 서술한 경우	30 %

35 온대 저기압은 서쪽에서 동쪽으로 이동하기 때문에 온난 전선이 먼저 통과한 후 한랭 전선이 나중에 통과한다.

채점 기준	배점
먼저 통과하는 전선의 종류를 옳게 쓰고, 온대 저기압의 구조와 이동 방향을 모두 포함하여 그 까닭을 옳게 서술한 경우	100 %
먼저 통과하는 전선의 종류만 옳게 쓴 경우	50 %

36 온난 전선이 통과한 이후에는 따뜻한 공기가 이동해 오기 때문에 기온은 높아지고 날씨는 맑아지며 풍향은 남서풍으로 변한다.

채점 기준	배점
기온이 가장 높은 곳을 옳게 쓰고, 기온, 날씨, 풍향의 변화를 모두 옳게 서술한 경우	100 %
기온이 가장 높은 곳을 옳게 쓰고, 기온, 날씨, 풍향의 변화 중 두 가지만 옳게 서술한 경우	60 %
기온이 가장 높은 곳을 옳게 쓰고, 기온, 날씨, 풍향의 변화 중 한 가지만 옳게 서술한 경우	40 %
기온이 가장 높은 곳만 옳게 쓴 경우	20 %

37 우리나라에서 서고동저형의 기압 배치가 나타나는 계절은 시베리아 기단의 영향을 받는 겨울철이다. 겨울철에는 대륙에 고기압, 해양에 저기압이 발달하여 북서 계절풍이 분다.

	채점 기준	배점
(1)	기단과 계절풍의 이름을 모두 옳게 쓴 경우	40 %
	기단과 계절풍의 이름 중 한 가지만 옳게 쓴 경우	20 %
(2)	일기도가 나타나는 계절을 옳게 쓰고, 그 까닭을 기압 배치를 포함하여 옳게 서술한 경우	60 %
	일기도가 나타나는 계절만 옳게 쓴 경우	30 %

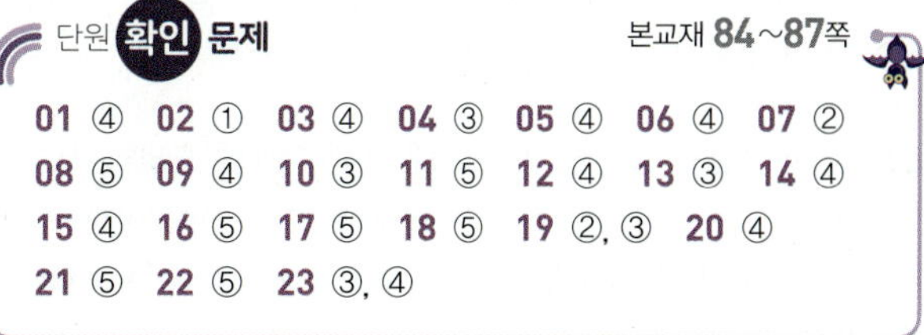

01 ④ 기권 중 성층권에 위치한 오존층에서는 자외선을 흡수한다.
오답 피하기 ① 기권은 질소와 산소가 대부분을 차지하는데 그 중 질소가 약 78 %로 가장 많다.
② 높이 올라갈수록 공기가 희박해지므로 밀도는 작아진다.
③ 기권은 지표로부터 높이 약 1000 km까지 분포한다.
⑤ 외권에서 지구로 들어오는 암석 조각들은 대기와 마찰하여 타버리므로 지상에 거의 도달하지 않는다.

02 A는 대류권, B는 성층권, C는 중간권, D는 열권이다.
① 대류권에는 수증기가 있으며 대류가 일어나므로 기상 현상이 나타난다.

오답 피하기 ② 유성이 나타나는 층은 중간권이다.
③ 중간권에서는 대류가 일어나지만 수증기가 거의 존재하지 않아 기상 현상이 나타나지 않는다.
④ 자외선을 흡수하는 오존층은 성층권에 분포한다.
⑤ 비행기의 항로로 이용되는 층은 성층권이다.

03 ㄴ, ㄷ. 알루미늄 컵은 지구에, 적외선등은 태양에 비유되며, 적외선등으로부터 알루미늄 컵의 거리가 멀수록 복사 평형 온도는 낮아진다.
오답 피하기 ㄱ. 복사 평형은 어떤 물체가 흡수하는 복사 에너지양과 방출하는 복사 에너지양이 같은 상태인데 이때 온도는 일정하게 유지된다.

04 ③ 지표에서 흡수하는 태양 복사 에너지양인 B는 대기가 없을 때 100 %이므로, B는 대기가 없을 때 더 크다.
오답 피하기 ①, ② 대기와 지표에서 반사율 A는 약 30 %이다. 우주로 방출되는 지구 복사 에너지양 = D + E = 70 %이므로, A + D + E = 100 %이다.
④ 지구에 흡수되는 태양 복사 에너지양은 B + C이고, 지구에서 방출되는 지구 복사 에너지양은 D + E이므로, B + C = D + E이다.
⑤ 지표에서 방출된 지구 복사 에너지를 대기에서 흡수하였다가 지표로 재방출하는 (가) 과정에 의해 온실 효과가 발생한다.

05 ④ 화석 연료의 사용량 증가로 인해 대기 중 이산화 탄소의 양이 증가하여 지구 온난화가 발생하였다.
오답 피하기 ① A는 온실 기체인 이산화 탄소이다.
②, ③ 대기 중에 온실 기체인 이산화 탄소량이 증가하면서 온실 효과가 강화되어 지구의 평균 기온이 높아지는 지구 온난화가 발생하였다.
⑤ 지구 온난화로 인해 극지방의 빙하가 녹고 해수가 열팽창하여 해수면의 높이는 점차 높아졌다.

06 ④ 이슬점은 공기가 냉각될 때 포화 상태에 도달하여 응결이 일어나기 시작하는 온도로 현재 공기 중의 수증기량이 많을수록 높다. 따라서 현재 공기 중의 수증기량에 따라 A>B=C 순이다.
오답 피하기 ① A 공기의 포화 수증기량은 30.0 g/kg이고, C 공기의 포화 수증기량은 약 10 g/kg이다.
②, ③ 포화 수증기량 곡선 아래에 있는 것은 불포화 상태이고, 포화 수증기량 곡선 상에 있을 때가 포화 상태이다. 포화 상태일 때 상대 습도는 100 %이다.
⑤ 현재 공기 중에 포함된 수증기량은 각 지점에서 가로선을 그었을 때 세로축의 값이 가장 큰 A가 가장 많다.

07 A 공기 1 kg은 현재 수증기량을 15.0(= 15.0 g/kg ×1 kg) 가지고 있는데 5 ℃로 냉각하면 포화 수증기량 6 g(= 6.0 g/kg ×1 kg)을 제외한 나머지는 응결하게 되므로 9 g이 응결한다.

08 응결량 = 현재 수증기량 − 냉각된 온도에서의 포화 수증기량이므로, 공기를 5 ℃까지 냉각시켰을 때 응결되는 수증기량이 가장 적은 것은 D이다. 상대 습도(%)는 현재 기온에서의 포화 수증기량에 대한 현재 공기 중에 포함된 수증기량의 비를 백분율로 나타낸 것으로, $\dfrac{\text{현재 수증기량(g/kg)}}{\text{포화 수증기량(g/kg)}} \times 100$으로 구한다. 따라서 D의 상대 습도(%) $= \dfrac{\text{현재 수증기량(g/kg)}}{\text{포화 수증기량(g/kg)}} \times 100 = \dfrac{7.6 \text{ g/kg}}{20 \text{ g/kg}} \times 100 = 38$ %이다.

09 ④ 기온과 상대 습도의 분포가 거의 반대로 나타나는데 낮에는 기온이 높아지므로 상대 습도가 낮아지게 된다.
오답 피하기 ① 하루 동안의 기온과 상대 습도의 관계가 잘 나타나므로, 이날은 맑은 날이다.
② 기온과 상대 습도의 분포가 거의 반대로 나타난다.
③ 하루 중 이슬점은 거의 일정하다.
⑤ 오전 6시에 상대 습도가 가장 높다.

10 지표면에서 공기 덩어리가 상승하면서 단열 팽창이 일어난다. 이때 공기 덩어리의 기온이 낮아지다가 이슬점에 도달하면 수증기의 응결이 시작된다. 이러한 과정으로 높은 곳에서 물방울이 생겨 구름이 생성된다.

11 구름 발생 실험을 나타낸 것으로, 장치의 뚜껑을 열 때 단열 팽창이 일어나 기온은 낮아지고 상대 습도는 높아지며 수증기가 응결함에 따라 내부는 흐려지게 된다. 이때 향 연기를 넣어 주게 되면 응결이 잘 일어나 내부의 변화를 더 잘 볼 수 있다.

12 ④ (가)에서는 물방울과 얼음 알갱이가 섞여 있는 층이 존재하고, 이 층의 물방울에서 증발한 수증기가 얼음 알갱이에 달라붙으면 얼음 알갱이가 점점 성장하게 된다.
오답 피하기 ① (가)는 빙정설, (나)는 병합설이다.
② (가)는 중·고위도, (나)는 저위도 지방의 강수 이론이다.
③ 우리나라 겨울철에는 주로 (가)와 같은 과정으로 비가 내린다.
⑤ (나) 구름의 내부는 대부분이 0 ℃ 이상으로 대부분 물방울로 존재한다.

13 ㄱ, ㄷ. 지구를 둘러싸고 있는 공기는 지표면을 누르고 있는데, 이 공기가 단위 면적을 수직으로 누르는 힘을 기압이라고 한다. 토리첼리는 수은 기둥을 통해 기압의 크기를 측정하였는데, 76 cm 높이의 수은 기둥이 누르는 압력은 1기압과 같다.
오답 피하기 ㄴ. 기압은 측정 지점 위에 쌓인 공기의 무게에 따라서 달라지므로 장소에 따라 달라진다.

14 ④ 유리관의 굵기나 기울기가 변해도 수은 기둥의 높이는 변하지 않는다.
오답 피하기 ① 수은 기둥이 멈춘 까닭은 수은이 담긴 수조의 수은 면에 작용하는 기압과 유리관 속 수은 기둥의 압력이 같아졌기 때문이다.

② 수은 기둥이 누르는 압력은 대기의 압력과 같으므로 기압이 낮아지면 수은 기둥의 높이는 낮아지고, 기압이 높아지면 수은 기둥이 높이는 높아진다.
③ 유리관 안의 빈 공간인 A는 물질이 전혀 존재하지 않는 공간인 진공 상태이다.
⑤ 1기압은 수은 기둥의 높이 76 cm에 해당하는 압력이다.

15 ㄱ. 모래가 물보다 빠르게 가열되므로 온도는 모래가 물보다 높다.
ㄴ. 온도가 높은 모래 위의 공기는 상승하여 기압이 낮아지고, 온도가 낮은 물 위의 공기는 하강하여 기압이 높아지므로 기압은 모래 쪽보다 물 쪽이 높다.
ㄹ. 이 실험으로부터 낮에 바다에서 육지로 부는 해풍의 발생 원리를 알 수 있다.
오답 피하기 ㄷ. 공기는 고기압인 물 쪽에서 저기압인 모래 쪽으로 이동하므로 향 연기는 모래 쪽으로 이동한다.

16 ⑤ 그림은 해풍이다. 해안에서 낮에 육지가 바다보다 빨리 가열되므로 육지의 기압이 상대적으로 낮아져 바다에서 육지 쪽으로 부는 바람이다. 해안에서 이러한 바람은 하루를 주기로 풍향이 변하게 된다.
오답 피하기 ① 바다에서 육지로 바람이 부는 해풍이다.
② 해풍은 낮에 분다.
③ 해풍은 하루를 주기로 부는 바람이다.
④ 해풍은 육지가 바다보다 기온이 높아서 육지에 저기압이, 바다에 고기압이 발달할 때 부는 바람이다.

17 ⑤ 한랭 전선의 뒤쪽에서는 좁은 지역에 소나기가 내린다.
오답 피하기 한랭 전선은 찬 공기가 따뜻한 공기를 파고들 때 생성되므로 전선면의 기울기가 급하고, 전선 뒤쪽에 적운형 구름이 생성되어 좁은 지역에 강한 소나기를 내리게 된다.

18 A는 시베리아 기단, B는 양쯔강 기단, C는 오호츠크해 기단, D는 북태평양 기단이다. 우리나라의 여름철에 영향을 주는 기단은 고온 다습한 성질의 북태평양 기단이다. 시베리아 기단은 한랭 건조한 성질로 우리나라 겨울철에 영향을 주며, 양쯔강 기단은 온난 건조하며 우리나라의 봄과 가을에 영향을 준다. 오호츠크해 기단은 한랭 다습한 성질로 우리나라 초여름에 영향을 주어 동해안에 이상 저온 현상이 나타나기도 한다.

19 ② 정체 전선인 장마 전선은 오호츠크해 기단인 C와 북태평양 기단인 D가 만나 형성된다.
③ B는 온난 건조한 성질을 가진 양쯔강 기단으로 우리나라의 봄철에 영향을 준다.
오답 피하기 ① A는 한랭 건조한 성질을 가진 시베리아 기단으로 우리나라의 겨울철에 영향을 준다.
④ B와 D는 저위도에서 발생하여 온난한 성질을 가진다.
⑤ C는 한랭 다습한 오호츠크해 기단으로, C의 영향을 받는 초여름에는 동해안에 저온 현상이 나타나기도 한다.

20 (가) 지역에는 온대 저기압의 중심부가 위치해 있다. 저기압 중심부에서는 상승 기류가 발달하며 시계 반대 방향으로 바람이 불어 들어간다.

21 ⑤ 바람은 공기가 수평 방향으로 이동하는 흐름으로, 고기압에서 저기압 쪽으로 분다.
오답 피하기 ①, ② 고기압은 주위보다 기압이 높은 곳으로 하강한 공기가 시계 방향으로 불어 나간다.
③, ④ 저기압은 주위보다 상대적으로 기압이 낮은 곳으로 상승 기류가 형성되어 구름이 생성되므로, 날씨가 흐리거나 비가 내린다.

22 ⑤ 한랭 전선이 통과한 이후 C 지역의 기온은 낮아지고 적운형 구름에서 소나기가 내릴 것이다.
오답 피하기 ① 한랭 전선 뒤쪽에 위치한 A 지역에서는 북서풍이 불고 적운형 구름에 의해 소나기가 내린다.
②, ③ 온난 전선과 한랭 전선 사이에 위치한 B 지역에서는 따뜻한 기단의 영향을 받아 날씨가 맑고 기온이 높다. 따라서 기온은 A 지역이 B 지역보다 낮다.
④ (가)는 따뜻한 공기가 찬 공기를 타고 오르면서 형성되는 온난 전선이다.

23 ③ 그림은 여름철의 일기도이다. 이동성 고기압이 자주 발달하여 날씨 변화가 심한 계절은 봄과 가을이다.
④ 서고동저형의 기압 배치로 폭설이나 한파 등이 나타나는 계절은 겨울이다.
오답 피하기 ① 여름철에는 남고북저형의 기압 배치로 남동 계절풍이 분다.
②, ⑤ 여름철에는 고온 다습한 북태평양 기단의 영향으로 무더위와 열대야가 나타나고, 겨울철에는 한랭 건조한 시베리아 기단의 영향으로 한파와 춥고 건조한 날씨가 나타난다.

III. 운동과 에너지

01 운동

초성 확인 문제

01 속력　**02** 평균 속력　**03** 등속 운동　**04** 자유 낙하 운동　**05** 자유 낙하　**06** 진공

01 (1) ○ (2) × (3) ○　**02** (1) 15 (2) 75 (3) 50　**03** (1) C (2) A와 B　**04** (1) ○ (2) × (3) ○　**05** (1) 3 m/s (2) 24 m　**06** (1) ○ (2) ○ (3) ×　**07** (1) B (2) C (3) A　**08** (1) 증가한다 (2) 같은 (3) 9.8　**09** (나)

01 속력은 단위 시간 동안 물체가 이동한 거리로, 같은 거리를 이동하는 데 걸리는 시간이 짧을수록 속력이 빠르다.

02 (1) 속력 $=\dfrac{\text{이동 거리}}{\text{걸린 시간}}=\dfrac{150\ \text{m}}{10\ \text{s}}=15\ \text{m/s}$이다.

(2) 이동 거리 $=$ 속력 $\times$ 걸린 시간 $=5\ \text{m/s} \times 15\ \text{s}=75\ \text{m}$이다.

(3) 걸린 시간 $=\dfrac{\text{이동 거리}}{\text{속력}}=\dfrac{350\ \text{m}}{7\ \text{m/s}}=50\ \text{s}$이다.

03 A의 속력은 $\dfrac{50\ \text{m}}{10\ \text{s}}=5\ \text{m/s}$, B의 속력은 $\dfrac{100\ \text{m}}{20\ \text{s}}=5\ \text{m/s}$, C의 속력은 $\dfrac{50\ \text{m}}{5\ \text{s}}=10\ \text{m/s}$이다.

04 (2) 운동하는 물체에 일정한 힘이 작용하면 물체의 속력이 변한다.

05 (1) 시간－이동 거리 그래프에서 기울기가 속력을 나타내므로 속력 $=\dfrac{15\ \text{m}}{5\ \text{s}}=3\ \text{m/s}$이다.

(2) 시간－속력 그래프에서 그래프 아랫부분의 넓이가 이동 거리이므로, 이동 거리 $=4\ \text{m/s} \times 6\ \text{s}=24\ \text{m}$이다.

06 (3) 공기 저항이 없는 진공 중에서 질량이 다른 쇠구슬과 깃털을 자유 낙하시키면 바닥에 동시에 도착한다.

07 A는 물체 사이의 간격이 일정하고, B는 물체 사이의 간격이 시간에 따라 점점 커지며, C는 물체 사이의 간격이 시간에 따라 점점 작아지고 있다.

09 (가)는 쇠구슬이 깃털보다 먼저 떨어지고 있으므로 공기 중이고, (나)는 쇠구슬과 깃털이 동시에 떨어지고 있으므로 진공 중이다.

01 (1) × (2) ○ (3) ○ (4) ×　**02** ⑤

01 자유 낙하 하는 물체는 중력만 작용하므로 힘의 방향으로 운동하며, 물체의 속력은 시간에 따라 일정하게 증가한다.

02 ㄱ, ㄷ. 물체는 중력의 방향과 같은 방향으로 일정한 힘이 작용하기 때문에 속력이 일정하게 증가한다.

ㄴ. 물체에 작용하는 중력이 일정하기 때문에 속력도 일정하게 증가한다.

01 ②, ④　**02** ⑤, ⑧

01 ①, ②, ③ 물체의 속력 $=\dfrac{\text{이동 거리}}{\text{걸린 시간}}=\dfrac{0.2\ \text{m}}{0.1\ \text{s}}=2\ \text{m/s}$로 일정하므로 시간－속력 그래프에서 그래프는 가로축과 나란하다.

④, ⑦ 물체는 등속 운동을 하고, 이와 같은 운동의 예로는 에스컬레이터, 무빙워크 등이 있다.

⑤, ⑥ 물체의 이동 거리는 시간이 지남에 따라 일정하게 증가하며 시간－이동 거리 그래프를 그리면 원점을 지나는 직선이 된다.

02 ①, ②, ③, ④, ⑤, ⑥, ⑦ 공은 공에 작용하는 힘의 방향으로 운동하므로 속력이 일정하게 증가하는 운동을 한다.

⑧ 공은 자유 낙하 운동을 하므로 같은 시간 동안 이동한 거리는 점점 증가한다.

01 ⑤　**02** ④　**03** ①　**04** ④　**05** ②　**06** ③　**07** ③　**08** ①, ④　**09** ④　**10** ④　**11** ⑤　**12** ③　**13** ⑤　**14** ③　**15** ④　**16** ③　**17** ③　**18** ⑤　**19** 해설 참조　**20** 해설 참조　**21** 해설 참조　**22** 해설 참조　**23** 해설 참조　**24** 해설 참조

01 ⑤ 같은 거리를 이동하는 데 걸린 시간이 짧을수록 속력이 빠르다.

오답 피하기 ②, ③ 속력은 단위 시간 동안 이동한 거리를 나타낸 것으로 단위는 m/s, km/s 등을 사용한다.

02 윤지가 학교를 거쳐 문구점까지 이동한 거리는 1500 m이고, 걸린 시간은 20분이다. 평균 속력 $=\dfrac{\text{이동 거리}}{\text{걸린 시간}}=\dfrac{1500\ \text{m}}{20\text{분}}=\dfrac{1500\ \text{m}}{20 \times 60\ \text{s}}=1.25\ \text{m/s}$이다.

03 2초마다 4 m씩 이동하므로 사람의 속력 $=\dfrac{4\ \text{m}}{2\ \text{s}}=2\ \text{m/s}$이다.

04 1 km $=$ 1000 m, 1분 $=$ 60 s로 환산해서 단위를 m/s로 통일하여 빠르기를 비교한다.

② $\dfrac{1\ \text{km}}{5\text{분}}=\dfrac{1000\ \text{m}}{5\times 60\ \text{s}}=\dfrac{1000\ \text{m}}{300\ \text{s}}=\dfrac{10}{3}$ m/s

③ $\dfrac{100\ \text{m}}{10\ \text{s}}=10$ m/s

④ 초속 11 m로 날아가는 야구공이므로 11 m/s이다.

⑤ $\dfrac{0.6\ \text{km}}{1\text{분}}=\dfrac{600\ \text{m}}{60\ \text{s}}=10$ m/s

05 평균 속력은 이동 거리를 걸린 시간으로 나누어 구할 수 있으므로 0~4초 동안 평균 속력$=\dfrac{40\ \text{m}}{4\ \text{s}}=10$ m/s, 4초~8초 동안 평균 속력$=\dfrac{60\ \text{m}-40\ \text{m}}{8\ \text{s}-4\ \text{s}}=5$ m/s, 8초~10초 동안 평균 속력$=\dfrac{120\ \text{m}-60\ \text{m}}{10\ \text{s}-8\ \text{s}}=30$ m/s이다.

06 초음파가 한 번 왕복하는 데 10초가 걸리므로 탐사선으로부터 바닥까지 도달하는 데 걸리는 시간은 5초이다. 따라서 탐사선으로부터 바닥까지의 거리는 1500 m/s×5 s=7500 m이다.

07 ㄱ, ㄴ. 등속 운동은 속력이 일정한 운동으로 이동 거리는 시간에 비례하여 증가한다.

 ㄷ. 등속 운동을 하는 물체에 힘이 작용하지 않으면 등속 운동을 계속한다.

08 물체가 등속 운동을 하고 있으므로 물체의 속력은 일정하며, 이동 거리는 시간에 따라 일정하게 증가한다.

09 ④ 물체는 시간에 따라 속력이 일정한 등속 운동을 한다.

 ①, ③ 물체는 속력이 8 m/s로 일정한 등속 운동을 하며 무빙워크는 이와 같은 운동을 한다.

②, ⑤ 시간－속력 그래프에서 그래프 아랫부분의 넓이는 이동 거리이므로 3초 동안 이동한 거리는 24 m이며, 시간에 따라 이동 거리가 일정하게 증가한다.

10 시간－이동 거리 그래프에서 그래프의 기울기는 속력을 나타내므로 기울기가 가장 작은 D의 속력이 가장 느리다.

11 시간－이동 거리 그래프에서 기울기가 일정하므로 등속 운동을 한다.

ㄱ, ㄴ. A의 속력$=\dfrac{9\ \text{m}}{3\ \text{s}}=3$ m/s, B의 속력$=\dfrac{3\ \text{m}}{3\ \text{s}}=1$ m/s로 일정하다.

ㄷ. A와 B의 속력은 일정하지만 A의 속력이 B의 속력보다 크므로 시간이 지날수록 두 물체의 이동 거리 차이가 커진다.

12 시간－속력 그래프에서 그래프 아랫부분의 넓이가 이동 거리이다. A의 이동 거리=9 m/s×10 s=90 m이고, B의 이동 거리=5 m/s×10 s=50 m이다. 따라서 10초 동안 이동한 두 물체의 이동한 거리의 차는 90 m－50 m=40 m이다.

13 ⑤ 자유 낙하 하는 공은 아래 방향으로 중력을 받으며 중력의 방향으로 공이 운동한다.

 ①, ④ 공중에서 공을 가만히 놓으면 자유 낙하 운동을 하므로 공의 운동 방향과 같은 방향으로 일정한 힘이 작용하여 공의 속력이 일정하게 증가한다.

② 자유 낙하 하는 공은 중력의 방향으로 운동하며 방향이 변하지 않는다.

③ 공이 자유 낙하 할 때 공기 저항이 없으면 공의 질량과 관계없이 공의 속력은 일정하게 증가한다.

14 속력이 일정하게 증가하기 때문에 이동 거리는 시간에 따라 점점 증가한다.

15 자유 낙하 하는 물체는 1초마다 속력이 9.8 m/s씩 증가하며 시간당 이동 거리는 점점 증가한다.

16 ③ 시간－속력 그래프에서 그래프 아랫부분의 넓이가 이동 거리이다.

 ① 시간－속력 그래프에서 기울기가 일정하므로 속력이 일정하게 증가한다.

②, ⑤ 시간－속력 그래프에서 기울기가 일정하게 증가하므로 물체의 운동 방향과 같은 방향으로 일정한 힘이 작용한다.

④ 자유 낙하 하는 물체는 속력이 일정하게 증가하는 운동을 한다.

17 ㄱ. (가)는 공기 중에서 낙하 하는 경우이고, (나)는 진공 중에서 낙하 하는 경우이다.

ㄴ. (나)는 깃털과 쇠구슬의 운동 방향으로 중력이 작용하여 속력이 증가하는 운동을 한다.

 ㄷ. (가)는 깃털과 쇠구슬에 중력과 공기 저항이 작용하고, (나)는 깃털과 쇠구슬에 중력만 작용한다.

18 자유 낙하 하는 물체는 물체의 질량과 관계없이 속력은 1초에 9.8 m/s씩 일정하게 증가하므로 진공 중에서 모든 물체는 동시에 떨어진다.

19 ⑴ 공이 0.1초 간격으로 3 cm씩 이동하므로 공의 속력$=\dfrac{3\ \text{cm}}{0.1\ \text{s}}=\dfrac{0.03\ \text{m}}{0.1\ \text{s}}=0.3$ m/s이다.

⑵ 공이 0.3 m/s로 등속 운동을 하므로 20초 동안 이동한 거리 =0.3 m/s×20 s=6 m이다.

채점 기준	배점
⑴과 ⑵를 풀이 과정과 함께 옳게 구한 경우	100 %
⑴과 ⑵ 중 하나만 옳게 구한 경우	50 %

20 물체의 속력$=\dfrac{\text{이동 거리}}{\text{걸린 시간}}$이며, 속력을 비교할 때는 단위를 통일하여 비교한다.

 (가)의 속력$=\dfrac{100\ \text{m}}{10\ \text{s}}=10$ m/s, (나)의 속력$=\dfrac{300\ \text{m}}{60\ \text{s}}=5$ m/s, (다)의 속력$=\dfrac{144000\ \text{m}}{3600\ \text{s}}=40$ m/s이므로 속력이 빠른 순서대로 나열하면 (다), (가), (나) 순이다.

채점 기준	배점
물체의 속력을 풀이 과정과 함께 구하고, 속력이 빠른 순서대로 옳게 나열한 경우	100 %
물체의 속력만 풀이 과정과 함께 옳게 구한 경우	70 %

21 모범답안 장난감 자동차가 1초마다 15 cm씩 이동하므로 장난감 자동차의 속력$=\dfrac{0.15\text{ m}}{1\text{ s}}=0.15\text{ m/s}$이고, 속력과 운동 방향이 일정한 운동(등속 운동)을 하고 있다.

채점 기준	배점
물체의 속력을 풀이 과정과 함께 구하고, 운동을 옳게 설명한 경우	100 %
물체의 속력을 풀이 과정과 함께 구하거나 운동을 설명한 것 중 하나만 옳게 쓴 경우	50 %

22 모범답안 물체가 5초 동안 10 m를 이동하였으므로 물체의 평균 속력$=\dfrac{10\text{ m}}{5\text{ s}}=2\text{ m/s}$이다.

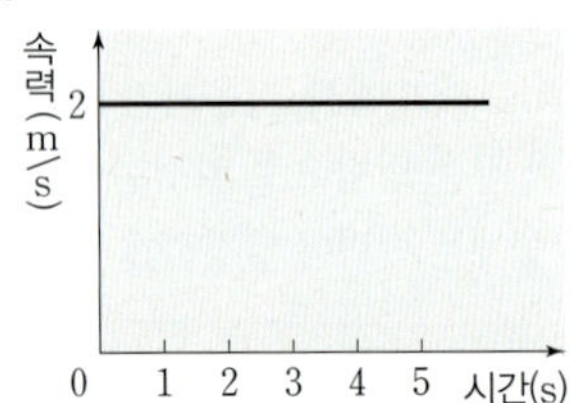

채점 기준	배점
물체의 속력을 풀이 과정과 함께 구하고, 시간−속력 그래프를 옳게 완성한 경우	100 %
물체의 속력과 시간−속력 그래프 중 하나만 옳게 쓴 경우	50 %

23 모범답안 (1) 중력, 연직 아래 방향(중력의 방향)
(2) 진공에서는 공기 저항이 없으므로 쇠구슬과 깃털 모두 1초마다 9.8 m/s씩 속력이 빨라지는 운동을 하기 때문이다.

채점 기준	배점
(1)과 (2)를 모두 옳게 쓴 경우	100 %
(1)과 (2) 중 하나만 옳게 쓴 경우	50 %

24 모범답안 (1) 물체의 속력이 시간에 따라 일정하게 증가한다.
(2) 물체의 운동 방향과 물체에 작용하는 힘의 방향은 서로 같다.

채점 기준	배점
(1)과 (2)를 모두 옳게 쓴 경우	100 %
(1)과 (2) 중 하나만 옳게 쓴 경우	50 %

02 일과 에너지

개념 **바로 확인**  본교재 **101쪽, 103쪽**

초성 확인문제

01 힘 **02** 힘, 이동 거리 **03** 수직 **04** 에너지 **05** 위치 **06** 질량, 높이 **07** 운동 **08** 질량, 속력

01 (1) ○ (2) ○ (3) × **02** 0 J **03** 50 J **04** 25 J
05 (1) ○ (2) × (3) ○ **06** (1) × (2) × (3) ○ **07** (1) 4.9 J
(2) 0 J **08** 20 J **09** 4 m/s **10** $\dfrac{1}{2}$배

01 과학에서의 일을 한 경우는 물체에 힘을 작용하여 힘의 방향으로 이동한 경우이다. 가방을 든 상태로 가만히 서 있는 경우는 힘의 방향으로 이동한 거리가 없으므로 과학에서의 일을 하지 않은 경우이다.

02 얼음판에서 등속 직선 운동을 하는 경우 이동 방향으로 작용하는 힘이 없으므로 한 일의 양이 0이다.

03 힘이 물체에 한 일의 양$=$힘의 크기$\times$이동 거리$=100\text{ N}\times0.5\text{ m}=50\text{ J}$이다.

04 힘과 이동 거리 관계를 나타낸 그래프에서 그래프 아랫부분의 넓이가 물체에 한 일의 양이다.
$\dfrac{1}{2}\times10\text{ N}\times1\text{ m}+10\text{ N}\times2\text{ m}=25\text{ J}$이다.

05 (3) 일은 물체의 에너지로, 물체의 에너지는 일로 서로 전환될 수 있다.

06 (1), (2) 중력에 의한 위치 에너지는 기준면에 따라 크기가 달라지며, 기준면으로부터의 높이와 질량에 비례한다.

07 (1) 중력에 의한 위치 에너지$=9.8\times0.5\text{ kg}\times1\text{ m}=4.9\text{ J}$이다.
(2) 사과가 책상 위에 있고 기준면이 책상면이므로 기준면으로부터 사과까지의 높이가 0 m이다. 따라서 기준면이 책상면일 때 사과가 가지는 중력에 의한 위치 에너지는 0 J이다.

08 운동 에너지$=\dfrac{1}{2}\times10\text{ kg}\times(2\text{ m/s})^2=20\text{ J}$이다.

09 운동 에너지$=\dfrac{1}{2}\times2\text{ kg}\times v^2=16\text{ J}$이므로 속력 $v=4\text{ m/s}$이다.

10 (가)의 운동 에너지$=\dfrac{1}{2}\times1\text{ kg}\times(2\text{ m/s})^2=2\text{ J}$이고, (나)의 운동 에너지$=\dfrac{1}{2}\times2\text{ kg}\times(1\text{ m/s})^2=1\text{ J}$이다. 따라서 (나)에서 수레의 운동 에너지는 (가)에서 수레의 운동 에너지의 $\dfrac{1}{2}$배이다.

01 (1) ○ (2) ○ (3) × (4) ○   **02** ⑤

01 (3) 중력이 쇠구슬에 한 일의 양만큼 쇠구슬의 운동 에너지가 증가한다.

02 ⑤ A에서의 쇠구슬의 운동 에너지는 O에서 A까지 중력이 쇠구슬에 한 일의 양과 같으므로 $(9.8 \times 0.2)\,\text{N} \times 0.5\,\text{m} = 0.98\,\text{J}$이다.

오답 피하기 ①, ② 쇠구슬은 아래 방향으로 중력이 작용하여 떨어지는 운동을 한다.

③ 쇠구슬이 낙하 하는 동안 중력을 받아 중력의 방향과 같은 방향으로 운동하므로 중력이 쇠구슬에 일을 한다.

④ 쇠구슬이 아래로 떨어질수록 중력이 쇠구슬에 한 일의 양이 많아지므로 쇠구슬의 속력은 증가한다.

01 (1) ○ (2) × (3) ○ (4) ○   **02** ①

01 (2) 수레의 운동 에너지는 수레의 질량이 일정할 때 수레의 속력의 제곱에 비례한다.

02 운동 에너지는 질량과 (속력)² 에 비례한다.
B에서의 운동 에너지가 A에서의 2배이므로 나무 도막의 이동 거리 (가)는 10 cm이다. C에서의 이동 거리는 A에서의 8배이므로, C에서의 질량이 A에서의 2배이면 속력도 C에서가 A에서의 2배이다.

A to Z 기출 분석 다지선다   본교재 **106**쪽

01 ③, ④, ⑦, ⑧   **02** ②, ③, ⑤

01 ③ 추의 중력에 의한 위치 에너지는 나무 도막의 이동 거리에 비례한다.
④, ⑦, ⑧ 추의 중력에 의한 위치 에너지는 추의 질량과 추의 높이에 비례하며 나무 도막의 이동 거리는 추가 한 일의 양에 비례한다.

오답 피하기 ① 나무 도막의 이동 거리는 추의 질량에 비례한다.
② 나무 도막의 이동 거리는 추의 높이에 비례한다.
⑤ 추의 중력에 의한 위치 에너지에 따라 나무 도막의 이동 거리는 변한다.
⑥ 나무 도막의 이동 거리는 추의 중력에 의한 위치 에너지에 비례하는 것이지 추의 중력에 의한 위치 에너지와 같지 않다.

02 ②, ③, ⑤ 수레의 운동 에너지는 질량과 속력의 제곱에 비례하며, 나무 도막의 이동 거리는 속력의 제곱에 비례한다.

오답 피하기 ④ 수레가 나무 도막에 일을 한만큼 수레의 운동 에너지는 감소하므로 수레의 운동 에너지는 일로 전환된다.

01 ①   **02** ⑤   **03** ①   **04** ④   **05** ⑤   **06** ④   **07** ①   **08** ③   **09** ①   **10** ③   **11** ③   **12** ①, ④   **13** ②   **14** ②   **15** ⑤   **16** 해설 참조   **17** 해설 참조   **18** 해설 참조

01 ① 과학에서의 일은 물체에 힘을 작용하여 물체가 힘의 방향으로 이동한 경우를 말한다.

오답 피하기 ② 물체에 작용되는 힘의 방향과 이동 방향이 서로 수직이다.
③ 물체에 작용한 힘이 0이다.
④ 물체의 이동 거리가 0이다.
⑤ 인공위성에 작용하는 힘의 방향과 이동 방향이 수직이다.

02 이동 거리−힘 그래프에서 그래프 아랫부분의 넓이는 힘이 물체에 한 일의 양을 의미한다.

03 ① (가)에서 용수철저울의 눈금은 $9.8 \times 5\,\text{kg} = 49\,\text{N}$이다.

오답 피하기 ② (가)에서 중력에 대해 한 일의 양 $= 49\,\text{N} \times 1\,\text{m} = 49\,\text{J}$이다.
③ (가)는 중력에 대해 일을 한 것이고, (나)는 수평 방향으로 작용한 힘이 물체에 일을 한 것이다.
④ (나)에서 물체에 작용한 힘이 한 일의 양 $= 50\,\text{N} \times 1\,\text{m} = 50\,\text{J}$이다.
⑤ 물체에 한 일의 양은 (나)에서가 (가)에서보다 크다.

04 ㄱ, ㄴ. 에너지는 일을 할 수 있는 능력으로 일의 단위와 같은 J(줄)을 사용한다.

오답 피하기 ㄷ. 물체가 외부에 일을 하면 물체의 에너지는 감소한다.

05 ⑤ 나무 도막의 이동 거리는 추의 중력에 의한 위치 에너지에 비례하는 것이지 추의 중력에 의한 위치 에너지와 같은 양이 아니다.

오답 피하기 ①, ② 중력에 의한 위치 에너지는 추의 질량과 추의 높이에 비례하므로 추의 높이가 높아질수록 추의 중력에 의한 위치 에너지는 증가한다.
③ 추를 떨어뜨린 높이가 높을수록 중력에 의한 위치 에너지가 크므로 나무 도막의 이동 거리는 커진다.
④ 추가 나무 도막에 한 일이 클수록 나무 도막의 이동 거리는 커진다.

06 추의 위치 에너지가 나무 도막에 일을 해 준 것이므로 $9.8mh = Fs$이다. 따라서 $9.8 \times 0.5\,\text{kg} \times 0.8\,\text{m} = F \times 0.08\,\text{m}$에서 $F = 49\,\text{N}$이다.

07 ① 중력에 의한 위치 에너지는 기준면으로부터 높이를 가진 물체가 가진 에너지로 기준면에서는 높이가 0이므로 중력에 의한 위치 에너지는 0이다.

수 있다.

③ 중력에 의한 위치 에너지는 기준면에 따라 달라진다.

④ 중력에 의한 위치 에너지는 높이를 가진 물체의 에너지이므로 수평 거리와 상관이 없다.

⑤ 물체가 자유 낙하 할 때 중력에 의한 위치 에너지의 감소량은 낙하 거리가 길수록 증가한다.

08 중력에 의한 위치 에너지는 $9.8mh$이다.

$E_A = 9.8 \times 2\,kg \times 2\,m = 39.2\,J$

$E_B = 9.8 \times 4\,kg \times 4\,m = 156.8\,J$

$E_C = 9.8 \times 2\,kg \times 1\,m = 19.6\,J$

$E_D = 9.8 \times 8\,kg \times 1\,m = 78.4\,J$

따라서 $E_B > E_D > E_A > E_C$이다.

09 중력에 의한 위치 에너지는 $9.8mh$이다. 사과 A의 중력에 의한 위치 에너지와 사과 B의 중력에 의한 위치 에너지가 같은 값을 가지므로 $9.8 \times 0.4\,kg \times 15\,m = 9.8 \times m_B \times (15+5)\,m$에서 질량 $m_B = 0.3\,kg = 300\,g$이 된다.

10 ③ 운동 에너지는 질량과 속력의 제곱에 비례한다. 따라서 나무 도막의 이동 거리는 수레의 속력의 제곱에 비례한다.

오답 피하기 ① 운동하는 물체는 운동 에너지를 가지며, 일을 할 수 있는 능력이 있다.

②, ④ 운동 에너지는 질량과 (속력)^{2}에 비례하므로 운동 에너지를 결정하는 요소에는 질량과 속력이 있다.

⑤ 수레의 운동 에너지는 나무 도막에 일을 하고 난 후 감소한다. 이로부터 수레의 운동 에너지가 일로 전환되는 것을 확인할 수 있다.

11 수레의 속력은 실험 B에서가 A에서보다 2배 크므로 운동 에너지가 2^2배이고 나무 도막의 이동 거리$=5\,cm \times 2^2 = 20\,cm$이다.

12 운동 에너지는 질량과 (속력)^{2}에 비례한다.

13 물체에 일정한 힘을 작용하여 $4\,m$ 이동시켰다. 이때 물체에 작용한 힘이 한 일이 운동 에너지로 전환되므로

$F \times 4\,m = \frac{1}{2} \times 10\,kg \times (4\,m/s)^2$에서 $F = 20\,N$이다.

14 질량이 $2\,kg$인 물체가 $4\,m/s$의 속력으로 운동할 때 운동 에너지는 $\frac{1}{2} \times 2\,kg \times (4\,m/s)^2 = 16\,J$이다. 이 물체에 $9\,J$의 일을 더 해 주었으므로 물체가 가진 총 에너지는 $25\,J$이다. 그러므로 $\frac{1}{2} \times 2\,kg \times v^2 = 25\,J$에서 $v = 5\,m/s$이다.

15 ㄴ. 수레가 나무 도막에 해 준 일의 양은 $16\,N \times 5\,m = 80\,J$이다.

ㄷ. 수레의 속력을 $2\,m/s$로 하면 속력이 $\frac{1}{2}$배가 되므로 나무 도

막이 이동한 거리는 $5\,m \times \left(\frac{1}{2}\right)^2 = 1.25\,m$이다.

오답 피하기 ㄱ. 운동하는 수레가 나무 도막과 충돌하면서 $5\,m$ 이동한 후 멈춘 것은 수레가 가진 에너지만큼 나무 도막에 일을 해 주었기 때문이다. $\frac{1}{2} \times 10\,kg \times (4\,m/s)^2 = F \times 5\,m$에서 $F = 16\,N$이다.

16 **모범 정답** 역도 선수가 한 일의 양은 0이다. 그 까닭은 역도 선수가 중력에 대하여 물체에 힘을 작용하였지만 물체가 이동한 거리가 0이기 때문이다.

채점 기준	배점
역도 선수가 한 일의 양과 그 까닭을 옳게 설명한 경우	100 %
역도 선수가 한 일의 양과 그 까닭 중 하나만 옳게 설명한 경우	50 %

17 **모범 정답** 기준면을 지면으로 할 때는 물체의 높이가 $8\,m$이고, 기준면을 베란다로 할 때는 물체의 높이가 $3\,m$이다. 중력에 의한 위치 에너지의 비는 $9.8 \times 50\,kg \times 8\,m : 9.8 \times 50\,kg \times 3\,m$가 된다. 9.8과 질량이 같으므로 중력에 의한 위치 에너지의 비는 높이의 비인 $8 : 3$과 같다.

채점 기준	배점
풀이 과정과 답을 옳게 쓴 경우	100 %
풀이 과정과 답 중 하나만 옳게 쓴 경우	50 %

18 **모범 정답** (1) 중력이 쇠구슬에 한 일이 쇠구슬의 운동 에너지로 전환되므로 $9.8 \times 0.2\,kg \times 10\,m = \frac{1}{2} \times 0.2\,kg \times v^2$에서 $v = 14\,m/s$이다.

(2) 쇠구슬의 높이가 처음의 4배가 되면 중력에 의한 위치 에너지도 4배가 되므로 나무 도막의 이동 거리는 $2\,m \times 4 = 8\,m$가 된다.

채점 기준	배점
(1)과 (2)를 옳게 쓴 경우	100 %
(1)과 (2) 중 하나만 옳게 쓴 경우	50 %

01 ⑤ 속력의 변화를 통해 물체의 빠르기가 변하는 정도를 알 수 있지만 운동 방향의 변화는 알 수 없다.

오답 피하기 ① 속력으로 물체의 빠르기를 나타낸다.
② 속력의 단위는 m/s, km/h 등을 사용한다.
③ 속력은 단위 시간 동안 이동한 거리를 나타낸다.
④ 같은 시간 동안 이동한 거리가 길수록 속력이 빠르다.

02 ㄱ. 치타의 속력 $= \dfrac{100 \text{ m}}{6 \text{ s}} = \dfrac{50}{3}$ m/s

ㄴ. 육상선수의 속력 $= \dfrac{100 \text{ m}}{10 \text{ s}} = 10$ m/s

ㄷ. 오토바이의 속력 $= \dfrac{1800 \text{ m}}{60 \text{ s}} = 30$ m/s

ㄹ. 자동차의 속력 $= \dfrac{72000 \text{ m}}{3600 \text{ s}} = 20$ m/s이다.

03 영희의 속력 $= \dfrac{8 \text{ m}}{2 \text{ s}} = 4$ m/s, 민수의 속력 $= \dfrac{4 \text{ m}}{2 \text{ s}} = 2$ m/s 이다. 따라서 영희와 민수의 속력의 비는 2 : 1이다.

04 자동차가 12 m/s의 속력으로 8초 동안 이동하였으므로 이동 거리는 12 m/s $\times$ 8 s $=$ 96 m이다. 96 m를 16 m/s로 이동했을 때, 걸린 시간 $= \dfrac{96 \text{ m}}{16 \text{ m/s}} = 6$초이다.

05 ④ 등속 운동하는 물체의 이동 거리는 속력이 일정하고 시간에 비례하여 이동한 거리가 증가하므로 속력과 걸린 시간을 곱하여 구한다.

오답 피하기 ①, ② 등속 운동은 물체가 운동할 때 시간에 따라 속력과 방향이 일정한 운동이다.
③ 등속 운동할 때 물체의 이동 거리는 시간에 비례한다.
⑤ 등속 운동하는 물체에 힘이 작용하지 않으면 물체는 등속 운동을 계속한다.

06 에스컬레이터나 무빙워크는 등속 운동을 하므로 속력이 일정하며, 이동 거리는 시간에 비례한다.

07 ㄱ. 표에서 1초 동안 물체의 이동 거리가 20 cm로 일정하므로 물체는 속력이 일정한 등속 운동을 한다.
ㄴ. 물체가 등속 운동을 하므로 물체의 이동 거리는 시간에 비례한다.

오답 피하기 ㄷ. 에스컬레이터, 무빙워크 등이 속력과 방향이 일정한 등속 운동을 한다.

08 ㄴ. B는 시간-속력 그래프에서 기울기가 일정하므로 속력이 일정하게 증가하는 운동을 한다.

ㄷ. 시간-속력 그래프에서 그래프 아랫부분의 넓이가 이동 거리이므로 0초부터 5초까지 A의 이동 거리는 10 m/s $\times$ 5 s $=$ 50 m이고, B의 이동 거리는 $\dfrac{1}{2} \times 10$ m/s $\times 5$ s $= 25$ m이다. 따라서 0초부터 5초까지 이동한 거리는 A가 B의 2배이다.

오답 피하기 ㄱ. 물체 A는 시간-속력 그래프에서 속력이 일정하므로 등속 운동을 한다.

09 ㄴ. '중력의 크기 $=9.8 \times$ 질량'이므로 질량이 큰 쇠구슬에 작용하는 중력이 깃털에 작용하는 중력보다 크다.
ㄷ. 깃털은 아래로 작용하는 중력을 받아 자유 낙하 운동을 하고 있으므로 깃털의 운동 방향과 중력 방향은 같다.

오답 피하기 ㄱ. 진공에서는 쇠구슬과 깃털에 공기의 저항이 없으므로 쇠구슬과 깃털은 1초에 9.8 m/s씩 증가하는 운동을 한다.

10 ㄱ, ㄷ. 공이 운동 방향으로 일정한 힘인 중력을 받아 연직 아래 방향으로 자유 낙하 운동을 하고 있다.
ㄴ. 공은 자유 낙하 운동을 하므로 속력이 1초에 9.8 m/s씩 증가한다.

11 공은 자유 낙하 운동을 하므로 공의 속력은 시간에 따라 일정하게 증가하고, 이동 거리는 시간에 따라 점점 증가한다.

12 ㄱ. 단위 시간 동안 A와 B의 이동 거리가 일정하므로 A와 B는 등속 운동을 한다.
ㄴ. 시간-이동 거리 그래프에서 직선의 기울기는 속력을 나타내므로 A와 B의 속력은 서로 같다.

오답 피하기 ㄷ. A와 B가 같은 방향으로 등속 운동을 하므로 A와 B 사이의 거리는 시간에 관계없이 일정하다.

13 ③ 상자에 작용하는 힘과 상자가 이동한 거리가 서로 수직이므로 상자에 한 일이 0이다.

오답 피하기 ①, ②, ④, ⑤ 물체가 힘의 방향으로 이동하였으므로 힘이 물체에 일을 한 경우이다.

14 ④ 일의 양 $=$ 힘 $\times$ 이동 거리 $= 9.8 \times 10$ kg $\times 5$ m $= 490$ J 이다.

오답 피하기 ① 이동 거리가 없으므로 일의 양은 0이다.
② 일의 양은 10 N $\times 5$ m $= 50$ J이다.
③ 일의 양은 5 N $\times 5$ m $= 25$ J이다.
⑤ 힘의 방향과 이동한 거리의 방향이 수직이므로 한 일의 양은 0이다.

15 물체의 질량이 20 kg이므로 물체에 작용한 힘 $= 9.8 \times 20$ kg $= 196$ N이고, 한 일의 양은 196 N $\times 2$ m $= 392$ J이다.

16 ㄱ. 이동 거리-힘 그래프에서 힘이 6 N로 일정하게 작용하고 있다.
ㄴ. 이동 거리-힘 그래프에서 그래프 아랫부분의 넓이가 일의 양이므로 4 m 이동하는 동안 물체가 한 일의 양은 6 N $\times 4$ m $= 24$ J이다.

오답 피하기 ㄷ. 물체에 한 일의 양은 이동 거리에 비례한다.

17 ㄱ. 수평면에서 물체를 5 N의 힘으로 밀어 4 m 이동시켰다.
ㄴ. B에서 C까지 10 N의 힘으로 물체를 일정한 속력으로 이동시켰으므로 물체의 무게는 10 N이다.
ㄷ. 중력에 대해 한 일의 양은 연직 방향으로 작용한 힘과 이동 거리로부터 구할 수 있으므로, 이동 거리-힘 그래프에서 이동 거리 4 m에서 8 m까지 그래프 아랫부분의 넓이를 구하면 일의 양=10 N×4 m=40 J이다.

18 수직 방향으로는 일을 하지만 수평 방향으로는 힘의 방향과 물체의 이동 방향이 수직이므로 일을 하지 않는다. 따라서 철수가 물체에 한 일의 양=5 N×1 m=5 J이다.

19 물체를 1 m 들어 올리는 데 40 J의 일을 한다. 지면으로부터 B까지 높이가 4 m이므로 물체의 중력에 의한 위치 에너지는 40 J의 4배인 160 J이다.

20 중력에 의한 위치 에너지는 높이에 비례한다.

21 중력에 의한 위치 에너지가 일로 전환되므로 $9.8mg=Fs$ 이다.
(가) 실험 1에서 추의 질량과 낙하 높이가 실험 3에서의 각각 $\frac{1}{4}$ 배, 8배이므로 나무 도막의 이동 거리는 $s×2=2s$이다.
(나) 실험 2에서 추의 질량과 낙하 높이가 실험 3에서의 각각 $\frac{1}{2}$ 배, 2배이므로 나무 도막의 이동 거리는 s이다.

22 ㄷ. 공이 나무 도막에 한 일만큼 공의 중력에 의한 위치 에너지가 감소하므로 공의 중력에 의한 위치 에너지는 공이 나무 도막에 한 일과 같다.
오답 피하기 ㄱ. 높이 10 m에서 공의 중력에 의한 위치 에너지는 $9.8×10$ kg× 10 m=980 J이다.
ㄴ. 공의 중력에 의한 위치 에너지는 나무 도막이 한 일과 같으므로 나무 도막을 미는 힘은 980 J=$F×2$ m에서 $F=490$ N이다.

23 ㄱ. (가)에서 질량이 1 kg인 수레 A가 1 m/s의 속력으로 운동하다가 나무 도막과 충돌하여 나무 도막을 1 m 이동시킨 후 정지하였으므로 $\frac{1}{2}×1$ kg×$(1\ \text{m/s})^2=F×1$ m에서 $F=0.5$ N이다.
ㄴ. 수레 B의 질량은 A와 같으나 나무 도막에 충돌한 후 나무 도막을 4 m 이동시켰으므로 $\frac{1}{2}×1$ kg×$v^2=0.5$ N×4 m에서 $v=2$ m/s이다.
ㄷ. 수레가 나무 도막에 한 일만큼 수레의 운동 에너지가 감소하므로 수레의 운동 에너지는 수레가 나무 도막에 한 일로 전환된다.

24 수레의 질량이 일정할 때 수레의 운동 에너지는 속력의 제곱에 비례한다.

25 운동 에너지=$\frac{1}{2}mv^2$이므로 질량과 속력을 각각 4배, 2배로 하면 운동 에너지는 16배 증가한다. 따라서 나무 도막의 이동 거리는 10 cm×16=160 cm이다.

01 감각 기관

개념 **바로** 확인   본교재 **117**쪽, **119**쪽

초성 확인 문제

01 각막   **02** 동공   **03** 망막   **04** 홍채   **05** 확장, 축소
06 섬모체, 수정체   **07** 감각점   **08** 통점   **09** 반고리관
10 전정 기관   **11** 고막   **12** 귓바퀴   **13** 귓속뼈   **14** 귀
인두관   **15** 기체   **16** 액체

01 ⑴ 공막 ⑵ 맥락막 ⑶ 망막 ⑷ 유리체 ⑸ 섬모체 ⑹ 홍채
⑺ 수정체 ⑻ 각막   **02** ⑴ G ⑵ B ⑶ E   **03** ㉠ : 수정체,
㉡ : 망막   **04** ⑴ (나) ⑵ (가)   **05** ⑴ (나) ⑵ (가)   **06** ⑴ ◯
⑵ × ⑶ ◯   **07** ⑴ 귓속뼈 ⑵ 반고리관 ⑶ 전정 기관 ⑷ 평
형 감각 신경 ⑸ 청각 신경 ⑹ 달팽이관 ⑺ 귀인두관 ⑻ 고
막   **08** ⑴ B ⑵ A ⑶ C ⑷ H ⑸ G   **09** ㉠ : 귓바퀴, ㉡ :
고막, ㉢ : 달팽이관   **10** ⑴ 후각 세포 ⑵ 맛세포   **11** 기체,
액체   **12** ⑴ ◯ ⑵ ◯ ⑶ ◯

02 ⑴ 빛을 굴절시켜 망막에 상을 맺히게 하는 부위는 수정체
(G)이다.
⑵ 검은색 색소가 있어 눈 속을 어둡게 하는 부위는 맥락막(B)
이다.
⑶ 수축 · 이완하여 수정체의 두께를 조절하는 부위는 섬모체
(E)이다.

03 빛은 각막과 동공을 지나 수정체(㉠)로 들어간다. 그리고
수정체에서 굴절된 빛은 유리체를 통과하여 망막(㉡)에 도달한
다. 망막의 시각 세포는 빛을 자극으로 받아들이고, 이 자극(흥
분)은 시각 신경을 통해 뇌로 전달됨으로써 물체의 모양, 크기,
색깔 등을 인식하게 된다.

04 (가)는 홍채가 축소하여 동공이 확대되므로 어두울 때 눈의
상태이고, (나)는 홍채가 확장하여 동공이 축소되므로 밝을 때
눈의 상태이다.

05 (가)는 섬모체가 수축하여 수정체가 두꺼워져 있으므로 가
까운 곳을 볼 때 수정체의 모양이고, (나)는 섬모체가 이완하여
수정체가 얇아져 있으므로 먼 곳을 볼 때 수정체의 모양이다.

06 감각점이 분포하는 정도는 몸의 부위에 따라 다르며, 특정
감각점이 많은 부위는 그 감각점이 받아들이는 자극에 더 예민
하다.

08 ⑴ 몸의 회전을 감지하는 부위는 반고리관(B)이다.
⑵ 고막의 진동을 증폭하는 부위는 귓속뼈(A)이다.
⑶ 몸의 기울어짐을 감지하는 부위는 전정 기관(C)이다.

⑷ 외이도를 통해 들어온 소리에 의해 진동하는 얇은 막은 고막
(H)이다.

09 공기의 진동은 귓바퀴에 모여 외이도를 지나 고막을 진동
시킨다. 이 진동은 귓속뼈에서 증폭되어 달팽이관으로 전달되
고, 달팽이관에 있는 청각 세포를 흥분시킨다. 청각 세포의 흥분
은 청각 신경을 지나 뇌로 전달되어 뇌에서 소리로 인식된다.

11 (가)에서의 후각 세포(㉠)는 기체 상태의 화학 물질을 자극
으로 받아들이고, (나)에서의 맛세포(㉡)는 액체 상태의 화학 물
질을 자극으로 받아들인다.

12 ⑴ 후각은 매우 예민한 감각으로 쉽게 피로해진다.
⑵ 기본 맛에는 감칠맛, 단맛, 짠맛, 신맛, 쓴맛이 있다.
⑶ 음식을 먹을 때 혀로 느끼는 다섯 가지 기본 맛 외에 코에서
감지하는 여러 가지 냄새가 합쳐져서 맛을 느낀다.

기출 최다 탐구   본교재 **120**쪽

01 ⑴ × ⑵ × ⑶ ◯   **02** 입술   **03** ①

01 ⑴, ⑶ 이쑤시개가 두 개로 느껴지는 최소 거리가 짧을수록
감각점이 많이 분포하여 가장 예민한 부위이다. 따라서 가장 예
민한 부위는 손가락 끝이다.
⑵ 피부에 이쑤시개로 누르는 압력을 느끼는 감각점은 온점이
아니다.

02 이쑤시개가 두 개로 느껴지는 최소 거리가 짧은 부위일수
록 감각점이 많이 분포하고 있어 가장 예민하다. 입술이 이쑤시
개를 두 개로 느껴지는 거리가 가장 짧으므로 감각점이 가장 많
이 분포하고 있다.

03 ㄱ. (가)에서는 두 개로 느껴졌지만, (나)에서는 한 개로 느
껴졌으므로 (가)는 (나)에 비해 감각점이 많아 더 예민하다.
오답 피하기 ㄴ. 우리 몸은 부위에 따라 감각점의 분포 정도가 다
르다.
ㄷ. (가)에서 두 개의 이쑤시개 간격을 더 좁혀서 누르면 두 개로
느껴지지 않는다.

A to Z 기출 분석 다지선다   본교재 **121**쪽

01 ①, ②, ⑦   **02** ②, ⑥, ⑨

01 A는 각막, B는 수정체, C는 홍채, D는 섬모체, E는 유리
체, F는 망막, G는 맥락막이다.
① 각막(A)은 눈의 앞쪽을 덮고 있는 투명한 막이다.
②, ③, ④, ⑤ 수정체(B)는 빛을 굴절시켜 망막에 상이 맺히게
하고, 홍채(C)는 동공의 크기를 조절하여 눈으로 들어오는 빛의
양을 조절한다.
⑥ 섬모체(D)는 수축과 이완을 통해 수정체의 두께를 조절한다.

⑦ 유리체(E)는 눈의 형태를 유지하고 눈 속을 채우고 있는 투명한 물질이다.

⑧ 망막(F)은 상이 맺히는 곳이며, 시각 세포가 있어 빛을 자극으로 받아들인다.

⑨ 맥락막(G)은 검은색 색소가 있어 눈 속을 어둡게 한다.

02 A는 고막, B는 귓속뼈, C는 반고리관, D는 전정 기관, E는 청각 신경, F는 달팽이관, G는 귀인두관이다.

① 고막(A)은 소리에 의해 진동하는 얇은 막이다.

② 귓속뼈(B)는 고막의 진동을 증폭하는 역할을 한다.

③, ④, ⑤, ⑥ 반고리관과 전정 기관은 평형 감각을 담당하는데, 반고리관(C)은 몸의 회전을, 전정 기관(D)은 몸의 기울어짐을 담당한다.

⑦ 청각 신경(E)은 달팽이관의 청각 세포에서 받아들인 자극을 뇌로 전달하는 역할을 한다.

⑧ 달팽이관(F)은 청각 세포가 분포하여 소리(진동)를 자극으로 받아들인다.

⑨ 귀인두관(G)은 고막 안쪽과 바깥쪽의 압력을 같게 조절한다.

더 알아보기
본교재 **122**쪽

유제 **01** (1) (가) (2) (나) (3) (가) (4) (나) (5) (나) (6) (가) 유제 **02** ④ 유제 **03** ④

01 (가)는 수정체와 망막 사이의 거리가 정상보다 길어 물체의 상이 망막 앞쪽에 맺히는 근시이고, (나)는 수정체와 망막 사이의 거리가 정상보다 짧아 물체의 상이 망막 뒤쪽에 맺히는 원시이다. 근시는 먼 곳의 물체가 잘 보이지 않는 현상이고, 원시는 가까운 곳의 물체가 잘 보이지 않는 현상이다.

02 상이 망막 앞쪽에 맺히므로 이 사람은 근시이다. 근시는 먼 곳의 물체가 잘 보이지 않는 현상이므로 오목렌즈로 빛을 퍼뜨려 교정한다.

03 상이 망막 뒤쪽에 맺히므로 이 사람은 원시이다. 원시는 볼록렌즈로 빛을 모아 교정한다.

빈출 선별 **학교 시험** 변형 문제
본교재 **123~127**쪽

01 ② **02** ③ **03** 황반 **04** ③ **05** ① **06** ③ **07** ⑤
08 ② **09** ⑤ **10** ⑤ **11** ⑤ **12** ② **13** ④ **14** ③
15 ⑤ **16** ② **17** ② **18** ③ **19** ④ **20** ⑤ **21** ④
22 ㉠ : 액체, ㉡ : 맛세포 **23** ② **24** ⑤ **25** 어두운 곳에 있다가 밝은 곳으로 나가면 홍채가 확장하여 동공이 축소되므로 눈으로 들어오는 빛의 양이 감소한다. **26** 근시, 오목렌즈 **27** 감각점이 다른 부위에 비해 많이 분포되어 있기 때문이다. **28** E, 높은 산에 올라가면 기압이 낮아지므로 귀가 먹먹해지며, 이때 침을 삼키면 귀인두관이 열려 고막 안쪽과 바깥쪽의 압력이 같아져 편안해진다. **29** 미각과 후각

01 수정체(B)는 섬모체에 의해 두께가 조절되며, 빛을 굴절시켜 망막에 상이 맺히게 한다.

02 ③ D는 수정체의 두께를 조절할 수 있는 섬모체이다.

오답 피하기 ① A는 눈의 앞쪽을 덮고 있는 투명한 각막이다.

② C는 동공의 크기를 조절하여 눈으로 들어오는 빛의 양을 조절하는 홍채이다.

④ E는 시각 세포가 있어 빛을 자극으로 받아들이며, 물체의 상이 맺히는 망막이다.

⑤ F는 검은색 색소가 있어 눈 속을 어둡게 하는 맥락막이다.

03 망막에서 시각 세포가 많이 모여 있어 상이 맺히면 물체가 선명하게 보이는 곳은 황반이다.

04 시각 신경이 모여 나가는 맹점에는 시각 세포가 없기 때문에 상이 맺혀도 인지하지 못한다. 즉, ○ 표시가 보이지 않는 까닭은 맹점에 상이 맺혀 인지하지 못했기 때문이다.

05 시각의 성립 경로는 빛 → 각막 → 수정체 → 유리체 → 망막의 시각 세포 → 시각 신경 → 뇌 순이다.

06 주변 환경이 밝아지면 (나)처럼 홍채가 확장하여 동공이 축소된다.

07 ⑤ 먼 곳을 보면 섬모체가 이완하여 수정체가 얇아진다.

오답 피하기 ①, ③ 밝을 때는 홍채가 확장하고 동공이 축소되어 눈으로 들어오는 빛의 양이 감소한다.

② 거리 조절에는 섬모체가 관여한다.

④ 밝기 조절에는 동공과 홍채가 관여한다. 가까운 물체를 볼 때는 섬모체가 수축하여 수정체가 두꺼워진다.

08 ㄴ. 가까운 곳을 볼 때(B)는 섬모체가 수축하여 수정체가 두꺼워진다.

오답 피하기 ㄱ. A는 먼 곳을 볼 때, B는 가까운 곳을 볼 때이다.

ㄷ. 밝기에 따른 조절은 홍채와 동공에 의해 조절된다.

09 ㄱ. 이 사람은 수정체와 망막 사이의 거리가 정상보다 길어 상이 망막 앞에 맺히는 근시이다.

ㄴ. 근시는 오목렌즈로 빛을 퍼뜨려 교정한다.

ㄷ. 근시는 가까운 곳의 물체가 잘 보이고, 먼 곳의 물체가 잘 보이지 않는 현상이다.

10 ⑤ 감각점은 우리 몸 전체에 분포하지만, 그 분포 정도는 부위에 따라 다르다.

오답 피하기 ① 우리 몸의 내장 기관에도 감각점은 존재한다.

④ 우리 몸의 자극은 그 강도가 강해지면 통각으로 느껴진다. 예를 들어 손으로 너무 차가운 물체를 오래 만지면 통증으로 느끼게 된다.

11 우리 몸에서 일반적으로 통점이 가장 많이 분포한다. 따라서 통증에 가장 예민하게 반응한다.

12 ㄴ. 이쑤시개가 두 개로 느껴지는 최소 거리가 짧은 부위일수록 감각점이 많이 분포한 부위이다.

오답 피하기 ㄱ. 이쑤시개가 두 개로 느껴지는 최소 거리가 짧은 부위일수록 감각이 예민한 부위이다. 따라서 손가락 끝이 가장 예민하다.

ㄷ. 손등에서 이쑤시개로 누르는 감각을 느끼는 감각점은 가장 예민하게 반응하는 통점이다.

13 A는 고막, B는 귓속뼈, C는 반고리관, D는 전정 기관, E는 달팽이관, F는 귀인두관, G는 청각 신경이다.
④ 청각 세포가 있어 소리 자극을 받아들이는 곳은 달팽이관(E)이다.

14 몸의 회전을 감지하는 곳은 반고리관(C)이고, 몸의 기울어짐을 감지하여 평형을 유지하게 하는 곳은 전정 기관(D)이다.

15 귀인두관(F)은 고막 안쪽과 바깥쪽의 압력을 같게 조절하는 역할을 한다. 산에 올라가 귀가 먹먹할 때 하품을 하면 귀인두관이 열리며, 이때 고막 안쪽과 바깥쪽의 압력이 같게 되어 먹먹한 현상이 사라진다.

16 청각은 소리(음파)가 귓바퀴로 들어온 후 외이도 → 고막(A) → 귓속뼈(B) → 달팽이관(E)의 청각 세포 → 청각 신경(G) → 뇌로 전달되어 성립된다.

17 코의 구조 중 점액으로 덮여 있고 후각 세포가 모여 있어 자극을 받아들이는 곳은 후각 상피(B)이다.

18 사람의 감각 중에서 가장 예민하여 피로해지기 쉬운 감각은 후각이다.

19 ④ 눈만 가리고 실험한 결과 두 주스의 맛을 각각 구분할 수 있었지만, 눈을 가리고 코를 막은 후 실험한 결과 두 주스의 맛을 구분하지 못하였으므로 두 주스의 맛은 미각과 후각이 서로 상호 작용해야 느낀다는 것을 알 수 있다.

20 A는 유두, B는 맛봉오리, C는 맛세포, D는 미각 신경이다.
ㄱ. A는 혀 표면의 작은 돌기인 유두이다.
ㄴ. B는 맛세포가 모여 있는 맛봉오리이다.
ㄷ. 맛세포(C)는 액체 상태의 화학 물질을 자극으로 받아들이며, 이 자극은 미각 신경(D)을 통해 뇌로 전달되어 맛을 느끼게 된다.

21 ④ 혀로 느끼는 기본 맛에는 단맛, 짠맛, 신맛, 쓴맛, 감칠맛이 있다. 매운맛은 기본 맛에 해당하지 않는다.

22 미각은 액체 상태의 화학 물질의 자극을 맛봉오리의 맛세포에서 받아들이고, 이후 이 자극이 미각 신경을 통해 뇌로 전달되어 느끼게 된다.

23 감각 기관에 따라 받아들이는 자극의 종류는 다음과 같다.

감각 기관	자극의 종류
눈	빛
귀	소리
피부	접촉, 온도 변화, 통증, 압력 등
코	기체 상태의 화학 물질
혀	액체 상태의 화학 물질

24 ⑤ 우리 몸의 감각점 중 냉점은 차가움을, 온점은 따뜻함을 느끼는 감각점이다.

오답 피하기 ① 떫은맛과 매운맛은 혀에서 느끼는 미각이 아니다.
② 후각은 다른 감각에 비해 매우 예민하다.
③ 피부 감각점의 수가 많을수록 더 예민하다.
④ 우리 몸의 부위에 따라 감각점의 분포 정도는 다르다.

25 **모범 정답** 어두운 곳에 있다가 밝은 곳으로 나가면 홍채가 확장하여 동공이 축소되므로 눈으로 들어오는 빛의 양이 감소한다.

채점 기준	배점
제시된 용어 중 2가지를 모두 사용하여 밝은 곳에서 눈의 작용을 옳게 서술한 경우	100 %
제시된 용어를 1가지만 사용하여 밝은 곳에서 눈의 작용을 옳게 서술한 경우	70 %
제시된 용어를 모두 사용하지 않았지만, 밝은 곳에서 눈의 작용을 옳게 서술한 경우	30 %

26 **모범 정답** 근시, 오목렌즈

채점 기준	배점
철수의 눈의 이상과 교정 방법에 대해 옳게 서술한 경우	100 %
철수의 눈의 이상 또는 교정 방법 중 한 가지만 옳게 서술한 경우	50 %

27 **모범 정답** 감각점이 다른 부위에 비해 많이 분포되어 있기 때문이다.

채점 기준	배점
손가락 끝이 다른 부위에 비해 매우 예민한 이유를 옳게 서술한 경우	100 %
감각점의 분포가 아닌 손가락 끝과 다른 부위를 비교하여 단순하게 서술한 경우	50 %

28 **모범 정답** E, 높은 산에 올라가면 기압이 낮아지므로 귀가 먹먹해지며, 이때 침을 삼키면 귀인두관이 열려 고막 안쪽과 바깥쪽의 압력이 같아져 편안해진다.

채점 기준	배점
높은 산에 올라가 귀가 먹먹해졌을 때와 관련 있는 귀의 구조와 그 까닭에 대해 옳게 서술한 경우	100 %
높은 산에 올라가 귀가 먹먹해졌을 때와 관련 있는 귀의 구조만 쓴 경우	50 %

29 모범 정답 미각과 후각

채점 기준	배점
음식의 맛을 정확하게 느끼기 위해 어떤 감각이 서로 작용해야 하는지 옳게 서술한 경우	100 %
미각과 후각 중 한 가지만 쓴 경우	50 %

02 신경계

개념 바로 확인

본교재 **129**쪽, **131**쪽

초성 확인 문제

01 뉴런 **02** 감각, 운동 **03** 말초 **04** 간뇌 **05** 연수 **06** 소뇌 **07** 말초 **08** 자율 **09** 의식적인 **10** 무조건 **11** 연수

01 (1) 신경 세포체 (2) 가지 돌기 (3) 축삭 돌기 **02** (1) A (2) C **03** (1) ○ (2) × **04** ㉠ : 감각, ㉡ : 운동 **05** (1) ○ (2) ○ (3) × **06** ㉠ : 중추 신경계, ㉡ : 말초 신경계 **07** (1) C (2) E (3) D (4) A **08** (1) × (2) ○ (3) ○ (4) × **09** ㉠ : 확대, ㉡ : 축소, ㉢ : 촉진, ㉣ : 억제, ㉤ : 억제, ㉥ : 촉진, ㉦ : 촉진, ㉧ : 억제 **10** ② **11** (1) 무 (2) 의 (3) 의 (4) 무 **12** (1) 대뇌 (2) 중간뇌 (3) 척수 (4) 연수 **13** A → F → E

02 핵이 있어 다양한 생명 활동이 일어나는 부위는 신경 세포체(A)이고, 신경 세포체에서 뻗어 나온 여러 개의 짧은 돌기에 해당하는 부위는 가지 돌기(B)이다. 신경 세포체에서 뻗어 나온 한 개의 긴 돌기로 다른 뉴런이나 반응 기관으로 자극을 전달하는 부위는 축삭 돌기(C)이다.

05 뇌와 척수는 중추 신경계를 구성한다.

06 사람의 신경계는 크게 중추 신경계와 말초 신경계로 구성된다.

07 (1) 몸의 자세와 균형 유지의 중추는 소뇌(C)이다.
(2) 눈의 운동, 홍채의 수축과 이완 조절에 의한 동공의 크기 조절의 중추는 중간뇌(E)이다.
(3) 호흡 운동, 심장 박동, 소화 운동의 조절 중추는 연수(D)이다.
(4) 기억, 추리, 판단, 학습 등의 정신 활동 담당의 조절 중추는 대뇌(A)이다.

08 (1), (2) 말초 신경계는 뇌와 척수에서 뻗어 나와 온몸에 퍼져 있는 신경으로, 자극을 중추 신경계로 전달하는 감각 신경과 중추 신경계의 명령을 반응 기관으로 전달하는 운동 신경으로 구성된다.
(3), (4) 자율 신경은 대뇌의 명령을 받지 않고 자율적으로 우리 몸의 작용을 조절하며, 교감 신경과 부교감 신경으로 구분된다.

10 의식적인 반응은 대뇌가 중추가 되어 일어나는 반응이다.

13 무릎 반사는 자극이 대뇌에 도달하기 전에 척수의 명령이 반응 기관으로 전달되어 나타나는 반응이다. 따라서 무릎 반사의 반응 경로는 A → F → E이다.

기출 최다 탐구

본교재 **132**쪽

01 (1) × (2) ○ (3) ○ **02** 자극 → 귀 → 청각 신경 → 대뇌 → 척수 → 운동 신경 → 손의 근육 **03** ①

01 (1), (2) 소리를 듣고 자를 잡는 것과 눈으로 떨어지는 자를 보고 잡는 반응은 대뇌가 관여하는 의식적인 반응이다.
(3) 눈, 귀와 같은 감각 기관에서 자극을 받아들여 반응이 나타나기까지 신경계를 거치므로 시간이 걸린다.

02 눈을 가린 후 떨어지는 자를 소리만 듣고 잡는 반응이 일어나는 경로는 자극 → 귀 → 청각 신경 → 대뇌 → 척수 → 운동 신경 → 손의 근육 순이다.

03 ① 실험 장치 아랫부분으로 떨어지는 공을 받는 것은 대뇌가 판단하여 반응하는 의식적인 반응이다.
오답 피하기 ② 반응의 중추는 대뇌이다.
③ 반응의 경로는 눈 → 시각 신경 → 대뇌 → 운동 신경 → 손의 근육 순이다.
④ 실험을 반복하여도 반응 경로는 변화 없다.
⑤ 실험을 반복할수록 학습 효과에 의해 반응 속도가 빨라질 수 있다.

A to Z 기출 분석 다지선다

본교재 **133**쪽

01 ①, ④, ⑨ **02** ②, ⑧, ⑨

01 A는 감각 뉴런, B는 연합 뉴런, C는 운동 뉴런이다.
①, ② 감각 뉴런(A)은 감각 기관에서 받아들인 자극을 연합 뉴런(B)으로 전달한다.
③, ④, ⑤ 감각 뉴런(A)과 운동 뉴런(C)은 말초 신경계에, 연합 뉴런(B)은 중추 신경계에 속한다.
⑥, ⑧, ⑨ 운동 뉴런(C)은 가지 돌기, 축삭 돌기, 신경 세포체로 구성되며, 연합 뉴런의 명령을 반응 기관으로 전달한다.
⑦ 감각 뉴런(A)에 이상이 생기면 감각을 느끼지 못한다.
⑩ 자극의 전달 방향은 A → B → C이다.

02 A는 대뇌, B는 간뇌, C는 소뇌, D는 연수, E는 중간뇌이다.
①, ② 대뇌(A)는 추리, 판단 등 고등한 정신 작용을 담당한다. 무릎 반사의 중추는 척수이다.
③ 대뇌(A)에 이상이 생기면 언어 장애가 올 수 있다.
④ 간뇌(B)는 체온과 혈당량 등 우리 몸의 상태를 일정하게 유지하도록 조절한다.

⑤, ⑥ 소뇌(C)는 근육 운동을 조절하고 몸의 자세를 바로 잡거나 균형을 유지한다.

⑦ 중추 신경계는 뇌와 척수로 구성된다. 따라서 연수(D)는 중추 신경계에 속한다.

⑧ 연수(D)는 침 분비, 재채기, 하품, 딸꾹질 등의 무조건 반사의 중추이다.

⑨, ⑩ 중간뇌(E)는 안구 운동과 동공의 크기를 조절한다.

01 (가) 자극을 다른 뉴런이나 기관으로 전달하는 부위는 축삭 돌기(C)이다.

(나) 핵과 세포질이 모여 있으며, 여러 가지 생명 활동이 일어나는 부위는 신경 세포체(B)이다.

(다) 다른 뉴런이나 감각 기관으로부터 오는 자극을 받아들이는 부위는 가지 돌기(A)이다.

02 ㄱ, ㄴ. 뉴런은 하나의 세포로 이루어져 있으며, 신경계를 구성하는 기본 단위이다.

ㄷ. 어떤 뉴런에 자극이 가해지면 이 자극은 이 뉴런의 축삭 돌기를 따라 이동하며, 이렇게 이동한 자극은 다음 뉴런의 가지 돌기 쪽으로 전달된다.

03 신경계는 감각 기관이 받아들인 자극을 뇌로 전달하거나, 자극을 종합·판단하여 적절한 반응이 나타나도록 신호를 전달하는 데 관여하는 기관이 모여 이루어진 기관계이다.

04 A는 감각 뉴런, B는 연합 뉴런, C는 운동 뉴런이다.

05 ㄱ. A는 감각 기관(피부)에서 받아들인 자극을 연합 뉴런으로 전달하는 감각 뉴런이다.

ㄴ. B는 중추 신경계를 구성하는 연합 뉴런이다.

ㄷ. C는 중추의 명령을 반응 기관(근육)으로 전달하는 운동 뉴런이다.

06 소뇌는 근육 운동의 조절과 우리 몸의 자세와 균형을 유지하는 데 관여하는 중추이다.

07 A는 대뇌, B는 간뇌, C는 중간뇌, D는 소뇌, E는 연수이다.
⑤ 연수(E)는 심장 박동, 소화 운동 등을 조절한다.
오답 피하기 ① 동공 반사의 중추는 중간뇌(C)이다.
② 추리, 기억 등의 고등 정신 활동을 담당하는 중추는 대뇌(A)이다.
③ 혈당량, 체온 등 항상성을 일정하게 유지하는 데 관여하는 중추는 간뇌(B)이다.
④ 무릎 반사, 갓난아기의 배변·배뇨 반사 등의 중추는 척수이다.

08 신경계는 크게 중추 신경계(A)와 말초 신경계(B)로 구분된다.

09 ③ 말초 신경계(B)는 몸의 각 부분과 중추 신경계를 연결하는 신경계로, 감각 신경과 운동 신경으로 구성된다.
오답 피하기 ① 중추 신경계(A)는 뇌와 척수를 구성하는 연합 뉴런으로 이루어져 있다.
② 중추 신경계(A)와 말초 신경계(B)를 구성하는 기본 단위는 뉴런이다.
⑤ 자극에 대한 정보를 종합하고 판단하여 명령을 내리는 신경계는 중추 신경계(A)이다.

10 ② 자율 신경은 교감 신경과 부교감 신경으로 구성된다.
오답 피하기 ① 말초 신경계는 감각 신경과 운동 신경으로 구성되어 있다.
③ 말초 신경계 중 자율 신경은 대뇌의 직접적인 조절을 받지 않는다.
④ 교감 신경은 위기 상황에 처했을 때 긴장 상황에 대처하기 알맞은 상태로 만들어주고, 부교감 신경은 우리 몸을 원래의 안정된 상태로 되돌리는 작용을 한다.
⑤ 말초 신경계는 중추 신경계(뇌, 척수)에서 뻗어 나온 신경으로 구성된다.

11 ② 소화 운동의 촉진은 부교감 신경의 작용으로 일어난다.
오답 피하기 교감 신경이 작용하면 호흡 운동과 심장 박동이 촉진되고, 소화 운동과 소화액 분비가 억제되며, 동공이 확대된다.

12 (가)와 같이 도로를 걷다가 갑자기 차가 나타나 위험을 느꼈을 때는 교감 신경이 작용한다. (나)는 부교감 신경이 작용하여 다시 안정된 상태로 돌아오는 모습이다.
① 교감 신경이 작용하면 동공이 확대되고, 호흡 운동과 심장 박동이 촉진된다.
오답 피하기 ③, ④ (나)에서는 부교감 신경이 작용하며, 부교감 신경이 작용하면 심장 박동과 호흡 운동이 억제된다.
⑤ 자율 신경은 대뇌의 직접적인 명령을 받지 않고 자율적으로 우리 몸의 작용을 조절한다.

13 (가)는 의식적인 반응, (나)는 무조건 반사 중 하나인 무릎 반사이다.
③ 무릎 반사(나)에서는 대뇌가 관여하지 않는다.

[오답 피하기] ①, ② (가)는 대뇌와 척수가 모두 관여하는 의식적인 반응이다.
④, ⑤ 의식적인 반응인 (가)는 무릎 반사인 (나)보다 반응 속도가 느리고, 반응 경로가 길다.

14 (나)는 무조건 반사 중 하나인 무릎 반사이며, 반응 경로는 자극 → 감각 기관(피부) → 감각 신경 → 척수(중추 신경) → 운동 신경 → 반응 기관(근육) → 반응 순이다.

15 ㄷ. 헤딩을 할 때 눈을 감는 행동은 대뇌의 판단을 거치치 않고 일어나는 무의식적인 반응이기 때문에 헤딩을 하는 반응보다 더 빠르게 일어난다.
[오답 피하기] ㄱ, ㄴ. 축구 선수가 헤딩을 할 때 순간적으로 눈을 감는 행동은 대뇌가 관여하지 않는 무의식적인 반응이다.

16 (가)는 대뇌가 중추인 의식적인 반응이고, (나)는 척수가 중추인 무조건 반사이다.

17 ④ 갑자기 하품이 나오는 반응의 중추는 연수이다.
[오답 피하기] ①, ② 기침(재채기), 침 분비, 눈물 분비 등은 반응의 중추가 연수이다.
③ 우리 몸의 체온을 항상 일정하게 유지하게 하는 반응의 중추는 간뇌이다.
⑤ 눈 깜빡이나 동공의 크기 조절(동공 반사)은 반응의 중추가 중간뇌이다.

18 손이 시려워서 주머니에 손을 넣는 것은 의식적인 반응이며, 반응 경로는 감각 기관 → 감각 신경(A) → 척수(B) → 대뇌(C) → 척수(D) → 운동 신경(E) → 운동 기관 → 반응 순이다.

19 핵이 있어 다양한 생명 활동이 일어나는 곳은 신경 세포체(B)이다. 가지 돌기(A)에서 받아들인 자극은 축삭 돌기(C) 쪽으로 이동한다.
[모범 정답] (1) B, 신경 세포체 (2) ㉠

채점 기준	배점
(1)과 (2)를 모두 옳게 쓴 경우	100 %
(1)과 (2) 중 하나만 옳게 쓴 경우	50 %

20 자극은 감각 기관(피부) → 감각 뉴런(A) → 연합 뉴런(B) → 운동 뉴런(C) → 반응 기관(근육)으로 전달된 후 반응이 일어난다.
[모범 정답] (1) A : 감각 뉴런, B : 연합 뉴런, C : 운동 뉴런
(2) A → B → C

채점 기준	배점
(1)과 (2)를 모두 옳게 쓴 경우	100 %
(1)과 (2) 중 하나만 옳게 쓴 경우	50 %

21 위기에 처했을 때 우리 몸에서 작용하는 자율 신경은 교감 신경이다. 교감 신경이 작용하면 동공이 확대되고, 호흡 운동과 심장 박동이 촉진된다.
[모범 정답] 교감 신경, 동공이 확대되고, 호흡 운동과 심장 박동이 촉진된다.

채점 기준	배점
사나운 개를 만났을 때 작용하는 신경과 이때 우리 몸의 변화를 모두 옳게 서술한 경우	100 %
사나운 개를 만났을 때 우리 몸의 변화만 옳게 서술한 경우	70 %
사나운 개를 만났을 때 작용하는 신경만 옳게 쓴 경우	30 %

22 연수(E)는 심장 박동, 소화액 분비, 호흡 운동 등을 조절하여 생명을 유지하는 역할을 한다.
[모범 정답] 연수(E)는 심장 박동, 호흡 운동 등과 같은 생명 유지와 관련이 깊은 활동을 담당하는 중추이므로 자는 동안에도 활발하게 활동한다.

채점 기준	배점
A~E 중 자는 동안에 활발하게 활동하는 부위를 근거를 들어 옳게 서술한 경우	100 %
A~E 중 자는 동안에 활발하게 활동하는 부위만 쓴 경우	50 %

23 뜨거운 물체에 손이 닿았을 때 자신도 모르게 손을 움츠리는 반응은 무조건 반사이고, 어두운 방에서 손을 더듬어 전등 스위치를 누르는 반응은 의식적인 반응이다.
[모범 정답] (1) 무조건 반사, F → G → I
(2) 의식적인 반응, F → D → B → E → H

채점 기준	배점
(1)과 (2)를 모두 옳게 쓴 경우	100 %
(1)과 (2) 중 하나만 옳게 쓴 경우	50 %

03 호르몬

개념 **바로 확인**　　　　본교재 **139**쪽, **141**쪽

초성 확인 문제

01 호르몬　**02** 표적 세포　**03** 느리다　**04** 생장　**05** 아드레날린　**06** 저하증　**07** 항상성　**08** 신경　**09** 간뇌　**10** 증가, 감소　**11** 인슐린, 글루카곤

01 (1) × (2) × (3) ○ (4) ×　**02** (1) 호르몬 (2) 표적 기관
03 (1) 호 (2) 신 (3) 신 (4) 호　**04** (1) 뇌하수체 (2) 갑상샘 (3) 부신 (4) 이자 (5) 난소　**05** ㉠ : 항이뇨 호르몬, ㉡ : 티록신, ㉢ : 심장 박동, ㉣ : 감소 ㉤ : 에스트로젠　**06** (1) × (2) × (3) ○　**07** (1) 더울 때 (2) 추울 때　**08** (1) 증가 (2) 감소 (3) 증가　**09** (1) 인슐린 (2) 글루카곤　**10** (1) ○ (2) ○　**11** 항이뇨 호르몬

01 호르몬은 내분비샘에서 만들어져 혈액으로 분비되며, 혈관을 따라 온몸을 순환하다가 표적 기관이나 표적 세포에 작용한다. 그리고 적은 양으로도 우리 몸의 생리 작용을 조절하며, 분비량이 너무 많거나 너무 적으면 몸에 이상 증상이 나타난다.

03 혈액을 통해 표적 세포로 전달되는 호르몬은 신경계에 비해 전달 속도는 느리지만 작용 범위가 넓고 효과가 오래 지속된다.

06 우리 체내의 체온과 혈당량을 일정하게 유지하려는 항상성 조절 중추는 간뇌이다. 항상성은 신경과 호르몬의 작용으로 조절된다.

09 식사 후 혈당량이 높아졌을 때 이자에서 분비되는 호르몬 A는 인슐린이고, 운동 후 혈당량이 낮아졌을 때 이자에서 분비되는 호르몬 B는 글루카곤이다.

10 인슐린(A)은 간에서 포도당을 글리코젠으로 합성하여 저장하고, 세포에서의 포도당 흡수를 촉진하여 혈당량을 낮춘다. 글루카곤(B)은 간에서 글리코젠을 포도당으로 분해하여 혈액으로 내보냄으로써 혈당량을 높인다.

A to Z 기출 분석 다지선다　본교재 **142**쪽

　01 ⑥, ⑨　**02** ⑤, ⑧

01 A는 뇌하수체, B는 갑상샘, C는 부신, D는 이자, E는 정소이다.
①, ②, ③, ⑨ 뇌하수체(A)에서는 생장 호르몬, 갑상샘 자극 호르몬, 항이뇨 호르몬, 생식샘 자극 호르몬이 분비된다. 생장 호르몬이 성장기에 과다 분비되면 거인증이 나타난다.
④, ⑤ 갑상샘(B)에서는 세포 호흡을 촉진하는 티록신이 분비된다.
⑥ 부신(C)에서는 심장 박동을 촉진하고, 혈당량을 증가시키는 아드레날린이 분비된다.
⑦, ⑧ 이자(D)에서는 혈당량을 감소시키는 인슐린과 혈당량을 증가시키는 글루카곤이 분비된다.
⑩ 정소(E)에서는 남성의 2차 성징을 발현하는 성호르몬인 테스토스테론이 분비된다.

02 A는 글루카곤, B는 인슐린이다.
① 간은 혈당량 조절 호르몬인 글루카곤과 인슐린의 표적 기관이다.
②, ③ A는 간에서 글리코젠을 포도당으로 분해하여 혈당량을 증가시키는 글루카곤이다. 따라서 혈당량이 낮아지면 글루카곤(A)의 분비가 촉진된다.
④, ⑥, ⑦, ⑧ B는 간에서 포도당을 글리코젠으로 합성하고, 조직 세포의 포도당 흡수를 촉진하여 혈당량을 감소시키는 인슐린이다. 따라서 혈당량이 증가하면 인슐린(B)의 분비가 촉진된다.
⑤ 아드레날린은 간에 작용하여 혈당량을 증가시키므로 글루카곤(A)과 같은 작용을 한다.

⑨ 인슐린이 결핍되면 오줌으로 포도당이 배출되는 당뇨병이 생길 수 있다.
⑩ 운동을 하면 체내 혈당량이 감소하므로 혈당량을 증가하는 글루카곤(A)의 분비가 촉진되고 인슐린(B)의 분비가 억제된다.

더 알아보기　본교재 **143**쪽

　유제 **01** A : 인슐린, B: 글루카곤　유제 **02** (1) A : 글루카곤, B : 인슐린 (2) B

빈출 선별 학교 시험 변형 문제　본교재 **144~147**쪽

　01 ③　**02** ③　**03** ③　**04** ②　**05** ①　**06** ④　**07** ⑤
　08 ④　**09** ④　**10** ③　**11** ③　**12** ②　**13** ②　**14** ②
　15 ④　**16** ㉠ : 이자, ㉡ : 포도당, ㉢ : 글리코젠, ㉣ : 촉진　**17** ③　**18** ①　**19** (1) 생장 호르몬, 갑상샘 자극 호르몬, 항이뇨 호르몬, 생식샘 자극 호르몬 (2) 티록신　**20** 아드레날린, 심장 박동을 촉진한다. 혈당량을 증가시킨다.　**21** 인슐린, 당뇨병　**22** 호르몬은 신경에 비해 전달 속도가 느리지만, 작용 범위가 넓고 지속적으로 효과가 나타난다.　**23** 간뇌, 날씨가 추울 때 일어나는 체온 조절 과정이다.　**24** (1) 인슐린, 인슐린은 간에서 포도당을 글리코젠으로 합성하는 반응을 촉진하여 혈당량을 감소시킨다. (2) 글루카곤, 글루카곤은 간에서 글리코젠을 포도당으로 분해하여 방출하는 반응을 촉진하여 혈당량을 증가시킨다.

01 ㄱ. 호르몬은 체내의 내분비샘에서 만들어져 분비되며 혈액을 통해 온몸을 순환하다가 표적 세포에 작용한다.
ㄴ. 호르몬은 적은 양으로 우리 몸의 생리 작용을 조절한다. 하지만 호르몬 분비량이 너무 많거나 적으면 우리 몸에 이상이 생길 수 있다.
오답 피하기 ㄷ. 호르몬은 온몸의 모든 기관에 작용하는 것이 아니라 호르몬에 맞는 특정 표적 기관이나 표적 세포에만 작용한다.

02 땀샘, 소화샘, 침샘으로 구성된 A는 외분비샘이고, 뇌하수체, 갑상샘으로 구성된 B는 내분비샘이다.
③ 호르몬은 내분비샘(B)에서 분비된다.
오답 피하기 ① A는 외분비샘이다.
② 부신은 내분비샘(B)에 속한다.
④ 분비관을 통해 물질을 분비하는 것은 외분비샘(A)이다.
⑤ 내분비샘(B)에서 분비되는 물질만 표적 기관에 작용한다.

03 (가)는 신경을 통한 신호 전달, (나)는 호르몬을 통한 신호 전달이다.
③ 호르몬을 통한 신호 전달(나)이 신경을 통한 신호 전달(가)보다 작용 범위가 넓다.

04 A는 뇌하수체, B는 갑상샘, C는 부신, D는 이자, E는 생식샘이다.

② 티록신은 갑상샘(B)에서 분비된다.

오답 피하기 ① 아드레날린은 부신(C)에서 분비된다.

③ 글루카곤은 이자(D)에서 분비된다.

④ 테스토스테론은 생식샘(E)인 정소에서 분비된다.

⑤ 생식샘 자극 호르몬은 뇌하수체(A)에서 분비된다.

05 몸의 생장을 촉진하는 호르몬은 생장 호르몬이며, 생장 호르몬은 뇌하수체(A)에서 분비된다.

06 혈당량이 높을 때 이자(D)에서 혈당량을 감소시키는 인슐린이 분비되고, 혈당량이 낮을 때 이자(D)에서 혈당량을 증가시키는 글루카곤이 분비된다.

07 청소년기가 되면 뇌하수체에서 생식샘 자극 호르몬이 분비되어 정소나 난소에서 성호르몬의 분비가 활발해지므로 2차 성징이 나타난다. 남성은 수염이 나고 목소리가 굵어지며 정자를 생산할 수 있는 2차 성징이 나타나고, 여성은 골반과 가슴이 발달하며 주기적으로 월경과 배란이 일어나는 2차 성징이 나타난다.

08 ④ 티록신이 결핍되면 쉽게 피로해지고, 추위를 잘 타며, 체중이 증가하는 갑상샘 기능 저하증에 걸릴 수 있다.

09 ④ 말단 비대증은 성장이 끝난 후 뇌하수체에 이상이 생겨 생장 호르몬이 과다 분비되어 얼굴과 손, 발 등이 커지는 질병이다.

10 ㄱ, ㄷ. 항상성은 우리 몸이 환경 변화에 적절히 반응하여 몸의 상태(혈당량, 체온 등)를 일정하게 유지하려는 성질이며, 호르몬과 신경의 조절 작용으로 일정하게 유지된다.

오답 피하기 ㄴ. 항상성 유지의 조절 중추는 간뇌이다.

11 우리 몸은 체온, 혈당량, 몸속 수분량 등을 일정하게 유지하려는 항상성을 가지고 있다.

③ 식사를 할 때 입에서 침이 분비되는 것은 무조건 반사(연수 반사) 중 하나이다.

12 ② 추울 때 세포 호흡을 촉진하여 체내 열 발생량을 증가시키는 호르몬은 티록신이며, 티록신은 갑상샘에서 분비된다.

13 추울 때는 우리 몸에서 열 방출량을 감소시키고, 열 발생량을 증가시킨다. 열 방출량 감소(A) 작용으로는 피부 근처의 혈관 수축, 털 주변의 근육 수축 등이 있고, 열 발생량 증가(B) 작용으로는 근육의 떨림, 티록신의 분비 촉진 등이 있다.

14 ④ 추울 때 우리 몸에서는 근육의 떨림이 증가하고, 티록신에 의한 세포 호흡이 촉진되며, 피부 근처의 혈관이 수축된다.

15 A는 인슐린, B는 글루카곤, C는 아드레날린이다.

④ 아드레날린(C)은 부신에서 분비되어 심장 박동을 촉진하며, 간에 작용하여 글리코젠을 포도당으로 전환시켜 혈당량을 증가시킨다.

16 혈당량이 증가하면 이자에서 인슐린의 분비량을 증가시켜 간에서 포도당을 글리코젠으로 합성하고, 세포의 포도당 흡수를 촉진함으로써 혈당량을 낮춘다.

17 ㄱ, ㄴ. A는 인슐린이고, B는 글루카곤이다. 인슐린(A)은 간에서 포도당을 글리코젠으로 합성하는 작용을 촉진하며, 온몸의 조직 세포에서 혈액 속의 포도당 흡수를 촉진함으로써 혈당량을 낮춘다.

오답 피하기 ㄷ. 글루카곤(B)은 간에서 글리코젠을 포도당으로 분해하는 과정을 촉진함으로써 혈당량을 높인다.

18 ㄱ. 물을 많이 마시면 몸속 수분량이 많아져 오줌의 양이 증가한다.

오답 피하기 ㄴ, ㄷ. 뇌하수체에서 분비되는 항이뇨 호르몬은 몸속의 수분량이 부족할 때 분비가 촉진되어 콩팥에서 물의 재흡수를 촉진한다. 따라서 물을 많이 마시면 항이뇨 호르몬 분비가 억제되어 오줌의 양이 증가한다.

19 A는 뇌하수체, B는 갑상샘, C는 부신, D는 이자이다.

모범 정답 (1) 생장 호르몬, 갑상샘 자극 호르몬, 항이뇨 호르몬, 생식샘 자극 호르몬 (2) 티록신

채점 기준	배점
(1)과 (2)를 모두 옳게 쓴 경우	100 %
(1)과 (2) 중 하나만 옳게 쓴 경우	50 %

20 **모범 정답** 아드레날린, 심장 박동을 촉진한다, 또는 혈당량을 증가시킨다.

채점 기준	배점
C에서 분비되는 호르몬을 쓰고, 그 기능을 옳게 서술한 경우	100 %
C에서 분비되는 호르몬만 옳게 쓴 경우	50 %

21 **모범 정답** 인슐린, 당뇨병

채점 기준	배점
X의 명칭을 쓰고, X의 부족 이상으로 나타나는 질병 1가지를 옳게 쓴 경우	100 %
X의 명칭과 X의 부족 이상으로 나타나는 질병 중 하나만 옳게 쓴 경우	50 %

22 **모범 정답** 호르몬은 신경에 비해 전달 속도가 느리지만, 작용 범위가 넓고 지속적으로 효과가 나타난다.

채점 기준	배점
호르몬과 신경의 작용을 비교하여 차이점을 2가지 옳게 서술한 경우	100 %
호르몬과 신경의 작용을 비교하여 차이점을 1가지만 옳게 서술한 경우	50 %

23 **모범 정답** 간뇌, 날씨가 추울 때 일어나는 체온 조절 과정이다.

채점 기준	배점
체온 조절 중추를 쓰고, 어떤 조건일 때 나타나는 조절 과정인지 옳게 서술한 경우	100 %
체온 조절 중추와 날씨 조건 중 하나만 옳게 서술한 경우	50 %

24 모범 정답 (1) 인슐린, 인슐린은 간에서 포도당을 글리코젠으로 합성하는 반응을 촉진하여 혈당량을 감소시킨다.
(2) 글루카곤, 글루카곤은 간에서 글리코젠을 포도당으로 분해하는 반응을 촉진하여 혈당량을 증가시킨다.

채점 기준	배점
(1)과 (2)를 모두 옳게 서술한 경우	100 %
(1)과 (2) 중 하나만 옳게 서술한 경우	70 %
구간 Ⅰ과 Ⅱ에서 분비되는 호르몬만 옳게 쓴 경우	30 %

단원 확인 문제
본교재 **148~151**쪽

01 ④ **02** ②, ④ **03** ④ **04** ③ **05** ⑤ **06** ⑤ **07** ④ **08** C **09** ⑤ **10** ③ **11** ④ **12** ④ **13** ④ **14** ② **15** ② **16** ③ **17** ④ **18** ⑤ **19** ④ **20** ② **21** ⑤ **22** ⑤ **23** ④

01 A는 수정체, B는 각막, C는 홍채, D는 섬모체, E는 망막, F는 시각 신경이다.
④ 망막(E)에는 시각 세포가 존재하여 빛 자극을 받아들인다.
오답 피하기 ① A는 수정체이며, 상이 맺히는 곳은 망막(E)이다.
②, ③ 각막(B)은 눈의 앞쪽을 감싸는 투명한 막이며, 홍채(C)는 동공의 크기를 조절하여 눈으로 들어오는 빛의 양을 조절하는 역할을 한다.
⑤ 시각의 성립 경로는 각막(B) → 수정체(A) → 유리체 → 망막(E)의 시각 세포 → 시각 신경(F) → 뇌 순이다.

02 어두운 곳에서 밝은 곳으로 가면 홍채(C)가 확장하여 동공이 작아져 눈으로 들어오는 빛의 양이 줄어든다. 그리고 멀리 있는 물체를 보면 섬모체(D)가 이완하여 수정체(A)가 얇아진다.

03 손가락 끝이 손등과 손바닥의 다른 부위에 비해 감각이 예민한 까닭은 손가락 끝에 감각점이 많이 분포하기 때문이다.

04 ㄱ. 이 실험은 맹점의 특징을 알아보기 위한 실험이다.
ㄴ. (나)에서 망막의 시각 세포가 존재하는 곳에 ＋와 〇의 상이 맺혔기 때문에 모두 볼 수 있었다.
오답 피하기 ㄷ. (다)에서 〇가 보이지 않는 것은 시각 세포가 없는 맹점에 상이 맺혔기 때문이다.

05 (가)는 상이 망막 뒤에 맺혀 가까운 곳의 물체가 잘 보이지 않는 원시이고, (나)는 상이 망막 앞에 맺혀 먼 곳의 물체가 잘 보이지 않는 근시이다.

ㄴ. 원시인 (가)는 볼록렌즈로 빛을 모아주면 시력을 교정할 수 있다.
ㄷ. (나)는 근시이다. 근시는 가까이 있는 물체는 잘 보이나 멀리 있는 물체는 잘 보이지 않는다.
오답 피하기 ㄱ. (가)는 원시이다.

06 A는 고막, B는 귓속뼈, C는 반고리관, D는 전정 기관, E는 달팽이관, F는 귀인두관이다.
⑤ 귀인두관(F)은 고막 안쪽과 바깥쪽의 압력을 같게 조절한다.
오답 피하기 ①, ② 고막의 진동을 증폭시키는 곳은 귓속뼈(B)이고, 고막(A)은 소리에 진동하는 얇은 막이다.
③, ④ 몸의 평형 감각을 조절하는 곳은 반고리관과 전정 기관이다. 반고리관(C)은 몸의 회전을, 전정 기관(D)은 몸의 기울기를 감지한다.

07 청각은 성립 경로는 소리 → 귓바퀴 → 외이도 → 고막(A) → 귓속뼈(B) → 달팽이관(E)의 청각 세포 → 청각 신경 → 뇌 순이다. 따라서 청각의 성립 경로에 포함되지 않는 부위는 C, D, F이다.

08 우리 몸의 회전 상태를 감지하는 곳은 반고리관(C)이다.

09 ㉠은 맛세포, ㉡은 후각 세포이고, A는 미각 신경, B는 후각 신경이다.
⑤ 뇌에서 미각 신경(A)과 후각 신경(B)을 통해 전달된 자극을 통합하여 맛을 느낀다.
오답 피하기 ① ㉠은 맛세포, ㉡은 후각 세포이다.
②, ③ 맛세포(㉠)는 액체 상태의 화학 물질을, 후각 세포(㉡)는 기체 상태의 화학 물질을 감지한다.
④ 후각 세포(㉡)는 매우 예민하여 쉽게 피로해진다.

10 ③ 매운맛과 떫은맛은 혀의 맛세포에서 감지하는 기본 맛이 아니라 혀와 입속 피부의 통점과 압점에서 자극을 받아들여 느끼는 피부 감각이다.
오답 피하기 ① 혀는 액체 상태의 화학 물질을 감지하는 감각 기관이다.
②, ④ 혀 표면에는 좁쌀 모양의 돌기인 유두가 있고, 유두 옆면의 맛봉오리에는 맛을 감지하는 맛세포가 있다.
⑤ 혀는 단맛, 쓴맛, 신맛, 짠맛, 감칠맛 등의 기본 맛을 감지할 수 있다.

11 ④ 핵과 세포질이 있어 여러 가지 생명 활동이 일어나는 곳은 신경 세포체이다.

12 A는 대뇌, B는 간뇌, C는 중간뇌, D는 소뇌, E는 연수이다.
④ 소뇌(D)는 근육 운동을 조절하고 몸의 자세를 바로 잡거나 균형을 유지한다.
오답 피하기 ① 동공과 홍채의 변화를 조절하는 중추는 중간뇌(C)이다.

② 심장 박동, 호흡 운동, 소화 운동 등을 조절하는 중추는 연수(E)이다.
③ 기억, 추리, 감정 등 다양한 정신 활동을 담당하는 중추는 대뇌(A)이다.
⑤ 체온과 혈당량, 몸속 수분량 등 우리 몸의 상태를 일정하게 유지히도록 조절하는 중추는 간뇌(B)이다.

13 송화기는 자극을 받아들이는 감각 기관, 수화기는 뇌와 척수에서 내린 명령을 전달받아 반응하는 반응 기관에 해당한다.
④ (다)는 운동 신경에 해당한다.

14 A는 뇌, B는 척수, C는 말초 신경이다.
② A와 B는 중추 신경계에 속하고, C는 말초 신경계에 속한다.
오답 피하기 ① 뇌(A)와 척수(B)는 중추 신경계를 구성한다.
③ 말초 신경(C)은 중추 신경계와 연결되며, 감각 신경과 운동 신경으로 구성되어 있다.
④, ⑤ 뜨거운 물체에 손을 닿았을 때 재빨리 떼는 반응, 무릎뼈 아래를 고무망치로 때려 다리가 올라가는 무릎 반사는 모두 척수가 중추인 무조건 반사의 예이다.

15 교감 신경과 부교감 신경은 같은 내장 기관에 연결되어 대뇌의 직접적인 명령 없이 내장 기관의 운동을 조절한다.
② 교감 신경이 작용하면 방광이 이완하고, 부교감 신경이 작용하면 방광이 수축한다.
오답 피하기

구분	동공 크기	침 분비, 소화 운동	호흡 운동, 심장 박동
교감 신경	확대	억제	촉진
부교감 신경	축소	촉진	억제

16 A는 시각 신경, B는 대뇌의 연합 뉴런, C는 척수의 연합 뉴런, D는 운동 신경이다.
③ 공을 보고 손으로 잡는 반응은 의식적인 반응이므로 대뇌(B)가 중추이다.

17 ④ 의식적인 반응인 (가)는 무조건 반사인 (나)에 비해 반응 속도가 느리다.
오답 피하기 ① (가)는 의식적인 반응, (나)는 무조건 반사이다.
② (나)의 반응 중추는 척수이다.
③ 무릎 반사는 (나)의 경로로 일어난다.
⑤ 레몬을 입에 넣었을 때 침이 고이는 것은 중추가 연수인 무조건 반사이다.

18 호르몬은 내분비샘에서 만들어져 혈액으로 분비된 후 표적 세포나 표적 기관에 신호를 전달하여 몸의 기능을 조절하는 물질이다. 호르몬은 신경에 비해 전달 속도는 느리지만 작용 범위가 넓고 효과가 지속적이다.
⑤ 특정 호르몬은 이를 수용하는 특정 표적 세포나 표적 기관에만 작용한다.

19 A는 뇌하수체, B는 갑상샘, C는 부신, D는 이자, E는 정소이다.
④ 이자(D)에서 분비되는 인슐린은 혈당량이 증가했을 때 포도당을 글리코젠으로 합성하여 혈당량을 감소시킨다.
오답 피하기 ① 뇌하수체(A)에서 분비되는 항이뇨 호르몬은 콩팥에서 수분 재흡수를 촉진한다.
② 갑상샘(B)에서 분비되는 티록신은 세포 호흡을 촉진한다.
③ 부신(C)에서 분비되는 아드레날린은 심장 박동 촉진, 혈압 상승, 혈당량을 증가시킨다.
⑤ 정소(E)에서 분비되는 테스토스테론은 남자의 2차 성징을 발현한다.

20 A는 생장 호르몬, B는 티록신, C는 인슐린이다.
② 갑상샘에서 분비되는 티록신(B)은 세포 호흡을 촉진한다.
오답 피하기 ① 생장 호르몬(A)은 뇌하수체에서 분비된다.
③ 티록신(B)이 결핍되면 갑상샘 기능 저하증이 나타난다.
④ 인슐린(C)은 이자에서 분비된다.
⑤ 인슐린(C)과 글루카곤이 혈당량에 대해 서로 반대 작용을 한다.

21 ㄱ. 체온이 정상보다 낮아지면 체내 열 발생량을 증가시켜야 하므로 갑상샘에서 세포 호흡을 촉진하는 티록신의 분비량이 증가한다.
ㄴ. 갑상샘 자극 호르몬의 분비가 촉진되면 갑상샘에서 티록신의 분비가 촉진되므로 열 발생량이 증가한다.
ㄷ. 혈액 내 티록신의 농도가 높아지면 체내 열 발생량을 줄이기 위해 뇌하수체 작용이 억제된다.

22 날씨가 추워지면 간뇌에서 이를 감지하여 신경과 호르몬의 작용을 통해 체온을 일정하게 유지하도록 조절한다.
⑤ 날씨가 추워지면 피부 근처에 있는 혈관이 수축하여 열 방출량을 감소시킨다.

23 X는 혈당량이 감소했을 때 혈당량을 증가시키는 글루카곤, Y는 혈당량이 증가했을 때 혈당량을 감소시키는 인슐린이다.
ㄴ. 혈당량이 증가하면 인슐린(Y)의 분비가 촉진되어 혈당량을 감소시킨다.
ㄷ. 글루카곤(X)과 인슐린(Y)은 혈당량에 대해 서로 반대 작용을 통해 혈당량을 일정하게 조절한다.
오답 피하기 ㄱ. X는 글루카곤이다.

I. 화학 반응의 규칙과 에너지 변화

01 물질 변화와 화학 반응식

핵심 내용 정리   시험 대비 교재 2쪽

❶ 물리   ❷ 확산   ❸ 화학   ❹ 앙금   ❺ 분자
❻ 원자   ❼ 성질   ❽ 원자   ❾ 화학식   ❿ 왼쪽
⓫ 오른쪽   ⓬ 산소   ⓭ H_2O ⓮ 개수   ⓯ 계수
⓰ 정수비   ⓱ 분자   ⓲ 6   ⓳ 2   ⓴ 분자

쪽지 시험   시험 대비 교재 3쪽

01 물리   **02** 화학   **03** (가) : 물리 변화, (나) : 화학 변화
04 (1) 물리 (2) 화학 (3) 물리 (4) 화학   **05** 분자   **06** (1) 원자 (2) 원자 (3) 분자   **07** 화학 반응식   **08** (1) 2, 2 (2) 2, 2
09 1 : 1 : 2   **10** 10개

실전 대비 예상 문제   시험 대비 교재 4~7쪽

01 ①, ③   **02** ④   **03** ②, ④   **04** ④   **05** ③   **06** ③
07 ①, ④   **08** ④   **09** ④   **10** ⑤   **11** ③   **12** ①
13 ①   **14** ③   **15** ⑤   **16** ④   **17** ③   **18** ④
19 (1) (가) : 화학 변화, (나) : 물리 변화 (2) (가)는 원자의 배열이 달라져 새로운 분자를 생성했으므로 화학 변화이고, (나)는 분자의 배열만 달라졌으므로 물리 변화이다.   **20** ©. 마그네슘 리본을 태우고 남은 재에서만 전류가 흐르지 않았으므로 물질의 성질이 변한 것이며, 이는 화학 변화가 일어났기 때문이다.   **21** $A_2 + B_2 \longrightarrow 2AB$ **22** 화학 반응 전후에 원자의 종류와 개수가 같아지도록 화학식 앞의 계수를 맞춘다.   **23** (1) (가), (다) (2) (가) : $2CH_3OH + 3O_2 \longrightarrow 2CO_2 + 4H_2O$, (다) : $2H_2O_2 \longrightarrow 2H_2O + O_2$

01 분자의 종류는 달라지지 않고, 분자의 배열만 달라지는 변화는 물리 변화이다.
①, ③ 상태 변화와 용해는 물리 변화이다.
오답 피하기 ②, ④, ⑤ 화학 변화의 예이다.

02 ④ 물리 변화가 일어날 때 원자의 종류와 개수는 변하지 않고, 분자의 배열만 변한다.
오답 피하기 ① 물리 변화나 화학 변화 모두 원자의 종류와 개수는 변하지 않는다. 따라서 질량 보존 법칙은 물리 변화와 화학 변화에서 모두 성립한다.
② 상태 변화, 모양 변화, 용해, 확산은 물리 변화에 해당한다.
③ 화학 변화가 일어나면 원자의 배열이 달라져 성질이 다른 새로운 물질이 생성된다.
⑤ 색깔과 맛의 변화, 빛과 열의 발생, 새로운 기체 생성, 앙금 생성으로 화학 변화가 일어났음을 알 수 있다.

03 화학 변화가 일어나면 빛과 열이 발생하거나 기체가 발생하거나 앙금이 생성되거나 색깔, 냄새, 맛 등이 변한다.

04 ④ 가을에 단풍잎이 붉은색으로 변하는 현상은 화학 변화의 예이다.
오답 피하기 ①, ②, ③, ⑤ 물리 변화의 예이다.

05 ③ 마그네슘 리본을 태우면 성질이 다른 새로운 물질로 변하므로 (다)에서 기체가 발생하지 않는다.
오답 피하기 ①, ② (가)와 (나)에서 수소 기체가 발생한다.
④ 마그네슘 리본을 구부려도 마그네슘의 성질은 변하지 않는다.
⑤ 마그네슘 리본을 태우면 성질이 다른 새로운 물질로 변한다.

06 ③ (다)는 물리 변화로 반응 전후 원자의 종류가 변하지 않는다.
오답 피하기 ① 화학 변화와 물리 변화 모두 반응 전과 후에 원자의 종류와 개수는 변하지 않으므로 전체 물질의 질량은 변하지 않는다.
②, ④ (나), (라)와 같은 화학 반응에서는 원자의 배열이 바뀌므로 성질이 다른 새로운 물질이 생성된다.
⑤ (마)는 화학 변화이며, 반응 전후 분자의 개수가 같지 않다.

07 화학 변화에서는 원자의 배열이 변하여 새로운 분자가 생성되기 때문에 물질의 성질이 변한다. 물리 변화에서는 분자의 배열만 변하고, 분자의 종류는 변하지 않기 때문에 물질의 성질이 변하지 않는다.

08 드라이아이스가 이산화 탄소 기체로 변화하는 현상(승화)은 상태 변화로, 물리 변화이다.

09 (가)는 물리 변화이고, (나)는 화학 변화이다. 물리 변화가 일어나면 원자의 배열, 분자의 종류와 개수, 물질의 고유한 성질은 변하지 않고, 분자의 배열만 변한다. 한편, 화학 변화가 일어나면 원자의 배열이 변하여 새로운 분자가 생성되기 때문에 처음의 물질과 성질이 다른 새로운 물질로 변한다.
ㄱ. 물리 변화에서 원자의 배열은 변화 전후가 같다.
ㄴ. 금속이 녹스는 현상은 화학 변화의 예이다.
ㄷ. 얼음이 든 병에 물방울이 맺히는 현상은 공기 중의 수증기가 물로 되는 상태 변화로, 물리 변화의 예이다.
ㄹ. 변화가 일어나도 물질의 고유한 성질이 변하지 않는 것은 물리 변화이다.
ㅁ. 변화가 일어나면 처음의 물질과 성질이 다른 새로운 물질이 생성되는 것은 화학 변화이다.

10 ⑤ NH_3 한 분자는 N 원자 1개와 H 원자 3개로, 총 4개의 원자로 구성되어 있다.
오답 피하기 ① 화학식 앞의 숫자가 분자의 개수를 의미하므로 분자의 개수는 3개이다.
② 원자의 총 개수는 분자의 개수와 화학식을 구성하는 원자의

개수의 곱과 같으므로 $3 \times 4 = 12$(개)이다.
③ NH_3는 암모니아의 화학식이다.
④ NH_3 한 분자를 구성하는 원소는 N와 H 2가지이다.

11 ③ 반응하는 원자의 크기와 질량은 화학 반응식을 통해서 알 수 없다.
오답 피하기 ①, ②, ④, ⑤ 화학 반응식을 통해 반응물과 생성물의 종류, 생성물을 이루는 원자의 종류, 반응물과 생성물의 분자 수의 비, 반응한 기체와 생성된 기체 사이의 부피비 등을 알 수 있다.

12 ① 화학 반응식의 계수비는 분자 수의 비와 같으므로 반응에 참여하는 물 : 수소 : 산소의 분자 수의 비는 2 : 2 : 1이다.
오답 피하기 ② 반응 전과 후의 원자의 종류와 개수는 변하지 않지만 원자의 배열이 달라져 물질의 성질이 변한다.
③ 반응에 참여하는 물 : 수소 : 산소의 분자 수의 비가 2 : 2 : 1이다.
④ 이 반응의 반응물은 물이고, 생성물은 수소와 산소이다.
⑤ 물 분자 2개가 분해되면 수소 분자 2개와 산소 분자 1개가 생성된다.

13 산화 구리(Ⅱ)가 생성되는 반응의 화학 반응식은
$2Cu + O_2 \longrightarrow 2CuO$이다.

14 화학 반응이 일어날 때 반응 전후 원자의 종류와 개수는 변하지 않고 원자의 배열만 변한다. 따라서 계수를 맞추어 화학 반응식을 완성하면 $N_2 + 2O_2 \longrightarrow 2NO_2$이다.
③ 질소 분자 1개와 산소 분자 2개가 반응하여 이산화 질소 분자 2개를 생성한다.
오답 피하기 ① (가)와 (나)에 들어갈 숫자는 각각 2, 2이다.
② 반응 전 분자의 개수가 3개라면 반응 후 분자의 개수는 2개이므로 분자의 개수는 반응 전이 반응 후보다 크다.
④ 반응물은 질소와 산소, 생성물은 이산화 질소이다.
⑤ 반응에 참여하는 질소 : 산소 : 이산화 질소의 분자 수의 비는 1 : 2 : 2이다.

15 모형의 반응을 화학 반응식으로 나타내면
$2A + 3B_2 \longrightarrow 2AB_3$이다.

16 화학 반응이 일어날 때 반응 전과 후의 원자의 종류와 개수는 변하지 않으므로 각 원자의 개수는 반응 전후 같아야 한다. H 원자의 개수는 ㉠×2=㉡×2이어야 하므로 ㉠=㉡이고, O 원자의 개수는 ㉠×2=(㉡×1)+(㉢×2)이어야 하므로 ㉠=2, ㉡=2, ㉢=1이다. 즉, 과산화 수소 분자 2개가 분해되면 물 분자 2개와 산소 분자 1개가 생성된다.

17 탄산수소 나트륨을 가열하면 탄산 나트륨, 이산화 탄소, 수증기로 분해된다. 이 반응은 탄산수소 나트륨 2개가 분해되어 탄산 나트륨 1개, 이산화 탄소 분자 1개, 수증기 분자 1개

를 생성하므로 이 반응의 화학 반응식은 $2NaHCO_3 \longrightarrow Na_2CO_3 + CO_2 + H_2O$이다.
ㄱ. 반응물은 탄산수소 나트륨($NaHCO_3$)으로 $NaHCO_3$ 1개의 전체 원자의 개수는 6개이다. 따라서 반응물인 $NaHCO_3$ 2개의 전체 원자의 개수는 12개이다.
ㄴ. 생성된 이산화 탄소와 수증기의 분자 수의 비는 1 : 1이다.
오답 피하기 ㄷ. 이 반응의 화학 반응식은
$2NaHCO_3 \longrightarrow Na_2CO_3 + CO_2 + H_2O$이다.

18 ④ 화학 반응이 일어날 때 반응 전후 원자의 종류와 개수는 변하지 않고 원자의 배열만 변하므로 반응 전후 원자의 개수가 같도록 계수를 맞추어야 한다.
오답 피하기
① 계수 1은 생략한다.
② 물의 분해 반응이므로 반응물은 물이다.
③ 물의 분해 반응을 화학 반응식으로 나타내면
$2H_2O \longrightarrow 2H_2 + O_2$이다.
⑤ 반응물은 '⟶'의 왼쪽에, 생성물은 '⟶'의 오른쪽에 쓴다.

19 **모범 답안** (1) (가) : 화학 변화, (나) : 물리 변화
(2) (가)는 원자의 배열이 달라져 새로운 분자를 생성했으므로 화학 변화이고, (나)는 분자의 배열만 달라졌으므로 물리 변화이다.

	채점 기준	배점
(1)	(가)와 (나)에 해당하는 각 변화를 옳게 쓴 경우	50 %
(2)	(1)과 같이 생각한 까닭을 '원자'와 '분자'의 용어를 모두 활용하여 옳게 서술한 경우	50 %
	(1)과 같이 생각한 까닭을 '원자'와 '분자'의 용어 2가지 중 1가지만 활용하여 옳게 서술한 경우	25 %

20 마그네슘 리본을 구부린 것은 물리 변화이고, 마그네슘 리본을 태운 것은 화학 변화이다.
모범 답안 ㉢, 마그네슘 리본을 태우고 남은 재에서만 전류가 흐르지 않았으므로 물질의 성질이 변한 것이며, 이는 화학 변화가 일어났기 때문이다.

채점 기준	배점
㉢을 옳게 고르고, 그 까닭을 실험 결과와 관련지어 옳게 서술한 경우	100 %
㉢만 옳게 고른 경우	50 %

21 4개의 A_2 분자와 3개의 B_2 분자가 반응하여 6개의 AB 분자를 생성한다. 이때 A_2 분자 1개가 반응하지 않고 남는다. 따라서 3개의 A_2 분자와 3개의 B_2 분자가 반응하여 6개의 AB 분자를 생성하므로 이 반응의 화학 반응식은 $A_2 + B_2 \longrightarrow 2AB$이다.
모범 답안 $A_2 + B_2 \longrightarrow 2AB$

22 **모범 답안** 화학 반응 전후에 원자의 종류와 개수가 같아지도록 화학식 앞의 계수를 맞춘다.

23 과산화 수소 분해 반응에서 이산화 망가니즈(MnO_2)는 반응을 촉진할 뿐 반응에 참여하지 않으므로 반응물이 아니다.

 (1) (가), (다)

(2) (가) : $2CH_3OH + 3O_2 \longrightarrow 2CO_2 + 4H_2O$

(다) : $2H_2O_2 \longrightarrow 2H_2O + O_2$

02 질량 보존 법칙, 일정 성분비 법칙

핵심 내용 정리
시험 대비 교재 **8**쪽

❶ 원자　❷ 염화 은($AgCl$)　❸ 감소　❹ 증가
❺ 산소　❻ 질량비　❼ 개수비　❽ 화합물　❾ 혼합물
❿ 암모니아　⓫ 1 : 1　⓬ 1 : 8　⓭ 5

쪽지 시험
시험 대비 교재 **9**쪽

01 (1) ○ (2) × (3) ×　**02** ㄱ, ㄴ, ㄷ　**03** (1) ⓒ (2) ㉠ (3) ⓛ　**04** 64 g　**05** H_2O, 원자, 질량　**06** ㄴ, ㄷ　**07** 1 : 8　**08** 5개　**09** 산소, 2 g

실전 대비 예상 문제
시험 대비 교재 **10~13**쪽

01 ③　**02** ④　**03** ②　**04** ④　**05** ③　**06** ①　**07** ②
08 ①　**09** ④　**10** ④　**11** ③　**12** ②　**13** ⑤　**14** ①
15 ④　**16** 화학 반응이 일어날 때 물질을 이루는 원자의 종류와 개수가 변하지 않기 때문이다.　**17** (1) 흰색의 염화 은 앙금과 질산 나트륨 수용액이 생성된다. 이때 반응 전후 질량은 일정하다. (2) 반응 전후 물질을 이루는 원자의 종류와 개수가 변하지 않으므로 반응 전후 질량은 일정하다.
18 (1) 나무가 공기 중의 산소와 반응하여 연소하면 타고 남은 재, 이산화 탄소, 수증기가 생성되는데, 발생한 기체가 공기 중으로 날아가므로 반응 후 질량이 감소한다. (2) 나무를 태울 때 기체가 날아가지 못하도록 밀폐 장치 안에서 실험한다.　**19** 물질을 구성하는 원자가 항상 일정한 개수비로 결합하여 화합물을 생성하기 때문이다.　**20** 68 g, 과산화 수소에서 구성 원소의 질량비(수소 : 산소)는 $(2 \times 1) : (2 \times 16)$ $= 1 : 16$이다. 따라서 수소 4 g과 산소 64 g이 완전히 반응하여 과산화 수소 68 g을 생성하고, 수소 4 g이 남는다.
21 (1) 3 : 2 : 5 (2) 마그네슘 30 g, 산소 20 g, 이 반응이 일어날 때 질량비(마그네슘 : 산소 : 산화 마그네슘)는 3 : 2 : 5이므로 산화 마그네슘 50 g을 생성하기 위해 필요한 마그네슘과 산소의 최소 질량은 각각 30 g, 20 g이다.

01 ③ 반응 후 새로운 원자가 생성되는 것이 아니라, 원자의 배열이 달라져 새로운 물질을 생성하는 것이다.

 ① 뚜껑이 열려 있으므로 반응 후 발생한 수소 기체가 공기 중으로 날아가 전체 물질의 질량은 감소한다. 따라서 전체 물질의 질량은 반응 전이 반응 후보다 크다.
②, ④ 마그네슘과 염산이 반응하면 수소 기체가 발생하며, 이 반응의 화학 반응식은 $2HCl + Mg \longrightarrow MgCl_2 + H_2$이다.
⑤ 뚜껑을 닫고 밀폐된 공간에서 반응시키면 반응 전후 전체 물질의 질량은 일정하다.

02 ④ 강철 솜 대신 나무를 연소시키면 생성물로 이산화 탄소 기체가 발생하여 공기 중으로 빠져나가므로 질량이 감소하여 저울의 B 쪽이 올라간다.

 ①, ② 강철 솜을 연소시키면 산소와 결합하여 산화 철(Ⅱ)이 생성되므로 질량이 증가하여 저울의 B 쪽이 내려간다.
③ 강철 솜을 가열하면 산소와 반응하여 산화 철(Ⅱ)이라는 새로운 물질이 생성되므로 자석에 붙지 않는다.
⑤ 강철 솜과 반응한 산소의 질량을 포함하면 반응 전후 전체 물질의 질량은 일정하다.

03 ㄷ. 닫힌 공간에서 강철 솜을 연소시키면 전체 물질의 질량은 변화 없다.

 ㄱ. 탄소를 포함한 물질이 연소할 때 이산화 탄소 기체가 생성된다.
ㄴ. 닫힌 공간에서 나무를 연소시키면 반응 전후 질량이 일정하다.

04 질산 은 수용액과 염화 나트륨 수용액을 반응시키면 흰색의 염화 은 앙금과 질산 나트륨 수용액이 생성된다.
④ 화학 반응이 일어나도 원자는 사라지거나 생겨나지 않으므로 반응 전후 질량은 일정하다.

 ①, ②, ③ 반응 전후 전체 물질의 질량은 일정하므로 (질산 은 수용액 + 염화 나트륨 수용액)의 질량 = (염화 은 + 질산 나트륨 수용액)의 질량이다.
⑤ 화학 반응이 일어날 때 분자는 새로 생성되거나 소멸된다.

05 ③ 닫힌 공간에서 화학 반응 전후 전체 물질의 질량은 변하지 않으므로 (가)와 (나)에서 질량은 같고, 뚜껑을 열면 반응 후 생성된 이산화 탄소 기체가 공기 중으로 빠져나가므로 (다)에서는 질량이 감소한다.

① 전체 물질의 질량은 (가) = (나) > (다)이다.
② 반응 후 이산화 탄소 기체가 생성되었지만 밀폐된 용기에서 반응이 일어나므로 전체 물질의 질량은 (가) = (나)이다.
④ 화학 반응이 일어나는 동안 분자는 새로 생성되거나 소멸된다.
⑤ 반응물과 생성물의 가짓수가 물질의 질량에 영향을 미치는 것은 아니다.

06 철과 황이 반응할 때 철과 황의 질량비는 7 : 4이므로 철 2.8 g과 황 1.2 g을 반응시키면 철 2.1 g과 황 1.2 g이 반응하여 황화 철 3.3 g이 생성되고, 철 0.7 g이 남게 된다.

07 일정 성분비 법칙은 화합물을 구성하는 성분 원소 사이에 성립한다. 소금물은 혼합물이므로 일정 성분비 법칙이 성립하지 않는다.

08 ① 볼트(B)와 너트(N)는 1 : 2의 일정한 비율로 결합하여 BN_2를 만들므로 화합물을 구성하는 성분 원소 사이에는 일정한 질량비가 성립한다는 일정 성분비 법칙을 설명하기에 적합하다.
오답 피하기 ② 화합물 BN_2는 볼트(B) 1개와 너트(N) 2개의 일정한 비율로 만들어졌다.
③ 소금물은 혼합물이므로 소금을 물에 녹이는 반응은 볼트(B)와 너트(N) 모형으로 설명할 수 없다.
④ 볼트(B)의 개수가 늘어나도 너트(N)의 개수가 8개로 일정하므로 BN_2의 개수는 계속 늘어날 수 없다.
⑤ 화합물을 구성하는 성분 원소 사이에는 일정한 질량비가 성립한다.

09 ④ 산화 구리(Ⅱ) 생성 반응에서 질량비(구리 : 산소 : 산화 구리(Ⅱ))가 4 : 1 : 5이므로 구리 6 g이 완전히 반응하여 산화 구리(Ⅱ)를 생성하기 위해서는 산소 기체 1.5 g이 필요하다.
오답 피하기 ①, ③ 구리 2 g을 가열하였을 때, 생성된 산화 구리(Ⅱ)가 2.5 g이므로 반응한 산소는 0.5 g이다. 구리와 산소의 반응 질량비가 4 : 1이므로 구리 0.4 g을 가열하면 산소 0.1 g과 반응하여 산화 구리(Ⅱ) 0.5 g을 생성한다.
② 이 반응의 화학 반응식은 $2Cu + O_2 \longrightarrow 2CuO$이다.
⑤ 화합물에서 성분 원소의 질량비가 항상 일정하므로 일정 성분비 법칙이 성립한다.

10 농도가 같은 질산 납 수용액과 아이오딘화 칼륨 수용액은 1 : 1의 부피비로 반응한다. D는 질산 납 수용액과 아이오딘화 칼륨 수용액이 각각 6 mL씩 완전히 반응했으므로 두 물질 모두 6 mL보다 많은 경우에 D보다 많은 앙금이 생성된다.

11 밀폐된 공간에서만 반응 전후 전체 물질의 질량이 일정한 것을 확인할 수 있는 반응은 기체가 발생하는 반응이다. 기체가 발생하면 공기 중으로 빠져나가 질량이 감소하므로 반응 전후 전체 물질의 질량이 보존되기 위해서는 밀폐된 공간에서 실험을 해야 한다.

12 마그네슘과 산소가 반응하여 산화 마그네슘을 생성하는 반응에서 마그네슘과 산소의 반응 질량비는 3 : 2이다.
② 마그네슘 6 g을 연소시킬 때 반응하는 산소의 질량은 4 g이고, 생성되는 산화 마그네슘은 10 g이다.
오답 피하기 ① 반응하는 마그네슘과 산소의 질량비는 3 : 2이다.
③, ④ 이 모형으로 일정 성분비 법칙, 질량 보존 법칙을 모두 설명할 수 있다.
⑤ 반응물과 생성물을 비교하면 원자의 배열 상태가 달라졌다는 것을 알 수 있다. 하지만 반응 전후 원자의 종류와 개수는 일정하므로 반응 전후 전체 질량은 일정하다.

13 마그네슘을 연소시키면 공기 중의 산소와 결합하여 질량이 증가한다.

14 수증기 생성 반응(실험 1과 3)에서 수소와 산소는 1 : 8의 질량비로 반응한다. 따라서 실험 2에서 산소 1.44 g과 반응하는 수소의 질량은 0.18 g이고, 수소 0.09 g은 반응하지 않고 남는다.

15 생성물 C를 이루는 A와 B의 질량비는 3 : 4이므로 이 반응의 질량비(A : B : C)는 3 : 4 : 7이다.
ㄱ. 실험 2에서 A 22.5 g과 B가 반응하여 C 52.5 g을 생성하므로 (가)는 30이다.
ㄷ. 생성물 C를 이루는 A와 B의 질량비는 3 : 4이다.
ㄹ. 실험 1에 A 20 g을 더 넣어주면, 남아 있는 B 20 g과 반응하게 된다. 이때 A 15 g과 B 20 g이 반응하여 C 35 g이 더 생성된다. 따라서 반응이 완전히 끝난 후 A 5 g이 남는다.
오답 피하기
ㄴ. 실험 3에서 A 45 g과 B 60 g이 반응하여 C 105 g을 생성하므로 (나)는 105이다.

16 모범 답안 화학 반응이 일어날 때 물질을 이루는 원자의 종류와 개수가 변하지 않기 때문이다.

17 모범 답안 (1) 염화 나트륨 수용액과 질산 은 수용액이 반응하면 흰색의 염화 은 앙금과 질산 나트륨 수용액이 생성된다. 이때 반응 전후 질량은 일정하다.
(2) 반응 전후 물질을 이루는 원자의 종류와 개수가 변하지 않으므로 반응 전후 질량은 일정하다.

채점 기준	배점
(1)과 (2)를 모두 옳게 서술한 경우	100 %
(1)과 (2) 중 1가지만 옳게 서술한 경우	50 %

18 모범 답안 (1) 나무가 공기 중의 산소와 반응하여 연소하면 타고 남은 재, 이산화 탄소, 수증기가 생성되는데, 발생한 기체가 공기 중으로 날아가므로 반응 후 질량이 감소한다.
(2) 나무를 태울 때 기체가 날아가지 못하도록 밀폐 장치 안에서 실험한다.

채점 기준	배점
(1)과 (2)를 모두 옳게 서술한 경우	100 %
(1)과 (2) 중 1가지만 옳게 서술한 경우	50 %

19 모범 답안 물질을 구성하는 원자가 항상 일정한 개수비로 결합하여 화합물을 생성하기 때문이다.

20 모범 답안 68 g, 과산화 수소에서 구성 원소의 질량비(수소 : 산소)는 $(2 \times 1) : (2 \times 16) = 1 : 16$이다. 따라서 수소 4 g과 산소 64 g이 완전히 반응하여 과산화 수소 68 g을 생성하고, 수소 4 g이 남는다.

21 모범 정답 (1) 3 : 2 : 5

(2) 마그네슘 30 g, 산소 20 g, 이 반응이 일어날 때 질량비(마그네슘 : 산소 : 산화 마그네슘)는 3 : 2 : 5이므로 산화 마그네슘 50 g을 생성하기 위해 필요한 마그네슘과 산소의 최소 질량은 각각 30 g, 20 g이다.

	채점 기준	배점
(1)	마그네슘과 산소가 반응하여 산화 마그네슘을 생성할 때의 질량비를 옳게 구한 경우	50 %
(2)	마그네슘과 산소의 최소 질량을 모두 옳게 구하고, 풀이 과정도 옳게 서술한 경우	50 %
	마그네슘과 산소의 최소 질량만 옳게 구한 경우	25 %

03 기체 반응 법칙, 화학 반응에서의 에너지 출입

핵심 내용 정리   시험 대비 교재 **14쪽**

❶ 부피   ❷ 정수비   ❸ 분자   ❹ 기체   ❺ 부피비
❻ 1:3:2   ❼ 1:1:2   ❽ 에너지   ❾ 방출   ❿ 높
⓫ 흡수   ⓬ 낮   ⓭ 발열 용기   ⓮ 냉각 팩

쪽지 시험   시험 대비 교재 **15쪽**

01 기체 반응   **02** 50개   **03** 1:3:2   **04** 질소 기체, 5 mL
05 질소 기체 15 mL, 수소 기체 45 mL   **06** 2:1:2
07 (1) 발열, (2) 흡열   **08** 발열 반응 : (가), (나), 흡열 반응 : (다), (라)   **09** (1) 흡수, (2) 낮, (3) 흡열

실전 대비 예상 문제   시험 대비 교재 **16~19쪽**

01 ④   **02** ③   **03** ④   **04** ③   **05** ④   **06** ②   **07** ④
08 ④   **09** ⑤   **10** ①   **11** ②   **12** ⑤   **13** ⑤   **14** ③
15 ④   **16** 반응에 필요한 수소 기체의 최소 부피 : 10 mL, 생성되는 염화 수소 기체의 부피 : 20 mL, 염화 수소 생성 반응에서 수소 : 염소 : 염화 수소의 부피비가 1 : 1 : 2이기 때문이다.   **17** (나), (다), 기체 반응 법칙은 반응물과 생성물이 모두 기체인 경우에 성립한다.   **18**

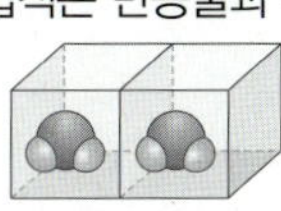

기체 C

19 (1) 발열 반응 : (가), (나), (다), 흡열 반응 : (라) (2) (가), (나), (다)는 에너지를 방출하므로 주위의 온도가 높아지고, (라)는 에너지를 흡수하므로 주위의 온도가 낮아진다.   **20** (1) 흡열 반응 (2) 반응이 일어날 때 주위로부터 에너지를 흡수하므로 주위의 온도는 낮아진다.   **21** (가), 냉각 팩은 흡열 반응을 이용하는 예이므로 반응이 일어날 때 주위로부터 에너지를 흡수한다. 흡열 반응인 물의 전기 분해와 탄산수소 나트륨의 열분해가 일어날 때에도 주위로부터 에너지를 흡수한다.

01 온도와 압력이 같을 때, 같은 부피 속에는 같은 개수의 기체 분자가 존재하므로 1 L에는 기체의 종류에 관계없이 같은 개수의 분자가 들어 있다. 따라서 기체의 부피가 가장 큰 16 L의 염화 수소 분자의 개수가 가장 크다.

02 ③ 일정한 온도와 압력에서 같은 부피 속에는 같은 개수의 분자가 존재한다.
오답 피하기 ① 기체 반응 법칙을 설명하기에 적합한 모형이다.
② 25 ℃, 1기압에서 V L에 들어 있는 세 기체의 분자 수가 모두 같고, 세 기체의 질량은 같지 않다.
④ 25 ℃, 1기압에서 V L에 들어 있는 기체 분자가 6개이므로 25 ℃, 1기압에서 $2V$ L에 들어 있는 질소 분자는 12개이다.
⑤ 일정한 온도와 압력에서 기체 사이의 반응이 일어날 때, 화학 반응식의 계수비=분자 수의 비=기체의 부피비이다.

03 일정한 온도와 압력에서 같은 부피 속에 들어 있는 기체 분자의 개수는 기체의 종류와 관계없이 같다.

04 실험 1에서 A_2 10 mL와 B_2 30 mL가 반응하여 AB_3 20 mL를 생성하였고, 실험 2에서 A_2 20 mL와 B_2 60 mL가 반응하여 AB_3 40 mL를 생성하였다. 이 반응의 부피비 ($A_2 : B_2 : AB_3$)는 1 : 3 : 2이고, 일정한 온도와 압력에서 화학 반응식의 계수비는 기체의 부피비와 같으므로 이 반응의 화학 반응식은 $A_2 + 3B_2 \longrightarrow 2AB_3$이다.

05 남은 기체의 부피가 0 mL일 때, 산소의 부피가 5 mL이므로 수소 : 산소=2 : 1의 부피비로 반응함을 알 수 있다. 따라서 산소 20 mL가 완전히 반응하기 위해서 필요한 수소의 최소 부피는 40 mL이다.

06 일정한 온도와 압력에서 같은 부피 속에 들어 있는 기체 분자의 개수는 기체의 종류와 관계없이 같다.
② 기체 분자의 개수는 ㉢>㉡>㉠=㉣이다.
오답 피하기 ① 산소 한 분자를 이루는 원자의 개수가 2개, 암모니아 한 분자를 이루는 원자의 개수가 4개이므로 ㉠과 ㉣은 원자의 개수가 같지 않다.
③, ⑤ 온도와 압력이 같을 때 같은 부피 속에는 같은 개수의 분자를 포함한다.
④ 분자의 크기는 모두 다르다.

07 A는 기체 반응 법칙, B는 일정 성분비 법칙, C는 질량 보존 법칙에 대한 설명이다. 이 세 법칙을 모두 만족하기 위해서는 분자의 개념을 도입하여 반응을 설명해야 한다.
④ 질소 분자 1개와 수소 분자 3개가 반응하여 암모니아 분자 2개를 생성하는 반응 모형이 A~C를 모두 만족한다.
오답 피하기
①, ③, ⑤는 질량 보존 법칙을 만족하지 않고, ②는 일정 성분비 법칙을 만족하지 않는다.

08 반응물과 생성물이 모두 기체일 때 기체 반응 법칙이 성립한다.

09 ⑤ 수소 분자 300개는 질소 분자 100개와 완전히 반응하여 암모니아 분자 200개를 생성한다.

오답 피하기 ① 질소와 수소가 반응하여 암모니아를 생성하는 반응에서 반응물과 생성물의 부피비, 분자 수의 비는 모두 질소 : 수소 : 암모니아 = 1 : 3 : 2이다.
③ 암모니아 분자 1개는 질소 원자 1개와 수소 원자 3개가 결합하여 이루어진다.
④ 암모니아 200 mL를 얻으려면 질소 기체 100 mL와 수소 기체 300 mL를 반응시켜야 한다.

10 일산화 탄소와 산소가 반응하여 이산화 탄소를 생성하는 반응에서 기체의 부피비는 일산화 탄소 : 산소 : 이산화 탄소 = 2 : 1 : 2이다.
ㄱ. (가)에 알맞은 모형은 ⚪⚪이다.
ㄷ. (다)의 전체 원자 수는 2×2=4(개)이다.
오답 피하기 ㄴ. (나)는 $2CO_2$이다.
ㄹ. (라)는 산소 1분자를 의미한다.

11 ② (가)에 들어 있는 암모니아 분자의 개수는 N개이고, 암모니아 분자 1개는 4개의 원자로 구성되어 있으므로 (가)에 들어 있는 전체 원자의 개수는 $4N$개이다.
오답 피하기 ① (가)에 들어 있는 원소의 종류는 N, H 2가지이다.
③ (가)에 들어 있는 암모니아 분자의 개수는 N개이다.
④ (다)에 들어 있는 전체 원자의 개수는 $4N$개이다.
⑤ (다)에 들어 있는 질소 분자의 개수는 $2N$개이다.

구분	(가)	(나)	(다)
기체 분자	NH_3	O_2	N_2
부피	1 L	1 L	2 L
분자의 개수	N개	N개	$2N$개
전체 원자의 개수	$4N$개	$2N$개	$4N$개

12 ⑤ (나)는 발열 반응으로 반응물의 에너지 합이 생성물의 에너지 합보다 크다.
오답 피하기
① ㉠은 $6CO_2$, ㉡은 $6H_2O$이다.
②, ③ (가)는 흡열 반응으로 반응이 일어날 때 주위의 온도가 낮아진다.
④ (가)와 (나)는 에너지의 출입 방향이 서로 반대이다.

13 ㄱ. $NaOH(s)$을 증류수에 녹일 때 온도가 높아졌으므로 $NaOH(s)$의 용해 반응은 열을 방출하는 발열 반응이다.
ㄴ. 발열 반응은 반응물의 에너지 합이 생성물의 에너지 합보다 크다.
ㄷ. $NaOH(s)$을 녹인 수용액에 $HCl(aq)$을 넣으면 중화 반응이 일어나 중화열이 발생하므로 혼합 용액의 온도는 높아진다.

14 ③ 반응 부피비는 화학 반응식의 계수비와 같으므로 H_2 : O_2 = 2 : 1이다.
오답 피하기 ①, ②, ④ 반응물의 에너지 합이 생성물의 에너지 합보다 크므로 반응이 일어날 때 열을 방출하고(발열 반응), 주위의 온도가 높아진다.
⑤ 물의 전기 분해는 흡열 반응이다.

15 ㄴ. 연료의 연소는 발열 반응으로 ㉠은 반응물의 에너지 합이 생성물의 에너지 합보다 크다.
ㄷ. ㉠과 ㉡은 에너지의 출입 방향이 반대이다.
오답 피하기 ㄱ. 연료의 연소(㉠)는 발열 반응, 광합성(㉡)은 흡열 반응이다.

16 모범 정답 반응에 필요한 수소 기체의 최소 부피 : 10 mL, 생성되는 염화 수소 기체의 부피 : 20 mL, 염화 수소 생성 반응에서 수소 : 염소 : 염화 수소의 부피비가 1 : 1 : 2이기 때문이다.

채점 기준	배점
반응에 필요한 수소 기체와 생성되는 염화 수소 기체의 부피를 모두 옳게 쓰고, 그 까닭을 부피비로 옳게 서술한 경우	100 %
반응에 필요한 수소 기체와 생성되는 염화 수소 기체의 부피만 옳게 쓴 경우	50 %

17 모범 정답 (나), (다), 기체 반응 법칙은 반응물과 생성물이 모두 기체인 경우에 성립한다.

채점 기준	배점
(가)~(다) 중 기체 반응 법칙이 성립하는 반응을 옳게 고르고, 그 까닭을 옳게 서술한 경우	100 %
(가)~(다) 중 기체 반응 법칙이 성립하는 반응만 옳게 고른 경우	50 %

18 이 반응을 화학 반응식으로 나타내면 $2A_2 + B_2 \longrightarrow 2A_2B$ 이며, 기체 C 1분자는 이므로 반응 후 기체 C 2부피에 각각 1개씩 그려 준다.

모범 정답
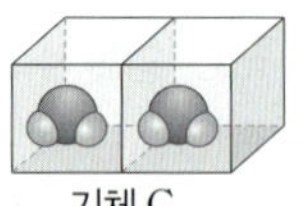
기체 C

19 모범 정답 (1) 발열 반응 : (가), (나), (다), 흡열 반응 : (라)
(2) (가), (나), (다)는 에너지를 방출하므로 주위의 온도가 높아지고, (라)는 에너지를 흡수하므로 주위의 온도가 낮아진다.

채점 기준	배점
(가)~(라)를 발열 반응과 흡열 반응으로 옳게 분류하고, 이 반응이 일어날 때 주위의 온도 변화를 에너지 출입과 관련지어 옳게 서술한 경우	100 %
(가)~(라)를 발열 반응과 흡열 반응으로 분류만 옳게 한 경우	50 %

20 모범 정답 (1) 흡열 반응
(2) 반응이 일어날 때 주위로부터 에너지를 흡수하므로 주위의 온도는 낮아진다.

채점 기준	배점
발열 반응과 흡열 반응으로 옳게 구분하고, 반응이 일어날 때 주위의 온도 변화를 에너지 출입과 관련지어 옳게 서술한 경우	100 %
발열 반응과 흡열 반응으로 구분만 옳게 한 경우	50 %

21 모범 정답 (가), 냉각 팩은 흡열 반응을 이용하는 예이므로 반응이 일어날 때 주위로부터 에너지를 흡수한다. 따라서 흡열 반응인 물의 전기 분해와 탄산수소 나트륨의 열분해가 일어날 때에도 주위로부터 에너지를 흡수한다.

채점 기준	배점
(가)와 (나) 중 냉각 팩과 같은 방향으로 에너지가 출입하는 반응을 옳게 고르고, 그 까닭을 에너지 출입 방향과 관련지어 옳게 서술한 경우	100 %
(가)와 (나) 중 냉각 팩과 같은 방향으로 에너지가 출입하는 반응만 옳게 고른 경우	50 %

II. 기권과 날씨

01 기권과 지구 기온

핵심 내용 정리　　　　　시험 대비 교재 **20**쪽

❶ 희박　❷ 질소　❸ 수증기　❹ 대류권　❺ 성층권
❻ 중간권　❼ 열권　❽ 복사 평형　❾ 온실 효과
❿ 많기　⓫ 높아진다

쪽지 시험　　　　　시험 대비 교재 **21**쪽

01 (1) 기권 (2) 질소 (3) 산소　**02** (1) 기온 (2) 대류권 (3) 중간권　**03** A : 대류권, B : 성층권, C : 중간권, D : 열권
04 B　**05** (1) × (2) ○ (3) ×　**06** 복사 평형　**07** (1) 온실 효과 (2) 온실 기체　**08** (1) ○ (2) ○ (3) × (4) ○　**09** 지구 온난화

실전 대비 예상 문제　　　　시험 대비 교재 **22~25**쪽

01 ③　**02** ①　**03** ②　**04** ④　**05** A : 열권, B : 중간권, C : 성층권, D : 대류권　**06** B, D　**07** C　**08** A　**09** ④
10 ④　**11** ①　**12** ②　**13** ①　**14** ③　**15** ④　**16** ②
17 ①　**18** ③　**19** 이산화 탄소　**20** 온실 효과　**21** ①
22 ④　**23** ⑤
24 B, 오존층에서 자외선을 흡수하여 가열되기 때문이다.
25 더 낮은 온도에서 복사 평형이 이루어진다.
26 지구의 평균 온도는 현재보다 낮아질 것이다.
27 화석 연료의 사용량이 늘어남에 따라 대기 중 이산화 탄소의 양이 증가하여 온실 효과가 커져 지구 온난화가 나타난다.

01 기권은 지표에서 높이 약 1000 km까지 분포하며, 높이 올라갈수록 공기의 밀도는 점점 희박해진다. 그 중 질소가 가장 많은 양을 차지하며, 기권에 포함된 수증기량은 계속해서 변하고 있다. 높이에 따른 기온 변화를 기준으로 4개의 층으로 구분한다.

02 기권은 높이에 따른 기온 변화를 기준으로 4개의 층으로 구분한다.

03 A층은 대류권, C층은 중간권으로 높이 올라갈수록 기온이 낮아지므로 공기의 대류 운동이 나타나는 공통점을 갖는다. 하지만 대류권은 수증기를 포함하여 기상 현상이 나타나고 중간권에는 수증기가 거의 포함되지 않아 기상 현상은 나타나지 않는 차이점도 있다.

04 대류권은 공기의 밀도가 가장 크며, 대기의 약 75 %가 분포한다. 높이 올라갈수록 기온이 낮아지므로 공기가 불안정하고, 수증기를 포함하고 있어 기상 현상이 나타난다.

05 기권은 높이에 따른 기온 변화에 따라 지표로부터 순서대로 대류권, 성층권, 중간권, 열권으로 구분한다.

06 대류 운동은 높이 올라갈수록 기온이 낮아질 때 발생한다. 높이 올라갈수록 기온이 하강하는 층은 대류권(D)과 중간권(B)이다.

07 오존층은 태양 복사 에너지 중 자외선을 흡수하는 역할을 하는데, 성층권(C)에 위치하고 있다.

08 인공위성의 궤도로 이용되며 오로라가 나타나는 층은 열권(A)이다.

09 오존층은 지표로부터 20~30 km 높이에 위치하여 성층권에 포함된다. 성층권은 대기가 매우 안정적이므로 오존층 부근에서는 기상 현상이 나타나지 않는다.

10 열권은 공기가 희박하고 태양 복사 에너지에 의해 직접 가열되므로 높이 올라갈수록 기온이 상승한다.

11 기권 중 높이 올라갈수록 기온이 낮아지고 대류 운동이 일어나며 수증기가 존재하여 구름, 비, 눈 등의 기상 현상이 나타나는 층은 대류권이다.

12 A는 질소, B는 산소, C는 아르곤 등이다. 산소는 생물의 호흡이나 물질이 연소하는 데 필요한 기체이다. 기상 현상을 일으키는 데 중요한 역할을 하는 기체는 수증기이다.

13 ㄱ. a에서는 컵이 흡수하는 복사 에너지양이 방출하는 복사 에너지양보다 많아 컵 내부의 온도가 상승한다.

오답 피하기 ㄴ. b는 컵이 흡수하는 복사 에너지양과 방출하는 에너지양이 같은 복사 평형 상태이기 때문에 컵 내부의 온도가 일정하게 유지된다.

ㄷ. 컵과 전등의 거리를 멀게 하면 더 낮은 온도에서 복사 평형이 이루어진다.

14 ㄱ. 복사 평형 실험에서 전등은 태양에, 알루미늄 컵은 지구에 비유할 수 있다.

ㄴ. 전등 빛의 세기가 셀수록 알루미늄 컵의 복사 평형 온도는 더 높아진다. 또한 알루미늄 컵의 색이 달라지면 온도가 달라지는데, 컵이 흰색이면 빛을 많이 반사시켜 컵 내부의 온도가 낮아진다.

오답 피하기 ㄷ. 전등과 컵 사이의 거리는 온도에 영향을 주는데, 전등과 컵 사이가 멀수록 복사 평형 온도가 낮아진다.

15 복사 평형 상태에서 물체가 흡수하는 에너지양과 방출하는 에너지양은 같다.

16 지구로 들어오는 태양 복사 에너지양 중에서 대기와 지표에서 반사되어 우주로 되돌아가는 양은 B에 해당한다.

17 A는 지구에 들어오는 태양 복사 에너지양으로 100에 해당하며 그 중 직접 반사되어 나가는 양인 B는 30이다. 나머지 70은 대기와 지표면에 흡수되는 양인 D이며, 대기에 20, 지표에 50이 흡수된다. 복사 평형을 이루기 위해 지구가 우주로 방출하는 양인 C는 70이다.

18 지구 복사 에너지 중 일부가 대기에 흡수되었다가 재방출되는 과정을 온실 효과라고 한다. 태양을 기준으로 비슷한 거리에 있는 지구와 달의 평균 온도를 비교하면 지구가 더 높은데, 달에는 대기가 없어 온실 효과가 나타나지 않기 때문이다.

19 이산화 탄소는 지구 온난화를 일으키는 온실 기체 중 하나이다.

20 지표에서 방출한 에너지가 대기에 흡수되었다가 다시 지표로 방출되기 때문에 지구의 평균 기온이 높아지는데, 이러한 현상을 온실 효과라고 한다.

21 지구는 복사 평형을 이루고 있다. 이때 지구의 대기는 지구 복사 에너지 중 일부를 흡수했다가 다시 지표로 방출하는데 이로 인해 지구의 평균 기온이 높게 유지되며, 이를 온실 효과라고 한다. 달에는 대기가 없으므로 지구의 표면 온도가 달보다 높게 유지된다.

22 지구 온난화에 가장 큰 영향을 미치는 온실 기체는 이산화 탄소이다. 이산화 탄소량이 급격히 증가하게 된 원인은 산업 혁명으로 인해 석탄이나 석유와 같은 화석 연료를 많이 사용하게 되었기 때문이다.

23 지구 온난화로 인해 열대나 온대 식물의 서식지가 점점 고위도로 이동하게 된다.

24 성층권에 있는 오존층에서 자외선을 흡수하여 가열되기 때문에 성층권은 높이 올라갈수록 기온이 높아진다.

채점 기준	배점
오존층이 존재한다는 것과 자외선을 흡수하여 가열된다는 것을 모두 포함하여 옳게 서술한 경우	100 %
오존층의 존재와 자외선을 흡수한다는 것 중 한 가지만 포함하여 옳게 서술한 경우	50 %

25 뚜껑을 열고 실험을 하면 알루미늄 컵 내부의 열이 외부로 방출되므로 뚜껑을 닫았을 때보다 더 낮은 온도에서 복사 평형이 이루어진다.

채점 기준	배점
더 낮은 온도에서 복사 평형이 이루어진다고 서술한 경우	100 %

26 알루미늄 컵의 뚜껑은 지구의 대기 역할을 해 준다. 지구의 대기는 지구 복사 에너지의 일부를 흡수하였다가 다시 지표로 재방출하는 온실 효과를 일으켜 대기가 없을 때보다 더 높은 온도에서 복사 평형이 일어나도록 해 준다.

채점 기준	배점
지구의 평균 온도가 현재보다 낮아질 것이라고 서술한 경우	100 %

27 지구 온난화는 화석 연료의 사용량이 증가함에 따라 대기 중의 이산화 탄소의 양이 증가하고, 이에 따라 온실 효과가 활발히 일어나 지구의 기온이 점점 상승하는 현상이다.

채점 기준	배점
화석 연료, 온실 효과, 이산화 탄소를 모두 포함하여 옳게 서술한 경우	100 %
화석 연료, 온실 효과, 이산화 탄소 중 두 가지만 포함하여 옳게 서술한 경우	70 %
화석 연료, 온실 효과, 이산화 탄소 중 한 가지만 포함하여 옳게 서술한 경우	30 %

02 구름과 강수

핵심 내용 정리
시험 대비 교재 26쪽

❶ 증발 ❷ 응결 ❸ 포화 ❹ 높을 ❺ 이슬점
❻ 상대 습도 ❼ 상대 습도 ❽ 단열 팽창 ❾ 저기압
❿ 병합설 ⓫ 빙정설

쪽지 시험
시험 대비 교재 27쪽

01 ㉠ 증발, ㉡ 증발, ㉢ 넓을, ㉣ 높을, ㉤ 강할 **02** 기온
03 이슬점 **04** A, B, C **05** D **06** (1) ○ (2) ○ (3) ×
07 ㉠ 상승, ㉡ 팽창, ㉢ 응결 **08** (1) 병합설 (2) 빙정설

실전 대비 예상 문제
시험 대비 교재 28~31쪽

01 ③ **02** ⑤ **03** ①, ③ **04** ③ **05** ③ **06** ②
07 이슬점 **08** ⑤ **09** ② **10** ② **11** ⑤ **12** ②
13 ① **14** ③ **15** ② **16** ⑤ **17** ② **18** ③ **19** ④
20 맑은 날 하루 동안에는 수증기량의 변화가 거의 없기 때문이다.
21 수증기를 공급한다, 온도를 낮춘다.
22 B, A와 B는 현재 온도가 같아서 포화 수증기량이 같으므로 현재 포함한 수증기량이 많은 B의 상대 습도가 더 높다.
23 구름 속 $-40\,°C \sim 0\,°C$ 구간의 물방울에서 증발한 수증기가 얼음 알갱이에 달라붙어 얼음 알갱이가 성장한 후 무거워져 지표로 떨어지다 녹으면 비가 된다.

01 증발은 물 표면에서 밖으로 나가는 분자의 수가 들어오는 분자의 수보다 더 많을 때 나타나는 현상이다.

02 햇빛이 강해 기온이 높고, 바람이 강하며, 대기가 건조 할 때 증발이 잘 일어난다.

03 불포화 공기를 포화 상태로 만들기 위한 방법에는 두 가지가 있는데, 공기를 냉각시키거나 수증기를 더 공급하는 방법이다.

04 해가 뜨면 풀잎에 맺혔던 이슬이 사라지는 현상은 증발에 의한 것이고, ①, ④, ⑤는 응결, ②는 승화에 의해 나타나는 현상이다.

05 이 실험은 기온의 상승에 따른 포화 수증기량의 증가를 확인하는 것이다. 헤어드라이어로 플라스크를 가열하면 플라스크 내부의 기온이 올라가 플라스크 내부의 물방울이 증발하여 수증기로 변하므로 내부가 맑아진다.

06 기온이 높아질수록 포화 수증기량은 증가한다.

07 이슬점은 공기 중의 수증기가 응결하기 시작할 때의 온도로, 현재 공기 중에 포함된 수증기량은 이슬점에서의 포화 수증기량과 같다.

08 이슬점을 알아보기 위해서는 컵 표면이 흐려지는 순간의 온도를 측정하여야 한다. 이슬점에 도달하면 공기 중의 수증기가 응결하여 표면이 흐려진다.

09 이슬점은 공기 중에 포함된 수증기의 양이 포화될 때의 온도이므로 현재 포함한 수증기량이 가장 적은 A 공기가 가장 낮다.

10 상대 습도는 현재 공기 중에 포함된 수증기량을 현재 온도에서의 포화 수증기량으로 나누어 백분율로 구한다.

11 현재 기온이 13 ℃이고, 이슬점이 8 ℃이므로, 이 공기의 상대 습도$=\dfrac{10.7\,\text{g/kg}}{14.6\,\text{g/kg}} \times 100 ≒ 73\,\%$이다.

12 이슬점이 5 ℃이므로, 현재 $65\,\text{g}(=6.5\,\text{g/kg} \times 10\,\text{kg})$이 현재 방 안에 있는 수증기의 총량이다.

13 현재 기온에서의 포화 수증기량은 $13.1\,\text{g/kg}$이므로, $\dfrac{x(\text{g/kg})}{13.1(\text{g/kg})} \times 100(\%)=69(\%)$이고, x는 약 $9.0\,\text{g/kg}$이다. 따라서 이슬점은 약 6 ℃이다.

14 이날은 이슬점의 변화가 거의 없으므로 맑은 날에 해당하며, 야간에 습도가 높아지는 것은 기온이 낮아짐에 따라서 나타나는 현상이다. 맑은 날 새벽에는 습도가 높으므로 이슬이 맺히게 된다.

15 구름의 모양은 구름의 상승 운동의 크기와 관련이 있다. (가)는 층운형 구름으로 공기의 상승 운동이 약할 때, (나)는 적운형 구름으로 공기의 상승 운동이 강할 때 생성된다.

16 구름이 생성되기 위해서는 공기가 상승해야 한다. 공기가 상승하는 경우는 저기압 중심으로 공기가 모여들 때, 공기가 산을 타고 올라갈 때, 찬 공기와 더운 공기가 만나 더운 공기가 찬 공기를 타고 올라갈 때, 지표면이 불균등하게 가열될 때이다.

17 열대 지방에서 내리는 비는 구름 속의 크고 작은 물방울들이 서로 합쳐져서 무거워지면 비가 내리는 병합설에 해당한다.

18 그림은 고위도 지방이나 중위도 지방에서 발달하는 구름에서 비나 눈이 내리는 빙정설에 해당한다.

19 우리나라는 중위도 지방에 위치하여 대체로 빙정설의 과정으로 비가 내린다. 빙정설의 구름에서 -40 ℃$\sim$0 ℃ 구간에는 물방울과 얼음 알갱이가 함께 존재한다. 반면 열대 지방에서는 구름이 대부분 물방울로 구성되어 있는 병합설의 과정으로 비나 눈이 내린다.

20 맑은 날 공기 중의 수증기량은 거의 변하지 않는다. 따라서 이슬점 역시 거의 변하지 않는다.

채점 기준	배점
맑은 날은 수증기량이 거의 변함없다는 것을 옳게 서술한 경우	100 %
수증기량이 거의 변함없다는 것만 서술한 경우	50 %

21 현재 불포화 상태인 A 공기를 포화시키기 위해서는 수증기를 더 공급하거나 온도를 낮추는 방법이 있다.

채점 기준	배점
수증기를 포화시키는 방법 두 가지를 모두 옳게 서술한 경우	100 %
수증기를 포화시키는 방법 중 한 가지만 옳게 서술한 경우	50 %

22 상대 습도는 현재 온도에서의 포화 수증기량에 대한 실제 공기 중에 포함된 수증기량을 백분율로 나타낸 것인데 A와 B는 온도가 같으므로 포화 수증기량이 같다. 따라서 현재 포함한 수증기량이 많은 B의 상대 습도가 더 높다.

채점 기준	배점
B를 쓰고, 그 까닭을 옳게 서술한 경우	100 %
B만 쓴 경우	50 %

23 우리나라는 중위도 지방에 위치하여 대체로 겨울철에는 빙정설의 과정으로 비가 내린다.

채점 기준	배점
-40 ℃$\sim$0 ℃ 구간의 물방울에서 증발한 수증기가 얼음 알갱이에 달라붙어 얼음 알갱이가 성장한다는 내용을 포함하여 옳게 서술한 경우	100 %
얼음 알갱이가 성장하여 무거워져 내리다가 녹으면 비가 된다고만 서술한 경우	50 %

핵심 내용 정리　　　　시험 대비 교재 **32**쪽

❶ 모든　❷ 76　❸ 기압　❹ 낮아　❺ 풍향
❻ 풍속　❼ 해풍　❽ 육풍　❾ 낮　❿ 밤　⓫ 계절풍
⓬ 시베리아　⓭ 양쯔강　⓮ 북태평양　⓯ 오호츠크해
⓰ 적운형　⓱ 층운형　⓲ 소나기　⓳ 이슬비　⓴ 정체
㉑ 폐색　㉒ 맑음

쪽지 시험　　　　시험 대비 교재 **33**쪽

01 ㉠ 76, ㉡ 1013, ㉢ 10　**02** ⑴ 높은 ⑵ 낮은 ⑶ 고기압
⑷ 저기압　**03** ⑴ 해륙풍 ⑵ 계절풍 ⑶ 육풍 ⑷ 북서 계절풍
04 ⑴ ㉣-ⓑ ⑵ ㉡-ⓒ ⑶ ㉠-ⓐ ⑷ ㉢-ⓓ　**05** ⑴ 온난
전선 ⑵ 한랭 전선 ⑶ 정체 전선 ⑷ 폐색 전선　**06** ⑴ (가)
한랭 전선 (나) 온난 전선 ⑵ (가) ⑶ (가) 적운형 구름 (나) 층
운형 구름 ⑷ (나) ⑸ (가) 소나기성 강수 (나) 이슬비　**07** 온
대 저기압　**08** 여름철-남고북저, 겨울철-서고동저

실전 대비 예상 문제　　　　시험 대비 교재 **34~37**쪽

01 ④　**02** ③　**03** ③　**04** ③　**05** ④　**06** ③　**07** ③
08 ①　**09** ①　**10** ③　**11** ④　**12** ①　**13** ②　**14** ③
15 ②　**16** ④　**17** ④　**18** ①　**19** ④　**20** ④
21 A＝B＝C, 수은 기둥이 누르는 압력의 크기와 수조의
수은 면에 작용하는 기압의 크기가 같아졌기 때문이다.
22 육지가 바다보다 빨리 냉각되므로 기압이 상대적으로 높
다. 따라서 육지에서 바다로 육풍이 분다.
23 온난 전선, 온난 전선 앞에서 층운형 구름이 나타나고, 지속
적으로 이슬비가 내리며 전선이 통과하고 나면 기온이 높아진다.

01 기압은 공기의 압력으로, 시각과 장소에 따라 달라진다. 특
히 높은 곳으로 갈수록 기압은 급격히 낮아진다.

02 토리첼리의 기압 측정 실험에서 1기압일 때 수은 기둥의 높
이는 76 cm이다.

03 수은 기둥이 누르는 압력은 기압과 같으므로 높은 산에 올
라가서 실험을 할 경우 수은 기둥의 높이는 낮아진다.

04 1기압의 크기＝1013 hPa＝약 10 m 물기둥의 압력＝
76 cm 수은 기둥이 누르는 압력이다. 따라서 1015 hPa은 1기
압보다 크고, 약 8 m 물기둥의 압력은 1기압보다 작으므로 기
압의 크기는 B＞A＞C의 순이다.

05 바람은 두 지점의 기압 차이에 의해 생기며, 고기압에서 저
기압으로 바람이 불게 되는데, 이때 기압 차가 클수록 바람은 세
게 분다. 저기압 중심부에서는 상승 기류가 나타나며, 북반구의
고기압 중심에서는 바람이 시계 방향으로 불어 나간다.

06 깃발이 날리는 방향으로 보아 육지에서 바다 쪽으로 육풍
이 불고 있음을 알 수 있다. 밤에는 바다의 기온이 육지보다 높
아 바다에는 상승 기류로 저기압이, 육지에는 하강 기류로 고기
압이 발달하여 육지에서 바다 쪽으로 바람이 분다.

07 모래는 물보다 비열이 작아 물보다 빨리 가열되고, 빨리 냉
각된다. 따라서 전등을 비출 때는 모래 쪽에 저기압이 형성되어
물에서 모래 쪽으로 향 연기가 이동하지만, 전등을 끄고 충분히
식혔을 때는 모래 쪽에 고기압이 형성되어 모래에서 물 쪽으로
향 연기가 이동한다.

08 전등은 자연에서 햇빛에 해당하므로 전등을 켰을 때는 낮
에 부는 해풍을, 전등을 껐을 때는 밤에 부는 육풍을 나타낸다.

09 그림은 겨울에 부는 북서 계절풍이다. 이때 대륙의 기온이
해양보다 낮아서 대륙에는 고기압이, 바다에는 저기압이 형성
된다.

10 기단의 성질은 발원지의 영향을 받아 결정된다. 고위도에
서 형성된 기단은 한랭한 성질을 갖는다.

11 시베리아 기단(A)과 양쯔강 기단(B)은 대륙에서 형성된 기
단이며 각각 우리나라의 겨울철과 봄·가을에 영향을 준다. 장
마철에 영향을 주는 기단은 북태평양 기단(C)과 오호츠크해 기
단(D)이다. 우리나라에서 발생하는 황사는 양쯔강 기단(B)과 관
련이 깊다.

12 장마철에 영향을 주는 기단은 수증기를 많이 포함하고 있
어야 한다. 따라서 한랭 다습한 성질을 가진 오호츠크해 기단(a)
과 고온 다습한 성질을 가진 북태평양 기단(b)이 우리나라의 장
마철에 영향을 줄 것이다.

13 칸막이를 들어올릴 때 찬물과 따뜻한 물이 이동하는 모습
으로부터 전선의 형성 원리를 알 수 있다.

14 칸막이를 천천히 들어 올리면, 찬물이 따뜻한 물 밑을 파고
들어가 찬물과 따뜻한 물 사이에 경계가 나타난다.

15 성질이 다른 두 기단이 만나서 만들어지는 경계면을 전선
면이라 하고, 그 전선면이 지표와 만나는 경계선을 전선이라고
한다. 두 기단의 세력이 비슷하여 오랫동안 머물러 있는 전선은
정체 전선이다.

16 한랭 전선의 이동 속도는 온난 전선의 이동 속도보다 빠르
므로 시간이 흐른 후 두 전선이 겹쳐지게 되는데, 이를 폐색 전
선이라고 한다.

17 그림은 한랭 전선을 나타낸 것으로 상대적으로 밀도가 큰
찬 공기가 따뜻한 공기 밑을 파고들 때 생기는 전선이다. 한랭
전선면의 기울기는 급하고, 전선 뒷면에서 적운형 구름이 생성
된다.

18 (가)는 한랭 전선, (나)는 온난 전선이다. 한랭 전선의 뒤쪽에서는 좁은 지역에 소나기가 내리며 적운형 구름이 발달한다. 온난 전선의 앞쪽에서는 넓은 지역에 이슬비가 내리며 층운형 구름이 발달한다.

19 편서풍의 영향으로 서쪽에서 동쪽으로 이동해 가는 온대 저기압의 A 지역에서는 북서풍이 불며, B 지역과 C 지역은 맑고 따뜻한 구역이다. D 지역은 온난 전선의 앞면으로 층운형 구름이 발달하고 지속적인 비가 내린다.

20 봄에는 황사 현상과 꽃샘추위가 나타나며, 여름에는 열대야와 폭염이 지속된다. 가을은 하늘이 높고 푸른 천고마비의 계절이며, 겨울에는 시베리아 기단의 영향으로 한파가 나타나며 폭설이 내리기도 한다.

21 수은 면에 작용하는 기압(A)은 C와 같고, 수은 기둥 76 cm가 누르는 압력(B)도 수은 면에 작용하는 기압과 서로 같다. 수은 기둥이 멈추는 까닭은 수은이 담긴 수조의 수은 면에 작용하는 기압과 유리관 속 수은 기둥 76 cm가 누르는 압력이 같아졌기 때문이다.

채점 기준	배점
A, B, C의 크기를 옳게 비교하고, 수은이 76 cm 높이에서 내려오지 않고 멈추는 까닭을 옳게 서술한 경우	100 %
수은이 76 cm 높이에서 내려오지 않고 멈추는 까닭만 옳게 서술한 경우	70 %
A, B, C의 크기만 옳게 비교한 경우	30 %

22 밤에는 육지가 바다보다 빨리 냉각되어 육지의 기압이 상대적으로 높아지므로 육지에서 바다로 바람이 분다.

채점 기준	배점
제시된 단어를 모두 포함하여 옳게 서술한 경우	100 %
제시된 단어 중 4개만 포함하여 옳게 서술한 경우	50 %

23 온난 전선은 따뜻한 공기가 찬 공기를 타고 오를 때 생기는 전선으로, 전선의 기울기가 완만하여 층운형 구름이 생성되고 전선 앞면에 지속적인 이슬비가 내린다. 온난 전선이 통과한 후에는 따뜻한 기단의 영향으로 기온이 올라간다.

채점 기준	배점
온난 전선을 쓰고, 전선의 특징(구름, 강수, 기온 변화)을 모두 옳게 서술한 경우	100 %
온난 전선을 쓰고, 전선의 특징(구름, 강수, 기온 변화) 중 두 가지만 서술한 경우	70 %
온난 전선을 쓰고, 전선의 특징(구름, 강수, 기온 변화) 중 한 가지만 서술한 경우	50 %
온난 전선만 쓴 경우	30 %

Ⅲ. 운동과 에너지

01 운동

핵심 내용 정리　　시험 대비 교재 **38**쪽

❶ 빠르기　❷ 이동 거리　❸ 짧을　❹ 넓을　❺ 등속 운동　❻ 비례　❼ 속력　❽ 이동 거리　❾ 중력　❿ 9.8　⓫ 중력　⓬ 9.8 m/s　⓭ 증가　⓮ 쇠구슬　⓯ 동시에

쪽지 시험　　시험 대비 교재 **39**쪽

01 (1) 5 (2) 360 (3) 40　**02** (1) ○ (2) ○ (3) ×　**03** (1) A (2) 2, 1　**04** 20 m　**05** ㉠ 중력 ㉡ 증가　**06** (1) ○ (2) ○

01 (1) 평균 속력 $= \dfrac{\text{전체 이동 거리}}{\text{걸린 시간}} = \dfrac{200 \text{ m}}{40 \text{ s}} = 5 \text{ m/s}$

(2) 이동 거리 $=$ 속력 $\times$ 걸린 시간 $= 3 \text{ m/s} \times 2$분
$= 3 \text{ m/s} \times 2 \times 60 \text{ s} = 360 \text{ m}$

(3) 걸린 시간 $= \dfrac{\text{이동 거리}}{\text{속력}} = \dfrac{1 \text{ km}}{25 \text{ m/s}} = \dfrac{1000 \text{ m}}{25 \text{ m/s}} = 40 \text{ s}$

02 (3) 마찰이 없는 면에서 물체에 힘이 작용하지 않으면 운동하던 물체는 등속 운동을 한다.

03 (1) 시간-이동 거리 그래프에서 그래프의 기울기가 클수록 속력이 빠르므로 A의 속력이 더 빠르다.

(2) A의 속력 $= \dfrac{4 \text{ m}}{2 \text{ s}} = 2 \text{ m/s}$, B의 속력 $= \dfrac{2 \text{ m}}{2 \text{ s}} = 1 \text{ m/s}$

04 시간-속력 그래프에서 그래프 아랫부분의 넓이가 물체가 이동한 거리이므로, 이동 거리 $= 4 \text{ m/s} \times 5 \text{ s} = 20 \text{ m}$이다.

05 자유 낙하 하는 물체에는 일정한 크기의 중력이 작용하므로 물체의 속력이 일정하게 증가한다.

06 자유 낙하 하는 물체는 질량에 관계없이 1초에 9.8 m/s씩 속력이 증가한다.

실전 대비 예상 문제　　시험 대비 교재 **40~43**쪽

01 ①　**02** ⑤　**03** ②　**04** ⑤　**05** ③　**06** ③　**07** ⑤　**08** ③　**09** ①, ③　**10** ③　**11** ②, ④　**12** ②　**13** ①　**14** ①　**15** ①　**16** ④　**17** ⑤　**18** ①　**19** 해설 참조　**20** 해설 참조　**21** 해설 참조　**22** 해설 참조　**23** 해설 참조　**24** 해설 참조

01 ① 물체의 운동은 빠르기뿐만 아니라 운동 방향도 알아야 분석할 수 있다.

오답 피하기 ② 물체의 빠르기는 속력을 이용하여 알 수 있다.

③ 빠르기가 같아도 운동 방향이 다르면 다른 운동이다.
④, ⑤ 같은 시간 동안 이동한 거리가 길수록, 같은 거리를 이동하는 데 걸린 시간이 짧을수록 속력이 빠르다.

02 A는 600 m를 12초 동안 이동하였으므로 A의 속력 $=\dfrac{600\,\text{m}}{12\,\text{s}}=50\,\text{m/s}$이고, B는 같은 거리를 15초 동안 이동하였으므로 B의 속력 $=\dfrac{600\,\text{m}}{15\,\text{s}}=40\,\text{m/s}$이다. 따라서 A와 B의 속력의 비는 50:40=5:4이다.

03 집에서 학교까지 이동한 거리 $=2\,\text{m/s}\times15\times60\,\text{s}$ $=1800\,\text{m}$이다. 돌아올 때는 같은 거리를 3 m/s의 속력으로 이동하였으므로 걸린 시간 $=\dfrac{1800\,\text{m}}{3\,\text{m/s}}=600\,\text{s}$이다. 따라서 10분이 걸린다.

04 속력을 비교하려면 속력의 단위를 통일하여 값을 비교해야 한다.
② 자전거의 속력 : $18\,\text{km/h}=\dfrac{18000\,\text{m}}{3600\,\text{s}}=5\,\text{m/s}$
③ 육상선수의 속력 : $\dfrac{100\,\text{m}}{10\,\text{s}}=10\,\text{m/s}$
④ 보트의 속력 : $\dfrac{1200\,\text{m}}{10\times60\,\text{s}}=2\,\text{m/s}$
⑤ 기차의 속력 : $\dfrac{360000\,\text{m}}{2\times3600\,\text{s}}=50\,\text{m/s}$

05 4시간 동안 자동차의 평균 속력 $=\dfrac{\text{전체 이동 거리}}{\text{걸린 시간}}$ $=\dfrac{240\,\text{km}}{4\,\text{h}}=60\,\text{km/h}$이다.

06 이동 거리=속력×시간이므로, 10초 동안 민수가 이동한 거리는 $36\,\text{km/h}\times10\,\text{s}=\dfrac{36000\,\text{m}}{3600\,\text{s}}\times10\,\text{s}=100\,\text{m}$이다.

07 ㄱ, ㄷ. 시간–이동 거리 그래프에서 기울기가 일정하므로 등속 운동을 하며, 물체의 속력 $=\dfrac{30\,\text{m}}{6\,\text{s}}=5\,\text{m/s}$이다.
ㄴ. 3초일 때 물체의 이동 거리 $=5\,\text{m/s}\times3\,\text{s}=15\,\text{m}$이다.

08 ③ 물체가 등속 운동을 하고 있으므로 물체의 운동 방향으로 작용하는 힘의 크기는 0이다. 물체는 외력이 작용하지 않기 때문에 운동 상태가 변하지 않는다.
오답 피하기 ①, ⑤ 물체가 등속 운동을 하므로 이동 거리는 시간에 비례하며, 단위 시간 동안 일정한 거리만큼 이동한다.
②, ④ 물체 사이의 간격이 일정한 것으로 보아 물체는 등속 운동을 하므로 속력과 방향이 일정하다.

09 물체의 속력 또는 운동 방향이 일정하지 않은 운동을 찾으면 된다. 바이킹은 속력과 운동 방향이 변하는 운동을 하고, 대관람차는 속력은 일정하지만 운동 방향이 변하는 운동을 한다.

10 ㄱ. A와 B는 각각 1초 동안 이동한 거리가 일정하므로 속력이 일정한 운동을 한다.
ㄴ. A는 4초 동안 80 m 이동하였으므로 A의 속력 $=\dfrac{80\,\text{m}}{4\,\text{s}}$ $=20\,\text{m/s}$이고, B는 4초 동안 40 m 이동하였으므로 B의 속력 $=\dfrac{40\,\text{m}}{4\,\text{s}}=10\,\text{m/s}$이다. 따라서 속력은 A가 B의 2배이다.
오답 피하기 ㄷ. A는 40 m 이동하는 데 걸린 시간이 2초이고, B는 4초이므로 같은 거리를 이동하는 데 걸리는 시간은 B가 A의 2배이다.

11 등속 운동을 하는 물체는 속력과 운동 방향이 일정하며, 이동 거리는 시간에 비례한다.

12 5초 동안 이동했을 때 이동 거리 차이는 $10\,\text{m/s}\times5\,\text{s}-5\,\text{m/s}\times5\,\text{s}=25\,\text{m}$이며, 10초 동안 이동했을 때 이동 거리 차이는 $10\,\text{m/s}\times10\,\text{s}-5\,\text{m/s}\times10\,\text{s}=50\,\text{m}$이다.

13 ㄱ. 시간–이동 거리 그래프에서 그래프의 기울기가 일정한 것으로 보아 A와 B는 등속 운동을 한다.
오답 피하기 ㄴ. A의 속력 $=\dfrac{30\,\text{m}}{5\,\text{s}}=6\,\text{m/s}$이고, B의 속력 $=\dfrac{15\,\text{m}}{5\,\text{s}}=3\,\text{m/s}$이다. 따라서 A의 속력은 B의 속력의 2배이다.
ㄷ. A는 속력이 일정한 운동을 하므로 일정한 시간 간격으로 다중 섬광 장치로 찍은 물체의 간격은 일정하다.

14 ① A는 속력이 일정하게 증가하는 운동을 하므로 단위 시간 동안 A의 이동 거리는 점점 증가한다.
오답 피하기 ② B는 속력이 일정하므로 등속 운동을 한다.
③ 5초 동안 A의 이동 거리는 시간–속력 그래프에서 그래프 아랫부분의 넓이이므로 $\dfrac{1}{2}\times10\,\text{m/s}\times5\,\text{s}=25\,\text{m}$이다. A의 평균 속력 $=\dfrac{25\,\text{m}}{5\,\text{s}}=5\,\text{m/s}$이다.
④ 5초 동안 A의 이동 거리는 25 m이고, B의 이동 거리 $=10\,\text{m/s}\times5\,\text{s}=50\,\text{m}$이다.
⑤ A의 속력이 일정하게 증가하므로 A에 작용하는 힘의 크기는 일정하다.

15 ⑤ 공에 작용하는 힘의 크기는 중력으로 일정하다.
오답 피하기 ①, ④ 공에 일정한 크기의 힘이 공의 운동 방향과 같은 방향으로 계속 작용하므로 공의 속력이 증가한다.
② 공의 속력이 증가하고 있으므로 내려올수록 공과 공 사이의 간격은 증가한다.
③ 공에 작용하는 힘은 중력이므로 공에 작용하는 힘의 방향은 연직 아래 방향이다.

16 공에는 운동 방향과 같은 방향으로 중력이 작용하므로 공의 속력이 일정하게 증가한다.

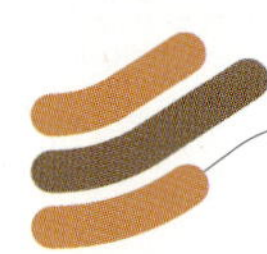

17 ⑤ (나)는 진공 중에서 운동하는 모습을 나타낸 것이므로 쇠구슬과 깃털은 매초 9.8 m/s씩 속력이 증가하는 운동을 한다.

오답 피하기 ① (가)는 쇠구슬과 깃털의 속력이 증가하는 정도가 다르므로 공기 저항을 받으면서 낙하 하는 모습이다.

② (가)에서 깃털의 속력이 쇠구슬의 속력보다 작은 것으로 보아 깃털이 쇠구슬보다 공기 저항을 더 크게 받는다.

③ (가)에서 깃털에 작용하는 중력의 방향은 연직 아래 방향이고, 깃털의 운동 방향도 같은 방향이다.

④ (나)에서 쇠구슬과 깃털은 연직 아래 방향으로 중력을 받으면서 떨어지고 있다.

18 물체에 작용하는 중력의 크기는 물체의 질량에 비례하므로 A>B>C이고, 자유 낙하 하는 물체의 속력 변화량은 물체의 질량에 관계없이 일정하다.

19 **모범 정답** (1) 슬기의 속력$=\dfrac{8\ \text{m}}{2\ \text{s}}=4\ \text{m/s}$, 민수의 속력 $=\dfrac{4\ \text{m}}{2\ \text{s}}=2\ \text{m/s}$이다.

(2) 10초 동안 슬기의 이동 거리$=4\ \text{m/s}\times10\ \text{s}=40\ \text{m}$이고, 민수의 이동 거리$=2\ \text{m/s}\times10\ \text{s}=20\ \text{m}$이다. 따라서 슬기는 민수보다 20 m 앞서간다.

채점 기준	배점
(1)과 (2)를 옳게 쓴 경우	100 %
(1)과 (2) 중 하나만 옳게 쓴 경우	50 %

20 **모범 정답** A의 이동 거리$=6\ \text{m/s}\times15\ \text{s}=90\ \text{m}$이고, B의 이동 거리$=3\ \text{m/s}\times15\ \text{s}=45\ \text{m}$이다. 따라서 15초 동안 이동하였을 때 A와 B의 이동 거리의 차이는 $90\ \text{m}-45\ \text{m}=45\ \text{m}$이다.

채점 기준	배점
풀이 과정과 이동 거리의 차이를 옳게 쓴 경우	100 %
풀이 과정과 이동 거리의 차이 중 하나만 옳게 쓴 경우	50 %

21 **모범 정답** A, 시간-이동 거리 그래프에서 기울기는 속력을 의미하고 기울기가 클수록 속력이 빠르다. A~D 중 A의 기울기가 가장 크기 때문에 속력이 가장 빠르다.

채점 기준	배점
A~D 중 속력이 가장 빠른 것과 그 까닭을 옳게 쓴 경우	100 %
A~D 중 속력이 가장 빠른 것과 그 까닭 중 하나만 옳게 쓴 경우	50 %

22 **모범 정답** A의 속력$=\dfrac{12\ \text{m}}{8\ \text{s}}=\dfrac{3}{2}\ \text{m/s}$이고, B의 속력$=\dfrac{6\ \text{m}}{8\ \text{s}}=\dfrac{3}{4}\ \text{m/s}$이므로 속력의 비 $A:B=\dfrac{3}{2}:\dfrac{3}{4}=2:1$이다.

채점 기준	배점
풀이 과정과 속력의 비를 옳게 쓴 경우	100 %
풀이 과정과 속력의 비 중 하나만 옳게 쓴 경우	50 %

23 **모범 정답** (1) 중력

(2) 깃털의 속력은 일정하게 증가한다.

(3) 깃털의 운동 방향과 같은 방향으로 일정한 힘(중력)이 계속 작용하기 때문이다.

채점 기준	배점
(1)~(3)를 옳게 쓴 경우	100 %
(1)~(3) 중 두 개만 옳게 쓴 경우	60 %
(1)~(3) 중 한 개만 옳게 쓴 경우	30 %

24 **모범 정답** (1) 공은 속력이 일정하게 증가하는 운동을 한다.

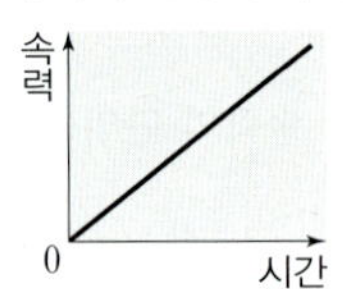

(2) 공이 처음 속력이 0 m/s이고 시간에 따라 일정하게 증가하므로 공의 이동 거리$=\dfrac{1}{2}\times30\ \text{m/s}\times4\ \text{s}=60\ \text{m}$이다. 따라서 공의 평균 속력$=\dfrac{60\ \text{m}}{4\ \text{s}}=15\ \text{m/s}$이다.

채점 기준	배점
(1)의 그래프를 그리고, (2)의 평균 속력을 옳게 구한 경우	100 %
(1), (2) 중 한 가지만 옳게 답한 경우	50 %

02 일과 에너지

핵심 내용 정리   시험 대비 교재 **44**쪽

❶ 힘 ❷ 힘의 크기 ❸ 이동한 거리 ❹ 무게 ❺ 중력
❻ 수직 ❼ 일의 양 ❽ 에너지 ❾ 증가 ❿ 감소
⓫ 질량 ⓬ 높이 ⓭ 질량 ⓮ (속력)²

쪽지 시험   시험 대비 교재 **45**쪽

01 (1) ○ (2) × (3) ○ (4) ×   **02** (1) 500J (2) 980J (3) 0J
03 ㉠ 넓이 ㉡ 32   **04** 에너지, J(줄)   **05** $9.8mh$
06 98J   **07** 5 m   **08** $\dfrac{1}{2}mv^2$ **09** 32J   **10** 10 m/s

01 과학에서는 물체에 힘을 작용하여 힘의 방향으로 물체를 이동시키는 경우에 일을 했다고 한다.

(1) 책상을 앞으로 밀어서 힘의 방향으로 움직이게 하였으므로 일을 한 경우이다.
(2) 가방에 작용한 힘의 방향과 이동 방향이 수직인 경우이므로 일을 하지 않은 경우이다.
(3) 위로 힘을 주어 역기를 들어 올렸으므로 일을 한 경우이다.
(4) 바위에 힘을 작용하였지만 바위가 이동하지 않았으므로 일을 하지 않은 경우이다.

02 일의 양＝힘의 크기×이동 거리
(1) 일의 양＝50 N×10 m＝500 J
(2) 일의 양＝9.8×10 kg×10 m＝980 J
(3) 힘의 방향과 이동 방향이 수직이므로 일의 양은 0 J이다.

03 이동 거리−힘 그래프 아랫부분의 넓이를 구하면 한 일의 양과 같으므로 6 N×2 m＋10 N×2 m＝32 J이다.

04 일을 할 수 있는 능력을 에너지라고 하며 단위는 에너지와 같은 J(줄)을 쓴다.

05 중력에 의한 위치 에너지 $E_p＝9.8mh$이다.

06 중력에 의한 위치 에너지＝9.8×2 kg×5 m＝98 J이다.

07 중력에 의한 위치 에너지＝9.8×10 kg×h＝490 J에서 h＝5 m이다.

09 운동 에너지＝$\frac{1}{2}$×4 kg×(4 m/s)^2＝32 J이다.

10 운동 에너지＝$\frac{1}{2}$×4 kg×v^2＝200 J에서 v＝10 m/s이다.

실전 대비 예상 문제

시험 대비 교재 46~49쪽

01 ② **02** ② **03** ⑤ **04** ③ **05** ① **06** ④ **07** ④
08 ④ **09** ③ **10** ⑤ **11** ③ **12** ① **13** ① **14** ④
15 ④ **16** ⑤ **17** ④ **18** ① **19** 해설 참조 **20** 해설 참조 **21** 해설 참조 **22** 해설 참조 **23** 해설 참조
24 해설 참조

01 ② 상자에 힘을 주어 힘의 방향으로 상자를 이동시켰으므로 일을 한 경우이다.
오답 피하기 ① 정신적인 활동은 일상에서의 일이지만 과학에서의 일은 아니다.
③ 힘이 작용하였지만 벽이 움직이지 않았으므로 벽을 미는 힘이 한 일은 0이다.
④ 힘의 방향과 이동 방향이 수직인 경우이므로 한 일은 0이다.
⑤ 등속 운동을 하는 경우에는 이동은 하지만 이동 방향으로 작용하는 힘이 0이므로 한 일은 0이다.

02 물체에 작용한 힘이 한 일은 2 N×5 m＝10 J이다.

03 ㄱ. '일의 양＝힘의 크기×이동한 거리'이므로 (가)에서 한 일은 5 N×1 m＝5 J이다.
ㄴ. (나)에서 한 일의 양＝10 N×1 m＝10 J이고, (다)에서 한 일의 양＝5 N×2 m＝10 J이다.
ㄷ. 일의 양은 힘의 크기와 이동한 거리에 비례하므로 무게가 같을 때 이동 거리가 길수록 한 일의 양이 많다.

04 상자에 작용하는 중력에 대해 민수가 일을 하는 것이므로 민수가 들어 올리는 힘은 상자의 무게와 같다. 상자를 들어 올리는 힘의 크기＝9.8×2 kg＝19.6 N이고, 한 일의 양＝19.6 N×0.5 m＝9.8 J이다.

05 중력에 대해 한 일＝물체의 무게×높이이므로
9.8×m×5 m＝49 J에서 m＝1 kg이다.

06 중력에 대해 한 일＝물체의 무게×높이이므로
9.8×5 kg×h＝98 J에서 h＝2 m이다.

07 물체를 밀고 간 경우와 물체를 들어 올리는 경우 각각의 일의 양을 구하여 더하면 5 N×3 m＋9.8×10 kg×2 m＝211 J이 된다.

08 ④ 물체에 일을 해 주면 물체의 에너지는 증가한다.
오답 피하기 ①, ⑤ 에너지와 일은 서로 전환이 되며 물체가 가진 에너지는 그 물체가 한 일의 양으로 알 수 있다.
②, ③ 에너지는 일을 할 수 있는 능력으로 단위는 J(줄)을 사용한다.

09 ㄷ. 추의 중력에 의한 위치 에너지는 질량과 높이에 비례하며 추의 중력에 의한 위치 에너지는 나무 도막이 한 일과 같다.
오답 피하기 ㄱ. 높이가 높아질수록 중력에 의한 위치 에너지가 커지므로 나무 도막의 이동 거리가 길어진다.
ㄴ. 추의 질량이 클수록 중력에 의한 위치 에너지가 커지므로 나무 도막의 이동 거리가 길어진다.

10 지면을 기준으로 한 중력에 의한 위치 에너지 $E_A＝9.8×m×10$ m이고, 베란다를 기준으로 한 중력에 의한 위치 에너지 $E_B＝9.8×m×6$ m이다. 따라서 9.8×m×10 m : 9.8×m×6 m＝5 : 3이다.

11 중력에 의한 위치 에너지는 9.8mh이다.
A의 중력에 의한 위치 에너지＝9.8×2 kg×4 m＝78.4 J
B의 중력에 의한 위치 에너지＝9.8×4 kg×1 m＝39.2 J
C의 중력에 의한 위치 에너지＝9.8×4 kg×3 m＝117.6 J
D의 중력에 의한 위치 에너지＝9.8×1 kg×5 m＝49 J이다.
따라서 C＞A＞D＞B이다.

12 추의 중력에 의한 위치 에너지는 추의 높이와 질량에 비례한다. 추의 높이가 $\frac{1}{2}$배로 줄었으므로 에너지의 양도 $\frac{1}{2}$배로 줄

어 들고, 나무 도막의 이동 거리도 $\frac{1}{2}$배로 줄어든다. 그러므로 나무 도막의 이동 거리는 $\frac{5 \text{ cm}}{2} = 2.5 \text{ cm}$이다.

13 구슬을 높이 2 m까지 끌어 올리는 일을 하게 되면 구슬이 가지는 중력에 의한 위치 에너지가 증가하게 되고, 구슬이 나무 도막을 밀면 구슬의 에너지는 감소하지만 그 양만큼 나무 도막의 일의 양이 증가하게 된다.

14 운동하는 물체의 질량은 (수레의 질량＋짐의 질량)이므로 60 kg이다. 운동 에너지＝$\frac{1}{2} \times 60 \text{ kg} \times (2 \text{ m/s})^2 = 120 \text{ J}$이다.

15 A의 운동 에너지＝$\frac{1}{2} \times 4 \text{ kg} \times (4 \text{ m/s})^2 = 32 \text{ J}$이고, B의 운동 에너지＝$\frac{1}{2} \times 2 \text{ kg} \times (2 \text{ m/s})^2 = 4 \text{ J}$이다. 따라서 운동 에너지는 A가 B의 8배가 된다.

16 ㄱ. 수레가 일정한 속력으로 운동하고 있으므로 수레가 가진 에너지는 운동 에너지이다.

ㄴ. 수레가 속력 v로 운동하다가 나무 도막과 충돌한 후 나무 도막을 s만큼 이동시킨 후 멈추었으므로 수레의 운동 에너지만큼 나무 도막에 일을 하였다.

ㄷ. 수레의 운동 에너지만큼 나무 도막에 일을 하고, 운동 에너지는 속력의 제곱에 비례하므로 속력을 $2v$로 증가시키면 운동 에너지는 4배 증가하고 이동한 거리도 4배 증가한다.

17 ㄱ. 수레에 작용한 힘의 방향으로 수레의 속력이 증가하고 있으므로 일이 운동 에너지로 전환된 것이다.

ㄴ. 10 m까지 운동 에너지의 증가량은 일의 양과 같으므로 $5 \text{ N} \times 10 \text{ m} = 50 \text{ J}$이다.

오답 피하기 ㄷ. 10 m 이동한 순간의 속력은 $50 \text{ J} = \frac{1}{2} \times 4 \text{ kg} \times v^2$에서 $v = 5 \text{ m/s}$이다.

18 수레에 작용한 힘이 한 일이 수레의 운동 에너지와 같다. 따라서 $F \times 4 \text{ m} = \frac{1}{2} \times 10 \text{ kg} \times (2 \text{ m/s})^2$에서 $F = 5 \text{ N}$이다.

19 **모범 정답** 과학에서의 일은 물체에 힘을 작용하여 물체가 힘의 방향으로 이동하였을 때 일을 하였다고 한다.
(가) 힘의 방향으로 이동한 거리가 0이므로 일의 양은 0이다.
(나) 힘의 방향과 물체의 이동 방향이 수직인 경우이므로 일의 양이 0이다.

채점 기준	배점
일을 하지 않은 까닭을 (가), (나)의 경우 모두 옳게 쓴 경우	100 %
일을 하지 않은 까닭을 (가), (나) 중 하나만 옳게 쓴 경우	50 %

20 **모범 정답** 철수가 A → B로 물체를 이동시키는 동안 중력에 대해 한 일은 $9.8 \times 10 \text{ kg} \times 2 \text{ m} = 196 \text{ J}$이고, B → C로 이

동시키는 동안에는 힘의 방향과 물체의 이동 방향이 수직이므로 한 일의 양이 0이다. 영희가 물체를 A → B'로 이동시키는 동안 물체에 작용하는 힘이 한 일은 $10 \text{ N} \times 10 \text{ m} = 100 \text{ J}$이고, B' → C로 이동시키는 동안에 중력에 대해 일을 하였으므로 $9.8 \times 10 \text{ kg} \times 2 \text{ m} = 196 \text{ J}$이다. 따라서 철수가 A → B → C 경로를 따라 물체를 이동시킬 때 한 일은 196 J이고, 영희가 A → B' → C 경로를 따라 물체를 이동시킬 때 한 일은 296 J이다.

채점 기준	배점
두 경로의 풀이 과정과 한 일의 양을 옳게 쓴 경우	100 %
두 경로의 풀이 과정과 한 일의 양 중 하나만 옳게 쓴 경우	50 %

21 **모범 정답** 이동 거리-힘 그래프에서 그래프 아랫부분의 넓이는 한 일의 양과 같으므로 $8 \text{ N} \times 3 \text{ m} + 4 \text{ N} \times 3 \text{ m} = 36 \text{ J}$이다.

채점 기준	배점
풀이 과정과 한 일의 양을 옳게 쓴 경우	100 %
풀이 과정과 한 일의 양 중 하나만 옳게 쓴 경우	50 %

22 **모범 정답** 상자에 해 준 일의 양만큼 상자가 가지는 중력에 의한 위치 에너지가 증가한다. 높이가 1 m에서의 중력에 의한 위치 에너지＝$9.8 \times 10 \text{ kg} \times 1 \text{ m} = 98 \text{ J}$이고, 높이가 5 m에서의 중력에 의한 위치 에너지＝$9.8 \times 10 \text{ kg} \times 5 \text{ m} = 490 \text{ J}$이므로 상자에 해 준 일의 양＝$490 \text{ J} - 98 \text{ J} = 392 \text{ J}$이다.

채점 기준	배점
풀이 과정과 한 일의 양을 옳게 쓴 경우	100 %
풀이 과정과 한 일의 양 중 하나만 옳게 쓴 경우	50 %

23 **모범 정답** 공이 가진 에너지만큼 나무 도막이 일을 한 것이다. 공이 가지는 중력에 의한 위치 에너지＝$9.8 \times 10 \text{ kg} \times 2 \text{ m} = 196 \text{ J}$이므로 나무 도막이 한 일의 양도 196 J이 된다.

채점 기준	배점
풀이 과정과 한 일의 양을 옳게 쓴 경우	100 %
풀이 과정과 한 일의 양 중 하나만 옳게 쓴 경우	50 %

24 **모범 정답** 자동차의 속력이 30 m/s로 3배가 되면, 에너지가 9배 증가하므로 한 일의 양도 9배 증가한다. 이때 마찰력은 일정하므로 밀려난 거리가 9배가 되어 $20 \text{ m} \times 9 = 180 \text{ m}$가 된다.

채점 기준	배점
풀이 과정과 밀려난 거리를 옳게 쓴 경우	100 %
풀이 과정과 밀려난 거리 중 하나만 옳게 쓴 경우	50 %

01 감각 기관

핵심 내용 정리
시험 대비 교재 **50**쪽

❶ 홍채 ❷ 망막 ❸ 섬모체 ❹ 근시 ❺ 원시 ❻ 통점 ❼ 반고리관 ❽ 전정 기관 ❾ 달팽이관 ❿ 기체 ⓫ 액체

쪽지 시험
시험 대비 교재 **51**쪽

01 빛 **02** 각막 **03** 홍채 **04** 망막 **05** 두꺼워
06 작아 **07** 길, 오목렌즈 **08** 짧을, 볼록렌즈 **09** 액체
10 (1) B (2) A **11** 고막, 달팽이관

실전 대비 예상 문제
시험 대비 교재 **52~55**쪽

01 ③ **02** ④ **03** ③ **04** ④ **05** ③ **06** ④ **07** ②
08 ④ **09** 온점, 상대적 **10** ② **11** ⑤ **12** ⑤ **13** ⑤
14 ④ **15** ③ **16** ④ **17** ① **18** ② **19** ⑤ **20** ③
21 ⑤ **22** 어두운 곳에서 밝은 곳으로 나오면 동공의 크기(A)가 작아지고, 가까운 곳을 보다가 먼 곳을 보면 수정체의 두께(B)가 얇아진다. **23** 피부에 있는 감각점은 통증을 느끼는 통점, 압력을 느끼는 압점, 접촉을 느끼는 촉점, 차가움을 느끼는 냉점, 따뜻함을 느끼는 온점이 있다. **24** 전정 기관은 몸의 기울어짐을 감지하는데, 개구리 (나)는 이 전정 기관이 손상되어 균형을 잡지 못하는 것이다.

01 A는 홍채, B는 각막, C는 수정체, D는 섬모체, E는 유리체, F는 망막, G는 공막, H는 맥락막, I는 시각 신경, J는 맹점이다.

02 ④ 빛을 차단하는 검은색 색소를 포함하는 것은 맥락막(H)이다.

03 시각의 성립 경로는 각막(B) → 수정체(C) → 유리체(E) → 망막(F)의 시각 세포 → 시각 신경(I) → 대뇌 순이다.

04 ④ 수정체의 두께가 두꺼워지는 것으로 보아 섬모체가 수축하였고, 먼 곳의 물체로부터 가까운 곳의 물체로 시선이 이동하는 중이다.

05 ③ 동공의 크기가 커지는 것으로 보아 밝은 곳에 있다가 어두운 곳으로 이동한 것이다.
오답 피하기 ① 어두운 방에서 전등을 켜면 반대로 동공의 크기가 작아진다.

06 ④ 가까운 곳의 물체를 보다가 먼 곳의 물체를 볼 때는 섬모체가 이완하여 수정체가 얇아진다.

07 ② 이 사람은 멀리 있는 물체의 상이 망막의 앞에 맺히는 것으로 보아 근시이다. 근시는 수정체와 망막 사이의 거리가 정상보다 길다.
오답 피하기 ③ 노안의 경우는 이와 반대로 상이 망막의 뒤에 맺힌다.
④ 시각 세포가 손상되면 볼 수 없게 된다.
⑤ 가까운 곳의 물체를 볼 때는 상이 망막에 맺혀 잘 보인다.

08 할아버지는 가까운 곳의 물체가 잘 보이지 않는 원시이다. 원시는 수정체와 망막 사이의 거리가 정상보다 짧아 가까운 곳을 볼 때 상이 망막의 뒤에 맺히는 경우로, 볼록렌즈를 사용하여 상을 앞쪽으로 당겨 교정해야 한다.

09 얼음물에 담갔던 손을 25 ℃ 물에 담그면 온점에서 자극을 감지하는데, 이것은 온점에서 따뜻해지는 온도 변화를 감지하기 때문이다.

10 온점은 따뜻함을, 압점은 압력(눌림)을, 냉점은 차가움을, 촉점은 접촉을, 통점은 통증을 느낀다.

11 떫은맛은 압점에서 감지하고, 온점은 피부의 진피에 위치하며, 우리 몸의 내장 기관에도 감각점이 존재한다. 또한, 감각점은 몸 부위에 따라 분포하는 정도가 다르며, 손등보다 손가락 끝이 감각점이 많아서 예민하다. 따라서 ○, × 퀴즈를 가장 많이 맞힌 학생은 수호이다.

12 귀는 소리뿐만 아니라 평형 감각 기관을 통해 몸의 기울어짐과 회전을 감지한다.
오답 피하기 빛은 눈, 압력과 접촉은 피부, 액체 상태의 화학 물질은 혀에서 자극으로 받아들인다.

13 A는 고막, B는 귓속뼈, C는 반고리관, D는 전정 기관, E는 청각 신경, F는 달팽이관, G는 귀인두관이다.
⑤ 달팽이관(F)에는 청각 세포가 있어 소리 자극을 받아들이고, 이 자극은 청각 신경(E)을 통해 뇌로 전달된다.
오답 피하기 ① 소리를 증폭시키는 것은 귓속뼈(B)이다.
② 소리에 의해 진동하는 얇은 막은 고막(A)이다.
③ 몸의 기울어짐을 감지하는 것은 전정 기관(D)이다.
④ 전정 기관에 문제가 생길 경우 평형 감각에 이상이 생길 수 있다.

14 귀인두관(G)은 고막 안팎의 압력을 같게 조절한다.

15 청각의 성립 경로에 포함되지 않는 것은 평형 감각을 담당하는 반고리관(C)과 전정 기관(D), 압력을 조절하는 귀인두관(G)이다.

16 ④ 청각의 성립 경로는 귓바퀴 → 외이도 → 고막 → 귓속뼈 → 달팽이관 → 청각 신경 → 뇌 순이다.

17 ① 청각 세포가 일부 파괴된 사람의 경우 소리를 제대로 감

지하지 못하므로 소리가 작게 들릴 것이다.

18 ② 귀는 소리나 몸의 회전, 기울기를 자극으로 받아들이고, 코는 기체 상태의 화학 물질을 자극으로 받아들인다.

19 ㉠은 후각 상피, ㉡은 후각 세포, ㉢은 후각 신경이다.
⑤ 코는 가장 예민한 기관이지만, 쉽게 피로해져 같은 냄새를 계속 맡으면 그 냄새를 잘 느끼지 못한다.

20 ㄴ, ㄹ. 음식의 맛은 미각과 후각에 대한 정보가 뇌에 전달된 후 함께 작용하여 다양하게 맛을 느끼게 된다.
오답 피하기 ㄱ. 후각이 가장 예민한 감각이다.
ㄷ. 혀에서 느끼는 기본 맛에는 5가지가 있다.

21 달팽이관에는 청각 세포, 망막에는 시각 세포, 후각 상피에는 후각 세포, 맛봉오리에는 맛세포와 같이 모두 자극을 감지하는 세포가 존재한다.

22 어두운 곳에서는 동공의 크기가 커지고, 밝은 곳에서는 동공의 크기가 작아진다. 가까운 곳을 볼 때는 수정체의 두께가 두꺼워지고, 먼 곳을 볼 때는 수정체의 두께가 얇아진다.
모범 정답 어두운 곳에서 밝은 곳으로 나오면 동공의 크기(A)가 작아지고, 가까운 곳을 보다가 먼 곳을 보면 수정체의 두께(B)가 얇아진다.

채점 기준	배점
밝은 곳으로 나왔을 때 동공의 크기(A)와 먼 곳을 볼 때 수정체의 두께(B)를 모두 옳게 서술한 경우	100 %
밝은 곳으로 나왔을 때 동공의 크기(A)와 먼 곳을 볼 때 수정체의 두께(B) 중 한 가지만 옳게 서술한 경우	50 %

23 피부 감각은 물리적 자극이나 온도 변화를 느끼는 감각으로, 피부에 분포하는 여러 가지 감각점에서 자극을 받아들인다. 이 자극은 피부 감각 신경을 통해 대뇌로 전달한다.
모범 정답 피부에 있는 감각점은 통증을 느끼는 통점, 압력을 느끼는 압점, 접촉을 느끼는 촉점, 차가움을 느끼는 냉점, 따뜻함을 느끼는 온점이 있다.

채점 기준	배점
피부에 있는 5가지 감각점과 그 기능에 대해 옳게 서술한 경우	100 %
피부에 있는 5가지 감각점만 옳게 쓴 경우	50 %

24 귀의 구조 중 전정 기관은 몸의 기울어짐을 감지하고, 반고리관은 몸의 회전을 감지한다.
모범 정답 전정 기관은 몸의 기울어짐을 감지하는데, 개구리 (나)는 이 전정 기관이 손상되어 균형을 잡지 못하는 것이다.

채점 기준	배점
개구리 (나)가 균형을 잡지 못하는 까닭을 귀의 구조와 관련지어 옳게 서술한 경우	100 %
관련된 귀의 구조만 쓴 경우	50 %

02 신경계

핵심 내용 정리
시험 대비 교재 **56**쪽

❶ 가지　❷ 축삭　❸ 연합　❹ 간뇌　❺ 연수　❻ 교감
❼ 부교감　❽ 대뇌　❾ 무조건　❿ 척수

쪽지 시험
시험 대비 교재 **57**쪽

01 뉴런　**02** A : 축삭 돌기, B : 가지 돌기, C : 신경 세포체　**03** 중추, 말초, 자율　**04** A　**05** C　**06** D　**07** E　**08** B　**09** 대뇌　**10** 무조건 반사

실전 대비 예상 문제
시험 대비 교재 **58~61**쪽

01 (1) 신경 세포체 (2) 가지 돌기 (3) 축삭 돌기　**02** ⑤　**03** ②　**04** ④　**05** ⑤　**06** ①　**07** ③　**08** ④　**09** ④　**10** ①　**11** ③　**12** ①　**13** ⑤　**14** ④　**15** (1) 척수 (2) 척추　**16** ④　**17** ③　**18** ②　**19** ④　**20** ⑤　**21** 교감 신경, 심장 박동과 호흡 운동의 촉진, 동공의 확대, 소화 운동의 억제 등이 나타난다.　**22** ⓒ, 느리게 → 빠르게　**23** (1) D → E → F (2) 척수

01 뉴런은 신경 세포체(A)와 신경 세포체에서 뻗어 나온 가지 돌기(B), 축삭 돌기(C)로 구성된다.

02 ⑤ 자극의 전달 방향은 B → A → C이다.

03 컴퓨터가 정상적으로 작동하려면 키보드, 본체, 모니터가 서로 전선에 의해 연결되어야 한다. 우리 몸에서도 감각 기관, 뇌, 반응 기관이 신경에 의해 서로 연결되어 있다.
② A는 감각 기관, B는 중추 신경계(연합 뉴런), C는 반응 기관, D는 감각 뉴런, E는 운동 뉴런에 비유할 수 있다.

04 뉴런과 뉴런 사이의 신호 전달은 한 뉴런의 축삭 돌기에서 다른 뉴런의 가지 돌기의 방향으로 일어난다. 따라서 (가) 부분을 자극하면 ⓑ와 ⓒ로 자극이 전달되지만, ⓐ로는 전달되지 않는다.

05 (가)는 감각 뉴런, (나)는 연합 뉴런, (다)는 운동 뉴런이다. A는 운동 뉴런, B는 감각 뉴런, C는 연합 뉴런에 대한 설명이다.

06 우리 몸의 정보는 감각 뉴런(가) → 연합 뉴런(나) → 운동 뉴런(다)의 순서로 전달된다.

07 A는 대뇌, B는 간뇌, C는 중간뇌, D는 연수, E는 소뇌이다. 대뇌(A)는 표면에 주름이 많고, 좌우 2개의 반구로 이루어져 있으며, 감각령, 연합령, 운동령으로 구분할 수 있다. 또한, 추리, 판단, 기억 등 고등 정신의 활동을 담당한다.

③ 호흡, 심장 박동, 소화 운동 등을 조절하는 중추는 연수(D)
이다.

08 홍채의 작용을 조절하는 중추는 중간뇌(C)이고, 체온, 몸속
수분량을 조절하는 중추는 간뇌(B)이며, 침 분비, 재채기, 기침
등의 반응 중추는 연수(D)이다.

09 ④ 구토, 재채기, 기침 등의 반응 중추는 연수(D)이다.
[오답 피하기] ① 홍채 조절에 의한 동공 반사의 중추는 중간뇌(C)
이다.
② 하품의 반응 중추는 연수(D)이다.
③ 평균대 위에서 균형을 유지하게 하는 반응 중추는 소뇌(E)이다.
⑤ 뜨거운 것을 만졌을 때 자신도 모르게 재빨리 손을 떼게 하는
반응 중추는 척수이다.

10 대뇌는 우리 몸의 감각과 운동 조절을 담당하고, 기억, 추
리, 학습 등의 언어 학습 능력을 담당한다. 따라서 철수에서 나
타나는 증상은 대뇌 이상에 의한 것이다.

11 A는 중추 신경계, B는 말초 신경계이다.
ㄱ, ㄴ. 중추 신경계(A)는 뇌와 척수로 구성되며, 우리 몸에서
중추적인 역할을 한다.
[오답 피하기] ㄷ. 중추 신경계(A)는 연합 뉴런으로 구성되어 있다.

12 B는 말초 신경계로, 말초 신경계는 뇌와 척수에서 뻗어 나
와 온몸에 퍼져 있는 신경으로, 자극을 중추로 전달하는 감각 신
경과 중추의 명령을 반응기로 전달하는 운동 신경으로 구성된
다. 대뇌의 명령을 받는 체성 신경과 대뇌의 직접적인 명령을 받
지 않는 자율 신경이 있다.
① 척수는 중추 신경계(A)에 속한다.

13 번지점프를 하기 전에 긴장이 고조되는 상황에서는 주로 교
감 신경이 작용한다. 교감 신경이 작용하면 소화 운동은 억제, 방
광은 이완, 심장 박동은 촉진, 동공은 확대, 침 분비는 억제된다.

14 식물인간은 대뇌의 기능이 정상적이지 않으나 심장 박동,
호흡 운동 등의 생명 활동에 관여하는 연수가 정상적으로 기능
을 하고 있는 경우이고, 뇌사는 연수와 대뇌가 모두 정상적이지
않은 경우이다.

15 척수는 척추 속에 들어 있어 보호받는다.

16 그래프의 가로 축에서 자가 떨어진 거리를 찾고, 세로축의
숫자를 읽으면 반응이 일어나는 데 걸린 시간을 알 수 있다.

17 ㄱ. (가)와 (나)는 모두 의식적인 반응이므로 대뇌가 반응
중추가 된다.
ㄴ. 시각에 의한 반응이 청각에 의한 반응보다 빠르다.
[오답 피하기] ㄷ. 대뇌에서 처리하는 정보가 많을수록 반응은 느려
진다.

18 ② 무조건 반사는 반응이 매우 빠르게 일어나므로 위급한
상황에서 몸을 보호하는 데 유리하다.
[오답 피하기] ① 무조건 반사는 의식적인 반응보다 빠르게 일어
난다.
③ 무조건 반사는 척수, 연수, 중간뇌가 중추가 된다.
④ 무릎 반사는 척수가 중추가 되어 일어나는 무조건 반사이다.
⑤ 하품과 재채기는 연수가 중추가 되어 일어나는 무조건 반사
이다.

19 ④ 무조건 반사는 대뇌가 관여하지 않는다. 따라서 반대 쪽
다리를 이용해 실험을 해도 같은 결과가 나온다.
[오답 피하기] ① 반응의 중추는 척수이다.
② 다리의 움직임을 의지대로 조절할 수 없다.
③ 동공의 크기를 조절하는 반응의 중추는 중간뇌이다.
⑤ 반응의 경로는 감각 기관 → 감각 신경 → 척수 → 운동 신경
→ 반응 기관 순이다.

20 ⑤ 뜨거운 물체를 만졌을 때 재빨리 손을 떼는 반응의 중추
도 척수이다.
[오답 피하기] 기침, 침 분비, 눈물 분비는 연수가 반응 중추이고,
총소리를 듣고 출발하는 것은 대뇌가 반응 중추이다.

21 깜짝 놀랐을 때 우리 몸을 대처하기 알맞은 상태로 만들어
주는 자율 신경은 교감 신경이다.
[모범 정답] 교감 신경, 심장 박동과 호흡 운동의 촉진, 동공의 확
대, 소화 운동의 억제 등이 나타난다.

채점 기준	배점
자율 신경의 종류와 우리 몸에서 나타날 수 있는 반응을 모두 옳게 서술한 경우	100 %
자율 신경의 종류만 옳게 쓴 경우	50 %

22 무조건 반사는 의식적 반응보다 빠르게 일어나므로 위급한
상황에서 몸을 보호하는 데 중요한 역할을 한다.
[모범 정답] ⓒ, 느리게 → 빠르게

채점 기준	배점
ⓐ~ⓓ 중 틀린 부분을 찾아 기호로 쓰고, 옳게 고친 경우	100 %
ⓐ~ⓓ 중 틀린 부분만 기호로 옳게 쓴 경우	50 %

23 뜨거운 물에 손이 닿았을 때 빠르게 손을 떼는 반응은 척수
반사로, D → E → F의 경로로 반응이 일어난다.
[모범 정답] (1) D → E → F (2) 척수

채점 기준	배점
(1)과 (2)를 모두 옳게 쓴 경우	100 %
(1)과 (2) 중 하나만 옳게 쓴 경우	50 %

03 호르몬

핵심 내용 정리
시험 대비 교재 **62**쪽

❶ 내분비샘 ❷ 호르몬 ❸ 신경 ❹ 티록신 ❺ 간뇌
❻ 추울 ❼ 더울 ❽ 인슐린 ❾ 글루카곤

쪽지 시험
시험 대비 교재 **63**쪽

01 호르몬 **02** 항이뇨 호르몬, 생식샘 자극 호르몬, 생장 호르몬, 갑상샘 자극 호르몬 **03** (1) 갑상샘 (2) 뇌하수체 (3) 뇌하수체 (4) 부신 **04** 항상성 **05** (1) 인슐린 (2) 글루카곤 **06** (1) 티록신 (2) 항이뇨 호르몬

실전 대비 예상 문제
시험 대비 교재 **64~67**쪽

01 ⑤ **02** ① **03** ② **04** ④ **05** ④ **06** ⑤ **07** ④ **08** ① **09** ④ **10** ② **11** ③ **12** ③ **13** 항상성, 간뇌 **14** ③ **15** ④ **16** ② **17** ② **18** ④ **19** ② **20** ⑤ **21** ② **22** 인슐린과 글루카곤, 인슐린은 간에 작용하여 포도당을 글리코젠으로 합성하고 조직 세포의 포도당 흡수를 촉진하여 혈당량을 낮추는 반면, 글루카곤은 간에 작용하여 글리코젠을 포도당으로 전환하여 혈당량을 높인다. **23** (1) ㉠ : 수축, ㉡ : 감소 (2) 갑상샘에서 분비된 티록신이 세포 호흡을 촉진하여 열을 발생시킨다. **24** 땀을 많이 흘려 몸속 수분량이 적어져 항이뇨 호르몬의 분비가 촉진되었고, 항이뇨 호르몬에 의해 콩팥에서 물의 재흡수가 증가하여 오줌량이 줄어들었기 때문이다.

01 호르몬은 내분비샘에서 분비되어 표적 기관이나 표적 세포에 작용한다. 적은 양으로 우리 몸의 생리 작용을 조절하지만, 너무 많이 분비되면 과다증이 나타난다.

02 A는 호르몬을 분비하는 내분비샘이며, B는 혈관이다. 정소, 부신, 갑상샘, 뇌하수체는 내분비샘이지만, 간은 호르몬을 분비하는 내분비샘이 아니다.

03 A는 내분비샘, B는 외분비샘이다. 뇌하수체, 갑상샘, 부신, 정소는 내분비샘이고, 눈물샘, 침샘, 소화샘은 외분비샘이다.

04 A는 뇌하수체, B는 갑상샘, C는 부신, D는 이자, E는 난소이다. 글루카곤은 이자에서 분비된다.
오답 피하기 티록신은 갑상샘(B)에서, 갑상샘 자극 호르몬은 뇌하수체(A)에서, 인슐린은 이자(D)에서, 테스토스테론은 정소에서 분비된다.

05 이자(D)는 호르몬을 분비하는 내분비샘이면서 소화액을 분비하는 외분비샘이다.

06 청소년기에 여자에서 나타나는 2차 성징에 대한 설명이다. 여자의 2차 성징은 난소(E)에서 분비되는 에스트로젠이 관여한다.

07 (가)는 신경에 의한, (나)는 호르몬에 의한 신호 전달 방법이다. 신경은 뉴런에 의해 신호가 전달되고, 효과가 일시적이며, 작용 범위는 좁다. 그리고 호르몬보다 반응 속도가 빠르며, 한 방향으로 신호를 전달한다. 반면, 호르몬은 혈액에 의해 신호가 전달되고, 효과가 지속적이며, 작용 범위는 넓다. 그리고 신경보다 반응 속도가 느리며, 표적 기관에만 작용한다.

08 뇌하수체에서 분비되는 호르몬은 생장 호르몬, 항이뇨 호르몬, 생식샘 자극 호르몬, 갑상샘 자극 호르몬이 있다.

09 부신에서 분비되는 호르몬은 아드레날린이며, 아드레날린은 혈당량 증가, 심장 박동 촉진 등의 기능을 한다.

10 성장기 이후에 생장 호르몬이 과다하게 분비되면 말단 비대증이 나타난다.

11 뇌하수체에서 분비되는 갑상샘 자극 호르몬은 갑상샘에서 티록신의 분비를 촉진하며, 뇌하수체에서 분비되는 생식샘 자극 호르몬은 정소나 난소에서 성호르몬의 분비를 촉진한다.

12 식사 후에는 혈당량이 높으므로 인슐린이 분비되어 혈당량을 감소시키고, 운동 후에는 혈당량이 낮으므로 글루카곤이 분비되어 혈당량을 증가시킨다. 따라서 A는 인슐린, B는 글루카곤이다.

13 항상성은 외부 환경 변화에 대응하여 생명 현상이 제대로 일어날 수 있도록 우리 몸속 상태(체온, 혈당량, 몸속 수분량)을 일정하게 유지하려는 성질이다. 항상성의 조절 중추는 간뇌이다.

14 혈당량을 감소시키는 호르몬과 증가시키는 호르몬이 모두 분비되는 곳은 이자이다.

15 ㄱ. A는 글루카곤, B는 인슐린이다.
ㄷ. 인슐린은 간에 작용하여 포도당을 글리코젠으로 합성하고 조직 세포의 포도당 흡수를 촉진하여 혈당량을 낮춘다.
오답 피하기 ㄴ. 글루카곤(A)은 간에서 글리코젠을 포도당으로 분해하여 혈당량을 높인다.

16 이 환자는 오줌에 포도당이 섞여 나오는 당뇨병 환자이다. 당뇨병의 치료에 인슐린을 사용한다.

17 ㉠, ㉡은 신경계에 의해 일어나는 과정이고, ㉢, ㉣은 호르몬에 의해 일어나는 과정이다.

18 ④ 털 주변의 근육이 수축하면 털이 곧게 서서 공기의 흐름을 차단하므로 열 방출량이 감소한다.

 ① 체온 조절의 중추는 간뇌이다.

② 몸을 떨면 열 발생량이 증가한다.

③ 티록신 분비가 촉진되면 열 발생량이 증가한다.

⑤ 추울 때 뇌하수체에서 갑상샘 자극 호르몬의 분비가 촉진된다.

19 (가)는 더울 때, (나)는 추울 때이다. (가)는 모세 혈관이 확장되어 있어 (나)에 비해 열 방출량이 많다.

20 항이뇨 호르몬은 뇌하수체에서 분비되어 콩팥에서 수분 재흡수를 촉진한다.

21 몸속 수분량이 적을 때는 항이뇨 호르몬 분비가 촉진되어 콩팥에서 수분의 재흡수가 증가한다. 몸속 수분량이 많을 때는 항이뇨 호르몬 분비가 억제되어 콩팥에서 수분의 재흡수가 감소한다.

22 **모범 정답** 인슐린과 글루카곤, 인슐린은 간에 작용하여 포도당을 글리코젠으로 합성하고 조직 세포의 포도당 흡수를 촉진하여 혈당량을 낮추는 반면, 글루카곤은 간에 작용하여 글리코젠을 포도당으로 전환하여 혈당량을 높인다.

채점 기준	배점
이자에서 분비되는 혈당량 조절 호르몬의 종류를 모두 쓰고, 이 호르몬의 기능을 옳게 서술한 경우	100 %
이자에서 분비되는 혈당량 조절 호르몬만 옳게 쓴 경우	50 %

23 추울 때는 피부 근처 혈관이 수축하여 열 방출량을 감소시켜 체온을 높인다. 그리고 티록신은 세포 호흡을 촉진시켜 체온 유지에 필요한 에너지를 발생시킨다.

모범 정답 (1) ㉠ : 수축, ㉡ : 감소

(2) 갑상샘에서 분비된 티록신이 세포 호흡을 촉진하여 열을 발생시킨다.

채점 기준	배점
(1)과 (2)를 모두 옳게 서술한 경우	100 %
(1)과 (2) 중 하나만 옳게 서술한 경우	50 %

24 **모범 정답** 땀을 많이 흘려 몸속 수분량이 적어져 항이뇨 호르몬의 분비가 촉진되었고, 항이뇨 호르몬에 의해 콩팥에서 물의 재흡수가 증가하여 오줌량이 줄어들었기 때문이다.

채점 기준	배점
소변이 마렵지 않은 까닭을 항이뇨 호르몬과 관련지어 옳게 서술한 경우	100 %
'땀을 많이 흘려서' 또는 '항이뇨 호르몬이 많이 분비되어'라고 간단하게 서술한 경우	50 %

01 화학 반응 전후 원자의 종류와 개수는 변하지 않으므로 전체 물질의 질량은 변하지 않는다.

02 구리와 산소가 반응하여 산화 구리(Ⅱ)가 생성될 때 반응물과 생성물의 질량비는 구리 : 산소 : 산화 구리(Ⅱ)＝4 : 1 : 5이다. 따라서 구리 28 g을 완전히 반응시키면 산화 구리(Ⅱ) 35 g이 생성된다.

03 암모니아 기체 생성 반응에서 반응물과 생성물의 부피비는 질소 : 수소 : 암모니아＝1 : 3 : 2이다. 따라서 10 mL의 질소 기체를 완전히 반응시키기 위해서는 수소 기체가 최소 30 mL 필요하다.

04 수증기 생성 반응에서 반응물과 생성물의 부피비는 수소 : 산소 : 수증기＝2 : 1 : 2이다. 따라서 수소 기체 20 mL와 산소 기체 10 mL가 완전히 반응하여 수증기 20 mL가 생성되고, 산소 기체 10 mL가 남는다.

02 세로축 값이 20 g/kg으로 같은 C, D, E 공기의 현재 수증기량이 같다.

04 포화 수증기량은 기온이 높을수록 크므로, 기온이 50 ℃로 가장 높은 A와 E가 가장 크고, 기온이 30 ℃로 가장 낮은 C가 가장 작다.

05 이슬점은 세로축 값인 현재 수증기량이 많을수록 높으므로, 이슬점은 A 공기가 가장 높다.

07 응결량은 냉각된 온도에서의 포화 수증기량과 현재 수증기량의 차이가 클수록 많으므로, 10 ℃까지 냉각시킬 때 응결량이 가장 큰 공기는 현재 수증기량이 가장 큰 A이다.

08~09 상대 습도는 포화 수증기량 곡선과 가까울수록 크고 포화 수증기량 곡선 상에 놓일 때 100%이다. 따라서 상대 습도는 포화 수증기량 곡선 상에 놓여 있는 B에서 가장 높고, 포화 수증기량 곡선에서 가장 멀리 떨어져 있는 E에서 가장 낮다.

01 중력에 의한 위치 에너지＝9.8×10 kg×2 m＝196 J이다.

02 A의 중력에 의한 위치 에너지 E_A＝9.8×2m×2h이고, B의 중력에 의한 위치 에너지 E_B＝9.8×m×h이다.
$E_A : E_B$＝9.8×2m×2h : 9.8×m×h＝4 : 1이다.

03 지면을 기준으로 했을 때 공의 중력에 의한 위치 에너지＝9.8×m×16 m이고, 베란다를 기준으로 했을 때 공의 중력에 의한 위치 에너지＝9.8×m×4 m이다. $E_{p지} : E_{p베}$＝4 : 1이다.

04 운동 에너지＝$\frac{1}{2}$×4 kg×(5 m/s)²＝50 J이다.

05 운동 에너지＝$\frac{1}{2}$×8 kg×v^2＝16 J에서 v＝2 m/s이다.

06 운동 에너지는 질량과 속력의 제곱에 비례하므로 질량과 속력이 각각 처음의 3배 증가하면 운동 에너지는 3×3²＝27배 증가한다.

01 (1) 홍채(A)는 동공의 크기를 변화시켜 눈으로 들어오는 빛의 양을 조절하는 역할을 한다.
(2) 각막(B)은 공막과 연결되어 있으며, 눈 앞쪽의 얇고 투명한 막이다.
(3) 수정체(C)는 볼록렌즈와 같이 빛을 굴절시켜 망막에 상이 맺히게 한다.
(4) 섬모체(D)는 수정체의 두께를 조절하는 역할을 한다.
(5) 유리체(E)는 눈 속을 채우는 투명한 물질로, 눈의 형태를 유지한다.
(6) 망막(F)은 물체의 상이 맺히는 곳으로, 시각 세포가 있어 빛을 자극으로 받아들인다.
(7) 공막(G)은 눈의 가장 바깥쪽을 싸고 있는 막이다.
(8) 맥락막(H)은 검은색 색소가 있어 눈 속을 어둡게 한다.
(9) 시각 신경(I)은 시각 세포에서 받아들인 자극을 뇌로 전달한다.
⑩ 맹점(J)에는 시각 세포가 없어 상이 맺혀도 보이지 않는다.

02 시각의 성립 경로는 빛 → 각막(B) → 수정체(C) → 유리체(E) → 망막(F)의 시각 세포 → 시각 신경(I) → 뇌 순이다.